全国专利代理人资格考试考前培训系列教材

专利法律知识分册

中国知识产权培训中心
中华全国专利代理人协会　　组织编写

何越峰　主　　编

知识产权出版社
全国百佳图书出版单位

图书在版编目（CIP）数据

全国专利代理人资格考试考前培训系列教材. 专利法律知识分册/何越峰主编. —北京：知识产权出版社，2011.8（2012.7 重印）（2013.4 重印）（2014.4 重印）（2015.1 重印）（2016.1 重印）（2016.8 重印）（2017.7 重印）（2018.8 重印）（2019.5 重印）（2019.8 重印）（2020.7 重印）（2022.2 重印）

ISBN 978 - 7 - 5130 - 0558 - 6

Ⅰ.①全… Ⅱ.①何… Ⅲ.①专利—代理（法律）—中国—资格考试—教材 Ⅳ.①D923.42

中国版本图书馆 CIP 数据核字（2011）第 084965 号

内容提要

本教材作者阵容强大，结合全国专利代理人资格考试大纲各知识点编写，具有一定的权威性。本教材可以帮助似参加全国专利代理人资格考试的应考考生着手"专利法律知识"考试科目的复习及练习，以提高备考水平，争取理想的考试效果，并进而提升专利代理人整体素质。

读者对象：参加全国专利代理人资格考试的广大考生和企事业单位从事知识产权工作的人员。

责任编辑：李　琳　　　　　　　责任校对：董志英
文字编辑：倪江云　　　　　　　责任出版：刘译文
装帧设计：开元图文

‖全国专利代理人资格考试考前培训系列教材‖

专利法律知识分册
ZHUANLI FALÜ ZHISHI FENCE
何越峰　主编

出版发行：知识产权出版社有限责任公司		网　　址：http://www.ipph.cn	
社　　址：北京市海淀区气象路50号院		邮　　编：100081	
责编电话：010 - 82000860 转 8118		责编邮箱：lilin@cnipr.com	
发行电话：010 - 82000860 转 8101/8102		发行传真：010 - 82000893/82005070/82000270	
印　　刷：天津嘉恒印务有限公司		经　　销：各大网上书店、新华书店及相关专业书店	
开　　本：850mm×1168mm　1/16		印　　张：33	
版　　次：2011 年 8 月第 1 版		印　　次：2022 年 2 月第 13 次印刷	
字　　数：900 千字		定　　价：86.00 元	

ISBN 978 - 7 - 5130 - 0558 - 6/D · 1212（3455）

前　言

专利代理是专利制度有效运转的重要支撑，是专利工作的重要内容，是知识产权中介服务体系的核心组成部分。专利代理服务贯穿于知识产权的创造、管理、运用、保护各个环节。专利代理人作为从事专利申请、企业专利战略和政策咨询、专利法律服务等相关业务的专业人员，是专利代理服务的具体承担者，其执业水平的高低直接影响着专利代理业务的质量与服务效果，而专利代理人资格考试是检验应试人员是否具备执业所需知识水平和工作能力的重要途径。

多年以来，全国专利代理人资格考试一直缺乏一套系统、完整的考前培训教材，广大考生复习备考存在着诸多不便。随着我国专利代理人资格考试制度的日趋完善，广大考生对于考前培训教材的科学性和系统性要求逐步提高。为加强对专利代理人资格考试考前培训的指导，规范培训组织、提高培训效果、提升专利代理行业整体水平，形成高质量的考前培训基础性教学资源，中国知识产权培训中心、中华全国专利代理人协会组织来自国家知识产权局近20个相关业务部门以及全国法院系统、专利代理机构、相关高校及行业协会的业务骨干和专家、学者，历时一年多时间，编写了本套考前培训系列教材。本套考前培训系列教材根据全国专利代理人资格考试相关科目的安排，分为三个分册，分别为《专利代理实务分册》《专利法律知识分册》和《相关法律知识分册》。本套考前培训系列教材以《2011年全国专利代理人资格考试大纲》（以下简称《考试大纲》）为依据，以2008年最新修改的《专利法》和2010年最新修改的《专利法实施细则》为基础，同时适当兼顾修改前《专利法》及《专利法实施细则》，旨在指导广大考生根据《考试大纲》的具体要求，认真学习、理解和掌握《专利法》《专利法实施细则》《专利审查指南2010》等专利法律法规规章知识、与专利相关的法律法规知识以及专利代理实务所必需的基本知识，顺利通过全国专利代理人资格考试。

本套考前培训系列教材充分结合了专利代理行业特点，着眼于对代理人基本能力的要求，立足基本知识，详略得当，对于《考试大纲》的重点难点予以了突出说明。希望广大参加全国专利代理人资格考试的考生根据自身实际需要，选择相关教材复习、备考。衷心祝愿广大考生取得理想的考试成绩。

编写说明

从 1992 年起至今 20 年来，全国专利代理人资格考试已经举行了 12 次，逐渐成为最具知名度的国家职业考试之一，迄今为止，参加考试者已近十万人。在考试的三个科目中，"专利法律知识"一科以考查应试者对于专利法律基本理论和实务规范的理解能力和适用能力为根本目的，要求应试者掌握的知识点覆盖整个专利法律体系，其中包括参加"专利代理实务"科目考试所必需的基础理论知识。客观地说，这个科目对于应试者具有相当的难度和挑战性。

多年来，广大应试者一直期盼着能有一套考前辅导教材，完整、系统、权威地讲授专利法律知识，能够有效地帮助应试者备考。为了实现广大应试者的这个夙愿，中国知识产权培训中心和中华全国代理人协会于 2010 年 3 月开始组织编写考前培训系列教材。经过一年零三个月，在国家知识产权局数十位专家和资深审查员的共同努力下，《专利法律知识分册》终于完成。

本书以 2008 年最新修改的《专利法》、2010 年最新修改的《专利法实施细则》和《专利审查指南 2010》为依据编写。细心的读者会发现，本书的章节体例及内容编排与《考试大纲》第一部分"专利法律知识"章节体例并不完全一致。本书之所以这样设计，主要是为读者着想，可以说，其中蕴含了参与撰写、审稿工作的各位领导、专家和作者对读者的深厚情意和精深的专业素养。

首先，考虑到本书的读者主要是参加全国专利代理人资格考试的人士，因此，本书在章节顺序上尽量保持与《考试大纲》一致，以方便读者对照《考试大纲》使用本书进行学习；其次，考虑到本书读者大多初次接触专利法律知识，为了让他们能够循序渐进、由浅入深地学习和掌握专利法律知识，本书依据专利法律制度的设计思想、相关规范的内在逻辑关系以及专利法律实践的自然时序调整了一些知识点的讲解顺序和章节位置，从而使得本书从整体来看更加具有条理性和逻辑性；再次，为了让读者更加准确地把握和理解专利法律制度的设计思想和理念，本书还将《考试大纲》原本合并在一章中的一些知识点分拆成两章，通过独立成章和标题的突出显示提醒读者相关制度和规范之间的关联与差异。此外，考虑到外观设计专利制度的内容较为独特，本书将有关外观设计的内容基本集中在一章之中讲解。

全书共分 12 章，完整地涵盖了《考试大纲》中述及的所有知识点。为了帮助读者利用本书高效率地进行学习，在每章之前都单独编写了"本章导读"，不仅概要地说明了该章包含的主要内容和所涉及的《专利法》及其实施细则条款，而且对于读者学习该章内容时可以参阅的《专利审查指南 2010》的相关部分和章节，以及与该章关联较密切的其他知识点在本书中的位置也都给出了指引。

此外，为了方便读者对照《考试大纲》中述及的知识点进行有针对性的学习和复习，本书还在书末将《考试大纲》知识点与本书对应章节做成对照索引表（见附录一）。

根据《施行修改后的专利法的过渡办法》和《施行修改后的专利法实施细则的过渡办法》，修改前的专利法及其实施细则的部分条款还将继续适用于某些专利申请或专利，然而，由于篇幅所限，同时也为了避免让初学者感到困惑，本书并没有对这些修改前的法条进行讲解。为了帮助读者自行学习有关内容，本书在书末收入《专利法》和《专利法实施细则》修改前后对照表，以及上述两个《过渡办法》作为附录（见附录二至附录五）。

鉴于本书涉及多方面法律规范和业务知识，为了高质量地完成本书编写，国家知识产权局条法司、国家知识产权局专利局审查业务管理部、各实审部、初审及流程管理部、实用新型审查部、外观设计审查部、专利文献部和国家知识产权局专利复审委员会等部门给予了大力支持，总共派出近30位专家和资深审查员参加编写工作。具体分工如下：

第一章：姚　忻；

第二章：王智勇；

第三章：王智勇、陈　勇、朱广玉、王美芳、刘　悦；

第四章：王智勇、陈　勇；

第五章：李　莉、陈　勇、张　军、陈旭暄、项　莉、卜　芳；

第六章：王美芳、钱亦俊、刘　悦、石　岩、王　苏、张轶丽；

第七章：李　莉、孙传利、韩晓春、陈　勇；

第八章：孙跃飞、张汉国；

第九章：姚晓红、唐　凯；

第十章：张永华；

第十一章：张永华；

第十二章：吴泉洲、赵　欣、黄迎燕、宋瑞玲。

何越峰同志负责对全书内容进行总审、统编，并对全书逐章进行了最终修改，统一添加了各章导读。宋建华、曹宪鹏、董玲、马昊、王靖梅等同志分工对本书各章文稿进行了统审。简述如下：第一章、第二章和第九章由董玲同志负责；第三章和第四章由曹宪鹏同志负责；第五章和第七章由王靖梅同志负责；第六章、第十章和第十一章由宋建华同志负责；第八章和第十二章由马昊同志负责。

尹新天、钱红缨、蒋彤和姜丹明同志也对本书的许多章节提出了极有价值的修改建议。此外，中华全国专利代理人协会邀请的骞伟、王景朝、陆锦华、付建军等多位资深代理人，以及考前培训教材编委会编委吴观乐、王澄、李永红、毕囡、张清奎、郑慧芬、雷春海等同志也对本书提出了很多宝贵意见。

王韦玮同志在本书的撰写和审稿过程中做了大量的事务工作，并将全书按照出版要求进行了整理和编排。葛亮同志也参与了许多事务工作，并编辑了"《考试大纲》知识点与本书对应章节索引表"。中国知识产权培训中心的孙玮、李娜、卢素华、李勋等同志在本书编写过程中所做的协调和沟通工作是本书最终得以成稿的重要保障。

对于所有为本书编写付出辛勤劳动、作出贡献和给予支持的领导和同志，在此一并表示衷心的感谢！

由于撰写和审稿人员的水平有限，本书一定存在不足甚至是谬误之处，恳请各位读者和关注本书的人士不吝指教！

目　　录

第一章　专利制度概论

[本章导读]

　　本章涵盖了《考试大纲》第一章的所有知识点，主要包括 4 个方面的内容：一是概要地讲述了专利基础知识，从世界视角回顾了专利制度的产生与发展历史，全面剖析了专利权的法律特征，归纳总结了世界上现在仍在实行的各种专利登记或审查制度；二是对中国专利制度的发展历史、主要特征、程序设计、行政与司法机构的职能作了简明扼要的介绍；三是详细讲解了发明人或设计人的定义及其权利、职务与非职务发明创造申请专利的权利归属等专利法的主要基础概念；四是全面、系统地讲述了专利代理行业的执业规范与管理规范。

　　本章内容主要涉及《专利法》第一章"总则"和《专利法实施细则》第一章"总则"部分的条款。

　　虽然本章对三种类型专利申请的授权条件、基本审查程序、其他相关审查程序与救济程序都作了简要介绍，但是读者要更完整、清楚地掌握有关规范和知识，请参见本书第二章至第八章。

　　专利制度是市场经济法律体系最重要的制度之一，通俗地讲，从实验室到超级市场，无不被囊括在其规制范围之内。近 400 年来，人类社会文明的发展受到了专利制度深刻且深远的影响。虽然专利制度在中国的历史还不足 30 年，但是，它对中国今后的发展道路和未来前景将产生极其重要的影响。

第一节　专利基础知识

　　专利制度是为了鼓励创新、推广应用、促进研发而创设的一项法律制度，其主要机制在于，申请人对于符合要求的发明创造，通过一定的程序，以公开来换取政府主管机关给予的保护从而在一定期限内禁止他人未经允许而实施其发明创造。尽管各国的专利制度存在种种差异，但审查制度中的一些原则得到了共同的认可和遵循，在这些制度之下授予的专利权也都具有客体的无形性、授权的地域性、存在的时间性、权利的独占性等一些共同特点。

一、专利制度的产生与发展

　　专利制度发端于中世纪的欧洲。早在 14 世纪，英国国王向引进新技术的外国技工授予垄断权利并给予保护，使他们能在英国经营，并将技术传授于英国工人。这种垄断权利就是专利权的前身。随着技术进步和产业发展的进一步要求，英国王室的授权逐渐演变为一项鼓励发明创造的常态化的法律制度。

　　1474 年颁布的《威尼斯专利法》是世界上第一部具有现代专利法特点的法律。1623 年通过的《英国垄断法》奠定了现代专利法的基础，被视为专利制度发展史上的第二个里程碑。十八十九世纪，美国、法国、德国、日本等国相继制定了专利法。1873 年时，世界上建立专利制度的国家仅有 22 个，100 年后增加到 120 个。目前，绝大多数国家都建立了专利制度。

　　各国最初的专利制度主要着眼于保护本国发明人的专利权，并不给予外国人相同的待遇。随着国际市场逐步形成和国际贸易往来日趋频繁，专利制度的这种局限性日益凸显。《保护工业产权巴黎公约》（以下简称《巴黎公约》）于 1883 年缔结。它所确立的国民待遇原则明确了成员国有义务就专利权等工业产权的实体保护向其他成员国国民提供不低于本国国民的待遇，这为发明人在外国申请专利并获得保护提供了国际法基础。此外，《巴黎公约》还确立了专利独立、优先权等原则，成为此后100多年专利制度国际协调的坚实基础和重要开端。

1970年在《巴黎公约》基础上缔结的《专利合作条约》（PCT）建立了国际申请体系，使各国申请人可以使用一种语言、向一个专利局提交一份申请，就在指定的多个国家中享有国家申请的效力，从而大大减轻了申请人向多个国家分别提出专利申请的负担。

此外，国际上还订立了一系列与专利有关的条约，如《工业品外观设计国际保存海牙协定（1925年）》（以下简称《海牙协定》）、《建立工业品外观设计国际分类洛迦诺协定》（1968年）、《国际专利分类斯特拉斯堡协定》（1971年）（以下简称《斯特拉斯堡协定》）、《国际承认用于专利程序的微生物保藏布达佩斯条约》（1977年）（以下简称《布达佩斯条约》）等。值得一提的是，《与贸易有关的知识产权协定》（1994年）（简称TRIPS协定）将包括专利在内的知识产权保护问题与国际贸易挂钩，大大提高了各国知识产权的保护标准，对专利制度的国际协调起到了重要作用，并在全球范围内产生了深远的影响。

另外，在国际协调的同时，欧洲、中东以及非洲等地的一些国家，基于自身需求等考虑，也在地区层面组建了一些区域性的组织，形成了独立于各国专利制度的区域性专利申请和授权体系。

二、专利权的概念及其法律特征

专利权是专利制度的核心。一般认为，专利权是一个国家或地区的政府主管机关依法授予申请人在一定期限内禁止他人未经允许而实施其专利的权利。也可以说，专利权是发明创造的合法所有人依法对其发明创造所享有的独占权。

专利权具有客体（发明创造）的无形性、授权的地域性、存在的时间性和权利的独占性等特点。

（一）客体的无形性

法律意义上的客体是指主体享有的权利和承担的义务所共同指向的对象。就专利权而言，主体（专利权人）的权利和义务所指向的对象是发明创造，因此，发明创造是专利权的客体。与有形财产不同，尽管发明创造往往会以有形载体例如某种产品的形式出现，但其实质却是无形的技术方案或者设计方案。这种无形的技术方案或者设计方案要被人感知，必须借助于一定载体，但这一载体的灭失，并不导致客体及其权利的丧失。而有形财产所有权的客体与载体，则是不可分的。载体灭失将导致客体灭失，进而导致权利消失。客体无形性是专利权等知识产权区别于有形财产所有权的最根本的特征。

（二）授权的地域性

专利权只在授权的地域范围内有效，即授权的地域性。各国的专利制度相互独立，专利权由各国的政府主管机关按照其本国法律授予，只在授权的国家范围内有效。发明人或者申请人就一项发明创造在一国获得的专利权，并不在别国受到保护。因而，发明人或者设计人如果希望在不同国家得到保护，一般需要分别向各国申请获得授权。

（三）存在的时间性

专利权是一项有期限的民事权利。各国法律都对专利权的期限作出了明确的规定，例如我国《专利法》就规定，发明专利权的期限为20年，实用新型专利权和外观设计专利权的期限为10年，均自申请日起计算。期限届满之后，虽然发明创造本身依然存在，并且可能仍然具有实施的价值，但是专利权不再存在，原来受法律保护的客体进入公有领域，任何人都可自由利用。而有形财产则不同，一般而言，只要客体存在，权利就会持续存在，没有期限限制。

（四）权利的独占性

专利权具有独占性。根据法律规定，专利权专属于权利人所有，未经许可，他人不得实施。在这一点上，专利权与有形财产的所有权既有相同之处，又存在不同。就有形财产所有权来说，其客体的有形性决定了权利主体对其具有一种天然的独占。例如某人拥有一个杯子，那么通常这个杯子在其占有、控制之下，他人被自然排斥。反过来，在没有争议的情况下，主体对杯子的占有也往往意味着所有权的存在。但就专利权而言，对其保护客体即发明创造（技术方案或者设计方案）的占有（即了解技术方案或者设计方案），并不意味着对其享有独占权。因为发明创造一旦被公开，就能够为任何具有相应知识的人所了解和利用，只有当法律就专利权人对其发明创造的独占权加以明确规定，专利权才具有了独占性。此外，同样的有形财产，例如批量生产的杯子，可以同时由多个主体分别所有，各自的所有权互不相扰。但被授予专利权的发明创造则不能由多个主体分别所有。也正是出于这个原因，如果就一项发明已经对一个申请人授予了专利权，就不能在同一地域内再给另一个申请人授权，即使该申请人也是独立作出了这一发明。

三、专利审查制度

现代专利制度建立伊始，各国基于不同的国情，对专利申请的受理、审查和授权建立了各有差异的审查制度。在这些审查制度中，有一些原则得到了共同的认可和遵循。

（一）登记制、初步审查制与实质审查制

在所有国家，专利申请提出以后必须经过政府主管部门的审核，才能被授予专利权。各国根据各自的实际情况和需要，采取了不同的审核制度，主要有登记制、初步审查制、实质审查制等。

登记后即授予专利权，为登记制。采用初步审查制的，专利局将对申请文件是否完备、填写方式是否符合要求、申请费是否已经缴纳以及申请是否存在明显的实质性缺陷进行审查，没有发现驳回理由的，就会授予专利权。采用实质审查制的，专利局不仅对申请文件的形式要求进行审查，还对申请专利的技术是否具备专利法规定的授权条件，即新颖性、创造性、实用性进行审查，经实质审查合格后才会授予专利权。

在采用审查制度的国家中，有的国家如美国实行即时审查制，即申请提交后即可进行审查；而包括我国在内的许多国家采用了早期公开、延迟审查的制度。按照这种审查制度，申请人向专利局提交专利申请后，专利局首先对其进行初步审查，符合形式要求的即在自申请日起满18个月时予以公布，这就是"早期公开"；"延迟审查"是指专利局完成初步审查后并不立即进行实质审查，而是在申请人按规定时间（通常是自申请日起3年内）提出实质审查请求后才进行审查。申请人未在规定期限内提出实质审查的，其申请将被视为撤回。采用这种制度，一方面能够使申请专利的技术尽早与公众见面，有利于技术传播，避免重复研究；另一方面给申请人是否继续申请、是否投入人力和资金提供了充分的考虑时间，同时也减少了审查机构的工作压力。

（二）先申请制与先发明制

由于专利权具有独占性，在同一地域内对于同样的发明创造不能重复授予专利权，否则在这些被重复授予的专利权之间就会出现冲突。因此，各国专利法均规定，就同样的发明创造只能授予一项专利权，这就是"禁止重复授权"原则或者"一发明一专利"原则。

如果有两个以上的申请人分别就同样的发明创造申请专利，假如他们的申请都符合专利法的要求，专利权应当授予谁呢？对于这一问题，世界各国存在两种不同的处理原则，即先申请制与先发明制。

先申请制是将专利权授予先提出申请的人。这种做法的好处是可以促使申请人在完成发明后尽早提出专利申请，有利于发明创造的尽早公开，从而避免重复研究，节约社会资源。但是，这种做法也存在一定弊端，可能导致由于申请人急于提出专利申请，使发明创造还处在不成熟、不完善的阶段就公之于众，既不利于方案的完善，也可能有损申请人本应获得的权益。先发明制则是将专利权授予先作出发明创造的人。这将有利于发明人进一步完善发明创造，而不必急于提出申请，但也有可能助长发明人将其发明创造长时间置于保密状态，不利于发明创造的尽早公开和传播。基于效率与公平的综合考量，包括我国在内的绝大多数国家都采用先申请制，只有美国采用先发明制。

（三）优先权制度

一方面，由于各国专利制度相互独立，发明人或者申请人如果希望就一项发明创造在不同国家获得专利保护，需要分别向各国提交专利申请。另一方面，绝大多数国家采用先申请制，针对相同的发明创造，专利权将授予最先提出申请的人。同时，各国专利法都规定授予专利权的发明应当具备新颖性和创造性，而确定新颖性、创造性的时间界限通常都是申请日。因此，申请人要在各国获得专利授权就需要尽可能同时在不同国家提出专利申请，否则有可能被别人抢先申请或者因在别国申请之前由于发明创造的公开而不能获得专利权。但是，在本国和其他国家同时提交申请却是一件相当困难的事情。为了解决这一问题，《巴黎公约》确立了优先权制度，即申请人在一个成员国首次提出专利申请后，在一定期限内（发明、实用新型为 12 个月、工业品外观设计为 6 个月）就同一主题在其他成员国提出申请的，可以要求将其在后申请视为是在首次申请的申请日提出的，在新颖性、创造性判断中占有优先的地位。由此，优先权制度为便利申请人跨国申请提供了制度保障。申请人基于这一制度而享有的权利，即外国优先权。

由于外国优先权制度主要体现了基于外国在先申请的权益主张，而申请人就相同主题在本国再次提出申请的情况下却不能享有因外国优先权而产生的优惠待遇，因此各国又纷纷建立了本国优先权制度，以实现某种意义上的利益平衡。依照这一制度，申请人就相同主题在本国再次提出申请的，也可以主张优先权，即将在先申请的申请日视为在后申请的申请日，从而通过合并在先申请节约开支或者实现重新选择专利申请类型的目的。

四、专利制度的作用

专利制度的作用主要体现在两个方面，一是通过授予专利权人一定期限的独占权，使其在激烈的竞争中占据有利地位，收回完成发明创造的投入，促进进一步创新，从而有效地鼓励发明创造；二是通过充分公开发明创造、广泛迅速传播专利信息，推动发明创造的应用和推广，为他人研发提供更好的基础，避免重复投入，从而促进国家科学技术进步和经济发展。

第二节　中国专利制度概述

伴随着整个国家走上现代化建设的道路，中国专利制度的发展，也经历了曲折的过程。改革开放后，专利法的制定、实施与几次修改，正是"与时俱进"的生动体现。中国专利制度的特征、机构设置和管理模式，也是国情的体现。

一、中国专利制度的发展历史

早在清末，中国就已经开始尝试法律移植，学习和引进包括专利制度在内的西方法律制度。新中国成立后，由于种种原因，直到 20 世纪 80 年代初，在改革开放的历史背景下，包括专利制度在内的现代知识产权制度，才得以真正建立并运转起来。

（一）《专利法》的制定与实施

1978 年，党的十一届三中全会揭开了改革开放伟大事业的序幕。经过数年的酝酿，《中华人民共和国专利法》（以下简称《专利法》）于 1984 年 3 月 12 日在六届全国人大常委会第四次会议上通过，自 1985 年 4 月 1 日起施行，这标志着我国当代专利制度的开始。它是改革开放的产物，具有较高的起点，同时又立足我国国情。实践证明，专利制度对于鼓励发明创造，促进技术创新及其推广应用，推动我国经济社会的全面发展，发挥了不可替代的作用。

1984 年《专利法》在一部法律中囊括了发明、实用新型和外观设计三种专利；在先发明制和先申请制中选择了先申请制；在审查方式上，对发明专利申请采用"早期公开、延迟审查"制，对实用新型和外观设计采用初步审查制；在保护期限上，规定发明专利权为自申请日起 15 年，实用新型和外观设计专利权为自申请日起 5 年并可续展 3 年；专利权的保护实行司法途径和行政途径并行的双轨制；在可专利保护的主题上，规定对药品、用化学方法获得的物质、食品和调味品等不授予专利权。此外，1984 年《专利法》还全面体现了《巴黎公约》的三大原则，即国民待遇原则、优先权原则和专利独立原则。

另外，需要说明的是，1984 年《专利法》适用于中华人民共和国境内，但不适用于香港特别行政区、澳门特别行政区和台湾地区。

（二）《专利法》的第一次修正

在建立中国特色社会主义市场经济体制的时代背景下，为落实我国在《中美知识产权保护备忘录》中的承诺，我国于 1992 年 9 月对《专利法》进行了第一次修正。修改后的《专利法》条款于 1993 年 1 月 1 日起施行。本次修正主要涉及以下方面：

（1）扩大可专利保护的技术领域，对食品、调味品、药品和用化学方法获得的物质等发明创造提供专利保护；

（2）延长专利权的保护期限，发明专利权的保护期限为自申请日起算 20 年，实用新型和外观设计专利权的保护期为自申请日起算 10 年；

（3）赋予专利权人制止他人未经许可而进口专利产品的权利，并将对产品制造方法的保护延伸至由该方法直接获得的产品；

（4）简化了授权前的程序，将授权前的异议程序改为授权之后的撤销程序；

（5）完善了给予实施专利强制许可的条件。

（三）《专利法》的第二次修正

为适应我国加入世界贸易组织（WTO）的需要，符合 WTO 有关规则，更有效地发挥专利制度促进科技创新和经济社会发展的作用，我国于 2000 年 8 月对《专利法》进行了第二次修正。修改后的《专利法》条款于 2001 年 7 月 1 日起施行。本次修正主要涉及以下方面：

（1）取消了专利授权后的撤销程序；

（2）取消了专利复审委员会对实用新型和外观设计作出的复审决定和无效决定的终局决定权；

（3）赋予发明或者实用新型专利权人禁止他人许诺销售专利产品的权利；

（4）调整完善了职务发明创造权利归属的规定；

（5）增加了有关诉前临时措施的规定；

（6）明确规定了侵权赔偿额的计算方式；

（7）增加了实用新型检索报告制度。

（四）《专利法》及其实施细则的第三次修正

为提高自主创新能力、建设创新型国家，推动我国经济社会的全面发展，我国对《专利法》及其实施细则进行了第三次修正❶。修改后的《专利法》及其实施细则条款分别于 2009 年 10 月 1 日和 2010 年 2 月 1 日起施行。本次修正主要涉及以下方面：

（1）调整了宗旨条款，突出了专利制度提高创新能力和促进经济社会发展的立法目的；

（2）明确共有权利的归属及行使；

（3）采用绝对新颖性标准，完善了专利授权条件；

（4）排除对标识性平面设计授予专利权、提高外观设计专利授权标准、允许相似外观设计合案申请、明确外观设计保护范围的判断标准、增加外观设计专利权人的许诺销售权、增加外观设计专利权评价报告制度，从而完善了外观设计制度；

（5）增加遗传资源保护条款、允许平行进口、增加药品和医疗器械的审批例外、允许现有技术抗辩、完善强制许可制度，以期维护公众权益，防止专利权滥用；

（6）增加诉前证据保全、完善侵权赔偿计算方法、增加法定赔偿、将制止侵权行为所支付的合理开支纳入赔偿范围，从而完善执法措施，加强专利权保护；

（7）取消对涉外专利代理机构的指定、增加国家知识产权局专利信息传播职责，体现了深化行政审批改革、建设服务型政府的决心。

与前两次修正相比，首先，本次修正着眼于转变经济发展方式的时代要求，立足于提高我国的自主创新能力；其次，在总结实践经验的基础上，满足我国自身需求，注重专利权人的利益与公共利益的平衡；最后，本次修正的开放性、透明度大大增强，"民主立法、科学立法"的精神贯穿始终，得到国内外各界高度关注和广泛参与。

（五）与专利相关的法规、部门规章及司法解释

为了实施《专利法》及其实施细则，相关主管部门先后制定了多部行政法规及部门规章，并根据《专利法》及其实施细则的修正和实践需要不断完善。主要包括《专利代理条例》《国防专利条例》《审查指南》《国家知识产权局行政复议规程》《专利代理管理办法》《专利行政执法办法》《专利实施强制许可办法》和《涉及公共健康问题的专利实施强制许可办法》等。

此外，为切实保护专利权人和其他利害关系人的合法权益、正确审理专利纠纷和侵犯专利权纠纷案件，最高人民法院先后发布了《关于对诉前停止侵犯专利权行为适用法律问题的若干规定》（2001 年）《关于审理专利纠纷案件适用法律问题的若干规定》（2001 年）和《关于审理侵犯专利权纠纷案件应用法律若干问题的解释》（2009 年）等与专利有关的司法解释。

二、中国专利制度的主要特征

（一）三种专利类型及其审查制度

我国专利法的一大特色是对发明、实用新型和外观设计三种类型的发明创造都授予专利权。

---

❶ 2002 年，《专利法实施细则》还进行过一次修改，仅涉及两个条款。

在世界上许多国家的法律制度中，专利一般专指发明专利，实用新型和工业品外观设计在立法上则相对独立。有些国家甚至没有建立实用新型制度。我国将三种类型的发明创造统一由专利制度加以保护，是基于国情作出的选择，同时也节约了立法成本和制度运行成本。

虽然在一部法律中予以保护，但三种专利各有特点，相应的审查制度也有所不同。对于实用新型和外观设计专利申请，采取初步审查制，国家知识产权局仅对专利申请的形式和是否具有明显实质性缺陷进行审查，符合形式要求和没有发现明显实质性缺陷的即授予专利权；对于发明专利申请，则采用实质审查制，国家知识产权局除对专利申请的形式进行审查外，还对申请所涉及的内容是否符合发明的定义、说明书是否清楚、完整地说明发明创造的技术内容、权利要求是否清楚、简要和得到说明书的支持、要求保护的发明是否具备新颖性、创造性和实用性、申请文件的修改是否超出原说明书，以及权利要求书记载的范围等实质性问题进行审查。没有发现驳回理由的，才授予专利权。另外，对于发明专利申请，我国专利法采取了早期公开、延迟审查的制度，也就是说，发明专利申请经初步审查合格后，自申请日起满18个月即行公布；而实质审查则依据申请人的请求随后启动。

（二）先申请制

对于多个主体就同样的发明创造分别提出专利申请如何处理的问题，我国与大多数国家一样，采用先申请原则。依照《专利法》的规定，"两个以上的申请人分别就同样的发明创造申请专利的，专利权授予最先申请的人。"在该条文的理解上需要注意，首先，这一原则是在多个申请人的申请均符合其他授权条件的前提下才适用；其次，判断申请的先后精确到"日"，也就是说，在同一日提出申请的人，即使实际的申请时间有早有晚，专利权并不授予申请的具体时间在前的人，也不是由双方共有，而是根据《专利法实施细则》的规定由双方协商确定申请人，否则均不授予专利权。

（三）专利申请的授权条件

专利申请的授权条件包括形式条件和实质条件。形式条件是指，所提出的专利申请应当符合《专利法》及其实施细则规定的格式，以书面方式撰写专利申请文件，依照法定程序履行必要的手续。实质条件是对授权的实质性要求。

1. 形式条件

专利申请授权的形式条件主要包括：申请文件应当齐备，撰写符合《专利法》及其实施细则的要求；申请人的身份合法，各种证明文件齐备，申请人如果是外国人的，应当委托代理机构；申请人应当缴纳申请费用。

2. 实质条件

专利申请授权的实质条件主要包括：具备新颖性、创造性和实用性，并且符合充分公开和限定保护范围的要求。

（1）新颖性、创造性和实用性

依照《专利法》的规定，授予专利权的发明和实用新型，应当具备新颖性、创造性和实用性，即通常所说的"三性"。其中，新颖性是指该发明或者实用新型不属于现有技术，即不属于申请日以前在国内外为公众所知的技术；也不存在抵触申请，即没有任何单位或者个人就同样的发明或者实用新型在申请日以前向国务院专利行政部门提出过申请，并记载在申请日以后公布的专利申请文件或者公告的专利文件中。创造性是指与现有技术相比，该发明具有突出的实质性特点和显著的进步，该实用新型具有实质性特点和进步。实用性是指该发明或者实用新型能够制造或者使用，并且能够产生积极效果。

（2）充分公开

根据《专利法》的要求，专利说明书应当对发明创造作出清楚、完整的说明，使所属领域的技术人员能够实现。具体而言，说明书应当主题明确、用词准确，不得缺少有关理解和再现发明创造所需的技术内容，应当能够使所属领域的技术人员在阅读说明书内容之后，不需要再付出创造性劳动，即可再现该发明创造。

（3）限定保护范围

权利要求书应当以说明书为依据，清楚、简要地限定要求专利保护的范围。

（4）外观设计专利申请的授权条件

《专利法》对外观设计专利申请所规定的授权条件，与发明和实用新型专利申请应当具备创造性等要求有所不同。根据《专利法》的规定，授予专利权的外观设计应当不属于现有设计，即不属于申请日以前在国内外为公众所知的设计，也不存在抵触申请，即没有任何单位或者个人就同样的外观设计在申请日以前向国务院专利行政部门提出过申请，并记载在申请日以后公告的专利文件中。此外，授予专利权的外观设计，应当与现有设计或者现有设计特征的组合相比具有明显区别，并且不得与他人在先取得的合法权利如著作权、商标专用权等相冲突。

（四）行政保护与司法保护双轨制

在我国，专利权的保护采取了行政保护和司法保护并行的双轨制。建立这样的双轨制的背景是，专利制度建立之初，我国司法建设的进展尚不能满足维护专利权人合法权益的实际需要。全国人大常委会在审议《专利法（草案）》的过程中也认为，审理专利侵权纠纷是专业性很强的工作，人民法院当时尚不具备足够的审判力量。为了及时化解专利侵权纠纷，建议成立地方专利管理机关，先由行政机关来处理专利侵权纠纷。因此，1984 年《专利法》规定，对未经专利权人许可，实施其专利的侵权行为，专利权人或者利害关系人可以请求专利管理机关进行处理，也可以直接向人民法院起诉。专利管理机关处理的时候，有权责令侵权人停止侵权行为，并赔偿损失。这就为我国专利保护行政救济与司法救济的双轨模式奠定了法律基础。在后来《专利法》的三次修改中，虽然行政保护在具体制度设计上有一些调整，但总体上仍然保留了行政保护与司法保护双轨制。《专利法》施行 20 多年来的实践表明，专利行政执法符合我国国情，对切实保障专利权人的合法利益、及时制止侵犯专利权的行为、维护正常的经济社会秩序发挥了重要作用。在未来相当长的一段时期内，行政保护仍将为维护专利权人的合法权益发挥不可或缺的重要作用。

应当注意，行政保护是应权利人请求而启动的程序，并且也不是请求司法保护的前置程序。

三、中国专利审查制度的程序设计

（一）发明专利申请的审查程序

我国对于发明专利申请采用"早期公开、延迟审查"的制度。国家知识产权局受理专利申请后，经初步审查合格，自申请日起 18 个月时即行公布其申请文件，然后根据申请人于规定期限（自申请日起 3 年）内提出的请求，进行实质审查，经审查没有发现驳回理由的，予以授权并公告。

1. 受理申请

国家知识产权局收到发明专利申请符合规定格式的请求书、说明书及必要情况下的说明书附图和权利要求书后，应当发出受理通知书，明确申请日，给予申请号。对于缺少上述必要文件之一或者存在其他不符合法律要求的缺陷的，国家知识产权局不予受理。

2. 初步审查

受理发明专利申请之后，国家知识产权局将对申请费用缴纳、申请文件及其格式、是否具有明显的实质性缺陷、相关法律手续等情况进行审查。初步审查不合格的，通知申请人进行补正或者陈述意见。经补正或陈述意见仍不符合要求的，予以驳回。初步审查合格的，进入公布程序。

3. 公布申请

发明专利申请初步审查合格后，自申请日起满 18 个月，国家知识产权局将对其进行公布。申请人希望提前公布的，可以请求早日公布其申请，国家知识产权局在该申请经初步审查合格后立即予以公布。

4. 实质审查

自申请日起 3 年内，申请人可以提出对其发明专利申请进行实质审查的请求。根据申请人的请求，国家知识产权局对申请的主题是否属于不授予专利权的主题，要求保护的发明是否具备新颖性、创造性和实用性，申请是否符合充分公开、限定保护范围要求等方面进行实质审查。

经审查发现专利申请不符合《专利法》及其实施细则有关规定的，国家知识产权局将向申请人发出通知书，指出申请中存在的缺陷，并给予申请人进行陈述或者修改申请文件的机会。经申请人陈述意见或者进行修改后，国家知识产权局仍然认为不符合《专利法》及其实施细则有关规定的，将予以驳回。

5. 授权公告

发明专利申请经实质审查没有发现驳回理由的，由国家知识产权局作出授予发明专利权的决定，发给发明专利证书，并予以登记和公告。专利权自公告之日起生效。

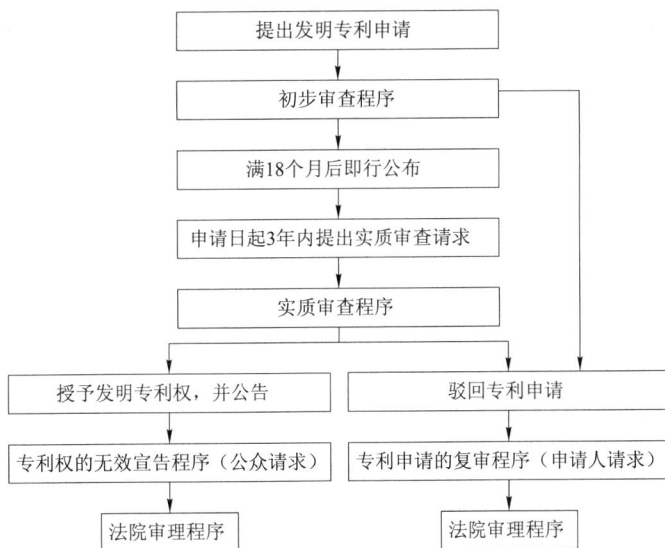

图 1-1 发明专利申请审查程序简图

（二）实用新型与外观设计专利申请的审查程序

前已述及，我国实用新型和外观设计专利申请并不进行实质审查，因而其审查流程较发明专利申请更为简捷，仅包括受理申请、初步审查和授权公告。实用新型和外观设计专利申请经初步审查没有发现驳回理由的，由国家知识产权局作出授予实用新型专利权或者外观设计专利权的决定，发给相应的专利证书，同时予以登记和公告。专利权自公告之日起生效。

（三）专利申请的复审程序与专利权的无效宣告程序

对于国家知识产权局作出的驳回决定不服的，申请人可以请求专利复审委员会对其专利申请进行复审。自国家知识产权局公告授予专利权之日起，任何单位或者个人认为该专利权的授予不符合专利法有关规定的，可以请求专利复审委员会宣告该专利权无效。对于复审请求和无效宣告请求，专利复审委员会应当及时进行审查并作出决定。

1. 复审程序

专利申请的复审程序一般包括形式审查、前置审查、合议审查和作出维持或撤销原驳回决定的复审决定。

复审决定撤销原驳回决定的，由原审查部门继续审批程序。原审查部门应当执行专利复审委员会的决定，不得以同样的事实、理由和证据作出与该复审决定意见相反的决定。

复审请求人对专利复审委员会作出的复审决定不服的，可以自收到复审决定之日起 3 个月内向北京市第一中级人民法院提起行政诉讼。

2. 专利权的无效宣告程序

专利权的无效宣告程序一般包括形式审查、合议审查和作出无效宣告请求审查决定。

经过审查，专利复审委员会作出无效宣告请求审查决定，宣告专利权全部无效、部分无效或者维持专利权有效。无效宣告程序的当事人对专利复审委员会作出的无效宣告请求审查决定不服的，可以自收到该决定之日起 3 个月内向北京市第一中级人民法院起诉。

（四）其他辅助审查程序与救济程序

1. 撤回程序

根据《专利法》的规定，专利申请人可以在被授予专利权之前随时撤回其专利申请。撤回专利申请是申请人对其专利申请权利进行处分的方式之一。撤回专利申请，可以以声明等方式进行，也可以以不按照《专利法》及其实施细则有关规定或者国家知识产权局有关要求办理必要手续的不作为方式进行。

2. 保密审查程序

根据《专利法》的规定，任何单位或者个人将在中国完成的发明或者实用新型向外国申请专利的，应当事先报经国务院专利行政部门进行保密审查。这一规定，主要是为了防止涉及国家安全或者重大利益的发明创造由于向外申请而被公开，从而维护国家利益。

3. 中止程序

根据《专利法实施细则》的规定，当事人因专利申请权或者专利权的归属发生纠纷，已请求管理专利工作的部门调解或者向人民法院起诉的，可以请求国家知识产权局中止有关程序。另外，人民法院在审理民事案件中裁定对专利申请权或者专利权采取保全措施的，国家知识产权局应当在收到写明申请号或者专利号的裁定书和协助执行通知书之日中止被保全的专利申请权或者专利权的有关程序。

因权属纠纷请求中止有关程序的，管理专利工作的部门作出的调解书或者人民法院作出的判决生效后，当事人应当向国家知识产权局办理恢复有关程序的手续。自请求中止之日起 1 年内，有关专利申请权或者专利权归属的纠纷未能结案，需要继续中止有关程序的，请求人应当在该期限内请求延长中止。期满未请求延长的，国家知识产权局自行恢复有关程序。

因采取保全措施而中止有关程序的，保全期限届满，人民法院没有裁定继续采取保全措施的，国家知识产权局自行恢复有关程序。

4. 权利恢复程序

如果当事人因不可抗拒的事由而延误《专利法》或《专利法实施细则》规定的期限或者国家知识产权局指定的期限，导致其权利丧失的，自障碍消除之日起2个月内，最迟自期限届满之日起2年内，可以向国家知识产权局说明理由并附具有关证明文件，请求恢复权利。

如果当事人因其他正当理由而延误《专利法》或《专利法实施细则》规定的期限或者国家知识产权局指定的期限，导致其权利丧失的，可以自收到国家知识产权局的通知之日起2个月内向其说明理由，请求恢复权利。

申请人延误了新颖性宽限期、优先权期限、专利权的期限以及诉讼时效期限，而丧失权利的，不能恢复。

5. 专利行政复议程序

行政复议是指公民、法人或其他组织不服有关行政机关的行政处罚或其他处理决定，依法向原处理机关或上级机关提出申诉，由原行政机关或上级行政机关对该行政处理决定是否合法和适当重新审议并作出裁决的行政程序制度，以纠正违法或者不当的具体行政行为，保护公民、法人和其他组织的合法权益。《国家知识产权局行政复议规程》对专利行政复议的受案范围、程序等方面的内容都作出了具体规定。

四、中国专利行政与司法机构

（一）国务院专利行政部门及其主要职能

国务院专利行政部门即指国家知识产权局，是国务院主管专利工作的直属机构，负责管理全国的专利工作，统一受理和审查专利申请，依法授予专利权；对地方管理专利工作的部门处理专利侵权纠纷、查处假冒专利行为、调解专利纠纷进行业务指导；负责集成电路布图设计专有权的有关管理工作；统筹协调涉外知识产权事宜。此外，国家知识产权局依法设立专利复审委员会，负责受理和审查专利复审和无效案件。

为了便利当事人办理专利申请等业务，国家知识产权局在部分省级知识产权局设立了专门的派出机构，即专利代办处。专利代办处主要承担国家知识产权局委托的专利业务工作及相关服务性工作，主要包括：专利申请文件的受理、费用减缓请求的审批、专利费用的收缴、专利实施许可合同备案、办理专利登记簿副本及相关业务咨询服务。自1985年以来，全国范围内已设立近30个专利代办处。

（二）国防专利机构及其主要职能

国防专利机构即国防专利局，是负责受理和审查国防专利申请、负责军队系统的国防专利管理工作的专门机构。所谓国防专利，是指涉及国防利益以及对国防建设具有潜在作用需要保密的发明专利。需要注意的是，国防专利申请的受理和审查工作虽然由国防专利局进行，但其授权与普通专利申请一样，由国家知识产权局负责。

（三）地方管理专利工作的部门及其主要职能

地方管理专利工作的部门是指由省、自治区、直辖市人民政府以及专利管理工作量大又有实际处理能力的设区的市人民政府设立的管理专利工作的部门。省、自治区、直辖市人民政府管理专利工作的部门负责本行政区域内的专利管理工作。地方管理专利工作的部门的主要职责包括处理专利侵权纠纷、查处假冒专利行为、调解各类专利纠纷以及宣传、普及专利知识等。

（四）审理专利案件的人民法院

我国对于专利权的保护实行司法与行政双轨制，也就是说，遇有专利侵权纠纷，当事人可以请求地方管理专利工作的部门处理，也可以向人民法院起诉。

根据《民事诉讼法》的规定，普通的民事纠纷案件一般由基层人民法院管辖。但由于专利侵权纠纷不仅涉及法律问题，还涉及复杂的技术问题，专业性较强，为了保证案件审理的质量，专利侵权纠纷案件的级别管辖有特殊规定。《最高人民法院关于审理专利纠纷案件适用法律问题的若干规定》第 2 条规定："专利纠纷第一审案件，由各省、自治区、直辖市人民政府所在地的中级人民法院和最高人民法院指定的中级人民法院管辖。"截至 2011 年 5 月，全国共有 75 个中级人民法院有权管辖专利侵权纠纷案件。

第三节　发明创造的相关主体及其权利

发明创造的相关主体包括发明人、设计人和申请人，所涉及的权利主要包括申请专利的权利和专利权。职务发明创造及相关的奖酬规定、权利的转让、共有权利的行使等知识点是本节的重要内容。

一、申请专利的权利和专利权的归属

一项发明创造由发明人或者设计人作出后，并不自动产生专利权，必须由有权提出专利申请的主体向国家知识产权局提出申请，经国家知识产权局审查后才能授予专利权。因此需要首先明确谁有权提出专利申请。申请专利的权利就是发明创造的有关主体所具有的、就该发明创造提出专利申请的权利。对于不同情况下就发明创造申请专利的权利和相应的专利权的归属，《专利法》作出了不同的具体规定。

（一）职务发明创造

1. 职务发明创造的概念与判断

依据《专利法》的规定，职务发明创造是指执行本单位的任务或者主要是利用本单位的物质技术条件所完成的发明创造。据此，职务发明创造可以分为两种类型：一是执行本单位的任务所完成的发明创造，二是并非执行本单位任务但主要利用本单位的物质技术条件所完成的发明创造。

对于第一种类型，即执行本单位的任务所完成的发明创造，首先，需要明确的是，这里的"本单位"既包括与作出发明创造的发明人或者设计人具有稳定的劳动、人事关系的单位，也包括临时的工作单位。其次，执行本单位的任务所完成的发明创造不仅包括发明人或者设计人在本职工作中作出的发明创造，也包括其在履行本单位交付的本职工作以外的任务所作出的发明创造，以及在退休、调离原单位后或者劳动、人事关系终止后 1 年内作出的与其在原单位承担的本职工作或者原单位分配的任务有关的发明创造。

对于第二种类型，即并非执行本单位任务但主要是利用本单位的物质技术条件所完成的发明创造，首先，应当正确理解"本单位的物质技术条件"的含义。在这里，"本单位"的含义与第一种类型中相同。"本单位的物质技术条件"，既包括本单位的资金、设备、零部件和原材料等有形的物质条件，也包括不对外公开的技术资料等。需要注意的是，那些虽然从单位获得、但属于可以公开获得的非保密技术资料不在此列。此外，该类型的职务发明创造，对于本单位物质条件的利用须达到"主要"的程度，否则也不是职务发明创造。

2. 职务发明创造申请专利的权利及专利权的归属

根据《专利法》的规定，职务发明创造申请专利的权利属于该单位；申请被批准后，该单位

为专利权人。由于申请专利的权利可以转让，因此实际的申请人可能并非法定的原始申请人。

但是，对于利用本单位的物质技术条件所完成的发明创造，《专利法》规定，如果单位与发明人或者设计人订有合同，对申请专利的权利和专利权的归属作出约定的，从其约定。也就是说，无论对于主要利用本单位的物质技术条件所完成的职务发明创造，还是并没有达到主要利用本单位物质技术条件程度的非职务发明创造，申请专利的权利和专利权的归属均可由双方以合同形式进行约定。需要注意的是，法律规定可由双方进行约定的是申请专利的权利和专利权的归属，而不是是否属于职务发明创造的性质。在没有约定的情况下，主要利用本单位的物质技术条件所完成发明创造，其申请专利的权利以及所取得的专利权应当依照职务发明创造权利归属的一般规定确定属于单位；没有达到主要利用本单位物质技术条件程度的发明创造，其权利归属则依照非职务发明创造的一般规定加以确定。这样规定的目的，一方面是为了调动单位职工利用单位资源进行发明创造的积极性，另一方面也是要提高单位加强管理资源和维护权益的主动性。另外，实践中往往会出现难以判断是否属于"主要利用单位物质技术条件完成发明创造"的情况，因此，通过双方约定的方式确定归属，也有利于避免矛盾、解决问题。

（二）非职务发明创造

1. 非职务发明创造的概念与判断

《专利法》没有正面规定非职务发明创造的定义。从逻辑上讲，只要不属于法律规定的职务发明创造，就应当是非职务发明创造。因此，非职务发明创造的范围，还是需要依照职务发明创造的界限来界定。对非职务发明创造的判断，与职务发明创造的判断其实是一个问题的两个方面，其核心是正确理解职务发明创造的含义。例如，并非执行本单位任务并且利用本单位物质技术条件没有达到主要程度所完成的发明创造，就属于非职务发明创造。

2. 非职务发明创造申请专利的权利及专利权的归属

根据《专利法》的规定，非职务发明创造申请专利的权利属于发明人或者设计人；申请被批准后，该发明人或者设计人为专利权人。与职务发明创造相关权利的归属一样，由于申请专利的权利可以转让，因此，实际申请人并不一定是发明人或者设计人本人，而可能是权利的合法受让人。

（三）合作或者委托完成的发明创造

两个以上单位或者个人合作完成的发明创造，为合作完成的发明创造。一个单位或者个人接受其他单位或者个人委托所完成的发明创造，为委托完成的发明创造。《专利法》及其实施细则对合作和委托之间的区别没有作出明确规定。一般认为，如果各方均派人参与开发，则为合作关系；如果一方只出资、由另一方根据其要求派人进行开发，则为委托关系。

对于这两种情况下申请专利的权利及专利权的归属，《专利法》作出了一致的规定，即除另有协议外，申请专利的权利属于完成或者共同完成发明创造的单位或者个人；申请被批准后，申请的单位或者个人为专利权人。

由此可知，无论合作完成的发明创造还是委托完成的发明创造，其权利归属应当依照约定优先的原则，根据双方的约定加以确定。在没有约定的情况下，则均应依照发明创造由谁实际完成的事实来加以认定，而不是以双方事先商定的合作关系或者委托关系来认定。

此外，与前述权利归属的情况类似，对于合作或者委托完成的发明创造，申请专利的权利也可能向其他主体转移，因而会出现申请人和专利权人并非原权利主体的情况。

二、申请人的种类及相关规定

申请人是指就发明创造向国家知识产权局提出专利申请的人。根据不同的标准，申请人可以进行不同的种类划分。例如，根据其法律属性，可以分为自然人、法人和其他组织；根据其国籍，可以分为中国申请人（包括港、澳、台申请人）和外国申请人（包括无国籍申请人）；根据主体的数量则可以分为单一申请人和共同申请人。

申请人在我国是否享有申请专利的权利，以及申请专利是否需要委托专利代理机构，因其国籍或者住所地的不同而有所不同。

（一）中国内地申请人

中国内地单位和个人享有就发明创造在我国申请专利的权利。其在我国申请专利，无须委托专利代理机构，即内地的单位或者个人在我国提出专利申请的，既可以自行办理，也可以委托专利代理机构办理。

（二）中国港、澳、台申请人

港、澳、台申请人，与内地申请人一样享有就发明创造在我国申请专利的权利。但需要注意的是，在中国内地没有经常居所或者营业所的香港、澳门或者台湾地区的申请人向国家知识产权局提出专利申请、办理其他专利事务，或者作为第一署名申请人与中国内地的申请人共同申请专利和办理其他专利事务的，应当委托专利代理机构办理。

（三）外国申请人

在我国有经常居所或营业所的外国人、外国企业或者外国其他组织，与我国国民一样享有在我国申请专利的权利，且可根据需要自行决定是否委托专利代理机构办理。

根据《专利法》的规定，在中国没有经常居所或者营业所的外国人、外国企业或者外国其他组织，依照其所属国同中国签订的协议或者共同参加的国际条约，或者依照互惠原则，可以在中国申请专利并获得保护。也就是说，如果该外国申请人的所属国或者住所国与我国共同参加了《巴黎公约》或者世界贸易组织，或者与我国订立了相互给予对方国民或者居民以专利保护的协议，或者按照互惠原则允许我国国民或者居民在该国申请专利，则该外国申请人享有在我国申请专利的权利。

此外，《专利法》还规定，在中国没有经常居所或者营业所的外国人、外国企业或者外国其他组织在中国申请专利和办理其他专利事务的，应当委托依法设立的专利代理机构办理。在中国内地没有经常居所或者营业所的外国人、外国企业或者外国其他组织在中国作为第一署名申请人与中国内地的申请人共同申请专利和办理其他专利事务的，也应当委托专利代理机构办理。

三、专利申请权和专利权的转让

"申请专利的权利""专利申请权"和"专利权"是三个有一定关联又各自不同的权利。"申请专利的权利"是指发明创造完成后、专利申请提出之前，权利人享有的决定对发明创造是否申请专利及如何申请专利的权利；"专利申请权"是指提交专利申请后专利授权之前，权利人享有的进行申请程序、处置专利申请的权利；"专利权"是在专利申请被公告授予专利权之后，权利人享有的许可他人实施、禁止他人未经许可实施及对专利权进行处置的权利。就权利转让的性质和要求而言，申请专利的权利的转移属于《民法通则》《合同法》等规制的范畴，无需经国家知识产权局登记就可产生转让的效力，而专利申请权和专利权的转让则须经国家知识产权局登记才产生转让的效力。

《专利法》规定，专利申请权和专利权均可转让，但当事人应当订立书面合同，并向国家知识产权局进行登记并由其予以公告。专利申请权和专利权的转让，自登记之日起生效。

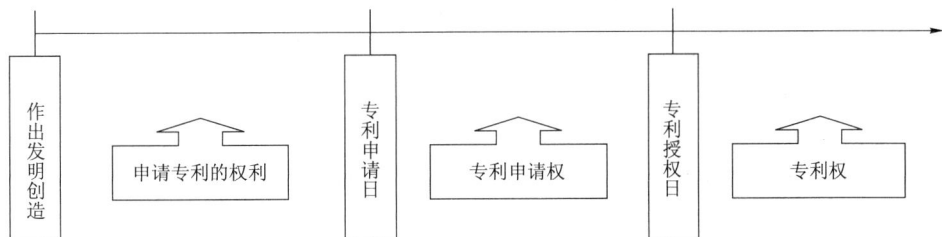

图1-2 申请专利的权利、专利申请权与专利权关系示意图

根据《专利法》的规定，中国单位或者个人向外国人、外国企业或者外国其他组织转让专利申请权和专利权的，应当依照有关法律、行政法规的规定办理手续。这里的法律、行政法规主要是指《对外贸易法》和《技术进出口管理条例》，相关手续主要是获得《技术出口许可证》或者《自由出口技术合同登记证》。

四、共同申请人及共有权利的行使

两个以上的单位或者个人可以共同提出一项专利申请，共同提出专利申请的人即为共同申请人。共同申请人共同提出的专利申请被批准后，共同申请人成为专利权的共有人。

对于共有权利的行使，《专利法》作出了约定优先的规定，即专利申请权或者专利权的共有人对权利的行使有约定的，从其约定；没有约定的，共有人可以单独实施或者以普通许可方式许可他人实施该专利。共有人之一单独实施专利的，实施获得的收益不必与其他共有人分享；许可他人实施该专利的，收取的使用费则应当在共有人之间进行分配。对于除此之外的行使专利权或者专利申请权的情形，例如转让、放弃、独占许可、质押、赠与等，则应取得全体共有人的同意。规定共有人可以单独以普通许可方式许可他人实施该专利，主要目的为合法实施专利创造条件，促进专利技术的实施。

五、发明人与设计人的权利

发明创造是人类的智力劳动成果，无论是职务发明创造还是非职务发明创造，都只能由作为自然人而非单位作出。因此，发明人或者设计人均应为自然人而不是单位。同时，随着科技进步和学科分工的进一步细化，像早期发明家那样仅通过个人钻研而在多个领域独立完成发明创造的情形越来越少。发明创造的作出，往往是许多人共同努力的结果。在对发明创造作出大小不等的贡献的人当中，谁是发明人或者设计人，有必要加以明确。对此，《专利法实施细则》作出了明确规定，"发明人、设计人是指对发明创造的实质性特点作出创造性贡献的人；在完成发明创造过程中，只负责组织工作的人、为物质技术条件的利用提供方便的人、从事其他辅助工作的人，不是发明人、设计人。"另外，一个自然人能否成为发明人、设计人，与其民事行为能力并无必然联系，例如，未成年人或者患有间歇性精神病的成年人，可能是无民事行为能力人或者限制民事行为能力人，但这并不意味着其不能成为发明人、设计人。

虽然在职务发明创造和非职务发明创造的不同情形下，发明人或者设计人并不一定拥有申请专利的权利以及专利权，但是，发明创造是发明人或者设计人的智力劳动成果，无论在何种情况下，发明人或者设计人都应由此享有一定的精神和财产权利，这也是"以人为本"的一种体现。

（一）发明人与设计人的署名权

根据《专利法》的规定，发明人或者设计人有权在专利文件中写明自己是发明人或者设计人。这也被称为发明人、设计人的署名权。无论职务发明创造还是非职务发明创造，发明人、设计人均享有这一权利。这一权利，一方面是一种表明发明人、设计人身份的精神权利，另一方面通过署名明确了发明创造由谁作出的事实，为发明人、设计人进一步依法主张其他权利提供证据。

（二）职务发明创造的发明人或设计人获得奖酬的权利及相关规定

《专利法》规定，被授予专利权的单位应当对职务发明创造的发明人或者设计人给予奖励；发明创造专利实施后，根据其取得的经济效益，对发明人或者设计人给予合理的报酬。

《专利法实施细则》对于职务发明创造的奖酬作出了约定优先的规定。被授予专利权的单位可以与发明人、设计人约定或者在其依法制定的规章制度中规定奖励和报酬的方式和数额。同时，为了进一步鼓励企业、事业单位对发明人、设计人给予奖励、报酬，避免对单位造成额外的负担，《专利法实施细则》还明确规定，单位给予的奖酬，按照国家有关财务、会计制度的规定进行处理。需要注意的是，职务发明奖励报酬的规定普遍适用于各类型的单位，并不因其所有制不同而不同。

对于单位和职工没有约定或者规章制度中没有相关规定的情况，《专利法实施细则》详细规定了如下职务发明创造奖励和报酬的最低标准：

（1）没有约定或者规章制度的情况下，被授予专利权的单位应当自专利权公告之日起 3 个月内发给发明人或者设计人奖金。一项发明专利的奖金最低不少于 3 000 元；一项实用新型专利或者外观设计专利的奖金最低不少于 1 000 元。由于发明人或者设计人的建议被其所属单位采纳而完成的发明创造，被授予专利权的单位也应当从优发给奖金。

（2）没有约定或者规章制度的情况下，在专利权有效期限内，被授予专利权的单位实施发明创造专利后，每年应当从实施该项发明或者实用新型专利的营业利润中提取不低于 2%或者从实施该项外观设计专利的营业利润中提取不低于 0.2%，作为报酬给予发明人或者设计人，或者参照上述比例，给予发明人或者设计人一次性报酬；被授予专利权的单位许可其他单位或者个人实施其专利的，应当从收取的使用费中提取不低于 10%，作为报酬给予发明人或者设计人。

第四节　专利代理制度及专利代理执业规范

专利代理是专利制度中的重要方面。我国的专利代理制度是随着专利制度的建立而产生，并随着改革开放的日益深入和社会主义市场经济体制的成熟而不断完善的。在不到 30 年的时间里，我国专利代理行业经历了从无到有、发展壮大的历史过程，取得了显著成绩。

本节包括中国代理制度的概述、代理机构和专利代理人及其执业规范、年检与惩戒等内容。其中，代理机构的设立条件、申请专利代理人资格和执业证的条件、惩戒的具体情形等方面的内容，不仅属于考试范围中的知识点，也是在日常执业中必须了解的内容。

一、中国专利代理制度概述

（一）中国专利代理制度的建立与发展

在改革开放的历史背景下，为配合《专利法》的实施，当时的中国专利局从 1984 年下半年起，在全国范围内通过举办巡回学习班的形式对科技人员进行专利代理业务的专门培训，并向其中通过考试的 6 000 余人颁发了为期 2 年的"专利代理人临时证书"。在随后的 1 年时间内，由这些持有临时证书的人员组建的 200 多家专利代理机构向原中国专利局登记备案。我国第一批专利代理人队伍和专利代理机构由此产生。此后，于 1985 年颁布的《专利代理暂行规定》以及在其基础上于 1991 年制定的《专利代理条例》，为我国专利代理制度建设提供了法律基础，使专利代理制度建设迈上新的台阶。

随着改革开放的不断深入和经济体制的逐步转变，专利代理经历了从依附于政府部门甚至直接由政府部门提供到逐步市场化的变化过程。我国专利代理体系建立初期，在计划经济体制的环境下，绝大多数专利代理机构都是事业单位性质，具有较强的政府依附性。20 世纪 90 年代初期，随着社会主义市场经济的建立和发展，一些无挂靠单位的专利代理机构开始出现。2000 年，国务院在全国范围内启动了中介服务机构脱钩改制工作。专利代理机构的脱钩改制工作于 2001 年底基本结束，标志着专利代理服务行业进入了市场化发展阶段。

随着我国专利事业的发展，专利代理服务体系得到了快速发展，取得了显著成绩。目前，我国已经形成了具有相当规模的专利代理人队伍和一批具有一定实力的专利代理机构。但同时，我国当前的专利代理服务体系还远远不能适应建设创新型国家的战略需要，在人才队伍规模、行业整体素质、代理业务种类范围、代理机构及人员地区分布等方面存在许多不足和欠缺，需要进一步解决，以充分发挥代理服务在促进创新型国家建设过程中的作用。

（二）专利代理的概念与作用

1. 专利代理的概念

从法律性质上说，专利代理属于民事代理的一种，但与后者相比又有其自身的特点和具体要求。

对于一般的民事代理，《民法通则》第四章第二节"代理"部分作出了明确规定。从定义上说，民事代理是指代理人在代理权限内，以被代理人的名义实施民事法律行为。代理包括委托代理、法定代理和指定代理。委托代理人按照被代理人的委托行使代理权。专利代理就是由作为委托代理人的专利代理机构，接受作为被代理人的专利申请人、专利权人等相关主体的委托行使代理权。

根据《合同法》的规定，委托合同是委托人和受托人约定，由受托人处理委托人事务的合同。在专利代理活动中，专利代理机构向客户提供服务、办理相关事务所达成的合同，属于委托合同，应当符合《合同法》相关条款的要求。

根据《专利代理条例》的具体规定，专利代理是指专利代理机构以委托人的名义，在代理权限范围内，办理专利申请或者办理其他专利事务。从这一规定中可以看出，专利代理的概念包含了三方面要素：

第一，从法律关系上讲，专利代理的行为主体是专利代理机构，而非专利代理人或者其他任何主体。由于存在"专利代理人"这一概念，并且在实践中也是由具体的人为被代理人提供服务，因此这一点往往容易被误解，需要特别注意。

第二，以委托人名义在代理权限范围内办理业务，而非以专利代理机构自己的名义任意行事。这一点与一般的民事代理是完全一致的。

第三，专利代理涉及的业务范围，除了专利申请之外，也包括办理其他专利事务，例如请求宣告专利权无效，以及文献检索、专利实施许可、专利权转让、专利纠纷的解决和进行专利诉讼等。

2. 专利代理的作用

专利代理贯穿于发明创造、申请与审查授权、实施与保护的全过程，在切实维护广大申请人和专利权人的合法权益，以及促进专利审查授权质量不断提高方面发挥着重要作用。从专利创造、运用、保护和管理各个环节来看，专利代理都不可缺少。专利代理的作用，主要体现在以下两个方面：

一是帮助委托人实现合法权益最大化。由于专利事务具有一定的专业性和复杂性，专利申请人等当事人通过委托专利代理机构代为办理，可以增强申请文件撰写的规范性，减少办理专利申请等事务的过程中因相关文件不符合要求等原因造成的障碍，加强与审查部门的沟通，从而有利于提高专利申请的受理和审查效率；在专利实施许可、专利权转让等事务中，专利代理机构也可以向委托人提供专业化的服务，有利于实现委托人自身合法权益最大化。

二是帮助政府部门和司法机构提高效率。专利代理机构在为专利申请人等委托人办理专利事务的过程中，不仅为委托人带来便利并尽可能保护其利益，同时，也有助于提高国家知识产权局受理和审查专利申请、进行复审与无效宣告程序等相关工作的效率，还有助于地方管理专利工作的部门和各级人民法院等相关机构顺利开展专利纠纷解决等工作。

因此，专利代理机构的存在，专利代理业务的开展，对于委托人和主管部门两方面而言，都发挥着桥梁和纽带的作用。

（三）专利代理的行政管理与行业管理

依据《专利代理条例》规定，自 2002 年以来，国家知识产权局陆续修改、制定和颁布了《专利代理管理办法》《专利代理惩戒规则（试行）》《专利代理人资格考试实施办法》《专利代理人资格考试考务规则》等部门规章和规范性文件，使专利代理的相关管理制度进一步规范、透明，运行效率不断提高。当前，我国已经初步建立起较为完备的专利代理管理法律制度；基本形成了国家、地方两级行政管理和行业自律相结合的管理机制。

中华全国专利代理人协会作为由专利代理人组成的全国性行业自律组织，由国家知识产权局主管，经民政部批准于 1988 年 12 月 12 日成立。协会吸纳团体会员和个人会员，团体会员为依法批准设立的专利代理机构，个人会员为依照《专利代理条例》规定获得"专利代理人资格证书"并持有"专利代理人执业证书"的专利代理人。

近年来，国家知识产权局与各地方知识产权局和中华全国专利代理人协会积极协作，共同努力，严格依照《专利代理条例》和有关部门规章的规定，有效开展了专利代理机构审批与管理、年检和惩戒等工作，进一步推动了我国专利代理体系的健康发展。

二、专利代理机构及其执业规范

（一）专利代理机构的概念与组织形式

1. 专利代理机构的概念与类型

依据《专利代理条例》的规定，专利代理机构是接受委托人的委托，在委托权限范围内，办理专利申请或者办理其他专利事务的服务机构。

在《专利法》第三次修改之前，专利代理机构有三种类型，即办理涉外专利事务的专利代理机构、办理国内专利事务的专利代理机构和办理国内专利事务的律师事务所三类。《专利法》第三次修改取消了由国家知识产权局指定涉外代理机构的做法，这意味着，所有依法设立的专利代理机构均可办理涉外专利事务。代理机构的类型也因此合并为依法设立的专利代理机构和办理专利事务的律师事务所这两类。

2. 专利代理机构的组织形式

《专利代理管理办法》对专利代理机构的组织形式作出了明确规定。据此，专利代理机构分为合伙制专利代理机构和有限责任制专利代理机构。就发起人人数的要求而言，合伙制专利代理机构应当由 3 名以上合伙人共同出资发起，有限责任制专利代理机构应当由 5 名以上股东共同出资发起。就责任承担而言，合伙制专利代理机构由其合伙人对该机构的债务共同承担无限连带责任；有限责任制专利代理机构具有独立的法人资格，以该机构的全部资产对其债务承担责任。

（二）专利代理机构的设立、变更、停业和撤销

1. 设立专利代理机构的条件

根据《专利代理条例》的规定，成立专利代理机构必须符合下列条件：（1）有自己的名称、章程、固定办公场所；（2）有必要的资金和工作设施；（3）财务独立，能够独立承担民事责任；（4）有 3 名以上具有专利代理人资格的专职人员。律师事务所开办专利代理业务的，必须有符合规定的专职人员。

在此基础上，《专利代理管理办法》对设立专利代理机构的条件进行了具体的规定：（1）具有符合《专利代理管理办法》规定的机构名称；（2）具有合伙协议书或者章程；（3）具有符合规定的合伙人或者股东；（4）具有必要的资金，设立合伙制专利代理机构的，应当具有不低于 5 万元人民币的资金；设立有限责任制专利代理机构的，应当具有不低于 10 万元人民币的资金；（5）具有固定的办公场所和必要的工作设施。律师事务所申请开办专利代理业务的，在该律师事务所执业的专职律师中应当有 3 名以上具有专利代理人资格。

设立专利代理机构，应当提交《专利代理管理办法》规定的下列材料：（1）设立专利代理机构申请表；（2）专利代理机构的合伙协议书或者章程；（3）验资证明；（4）专利代理人资格证和身份证的复印件；（5）人员简历及人事档案存放证明和离退休证件复印件；（6）办公场所和工作设施的证明；（7）其他必要的证明材料。

律师事务所申请开办专利代理业务的，应提交以下申请材料：（1）开办专利代理业务申请表；（2）主管该律师事务所的司法行政机关出具的同意其开办专利代理业务的函件；（3）律师事务所合伙协议书或者章程；（4）律师事务所执业许可证复印件和资金证明；（5）专利代理人的律师执业证、专利代理人资格证和身份证的复印件；（6）办公场所和工作设施的证明；（7）其他必要的证明材料。

上述证明材料应当是在申请提出之前 6 个月内出具，以保证其符合申请提出时的实际情况。

2. 专利代理机构合伙人或者股东应当满足的条件

关于成为专利代理机构合伙人或者股东的条件，《专利代理管理办法》有如下规定：（1）具有专利代理人资格；（2）具有 2 年以上在专利代理机构执业的经历；（3）能够专职从事专利代理业务；（4）申请设立专利代理机构时的年龄不超过 65 周岁；（5）品行良好。

此外，《专利代理管理办法》也从反面规定了不得作为代理机构合伙人/股东的情形：（1）不具有完全民事行为能力的；（2）在国家机关或企、事业单位工作，尚未正式办理辞职、解聘或离休、退休手续的；（3）作为另一专利代理机构的合伙人或者股东不满 2 年的；（4）受到《专利代理惩戒规则（试行）》第 5 条规定的通报批评或者收回专利代理人执业证的惩戒不满 3 年的；（5）受刑事处罚的（过失犯罪除外）。

3. 专利代理机构的设立

符合代理机构设立条件并且所提交的申请材料符合相应要求的，可以申请设立专利代理机构或者（由律师事务所）申请开办专利代理业务。《专利代理管理办法》对设立代理机构的审批程序规定（如图 1-3 所示）。

4. 专利代理机构的业务范围和业务承接

《专利代理条例》规定了专利代理机构可承办事务的范围，包括以下 6 个方面：

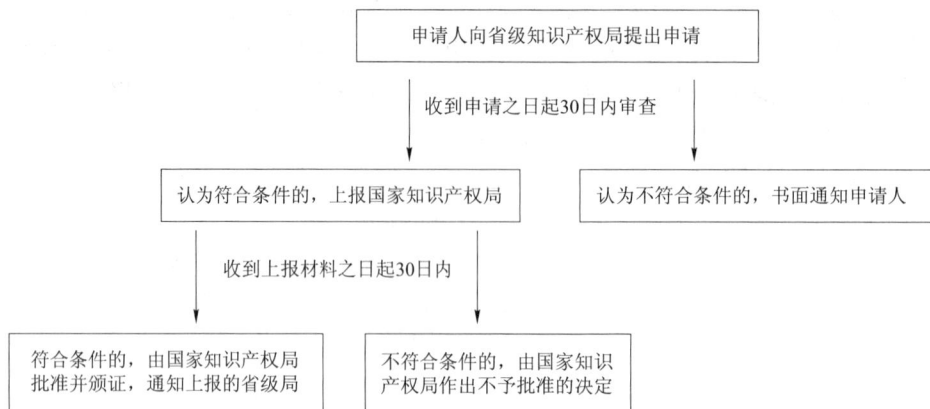

图 1-3　设立专利代理机构审批程序流程图

（1）提供专利事务方面的咨询；（2）代写专利申请文件，办理专利申请；请求实质审查或者复审的有关事务；（3）请求宣告专利权无效的有关事务；（4）办理专利申请权、专利权的转让以及专利许可的有关事务；（5）接受聘请，担任专利顾问；（6）办理其他有关事务。

专利代理机构自批准之日起成立，享有民事权利并承担相应的义务，可以依法承接业务范围之内的各类专利代理业务。根据《专利代理条例》的规定，专利代理机构接受委托，承办业务，应当有委托人具名的书面委托书，写明委托事项和委托权限。专利代理机构可以根据需要，指派委托人指定的专利代理人承办代理业务。专利代理机构接受委托承办业务，可以按照国家有关规定收取费用。

此外，《专利代理条例》也对专利代理机构的业务承接作出了一定的限制，即专利代理机构接受委托后，不得就同一内容的专利事务接受有利害关系的其他委托人的委托。

5. 专利代理机构的变更

根据《专利代理管理办法》的规定，专利代理机构变更名称、地址、章程、合伙人或者股东等注册事项的，应当向国家知识产权局申请，经批准后生效。

6. 专利代理机构的停业和撤销

根据《专利代理管理办法》的规定，专利代理机构停业或者撤销的，应当在妥善处理各种尚未办结的事项后，向其所在地的省、自治区、直辖市的知识产权局申请。经审查同意的，应当将专利代理机构注册证交回省、自治区、直辖市知识产权局，并向国家知识产权局办理停业或撤销手续。

（三）专利代理机构办事机构的设立条件和审批程序

为了规范专利代理机构设立办事机构的行为，加强监管，《专利代理管理办法》对专利代理机构设立办事机构的条件和程序作了明确规定。

依照《专利代理管理办法》中的有关规定，专利代理机构的办事机构不得以其单独名义办理专利代理业务，其人事、财务、业务等由其所属专利代理机构统一管理，其业务活动所产生的民事责任，也由其所属的专利代理机构承担。

根据属地原则，专利代理机构跨省设立办事机构的，该办事机构应当接受其所在地省级知识产权局的指导和监督。

《专利代理管理办法》对专利代理机构设立办事机构的条件和审批程序以及办事机构的停业或撤销作出了规定。其中，设立条件是从对代理机构本身的要求和对代理机构拟设立的办事机构的要求这两个方面进行规范的，两者缺一不可。

1. 专利代理机构设立办事机构的条件

专利代理机构设立办事机构，其自身应当具备下列条件：（1）设立时间满 2 年；（2）具有 10 名以上专利代理人；（3）通过上一年度年检。

2. 专利代理机构的办事机构应当满足的条件

专利代理机构拟设立的办事机构，应当符合下列条件：（1）具有 2 名以上由专利代理机构派驻或者聘用的专职专利代理人；（2）具有固定的办公场所和必要的资金；（3）办事机构的名称由专利代理机构全名称、办事机构所在城市名称和"办事处"组成。

3. 专利代理机构设立办事机构的审批程序

专利代理机构设立办事机构的审批程序，因该办事机构所处地域的不同而有所不同：

（1）在本省内设立办事机构的，应当向所在地的省级知识产权局申请，经批准的，由该省级知识产权局报国家知识产权局备案；

（2）跨省设立办事机构的，在获得该专利代理机构所在地省级知识产权局同意后，向办事机构所在地省级知识产权局提出申请，经批准的，由后者报国家知识产权局备案，同时抄报该专利代理机构所在地的省级知识产权局。

需要指出的是，根据《专利代理管理办法》的规定，各省级知识产权局可以对专利代理机构在其行政区域内设立办事机构的条件和程序作出附加规定。对于这些附加规定，相应的省级知识产权局应当报国家知识产权局备案。

4. 专利代理机构办事机构的停业或撤销

根据《专利代理管理办法》的规定，办事机构停业或者撤销的，应当在妥善处理各种尚未办结的事项后，向办事机构所在地的省级知识产权局申请。经批准的，由该局报国家知识产权局备案，同时抄报专利代理机构所在地的省级知识产权局。此外，专利代理机构停业或者撤销的，其办事机构应当同时终止。

（四）专利代理机构的执业规范

根据《专利法》的原则性规定，专利代理机构应当遵守法律、行政法规；应当按照被代理人的委托办理专利申请或者其他专利事务；对被代理人发明创造的内容，除专利申请已经公布或者公告的以外，应当保密。这些要求在《专利代理条例》等相关行政法规和部门规章中也得以具体体现。《专利代理惩戒规则（试行)》对于应当责令专利代理机构予以改正、并给予惩戒的不同情形作出规定，也从反面对专利代理机构的执业规范提出了具体要求。所涉及的具体情形，参见本节对专利代理人和专利代理机构的惩戒部分的内容。

三、专利代理人及其执业规范

（一）专利代理人的概念

根据《专利代理条例》和《专利代理管理办法》的规定，专利代理人是指获得"专利代理人资格证书"、持有"专利代理人执业证"的人员。需要注意的是，不具有相关资质而代他人处理专利事务的人，不是专利代理人；只获得"专利代理资格证书"的人员，也不能被称为专利代理人。

（二）申请专利代理人资格的条件

《专利代理条例》对申请专利代理人资格的条件作出了明确规定。申请专利代理资格首先必须是拥护《中华人民共和国宪法》的中国公民，其次应当满足以下 4 个方面的要求：（1）民事行为能力：18周岁以上，具有完全的民事行为能力；（2）专业学历：高等院校理工科专业毕业（或者具有同等学力），并掌握一门外语；（3）法律素养：熟悉专利法和有关的法律知识；（4）工作经历：从事过2年以上的科学技术工作或者法律工作。

根据国家知识产权局发布施行的《专利代理人资格考试实施办法》，符合上述条件的人员可以报名参加全国专利代理人资格考试。应试人员达到专利代理人考核委员会确定的专利代理人资格考试合格分数线的，由国家知识产权局颁发"专利代理人资格证书"。

需要注意的是，《专利代理条例》中申请专利代理人资格的条件与《专利代理管理办法》中关于颁发"专利代理人执业证"应当符合的条件以及不予颁发"专利代理人执业证"的情形虽然相互联系，但属于不同层次的要求，因而并不完全相同。

《专利代理条例》涉及专利代理人资格申请等方面的有些措辞和内容诸如主管部门名称等，已经与当前的实际情况不尽相符，将在今后的修改中加以解决。

（三）申请"专利代理人执业证"的条件和程序

1. 申请"专利代理人执业证"的条件

在满足条件并取得专利代理人资格的基础上，符合一定条件的，可以申请"专利代理人执业证"。对于这些条件，《专利代理管理办法》从正反两方面进行了具体规定。

《专利代理管理办法》规定了申请"专利代理人执业证"需要具备的条件：（1）具有专利代理人资格；（2）能够专职从事专利代理业务；（3）不具有专利代理或专利审查经历的人员在专利代理机构中连续实习满1年，并参加上岗培训；（4）由专利代理机构聘用；（5）颁发时的年龄不超过70周岁；（6）品行良好。

根据《专利代理管理办法》，以下情形不予颁发"专利代理人执业证书"：（1）不具有完全民事行为能力的；（2）申请前在另一专利代理机构执业，尚未被该专利代理机构解聘并未办理"专利代理人执业证"注销手续的；（3）领取"专利代理人执业证书"后不满1年又转换专利代理机构的；（4）受到《专利代理惩戒规则（试行）》第5条规定的收回"专利代理人执业证书"的惩戒不满3年的；（5）受刑事处罚的（过失犯罪除外）。

2. 申请专利代理人执业证的程序

《专利代理管理办法》对申请"专利代理人执业证"的条件和程序，从申请材料、颁发主体和办理期限等3个方面作出规定。

申请颁发"专利代理人执业证"应当提交以下材料：（1）"专利代理人执业证"申请表；（2）"专利代理人资格证"和身份证的复印件；（3）人事档案存放证明或者离、退休证件复印件；（4）专利代理机构出具的聘用协议；（5）申请前在另一专利代理机构执业的，应提交该专利代理机构的解聘证明；（6）首次申请颁发"专利代理人执业证"的，应提交其实习所在专利代理机构出具的实习证明和参加上岗培训的证明。

不同情况下申请执业所应提交的材料，除上述材料中的前4项相同的之外，还要分别提交一份不同的材料。对于转所执业的，要求提交前任机构的解聘证明，对于首次执业的，则要求提交实习和上岗培训证明。

与"专利代理人资格证书"由国家知识产权局颁发不同的是，"专利代理人执业证"的颁发、变更以及注销，由中华全国专利代理人协会负责。

经审核，中华全国专利代理人协会认为"专利代理人执业证"的颁发申请符合《专利代理管理办法》规定条件的，应当在收到申请之日起的15日内颁发"专利代理人执业证"；认为不符合条件的，也应在收到申请之日起的15日内书面通知申请人。

（四）专利代理人的执业和业务范围

1. 专利代理人的执业

对于专利代理人的执业，《专利代理管理办法》第三章从多个角度作出了详细的规定。其中既包括前述申请"专利代理人执业证"的条件和程序，也包括专利代理人执业的基本要求——聘请任用与持证执业，专利代理人与专利代理机构之间、专利代理机构与委托人之间确立相应关系的形式要求——聘用协议与委托合同，在专利代理机构和专利代理人解除聘用关系或者专利代理机构停业时"专利代理人执业证"的收回和注销，以及专利代理机构辞退专利代理人或者专利代理人从专利代理机构辞职时所负有的通知义务。

（1）专利代理人接受专利代理机构聘请任用，持证执业

专利代理人执业，应当接受经依法批准设立的专利代理机构的聘请任用，并持有专利代理人执业证。未持有"专利代理人执业证"的人员不得以专利代理人的名义，为牟取经济利益从事专利代理业务。

（2）专利代理人受专利代理机构指派，向委托人提供服务

一方面，专利代理机构聘用专利代理人，应当按照自愿和协商一致的原则，与受聘的专利代理人订立聘用协议。订立聘用协议的双方应当遵守并履行协议。另一方面，专利代理人承办专利代理业务，应当以所在专利代理机构的名义接受委托，与委托人订立书面委托合同，统一收取费用并如实入账，而不得私自接受委托、办理专利代理业务并收取费用。

（3）解除聘用关系或者专利代理机构停业时执业证的收回和注销

在专利代理机构和专利代理人解除聘用关系以及专利代理机构停业的情况下，代理机构均应收回专利代理人的"专利代理人执业证"并办理注销。具体而言，专利代理机构与专利代理人解除聘用关系的，应当由专利代理机构收回解聘人员的"专利代理人执业证"，出具解聘证明，以便于其以后在其他代理机构任职并申请颁发"专利代理人执业证"。此外，该代理机构还应在出具解聘证明之日起10日内，向中华全国专利代理人协会办理"专利代理人执业证"的注销手续。专利代理机构停业或者撤销的，也应在获得省、自治区、直辖市知识产权局审查同意之日起的10日内，收回其全部"专利代理人执业证"并向中华全国专利代理人协会办理"专利代理人执业证"注销手续。

（4）辞退与辞职时的通知义务

无论专利代理机构辞退专利代理人，还是专利代理人从专利代理机构辞职，均负有就辞退或者辞职事项通知对方的义务。并且，两者履行该通知义务的期限相同，均为提前30日通知。

2. 专利代理人的业务范围

《专利代理条例》对专利代理机构承办事务的范围作出了规定，也就确定了专利代理人具体的业务范围，前已述及，不再重复。

（五）专利代理人执业纪律和职业道德

对于专利代理人的执业纪律和职业道德，《专利法》对专利代理机构提出的3项原则性要求，即遵守法律法规、按委托办理专利事务和保密，同样适用于专利代理人。这些要求在《专利代理条例》等相关行政法规和部门规章中得到了具体体现。就此，《专利代理条例》规定了以下5个方面的要求：

1. 不得自行代理

专利代理人必须承办专利代理机构委派的专利代理工作，不得自行接受委托。例如，一名专利代理机构的代理人，在从事所属代理机构委派的专利申请的代理工作之外，利用业余时间自行

接受他人委托从事专利权无效事宜的代理工作，这种做法违反代理人的执业纪律要求。

2. 不得跨所执业

专利代理人不得同时在两个以上专利代理机构从事专利代理业务。

3. 调离前完成相关工作的善后处理

专利代理人调离专利代理机构前，必须妥善处理尚未办结的专利代理案件。

4. 履行保密义务

专利代理人对其在代理业务活动中了解的发明创造的内容，除专利申请已经公布或者公告的以外，负有保密的责任。

5. 特定期间内不得申请专利

专利代理人在从事专利代理业务期间和脱离专利代理业务后 1 年内，不得申请专利。需要注意的是，从事专利代理业务之前，以及脱离专利代理业务后 1 年期限届满的，可以申请专利。例如，某人申请了一项发明专利申请，并在该申请被授权之前进入某专利代理机构，开始从事专利代理工作。这种情况下，专利申请可能在该代理人从事专利代理业务期间被授予专利权，但由于专利申请提出的时间在其从事专利代理业务之前，因此不违反此项执业纪律。

除了《专利代理条例》中的要求之外，《专利代理惩戒规则（试行）》对于应当责令专利代理人予以改正、并给予惩戒的不同情形作出了具体规定。这些内容虽然是在涉及惩戒的部门规章中加以规定的，但也从另一个角度对专利代理人的执业纪律和职业道德提出了具体要求。

四、专利代理人和专利代理机构的年检与惩戒

（一）年检的内容与程序

专利代理人和专利代理机构的年检，是为了加强对专利代理机构的管理、规范专利代理行为、保障当事人合法权益、引导专利代理行业健康有序发展，由国家知识产权局负责组织、指导，委托各省、自治区、直辖市知识产权局以及国防专利局具体实施，针对执业的专利代理人和经批准设立的专利代理机构及开办专利代理业务的律师事务所进行的年度审核。

年检实施机构主要包括国家知识产权局和各省级知识产权局以及国防专利局，其中，国家知识产权局进行组织和指导，各省、自治区和直辖市知识产权局以及国防专利局进行具体实施。此外，中华全国专利代理人协会也要配合参与专利代理机构和专利代理人的年检。

年检对象包括经批准设立的专利代理机构及其办事机构和开办专利代理业务的律师事务所及其专利代理人。需要注意的是，专利代理机构跨省设立的办事机构，应当随其所属专利代理机构参加年检，有关材料同时抄报该办事机构所在地的省级知识产权局。另外，凡是执业的专利代理人，均应参加年检。

年检每年一次，于 9 月 1 日至 10 月 31 日进行。

专利代理人和专利代理机构的年检，是对专利代理行业进行规范管理的重要措施之一。它的建立和有效实施，对确保专利代理机构及其人员合法执业，保障广大申请人的切身利益，维护专利代理行业正常秩序，都起到重要的作用。通过年检对那些不符合法定条件或者有违法乱纪行为的专利代理机构进行及时整改和清除，有助于净化和规范专利代理服务市场。

1. 年检的内容

年检的内容包括以下 7 项：

（1）专利代理机构是否符合规定的设立条件；（2）专利代理机构的合伙人或者股东是否符合规定的条件；（3）在专利代理机构中执业的专利代理人是否持有"专利代理人执业证"，是否按

照要求参加执业培训；（4）专利代理机构和专利代理人是否有《专利代理惩戒规则（试行）》第6条、第7条、第8条列出的违法违纪行为；（5）专利代理机构自前次年检完毕以来的专利代理业务数量；（6）专利代理机构的财务情况；（7）应当予以年检的其他内容。

以上各项主要涉及专利代理机构，对于专利代理人则只涉及前述第（3）项持证与培训和第（4）项违法违纪两项内容。在实践中，专利代理人和代理机构的年检是统一进行的，并不截然分开。

2. 年检的程序

《专利代理管理办法》对于年检的程序主要从以下几个方面进行了规定。

（1）提交材料

首先，在规定的年检期间，专利代理机构应当提交《专利代理管理办法》规定的以下年检材料：（1）专利代理机构和专利代理人年检登记表；（2）专利代理机构的工作报告，该报告应当全面反映该办法第32条规定的各项内容，即年检的内容；（3）专利代理机构注册证副本；（4）"专利代理人执业证"；（5）财务报表；（6）其他需要提交的文件。

（2）实施年检

各省、自治区、直辖市知识产权局应当对本行政区域内的专利代理机构及其专利代理人进行年检。年检合格的，由各省、自治区、直辖市知识产权局在专利代理机构的注册证以及该机构中执业的"专利代理人执业证"上加盖该年度年检合格的印章。经年检发现专利代理机构和专利代理人不符合《专利代理管理办法》等规范性文件中的相关规定的，省、自治区、直辖市知识产权局应当责令其在指定期限内予以改正；逾期不予改正的，给予年检不合格的结论，加盖年检不合格的印章。

（3）进行备案

各省、自治区、直辖市知识产权局应当在完成专利代理机构和专利代理人的年检之日起的10日内将年检情况总结和年检登记表报国家知识产权局备案，并将"专利代理人执业证"的年检结果送中华全国专利代理人协会备案。

（4）公布结果

国家知识产权局将向社会公布专利代理机构和专利代理人的年检结果。需要注意的是，对年检中不予公开的内容，国家知识产权局、各省级知识产权局和中华全国专利代理人协会的工作人员负有保密义务。

（二）年检的结果与处理

根据《专利代理管理办法》的规定，专利代理机构及其专利代理人不参加年检或者年检不合格的，在下次年检合格之前，不得在国家知识产权局和各地知识产权局办理新的专利代理业务。这里需要注意三点：第一，适用该条款的情形不仅包括年检不合格，也包括不参加年检的；第二，受到的限制是在下次年检合格之前不得办理新业务，这意味着对于已经承接的业务，可以继续办理，这也是基于维护委托人合法权益的考虑所作的规定；第三，不得办理的是在国家知识产权局和各地知识产权局的业务。

此外，各省、自治区、直辖市知识产权局在年检中发现专利代理机构或者专利代理人有《专利代理惩戒规则（试行）》第6条、第7条、第8条列出的违法违纪行为的，可以提请各省、自治区、直辖市专利代理惩戒委员会给予惩戒。

（三）惩戒的适用情形与处理程序

惩戒，是为了规范专利代理执业行为、维护专利代理行业的正常秩序，由专利代理惩戒委员会，对专利代理机构和专利代理人违反法律法规和规章规定、违反职业纪律和从业纪律的行为所采取的措施。

1. 专利代理惩戒委员会

《专利代理惩戒规则（试行）》是进行专利代理惩戒的直接依据。国家知识产权局和各省、自治区、直辖市知识产权局分别设立由专利行政部门、专利代理人协会和专利代理人的代表共同组建的专利代理惩戒委员会，负责对辖区内的专利代理机构和专利代理人的违法违纪行为进行惩戒。

（1）专利代理惩戒委员会的组成和任期

对于国家知识产权局和各省、自治区、直辖市知识产权局分别设立的专利代理惩戒委员会的人员组成，《专利代理惩戒规则（试行）》有不同的规定。国家知识产权局专利代理惩戒委员会由国家知识产权局、中华全国代理人协会的人员和专利代理人的代表组成。省、自治区、直辖市专利代理惩戒委员会则由该省、自治区、直辖市知识产权局的人员和专利代理人的代表组成。专利代理惩戒委员会委员的任期为3年。

（2）专利代理惩戒委员会委员的回避

为了公正起见，《专利代理惩戒规则（试行）》对于专利代理惩戒委员会委员的回避作出规定。有下列情形之一的，专利代理惩戒委员会委员应当自行回避，当事人也有权申请其回避：(i) 是案件当事人或者当事人近亲属的；(ii) 与案件的处理结果有利害关系的；(iii) 与案件当事人有其他关系，可能影响处理结果公正的。

（3）专利代理惩戒委员会的职能

概括而言，专利代理惩戒委员会的职能是负责具体实施《专利代理惩戒规则（试行）》。具体而言，主要包括：(i) 受理对专利代理机构和专利代理人违反法律、法规和规章规定行为的投诉；(ii) 必要时对专利代理机构和专利代理人违反法律、法规和规章规定行为依职权主动立案；(iii) 依照相关规定，就惩戒事宜作出决定。

2. 对专利代理人和专利代理机构的惩戒

对专利代理人和专利代理机构适用惩戒的情形、惩戒的种类以及相应的救济，《专利代理惩戒规则（试行）》作出了具体规定。

（1）对专利代理人的惩戒

对于专利代理人的下列9种情形，应当责令改正并适用《专利代理惩戒规则（试行）》的规定给予惩戒：(i) 同时在两个以上专利代理机构执业的；(ii) 诋毁其他专利代理人、专利代理机构的，或者以不正当方式损害其利益的；(iii) 私自接受委托、私自向委托人收取费用、收受委托人财物、利用提供专利代理服务的便利牟取当事人争议的权益、或者接受对方当事人财物的；(iv) 妨碍、阻挠对方当事人合法取得证据的；(v) 干扰专利审查工作或者专利行政执法工作的正常进行的；(vi) 专利行政部门的工作人员退休、离职后从事专利代理业务，对本人审查、处理过的专利申请案件或专利案件进行代理的；(vii) 泄露委托人的商业秘密或者个人隐私的；(viii) 因过错给当事人造成重大损失的；(ix) 从事其他违法业务活动的。

对具有上述情形之一的专利代理人所适用的惩戒种类，包括如下4种：警告、通报批评、收回"专利代理人执业证书"以及吊销专利代理人资格。

此外，对于仅具有专利代理人资格但未取得"专利代理人执业证书"的人员违法违规的行为，《专利代理惩戒规则（试行）》规定，可以给予警告、通报批评或者吊销专利代理人资格三种惩戒措施。

（2）对专利代理机构的惩戒

对于代理机构的下列 9 种情形，应当责令改正并适用《专利代理惩戒规则（试行）》的规定给予惩戒：（i）申请设立时隐瞒真实情况，弄虚作假的；（ii）擅自改变主要登记事项的；（iii）擅自设立分支机构的；（iv）年检逾期又不主动补报的；（v）以不正当手段招揽业务的；（vi）接受委托后，无正当理由拒绝进行代理的；（vii）就同一专利申请或者专利案件接受有利害关系的其他委托人的委托的；（viii）因过错给当事人造成重大损失的；（ix）从事其他违法业务活动或者违反国务院有关规定的。

适用于专利代理机构的惩戒种类包括如下 4 种：警告、通报批评、停止承接新代理业务 3～6 个月以及撤销专利代理机构。

可以看出，适用于专利代理人和专利代理机构的惩戒种类，多数是相同的。但适用于前者的"收回'专利代理人执业证书'"和适用于后者的"停止承接新代理业务 3～6 个月"，则明显不同。对此应当加以注意，避免混淆。

对于以下 6 种性质更为恶劣、后果更为严重的情形，则应当根据《专利代理惩戒规则》的相关规定，不仅对直接责任人适用收回"专利代理人执业证书"或者吊销专利代理人资格的惩戒措施，而且可以同时对其所在的代理机构适用停止承接新代理业务 3～6 个月或者撤销专利代理机构的惩戒措施：（i）违反《专利法》第 19 条的规定，泄露委托人发明创造的内容的；（ii）剽窃委托人的发明创造的；（iii）向专利行政部门的工作人员行贿的，或者指使、诱导当事人行贿的；（iv）提供虚假证据、隐瞒重要事实的，或者指使、引诱他人提供虚假证据、隐瞒重要事实的；（v）受刑事处罚的（过失犯罪除外）；（vi）从事其他违法业务活动后果严重的。

此外，根据国家知识产权局《关于规范专利申请行为的若干规定》，同一单位或者个人提交多件内容明显相同或者明显抄袭现有技术或者现有设计的专利申请，或者指使他人提交前述申请的行为，属于非正常专利申请行为。如果这些行为中所涉及的申请是由专利代理机构代理提交的，根据《关于规范专利申请行为的若干规定》第 4 条第（五）项，国家知识产权局可以建议中华全国专利代理人协会对从事非正常申请专利行为的专利代理机构以及专利代理人采取行业自律措施，必要时建议专利代理惩戒委员会根据《专利代理惩戒规则（试行）》的规定给予相应惩戒。

除了对专利代理人和专利代理机构的惩戒之外，《专利代理惩戒规则（试行）》对于其他主体，在某些情况下，也会适用一定的惩戒措施。对于具有专利代理人资格、但没有取得"专利代理人执业证书"的人员为牟取经济利益而接受专利代理委托、从事专利代理业务的，应当责令其停止非法执业活动，并记录在案。有专利代理人应当受到惩戒的前述情形的，还应当给予警告、通报批评、吊销专利代理人资格的惩戒。

（3）从轻处分和从重处分的情形

对于按照《专利代理惩戒规则（试行）》应当给予惩戒的专利代理人或者专利代理机构，如果其主动承认错误并承担责任，或者及时采取有效措施，防止不良后果发生或减轻不良后果，可以从轻处分；如果其对检举人、证人进行打击报复，或者在案发后订立攻守同盟或隐匿、销毁证据，阻挠调查，则可以从重处分。

（4）惩戒程序

按照《专利代理惩戒规则（试行）》规定，进行惩戒，应依照下列程序进行。

受理投诉/主动立案：对于专利代理机构和专利代理人违反法律、法规和规章规定的行为，任何单位或者个人都有权向该机构所在地的省、自治区、直辖市的专利代理惩戒委员会进行投诉。必要时，国家知识产权局专利惩戒委员会和省级专利代理惩戒委员会也可依职权主动立案。

调查核实：专利代理惩戒委员会在表决通过惩戒决定前，应当允许当事人进行陈述或者申辩，并对当事人提出的事实、证据和理由进行调查核实。

作出决定：专利代理惩戒委员会应当在受理投诉或者主动立案之日起 3 个月内作出决定。省级专利代理惩戒委员会认为需要吊销专利代理人资格、撤销专利代理机构的，应当将调查结果和惩戒理由上报国家知识产权局专利代理惩戒委员会，由其在收到上报材料之日起的 2 个月内作出决定。

制作文书：专利代理惩戒委员会表决通过惩戒决定后，应当制作惩戒决定书，记载以下事项：被惩戒的专利代理机构或者专利代理人的名称、姓名和地址，事由及调查核实的结果，专利代理惩戒委员会的决定，决定日期。

批准送达：专利代理惩戒委员会作出的惩戒决定经同级知识产权局批准后，以国家知识产权局名义发出。决定书应在批准之日起 10 日内送达被惩戒的专利代理机构或者专利代理人。

备案公布：省级专利代理惩戒委员会应当在惩戒决定生效之日起 10 日内，向国家知识产权局专利代理惩戒委员会进行备案。并应在惩戒决定生效后将给予警告之外的惩戒决定在政府网站或者新闻媒体上予以公布。

（5）救济程序

对惩戒决定不服的，专利代理机构或者专利代理人有两种救济程序可以选择：一是在收到惩戒决定书之日起 2 个月内依法申请行政复议，二是直接向人民法院提起行政诉讼。

练习题及其解析

第一节练习题

1. 关于专利的申请与授权，下列哪些说法是正确的？

A. 专利权被授予后，在任何情况下专利权人均无需获得他人同意即可自行实施其专利

B. 不同申请人先后分别就同样的发明创造申请专利的，专利权授予其申请日在先的申请人

C. 不同申请人同一日分别就同样的发明创造申请专利的，由双方协商确定申请人，协商不成的，专利权授予最先完成该发明创造的申请人

D. 实用新型专利申请经实质审查没有发现驳回理由的，由国家知识产权局作出授予实用新型专利权的决定

【解析】 根据《专利法》的规定，发明和实用新型专利权被授予后，除该法另有规定的以外，任何单位或者个人未经专利权人许可，都不得实施其专利，即专利权人享有的是禁止他人未经其许可实施其专利的权利，而并不当然享有自行实施其专利的权利。因此，A 选项错误。《专利法》第 9 条规定："两个以上的申请人分别就同样的发明创造申请专利的，专利权授予最先申请的人。"据此，B 选项正确。根据《专

利法实施细则》的规定，两个以上的申请人在同一日分别就同样的发明创造申请专利的，应当在收到国务院专利行政部门的通知后自行协商确定申请人。同时，《专利审查指南 2010》规定，在审查过程中，对于不同的申请人就同样的发明创造在同一日分别提出专利申请，并且这两份申请符合授予专利权的其他条件的，应当根据《专利法实施细则》的规定，通知申请人自行协商确定申请人。申请人期满不答复的，其申请被视为撤回；协商不成，或者经申请人陈述意见或进行修改后仍不符合《专利法实施细则》规定的，两件申请均予以驳回。据此，C 选项错误。《专利法》第 40 条规定："实用新型和外观设计专利申请经初步审查没有发现驳回理由的，由国务院专利行政部门作出授予实用新型专利权或者外观设计专利权的决定……"据此，D 选项错误。综上，本题答案为 B。

2. 关于专利权，下列哪些说法是正确的？

A. 专利权具有地域性，即只在授权的地域范围内有效

B. 《巴黎公约》确立国民待遇原则，是为了使发明人的专利权在外国直接受到保护

C. 《专利合作条约》减轻了当事人向多国分别提出专利申请的负担，但并不涉及专利权的跨

国保护

D. 专利权在我国被授予后，可以在 TRIPS 协定的其他成员方得到保护

【解析】　专利授权具有地域性，因此，在某一特定地域内授予的专利权，并不当然在其他地域受到保护。因此，A、C 两项正确，B、D 两项错误。

第二节练习题

3. 专利权人可以通过下列哪些方式解决专利侵权纠纷？

A. 与侵权人协商

B. 请求侵权人所在地的省级人民政府管理专利工作的部门处理

C. 请求国务院专利行政部门处理

D. 向侵权人所在地的县人民法院提起民事诉讼

【解析】　根据《专利法》等的相关规定，专利权受到侵犯的，专利权人或者利害关系人可以选择与侵权人自行协商，向有管辖权的人民法院提起诉讼，或者向相关管理专利工作的部门请求处理。因此，A、B 两项正确。此外，《专利法》也规定，处理专利侵权纠纷、查处假冒专利行为、调解专利纠纷等执法活动，均是地方管理专利工作的部门的职能，而非国务院专利行政部门的职能。因此 C 项也不对。根据最高人民法院关于专利侵权案件级别管辖的相关规定，县人民法院作为基层人民法院，对于专利侵权案件不具有管辖权。故 D 项不对。

4. 下列说法哪些是正确的？

A. 国务院专利行政部门负责管理全国的专利工作

B. 国务院专利行政部门负责统一受理和审查专利申请，依法授予专利权

C. 国务院专利行政部门负责给予实施发明专利或者实用新型专利的强制许可

D. 国务院专利行政部门负责批准对国家利益或者公共利益具有重大意义的发明专利的推广应用

【解析】　根据《专利法》的相关规定，管理全国的专利工作、受理和审查专利申请以及依法授予专利权、给予实施发明专利或者实用新型专利的强制许可，都属于国务院专利行政部门的职责范围，但对国家利益或者公共利益具有重大意义的发明专利的推广应用由国务院主管部门和省级人民政府报经国务院批准。

第三节练习题

5. 美国申请人汤姆和中国内地的申请人张某共同

向国家知识产权局提出了一件发明专利申请。就此，下列哪些说法是正确的？

A. 若张某为第一署名申请人，则无论汤姆在中国是否有经常居所，均不必委托专利代理机构

B. 若汤姆为第一署名申请人，则无论其在中国是否有经常居所，均应委托专利代理机构

C. 若汤姆在中国无经常居所，则无论其是否为第一署名申请人，均应委托代理机构

D. 若汤姆在中国有经常居所，则无论其是否为第一署名申请人，均不必委托专利代理机构

【解析】　根据《专利法》及相关规定，在境内没有经常居所的外国人或者港、澳、台主体与内地主体共同提出专利申请，依照第一署名人的相关规定处理，即第一署名人为内地主体的，无须委托代理机构，第一署名人为在境内没有经常居所的外国或者港、澳、台主体的，应当委托专利代理机构。因此 A、D 正确。

6. 在没有协议约定的情况下，下列说法哪些是正确的？

A. 赵某执行本单位的任务所完成的发明创造，申请专利的权利属于赵某所在单位

B. 钱某主要利用本单位的物质技术条件所完成的发明创造，申请专利的权利属于钱某

C. 孙某和某公司合作完成的发明创造，申请专利的权利属于该公司

D. 李某接受乙公司委托所完成的发明创造，申请专利的权利属于李某

【解析】　根据《专利法》规定，执行本单位任务完成的发明创造，属于职务发明创造，申请专利的权利和授权后的专利权属于单位；主要利用本单位物质技术条件，属于职务发明创造，在没有约定的情况下，申请专利的权利和授权后的专利权属于单位。合作、委托完成的发明创造，在没有约定的情况下，申请专利的权利属于完成该发明创造的主体。因此 A、D 正确。

第四节练习题

7. 以下哪些行为不属于《专利代理条例》中所称的专利代理？

A. 某公司知识产权部的员工郑某，以公司的名义，为公司办理专利申请的行为

B. 李某接受吴某的委托，以吴某的名义，在委托权限范围内为吴某提出发明专利申请实质审查请求的行为

C. 某代理机构接受孙某的委托，以孙某的名义，在委托权限范围内为孙某办理专利权转让的行为

D. 某代理机构代理人张某私自接受王某的委托，以王某的名义，在委托权限范围内为王某提出复审请求的行为

【解析】《专利代理条例》第2条规定："本条例所称专利代理是指专利代理机构以委托人的名义，在代理权范围内，办理专利申请或者办理其他专利事务。"A项是公司员工以公司名义为本单位办理专利申请，并未委托专利代理机构；B项中接受委托的是自然人李某而非专利代理机构；D项中办理业务的虽然是在代理机构执业的专利代理人，但并非承办专利代理机构委派的专利代理工作，而是个人私自接受委托，显然均不符合《专利代理条例》对于专利代理概念的界定。只有C项中的情形符合规定，属于《专利代理条例》所称的专利代理。

8. 黄某于2004年通过了全国专利代理人资格考试，并于2005年3月到某专利代理公司工作，2006年5月申请获得了"专利代理人执业证"。黄某的下列哪些做法不符合相关规定？

A. 黄某在该代理公司任职期间，到另一家专利代理公司兼职从事有关专利事务方面的咨询工作

B. 黄某在该代理公司任职期间，将其所代理的一件尚未公布的发明专利申请内容在某学术刊物上发表

C. 黄某于2005年2月作为申请人向国家知识产权局提交了一份发明专利申请

D. 黄某在该代理公司任职期间，以自己的名义接受吴某委托代理其提交了一件专利申请，并收取了1 000元代理费

【解析】《专利代理条例》第18条第1款规定："专利代理人不得同时在两个以上专利代理机构从事专利代理业务。"因此，A选项中黄某的行为不符合

规定，A选项正确。《专利代理条例》第23条规定："专利代理人对其在代理业务活动中了解的发明创造的内容，除专利申请已经公布或者公告的以外，负有保守秘密的责任。"因此，B选项中黄某的行为不符合规定，B选项正确。《专利代理条例》第20条规定："专利代理人在从事专利代理业务期间和脱离专利代理业务后1年内，不得申请专利。"本题中，由于黄某申请专利的时间在其从事专利代理业务之前，因此，C选项中的行为不违反相关规定，C选项错误。《专利代理条例》第17条规定："专利代理人必须承办专利代理机构委派的专利代理工作，不得自行接受委托。"因此，D选项中黄某的行为不符合规定，D选项正确。

9. 下列哪些依法成立的专利代理机构可以在2008年申请设立办事机构？

	设立时间（年）	资金（元）	专利代理人（名）	上一年度年检情况
A.	2007	11万	8	合格
B.	2006	10万	9	未参加年检
C.	2005	9万	10	不合格
D.	2004	8万	11	合格

【解析】《专利代理管理办法》第13条规定："申请设立办事机构的专利代理机构应当符合下列条件：（一）设立时间满2年以上；（二）具有10名以上专利代理人；（三）通过上一年度年检。"A选项中的专利代理机构设立未满2年，且专利代理人未达到10名；B选项中的专利代理机构专利代理人未达到10名，且没有参加上一年度的年检；C选项中的专利代理机构由于未通过上一年度年检，因此均不能申请设立办事机构。只有D选项中的专利代理机构，在代理机构设立时间、代理人数量以及年检上都符合要求，因此可以申请设立办事机构。故D选项正确。

【练习题答案】

1. B	2. A C	3. A B	4. A B C	5. A D	6. A D	7. A B D
8. A B D	9. D					

第二章　发明和实用新型专利申请文件

[本章导读]

本章内容对应于《考试大纲》第三章第一节和第三节，讲解发明和实用新型专利申请文件的相关知识，内容涉及发明和实用新型专利申请文件的组成和作用，请求书、说明书和权利要求书应当满足的撰写要求，以及发明和实用新型专利申请的单一性概念及判断方法等。

本章内容涉及的法律、法规条款主要包括：《专利法》第26条第1～4款、第31条第1款，以及《专利法实施细则》第16～23条、第34条。

读者学习本章内容时可以参阅《专利审查指南2010》第一部分第一章和第二章，第二部分第二章和第六章。

需要说明的是，关于发明和实用新型请求书，本章只是概述了基本要求，对于请求书中相关内容的更具体要求以及伴随请求书提出的相关声明及其审查，请参见本书第五章第三节。关于发明或实用新型专利申请不符合单一性情况下提出分案申请的有关要求和规定，请参见本书第五章第三节。此外，对于外观设计专利申请文件及相关要求，本章并没有述及，请读者参见本书第六章第一节和第二节。

《专利法》和《专利法实施细则》对发明和实用新型专利申请文件作出了全面和严格的规定。《专利法》第26条第1款对申请人提出发明和实用新型专利申请时应当提交的专利申请文件作了规定。《专利法》第27条第1款对申请人提出外观设计专利申请时应当提交的专利申请文件作了规定。本章主要针对发明和实用新型专利申请文件进行详细讲解，其中重点介绍发明和实用新型专利申请文件中的说明书和权利要求书的撰写要求，以及发明和实用新型专利申请的单一性规定。

第一节　发明和实用新型专利申请文件简介

申请人就一项发明创造要求获得专利权的，应当根据《专利法》和《专利法实施细则》的规定向国家知识产权局提出专利申请，并在专利的审查程序中根据《专利法》和《专利法实施细则》的规定办理各种与该专利申请有关的事务。《专利法》第26条第1款对发明和实用新型专利申请文件作出了明确规定。下面对发明和实用新型专利申请文件的组成、各个组成部分的作用、主要内容以及有关要求进行说明。

一、发明和实用新型专利申请文件的组成

根据《专利法》第26条第1款的规定，申请人在申请发明或者实用新型专利时，应当向国家知识产权局提交请求书、权利要求书、说明书以及说明书摘要等文件。

《专利法》第26条第1款规定的专利申请文件仅是针对普通国家申请而言的。对于一件发明或者实用新型专利申请来说，请求书、权利要求书、说明书以及说明书摘要是申请人向国家知识产权局提出专利申请时应当提交的专利申请文件。其中，请求书、说明书和权利要求书是受理发明或者实用新型专利申请的必要条件之一。至于专利申请文件中的说明书摘要，由于其仅是一种技术信息，允许申请人在提出专利申请文件之后补交，因而不是受理发明或者实用新型专利申请的必要条件。对于发明专利申请文件而言，必要时应当包含说明书附图；而实用新型专利申请文件则必须包含说明书附图。

需要说明的是，对于依赖遗传资源完成的发明创造，申请人还应当提交专利局制定的遗传资源来源披露登记表，并在该表中说明该遗传资源的直接来源和原始来源。如果无法说明原始来源，则应当说明理由。

在申请人提出专利申请的同时或者提出专利申请之后，申请人、专利权人、其他相关当事人在办理与该专利申请或者专利有关的各种手续时提交的除专利申请文件以外的各种请求、各种证明、证据材料等，称为其他文件。其他文件例如包括在先申请文件的副本、专利代理机构委托书、费用减缓请求书以及提前公开声明等。这些其他文件并不是每件专利申请都必须提交的，仅当该专利申请涉及某一方面特殊问题时才需要提交与此相关的文件。例如，委托专利代理机构办理专利申请手续时，应当提交专利代理委托书。当然，如果一件发明或者实用新型专利申请未涉及任何特殊问题，则不需要提交任何其他附件，只需要提交专利申请文件，即只需要提交请求书、说明书及其摘要和权利要求书。

按照《专利合作条约》提出的国际申请，指明希望获得中国发明专利或者实用新型专利保护的，在完成国际阶段的程序后，根据《专利法实施细则》第103条和第104条的规定，应当向专利局办理进入中国国家阶段的手续，从而启动国家阶段程序。对于进入中国国家阶段的国际申请的专利申请文件来说，应当包括以中文提交进入中国国家阶段的书面声明。如果国际申请是以外文提出的，还应当提交原始国际申请的说明书和权利要求书的中文译文。上述文件是专利局给予该国际申请申请号并明确国际申请已进入中国国家阶段所必需的文件。国际申请涉及的发明创造依赖遗传资源完成的，申请人应当在国际申请进入中国国家阶段的书面声明中予以说明，并填写遗传资源来源披露登记表。

需要说明的是，如果国际申请是以外文提出的，申请人应提交摘要的中文译文，有附图和摘要附图的，要提交附图副本和摘要附图副本，附图中有文字的，要将其替换为对应的中文文字；如果国际申请是以中文提出的，要提交国际公布文件中的摘要和摘要附图副本。如果在国际阶段向国际局已办理申请人变更手续的，应提供变更后的申请人享有申请权的证明材料。

在复审和无效程序中，根据《专利法实施细则》第60条的规定，复审请求人应当提交复审请求书，说明理由，必要时还应当附具有关证据。根据《专利法实施细则》第65条的规定，请求宣告专利权无效或者部分无效的，应当向专利复审委员会提交专利权无效宣告请求书和必要的证据一式两份。无效宣告请求书应当结合提交的所有证据，具体说明无效宣告请求的理由，并指明每项理由所依据的证据。

二、发明和实用新型专利申请文件的作用

下面对发明和实用新型专利申请的请求书、权利要求书、说明书及其摘要的作用进行说明。

（一）请求书的作用

请求书是申请人向专利局表达请求授予专利权的愿望的一种专利申请文件。一方面，请求书用于披露申请人信息和代理人信息；另一方面，请求书还用于披露与专利申请相关的法律手续相关信息。

（二）权利要求书的作用

权利要求书是确定发明或者实用新型专利保护范围的法律文件。为了确保专利制度的正常运作，一方面需要为专利权人提供切实有效的法律保护，另一方面需要确保公众享有使用现有技术的自由。为此，需要有一种法律文件来界定专利权的保护范围，使公众能够清楚地知道实施什么样的行为会侵犯他人的专利权。权利要求书就是为上述目的而规定的一种法律文件。

根据《专利法》第 59 条第 1 款的规定，发明或者实用新型专利权的保护范围以其权利要求的内容为准。因此，权利要求书最主要的作用在于确定发明或者实用新型专利权的保护范围。在发明或者实用新型授权之前，权利要求书的内容表明申请人想要获得的专利权的保护范围，专利局据以判断其是否符合《专利法》规定的授权条件。在授予专利权之后，权利要求书的内容则表明国家批准授予的专利权的保护范围。

（三）说明书的作用

说明书是申请人向专利局提交的公开其发明创造技术内容的法律文件。根据专利制度的"契约"理论，申请人为了获取发明或者实用新型专利权，应当向专利局并继而向社会公众提供为理解和实施其发明创造所必需的技术信息。披露这些技术信息的载体即是说明书。

说明书的作用一方面在于将发明或者实用新型专利申请的技术内容充分地披露，向社会提供新的技术信息，促进科技进步和经济社会发展。另一方面，根据《专利法》第 59 条第 1 款的规定，说明书及其附图可以用于解释权利要求的内容。在专利权被授予后，特别是在发生专利纠纷时，说明书可以用来解释权利要求书，帮助确定专利权的保护范围。另外，原说明书和权利要求书记载的范围还是申请人修改专利申请文件的基础。

说明书附图是说明书的一个组成部分，其作用在于用图形补充说明书文字部分的描述，使人能够直观地、形象化地理解发明或者实用新型的每个技术特征及整体技术方案。

（四）说明书摘要的作用

说明书摘要仅是一种技术信息，不具有法律效力。说明书摘要是说明书公开内容的概述，不属于发明或者实用新型原始公开的内容，不能作为修改说明书或者权利要求书的依据，也不能用来解释专利权的保护范围。说明书摘要附图应当是说明书附图中最能说明发明或者实用新型技术方案的一幅附图。需要说明的是，在确定申请日时，摘要附图不能代替说明书附图。

第二节　请　求　书

请求书是由申请人填写的由专利局印制的统一表格。分为三种：发明专利请求书、实用新型专利请求书、外观设计专利请求书。申请人在提出发明或者实用新型专利申请时，应当按照规定的要求填写发明专利请求书表格或者实用新型专利请求书表格，并将其提交给专利局，以表明请求授予发明或者实用新型专利权的愿望。根据《专利法实施细则》第 16 条的规定，请求书中除了包含"① 发明或者实用新型的名称"外，还包括如下 3 类信息：

第一类是涉及申请人的信息，包括：② 申请人是中国单位或者个人的，其名称或者姓名、地址、邮政编码、组织机构代码或者居民身份证件号码；③ 申请人是外国人、外国企业或者外国其他组织的，其姓名或者名称、国籍或者注册的国家或者地区；④ 发明人姓名。此外，请求书中还设有联系人信息栏，申请人可以根据需要决定是否填写联系人。请求书中还设有某些声明事项，例如申请人为多个时，可以在请求书中声明某个申请人是该专利申请的代表人。

第二类是涉及代理人的信息，包括：⑤ 申请人委托专利代理机构的，受托机构的名称、机构代码以及该机构指定的专利代理人的姓名、执业证号码、联系电话。

第三类是涉及法律手续（声明）的信息，包括：⑥ 要求优先权的，申请人第一次提出专利申请的申请日、申请号以及原受理机构的名称；⑦ 申请人或者专利代理机构的签字或者盖章。

此外，请求书还包括其他一些信息，包括：⑧ 申请文件清单；⑨ 附加文件清单；以及⑩ 其他需要写明的有关事项。例如，申请人如果要求享受不丧失新颖性的宽限期，则应当在请求书中声明；申请人认为其申请专利的发明或者实用新型涉及国家安全或者重大利益需要保密，应当在请求书中声明；专利申请涉及核苷酸或氨基酸序列或者发明创造的完成依赖于遗传资源，均应当在请求书中声明。申请人也可以在发明专利请求书中声明请求提前公布其专利申请。

除按照《专利法实施细则》第16条规定应当写明的上述内容外，如果专利申请属于分案申请，申请人还应当在请求书中写明原申请的申请日和申请号；如果专利申请涉及新的生物材料，并提交了生物材料样品保藏，申请人应当在请求书中写明生物材料样品的保藏单位、保藏单位地址、保藏日期、保藏编号及其分类命名。

对于请求书中相关内容的具体要求以及相关声明所涉及的手续审查，将在第五章详细阐述。

第三节　说　明　书

说明书是申请人向专利局提交的公开其发明创造技术内容的法律文件。《专利法》第26条第3款和《专利法实施细则》第17条分别对说明书的实质性内容和撰写方式作了规定。

一、说明书撰写的实质要求

根据《专利法》第26条第3款的规定，说明书应当对发明或者实用新型作出清楚、完整的说明，以所属技术领域的技术人员能够实现为准。也就是说，说明书披露的技术内容应当达到所属技术领域的技术人员能够实现的程度，满足充分公开的要求。这是对说明书实质性内容的要求。换句话说，如果说明书没有满足充分公开的要求，则属于《专利法实施细则》第53条规定的应当予以驳回的情形。

需要特别注意，上述条款中涉及的"清楚""完整"和"能够实现"之间的关系。从《专利法》第26条第3款的立法本意来讲，"能够实现"是对"清楚""完整"在程度上的要求，只要说明书记载的内容达到所属技术领域的技术人员能够实现的程度，就应当认为说明书满足了"清楚"和"完整"的要求，即满足了《专利法》第26条第3款的要求。

《专利法》第26条第3款中涉及的"所属技术领域的技术人员"的概念非常重要。所属技术领域的技术人员是一个假设的"人"，而不是一个诸如发明人、审查员或者法官这样的具体的人。该假设的"人"具备如下三种能力：① 知晓申请日或者优先权日之前发明所属技术领域所有的普通技术知识；② 能够获知该领域中所有的现有技术，并且具有应用该日期之前常规实验的手段和能力，但他不具有创造能力；③ 如果所要解决的技术问题能够促使所属技术领域的技术人员在其他技术领域寻找解决技术问题的技术手段，他也应具有从该其他技术领域中获知该申请日或优先权日之前的相关现有技术、普通技术知识和常规实验手段的能力。

需要说明的是，对于说明书是否充分公开的判断，应当基于所属技术领域的技术人员的知识和能力进行评价。这是因为在根据《专利法》第26条第3款判断说明书是否充分公开时，不同的判断主体可能会引入各自的主观因素，进而影响对充分公开的客观评价。为了使说明书充分公开的判断有一个尽可能一致的标准，就必须设定一个"参照物"，这个"参照物"就是《专利审查指南2010》依照国际惯例引入的"所属技术领域的技术人员"的概念。综上所述，"所属技术领域的技术人员"体现的是一种审查的标准，对待同一件发明或者实用新型专利申请时，不能采用不同的审查标准，也不能根据审查员的心情好坏来决定专利申请的审查结论。

（一）清　楚

所谓"清楚"，是指说明书的内容应当清楚，具体要求包括：

（1）主题明确、前后一致。说明书应当从背景技术开始，明确地写明发明或者实用新型所要解决的技术问题、为解决该技术问题所采用的技术方案以及该技术方案所能达到的技术效果。上述技术问题、技术方案和技术效果应当相互适应，不得出现相互矛盾或不相关联的情形。

（2）表述准确、没有歧义。说明书应当使用发明或者实用新型所属技术领域的技术术语。说明书的表述应当准确地表达发明或者实用新型的技术内容，不得含糊不清或者模棱两可，以致所属技术领域的技术人员不能准确理解该发明或者实用新型。

例如，一件名称为"一种可用于植物絮凝的天然物质"的发明专利申请，说明书中记载了用一种从植物中提取的物质 VEF 对污水进行絮凝，但没有对"VEF"进行说明。"VEF"不是所属技术领域的技术人员熟知的技术名词。因此，对所属技术领域的技术人员来说，"VEF"到底是何种物质或者怎样才能得到该物质是不清楚的。如果所属技术领域的技术人员不能从说明书记载的其他内容中直接地、毫无疑义地得出"VEF"的准确含义，那么该术语的不清楚对于所属技术领域的技术人员而言，事实上已经导致了说明书公开不充分，达到了不能实现的程度，即不能实现通过从植物中提取物质对污水进行絮凝的技术方案。因此，该申请的说明书不满足《专利法》第 26 条第 3 款的规定。

（二）完　整

所谓"完整"，是指说明书应当包括有关理解、实现发明或者实用新型所需的全部技术内容。凡是所属技术领域的技术人员不能从现有技术中直接地、毫无疑义地确定的内容，均应当在说明书中描述。完整的说明书应当包括的内容有：

（1）帮助理解发明或者实用新型不可缺少的内容。例如，有关所属技术领域、背景技术状况的描述以及说明书有附图时的附图说明等。

（2）确定发明或者实用新型具备新颖性、创造性和实用性所需的内容。例如，发明或者实用新型所要解决的技术问题，解决其技术问题采用的技术方案和发明或者实用新型的有益效果。

（3）实现发明或者实用新型所需的内容。例如，为解决发明或者实用新型的技术问题而采用的技术方案的具体实施方式。

需要说明的是，对于克服了技术偏见的发明或者实用新型，说明书中还应当解释为什么说该发明或者实用新型克服了技术偏见、新的技术方案与技术偏见之间的差别以及为克服技术偏见所采用的技术手段。

（三）能够实现

所属技术领域的技术人员"能够实现"，是指所属技术领域的技术人员按照说明书记载的内容，就能够实现该发明或者实用新型的技术方案，解决其技术问题，并且产生预期的技术效果。

申请人或者专利代理人在撰写说明书时，应当清楚地记载发明或者实用新型的技术方案，详细地描述实现发明或者实用新型的具体实施方式，完整地公开对于理解和实现发明或者实用新型必不可少的技术内容，进而达到所属技术领域的技术人员能够实现该发明或者实用新型的程度。

为获得专利授权而充分公开其发明创造是申请人应尽的义务。因此，如果审查员以合理的理由质疑发明或者实用新型的说明书没有达到充分公开的要求时，申请人有责任予以澄清。

下面以举例的方式给出由于缺乏解决技术问题的技术手段而被认为无法实现的几种情形。

（1）说明书中只给出任务和/或设想，或者只表明一种愿望和/或结果，而未给出任何使所属技术领域的技术人员能够实施的技术手段。

例如，一项有关风铃的发明，说明书仅记载了风铃装置具有音色能随气温上升而变高，随气温下降而变低的特征。由于说明书中没有公开如何制造这种风铃，采用何种材料，风铃的结构是什么，如何实现音色能随气温上升而变高，随气温下降而变低。说明书中只给出发明的任务和设想，而没有记载任何技术手段，所属技术领域的技术人员根据说明书的记载不能制造出这种风铃。因此，该说明书不符合《专利法》第26条第3款的规定。

（2）说明书中给出了技术手段，但对所属技术领域的技术人员来说，该手段是含糊不清的，根据说明书记载的内容无法具体实施。

例如，某申请的说明书公开了一种化工设备，其中相对于现有技术的改进在于在所述化工设备中装填了一种特殊的高效填料，但说明书并没有披露该种特殊高效填料的成分。实际上，申请人是将这种关键的特殊填料作为技术秘密保留。因此，该申请的说明书给出的技术手段是含糊不清的，所属技术领域的技术人员根据说明书记载的内容无法实施该发明的技术方案，因此说明书不符合《专利法》第26条第3款的规定。

（3）说明书中给出了技术手段，但所属技术领域的技术人员采用该手段并不能解决发明或者实用新型所要解决的技术问题。

例如，某申请涉及一种脱除硫化氢的方法，说明书记载了所用的脱硫剂为木质素磺酸钙、木质素磺酸钠或造纸厂的废黑液。本申请相对于现有技术的改进点在于，在所述脱硫剂中采用一种X消泡剂，此时就无需像现有技术那样具体限定废黑液在所述脱硫剂中所占的百分比，也能够解决发明所要解决的技术问题。但是申请人并没有将X消泡剂写入说明书，实际上作为技术秘密保留未予披露，使得所属技术领域的技术人员采用未包含X消泡剂的技术方案并不能解决发明所要解决的技术问题，因此说明书不符合《专利法》第26条第3款的规定。

（4）申请的主题为由多个技术手段构成的技术方案，对于其中一个技术手段，所属技术领域的技术人员按照说明书记载的内容并不能实现。

例如，某申请涉及一种机械玩具动物，说明书记载了所述机械玩具动物的技术方案由动力机构、传动机构和控制机构等多个技术手段构成。本申请相对于现有技术的改进点在于通过控制机构使得所述玩具动物实现趴下、站立、行走等一系列动作。但是说明书中并没有记载所述控制机构的具体结构，实际上申请人作为技术秘密保留未予披露，使得所属技术领域的技术人员按照说明书记载的内容无法实现所述机械玩具动物的技术方案。因此，该说明书不符合《专利法》第26条第3款的规定。

（5）说明书中给出了具体的技术方案，但未给出实验证据，而该方案又必须依赖实验结果加以证实才能成立。

例如，某申请涉及一种生态杀虫剂，其包含下列主要组分（以重量计）：维生素1～2份；氨基酸6～18份；有机酸1～15份；寡糖4～6份；蛋白质0.5～8份；稀土1～2份。说明书中记载了生态杀虫剂的组成及其配比，在具体实施方式部分也列举了各种具体配方，说明了该农药施用的对象、所要防治的病虫害、使用的方法以及施用的时间。但是却未给出任何实验数据来证明该杀虫剂确实具有杀虫效果。由于上述杀虫剂中的各组分通常都不具有杀虫效果，这在农药领域是公知常识，因此由这些通常不具有杀虫效果的组分构成的杀虫剂是否能够具有杀虫作用是不可预期的，必须依赖实验结果才能证实，而说明书中恰恰没有记载相关实验数据，因此说明书公开不充分，不符合《专利法》第26条第3款的规定。

二、说明书撰写的形式要求

《专利法实施细则》第17条和第18条对说明书撰写的形式作了规定。根据《专利法实施细则》第17条的规定，发明或者实用新型专利申请的说明书首先应当写明发明或者实用新型的名称，该名称应当与请求书中的名称一致。说明书应当包括以下组成部分：技术领域、背景技术、发明或者实用新型的内容、附图说明和具体实施方式。技术领域部分要写明要求保护的技术方案所属的技术领域。背景技术部分要写明对发明或者实用新型的理解、检索、审查有用的背景技术，可能的话引证反映这些背景技术的文件。发明或者实用新型的内容部分要写明发明或者实用新型所要解决的技术问题以及解决其技术问题采用的技术方案，并对照现有技术写明发明或者实用新型的有益效果。附图说明部分要对各幅附图（如果说明书有附图）作简要说明。具体实施方式部分要详细写明申请人认为实现发明或者实用新型的优选方式，必要时可以举例说明，有附图的，对照附图说明。

发明或者实用新型的说明书应当按照上述方式和顺序撰写，并在每一部分前面写明标题，除非其发明或者实用新型的性质用其他方式或者顺序撰写能够节约说明书的篇幅并使他人能够准确理解其发明或者实用新型。

发明专利申请包含一个或者多个核苷酸或者氨基酸序列的，说明书应当包括符合规定的序列表。

需要特别注意《专利法》第 26 条第 3 款有关说明书充分公开的规定与《专利法实施细则》第 17 条有关说明书撰写方式要求两个法条之间的适用关系。《专利法》第 26 条第 3 款是针对说明书实质性内容的要求，而《专利法实施细则》第 17 条则是针对说明书撰写方式的要求。如果说明书中存在的用词不规范、语句不清楚缺陷并不导致发明或者实用新型不可实现，那么该情形属于《专利法实施细则》第 17 条所述的撰写方式缺陷，专利局不会据此驳回该申请。也就是说，若说明书仅存在不满足《专利法实施细则》第 17 条要求的缺陷，则不属于可以根据《专利法实施细则》第 53 条规定予以驳回的情形。

（一）说明书的组成部分及要求

1. 发明名称

发明或者实用新型的名称应当清楚、简要，写在说明书首页正文部分的上方居中位置。发明或者实用新型的名称应当按照以下各项要求撰写：

（1）发明名称应当清楚、简要，全面地反映要求保护的主题和类型。例如，一件申请要求保护拉链产品和该拉链制造方法两项发明，发明名称应当写为"一种拉链及其制造方法"。

（2）发明名称不得使用人名、地名、商标、型号、商品名称、商业性宣传用语。例如，"一种周林频谱治疗仪"的发明名称包含了人名，"一种小儿速效感冒灵的制作方法"的发明名称包含有商品名称。上述两种发明名称的写法均不符合要求。

（3）发明名称应当采用所属技术领域通用的技术术语，不能采用自造词。例如，一种表面有若干小突起的用于按摩耳穴的橡胶指套的发明，其发明名称可以写为"一种橡胶指套"，不能写成"一种捏压灵"。捏压灵不是所属技术领域通用的技术术语，属于自造词。

（4）与请求书中的发明名称一致，一般不得超过 25 个字，最多 40 个字（如化学领域）。

2. 技术领域

说明书中发明或者实用新型的技术领域主要体现请求保护的专利申请的主题和类型，以利于对专利申请进行分类和检索。技术领域应当是发明或者实用新型要求保护的技术方案所属或者直接应用的具体领域，而不是上位的或者相邻的技术领域，也不是发明或者实用新型本身。例如，一项关于挖掘机悬臂的发明，其改进之处是将现有技术中的长方形悬臂改为椭圆形截面的悬臂。如果将技术领域写为"本发明涉及一种挖掘机，特别是涉及一种挖掘机悬臂"，则体现了该发明直接应用的技术领域，是允许的。但是，如果将技术领域写为"本发明涉及一种建筑机械"则不合适，因为建筑机械属于挖掘机的上位技术领域。同样，如果将技术领域写为"本发明涉及一种截面为椭圆形的挖掘机悬臂"也不合适，因为在技术领域中写入了发明本身。

3. 背景技术

发明或者实用新型说明书的背景技术部分应当写明对发明或者实用新型的理解、检索、审查有用的背景技术，并且尽可能引证反映这些背景技术的文件。

通常对背景技术的描述应包括3方面内容：

（1）注明其出处（即来源），通常可采用引证现有技术文件或指出公知公用情况两种方式，如引用一篇美国专利文献属于引证现有技术文件的方式，而指出在市场上能够买到某种产品属于指出公知公用情况的方式。

（2）简要说明现有技术的主要内容，尤其要写明包含有独立权利要求前序部分技术特征的现有技术文件的主要内容，即写明与发明或者实用新型专利申请最接近的现有技术文件的主要内容。

（3）客观地指出背景技术中存在的主要问题。主要问题是指与发明所解决问题相关的、且发明所能解决的问题。例如，某种产品可能存在多种缺陷，但如果有些缺陷与该发明要解决的问题无关，就不宜将这些问题写入背景技术，而应着重描述本发明解决的问题和缺陷。在指出背景技术所存在的问题时，切忌采用诽谤性语言。例如，在背景技术中引证某文件，称"该文件的技术方案不合理，体现出发明人的无知"是不允许的。

引证文件应当满足以下要求：

（1）引证文件应该是公开出版物，除纸件形式外，还包括电子出版物等形式。引证文件应当给出出处（来源），以使所属技术领域的技术人员找到该文件。如果说明书中没有对所引证文件给出明确的指引以致不能获得该文件，或者虽有引证文件，但其中实际记载的内容与发明不相关或者与引证的内容不相符的，专利局会视为说明书没有引证该文件。

引证专利文件的，至少要写明国别和公开号，最好包括公开日期。如 CN1013798 A，1999年12月7日公开；US5912568 A，1999年6月15日授权。

引证非专利文件的，要写明文件的标题和出处，以便于查找。引证文件为期刊中的文章的，应当写明文章的名称、作者姓名、期刊名称、期刊卷号、起止页数、出版日期等。例如，"激光两坐标测量仪"，中国计量科学研究院激光两坐标测量仪研制小组，《计量学报》，第1卷第2期，第88～98页，1980年4月。引证文件为书籍的，应当写明书名、作者姓名、相关内容的起止页数、出版社名称及出版日期。例如，《气体放电》，杨津基，第258～260页，科学出版社，1983年10月。

（2）引证文件的公开日应满足如下要求：引证的非专利文件和外国专利文件的公开日应当在本申请的申请日之前，引证的中国专利文件的公开日不能晚于本申请的公开日。

（3）引证外国专利或非专利文件的，应当用所引证文件公布或发表时的原文文字写明文件的出处及相关信息，必要时给出中文译文，并将译文放置在括号内。

4. 发明内容

发明或者实用新型说明书的发明内容部分应当清楚、客观地写明要解决的技术问题、技术方案、有益效果3方面的内容。

（1）要解决的技术问题

发明所要解决的技术问题，是指要解决的现有技术中存在的技术问题。具体而言，该部分的撰写应注意两个方面：其一，撰写发明所要解决的技术问题应当针对现有技术中存在的缺陷或不足；其二，用正面的、尽可能简洁的语言，客观而有根据地反映发明要解决的技术问题，并应与技术方案所获得的效果一致或相应。

对发明或者实用新型所要解决的技术问题的描述不得采用广告式宣传用语。

一件专利申请的说明书不仅可以列出发明或者实用新型所要解决的一个技术问题，也可以列出发明或者实用新型所要解决的多个技术问题，但是这些要解决的技术问题应当都与一个总的发明构思相关。

（2）技术方案

这部分内容中记载的技术方案应当能够解决在"要解决的技术问题"中描述的那些技术问题。在技术方案这一部分，至少应反映包括全部必要技术特征的独立权利要求的技术方案，还可以给出包括其他附加技术特征的进一步改进的技术方案。

说明书中记载的这些技术方案应当与权利要求所限定的相应技术方案的表述相一致。

一般情况下，说明书技术方案部分首先应当写明独立权利要求的技术方案，其用语应当与独立权利要求的用语相应或者相同，以发明或者实用新型必要技术特征总和的形式阐明其实质，必要时，说明必要技术特征总和与发明或者实用新型效果之间的关系。然后，可以通过对该发明或者实用新型的附加技术特征的描述，反映对其作进一步改进的从属权利要求的技术方案。

如果一件申请中有几项发明或者实用新型，应当说明每项发明或者实用新型的技术方案。这里的"申请中有几项发明"不是指说明书中有几项，而是指权利要求书中要求保护的有几项发明，即至少要写出要求保护的那几项发明或者实用新型，未要求保护的，则可写可不写。

（3）有益效果

在发明内容部分，除了给出要解决的技术问题、技术方案以外，还要求给出技术方案的有益效果，该有益效果是由技术方案直接带来的，或者是由技术方案必然产生的效果。该有益效果应反映技术方案对现有技术的贡献，是确定发明是否具有显著的进步的重要依据，也是辅助判断发明是否具有突出的实质性特点的依据之一。因此，申请人应在说明书中清楚、客观地说明发明所产生的有益效果，并详细地描述技术方案是如何产生上述有益效果的，使所属技术领域的技术人员能够信服。

该部分应当清楚、客观地写明发明或者实用新型与现有技术相比所具有的有益效果。有益效果的撰写方式，可以通过对发明结构特点的分析，说明采用该结构所带来的技术效果；或者可以通过理论分析说明该结构带来的技术效果；或者通过列出实验数据的方式予以说明；或者采用上述方式的组合。无论采用哪种方式，都不得只断言发明或者实用新型具有有益的效果，而应当与现有技术进行比较分析，指出发明或者实用新型与现有技术的区别，分析该区别使技术方案产生的技术效果。

有益效果可以由生产率、质量、精度和效率的提高，能耗、原材料、工序的节省，加工、操作、控制、使用的简便，污染的治理，以及有用性能的出现等方面反映出来。

机械、电气领域中的发明或者实用新型的有益效果可以结合发明或者实用新型的结构特征和作用方式进行说明。但是，化学领域中的发明往往需要借助于实验数据来说明。对于目前尚无可采取的测量方法而不得不依赖于人的感官判断的，例如味道、气味等，可以采用统计方法表示的实验结果来说明有益效果。在引用实验数据说明有益效果时，应当给出必要的实验条件和方法。如果在说明书中没有记载技术方案的有益效果，可能会给申请后续的专利审查、专利保护带来不利影响。

5. 附图说明

发明或者实用新型的说明书有附图的，需要集中对所有附图进行说明。附图说明部分应当写明各幅附图的图名，并且对图示内容作简要说明。之所以要求集中对所有附图进行说明，主要基于两方面原因：其一，使所有附图说明一目了然，便于所属技术领域的技术人员阅读和查找附图；其二，便于在申请被受理时或授权时核对文件。附图不止一幅的，应当对所有附图作出图面说明。在零部件较多的情况下，允许用列表的方式对附图中具体零部件名称列表说明。

6. 具体实施方式

发明或者实用新型说明书的具体实施方式部分是说明书的重要组成部分，具体实施方式对于充分公开发明或者实用新型的内容、支持和解释权利要求都是极为重要的。应当注意的是，说明书是否充分公开发明，要从说明书的整体内容来判断，而不仅仅依据具体实施方式的内容。

说明书应当详细描述申请人认为实现发明或者实用新型的优选的具体实施方式。具体实施方式中应当体现为解决技术问题所采用的技术方案，并应当对权利要求的技术特征给予详细说明。应当注意的是，对最接近的现有技术以及发明或实用新型与最接近的现有技术共有的技术特征，一般来说可以不作详细描述，但对发明或者实用新型区别于现有技术的技术特征以及从属权利要求中的附加技术特征应当足够详细地描述，以所属技术领域的技术人员能够实现该技术方案为准。需要说明的是，为了方便专利审查，也为了帮助公众更直接地理解发明或者实用新型，对于那些就满足《专利法》第26条第3款的要求而言必不可少的内容，不能采用引证其他文件的方式撰写，而应当将其具体内容写入说明书。

通常情况下，申请人可以通过实施例对优选的具体实施方式进行说明。实施例是对发明或者实用新型的优选实施方式的举例说明。当一个实施例足以支持权利要求所概括的技术方案时，说明书中可以只给出一个实施例。当权利要求尤其是独立权利要求覆盖的保护范围较宽，其概括的技术方案或其中的技术特征不能从一个实施例中找到依据时，应当给出一个以上的不同实施例，以支持要求保护的范围。

需要强调的是，《专利审查指南2010》中规定，当权利要求相对于背景技术的改进涉及数值范围时，通常应给出两端值附近（最好是两端值）的实施例，当数值范围较宽时，还应当给出至少一个中间值的实施例。上述规定意在说明只有当权利要求相对于背景技术的改进涉及数值范围时，才要求说明书给出两个端值附近的实施例，最好是给出两个端值的实施例。如果权利要求中的数值范围并不涉及相对于背景技术的改进时，则没有上述要求。另外，数值范围较宽时，还应当给出至少一个中间值实施例的要求。例如，某发明相对于现有技术的改进涉及温度数值范围，权利要求中相应的技术特征为"温度在50～90℃的范围内"。此时，说明书中若仅给出温度为60℃时的实施例是不够的，这会导致权利要求得不到说明书的支持。对于该案例而言，如果所属技术领域的技术人员结合具体案情认为50～90℃的温度范围较宽时，申请人在具体实施方式部分应当给出50℃和90℃附近（最好就是50℃和90℃两个端值）的实施例，以及一个中间温度值（例如70℃）的实施例。

在发明或者实用新型技术方案比较简单的情况下，如果说明书涉及技术方案的部分已经就发明或者实用新型专利申请所要求保护的主题作出清楚、完整的说明，则说明书就不必在涉及具体实施方式部分再作重复说明。

适当的情况下，申请有附图的，应当对照附图对具体实施方式进行详细说明，这样便于所属技术领域的技术人员更加清楚地了解发明的具体内容。在说明书正文中对照附图描述发明或者实用新型的优选的具体实施方式时，使用的附图标记或者符号应当与附图中所示的一致，并放在相应的技术名称的后面，不加括号。例如，对涉及电路的发明，可以写成"电阻3通过三极管4的集电极与电容5相连接"，不得写成"3通过4与5连接"。

对于产品的发明或者实用新型，具体实施方式或者实施例应当描述产品的机械构成、电路构成或者化学成分，说明组成产品的各部分之间的相互关系。如机械产品需描述构成的元件及元件间的相互位置关系、连接关系，电路产品应描述电路构成及连接关系、信号走向，以及化学产品需描述化学成分及各成分之间的比例关系等。

对于方法的发明，应当写明其步骤，包括可以用不同的参数或者参数范围表示的工艺条件，如温度、压力条件等。

（二）说明书撰写的其他形式要求

除了上文介绍的说明书各组成部分及其要求之外，说明书还应当满足用词规范，语句清楚的要求，即说明书的内容应当明确，无含糊不清或者前后矛盾之处，使所属技术领域的技术人员容易理解。基于此种考虑，说明书还应当满足下述形式要求：

（1）说明书不得使用"如权利要求所述的"一类引用语，也不得使用商业性宣传用语。

（2）说明书应当使用所属技术领域的技术术语。例如，在光电成像领域中，在表述将感光鼓上的显影剂图像印制在纸张上时，应当使用"转印"一词，这是该技术领域的技术术语，而不得使用"转移"等其他表述。

（3）说明书中的自然科学名词应采用国家规定的统一术语。没有规定的，可以使用所属领域约定俗成的术语或者最新出现的科技术语，或者直接使用外来语，但是其含义应当是清楚的，不会造成理解错误。必要时可以采用自定义词且应当对其进行定义或者给出明确的说明，例如，"激光"属于国家统一规定的自然科学名词，"镭射"是"激光"的别称，所以应当使用"激光"而不是"镭射"来描述说明书的相关技术特征。又如，"老虎钳"可以认为是所属领域约定俗成的术语。

（4）说明书中不应当使用在所属技术领域中具有基本含义的词汇来表示其本意之外的其他含义，以免造成误解和语义混乱。例如，某申请涉及一种铜管的加工方法，说明书中将加工变形过程中工件温度超过材料再结晶温度的轧制称为"冷轧"。对所属技术领域的技术人员来说，在轧制过程中工件温度低于其材料的再结晶温度的轧制才被称为"冷轧"。因此，该案例中使用了在所属技术领域中具有基本含义的"冷轧"这一词汇来表示其本意之外的其他含义，造成了误解，这种表述是不允许的。

（5）说明书中的技术术语和符号应前后一致。例如，某申请涉及一种锁定部件，但是在说明书发明内容部分将该部件称为"锁定装置"，而在具体实施方式部分又将其称为"锁合装置"，技术术语前后不一致。

（6）说明书应使用中文，在不产生歧义的前提下个别词语可使用外文，但是其含义对所属技术领域的技术人员来说必须是清楚的，不会造成理解错误。例如，所属技术领域的技术人员熟知"CPU"即表示中央处理器，所以说明书中可以直接采用"CPU"这样的表述。需要说明的是，在说明书中第一次使用非中文技术名词时，应当使用中文译文加以注释或者使用中文给予说明。

（7）说明书中涉及计量单位时，应采用国家法定计量单位，必要时可以在括号内同时标注本领域公知的其他计量单位。

（8）说明书中不可避免使用商品名称时，其后应注明其型号、规格、性能及制造单位；尽量避免使用注册商标来确定物质或者产品。

（9）说明书中引证的外国专利文献和非专利文献的出处和名称应当使用原文，必要时给出中文译文，并将译文放置在括号内。

（三）说明书附图及其要求

说明书附图是说明书的一个组成部分，其作用在于用图形补充说明书文字部分的描述，使人能够直观地、形象化地理解发明的每个技术特征和整体技术方案。对于机械和电学技术领域中的专利申请，说明书附图的作用尤其明显。因此，说明书附图应该清楚地反映发明或者实用新型的内容。

对于发明专利申请，用文字足以清楚、完整地描述其技术方案的，可以没有附图。但是，如果仅仅通过文字尚不足以清楚地表达发明的技术方案，只有辅以附图才能清楚地表达，则其说明书应当有附图。实用新型专利申请的说明书必须有附图，这是因为实用新型涉及的是产品的形状、构造或者其结合，结合附图来表达产品的形状、构造比单纯通过文字来表达更为清楚、准确，往往能够使人一目了然。

有关说明书附图的具体格式要求包括：

（1）一件专利申请有多幅附图时，在用于表示同一实施方式的几个不同实施例的各幅附图中，表示同一技术特征的附图标记应当一致。反过来说，在用于表示不同实施方式的附图中，表示同一技术特征的附图标记可以不一致，例如在申请文件中表示同一技术特征的附图标记在不同的实施方式中可以分别采用 A1、A2、A3 这样不同的附图标记。

（2）说明书中与附图中使用的相同的附图标记应当表示同一组成部分。说明书中未提及的附图标记不得在附图中出现，附图中未出现的附图标记也不得在说明书文字部分中提及。

（3）附图中除了必需的词语外，不应当含有其他的注释；但对于流程图、框图一类的附图，应当在其框内给出必要的文字或符号。

（4）一件专利申请有多幅附图时，要按照"图1、图2……"的顺序排列。

（5）说明书附图应集中放在说明书文字部分之后。

（四）说明书摘要、摘要附图及其要求

说明书摘要仅是一种技术情报，是说明书公开内容的概述，不属于发明或者实用新型原始公开的内容。说明书摘要附图应当是说明书附图中最能说明发明或者实用新型技术方案的一幅附图。

说明书摘要应当写明发明或者实用新型的名称和所属技术领域，并清楚地反映所要解决的技术问题、解决该问题的技术方案的要点以及主要用途，其中以技术方案为主。摘要可以包括最能说明发明的化学式。摘要文字部分（包括标点符号）不得超过 300 个字，其中出现的附图标记应当加括号，且不得使用商业性宣传用语。

三、特殊领域的说明书撰写规定

（一）涉及计算机程序的发明专利申请的说明书撰写

涉及计算机程序的发明专利申请的说明书的撰写要求与其他技术领域的发明专利申请的说明书的撰写要求原则上相同。

涉及计算机程序的发明专利申请的说明书除了应当从整体上描述发明的技术方案之外，还应当清楚、完整地描述该计算机程序的设计构思及其技术特征以及达到其技术效果的实施方式。为了清楚、完整地描述计算机程序的主要技术特征，说明书附图中应当给出该计算机程序的主要流程图。说明书中应当以所给出的计算机程序流程为基础，按照该流程的时间顺序，以自然语言对该计算机程序的各步骤进行描述。说明书对计算机程序主要技术特征的描述程度，应当以所属技术领域的技术人员能够根据说明书记载的流程图及其说明编制出能够达到所述技术效果的计算机程序为准。为了清楚起见，如有必要，申请人可以用惯用的标记性程序语言简短摘录某些关键部分的计算机源程序以供参考，但不需要提交全部计算机源程序。

涉及计算机程序的发明专利申请包括对计算机装置硬件结构作出改变的发明内容的，说明书附图应当给出该计算机装置的硬件实体结构图，说明书应当根据该硬件实体结构图，清楚、完整地描述该计算机装置的各硬件组成部分及其相互关系，以所属技术领域的技术人员能够实现为准。

（二）化学发明的充分公开

1. 化学产品发明的充分公开

这里所称的"化学产品"包括化合物、组合物以及用结构和/或组成不能够清楚描述的化学产品。要求保护的发明为化学产品本身的，说明书中应当记载化学产品的确认、化学产品的制备以及化学产品的用途。

（1）化学产品的确认

对于化合物发明，说明书中应当说明该化合物的化学名称及结构式（包括各种官能基团、分子立体构型等）或者分子式，对化学结构的说明应当明确到使所属技术领域的技术人员能确认该化合物的程度；并应当记载与发明要解决的技术问题相关的化学、物理性能参数（例如各种定性或者定量数据等），使要求保护的化合物能被清楚地确认。此外，对于高分子化合物，除了应当对其重复单元的名称、结构式或者分子式按照对上述化合物的相同要求进行记载之外，还应当对其分子量及分子量分布、重复单元排列状态（如均聚、共聚、嵌段、接枝等）等要素作适当的说明；如果这些结构要素未能完全确认该高分子化合物，则还应当记载其结晶度、密度、二次转变点等性能参数。

对于组合物发明，说明书中除了应当记载组合物的组分外，还应当记载各组分的化学和/或物理状态、各组分可选择的范围、各组分的含量范围及其对组合物性能的影响等。对于仅用结构和/或组成不能够清楚描述的化学产品，说明书中应当进一步使用适当的化学、物理参数和/或制备方法对其进行说明，使要求保护的化学产品能被清楚地确认。

（2）化学产品的制备

对于化学产品发明，说明书中应当记载至少一种制备方法，说明实施所述方法所用的原料物质、工艺步骤和条件、专用设备等，使所属技术领域的技术人员能够实施。对于化合物发明，通常需要有制备实施例。

（3）化学产品的用途和/或使用效果

对于化学产品发明，应当完整地公开该产品的用途和/或使用效果，即使是结构首创的化合物，也应当至少记载一种用途。

如果所属技术领域的技术人员无法根据现有技术预测发明能够实现所述用途和/或使用效果，则说明书中还应当记载对于所属技术领域的技术人员来说，足以证明发明的技术方案可以实现所述用途和/或达到预期效果的定性或者定量实验数据。

对于新的药物化合物或者药物组合物，应当记载其具体医药用途或者药理作用，同时还应当记载其有效量及使用方法。如果所属技术领域的技术人员无法根据现有技术预测发明能够实现所述医药用途、药理作用，则应当记载对于所属技术领域的技术人员来说，足以证明发明的技术方案可以解决预期要解决的技术问题或者达到预期的技术效果的实验室试验（包括动物试验）或者临床试验的定性或者定量数据。说明书对有效量和使用方法或者制剂方法等应当记载至所属技术领域的技术人员能够实施的程度。

对于表示发明效果的性能数据,如果现有技术中存在导致不同结果的多种测定方法,则应当说明测定它的方法;若为特殊方法,应当详细加以说明,使所属技术领域的技术人员能实施该方法。

2. 化学方法发明的充分公开

(1) 对于化学方法发明,无论是物质的制备方法还是其他方法,均应当记载方法所用的原料物质、工艺步骤和工艺条件,必要时还应当记载方法对目的物质性能的影响,使所属技术领域的技术人员按照说明书中记载的方法去实施时能够解决该发明要解决的技术问题。

(2) 对于方法所用的原料物质,应当说明其成分、性能、制备方法或者来源,使得所属技术领域的技术人员能够得到。

3. 化学产品用途发明的充分公开

对于化学产品用途发明,在说明书中应当记载所使用的化学产品、使用方法及所取得的效果,使得所属技术领域的技术人员能够实施该用途发明。如果所使用的产品是新的化学产品,则说明书对于该产品的记载应当满足关于化学产品发明的充分公开的相关要求。如果所属技术领域的技术人员无法根据现有技术预测该用途,则应当记载对于所属技术领域的技术人员来说,足以证明该物质可以用于所述用途并能解决所要解决的技术问题或者达到所述效果的实验数据。

(三) 涉及生物材料申请应当满足的要求

有关涉及生物材料申请应当满足的要求,请参见本书第五章第三节相关内容。

第四节 权利要求书

权利要求书是确定发明或者实用新型专利保护范围的法律文件。一份发明或者实用新型专利申请的主题是否属于能够授予专利权的范围,所要求保护的发明创造是否具备新颖性、创造性和实用性,专利申请是否符合单一性的规定,都与权利要求书的内容有直接的关联。本节将在权利要求概念解释的基础上,详细说明权利要求的类型,以及《专利法》和《专利法实施细则》中有关权利要求的实质性要求以及权利要求的撰写方式等内容。

一、权利要求概述

一件发明或者实用新型专利申请包含一份权利要求书,一份权利要求书由若干个权利要求构成。权利要求是在说明书的基础上,用体现发明或者实用新型内容的技术特征构成的技术方案。通常来说,一项权利要求可以包括一个技术方案,也可以包括并列的多个技术方案。技术方案的表达是通过记载构成技术方案的技术特征来实现的。因此,权利要求中不应当记载发明或者实用新型的背景技术、所要解决的技术问题及有益效果,这些内容只需在说明书中记载。技术特征可以是构成发明或者实用新型技术方案的组成要素,也可以是要素之间的相互关系。例如,一件发明或者实用新型的权利要求为"一种杯子,包括杯体,其特征在于:在杯体侧面相对设置有用于防滑的凹槽"。在上述权利要求中,"杯子""杯体""凹槽"等技术特征是构成发明或者实用新型技术方案的组成要素,"在杯体侧面相对设置"等技术特征是要素之间的相互关系,由这些组成要素技术特征和要素之间的相互关系的技术特征共同构成的技术方案就是一个权利要求。

二、权利要求的类型

在专利法意义上,可以获得发明专利保护的技术方案分为产品技术方案和方法技术方案两种类型。可以获得实用新型专利保护的技术方案仅是产品技术方案，不能是方法技术方案。不仅如此，也并非能够获得发明专利权的所有产品都能够被授予实用新型专利权，而仅仅是其中的对产品的形状、结构或者其结合所提出的技术方案才能作为实用新型专利保护的对象。因此，按照发明或者实用新型专利保护对象的不同，可以将权利要求划分为产品权利要求和方法权利要求两种类型。此外，还可以从撰写形式上将权利要求划分为独立权利要求和从属权利要求两种类型。

（一）产品权利要求和方法权利要求

根据《专利法》第 11 条的规定，对不同类型的专利权提供的法律保护不同，因此有必要从类型上区分权利要求。对于产品权利要求来说，法律提供的保护是禁止他人未经专利权人许可而制造、使用、许诺销售、销售、进口其专利产品；对于产品制造方法专利权来说，法律提供的保护是禁止他人未经专利权人许可而使用其专利方法，以及使用、许诺销售、销售、进口依照该专利方法所直接获得的产品；对于其他方法专利权来说，法律提供的保护仅仅是禁止他人未经专利权人许可而使用其专利方法。如果权利要求的类型不明确，就无法确定应当提供何种法律保护。

产品权利要求涉及人类技术生产的物，保护的是具体的物品，既包括有固定形状的单个产品，如零件、部件、装置、设备等；也包括由多个产品组成的系统，例如由地面发射装置、卫星接收和发射装置、地面接收装置等组成的卫星通信系统；还包括没有固定形状的物质，例如化合物、组合物、从自然界提取分离出来的天然物质、药物制剂等。常见的产品权利要求有如下情形："一种灯泡，包括灯丝、灯罩、灯座……。""一种激光照排系统，包括……。""一种水泥，包括……。"

方法权利要求涉及具有时间过程要素的活动。方法权利要求有制造方法、使用方法、通讯方法、处理方法、安装方法等权利要求。实现上述方法也有可能会涉及某些物品，例如原材料、工具、设备等，但就权利要求类型而言仍然是方法权利要求，其要求保护的是方法本身，而不是保护其涉及的产品。常见的方法权利要求有如下情形："一种灯泡的制造方法，包括以下步骤：……。""一种提高光学系统分辨率的方法，包括以下步骤：……。"

应当注意的是，权利要求的类型是根据其主题名称来确定的，而不是根据权利要求中记载的技术特征的性质来确定。要求权利要求的类型明确，并不意味着产品权利要求的技术特征都必须是关于产品结构的技术特征，方法权利要求的技术特征都必须是关于方法步骤的技术特征。许多方法权利要求中都包括关于实施方法所采用的物质、材料、工具、设备的技术特征。在某些情况下，也允许使用方法特征来限定一种产品。

（二）独立权利要求和从属权利要求

权利要求除了按照保护主题划分为产品权利要求和方法权利要求外，还可以从撰写形式上划分为独立权利要求和从属权利要求两种类型。对权利要求进行形式上的划分，目的在于构建一个多层次的专利保护体系，防止在具有可授权内容的情况下，发明或者实用新型专利权不能得到有效保护或者被全部宣告无效。

独立权利要求是从整体上反映发明或者实用新型的技术方案。通常，在一件发明或者实用新型专利申请的权利要求书中独立权利要求所限定的保护范围最宽。

从属权利要求是包含了另一项同类型权利要求中的所有技术特征，而且对该另一项权利要求的技术方案作进一步限定的技术方案。从属权利要求的保护范围落在其所引用的权利要求的保护范围之内。

三、权利要求撰写的形式要求

《专利法实施细则》第19条、第21条和第22条分别从独立权利要求撰写的形式要求、从属权利要求撰写的形式要求以及权利要求撰写的其他形式要求方面作了规定。下面进行详细说明。

（一）独立权利要求撰写的形式要求

根据《专利法实施细则》第21条的规定，发明或者实用新型的独立权利要求应当包括前序部分和特征部分。其中，前序部分需写明要求保护的发明或者实用新型技术方案的主题名称，以及发明或者实用新型主题与最接近的现有技术共有的必要技术特征；特征部分需写明发明或者实用新型区别于最接近的现有技术的技术特征。独立权利要求分前序部分和特征部分撰写的目的在于，使公众更清楚地看出独立权利要求的全部技术特征中哪些是发明或者实用新型与最接近的现有技术共有的技术特征，哪些是发明或者实用新型区别于最接近的现有技术的特征。

独立权利要求举例："1. 一种枕头，包括枕套和枕芯，其特征在于：所述枕头的中间部分有凹陷槽，在该凹陷槽中有颈垫。"该独立权利要求的前序部分是"一种枕头，包括枕套和枕芯"，既写明了要求保护的主题名称"一种枕头"，同时写明了与最接近的现有技术共有的必要技术特征"包括枕套和枕芯"。该独立权利要求的特征部分是"其特征在于：所述枕头的中间部分有凹陷槽，在该凹陷槽中有颈垫"。特征部分通常采用"其特征是……"或者类似的用语引出发明或者实用新型区别于最接近的现有技术的技术特征，即特征部分的技术特征。

需要注意的是，发明或者实用新型专利权的保护范围是由主题名称、前序部分记载的技术特征和特征部分记载的技术特征共同确定的，而并非仅由特征部分的技术特征确定。例如，上述举例中"一种枕头"的专利权保护范围是由权利要求中记载的全部技术特征"枕套、枕芯，枕头的中间部分有凹陷槽以及在该凹陷槽中有颈垫"共同确定的，而不是仅由特征部分的技术特征"枕头的中间部分有凹陷槽"以及"在该凹陷槽中有颈垫"确定。

需要说明的是，在独立权利要求的前序部分写明的与最接近的现有技术共有的必要技术特征，应当是与本发明或者实用新型的主题密切相关的最接近的现有技术的技术特征。例如，一项涉及照相机的发明，该发明的实质在于照相机布帘式快门的改进，其权利要求的前序部分只要写出"一种照相机，包括布帘式快门……"就可以了，不需要将其他共有特征，例如透镜和取景窗等照相机零部件都写在前序部分中。

应当注意，发明或者实用新型的性质不适于用前序部分和特征部分方式撰写的，独立权利要求也可以不分前序部分和特征部分，即在某些情况下，独立权利要求不需要划界。例如，开拓性发明；由几个状态等同的已知技术整体组合而成的发明，其发明实质在组合本身；已知方法的改进发明，其改进之处在于省去某种物质或者材料，或者是用一种物质或者材料代替另一种物质或材料，或者是省去某个步骤；已知发明的改进在于系统中部件的更换或者其相互关系上的变化。

一份权利要求书中应当至少包括一项独立权利要求。权利要求书中有两项或两项以上独立权利要求的，写在最前面的独立权利要求为第一独立权利要求，其他独立权利要求为并列独立权利要求。

（二）从属权利要求撰写的形式要求

根据《专利法实施细则》第22条的规定，发明或者实用新型的从属权利要求应当包括引用部分和限定部分，其中引用部分需写明引用的权利要求的编号及其主题名称，限定部分需写明发明或者实用新型附加的技术特征。

从属权利要求用附加的技术特征对所引用的权利要求作进一步的限定。从属权利要求中的附加技术特征可以是对所引用的权利要求的技术特征作进一步限定的技术特征，也可以是增加的技术特征。从属权利要求不仅可以进一步限定其所引用的独立权利要求特征部分的特征，也可以进一步限定前序部分的特征。例如，某申请的独立权利要求为"1. 一种枕头，包括枕套和枕芯，其特征在于：所述枕头的中间部分有凹陷槽，在该凹陷槽中有颈垫"。从属权利要求为"2. 根据权利要求1所述的枕头，其特征在于：所述颈垫内装有永磁体和药物"。其中，从属权利要求2的附加技术特征"所述颈垫内装有永磁体和药物"是对其所引用的独立权利要求1的特征部分的技术特征"颈垫"的进一步限定。

需要说明的是，发明或者实用新型的从属权利要求只能引用在前的权利要求。引用两项以上权利要求的多项从属权利要求只能以择一方式引用在前的权利要求。例如，某申请的权利要求为"1. 一种摄像机调焦装置，……。2. 根据权利要求1所述的摄像机调焦装置，……。3. 根据权利要求1或2所述的摄像机调焦装置，……"。其中权利要求3为多项从属权利要求。需要注意的是，此时权利要求3只能采用"根据权利要求1或2……"这样的择一方式引用，而不能采用"根据权利要求1和2……"的表述方式。

另外，多项从属权利要求不得作为被另一项多项从属权利要求引用的基础，即在后的多项从属权利要求不得引用在前的多项从属权利要求。例如，上述案例中的权利要求4为"根据权利要求2或3所述的摄像机调焦装置，……"。其中，该权利要求4本身为多项从属权利要求，其所引用的权利要求3也是多项从属权利要求，因此权利要求4的引用关系不正确，即在后的多项从属权利要求4不得引用在前的多项从属权利要求3。

需要说明的是，多项从属权利要求的引用方式可以包括引用在前的独立权利要求和从属权利要求，以及引用在前的几项从属权利要求。另外，直接或间接从属于某一独立权利要求的所有从属权利要求都应当写在该独立权利要求之后。

需要注意的是，有时并列独立权利要求也引用在前的独立权利要求，例如"一种实施权利要求1的方法的装置，……"。这种引用其他独立权利要求的权利要求是并列的独立权利要求，而不能被看作是从属权利要求。

在某些情况下，形式上的从属权利要求（即其包括有从属权利要求的引用部分），实质上不一定是从属权利要求。例如，独立权利要求1为"包括特征X的机床"。在后的另一项权利要求为"根据权利要求1所述的机床，其特征在于用特征Y代替特征X"。在这种情况下，后一权利要求也是独立权利要求。

（三）权利要求撰写的其他形式要求

权利要求的撰写除了需满足上述有关独立权利要求和从属权利要求的形式要求外，还应当满足以下几方面的形式要求。

（1）权利要求书有一项以上权利要求的，应当用阿拉伯数字顺序编号。需要注意的是，如果申请人修改申请文件时删除或增加权利要求，需要修改权利要求的序号。

（2）权利要求中使用的科技术语应当与说明书中使用的科技术语一致；权利要求中可以有化学式或者数学式，但是不得有插图；除绝对必要外，权利要求中不得使用"如说明书……部分所述"或者"如图……所示"等类似用语。

（3）权利要求中的技术特征可以引用说明书附图中相应的标记，这些标记应当用括号括起来，放在相应的技术特征后面。附图标记不得解释为对权利要求保护范围的限制。也就是说，当权利要求中采用附图标记时，不能认为这些附图标记对权利要求的保护范围产生限定作用。

（4）一项发明或者实用新型应当只有一个独立权利要求，并写在同一发明或者实用新型的从属权利要求之前。当申请人就一项发明写出多个权利要求时，应当只写一个独立权利要求，其他权利要求应当以引用方式撰写，而不允许写成保护范围从宽至窄的多个独立权利要求。这一规定的本意是为了使权利要求书整体上更清楚、简要。

例如，某申请包括以下两个技术方案：方案1：一种自行车，含有部件A、B、C和D。方案2：一种自行车，含有部件A、B、C、D和E。可以看出，方案1和方案2保护的主题类型相同，主题名称也相同，并且方案2在包括方案1的所有技术特征的同时还包括了另一技术特征E。如果将方案1撰写为独立权利要求1，那么根据方案2撰写的权利要求2应写为权利要求1的从属权利要求"2. 如权利要求1所述的自行车，其特征在于：还包括部件E"。即采用引用方式撰写，而不写成独立权利要求。

（5）权利要求中通常不允许使用表格，除非使用表格能够更清楚地说明发明或者实用新型要求保护的主题。

（6）每一项权利要求只允许在其结尾处使用句号。通常一项权利要求用一个自然段表述，若技术特征较多，内容和相互关系较复杂，借助于标点符号难以将其关系表达清楚时，一项权利要求也可以用分行或者分小段的方式描述，各段之间不得使用句号。

（7）通常，开放式的权利要求宜采用"包含""包括""主要由……组成"的表达方式，其解释为还可以含有该权利要求中没有述及的结构组成部分或方法步骤。封闭式的权利要求宜采用"由……组成"的表达方式，其一般解释为不含有该权利要求所述以外的结构组成部分或方法步骤。

（8）一般情况下，权利要求中包含有数值范围的，其数值范围尽量以数学方式表达，这样的表述比较明确，例如，"$\geqslant 30℃$""> 5"等。通常，"大于""小于""超过"等理解为不包括本数；"以上""以下""以内"等理解为包括本数，例如"3个以上"表示个数为"3个及多于3个"，"超过60"表示不含有本数60。该规定采用了《民法通则》的相关解释。

四、权利要求撰写的实质要求

发明和实用新型专利权的保护范围以其权利要求的内容为准，因此权利要求能否准确合理地界定请求保护的发明或者实用新型的技术方案至关重要。

对权利要求的实质性要求主要包括如下三个方面：

第一，权利要求（包括独立权利要求和从属权利要求）应当以说明书为依据，也就是说，权利要求应当得到说明书的支持，这一点是关于权利要求与说明书关系的要求。

第二，权利要求（包括独立权利要求和从属权利要求）应当清楚、简要，这是对权利要求本身的要求。

第三，独立权利要求应当从整体上反映发明或者实用新型的技术方案，记载解决技术问题的必要技术特征。

（一）以说明书为依据

《专利法》第26条第4款规定"权利要求应当以说明书为依据"，也就是说，权利要求（包括独立权利要求和从属权利要求）应当得到说明书的支持。权利要求书中的每一项权利要求所要求保护的技术方案，应当是所属技术领域的技术人员能够从说明书公开的内容中得到或概括得出的技术方案。

如前所述，权利要求以说明书为依据体现了权利要求与说明书的关系。权利要求的保护范围应当对应于说明书充分公开的内容，如果说明书中存在公开不充分的内容，则以此内容作为基础得到或概括得出的权利要求的技术方案自然得不到说明书的支持。

"得到"的含义是指，权利要求的技术方案直接来源于说明书记载的内容，可以是说明书中直接记载的技术方案或者是从说明书中直接记载的技术方案唯一得出的技术方案。但是，也要避免机械地理解"得到"的含义，即并非要求权利要求与说明书的文字表述完全一致。权利要求通常由说明书记载的一个或者多个实施方式或实施例概括而成。"概括"的含义是指，权利要求的技术方案可以是在说明书充分公开的范围内合理扩展后得到的技术方案。如果所属技术领域的技术人员可以合理预测说明书给出的实施方式的所有等同替代方式或明显变型方式都具备相同的性能或用途，则申请人可以将权利要求的保护范围概括至覆盖其所有的等同替代或明显变型的方式。实践中，对于权利要求概括得是否恰当，可以参照与之相关的现有技术进行判断。

在权利要求得到说明书支持的情况下，通常可有两种方式进行概括。一是可以采用上位概念进行概括；二是可以采用并列选择方式进行概括，即用"或者"并列几个可供选择的具体特征。此外，还存在采用功能或者效果特征来限定权利要求的情形，而且实践中也是从是否得到说明书支持的角度来考虑采用功能或者效果特征限定的权利要求是否恰当。下文将针对上位概念概括以及功能或效果特征限定的权利要求进行说明。

1. 用上位概念概括的权利要求

上位概念也称为"一般概念"，下位概念也称为"具体概念"。例如"固定连接"这一技术术语相对于"铆接、焊接、螺钉连接"这样的具体概念来说属于一般概念，即上位概念。

在判断用上位概念概括的权利要求是否得到说明书的支持时，应当考虑其概括的技术方案是否基于说明书中充分公开的具体实施方式的共性特征，所属技术领域的技术人员是否可以合理预测到说明书实施方式的等同替代方式或明显变型方式都具有与此相同的共性。如果结论是肯定的，则应当允许申请人进行这样的概括。例如，某申请的说明书中记载了涉及"氟"和"氯"的实施例，如果该申请采用"氟"和"氯"的单质时利用的只是卤族元素的共性，那么在此情形下，可以认为所属技术领域的技术人员能够合理预测说明书给出的采用"氟"和"氯"单质的实施方式的所有替代方式"溴"和"碘"单质都具备与"氟"和"氯"单质相同的用途，也就是说，权利要求中用"卤族单质"进行概括是合理的。但是，如果采用"氟"和"氯"这两种单质时利用的不仅仅是卤族元素的共性，而且还要求所述卤族元素的单质在常温、常压下呈气态，此时就不能用"卤族单质"进行概括，因为卤族单质中"溴"和"碘"的单质在常温下不是气态（不考虑放射性元素"砹"的情况）。

如果用上位概念概括的权利要求包含了申请人推测的内容，且其效果又难于预先确定和评价，应当认为这种概括得不到说明书的支持。如果权利要求的概括使所属技术领域的技术人员有理由怀疑该上位概括或并列概括所包括的一种或多种下位概念或选择方式不能解决发明或者实用新型所要解决的技术问题，并达到相同的技术效果，则该权利要求没有得到说明书的支持。例如，某申请要求保护一种制造车轮的方法，在说明书中仅公开了制造自行车车轮的方法，并没有说明该方法也适合于制造其他车轮，如汽车车轮或列车车轮。由于权利要求中使用了上位概念"车轮"，而说明书中只公开了制造自行车车轮的方法。众所周知，自行车车轮、汽车车轮、列车车轮之间差异很大，用来制造自行车车轮的方法难以适用于制造其他不同类型的车轮。也就是说，所属技术领域的技术人员不能合理地预测到说明书中公开的制造自行车车轮的方法适用于制造所有的车轮，并达到本发明所要达到的效果。因此，该权利要求的技术方案包括了申请人推测的内容，而其效果又难以预先确定和评价，该权利要求得不到说明书的支持。

2. 用功能或效果特征限定的权利要求

如果一项权利要求中包含有功能性限定的技术特征，我们通常称之为"用功能或者效果特征限定的权利要求"。那么如何理解功能性限定？一般而言，一项产品权利要求应由反映该产品结构或者组成的技术特征组成；一项方法权利要求应由反映实施该方法的具体步骤和操作方式的技术特征组成。如果在一项权利要求中不是采用结构特征或者方法步骤特征来限定发明，而是采用零部件或者步骤在发明中所起的作用、功能或者所产生的效果来限定发明，则称为"功能性限定"。

通常，对产品权利要求来说，应当尽量避免使用功能或者效果特征来限定发明。只有在某一技术特征无法用结构特征来限定，或者技术特征用结构特征限定不如用功能或效果特征来限定更为恰当，而且该功能或者效果能通过说明书中规定的实验或者操作或者所属技术领域的惯用手段直接和肯定地验证的情况下，使用功能或者效果特征来限定发明才可能是允许的。

对于权利要求中所包括的功能性限定的技术特征，应当理解为覆盖了所有能够实现所述功能的实施方式。对于含有功能性限定的特征的权利要求，应当判断该功能性限定是否得到说明书的支持。

对于某一功能性限定的特征，如果所属技术领域的技术人员清楚明了实现该功能存在已知方式，并且该功能性技术特征所覆盖的除说明书记载的方式以外的其他实施方式也能解决发明的技术问题，达到相同的技术效果，则可以认为这样的功能性限定能够得到说明书的支持。例如，某申请权利要求 1 要求保护一种屋顶太阳能装置，包括集热器、贮水箱、管道和一个用于将太阳能装置固定到屋顶的连接构件。说明书描述了将该太阳能装置固定到屋顶的一种特殊连接构件 X，并说明此种构件是优选而非必选。如果所属技术领域的技术人员清楚并非只有说明书中披露的特定构件 X 才能实现将太阳能装置固定到屋顶，同时诸如螺栓、扣件等其他连接构件也能解决发明的技术问题，达到相同的技术效果，则可以认为采用"用于将太阳能装置固定到屋顶的连接构件"这样的功能性限定能够得到说明书的支持。

如果权利要求中限定的功能是以说明书实施例中记载的特定方式完成的，并且所属技术领域的技术人员不能明了此功能还可以采用说明书中未提到的其他替代方式来完成，则权利要求中不得采用覆盖了上述其他替代方式的功能性限定。例如，某申请的权利要求 1 请求保护"一种机械玩具动物，由动力机构、传动机构及运动机构组成，其特征在于，该机械玩具动物还包括一套能控制玩具动物实现趴下、站立、行走的控制机构"。显然，该权利要求特征部分所描述的控制机构是用功能性特征来限定的。但说明书中只公开了所述控制机构的一种具体实施方式。所属技术领域的技术人员根据说明书的内容不能明了说明书中未提到的其他控制机构也能实现控制玩具动物实现趴下、站立、行走的功能，因此该权利要求得不到说明书的支持。

需要说明的是，纯功能性的权利要求由于得不到说明书的支持，因而也是不允许的。纯功能性的权利要求是指权利要求仅仅记载了发明所要解决的技术问题或产生的效果，完全没有记载为解决技术问题或获得技术效果所采用的技术手段。例如，某申请的权利要求 1 为"一种改善机动车尾气的方法，其特征在于，降低机动车排放尾气中的有害气体，减少污染"。这一权利要求仅仅记载了发明所要解决的技术问题是降低机动车排放尾气中的有害气体，减少污染，完全没有记载为解决所述技术问题或达到所述技术效果而采用的技术手段，因此属于纯功能性权利要求，得不到说明书的支持。

需要说明的是，虽然支持问题的判断与权利要求保护范围的宽窄相关，但并不意味着如果保护范围较宽的独立权利要求得到说明书的支持，其保护范围较窄的从属权利要求就必然得到说明书的支持。方法权利要求得到说明书的支持并不意味着产品权利要求也必然得到支持。因此，对于不同类型的权利要求来说，说明书中应当分别对其具体实施方式进行充分的说明。也就是说，凡是在权利要求中要求保护的技术方案均应当在说明书中有实质性记载。

（二）清楚、简要地限定要求专利保护的范围

清楚、简要的权利要求对于确定发明或者实用新型专利权的保护范围来说至关重要。《专利法》第26条第4款规定了权利要求应当清楚、简要地限定要求专利保护的范围。这是对权利要求（包括独立权利要求和从属权利要求）本身的要求。

1. 清　楚

权利要求书应当清楚，一是指每一项权利要求应当清楚，即每项权利要求的类型应当清楚，而且每项权利要求的保护范围也应当清楚，二是指构成权利要求书的所有权利要求作为一个整体也应当清楚。

（1）每项权利要求的类型应当清楚

权利要求的主题名称应当能够清楚地表明该权利要求的类型是产品权利要求还是方法权利要求。不允许采用模糊不清的主题名称，例如不允许出现"一种……技术""一种……方案"以及"一种轴与孔的配合"。例如，某申请的权利要求1为"一种脱除硫氧化物的技术，其中所述加热步骤中加热温度为20℃～25℃"。由于上述权利要求的主题名称为"一种……技术"，采用了模糊不清的主题名称，因此权利要求的主题类型不清楚。另外，权利要求的主题名称中也不允许既包括有产品又包括有方法，例如不允许出现"一种……产品及其制造方法"这样的主题名称。

用途权利要求属于方法权利要求。应当注意从权利要求的撰写措词上区分用途权利要求和产品权利要求。例如，"用化合物X作为杀虫剂"或者"化合物X作为杀虫剂的应用"是用途权利要求，属于方法权利要求，而"用化合物X制成的杀虫剂"或者"含化合物X的杀虫剂"，则不是用途权利要求，而是产品权利要求。

（2）每项权利要求的保护范围应当清楚

权利要求的保护范围应当根据其所用词语的含义来理解。为了使权利要求限定的范围清楚，应当对权利要求中的用词予以规范，词义要确定、无歧义，技术特征的表达不能自相矛盾。例如，某申请的权利要求2为"根据权利要求1所述的膨胀螺钉，其特征是四条膨胀筋向内收压呈一种独特的形状"。其中，"独特的形状"是一个含义不确定的描述，何为"独特"很难有确切的判断标准，因此上述权利要求2限定的保护范围不清楚。又如，某申请的权利要求1为"一种制备产品A的方法，其特征在于……将混合物最高加热到不低于80℃的温度"。其中，"最高"和"不低于"的表达导致该语句的含义自相矛盾，使得该权利要求的保护范围不清楚。

一般情况下，权利要求中的用词应当理解为相关技术领域通常具有的含义。在特定情况下，如果说明书中指明了某词具有特定的含义，并且使用了该词的权利要求的保护范围由于说明书中对该词的说明而被限定得足够清楚，这种情况也是允许的。但申请人应当尽可能清楚地表述权利要求的内容，使得根据权利要求的表述即可明确其含义。例如，某申请的权利要求1为"一种灯泡，其中充满稀有气体……"。说明书中将该稀有气体定义为"氦、氖、氮气或二氧化碳"。对化学领域的技术人员来说，稀有气体具有确切含义，其包括氦、氖、氩、氪、氙、氡。申请人在说明书中对稀有气体的定义不同于其在所属技术领域通常具有的含义。因此，权利要求的保护范围不清楚。申请人应当将权利要求中的稀有气体修改为"氦、氖、氮气或二氧化碳"。

权利要求中不得使用含义不确定的用语，例如"厚""薄""强""弱""高温""高压"以及"很宽范围"等。专利代理实践中，要避免机械地对待权利要求中出现的上述用词，如果上述用词在特定领域中具有公认的确切含义，并不会导致权利要求的保护范围不清楚，那么是允许的。例如，某申请的权利要求为"一种多频率交流电动机，其特征在于，其运行频率范围很宽"。这样的权利要求是不被允许的。但是如果在某项关于放大器的权利要求中出现了"高频"这样的用

词，由于"高频"在所属技术领域中具有公认的确切含义，因此是允许的。对没有公认含义的用语，如果可能，申请人应选择说明书中记载的更为精确的措词替换上述不确定的用语。

权利要求中不得出现"例如""最好是""尤其是"以及"必要时"等类似用语。因为这类用语会在一项权利要求中限定出不同的保护范围，导致保护范围不清楚。例如，某申请的权利要求为"一种铁锅的制造方法，××材料的冶炼温度为150℃～250℃，最好是200℃"。该权利要求中出现了"最好是"的用语，导致保护范围不清楚。

权利要求中不得出现某一上位概念后面跟一个由该上位概念引出的下位概念。此种情形下，应保留其中之一，或将两者分别在两项权利要求中予以限定。例如，某申请的权利要求2为"根据权利要求1所述的方法，其中所述溶剂是有机溶剂、水或乙醇"。上述权利要求中用"有机溶剂""乙醇"来对"溶剂"进行限定，而"乙醇"是"有机溶剂"的下位概念，上位概念与其下位概念不是等效并列选择项，因此不符合撰写的规定。

在一般情况下，权利要求中不得使用"约""接近""等"以及"或类似物"等类似的用语，因为这类用语通常会使权利要求的范围不清楚，实践中应尽量避免使用。如果申请人在撰写权利要求时不可避免地使用到"约""接近""等"这些用词，应当从所属技术领域的技术人员的角度判断上述用词是否会导致权利要求的保护范围不清楚。如果不会，则允许。例如，某申请的权利要求为"一种可重定向的连接上网系统，该系统中的用户数据模块存储有用户的身份、编号、使用时间、交纳费用等数据"。该权利要求中出现的"等"使得请求保护的范围边界不清楚，因此该权利要求不清楚。

除了附图标记或者化学及数学式中使用的括号之外，权利要求中应尽量避免使用括号，以免造成权利要求不清楚。例如，某申请的权利要求为"一种信号相干检测的共时钟定时方法，时钟发送信号（供接收设备测量的）……"。由于该权利要求中出现了括号中的内容，使得该权利要求的保护范围不清楚。也就是说，该权利要求没有清楚地表述所述时钟发送信号是否只是供接收设备测量的。需要说明的是，权利要求中出现的具有通常可接受含义的括号是允许的。例如，"（甲基）丙烯酸酯"和"含有10～60％（重量）的A"，因为这种括号不会使权利要求中出现不同的保护范围。

一般情况下，申请人应当采用正面肯定式的用语清楚地描述权利要求的保护范围，不得采用否定式语言表述权利要求。例如，在权利要求中不允许出现"××部件的材料不是塑料"这样的表述。

（3）权利要求书整体应当清楚

构成权利要求书的所有权利要求作为一个整体也应当清楚。也就是说，权利要求之间的引用关系应当清楚、正确。首先，一项权利要求与其引用的权利要求之间，在内容上要有连贯性，不能出现前后内容相互矛盾或前后内容在整体上无法衔接的情况；其次，采用引用方式撰写权利要求时，要特别注意各项权利要求引用的逻辑关系。例如，从属权利要求只能引用在前的权利要求。引用两项以上权利要求的多项从属权利要求，只能以择一方式引用在前的权利要求，并不得作为另一项多项从属权利要求的基础，即在后的多项从属权利要求，不能引用在前的多项从属权利要求。

2. 简　要

权利要求书应当简要，一是指每一项权利要求应当简要，二是指构成权利要求书的所有权利要求作为一个整体也应当简要。

每一项权利要求应当简要是指，权利要求应当采用构成发明或者实用新型技术方案的技术特征来限定其专利保护范围。除技术特征外，权利要求中不应当包括其他内容，例如对发明原理、发明目的、商业用途的描述。

权利要求作为一个整体也应当简要是指，权利要求之间不应当重复，一件专利申请中不得出现两项或两项以上保护范围实质上相同的同类权利要求。例如，某申请的权利要求书为"1. 一种洗涤剂，含有组分 A、B、C 和 D。2. 根据权利要求 1 所述的洗涤剂，还包括有组分 E。3. 一种洗涤剂，含有组分 A、B、C、D 和 E"。其中，权利要求 2 与权利要求 3 属于保护范围实质上相同的同类权利要求。当权利要求 2 和 3 同时出现在权利要求书中时，造成权利要求书整体不简要。

另外，权利要求的数目应当合理。在权利要求书中，允许有合理数量的限定发明或者实用新型优选技术方案的从属权利要求。这一点应当根据发明或者实用新型的性质和具体特点来确定。从权利要求书的整体撰写要求来看，权利要求应尽量采用引用在前权利要求的方式撰写，即采用独立权利要求和从属权利要求的方式撰写。

（三）独立权利要求应当记载必要技术特征

根据《专利法实施细则》第 20 条第 2 款的规定，独立权利要求应当从整体上反映发明或者实用新型的技术方案，记载解决技术问题的必要技术特征。应当注意，上述规定仅是针对独立权利要求而言的，目的在于确保申请人在独立权利要求中要求保护的技术方案与其在说明书中充分公开的能够解决发明或者实用新型基本技术问题的技术方案的对应一致。这里的对应一致可以说是最低标准的，即独立权利要求中不能缺少解决其技术问题所必不可少的技术特征，而那些可有可无或能使技术效果更佳的技术特征可以不写入其中。

必要技术特征是指，发明或者实用新型为解决其技术问题所不可缺少的技术特征，其总和足以构成发明或者实用新型的技术方案，使之区别于背景技术中所述的其他技术方案。判断某一技术特征是否为必要技术特征，应当从所要解决的技术问题出发并考虑说明书描述的整体内容，具体分析说明书具体实施方式中的技术特征与所要解决的技术问题之间的关系，而不能简单地将具体实施方式中的所有特征均认定为必要技术特征。

例如，现有技术中已经存在一种仅具有通话功能的普通手机。如果申请人在现有技术的基础上想要通过采用手写笔来解决传统按键式手机输入缓慢的技术问题，则在要解决该技术问题的独立权利要求中，手写笔是必要技术特征之一。如果申请人在现有技术的基础上想要解决普通手机无法拍照的技术问题，则在要解决该技术问题的独立权利要求中，摄像头就是必要技术特征之一。

又如，某申请的独立权利要求 1 为"一种高频放大器，含有一个高频放大晶体管，一个开关晶体管和一个谐振电路，该谐振电路由线圈及电容器构成，其特征在于：所述谐振电路中还有一个二极管"。根据说明书的记载，该发明要解决的技术问题是避免关闭高频放大器后再重新启动时引起的输出频率短暂不稳定，不能有选择地变换工作与非工作模式的问题。由于上述独立权利要求中仅记载了该高频放大器包括的各种元件，没有记载各元件之间的连接关系，而现有技术中也不存在能够解决所述技术问题的已知的连接关系，上述独立权利要求的技术方案由于缺乏各元件之间的连接关系，无法解决发明所要解决的技术问题，因此独立权利要求缺少必要技术特征，不符合《专利法实施细则》第 20 条第 2 款的规定。

第五节　发明和实用新型专利申请的单一性

一件专利申请应当限于一项发明创造，这就是专利申请的单一性原则。该原则为各国专利制度所普遍采用。采用单一性原则，是为了防止申请人在一件专利申请中囊括内容上无关或者关系不大的多项发明创造，便于专利局对专利申请进行处理、检索和审查，便于授予专利权之后权利人行使权利、承担义务，也便于公众有效地利用专利文献。但是，单一性原则并不是绝对的。在有些情况下，两项或者两项以上的发明创造密切相关，实际上是在一个总的构思基础上形成的。在这种情况下，若要求申请人分成两件或多件申请要求保护未免过于苛求，因此国际上均允许将几项密切相关的发明创造放在一件专利申请中合案申请，在这种情况下仍认为该合案申请满足单一性的规定。

一、单一性的概念

单一性，是指一件发明或者实用新型专利申请应当限于一项发明或者实用新型，属于一个总的发明构思的两项以上发明或者实用新型，可以作为一件申请提出。也就是说，如果一件申请包括几项发明或者实用新型，则只有在所有这几项发明或者实用新型之间有一个总的发明构思使之相互关联的情况下才被允许。这是专利申请的单一性要求。

《专利法》第31条第1款规定："属于一个总的发明构思的两项以上的发明或者实用新型，可以作为一件申请提出。"

属于一个总的发明构思，是指两项以上的发明或者实用新型在技术上相互关联，并包括一个或者多个相同或者相应的特定技术特征。其中，特定技术特征是指每一项发明或者实用新型作为整体考虑，对现有技术作出贡献的技术特征，也就是使发明相对于现有技术具备新颖性和创造性❶的技术特征。也就是说，属于一个总的发明构思的两项以上的发明在技术上必须相互关联，这种相互关联是以相同或者相应的特定技术特征来表示在它们的权利要求中的。

例如，某申请包括如下3项独立权利要求："1. 一种灯丝A，其特征在于……。""2. 一种用灯丝A制成的灯泡B，其特征在于……。""3. 一种探照灯，装有用灯丝A制成的灯泡B和旋转装置C，其特征在于……。"

申请人在一件申请中提出上述3项权利要求时，主观上应该是围绕着共有的相同技术特征灯丝A（假定灯丝A相对于现有技术具备新颖性和创造性）构思的，但这并不直接导致上述权利要求一定属于一个总的发明构思。判断能否在一件申请中同时提出上述3项权利要求，即判断它们是否属于一个总的发明构思，需要所属技术领域的技术人员判断这3项权利要求在技术上是否相互关联，即判断是否都包括一个或者多个相同或者相应的特定技术特征，或者说3项权利要求是否都包括一个或者多个对现有技术作出新颖性和创造性贡献的技术特征。如果3项权利要求均包括至少一个相同或者相应的技术特征，即它们之间存在以特定技术特征建立起来的技术上的关联性，那么它们属于一个总的发明构思，可以在一件专利申请中同时要求保护。

具体而言，由于与现有技术公开的灯丝相比，灯丝A具备新颖性和创造性，所以灯丝A就是体现发明对现有技术作出贡献的技术特征，即特定技术特征。上述3项独立权利要求均包括该相同的特定技术特征"灯丝A"，因此在技术上相互关联，属于一个总的发明构思，可以在一件专利申请中同时要求保护。

上面例举了相同特定技术特征的情形，下面通过举例给出存在相应的特定技术特征的情形。

例如，某申请包括如下两项独立权利要求："1. 一种挂锁，包括具有结构A的锁芯。""2. 一种钥匙，包括具有对应结构A的形状，可以用来打开权利要求1的挂锁。"

---

❶ 有关新颖性和创造性的概念，请参见本书后续章节相关内容。

与现有技术公开的挂锁相比,包括具有结构 A 的锁芯的挂锁具备新颖性和创造性。申请人在一件申请中提出这两项权利要求时,应当认为是基于相应的技术特征"具有结构 A 的锁芯的挂锁与具有对应结构 A 的形状的钥匙"构思的。由于与现有技术公开的内容相比,具有结构 A 的锁芯的挂锁具备新颖性和创造性,所以具有结构 A 的锁芯是体现发明对现有技术作出贡献的技术特征,即特定技术特征。独立权利要求 2 中包括了与之相应的特定技术特征,与权利要求 1 在技术上相互关联,因此可以认为它们属于一个总的发明构思,具备单一性,可以作为一件申请提出。

二、单一性判断的原则

单一性判断的基本原则是,针对权利要求中记载的技术方案,判断其实质性内容是否属于一个总的发明构思,即判断这些技术方案中是否包括使它们在技术上相互关联的一个或者多个相同或者相应的特定技术特征。这一判断是根据权利要求的内容来进行的,必要时可以参照说明书和附图的内容。但是应当注意,单一性判断针对的是要求保护的发明,即权利要求书的内容,仅在说明书中记载的内容不是单一性判断的对象。

一般情况下,只需要判断独立权利要求之间的单一性,从属权利要求与其所引用的独立权利要求之间不存在缺乏单一性的问题。因为从属权利要求包括其引用的权利要求的所有技术特征,用附加技术特征对引用的权利要求作进一步的限定,它们之间不存在缺乏单一性的问题。

需要说明的是,单一性的判断方法和判断结果与权利要求的撰写方式和排列顺序无关。无论两项以上的发明是在各自的独立权利要求中要求保护,还是在同一项权利要求中作为并列选择的技术方案要求保护,都应当按照相同的标准判断单一性。也就是说,针对在同一个权利要求中要求保护的各个并列的技术方案,也需要进行单一性判断。

三、单一性判断的方法

单一性判断需要确定特定技术特征,特定技术特征是体现发明对现有技术作出贡献的技术特征,是相对于现有技术而言的,只有考虑了现有技术之后(通常是经过检索之后)才能确定特定技术特征。但是,这并不意味着所有的单一性判断都要经过检索,在检索之前通过适当的分析也可以直接判断某些申请的单一性。

(一) 检索前单一性的判断

如果几项发明之间没有包括相同或者相应的技术特征,或者虽然包括相同或者相应的技术特征,但是这些技术特征均属于本领域惯用的技术手段,没有对现有技术作出贡献,则这几项发明之间不可能包括相同或者相应特定技术特征,因而明显不具备单一性。

一件包括多项发明的专利申请,只要不存在所有要求保护的发明都包括的相同或者相应的技术特征,就可以在检索前判定该申请不属于一个总的发明构思,不具备单一性,不能作为一件申请提出。

例如,某申请包括如下独立权利要求:"1. 一种探照灯,具有特征 A 和 B。""2. 一种探照灯,具有特征 B 和 C。""3. 一种探照灯,具有特征 A 和 C。"其中,技术特征 A、B、C 互不相同也不相应。虽然这 3 个权利要求两两之间都包括相同的技术特征,但是不存在这 3 个权利要求都包括的相同或者相应的特定技术特征,因此无需检索就可以判断这 3 个权利要求不属于一个总的发明构思,明显不具备单一性。而对于这 3 个权利要求中两两之间的单一性判断则需检索后才能进行,也就是说,要通过检索判断技术特征 A、B、C 是否是使发明相对于现有技术具备新颖性和创造性的技术特征，进而对3个权利要求中两两之间的单一性作出判断。

又如，某申请包括如下独立权利要求："1. 一种汽车，包括四个车轮和方向控制器 A。""2. 一种汽车，包括4个车轮和发动机 B。"其中，技术特征 A 和 B 既不相同也不相应。权利要求 1 和 2 仅有的相同或者相应的技术特征为"包括4个车轮"，无需检索就可以判定该技术特征属于本领域的惯用技术手段，不可能体现发明对现有技术作出的贡献，因而权利要求 1 和 2 之间明显不具备单一性。

（二）检索后单一性的判断

如果要求保护的两项以上的发明中具有相同或者相应的技术特征，而且这些相同或者相应的技术特征又不属于本领域惯用的技术手段，那么，这些技术特征是否属于相同或者相应的特定技术特征的判断，就需要通过检索并借助检索出的现有技术才能给出结论。也就是说，对于不明显缺乏单一性的两项以上发明，需要经过检索才能判断它们之间的单一性。

1. 独立权利要求的单一性判断

通过检索确定相关的现有技术之后，可以采用以下方法分析独立权利要求的单一性：第一步，将第一项发明（通常为独立权利要求1）的主题与相关的现有技术进行比较，以确定从发明的整体上看对现有技术作出贡献的特定技术特征。第二步，判断第二项发明（通常为其他并列独立权利要求）中是否存在一个或者多个与第一项发明相同或者相应的特定技术特征，从而确定这两项发明是否在技术上相关联。第三步，如果在发明之间存在一个或者多个相同或者相应的特定技术特征，即存在技术上的关联，则可以得出它们属于一个总的发明构思的结论。相反，如果各项发明之间不存在技术上的关联，则它们不属于一个总的发明构思，不具备单一性。

需要说明的是，在否定了第一独立权利要求的新颖性或创造性的情形下，与其并列的其余独立权利要求之间是否还属于一个总的发明构思，应当重新确定。

例如，某申请包括如下独立权利要求："1. 一种化合物 X。""2. 一种制备化合物 X 的方法，其特征为 A。""3. 化合物 X 作为杀虫剂的应用。"其中，化合物 X 是这3项权利要求仅有的相同的技术特征。这3个权利要求的关系可能有如下两种情形：

情形一：如果经过检索，确定化合物 X 与现有技术相比具备新颖性和创造性，那么上述权利要求 1~3 包括了相同的特定技术特征，属于一个总的发明构思，具有单一性。

情形二：如果经过检索，发现化合物 X 与现有技术相比不具备新颖性或创造性，则权利要求 1 不能被授予专利权。在这种情况下，权利要求 2 和 3 之间的相同的技术特征仍为化合物 X，但是，由于化合物 X 不是特定技术特征，而且权利要求 2 和 3 之间也没有其他相同或者相应的特定技术特征，因此权利要求 2 和 3 不属于一个总的发明构思，不具备单一性。

在某些情况下，要求保护的各项发明之间的相同或者相应的技术特征非常明显，这时可以先找出各项发明之间所有的相同或者相应的技术特征，再通过检索判断这些技术特征是否体现发明对现有技术作出了贡献，即是否为特定技术特征，从而判断这些发明之间的单一性。

2. 从属权利要求的单一性判断

一般情况下只需要考虑独立权利要求之间的单一性，从属权利要求与其所引用的独立权利要求之间不存在缺乏单一性问题。

在一项独立权利要求由于缺乏新颖性、创造性等原因而不能被授予专利权的情况下，并列的从属权利要求之间有可能存在缺乏单一性的问题。

例如，某申请包括如下独立权利要求。"权利要求1：一种显示器，具有特征 A 和 B。""权利要求2：根据权利要求1所述的显示器，具有另一特征 C。""权利要求3：根据权利要求1所述的显示器，具有另一特征 D。"其中，权利要求 1 所述的显示器不具备创造性，而特征 C 和 D 分别是体现发明对现有技术作出贡献的技术特征，并且两者完全不相关。权利要求 1 为仅有的独立权利要求，权利要求 2、3 分别引用权利要求 1，是权利要求 1 的并列的从属权利要求。

由于权利要求 1 不具备创造性，权利要求 2 中的特定技术特征 C 与权利要求 3 中的特定技术特征 D 既不相同也不相应，因此，权利要求 2 和 3 之间没有单一性。

四、《专利审查指南 2010》列举的独立权利要求的 6 种组合方式的单一性判断

《专利审查指南 2010》列举了属于一个总的发明构思的两项以上发明的权利要求可以按照以下 6 种方式之一撰写：（1）不能包括在一项权利要求内的两项以上产品或者方法的同类独立权利要求；（2）产品和专用于制造该产品的方法的独立权利要求；（3）产品和该产品的用途的独立权利要求；（4）产品、专用于制造该产品的方法和该产品的用途的独立权利要求；（5）产品、专用于制造该产品的方法和为实施该方法而专门设计的设备的独立权利要求；（6）方法和为实施该方法而专门设计的设备的独立权利要求。

需要说明的是，采用上述 6 种组合方式撰写的权利要求并不一定具有单一性，还需要根据具体情况进行判断。

其中，第 1 种方式中所述的"同类"是指独立权利要求的类型相同，即一件专利申请中所要求保护的两项以上发明仅涉及产品发明，或者仅涉及方法发明。只要有一个或者多个相同或者相应的特定技术特征使多项产品独立权利要求之间或者多项方法独立权利要求之间在技术上相关联，则可以在一件专利申请中包括多项同类独立权利要求。

第 2～6 种方式涉及的是两项以上不同类独立权利要求的组合。对于产品与专用于生产该产品的方法独立权利要求的组合，该"专用"方法使用的结果就是获得该产品，两者之间在技术上相关联。但"专用"并不意味该产品不能用其他方法制造。对于产品与该产品用途独立权利要求的组合，该用途应当是由该产品的特定性能决定的，它们在技术上相关联。对于方法与为实施该方法而专门设计的设备独立权利要求的组合，除了该"专门设计"的设备能够实施该方法外，该设备对现有技术作出的贡献还应当与该方法对现有技术作出的贡献相对应。但是，"专门设计"的含义并不是指该设备不能用来实施其他方法，或者该方法不能用其他设备来实施。

需要说明的是，尽管单一性的判断原则本身不受撰写方式和顺序的影响，但《专利审查指南 2010》第二部分第六章第 2.2.1 节列举出的上述 6 种组合方式，同时也引导申请人注意权利要求的适当排列次序，即先产品、后专用制造方法，或先方法、后专门设计的设备等。这样的权利要求撰写顺序有利于理解和确定发明相对于现有技术的改进点，有利于审查员进行有效合理的检索和正确地判断各项发明之间的单一性。应当注意，不同类独立权利要求之间是否按照引用关系撰写，只是形式上的不同，不影响它们的单一性判断。

上述 6 种可允许包括在一件申请中的两项以上同类或不同类独立权利要求的组合方式并非穷举。也就是说，在属于一个总的发明构思的前提下，除上述排列组合方式外，还允许有其他的方式。

例如，某申请包括如下的独立权利要求。

权利要求 1：一种含有防尘物质 X 的涂料。

权利要求 2：一种应用权利要求 1 所述的涂料涂布制品的方法，包括以下步骤：（1）用压缩空气将涂料喷成雾状；（2）将雾状的涂料通过一个电极装置 A 使之带电后再喷涂到制品上。

权利要求 3：一种喷涂设备，包括一个电极装置 A。

其中，与现有技术相比，含有防尘物质 X 的涂料和电极装置 A 都具备新颖性和创造性。但是，用压缩空气使涂料雾化以及使雾化涂料带电后再直接喷涂到制品上的方法是已知的。该案例中，权利要求 1 与 2 有单一性，其中含有防尘物质 X 的涂料是它们之间相同的特定技术特征。权利要求 2 与 3 也有单一性，其中电极装置 A 是它们之间相同的特定技术特征。但是，权利要求 1 与 3 之间缺乏单一性，因为它们之间缺乏相同或者相应的特定技术特征。

练习题及其解析

第一节练习题

1. 下列的说法中哪些是正确的？

A. 摘要的内容属于发明或者实用新型原始记载的内容

B. 说明书的作用在于将专利申请的技术内容充分地向社会披露

C. 发明或者实用新型专利权的保护范围以其权利要求的内容为准

D. 请求书是申请人向专利局表达请求授予专利权的愿望的一种专利申请文件

【解析】 根据《专利审查指南 2010》第二部分第二章的规定，摘要是说明书记载内容的概述，它仅是一种技术信息，不具有法律效力。摘要的内容不属于发明或者实用新型原始记载的内容，不能作为以后修改说明书或者权利要求书的根据，也不能用来解释专利权的保护范围。因此，选项 A 错误。根据《专利法》第 26 条第 3 款的规定，说明书应当对发明或者实用新型作出清楚、完整的说明，以所属技术领域的技术人员能够实现为准。申请人为了获取发明或者实用新型专利权，应当向专利局并继而向社会公众提供为理解和实施其发明创造所必需的技术信息，披露这些技术信息的载体即是说明书。因此，选项 B 正确。根据《专利法》第 59 条第 1 款的规定，发明或者实用新型专利权的保护范围以其权利要求的内容为准。权利要求书最主要的作用在于确定发明或者实用新型专利权的保护范围。因此，选项 C 正确。请求书是申请人向专利局表达请求授予专利权的愿望的一种专利申请文件。一方面，请求书用于披露申请人信息和代理人信息；另一方面，请求书还用于披露与专利申请相关的法律手续相关信息。因此，选项 D 正确。

第二节练习题

2. 以下关于请求书的说法中哪些是正确的？

A. 请求书分为发明专利请求书、实用新型专利请求书和外观设计专利请求书三种

B. 请求书是由申请人填写的专利局印制的统一表格

C. 如果专利申请属于分案申请，申请人应当在请求书中写明原申请的申请日和申请号

D. 如果专利申请涉及新的生物材料，并提交了生物材料样品保藏，申请人应当在请求书中写明生物材料样品的保藏单位、保藏单位地址、保藏日期、保藏编号及其分类命名

【解析】 请求书是由申请人填写的专利局印制的统一表格。分为三种：发明专利请求书、实用新型专利请求书和外观设计专利请求书。申请人在提出发明或者实用新型专利申请时，应当按照规定的要求填写发明专利请求书表格或者实用新型专利请求书表格，并将其提交给专利局，以表明请求授予发明或者实用新型专利权的愿望。根据《专利法实施细则》第 16 条的规定，请求书中包括涉及申请人的信息、涉及代理人的信息、涉及法律手续（声明）的信息等 3 类信息。如果专利申请属于分案申请，申请人应当在请求书中写明原申请的申请日和申请号；如果专利申请涉及新的生物材料，并提交了生物材料样品保藏，申请人应当在请求书中写明生物材料样品的保藏单位、保藏单位地址、保藏日期、保藏编号及其分类命名。因此，选项 A、B、C、D 四个选项均正确。

第三节练习题

3. 下述哪些属于说明书未充分公开发明或实用新型的情况？

A. 一种在天空中形成一层能阻隔冰雹降落的屏障而防止冰雹对农作物伤害的方法，但在说明书中未给出如何形成屏障的技术手段

B. 一种方法，其中要采用一种催化剂，在说明书中指出该催化剂为由本申请人在先向专利局提出的发明专利申请（给出了申请号）中的催化剂，该在先申请中给出了该催化剂的化学结构式及其制造方法，并在本申请的申请日后、公开日前公布

C. 说明书中仅给出了虽能解决技术问题但效果

较差的技术方案，却将最佳实施方案作为技术秘密保留而未写入说明书

D. 一种涉及新蛋白质的发明专利申请，说明书中未提供任何实验数据，但在审查期间补充了实验数据供审查员参考

【解析】《专利法》第26条第3款规定，说明书应当对发明或者实用新型作出清楚、完整的说明，以所属技术领域的技术人员能够实现为准。所属技术领域的技术人员能够实现，指所属技术领域的技术人员按照说明书记载的内容，就能够实现该发明或者实用新型的技术方案，解决其技术问题，并且产生预期的技术效果。A选项所述的方法仅仅是一种设想，在天空中形成一层能阻隔冰雹降落的屏障是实现发明的关键，但是，说明书中未给出如何使所属技术领域的技术人员能够形成这种屏障的技术手段，因而也就无法实施该方法来解决防止冰雹对农作物伤害的技术问题。D选项所述的发明是一种新蛋白质，由于该发明必须依赖实验结果加以证实才能成立，而说明书中未提供任何实验数据，在审查期间补充的实验数据不能作为原始公开的内容，所以该发明不满足充分公开的要求。因此，A选项和D选项属于未充分公开的情况。B选项所述发明是一种方法，而实施该方法必须采用一种催化剂，虽然在说明书中没有具体记载该催化剂的化学结构及制备方法，但是，由于该申请人在其有关催化剂的在先申请中公开了催化剂的化学结构及其制造方法，并且该在先申请是在本申请的申请日后、公开日前公布，因而本申请中所引证的文件满足了《专利审查指南2010》的相关要求，即该引证文件所记载的关于催化剂的内容可以作为该申请公开的内容。因此，B选项符合了充分公开的要求。C选项所给出的实施方式尽管不是最佳实施方案，但已经达到了使所属技术领域的技术人员按照说明书记载的内容就能实现该发明的程度，所以C选项也满足了充分公开的要求。

第四节练习题

4. 某发明专利申请的权利要求撰写如下："1. 一种膨胀螺钉，包括螺栓体和膨胀套，其特征是：螺栓体下部螺纹连接膨胀套，膨胀套下部分成4条膨胀筋，膨胀筋之间有缺口。2. 根据权利要求1所述的膨胀螺钉，其特征是：4条膨胀筋向内收压呈一种独特的形状。3. 根据权利要求1所述的膨胀螺钉，其特征是：所述螺纹连接为螺栓体是外螺纹，膨胀套带有内螺纹。4. 根据权利要求1所述的膨胀螺钉，其特征是：膨胀筋为若干条，最好是3～5条。"

上述权利要求中哪些权利要求的撰写不符合相关规定？

A. 权利要求1　　　　B. 权利要求2
C. 权利要求3　　　　D. 权利要求4

【解析】 根据《专利审查指南2010》第二部分第二章的规定，权利要求中不得使用含义不确定的用语，权利要求中不得出现"例如""最好是""尤其是"及"必要时"等类似用语。对于选项B，"独特的形状"是一个含义不确定的描述，何为独特很难有个判断基准，所以不符合规定。对于选项D，"若干条""最好是"也是含义不确定的词，会导致保护范围不清楚，所以不符合规定。选项A、C满足权利要求的撰写要求，故本题选择B、D。

5. 下列哪些权利要求的撰写不符合相关规定？

A. 根据权利要求1所述的连接管，其特征是：所述的连接管的截面为圆环形

B. 根据权利要求1和2和3所述的连接管，其特征是：所述的连接管的制作材料为铜

C. 根据权利要求1所述的连接管，其特征是：所述的连接管的端头带有45度的导角

D. 根据权利要求1所述的连接管，其特征是：可以弯折（例如90度）

【解析】《专利审查指南2010》第二部分第二章规定，当从属权利要求是多项从属权利要求时，其引用的权利要求的编号应当用"或"或者其他与"或"同义的择一引用方式表达。例如，从属权利要求的引用部分写成下列方式："根据权利要求1或2所述的……"；"根据权利要求2、4、6或8所述的……"；或者"根据权利要求4～9中任一权利要求所述的……"。可见，选项B没有用择其一的方式撰写，因此选项B不符合相关规定，应该选择选项B。《专利审查指南2010》第二部分第二章规定，权利要求中不得出现"例如""最好是""尤其是"及"必要时"等类似用语，因为这类用语会在一项权利要求中限定出不同的保护范围，导致保护范围不清楚。当权利要求中出现某一上位概念后面跟一个由上述用语引出的下位概念时，应当要求申请人修改权利要求，允许其在该权利要求中保留其中之一，或将两者分别在两项权利要求中予以限定。除附图标记或者化学式及数学式中使用的括号之外，权利要求中应尽量避免使用括号，以免造成权利要求不清楚，例如"（混凝土）砖模"。然而，具有通常可接受含义的括号是允许的，例如"（甲基）丙烯酸酯""含有10％～60％（重量）的A"。可见，选项D中"例如90度"不清楚，括号

的使用也不恰当。

6. 下列关于从属权利要求的说法哪些是正确的？

A. 从属权利要求可以对独立权利要求前序部分的技术特征进行限定

B. 从属权利要求必须写在所有独立权利要求之后

C. 引用两项权利要求的从属权利要求不能作为另一项从属权利要求引用的基础

D. 从属权利要求可以包含独立权利要求中没有提及的附加技术特征

【解析】《专利审查指南2010》第二部分第二章规定，在前的独立权利要求采用两部分撰写方式的，其后的从属权利要求不仅可以进一步限定独立权利要求特征部分中的特征，也可以进一步限定前序部分中的特征。故选项A、D正确。《专利审查指南2010》第二部分第二章还规定，从属权利要求只能引用在前的权利要求。引用两项以上权利要求的多项从属权利要求只能以择一方式引用在前的权利要求，并不得作为被另一项多项从属权利要求引用的基础，即在后的多项从属权利要求不得引用在前的多项从属权利要求。可见，从属权利要求完全可以在另一项独立权利要求之前，但是其只能引用在它之前的权利要求。因此，选项B错误。引用两项以上权利要求的多项从属权利要求，不得作为另一项多项从属权利要求的基础。因此，选项C错误。

第五节 练习题

7. 某件发明专利申请的权利要求如下：

"权利要求1：一种能产生紫外线的灯丝a，其特征在于由材料X制成。

权利要求2：一种灯泡b，其特征在于包括灯丝a。

权利要求3：一种紫外净化装置c，其特征在于包括灯泡b。

权利要求4：一种将装置c用于净化空气的方法。"

其中X是特定技术特征。下列说法哪些是正确的？

A. 权利要求1与权利要求3具有单一性

B. 权利要求1与权利要求4具有单一性

C. 权利要求2与权利要求3具有单一性

D. 权利要求3与权利要求4具有单一性

【解析】 权利要求1～4都包含特定技术特征X，因此相互具有单一性。《专利审查指南2010》第二部分第六章给出了如下的举例："【例5】权利要求1：

一种灯丝A。权利要求2：一种用灯丝A制成的灯泡B。权利要求3：一种探照灯，装有用灯丝A制成的灯泡B和旋转装置C。与现有技术公开的用于灯泡的灯丝相比，灯丝A是新的并具备创造性。说明：该3项权利要求具有相同的特定技术特征灯丝A，因此它们之间有单一性。"此例子类比于本题权利要求1～3。

"【例10】权利要求1：一种含有防尘物质X的涂料。权利要求2：应用权利要求1所述的涂料涂布制品的方法，包括以下步骤：(1)用压缩空气将涂料喷成雾状；(2)将雾状的涂料通过一个电极装置A使之带电后再喷涂到制品上。权利要求3：一种喷涂设备，包括一个电极装置A。与现有技术相比，含有物质X的涂料是新的并具备创造性，电极装置A也是新的并具备创造性。但是，用压缩空气使涂料雾化以及使雾化涂料带电后再直接喷涂到制品上的方法是已知的。说明：权利要求1与2有单一性，其中含X的涂料是它们相同的特定技术特征；权利要求2与3也有单一性，其中电极装置A是它们相同的特定技术特征。但权利要求1与3缺乏单一性，因为它们之间缺乏相同或者相应的特定技术特征。"此例子中权利要求1和2类比于本题权利要求3和4。

8. 某件发明专利申请的权利要求撰写如下：

"权利要求1：一种产品，具有特征a和b。

权利要求2：如权利要求1所述的产品，进一步具有特征c。

权利要求3：如权利要求1所述的产品，进一步具有特征d。

权利要求4：如权利要求1所述的产品，以特征e替换特征a。"

其中，a是特定技术特征，b不体现发明对现有技术作出的贡献，且a、b、c、d、e互不相关。下列说法哪些是正确的？

A. 权利要求1、3之间具有单一性

B. 权利要求2、3之间具有单一性

C. 权利要求1、4之间具有单一性

D. 权利要求2、4之间具有单一性

【解析】 根据《专利法》第31条的规定，一件发明或者实用新型专利申请应当限于一项发明或者实用新型。属于一个总的发明构思的两项以上的发明或者实用新型，可以作为一件申请提出。根据《专利法实施细则》第34条的规定，依照《专利法》第31条第1款规定，可以作为一件专利申请提出的属于一个总的发明构思的两项以上的发明或者实用新型，应当在技术上相互关联，包含一个或者多个相同或者相应的特定技术特征，其中特定技术特征是指每一项发明或者实用新型作为整体，对现有技术作出贡献的技术特征。对于本题，权利要求 1 的特征为 a、b，权利要求 2 的特征为 a、b、c，权利要求 3 的特征为 a、b、d，权利要求 4 的特征为 e、b，由于权利要求 1、2 和 3 都含有 a 这个特定技术特征，所以权利要求 1、2 和 3 彼此具有单一性，与权利要求 4 均不具备单一性（因为 b 不是特定技术特征），所以答案 A、B 正确。

【练习题答案】

1. BCD　　　2. ABCD　　3. AD　　　4. BD　　　5. BD　　6. AD　　　7. ABCD
8. AB

第三章　专利保护客体与不授予专利权的发明创造

[本章导读]

本章内容涵盖了《考试大纲》第二章第一节的所有知识点。具体地说，包括专利法律的两个重要方面：专利保护客体与不授予专利权的发明创造。首先，分别从发明、实用新型和外观设计的定义出发，结合具体示例详细讲解了三种专利保护的客体范围以及判断规则。考虑到在专利审查实践中对于实用新型专利保护客体的审查更为常见，在本章中将实用新型专利保护客体的相关规范作为第一节详细讲解。在此基础上，在第二节中对发明专利保护客体的相关规范作了较为简洁的说明。其后，将《专利法》第5条和第25条中规定的不授予专利权的发明创造或主题分成四类详加讲述。

本章涉及的法律条款主要包括《专利法》第2条、第5条和第25条。

读者学习本章内容时可以参阅《专利审查指南2010》第一部分第二章、第三章和第二部分第一章、第九章和第十章。

本章没有讲解《专利法》第20条第4款规定的不授予专利权的情形，有关向外申请专利前保密审查及相关规定的内容，请参见本书第七章第八节。

《专利法》第2条对专利保护的客体作出了规定，明确了专利法意义上的发明创造是指发明、实用新型和外观设计，并对这三种不同类型的发明创造作出了定义。出于维护国家和社会利益的考虑，《专利法》第5条和第25条还对专利保护的主题范畴作了某些限制性规定，明确了不授予专利权的发明创造或主题。

第一节　实用新型专利保护客体

根据《专利法》第2条第3款的规定，实用新型是指对产品的形状、构造或者其结合所提出的适于实用的新的技术方案。下面主要从产品、产品的形状、产品的构造以及技术方案等方面进行说明。

一、概　述

由实用新型的定义可知，应当从两个方面来理解可授予实用新型专利权的保护客体。首先，可授予实用新型专利权的保护客体只能是产品，不能是方法。其次，可授予实用新型专利权的保护客体应当是一项新的技术方案。

二、产　品

实用新型专利只保护产品。所述产品应当是经过产业方法制造的，有确定形状、构造且占据一定空间的实体。实用新型所保护的产品包含以下三个方面的含义：

（1）实用新型所保护的产品是一个实体。从这个意义上说，方法不是产品，一切方法都不属于实用新型的保护客体。

（2）实用新型所保护的产品必须是具有确定形状、构造且占据一定空间的实体。没有占据一定空间的实体不属于实用新型所定义的产品，例如，一种卫星移动通信试验系统专用信号，它虽然具有确定的波形但没有占据一定的空间，所以不属于实用新型专利保护的客体。

（3）实用新型所保护的产品的产生必须经过一定的产业制造过程。未经产业制造的自然存在的物品不属于实用新型专利保护的客体。例如，"一种蝴蝶标本，其特征在于：该标本为太阳闪蝶"。由于太阳闪蝶是一种生物，其本身就是来源于自然界的一部分，没有经过任何产业加工制成，所以它不是实用新型所保护的产品。

需要说明的是，如果对自然存在的物品进行了产业加工，对物品的形状、构造提出了改进，则属于实用新型专利保护的客体。例如，"一种植物葫芦液体容器，利用天然葫芦为本体，其特征在于：葫芦本体成中空状，在葫芦本体的中部刻制有凹槽，在本体的顶端开设有悬挂用的穿孔"。虽然上述容器的本体采用了自然生长形成的葫芦，但是对于该产品而言葫芦只是原材料，需要经过人工加工才能形成最终的植物葫芦液体容器，因此它是实用新型所定义的产品，而且对葫芦本体的构造作出了改进。

一项发明创造可能既包括对产品形状、构造的改进，也包括对生产该产品的专用方法、工艺或构成该产品的材料本身等方面的改进。但是实用新型专利仅保护针对产品形状、构造提出的改进的技术方案。实践中应当注意如下三个方面：

（1）如果权利要求中既包含形状、构造特征，又包含对方法本身提出的改进，则不属于实用新型专利保护的客体。例如，"一种巧克力饼干，包括：巧克力表层、两层膨化外层和一层夹心层，其特征在于：将可口粉分散在水、糖和盐的混合溶液中，搅拌均匀制成浓缩可口液体，将该浓缩液加水稀释，再加入食用色素和防腐剂制得夹心层，然后依次加热、干燥和烘烤"。虽然该权利要求中包含了产品的构造特征，即描述了巧克力饼干的构造包括巧克力表层、两层膨化外层和一层夹心层，但同时又包含了对方法本身提出的改进，即描述了夹心层的制备方法，因而不属于实用新型专利保护的客体。

（2）如果仅以现有技术中已知方法的名称限定产品的形状、构造的，则这样的技术方案属于实用新型专利保护的客体。例如，"一种玻璃钢构件，其特征是：采用在泡沫芯材上涂布玻璃钢树脂，在玻璃钢树脂上叠加玻璃纤维层，形成一体的玻璃钢结构毛坯，采用至少一块以上的玻璃钢结构毛坯拼装为玻璃钢整体毛坯，在玻璃钢整体毛坯表面上糊玻璃钢树脂、贴玻璃布"。上述权利要求所保护的主题是产品，但是其中却包含了"涂布""叠加""拼装""糊"和"贴"等表示加工方法和工艺步骤的特征，这些方法类限定都是所属技术领域的技术人员所公知的现有技术中存在的已知方法的名称。而且这些已知方法的名称清楚地描述出了该产品中各个部分之间的位置关系特征，是一种典型的用已知方法特征限定产品的权利要求。因此，在实用新型专利申请中包含方法特征的技术方案，并没有完全被排除在实用新型专利的保护客体之外。只要该方法特征是已知方法的名称，且限定了产品的形状或构造，就可以获得实用新型专利保护。

（3）如果权利要求的主题名称为产品，而所述技术方案实质上为方法，则不属于实用新型专利保护的客体。例如，"一种高耐磨实木地板，其特征是：热压280～1 200吨时，用锅炉加热热压板至110℃～260℃，1～2分钟后成型"。在该权利要求中，请求保护的主题名称为"高耐磨实木地板"是一种产品，但是所述技术方案包括步骤、压力、温度及时间等方法特征，该权利要求请求保护的，实质上是该实木地板的生产方法，因此该权利要求请求保护的技术方案不属于实用新型专利保护的客体。

三、产品的形状

产品的形状是指产品所具有的、可以从外部观察到的确定的空间形状。对产品形状所提出的改进可以是对产品的三维形态所提出的改进，也可以是对产品的二维形态所提出的改进。无确定形状的产品，其形状不能作为实用新型产品的形状特征。

（一）产品的形状必须是确定的空间形状

产品的形状是指产品所具有的、可以从外部观察到的确定的空间形状。例如，"一种带有抽屉的方形餐桌"，该餐桌的整体外形是确定的方形，因此该方形餐桌属于实用新型的保护客体。反之，无确定形状的产品不属于实用新型的保护客体，像气态、液态、粉末状、颗粒状的物质或材料，其形状不能作为实用新型产品的形状特征。例如，"一种含油轴承用的冶金粉"，虽然该冶金粉是经过工业制造形成的产品，但由于它是粉末状，没有确定的形状，该冶金粉就不能获得实用新型的保护。

（二）产品的形状可以是二维或三维的形状

对产品形状所提出的改进可以是对产品的三维形态所提出的改进，例如对凸轮形状作出的改进；也可以是对产品的二维形态所提出的改进。又如，"一种箱体侧壁异型材，其纵向长度无限延长的型材，其特征在于：该型材的横截面呈倒'F'形，其长立壁顶端设有三角加强筋"。上述案例中产生的技术效果是由产品异型材的断面二维形状的改变而带来的，这种对产品平面二维形状的改变属于实用新型专利保护的客体。

需要注意的是：

第一，不能以生物的或者自然形成的形状作为产品的形状特征。例如，不能以植物盆景中植物生长所形成的形状作为产品的形状特征，也不能以自然形成的假山形状作为产品的形状特征。应该区分自然形成的形状和模仿自然形状，例如一种桃形偏心轮，该偏心轮呈桃形状，能够产生往复的振动，因此这种仿桃形的偏心轮属于实用新型的保护客体。

第二，不能以摆放、堆积等方法获得的非确定的形状作为产品的形状特征。例如，"一堆梯形摆放的钢管"，就不属于实用新型的保护客体。

第三，允许产品中的某个技术特征为无确定形状的物质，如气态、液态、粉末状、颗粒状物质，只要其在该产品中受该产品结构特征的限制即可。例如，对温度计的形状构造所提出的技术方案中允许写入无确定形状的酒精。又如，"一种旋转发射型礼花，其特征在于：礼花的本体由上下两部分纸管组成，上部纸管与发射架铆固，管内装有彩花彩带和降落伞，发射架与气包以螺纹连接，气包中填充有压缩气体，压板压紧瓶塞，发射圈装在发射架和气包之间"。上述对旋转发射型礼花的形状构造所提出的技术方案中允许写入无确定形状的压缩气体。

第四，产品的形状可以是在某种特定情况下所具有的确定的空间形状。例如，"一种具有新颖形状的冰杯，其特征在于：在冰杯的外侧壁设有塑料把手，在容器底部设有塑料杯底"。由于冰杯必须在特定的环境温度下使用，通常在摄氏零度以下，它才具有确定的形状。对于在特定条件下才具有确定的形状也被认为是一种产品的形状特征，属于实用新型的保护客体。又如，"一种改进的降落伞和折叠伞"。虽然降落伞和折叠伞只有在空中打开时才具有确定的形状，但是它们都属于实用新型的保护客体。

四、产品的构造

产品的构造是指产品的各个组成部分的安排、组织和相互关系。通常是指产品的宏观构造，是由两个或两个以上客观存在的空间部件或部分组成，这些部件或部分具有一定的空间位置关系。产品的构造可以是机械构造，也可以是线路构造。但是，产品的构造不包括物质或者材料的微观结构，例如物质的原子结构、分子结构，材料的组分、金相结构等。

（一）机械构造

机械构造是指构成产品的零部件的相对位置关系、连接关系和必要的机械配合关系等。例如，"一种座椅背骨架，包括构架和弹性带，其特征在于：构架为一 U 型框架，U 型构架开口处的内侧两边设有数对挂钩，每对挂钩之间挂有弹性带"。该案例描述了座椅背骨架这个产品的组成部件构架和弹性带的相互连接关系，即构架通过挂钩与弹性带连接，属于机械构造。又如，"一种用于外科手术的手术刀，为方便医生的操作和便于医生掌握手术的深度，在刀身表面设有平面的或者凹凸的刻度"。这属于产品的机械构造。

（二）线路构造

线路构造是指构成产品的元器件之间的确定的连接关系。在电学和通信领域中，线路构造不仅包含产品元器件之间确定的连接关系的静态结构，而且还包含使用电路中信号流向的方式来描述电路中元器件连接关系的动态结构。

例如，"一种二氧化碳气体浓度传感器，由信号采集单元、信号取样单元、放大滤波电路和整形电路构成，其特征是：信号采集单元采集空气中的二氧化碳的浓度信号，将采集到的信号输入给信号取样电路，减小信号输出的输出电阻，经过放大滤波电路进行电信号放大，并由滤波电路滤除工频和其他频率的干扰信号，得到有效的二氧化碳浓度信号，最后将该信号通过整形电路处理得到方波脉冲信号"。在上述案例中，如果仅仅描述各个电路之间的静态连接关系，不能清楚地表述整个电路的状态，因为同样一个放大滤波器，可以完成整形、滤波、触发、调节信号占空比等多种功能，不对整个系统的信号流及其功能进行描述或者孤立地描述各部件之间的连接关系，可能使得同样的电路产生不一样的功能，甚至与发明目的相违背。因此，信号流以及信号的功能在模拟电路中起到的作用就相当于机械领域零部件的相互位置连接关系，描述系统的信号流以及信号的功能才能够清楚地表述请求保护的范围。

（三）复合层

对于具有复合层的产品来说，复合层结构是通过工艺上的处理，经过物理改进，在特定区域内形成了不同的层，其层状结构应当认为属于产品的构造。这对具有明显层状界面的产品来说，例如由防潮层、实木层和耐磨层构成的地板，认为其所具有的层状结构属于产品的构造是毫无疑问的。

但是，当产品中的某一层的厚度非常薄、且用肉眼难以辨认出两层之间的界面时，例如基材上经渗碳后形成渗碳层的产品，是否还认为其具有层状结构呢？《专利审查指南 2010》明确规定，产品的渗碳层、氧化层等属于复合层结构。由此可知，对于那些厚度非常薄、用肉眼难以区分层间界面的情况，只要在产品构造中能分出不同的层，就认为构成复合层产品，这种复合层就属于产品的构造，即可以作为产品的构造特征。例如，"一种不锈钢薄壁高耐磨汽缸套，其主体为圆筒状的外圆，外圆的一端有向外折成直角的轴肩，其特征是：外圆和轴肩的基体的材质为不锈钢，外圆基体从内表面开始自内向外有一渗碳层，渗碳层的厚度为 0.05～0.09 毫米"。虽然人的肉眼不能分辨出该渗碳层的厚度，但是该渗碳层是在外圆基体内表面自内向外的一定区域内形成了与基体不同的特定层，因此仍然被看成是对产品的构造作出了改进。

应当注意，上述限定仅仅是对申请获得实用新型专利的产品的形状和构造的限定。申请获得发明专利的产品也会涉及产品的形状和构造，它们不受上述规定的限制。有关发明专利保护客体的内容将在本章第二节详细介绍。

需要注意的是：

第一，如果权利要求中既包含形状、构造特征，又包含对材料本身提出的改进，则不属于实用新型专利保护的客体。例如，"一种菽雅米豆腐皮，其特征是：在豆腐皮表面上均匀粘合有经烘烤干燥而形成的混合浆层，该混合浆层是由食用植物碎粒、豆浆稠浆、牛奶和食用色素组成的混合物"。由于该权利要求包含了对混合浆层本身的物质材料提出的改进，因而不属于实用新型专利保护的客体。

第二，将现有技术中已知的材料应用于具有形状、构造的产品上，不属于对材料本身提出的改进，属于实用新型专利保护的客体。例如，"一种真空易开罐，铁皮盖为一锥形圆台，橡胶密封环设置在铁皮盖外径，罐体为玻璃，盖装于罐口"。在该案例中，铁皮、橡胶和玻璃均为已知材料，分别应用于盖、密封环和罐体上，因此该技术方案未包含对材料本身提出的改进，属于实用新型保护的客体。

第三，物质的分子结构、组分、金相结构等不属于实用新型专利给予保护的产品的构造。例如，仅改变焊条药皮成分的电焊条就不属于实用新型专利保护的客体。因此，实用新型要求保护的产品只要涉及其化学成分、组分、含量的变化，均不属于实用新型专利保护的客体。

例如，"一种轻体保温地热砖，其特征在于：正方形板状砖体上面纵横排列有等距的定位凸，其原料组成及重量百分比是：氧化镁 38%～50%，氯化镁 20%～28%，锯末 1%～3%、稻壳 10%～13%、石膏粉 10%～14%、氢氧化钙 3%～6%"。在该案例中，虽然对保温地热砖的形状和构造作出改进，但由于请求保护的保温地热砖中涉及的是定位凸原料组成含量的变化，因此该技术方案不属于实用新型专利保护的客体。

又如，"一种高强度易切削铸铁，其特征在于：其金相组织为 28%～97%的铁素体和点状石墨，中心部位的金相组织为 92%以上的珠光体"。由于该技术方案中涉及的是铸铁金相组织的改进，因此它不属于实用新型专利保护的客体。

五、技术方案

根据《专利法》第 2 条第 3 款的规定，《专利法》所称实用新型，是指对产品的形状、构造或者其结合所提出的适于实用的新的技术方案。这是对可以获得专利保护的实用新型的一般性定义，而不是判断新颖性、创造性、实用性的具体审查标准。

实用新型必须是一项技术方案。技术方案是对要解决的技术问题所采取的、利用了自然规律的技术手段的集合。技术手段通常是由技术特征来体现的，也就是说，技术方案是指利用自然规律解决人类在实践中遇到的特定技术问题时所采用的具体技术手段的集合。判断一项权利要求是否构成技术方案，要看它是否采用了技术手段来解决技术问题并获得技术效果。未采用技术手段解决技术问题，以获得符合自然规律的技术效果的技术方案，则不属于实用新型专利保护的对象。例如，"一种纸杯，包括杯体、底板，其特征在于：纸杯本体包括内层纸、外层纸，内、外层纸之间设有瓦楞层，瓦楞层的两个面上分别粘接内、外层纸，在纸杯本体的底部连接底板，底板与纸杯本体为一体"。在该案例中解决的技术问题是防烫，采用的技术手段是由内外层、瓦楞层、底板这些技术特征来体现的，利用的自然规律是空气层隔热，因此该权利要求的技术方案属于实用新型保护的客体。

又如，某申请涉及一种制作广告的方法，该方法利用了香烟盒廉价、传播范围广的特点，将特定的广告内容放在香烟盒上，并不涉及香烟盒的构造。在该方法中，香烟盒仅仅是广告内容的载体，其上的香烟厂家商标、图形及文字是信息的具体内容。然而，将香烟盒作为信息表述的载体，仅仅涉及广告创意和广告内容的表达，其特征不是技术特征，解决的问题也不是技术问题。因而不能构成技术手段，该权利要求限定的不是一个技术方案。

（一）涉及产品表面的图案、色彩或者其结合的新方案

（1）产品的形状以及表面的图案、色彩或者其结合的新方案，解决了技术问题的，属于实用新型专利保护的客体。

例如，"一种频闪测试装置，包括轴和转盘，其特征在于：转盘正面有多个色片，色片上有多个色点和螺旋状纹理"。该频闪测试装置就是利用景物运动形成的人的视觉暂留的原理，解决无频闪日光灯的频闪测试问题。显然，该测试装置中的图案是色点和纹理，它们在解决技术问题中起到了关键的作用。在使用中，在频闪日光灯下旋转该测试装置，使所述装置的旋转速度接近日光灯的闪动频率，这样日光灯与该测试装置保持相对静止，利用人的视觉暂留现象，可以清楚地识别该测试装置上的图案，否则在无频闪日光灯下旋转该装置。由于该测试装置相对于无频闪日光灯的快速旋转，人的视觉就不能清楚地识别该测试装置上的图案，因此该权利要求的技术方案属于实用新型专利保护的客体。

（2）产品的形状以及表面的图案、色彩或者其结合的新方案，没有解决技术问题的，不属于实用新型专利保护的客体。

例如，"一种由橡胶材料制成的雨鞋，其特征在于：雨鞋外表面的适当位置设有彩色图案"。根据申请文件的记载，该案例的方案在雨鞋上设置彩色图案的目的是起到美感装饰作用，调节心情，并没有解决技术问题，因此它不是技术方案，不属于实用新型专利保护的客体。

（二）涉及产品表面的文字、符号、图表或者其结合的新方案

产品表面的文字、符号、图表或者其结合的新方案，不属于实用新型专利保护的客体。例如，"一种便于使用的电视机遥控器，包括遥控器壳体、按键、英文字母，其特征在于：英文字母印制在相应的功能按键上"。该方案是将电视台的汉语拼音首位的字母组合设置在遥控器的键盘上，从而实现方便地选台。由于该权利要求仅仅是改变了遥控器按键表面的文字，因此不属于实用新型专利保护的客体。

（三）涉及平面布局或规划设计的方案

建筑小区、厂区、校园和道路等平面布局或者规划方案，没有利用自然规律解决技术问题的，不属于实用新型专利保护的客体。例如，"一种多用途运动场，其特征在于：在一个面积中包括多个区域，每个区域组成一个分别练习各种运动的跑道、球场或运动场"。该权利要求所限定的内容为平面运动区域的布局划分以及各个运动区域之间的位置关系，这种布局划分和位置关系是一种人为的规划布置，没有利用自然规律解决技术问题，不是一种技术方案，因此不属于实用新型专利保护的客体。

第二节　发明专利保护客体

根据《专利法》第2条第2款的规定，发明是指对产品、方法或者其改进所提出的新的技术方案。

一、概　述

由发明的定义可知，应当从两个方面来理解可授予发明专利权的保护客体。首先，可授予发明专利权的保护客体既可以是产品，也可以是方法；其次，可授予发明专利权的保护客体应当是一项新的技术方案。

在专利法意义上，可以获得发明专利的技术方案仅仅分为产品技术方案和方法技术方案两大

类型。由于发明专利的保护客体要么是产品，要么是方法，除此之外没有别的类型。因此，《专利法》第 2 条第 2 款对"产品、方法"提出的技术方案实际上已经穷尽了所有的技术方案。另外，根据《专利法》第 2 条第 2 款的规定，可以获得发明专利保护的客体也包括对现有产品或者现有方法的改进。事实上，在受理的专利申请中，涉及全新产品或者全新方法的极少，绝大多数专利申请都是对现有产品或者现有方法的局部改进，例如对某些技术特征进行新的组合，对某些技术特征进行新的选择等。因此，《专利法》第 2 条第 2 款规定改进产品或者方法的技术方案也是可授予发明专利权的客体。

二、产品的范畴

产品，是由人类技术生产制造出来的物品，例如机器、设备、仪器、装置、用具、部件、零件、材料、组合物、化合物等，也包括由不同物品相互配合构成的物品系统，例如由地面发射装置、太空卫星、地面接收装置组成的卫星通信系统等。如果只是发现自然界存在的物品，例如找到具有一定花纹形状的雨花石或者贝壳，由于它们并不是人类技术生产制造出来的产品，因此不属于可授予发明专利权的保护客体。这一点与不属于可授予实用新型专利权的保护客体的要求是一样的。

从本章第一节可知，可授予实用新型专利权的保护客体只限于产品，不能是方法。不仅如此，也并非能够被授予发明专利权的所有产品都能够被授予实用新型专利权，而仅仅是其中的一部分。这是因为《专利法》第 2 条第 3 款规定了能够获得实用新型专利保护的客体是"对产品的形状、结构或者其结合所提出的适于实用的新的技术方案"。《专利审查指南 2010》对申请获得实用新型专利的产品的形状和构造作了规定，申请获得发明专利的产品也会涉及产品的形状和构造，但不受申请获得实用新型专利的产品的形状和构造的规定的限制。由此可知，凡是属于能够获得实用新型专利权的主题，必定也属于能够获得发明专利权的主题；反之则不然。

三、方法的范畴

方法又可分为产品制造方法和操作使用方法两种类型。产品制造方法作用于一定的物品上，目的在于使该物品在结构、形状或者物理化学特性上产生变化。例如，"一种齿轮的制造方法"。操作使用方法不以改变所涉及物品本身的结构、形状或者物理化学特性为目的，而是寻求产生或者获取某种非物质性的结果，例如"一种工作间的除尘方法""一种数据处理方法"。

四、技术方案

可授予发明专利的保护客体应当是一项新的技术方案。有关技术方案的解释，请参见本章第一节的相关内容。

需要说明的是，气味或者声、光、电、磁、波等信号或者能量也不属于《专利法》规定的发明保护的对象，但利用其性质解决技术问题的，则不属此列。例如，"一种用于物质成分分析的光束，其特征在于：该光束的波长为 484nm"。由于该主题涉及一种光束，而光束的波长为 484nm 是其本身的特性，该权利要求只是对光束本身的特性进行了限定，光束本身不属于发明保护的对象。但是，如果利用光束的性质来解决技术问题的，则构成了技术方案。例如，一种利用光束照射液体并通过分析液体对光的吸收进而测定物质成分的发明，利用了光经过物质时被吸收的特性，解决了物质成分测定这一技术问题，属于发明保护的对象。

第三节　外观设计专利保护客体

根据《专利法》第 2 条第 4 款的规定，外观设计是指对产品的形状、图案或者其结合以及色彩与形状、图案的结合所作出的富有美感并适于工业应用的新设计。

一、概　述

从外观设计的定义可知，能够获得外观设计专利权保护的客体必须满足以下条件：第一，外观设计必须以产品为载体；第二，必须是对形状、图案或者其结合以及色彩与形状、图案的结合作出的设计；第三，外观设计必须适于工业应用；第四，外观设计应当富有美感；第五，应当是新设计。

二、外观设计的载体

外观设计是对产品的外观作出的设计，其载体应当是产品。外观设计不能脱离产品而单独存在，不满足这一要求的，不能授予外观设计专利权。例如，用飞机喷射彩色烟雾，可以在天空上形成某些彩色图案，但是该彩色图案没有附着在任何产品上，没有以产品作为其载体，因而不能被授予外观设计专利权。

不能重复生产的手工艺品、农产品、畜产品、自然物不能作为外观设计的载体。以自然物本身原有形状、图案、色彩作为主体，未改变自然物原有形态，不属于用工业方法生产出来的物品，不能给予外观设计保护。如图 3-1 所示的火腿，是以猪腿为原材料，经腌制等工艺而形成的，保留了原材料的形态，仍属于自然物本身，因此不能给予外观设计保护。涉及自然物本身的设计还包括在自然物生长过程中经由人为干预、模具控制等方法形成的具有某种独特造型的自然物，例如盆景、方形西瓜等，也不属于外观设计专利保护的客体。

图 3-1　火腿

需要说明的是：

（1）外观设计的产品应当是完整的、可以单独出售且单独使用的物品。

产品的不能分割或者不能单独出售且不能单独使用的局部设计，例如袜跟、帽檐、杯把等，不能被授予外观设计专利权。如图 3-2 所示，杯把是杯子的一部分，与杯子不可分割，不能单独出售且使用，因此杯把不属于外观设计专利保护的客体。

图 3-2　杯子

对于由多个不同特定形状或者图案的构件组成的产品，如果构件本身不能单独出售且不能单独使用，则该构件不是完整的产品，不属于外观设计专利保护的客体。例如，一种拼图玩具，其插接块有多种不同的形状，需要配合使用，如果仅就其中一个插接块提出外观设计专利申请，将由于其不属于外观设计保护的客体而被驳回。只有将所有不同形状的插接块共同作为一件产品作出的设计，才能作为外观设计专利保护的客体。

（2）要求保护的外观设计不是产品本身常规形态的，不能作为外观设计专利保护的客体。产品的常规形态是指产品常规状态下或者正常使用时的形状、图案和色彩。例如，翻盖手机在正常使用时一般为打开状态或闭合状态，因此打开状态和闭合状态都是该产品的常规状态。又如，充气玩具的充气状态为正常使用状态，通过折叠、压缩或者使用线、绳等物对产品进行简单捆扎以方便运输的状态，不属于产品的常规状态。再如，毛巾等平面产品，其常规形态为平面展开状态，折叠成花朵形态的餐巾、折叠成三角形状的毛巾和扎成动物形态的手帕等都不是各产品的常规状态，不属于外观设计专利的保护客体。

（3）纯属美术、书法、摄影范畴的作品，不属于外观设计专利保护的客体。

三、外观设计的构成要素

外观设计是指对产品的形状、图案或者其结合以及色彩与形状、图案的结合所作出的设计。形状、图案、色彩是外观设计的三要素。构成外观设计的是产品的外观设计要素或要素的结合，其中包括形状、图案或者其结合以及色彩与形状、图案的结合。可以构成外观设计的组合有：产品的形状；产品的图案；产品的形状和图案；产品的形状和色彩；产品的图案和色彩，以及产品的形状、图案和色彩。

需要说明的是：

（1）产品的图案应当是固定、可见的，而不应是时有时无的或者需要在特定的条件下才能看见的。

因产品包含有气体、液体及粉末状等无固定形状的物质而导致其形状、图案、色彩不固定的产品不能被授予外观设计专利权。例如，流沙画工艺品的设计要点在于图案，但其图案的形成完全取决于沙子的流动，是随机的、不固定的，因此不属于外观设计专利保护的客体。

不能作用于视觉或者肉眼难以确定，需要借助特定的工具才能分辨其形状、图案、色彩的物品不能获得外观设计专利保护。例如，图案是在紫外灯照射下才能显现的产品。又如，如图 3-3 所示的是微雕作品"百猪报福"。通过把微雕作品放在手指头上的视图，判断该物品为一个微雕作品，不能通过肉眼确定其外观设计，只有通过放大镜才能看到，因此不属于外观设计保护的客体。

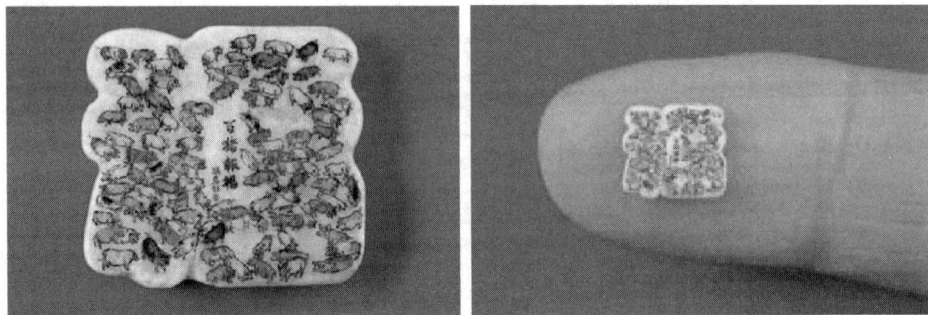

图 3-3　百猪报福

（2）产品通电后显示的图案和色彩，并非产品本身的图案和色彩，不属于外观设计专利保护的客体。

（3）产品的设计中包含文字和数字的，其中文字和数字的字音、字义并非是对产品的形状、图案或者其结合以及色彩与形状、图案的结合所作出的设计，不属于外观设计保护的客体。但是，文字和数字的位置和排列方式可以作为图案给予保护。

（4）色彩不能单独构成外观设计，除非产品色彩变化的本身已形成一种图案。例如，一种通体色彩为单一绿色的花布的设计，该设计是单一色彩的无图案平面设计，不属于外观设计专利保护的客体。另外，制造该产品所用材料的本色不是外观设计的色彩。

四、适于工业应用

适于工业应用，是指该外观设计能应用于产业上并能够形成批量生产。一般来说，批量生产既包括机械生产方式的生产，也包括手工生产方式的生产。不满足这一要求的，不能授予外观设计专利权。

例如，根雕作品是在每个天然原料的独特外形基础上经过手工加工后制成的作品，采用不同的原料制成的作品的外观是不同的，不能以工业方式成批予以制造，因此不能授予外观设计专利权。

又如，如图3-4所示的某建筑师设计的包括特定的山水在内的山水别墅，该建筑物借助山体建造在一个瀑布之上，不能重复再现，因此不适于工业应用，不属于外观设计专利保护的客体。也就是说，取决于特定地理条件、不能重复再现的固定建筑物等不能被授予外观设计专利权。需要注意的是，能够重复再现的建筑物、各种可移动的活动房等属于外观设计专利保护的客体，例如普通别墅、住宅楼、活动报刊亭等。又如如图3-5所示的公共卫生间是可以重复再现的建筑物，可以应用于产业上并形成批量生产，属于外观设计保护的客体。

图3-4　山水别墅

图3-5　公共卫生间

五、富有美感

富有美感，是指在判断是否属于外观设计专利权的保护客体时，关注的是产品的外观给人的视觉感受，而不是产品的功能特性或者技术效果，以此区别于发明和实用新型。有关外观设计专利保护客体与发明和实用新型专利保护客体之间的差别，将在本节后续内容中详细阐述。

六、新设计

新设计，是对可获得专利保护的外观设计的一般性定义，而不是判断外观设计是否相同或实质相同的具体审查标准。

仿真设计不是新设计，不能被授予外观设计专利权。这是因为仿真设计是完全模仿自然物原有形态的设计，是自然物形态的简单重复再现。仿真设计包括完全模仿自然物原有形态的玩具、工艺品、小摆设等产品的外观设计。例如，完全模仿蔬菜的形状与色彩的塑料小摆设，完全模仿大熊猫的玩具等。仿真设计还包括完全模仿自然物的原有形态，并且用于替代自然物原有用途的产品的外观设计。例如，完全模仿自然界中草的形状和色彩的仿天然双色人造草。

仅以在其产品所属领域内司空见惯的几何形状和图案构成的外观设计不是新设计，不能被授予外观设计专利权。一般来说，常见的简单几何形状包括长方形、正方形、圆形、椭圆形、长方体、正方体、圆柱体等。例如，无图案的圆柱形切菜板，圆柱体是切菜板领域内司空见惯的几何形状，并且由于没有图案，该外观设计不是新设计，不属于外观设计专利保护的客体。

应当注意，对于上述仿真设计和仅以在其产品所属领域内司空见惯的几何形状和图案构成的外观设计而言，在外观设计专利申请初步审查阶段，适用《专利法》第 2 条第 4 款进行判断；在外观设计专利的无效宣告程序中，还可以适用《专利法》第 23 条第 2 款进行判断。

需要说明的是，外观设计专利保护的客体与发明专利和实用新型专利保护的客体从性质上看有很大不同。外观设计专利保护的是产品的外观设计。发明专利和实用新型专利保护的都是技术方案，用于产生功能作用方面的效果。

对产品形状的改进可能既属于实用新型专利保护的客体，又属于外观设计专利保护的客体。例如，一种关于剪纸刀的改进，如将刀把设计成鱼形，产生的是一种装饰的美感效果，并没有解决任何技术问题，那么这种外形的改变就不属于实用新型专利保护的客体，但可以提出外观设计专利申请。如果刀把形状的改进不仅能够产生美学效果，同时也能够产生省力和提高剪纸效率的技术效果，在此情况下，该申请既可以申请实用新型专利，又可以申请外观设计专利，或者同时申请实用新型和外观设计专利。

第四节　不授予专利权的发明创造

专利权是依法授予的实施发明创造的独占权。这种独占权的属性决定了并非任何发明创造都能被授予专利权。出于国家利益、公序良俗、政策等多方面原因，《专利法》将其中一部分排除在专利保护之外。一方面，《专利法》第 5 条规定，对违反法律、社会公德或者妨害公共利益的发明创造不授予专利权，对违反法律、行政法规的规定获取或者利用遗传资源，并依赖该遗传资源完成的发明创造不授予专利权；另一方面，《专利法》第 25 条进一步规定了其他一些不授予专利权的发明创造。

一、根据《专利法》第 5 条第 1 款的规定不授予专利权的发明创造

根据《专利法》第 5 条第 1 款的规定，对违反法律、社会公德或者妨害公共利益的发明创造不授予专利权。

（一）违反法律的发明创造

法律，是指由全国人民代表大会或者全国人民代表大会常务委员会依照立法程序制定和颁布的法律，它不包括行政法规和规章。发明创造本身的目的与国家法律相违背的，不能被授予专利权。

例如，伪造国家货币的设备，吸毒器具，以及伪造国家货币、票据、公文、证件、印章、文物的设备等都属于违反法律的发明创造，不能被授予专利权。

又如，《中国人民银行法》第18条规定："禁止在宣传品、出版物或者其他商品上非法使用人民币图样"。因此，带有人民币图案的床单的外观设计违反《中国人民银行法》，不能被授予专利权。

《专利法》所称违反法律的发明创造，不包括如下两种情形：

情形一：如果发明创造的目的并不违反法律，但可能由于被滥用而产生违法后果的，不属此列。用于医疗的各种毒药、麻醉品、镇静剂、兴奋剂和用于娱乐的棋牌等，不属于违反法律的发明创造。

例如，某申请涉及"一种派利分成赌博系统，所述系统包括：一个视频服务器；一个游戏服务器；和多个终端，所述视频服务器及多个终端可通信地与所述游戏服务器连接"。由于该申请请求保护的是一种赌博工具，而赌博是国家法律所禁止的，因而不能授予专利权。

情形二：如果仅仅是发明创造的产品的生产、销售或使用受到法律的限制或约束，则该产品本身及其制造方法并不属于违反法律的发明创造。例如，用于国防的各种武器的生产、销售及使用虽然受到法律的限制，但这些武器本身及其制造方法仍然属于可给予专利保护的客体。

（二）违反社会公德的发明创造

社会公德，是指公众普遍认为是正当的、并被接受的伦理道德观念和行为准则。它的内涵基于一定的文化背景，随着时间的推移和社会的进步不断地发生变化，而且因地域不同而各异。发明创造与社会公德相违背的，不能被授予专利权。例如，改变人生殖系遗传同一性的方法或改变了生殖系遗传同一性的人，克隆的人或克隆人的方法，改变人生殖系遗传身份的方法、人类胚胎的工业或商业目的的应用，可能导致动物痛苦而对人或动物的医疗没有实质性益处的改变动物遗传同一性的方法等。

违反社会公德的外观设计包括带有淫秽、暴力或者凶杀等内容的外观设计。例如，如图3-6所示的玩偶的外观设计，其造型血腥，整体外观设计令人感到恐怖和反感，明显违反社会公德，不应被授予专利权。

（三）妨害公共利益的发明创造

妨害公共利益，是指发明创造的实施或使用会给公众或社会造成危害，或者会使国家和社会的正常秩序受到影响。

图3-6 玩偶

凡是以致人伤残或损害财物为手段，例如，一种使盗窃者双目失明的防盗装置及方法，其实施或使用会严重污染环境、严重浪费能源或资源、破坏生态平衡、危害公众健康的，以及专利申请的文字或者图案涉及国家重大政治事件或宗教信仰、伤害人民感情或民族感情或者宣传封建迷信的发明创造，均属于妨害公共利益的发明创造，不能被授予专利权。

需要说明的是，如果发明创造因滥用而可能造成妨害公共利益的，或者发明创造在产生积极效果的同时存在某种缺点的，不属于因"妨害公共利益"而不能被授予专利权的发明创造，例如对人体有某种副作用的药品。但是，如果发明创造本身是为了达到有益目的，但其使用和实施必然会导致对公共利益更严重的损害的，不能被授予专利权。例如，汽车防偷盗装置采用释放催眠气体方法使盗车者开车时昏迷而便于抓获，但由于此时汽车失去控制可能会对行人造成伤害，仍属于妨害公共利益的发明创造，因此，该发明不能被授予专利权。又如，以天安门作为图案的标贴或者以我国历任国家领导人的肖像为内容的外观设计，不能被授予专利权。再如，中国的国旗、国徽是国家的象征，以中国国旗、国徽作为图案内容的外观设计不能被授予专利权。类似的，以中国共产党的党旗、党徽以及人民警察的警徽等作为图案内容的外观设计，也不能被授予专利权。

总之，《专利法》规定对违反法律、社会公德或者妨害公共利益的发明创造不授予专利权，目的在于防止对可能扰乱正常社会秩序、导致犯罪或者造成其他不安定因素的发明创造授予专利权，其出发点是维护国家和人民的根本利益。

二、根据《专利法》第 5 条第 2 款的规定不授予专利权的发明创造

遗传资源是一个国家可持续发展的重要资源。我国是世界上遗传资源最为丰富的国家之一，保护遗传资源对我国具有重要的意义。

根据《专利法》第 5 条第 2 款的规定，对违反中国法律、行政法规的规定获取或者利用中国的遗传资源，并依赖该遗传资源完成的发明创造不授予专利权，即使作出这类发明创造的目的本身不一定违反法律、行政法规的规定（如果发明创造本身违法，则可以直接适用《专利法》第 5 条第 1 款的规定）。

《专利法》所称的遗传资源，是指取自人体、动物、植物或者微生物等含有遗传功能单位并具有实际或者潜在价值的材料；《专利法》所称的依赖遗传资源完成的发明创造，是指利用了遗传资源的遗传功能完成的发明创造。

遗传功能是指生物体通过繁殖将性状或者特征代代相传或者使整个生物体得以复制的能力。遗传功能单位是指生物体的基因或者具有遗传功能的 DNA 或者 RNA 片段。取自人体、动物、植物或者微生物等含有遗传功能单位的材料，是指遗传功能单位的载体，既包括整个生物体，也包括生物体的某些部分，例如器官、组织、血液、体液、细胞、基因组、基因、DNA 或者 RNA 片段等。发明创造利用了遗传资源的遗传功能是指对遗传功能单位进行分离、分析、处理等，以完成发明创造，实现其遗传资源的价值。

违反中国法律、行政法规的规定获取或者利用遗传资源，是指遗传资源的获取或者利用未按照我国有关法律、行政法规的规定事先获得有关行政管理部门的批准或者相关权利人的许可。例如，按照《中华人民共和国畜牧法》和《中华人民共和国畜禽遗传资源进出境和对外合作研究利用审批办法》的规定，向境外输出列入中国畜禽遗传资源保护名录的畜禽遗传资源应当办理相关审批手续，某发明创造的完成依赖于中国向境外出口的列入中国畜禽遗传资源保护名录的某畜禽遗传资源，未办理审批手续的，该发明创造不能被授予专利权。

需要注意的是，涉及遗传资源，包括植物、动物、微生物的发明创造的范围是非常广泛的，但是并非所有涉及遗传资源的发明创造都属于不授予专利权的发明创造，只有从遗传资源中分离出遗传功能单位并加以分析和利用而完成的发明创造才属于依赖于遗传资源完成的发明创造。例如，从某种野生大豆中提取木糖醇而完成的发明创造则不属于依赖于遗传资源完成的发明创造，原因是该发明创造虽然使用了可被称之为遗传资源的材料，但却并未利用其遗传功能。又如，一种食品生产方法会用到蔬菜，蔬菜是遗传资源，但制作食品的方式丝毫没有涉及蔬菜这种遗传资源的遗传功能。因此，这类食品生产方法的发明创造就不属于《专利法》所讲的依赖于遗传资源所完成的发明创造。

除了《专利法》第 5 条第 2 款的规定之外，《专利法》第 26 条第 5 款还规定，"依赖遗传资源完成的发明创造，申请人应当在专利申请文件中说明该遗传资源的直接来源和原始来源；申请人无法说明原始来源的，应当陈述理由"。

《专利法》第 5 条第 2 款和《专利法》第 26 条第 5 款的法律效力是不同的。《专利法》第 5 条第 2 款称为"违法不授权"条款，在授予专利权之前是驳回专利申请的法律依据，在授予专利

权之后是宣告该专利权无效的法律依据；《专利法》第 26 条第 5 款被称为"来源信息披露"条款，是为落实《专利法》第 5 条第 2 款的规定服务的，在授予专利权之前是驳回专利申请的法律依据，但是在授予专利权之后不是宣告该专利权无效的法律依据。

《专利法》第 5 条第 2 款明确规定遗传资源的获取或者利用违反中国法律或者行政法规，依赖于该遗传资源完成的发明创造不授予专利权。由此可见，本条第 2 款所述的遗传资源是指我国的遗传资源，而不是泛指其他国家的遗传资源。《专利法》第 26 条第 5 款所述的遗传资源既包括我国的遗传资源，也包括其他国家的遗传资源，无论在何种情况下申请人都必须披露其直接来源和原始来源。这是《专利法》第 5 条第 2 款和《专利法》第 26 条第 5 款规定的重要区别。

三、属于《专利法》第 25 条第 1 款第（一）至（五）项规定的不授予专利权的发明创造

根据《专利法》第 25 条第 1 款的规定，对下列各项，不授予专利权："（一）科学发现；（二）智力活动的规则和方法；（三）疾病的诊断和治疗方法；（四）动物和植物品种；（五）用原子核变换方法获得的物质。"以下进行详细说明。

（一）科学发现

科学发现，是指对自然界中客观存在的物质、现象、变化过程及其特性和规律的揭示。科学理论是对自然界认识的总结，是更为广义的发现。专利法意义上的发明创造是利用人们所认识的客观自然规律来解决客观世界所存在的技术问题的技术方案。因而，发现不同于发明，无论是科学发现还是科学理论都属于人们对客观世界自然规律的认识范畴，不是专利法意义上的发明创造，因而不能被授予专利权。

发现与发明的区别在于，发现是一种认知，而发明则是一种技术方案；发现针对的是自然界中已经存在的事物，而发明是创造了自然界中本来不存在的事物。

发明和发现虽有本质不同，但两者关系密切。通常，很多发明是建立在发现的基础之上的，进而发明又促进了发现。发明与发现的这种密切关系在化学物质的"用途发明"上表现最为突出，当发现某种化学物质的特殊性质之后，利用这种性质的"用途发明"则应运而生。例如，"锗的半导体性能"属于科学发现，不能被授予专利权。但是利用锗的半导体性能制造的半导体收音机及其用途属于利用自然规律解决技术问题的技术方案，因而属于发明范畴，可以被授予专利权。又如，发现光的折射现象或者总结得出的折射定律属于科学发现或科学理论，对折射现象和折射定律这些客观自然规律显然不能授予专利权。但是，在利用折射现象和折射定律使物体放大成像的方法以及利用折射原理的放大镜、显微镜、望远镜、都属于利用自然规律解决技术问题的技术方案，因而属于发明范畴，可以被授予专利权。

人们从自然界找到以天然形态存在的物质，仅仅是一种科学发现，不授予专利权。但是，如果是首次从自然界分离或提取出来的物质，其结构、形态或者其他物理化学参数是现有技术中不曾认识的，并能被确切地表征，且在产业上有利用价值，则该物质本身以及取得该物质的方法均可授予专利权。

（二）智力活动的规则和方法

智力活动，是指人的思维运动，它源于人的思维，经过推理、分析和判断产生出抽象的结果，或者必须经过人的思维运动作为媒介，间接地作用于自然产生结果。智力活动的规则和方法是指导人们进行思维、表述、判断和记忆的规则和方法。由于智力活动的规则和方法没有采用技术手段或者利用自然规律，也未解决技术问题和产生技术效果，因而不构成技术方案，属于《专

利法》第 25 条第 1 款第（二）项规定的不授予专利权的情形。因此，指导人们进行这类活动的规则和方法不能被授予专利权。

如果一项权利要求仅仅涉及智力活动的规则和方法，完全由借助人的思维运动来实现的规则和方法组成，其中不包含任何技术方面的内容，那么该项权利要求请求保护的内容属于智力活动的规则和方法，不能被授予专利权。例如，一种便于按姓氏拼音顺序翻阅的通讯录编排方法，其与现有编排方法的区别在于按照我国姓名统计的第一个拼音字母所占的比例分配页数。该通讯录编排方法属于智力活动的规则和方法，故不能被授予专利权。又如，一种魔方玩具的游戏方法，利用该方法可将魔方玩具拼装成预定的形状，其仅仅是一种智力活动的规则和方法。另外，仪器和设备的操作说明、时间调度表、图书分类规则、字典编排方法、数学换算方法、人口统计方法、计算机程序本身以及质量控制方法等属于智力活动的规则和方法，不能被授予专利权。

如果一项权利要求除其主题名称之外，对其限定的全部内容均为智力活动的规则和方法，则该权利要求实质上仅仅涉及智力活动的规则和方法，不能被授予专利权。例如，"一种存储介质，用于存储计算机可读程序"。该权利要求的主题虽然是一种作为有形物质的存储介质（软盘、光盘等），但介质本身的物理特性没有发生任何变化，申请主题的实质是记录在该计算机存储介质中的计算机程序本身，不能被授予专利权。此外，数据经过系统处理后显示在显示器上的图形界面，实质上是计算机程序的表现形式，属于智力活动的规则和方法，不能被授予专利权。例如，"一种影像撷取装置的使用者界面，包括：一影像预览窗口，用于图像预览及选取，以进行常态扫描；一影像分析资料显示框，用以显示常态扫描影像资料的分析结果；及一个功能键显示框，用以显示至少一个功能键"。由于这种使用者界面实质上是计算机程序的表现形式，属于智力活动的规则和方法。

（三）疾病的诊断和治疗方法

疾病的诊断和治疗方法，是指以有生命的人体或者动物体为直接实施对象，进行识别、确定或消除病因或病灶的过程。出于人道主义的考虑和社会伦理的原因，医生在诊断和治疗过程中应当有选择各种方法和条件的自由。另外，这类方法直接以有生命的人体或动物体为实施对象，不属于专利法意义上的发明创造。因此，疾病的诊断和治疗方法不能被授予专利权。

需要说明的是，用于实施疾病诊断和治疗方法的仪器或装置，以及在疾病诊断和治疗方法中使用的物质或材料属于可被授予专利权的客体。

1. 疾病的诊断方法

诊断方法是指为识别、研究和确定有生命的人体或者动物体病因或病灶状态的过程。

一项与疾病诊断有关的方法，如果同时满足以有生命的人体或动物体为对象和以获得疾病诊断结果或健康状况为直接目的两个条件，则属于疾病的诊断方法。

例如，某专利申请涉及"一种生成脑电向量图的方法，包括：信号采集；信号预处理；数学模型的建立与计算；生成脑电向量图；脑电向量图的统计分析，用统计方法对正常人群体和病人群体建立模型；鉴别诊断"。该申请以有生命的人体的脑部为对象，通过信号的采集、处理、建立数学模型并生成脑电向量图，通过对其进行统计分析来获得正常人群体和病人群体模型，通过与正常模型的比较来获得疾病的诊断结果。这种方法以有生命的人体为实施对象，以获得大脑是否有功能性改变的诊断结果为直接目的，因此属于疾病诊断方法。

常见的疾病的诊断方法还有诊脉法、足诊法、X—光诊断法、超声诊断法、胃肠造影诊断法、患病风险度评估方法以及疾病治疗效果预测方法等。

上述"健康状况"应理解为患病风险度、健康状况、亚健康状况以及治疗效果预测和评估等。因此，患病风险度评估方法、健康状况（包括亚健康状况）的评估方法都属于疾病的诊断方法。

另外，有些涉及疾病诊断的发明创造是以通过离体样品（例如脱离人体或动物体的组织、体液或排泄物）的检测处理来获取诊断结果或健康状况为直接目的，该发明创造仍然属于疾病的诊断方法，不能被授予专利权。

以下几类方法是不属于疾病的诊断方法的例子：

（1）在已经死亡的人体或动物体上实施的病理解剖方法不属于疾病的诊断方法。

（2）直接目的不是获得诊断结果或健康状况，而只是从活的人体或动物体获取作为中间结果的信息和/或处理信息（形体参数、生理参数或其他参数）的方法不属于疾病的诊断方法。

（3）直接目的不是获得诊断结果或健康状况，而只是对已经脱离人体或动物体的组织、体液或排泄物进行处理或检测的方法不属于疾病的诊断方法。

需要注意的是，在（2）和（3）两种情况中，只有当根据现有技术中的医学知识和本专利申请公开的内容，从所获得的信息本身不能直接得出疾病的诊断结果或健康状况时，这些信息才被认为是中间结果。

2. 疾病的治疗方法

治疗方法，是指为使有生命的人体或者动物体恢复或获得健康或减少痛苦，进行阻断、缓解或者消除病因或病灶的过程。治疗方法包括以治疗为目的的或者具有治疗性质的各种方法。应当注意的是，预防疾病或者免疫的方法视为治疗方法。

对于既包含治疗目的又包含非治疗目的的方法，只有明确说明该方法用于"非治疗目的"，才有可能被授予专利权。

治疗方法包括外科手术治疗方法、药物治疗方法、心理疗法。以治疗为目的的针灸、麻醉、推拿、按摩、刮痧、气功、催眠、药浴、空气浴、阳光浴、森林浴和护理方法。以治疗为目的利用电、磁、声、光、热等种类的辐射刺激或照射人体或者动物体的方法。以治疗为目的采用涂覆、冷冻、透热等方式的治疗方法。为预防疾病而实施的各种免疫方法。为实施外科手术治疗方法和/或药物治疗方法采用的辅助方法，例如返回同一主体的细胞、组织或器官的处理方法、血液透析方法、麻醉深度监控方法、药物内服方法、药物注射方法、药物外敷方法等。以治疗为目的的受孕、避孕、增加精子数量、体外受精、胚胎转移等方法。以治疗为目的的整容、肢体拉伸、减肥、增高方法。处置人体或动物体伤口的方法，例如伤口消毒方法、包扎方法。以治疗为目的的其他方法，例如人工呼吸方法、输氧方法等。

应当注意的是，虽然使用药物治疗疾病的方法不能被授予专利权，但是药物本身可以被授予专利权。有关物质的医药用途，如果以"用于治病""用于诊断病""作为药物的应用"等这样的权利要求申请专利，则属于《专利法》第25条第1款第（三）项"疾病的诊断和治疗方法"，不能被授权。例如"用一种化合物 X 治疗某种病"或者"一种治疗某种病的方法，使用一种化合物 X"，不能被授权。但是，如果以药品权利要求或者如"在制药中的应用""在制备治某病的药中的应用"等属于制药方法类型的用途权利要求申请专利，则不属于疾病的诊断和治疗方法，例如"用一种化合物 X 制备某种药""化合物 X 作为制备治 Y 病药的应用"。

不属于治疗方法的例子，包括：制造假肢或者假体的方法，动物肉类质量提高方法，屠宰方法，对于已经死亡的人体或动物体采取的处置方法，单纯的美容方法，为使处于非病态的人或者动物感觉舒适、愉快或者在诸如潜水、防毒等特殊情况下输送氧气、负氧离子、水分的方法，以及杀灭人体或者动物体外部（皮肤或毛发上，但不包括伤口和感染部位）的细菌、病毒、虱子、跳蚤的方法。

需要注意的是，对于涉及美容方法的发明专利申请，如果该美容方法具有治疗目的或治疗效果，并且该治疗目的或治疗效果与美容效果不可区分，则会被认定为属于治疗方法。

外科手术方法，是指使用器械对有生命的人体或者动物体实施的剖开、切除、缝合、纹刺等创伤性或者介入性治疗或处置的方法。外科手术方法分为治疗目的的外科手术和非治疗目的的外科手术。但不论是治疗目的还是非治疗目的的外科手术方法都不能被授予专利权。以治疗为目的的外科手术方法，属于治疗方法，不能被授予专利权。但是，治疗目的的外科手术方法中使用的新产品（特别是物质或材料）以及该产品的制造方法，可以被授予专利权。例如，在心血管外科手术过程中植入的血管支架可以被授予专利权。非治疗目的的外科手术方法由于是以有生命的人或动物为实施对象，无法在产业上使用，因此不具备实用性，也不能被授予专利权。

（四）动物和植物品种

《专利法》所称的动物不包括人。需要说明的是，克隆的人或克隆人的方法由于违反社会公德，不符合《专利法》第5条第1款的规定而不能被授予专利权。《专利法》所述动物是指不能自己合成，而只能靠摄取自然的碳水化合物及蛋白质来维系其生命的生物。《专利法》所称的植物，是指可以借助光合作用，以水、二氧化碳和无机盐等无机物合成碳水化合物、蛋白质来维系生存，并通常不发生移动的生物。动物和植物品种可以通过《专利法》以外的其他法律法规保护，例如，植物新品种可以通过《植物新品种保护条例》给予保护。

转基因动物或植物是通过基因工程的重组DNA技术等生物学方法得到的动物或植物。其本身仍然属于"动物品种"或"植物品种"的范畴，不能被授予专利权。

对动物和植物品种的生产方法，可以授予专利权。[1] 但这里所说的生产方法是指非生物学的方法，不包括生产动物和植物的主要是生物学的方法。一种方法是否属于"主要是生物学的方法"，取决于在该方法中人的技术介入程度。如果人的技术介入对该方法所要达到的目的或者效果起了主要的控制作用或者决定作用，则这种方法不属于"主要是生物学的方法"。例如，转基因操作获得抗旱水稻的方法是可授予专利权的客体。又如，"一种采用辐照饲养法生产高产牛奶的乳牛的方法，其特征在于：每天用辐射波照射15分钟"。在该方法中人的技术介入对该方法所要达到的目的或者效果起了主要的控制作用或者决定作用，则这种方法不属于"主要是生物学的方法"，是可授予专利权的客体。

微生物发明是指利用各种细菌、真菌、病毒等微生物去生产一种化学物质（如抗生素）或者分解一种物质等的发明。微生物既不属于动物，也不属于植物的范畴。但是未经人类的任何技术处理而存在于自然界的微生物由于属于科学发现，所以不能被授予专利权。只有当微生物经过分离成为纯培养物，并且具有特定的工业用途时，微生物本身才属于可授予专利权的客体。对于基因（包括人体基因）及DNA片段，当其首次从自然界分离或提取出来，其碱基序列是现有技术中不曾记载并能被确切地表征，且在产业上有利用价值，则该基因或DNA片段本身及其分离提取方法均是可授予专利权的客体。

（五）用原子核变换方法获得的物质

原子核变换方法，是指使一个或几个原子核经分裂或者聚合，形成一个或者几个新原子核的过程，例如完成核聚变反应的磁镜阱法等。用原子核变换方法获得的物质主要是指用加速器、反应堆以及其他核反应装置生产制造的各种放射性同位素。

---

[1] 《专利法》第25条第2款规定："对前款第（四）项所列产品的生产方法，可以依照本法规定授予专利权。"

原子核变换方法和用原子核变换方法获得的物质常用于军事目的，关系到国家的重大利益，不宜人为垄断，不宜公开，因此不是可授予专利权的客体。

但是，为实现原子核变换而采用的辅助手段，例如增加粒子能量的粒子加速方法不属于原子核变换方法；为实现原子核变换方法的各种设备、仪器及其部件，以及用加速器、反应堆以及其他核反应装置生产制造的各种放射性同位素的用途以及使用这些同位素的仪器、设备均是可授予专利权的客体。

四、属于《专利法》第25条第1款第（六）项规定的不授予专利权的发明创造

根据《专利法》第25条第1款第（六）项的规定，对平面印刷品的图案、色彩或者二者的结合作出的主要起标识作用的设计，不授予专利权。

在判断是否属于对平面印刷品所作的主要起标识作用的设计时，应分析其是否同时满足下列3个条件：（1）使用外观设计的产品属于平面印刷品；（2）该外观设计是针对图案、色彩或者二者的结合而作出的；（3）该外观设计主要起标识作用。

具体地说，首先要根据图片或者照片以及简要说明，判断使用外观设计的产品是否属于平面印刷品。例如，如图3-7所示的地毯的设计，虽然是平面产品，但是不属于印刷品；如图3-8所示的手提袋，虽然是印刷品，但是属于立体产品，不属于平面产品；如图3-9所示的包装瓶的设计，虽然包含属于平面印刷品的标贴，但该标贴并非主要起标识作用，且标贴已成为包装瓶的组成部分，要求保护的是含有该标贴的包装瓶，包装瓶是立体产品，不是平面印刷品。

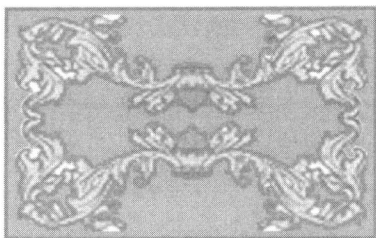  

图3-7　地毯　　　　　　　图3-8　手提袋　　　　　　图3-9　包装瓶

其次，要判断该外观设计是否是针对图案、色彩或者二者的结合而作出的。由于不考虑形状要素，所以任何二维产品的外观设计均可认为是针对图案、色彩或者二者的结合而作出的。

最后，要判断所述外观设计对于所使用的产品来说是否主要起标识作用。主要起标识作用是指所述外观设计的主要用途在于使公众识别所涉及的产品、服务的来源等。

外观设计对于所使用的产品来说是否主要起标识作用，要结合产品具体分析。例如，如图3-10所示的包装袋，包含有设计内容丰富的图案和色彩，具有很强的视觉冲击力，有较为突出的装饰作用，不属于主要起标识作用的产品。但是如图3-11所示的标贴与上述情况不同，该标贴的图案为数字以及汉字组成的"2007年工业博览会"，这个产品只能用于使公众识别2007年的工业博览会，主要起标识作用，因此属于不授予专利权的发明创造。

需要说明的是，壁纸、纺织品不属于适用本条款规定的不授予专利权的发明创造。

图 3-10　包装袋

图 3-11　标贴

练习题及其解析

第一节练习题

1. 下列申请主题中哪些不能被授予实用新型专利权？

A. 一种水龙头，其特征是：出水端带有过滤水中杂质的过滤器，该过滤器通过螺纹连接在出水端上

B. 一种足球，其特征是：球表面印有"2010 南非世界杯"标志

C. 一种由全叶芦荟汁、琼脂、砂糖制作的芦荟糖

D. 一种铸铁散热器，其加工过程包括整形磨光、机械抛丸、抛光、磷化、静电喷塑、入炉加温、溶解硫化、出炉固化、检验入库

【解析】 根据实用新型的定义，实用新型专利只保护产品。在 A 选项中，由于权利要求所表述的技术特征是"出水端带有过滤水中杂质的过滤器，该过滤器通过螺纹连接在出水端上"，涉及产品构造的变化，属于实用新型专利保护的客体。B 选项中权利要求所表述的技术特征涉及足球表面的文字和符号的改变，而产品表面的文字、符号、图表或者其结合的新方案，不属于实用新型专利保护的客体。C 选项中要求保护的实质上是一种芦荟糖的组分，而物质的分子结构、组分、金相结构等不属于实用新型专利给予保护的产品的构造，故不属于实用新型专利保护的客体。D 选项中虽然要求保护的主题名称为一种铸铁散热器，但其技术特征是"其加工过程包括整形磨光、机械抛丸、抛光、磷化、静电喷塑、入炉加温、溶解硫化、出炉固化、检验入库"，实际上要求保护的是一种散热器的加工方法，故不属于实用新型专利保护的

客体。

2. 下列哪些属于能够获得实用新型专利保护的客体？

A. 一种结构发生变化的声波治疗仪

B. 一种增设了气体收集部件的汽车尾气监测装置

C. 一种用新型反光材料替换现有材料制成的汽车车罩

D. 一种跳棋的新式玩法

【解析】 A 和 B 选项中要求保护的都是一种产品，它们的结构发生了改变，因此属于实用新型专利保护的客体。对于 C 选项，该选项明确说明采用新型反光材料替换现有材料制成的汽车车罩，显然不属于将现有技术中的已知材料应用于具有形状、构造的产品上，而是涉及新材料的应用，故不属于实用新型专利保护的客体。而 D 选项是一种跳棋的新式玩法，显然是属于智力活动的规则和方法，不能被授予专利权。

3. 以下哪些主题属于可授予实用新型专利权的主题？

A. 一种可以清洁空气的气体

B. 一种可作装饰的鹅卵石

C. 一种可变换形状的水杯

D. 一种奥运会运动项目注塑成型的雕塑

【解析】 A 选项涉及的气体没有确定的空间形状，故不属于可授予实用新型专利权的主题。B 选项涉及的鹅卵石是未经人工制造的自然存在的物品，而实用新型所保护的产品应该是经过产业方法制造的产品，故不属于实用新型专利保护的客体。C 选项是对

水杯的形状作出改变，故属于实用新型专利保护的客体。D选项中注塑成型的雕塑并没有解决技术问题，不构成技术方案，故不属于可授予实用新型专利权的主题。

4. 以下哪些主题不属于实用新型专利保护的范围？

　　A. 吸尘器的一种新用途

　　B. 一种电磁肥胖治疗仪

　　C. 一种表面带有与棋子名称相配图案的中国象棋

　　D. 一种可拆装的桥梁

【解析】 A选项是产品的一种用途，而产品的用途属于方法，因此不属于实用新型专利保护的范围。B和D选项都是对产品的形状、构造作出了改进，因此属于实用新型专利保护的范围。C选项涉及象棋表面图案的变化，而产品表面的这种图案的变化并没有解决任何技术问题，故不属于实用新型专利保护的客体，因此C选项不属于实用新型专利保护的范围。

5. 以下涉及自行车车架的几种发明中哪些属于可授予实用新型专利权的主题？

　　A. 现有的钢质材料的自行车车架用新型玻璃钢替代

　　B. 现有的自行车车架的整体材料不变，除了轴承座用特种钢替代了普通钢

　　C. 现有的自行车车架处表面增加一层保护镀膜

　　D. 现有的自行车车架的钢质材料中添加入碳素成分

【解析】 A选项是将新材料玻璃钢替换现有的钢质材料，属于对材料本身提出的技术方案，故不属于可授予实用新型专利权的主题。而B选项中用特种钢替代普通钢，是一种已知材料的应用，不属于对材料本身提出的技术方案，故属于可授予实用新型专利权的主题。C选项中车架处表面增加一层保护镀膜，是一种复合层，而复合层可以认为是产品的构造，故属于可授予实用新型专利权的主题。D选项中钢质材料中添加入碳素成分，是对材料本身提出的技术方案，因而不属于可授予实用新型专利权的主题。

第二节练习题

6. 下列哪些说法是正确的？

　　A. 可授予发明专利权的保护客体应当是一项新的技术方案

　　B. 气味或者声、光、电、磁、波等信号或者能量不属于发明保护的对象

　　C. 可授予发明专利权的保护客体既可以是产品，

也可以是方法

　　D. 技术方案是对要解决的技术问题所采取的利用了自然规律的技术手段的集合

【解析】 根据《专利法》第2条第2款的规定，发明是指对产品、方法或者其改进所提出的新的技术方案。这是对可以获得专利保护的发明的一般性定义，而不是判断新颖性、创造性、实用性的具体审查标准。气味或者声、光、电、磁、波等信号或者能量也不属于《专利法》规定的发明保护的对象，但利用其性质解决技术问题的，则不属此列。可授予发明专利权的保护客体既可以是由人类技术生产制造出来的物品，例如机器、设备、仪器、装置、用具、部件、零件、材料、组合物、化合物等产品，也可以是产品制造方法或者操作使用方法。技术手段通常是由技术特征来体现的，也就是说，技术方案是指利用自然规律解决人类在实践中遇到的特定技术问题时所采用的具体技术手段的集合。判断一项权利要求是否构成技术方案，要看它是否采用了技术手段来解决技术问题并获得技术效果。因此，A、B、C、D四个选项均正确。

第三节练习题

7. 下列哪些属于外观设计专利保护的客体？

　　A. 根雕

　　B. 需要放大镜才能识别的微雕产品

　　C. 活动售报亭

　　D. 《清明上河图》的原作

【解析】 4个选项中，选项A根雕是以自然物本身为主体的工艺品，其形状取决于天然的植物根部形状，不能通过工业化手段重复生产，不属于外观设计专利的保护客体；选项B"需要放大镜才能识别的微雕产品"用肉眼难以确定，需要借助特定的工具才能分辨其形状、图案、色彩，不属于外观设计专利的保护客体；选项D"《清明上河图》的原作"是纯属美术范畴的艺术作品，也不属于外观设计专利的保护客体。只有选项C"活动售报亭"是以产品为载体的针对形状、图案或者其结合的设计，并适于工业应用，符合外观设计的定义，可以获得外观设计专利保护。

8. 以下哪种情形不能被授予外观设计专利权？

　　A. 自动步枪

　　B. 印有中国国旗图案的文化衫

　　C. 仅印有企业标志的贴纸

　　D. 壁纸

【解析】 选项A为"自动步枪"，尽管枪支在我国属于严格受管制的武器，但是其外观设计本身既符

合外观设计的定义，也不违反国家法律或者妨害公共利益，因此属于外观设计专利保护的客体。选项 B "印有中国国旗图案的文化衫"因为使用了中国国旗的图案，属于妨害公共利益的外观设计，不能被授予外观设计专利权。选项 C "仅印有企业标志的贴纸"是主要起标识作用的平面印刷品，不能获得外观设计专利保护。选项 D "壁纸"，在一般情况下主要起装饰作用而不是起标识作用，可以被授予外观设计专利。

第四节练习题

9. 下列哪些属于不授予专利权的发明创造？

A. 一种改良被污染土壤的方法

B. 一种利用计算机程序求解圆周率的方法

C. 一种可除臭和驱虫的气体

D. 一种通过重组 DNA 技术得到的转基因山羊品种

【解析】《专利法》第 22 条第 1 款规定："授予专利权的发明和实用新型，应当具备新颖性、创造性和实用性。"所谓"实用性"，根据《专利审查指南 2010》第二部分第五章的解释，是指发明或者实用新型申请的主题必须能够在产业上制造或者使用，并且能够产生积极效果。所谓产业，它包括工业、农业、林业、水产业、畜牧业、交通运输业以及文化体育、生活用品和医疗器械等行业。因此，A 选项属于可授予专利权的发明创造，故 A 项错误。《专利法》第 25 条规定："对下列各项，不授予专利权：（一）科学发现；（二）智力活动的规则和方法；（三）疾病的诊断和治疗方法；（四）动物和植物品种；（五）用原子核变换方法获得的物质；（六）对平面印刷品的图案、色彩或者二者的结合作出的主要起标识作用的设计。"《专利审查指南 2010》第二部分第九章中明确列举了利用计算机程序求解圆周率的方法，仅涉及一种由计算机程序执行的纯数学运算方法或者规则，本质属于人的抽象思维方式，属于《专利法》第 25 条第 1 款第（二）项规定的智力活动的规则和方法，不属于专利保护的客体。因此，B 选项正确。根据《专利法》第 2 条第 2 款的规定，专利法所称发明，是指对产品、方法或者其改进所提出的新的技术方案。根据《专利审查指南 2010》第二部分第一章规定，气味或者诸如声、光、电、磁、波等信号或者能量不属于《专利法》第 2 条第 2 款规定的客体，但利用其性质解决技术问题的，则不属此列。因此，"一种可除臭和驱虫的气体"属于可以授予专利权的发明创造，C 选项错误。《专利审查指南 2010》第二部分第十章进一步指明：转基因动植物是通过基因工程的重组 DNA 技术等生物学方法得到的动物或植物，根据《专利法》第 25 条第 1 款第（四）项的规定，不能被授予专利权。D 选项中的转基因山羊品种属于转基因动物，因此不能被授予专利权，故 D 选项正确。综上，B、D 选项属于不授予专利权的发明创造。

【练习题答案】

1. BCD	2. AB	3. C	4. AC	5. BC	6. ABCD	7. C
8. BC	9. BD					

第四章　发明和实用新型专利申请授权的实质性条件

［本章导读］

本章在内容上涵盖《考试大纲》第二章第二节的全部知识点，主要讲授发明和实用新型专利申请授权的实质性条件。此外，还包含有关优先权的一部分知识点。本章首先讲述了优先权和现有技术两个十分重要的基本概念，然后详细讲解了新颖性、创造性和实用性的定义、判断原则和审查基准。最后，还讲解了关于同样的发明创造的判断原则和处理方法等知识点。

本章内容涉及的法律、法规条款主要包括：《专利法》第9条、第22条、第24条、第29条，《专利法实施细则》第32条、第41条等。

读者学习本章内容时还可以参阅《专利审查指南2010》第一部分第二章、第二部分第三章、第四章和第五章，以及第四部分第六章。

关于外观设计专利申请的授权条件，请参见本书第六章第五节。关于外国优先权和本国优先权所涉及的在先申请及在后申请应当满足的条件、要求优先权声明、在先申请文件副本、在后申请的申请人，优先权要求的撤回、优先权要求费和优先权要求的恢复等，以及专利申请享受宽限期效力的法律手续审查，请参见本书第五章第三节。关于优先权的核实，请参见本书第五章第六节。关于"所属技术领域的技术人员"的概念，请参见本书第二章第三节。

《专利法》第22条和第23条分别对发明和实用新型授予专利权的实质性条件以及对外观设计授予专利权的条件作了明确规定。其中，根据《专利法》第22条第1款规定，授予专利权的发明或者实用新型，应当具备新颖性、创造性和实用性。此外，根据《专利法》第9条的规定，同样的发明创造只能授予一项专利权。

第一节　优　先　权

根据《专利法》第29条的规定，申请人就相同主题的发明或者实用新型在外国第一次提出专利申请之日起12个月内，又在中国提出申请的，依照该国同中国签订的协议或者共同参加的国际条约，或者依照相互承认优先权的原则，可以享有优先权。这种优先权称为外国优先权。

申请人就相同主题的发明或者实用新型在中国第一次提出专利申请之日起12个月内，又以该发明专利申请为基础向专利局提出发明专利申请或者实用新型专利申请的，或者又以该实用新型专利申请为基础向专利局提出实用新型专利申请或者发明专利申请的，可以享有优先权。这种优先权称为本国优先权。

本节将重点介绍享有外国优先权和本国优先权的条件、效力、多项优先权和部分优先权的概念，以及相同主题的发明创造的定义。有关外国优先权和本国优先权涉及的在先申请和要求优先权的在后申请、要求优先权声明、在先申请文件副本、在后申请的申请人，以及优先权要求的撤回、优先权要求费和优先权要求的恢复等内容，请参见本书第一章的相关内容。

一、享有优先权的条件

（一）享有外国优先权的条件

享有外国优先权的专利申请应当满足以下条件：（1）申请人就相同主题的发明创造在外国第

一次提出专利申请（以下简称"外国首次申请"）后又在中国提出专利申请（以下简称"中国在后申请"）；（2）就发明和实用新型而言，中国在后申请之日不得迟于外国首次申请之日起 12 个月；就外观设计专利申请而言，中国在后申请之日不得迟于外国首次申请之日起 6 个月；（3）申请人提出首次申请的国家或政府间组织应当是同中国签有协议或者共同参加国际条约，或者相互承认优先权原则的国家或政府间组织。

需要说明的是，享有外国优先权的发明创造与外国首次申请审批的最终结果无关，只要该首次申请在有关国家或政府间组织中获得了确定的申请日，就可作为要求外国优先权的基础。至于该申请是否已在该国被授予专利权，或者是否已经撤回、驳回、分案或视为撤回，并不影响该申请作为正规申请产生优先权的效力。只要受理第一次申请的国家或政府间组织证明曾有这样的申请存在并给予了申请日，就可以作为在中国要求外国优先权的基础。这里所说的"第一次申请"并不是绝对的，按照《巴黎公约》的规定，在同一国家就与第一次申请同样的主题所提出的后一申请，如果在提出该后一申请时前一申请已被撤回、放弃或驳回，没有提供公众阅览，也没有遗留任何权利，而且如果前一申请还没有成为要求优先权的基础，则该后一申请应认为是第一次申请，其申请日应为优先权期限的起算日。在这以后，前一申请不得作为要求优先权的基础。

例如，某公司于 2006 年 7 月 1 日向德国提交了发明专利申请，说明书中记载了技术方案 X，但未在权利要求书中要求保护该技术方案。该公司于 2007 年 2 月 6 日向法国提交了专利申请，说明书中记载了技术方案 X 和 Y，并在权利要求中要求保护技术方案 X 和 Y。法国专利申请享有该德国专利申请的优先权。如果该公司于 2007 年 6 月 6 日向专利局提交了一件要求保护技术方案 X 和 Y 的发明专利申请，则其可以享有的优先权如下：

（1）方案 X 可享有德国专利申请的优先权而不可享有法国专利申请的优先权。原因在于，优先权是以首次申请的说明书、权利要求书和附图为基准的，并不要求只记载在权利要求书中。2007 年 6 月 6 日在从 2006 年 7 月 1 日起算的 12 个月的优先权期限内，因此，技术方案 X 可以享有在德国的首次申请的优先权。由于在法国申请的方案 X 不是首次申请，因此其不能作为在中国申请的方案 X 的优先权。

（2）方案 Y 可享有法国专利申请的优先权。这是因为，技术方案 Y 首次记载在该法国专利申请中，因此在中国申请中的方案 Y 可以享有该法国专利申请的优先权。

（二）享有本国优先权的条件

享有本国优先权的专利申请应当满足以下条件：（1）只适用于发明或者实用新型专利申请；（2）申请人就相同主题的发明或者实用新型在中国第一次提出专利申请（以下简称"中国首次申请"）后又向专利局提出专利申请（以下简称"中国在后申请"）；（3）中国在后申请之日不得迟于中国首次申请之日起 12 个月。

对于本国优先权，《专利法实施细则》第 32 条还进一步规定了三种在先申请的主题不得作为优先权基础的情况：

（1）已经享有过外国或者本国优先权的，不得作为要求本国优先权的基础。这是因为，作为优先权基础的申请应当是第一次申请，而已经享有过外国或者本国优先权的申请不符合这一要求。

（2）已经被批准授予专利权的，不得作为要求本国优先权的基础。这是为了避免重复授权。

（3）属于按照规定提出的分案申请的，不得作为要求本国优先权的基础。这同样是为了避免重复授权。

依照《专利法实施细则》第 32 条第 3 款的规定，当申请人要求本国优先权时，作为本国优先权基础的中国首次申请，自中国在后申请提出之日起即被视为撤回。

要求本国优先权可以给申请人带来作出新的选择的便利，一是申请人可以利用本国优先权在符合单一性的条件下将若干在先申请合并到一份在后申请中提出；二是申请人可以在优先权期限内，实现发明专利申请与实用新型专利申请的互相转换。

二、相同主题的发明创造的定义

《专利法》第29条所述的相同主题的发明或者实用新型，是指技术领域、所解决的技术问题、技术方案和预期的效果相同的发明或者实用新型。但应注意，所谓的"相同"并不意味在文字记载或者叙述方式上完全一致。如果要求优先权的发明或者实用新型的在后申请与其要求作为优先权基础的在先申请所公开的技术内容完全相同，或者仅仅是简单的文字变换，则该在后申请与在先申请属于相同的主题。另外，上述相同的技术内容应该理解为包括可以从在先申请中直接地、毫无疑义地得出的技术内容。

需要说明的是，对于在后申请权利要求中限定的技术方案，只要已记载在首次申请中（包括权利要求书、说明书及其附图，但不包括摘要）就可享有该首次申请的优先权，而不必要求其包含在该首次申请的权利要求书中。有关优先权的核实请参见本书第五章的有关规定。

三、优先权的效力

对于外国优先权和本国优先权来说，申请人在首次申请后，就相同主题的发明创造在优先权期限内提出的专利申请，都看做是在该首次申请的申请日提出的，不会因为在优先权期间内，即首次申请的申请日与在后申请的申请日之间任何单位或者个人提出了相同主题的申请或者公布、利用这种发明创造而失去效力。换句话说，专利申请能够享受优先权的意义在于：在进行新颖性和创造性判断时，将选择现有技术的日期提前到优先权日。在优先权日与申请日之间公开的现有技术不能作为影响该专利申请新颖性和创造性的现有技术；在优先权日与申请日之间（包括优先权日当天）任何单位和个人就相同主题向专利局提出的另一专利申请也不能构成影响该专利申请新颖性的抵触申请。

例如，甲、乙先后就同样的发明创造提出发明专利申请，甲申请的申请日是2008年3月28日，乙申请的申请日是2008年5月9日。如果甲在2008年4月2日撤回其申请后，又于2008年6月8日提出了另一件包含前一申请内容的新申请，如果甲没有要求在先申请的优先权，则由于乙申请的申请日在2008年6月8日之前，该申请公布后，将构成甲申请的抵触申请。反之，如果甲要求享有其在先申请的优先权，由于其在后申请在优先权的12个月期限内，其优先权成立。因此，甲的在后申请可以享受到2008年3月28日的申请日，则该在后申请公布后，将构成乙申请的抵触申请。

需要说明的是，在专利申请的优先权期间内，任何单位或者个人可能会就相同主题的发明创造提出专利申请。由于优先权的效力，任何单位或者个人提出的相同主题发明创造的专利申请不能被授予专利权。也就是说，由于有作为优先权基础的首次申请的存在，从首次申请的申请日起至在后申请的申请日中间由任何单位或者个人提出的相同主题的发明创造的专利申请因失去新颖性而不能被授予专利权。

四、多项优先权

根据《专利法实施细则》第32条第1款的规定，申请人在一件专利申请中，可以要求一项或者多项优先权。要求多项优先权的，该申请的优先权期限从最早的优先权日起计算。享有多项优先权的多个技术方案可以有不同的优先权日。当在后申请将几份在先申请的内容合并起来时，不同的技术方案可以享有不同在先申请的优先权。

多项优先权的规定不仅适用于外国优先权，也适用于本国优先权。

例如，中国在后申请中记载了两个技术方案 A 和 B，其中，A 是在法国首次申请中记载的，B 是在德国首次申请中记载的，两者都是在中国在后申请之日以前 12 个月内分别在法国和德国提出的。在这种情况下，中国在后申请就可以享有多项优先权，即 A 享有法国首次申请的优先权日，B 享有德国首次申请的优先权日。也就是说，对于外国多项优先权来说，作为多项优先权基础的外国首次申请可以是在不同的国家或政府间组织提出的。如果上述的 A 和 B 是两个可供选择的技术方案，申请人用"或"结构将 A 和 B 记载在中国在后申请的一项权利要求中，则中国在后申请同样可以享有多项优先权，即有不同的优先权日。但是，如果中国在后申请记载的一项技术方案是由两件或者两件以上外国首次申请中分别记载的不同技术特征组合成的，则不能享有优先权。例如，中国在后申请中记载的一项技术方案是由一件外国首次申请中记载的特征 C 和另一件外国首次申请中记载的特征 D 组合而成的，而包含特征 C 和 D 的技术方案未在上述两件外国首次申请中记载，则中国在后申请就不能享有以此两件外国首次申请为基础的外国优先权。也就是说，享有优先权的最小单位是在后申请中记载的技术方案，而不是其中一个或几个技术特征。

如果一件中国在后申请中记载了 A、B 和 C 3 个技术方案，它们分别在 3 件中国首次申请中记载过，则该中国在后申请可以要求多项优先权，即 A、B、C 分别以其中国首次申请的申请日为优先权日。当然，3 件在先申请均应在在后申请的申请日之前 12 个月内提出。

另外，要求外国多项优先权和本国多项优先权的专利申请均应当符合《专利法》第 31 条及《专利法实施细则》第 34 条关于单一性的规定。

五、部分优先权

要求优先权的申请中，除包括作为优先权基础的申请中记载的技术方案外，还可以包括一个或多个新的技术方案。例如，在后申请中除记载了首次申请的技术方案外，还记载了对该技术方案进一步改进或者完善的新技术方案，如增加了反映说明书中新增实施方式或实施例的从属权利要求，或者增加了符合单一性的独立权利要求。在这种情况下，对于该在后申请中所要求的与首次申请中相同主题的发明创造给予优先权，现有技术的时间界限为首次申请的申请日，即优先权日，其余的则以在后申请之日为现有技术的时间界限。该在后申请中有部分技术方案享有优先权，故称为部分优先权。

部分优先权的规定不仅适用于外国优先权，也适用于本国优先权。

在说明书增加了新内容的情况下，申请人可以撰写两项以上的权利要求，其中一项权利要求请求保护的技术方案应当在首次申请中已经记载，从而确保该项权利要求能够享有优先权；另一项权利要求为在后申请所增加的技术方案，以体现在后申请增加有关内容的意义。

例如，一件中国在后申请中记载了技术方案 A 和实施例 a1、a2、a3，其中只有 a1 在中国首次申请中记载过，则该中国在后申请中 a1 可以享有本国优先权，其余则不能享有本国优先权。又如，一件中国在后申请中记载了技术方案 A 和实施例 a1、a2。技术方案 A 和实施例 a1 已经记载在中国首次申请中，则在后申请中技术方案 A 和实施例 a1 可以享有本国优先权，实施例 a2 则不能享有本国优先权。再如，继中国首次申请和在后申请之后，申请人又提出第二件在后申请。

中国首次申请中仅记载了技术方案 A1；第一件在后申请中记载了技术方案 A1 和 A2，其中 A1 已享有中国首次申请的优先权；第二件在后申请记载了技术方案 A1、A2 和 A3。对第二件在后申请来说，其中方案 A2 可以要求第一件在后申请的优先权；对于方案 A1，由于该第一件在后申请中方案 A1 已享有优先权，因而不能再要求第一件在后申请的优先权，但还可要求中国首次申请的优先权，前提是首次申请的申请日与第二件在后申请的申请日的间隔在 12 个月内。

第二节　现　有　技　术

"现有技术"是《专利法》中最重要的基本概念之一。在判断发明或者实用新型专利申请是否满足授权的实质性条件，特别是新颖性和创造性时，都必须应用现有技术的概念。因此，首先对现有技术的定义及其理解进行说明。

《专利法》第 22 条第 5 款规定："本法所称现有技术，是指申请日以前在国内外为公众所知的技术。"对现有技术的理解，应当从"为公众所知"的含义、时间界限以及现有技术的公开方式等几个方面来考虑。

一、"为公众所知"的含义

现有技术应当是在申请日以前在国内外为公众所知的技术。

这里的"公众"不是指数量意义上的人群，而是指不受特定条件限制的人，即不负有保密义务的人。例如街上的行人、公共图书馆的读者、听课的学生、报告会的听众都属于现有技术概念中所指的"公众"。但是，"公众"不包括与申请人、发明人有信任关系的人（例如合作者、同事）、对申请人、发明人依法有保密义务的人（例如技术秘密转让合同的受让人，专利代理人）或者依习惯有保密义务的人（例如雇员对雇主、编辑对投稿人都属于依习惯有保密义务的人）。

"为公众所知"包含两层含义。一层含义是，现有技术处于公众想要得知就能得知的状态。"处于公众想要得知就能得知的状态"是指有关技术内容已经处于向公众公开的状态，使想要了解其技术内容的人都可能通过正当的途径了解，而不仅仅是为某些特定人所能了解。这种向公众公开的状态只要客观存在，有关技术就被认为已经公开，至于有没有人了解或者有多少人实际上已经了解该技术是无关紧要的。例如，公共图书馆登记上架的技术书籍，公众若想从中了解实质性技术内容，均可通过阅览、借阅而得知，由于书籍中记载的技术内容处于能够为公众获知的状态，如果上述技术内容是在某申请的申请日之前公开的，则构成相对于该申请的现有技术。"为公众所知"的另一层含义是，现有技术的内容应当包括实质性的技术知识，并且应当充分披露足够的技术信息，以便利用该现有技术对一件发明或者实用新型专利申请是否具备新颖性和创造性作出判断。

应当注意，处于保密状态的技术内容不属于现有技术。所谓"保密状态"，不仅包括受保密协议约束的情形，还包括社会观念或者商业习惯上被认为应当承担保密义务的情形，即默契保密的情形。例如，在产品研制开发过程中，对产品的性能进行实际测试时，通常的情形下，产品的测试者被认为对测试产品负有保密义务。然而，负有保密义务的人违反协议或者默契泄露秘密，导致技术内容的公开，使公众能够得知这些技术，这些技术也就构成了现有技术的一部分。

二、现有技术的时间界限

现有技术的时间界限是申请的申请日（享有优先权的，指优先权日），即申请日前公开的技术内容均属于现有技术，但不包括申请日当天公开的技术内容。例如，一件申请日为 2007 年 7 月 9 日的发明专利申请，其优先权日为 2006 年 9 月 7 日。如果申请人于 2006 年 9 月 7 日在其发表的文章中对该发明的实质性技术内容进行了详细介绍，即申请人在所享有的优先权日当天公开了其发明，其不属于现有技术的范围。

三、现有技术的公开方式

现有技术的公开方式包括出版物公开、使用公开和以其他方式公开，这些公开方式均无地域限制。也就是说，一项技术无论以上述何种方式公开，只要其内容在申请日之前在国内或者国外为公众所知，就构成现有技术。

（一）出版物公开

专利法意义上的出版物是指记载技术内容的独立存在的传播载体，并且应当表明或者有其他证据证明其公开发表或出版的时间。出版物公开是以"书面方式"披露技术信息。出版物不限于印刷的，也包括打字的，手写的，用电、光、磁、照相等方式复制的；其载体不限于纸张，也可以包括各种其他类型的信息载体，如缩微胶片、影片、磁带、照相底片、唱片、光盘等。

用于判断新颖性和创造性的出版物主要包括专利文献、科技杂志、科技书籍、学术论文、教科书、技术手册、正式公布的会议记录或者技术报告、报纸、产品样本、产品目录、广告宣传册等。另外，还可以是以互联网或其他在线数据库形式存在的资料。

需要说明的是，出版物不受印刷和发行的地理位置、语言或者获得方式的限制，也不受年代的限制。出版物的出版发行量多少、是否有人阅读过、申请人是否知道是无关紧要的。例如，一本描述某新产品的科技书已经在新华书店的书架上陈列，但尚未售出过，但该科技书中记载的技术方案同样属于已公开的技术方案。

对于印有"内部资料""内部发行"等字样的出版物，确系在特定范围内发行并要求保密的，不属于公开出版物。例如，某新产品的鉴定报告已在一本仅供内部使用且标有"内部发行"的刊物上发表，由于载有新产品鉴定报告的刊物是内部发行且仅供内部使用，因此不属于专利法意义上的出版物。

由于书籍类出版物一般都会标明印刷日期，而且通常情况下出版物在印刷、出版时均已处于非保密状态，因此，出版物的印刷日视为公开日，有其他证据证明其实际公开日的除外。如果印刷日只写明年月或者年份的，以所写月份的最后一日或者所写年份的 12 月 31 日为公开日。例如，某出版物标注的印刷日是 2005 年 11 月，如果没有其他证据证明其实际公开日，那么该出版物的公开日就是其印刷日。由于该出版物标注的印刷日只写明了年月（即 2005 年 11 月），因此应当以所写月份的最后一日即 2005 年 11 月 30 日作为公开日。

（二）使用公开

使用公开是指，由于使用而导致技术方案公开或者导致技术方案处于公众可以得知的状态。使用公开以公众能够得知该产品或者方法之日为公开日。

使用公开的方式包括能够使公众得知其技术内容的制造、使用、销售、进口、交换、馈赠、演示、展出等方式。只要通过上述方式使有关技术内容处于公众想要得知就能得知的状态，就构成使用公开，而不取决于是否有公众实际得知。此外，使用公开还包括放置在展台上、橱窗内公众可以阅读的信息资料及直观资料，例如招贴画、图纸、照片、样本、样品等。例如，一件申请日为 2010 年 7 月 9 日的发明专利申请，其优先权日为 2009 年 10 月 9 日。申请人于 2009 年 7 月 9 日在日本某大学进行了一次详细介绍该发明内容的演示。由于现有技术公开方式包括出版物公开、使用公开和以其他方式公开三种，均无地域限制，虽然申请人公开发明内容的地点在国外，但该使用公开构成了现有技术。

需要说明的是，如果使用公开的是一种产品，即使所使用的产品或者装置需要经过破坏才能够得知其结构和功能，也仍然属于使用公开。但是，未给出任何有关技术内容的说明，以致所属技术领域的技术人员无法得知其结构和功能或材料成分的产品展示，不属于使用公开。

（三）以其他方式公开

为公众所知的其他方式公开，是指口头公开等方式。例如，口头交谈、报告、讨论会发言、广播、电视、电影等能够使公众得知技术内容的方式。例如，一件申请日为 2010 年 7 月 9 日的发明专利申请，其优先权日为 2009 年 10 月 9 日。申请人于 2009 年 8 月 8 日（即在其所享有的优先权日之前）在某电视台现场直播节目中对该发明内容进行了详细介绍，属于为公众所知的其他方式的公开，其构成现有技术。

口头交谈、报告、讨论会发言以其发生之日为公开日。公众可接收的广播、电视或电影的报道，以其播放日为公开日。

各种公开方式披露的事实均应得到证明，就证明的难易程度而言，显然以出版物方式公开的信息更易被采信。

第三节 新 颖 性

根据《专利法》第 22 条第 1 款的规定，授予专利权的发明和实用新型应当具备新颖性、创造性和实用性。因此，申请专利的发明和实用新型具备新颖性是授予其专利权的必要条件之一。发明或者实用新型专利申请是否具备新颖性，只有在确定其具备实用性后才予以考虑。有关实用性的概念，将在本章第五节详细阐述。

一、新颖性的概念

根据《专利法》第 22 条第 2 款的规定，新颖性，是指该发明或者实用新型不属于现有技术；也没有任何单位或者个人就同样的发明或者实用新型在申请日以前向国务院专利行政部门提出过申请，并记载在申请日以后公布的专利申请文件或者公告的专利文件中。

由此可知，在发明或者实用新型新颖性的判断中，一方面，现有技术会破坏专利申请的新颖性，这是由专利制度的性质决定的。之所以对一项发明创造授予专利权，为专利权人提供一定期限内的独占权，是因为申请人向社会贡献了创新的技术信息，应当受到奖励，值得被授予这样的权利。然而，对于已经进入公有领域的已有技术来说，公众有自由使用的权利，任何人都无权将其纳入专利独占权的范围之内，否则就损害了公众的利益。规定新颖性条件的目的就在于防止将已经进入公有领域的技术批准为专利，它是授予发明和实用新型专利权最为基本的条件。

另一方面，由任何单位或者个人就同样的发明或者实用新型在申请日以前向专利局提出并且在申请日以后（含申请日）公布的专利申请文件或者公告的专利文件也会破坏在该申请日提出的专利申请的新颖性。为描述简便，在判断新颖性时，将这种破坏新颖性的专利申请称为"抵触申请"。之所以将抵触申请纳入新颖性判断，在于贯彻先申请原则和避免重复授权。例如，按照专利申请程序，一件发明专利申请通常要在申请日后 18 个月公布。对于某件专利申请而言，如果已有任何单位或者个人在申请日前提出了同样的发明专利申请，在申请日或申请日以后公布，仅从申请日前已发表的国内外出版物上是无法找到的。但事实上，申请日前已有单位或者个人就同样的技术申请专利。针对这种情形，有必要根据先申请原则和禁止重复授权的原则来处理。

有关现有技术的概念已经在本章第二节进行了详细讲解，下面重点针对抵触申请进行介绍。

构成抵触申请的专利申请文件或专利文件应当满足 3 个条件：（1）向专利局提出的申请；（2）在申请日前提出申请、且在申请日或申请日之后公布或者公告；（3）披露了同样的发明或者实用新型。另外，满足如下条件的进入中国国家阶段的国际专利申请也可以作为抵触申请，即申请日以前由任何单位或者个人提出、并在申请日之后（含申请日）作出公布或公告的且为同样的发明或者实用新型的国际专利申请。

下面通过一个实例分析构成抵触申请的各个条件。

例如，被审查的申请是林某的一件发明专利申请，其申请日为 2007 年 1 月 8 日，有效的优先权日为 2006 年 2 月 10 日，专利局于 2008 年 8 月 1 日公布了该申请。在判断该发明专利申请的新颖性时，应当以优先权日即 2006 年 2 月 10 日为时间点。

假定情形一：金某在 2007 年 1 月 29 日在我国提出与林某的发明创造同样的发明专利申请，该申请的公布日为 2008 年 8 月 22 日，该申请享有韩国的优先权，优先权日为 2006 年 1 月 30 日。该情形中，金某的申请享有 2006 年 1 月 30 日的优先权，其在林某发明专利申请的优先权日之前，而公开日在林某发明专利申请的优先权日之后。因此，金某的申请构成林某专利申请的抵触申请。

假定情形二：梁某于 2006 年 2 月 9 日在我国提出与林某的发明创造同样的发明专利申请，2007 年 8 月 8 日主动撤回，但该申请仍于 2007 年 8 月 10 日被公布。该情形中，梁某的申请于 2006 年 2 月 9 日提出，早于林某发明专利申请的优先权日，虽然梁某将其申请主动撤回了，但其申请仍于林某向专利局提出申请之后公开，从而符合抵触申请的条件。因此，梁某的申请构成林某专利申请的抵触申请。

假定情形三：李某于 2006 年 2 月 8 日在日本提出与林某的发明创造同样的发明专利申请，该申请的公布日为 2007 年 10 月 6 日。该情形中，李某的发明专利申请由于是在日本提出的，而不是向专利局提出的申请，因此不构成林某的发明专利申请的抵触申请。

需要说明的是，抵触申请不属于现有技术。抵触申请仅指在申请日以前（不包括申请日当天）提出的、涉及同样的发明或者实用新型的专利申请。确定是否存在抵触申请，不仅要查阅在先专利或专利申请的权利要求书，而且要查阅其说明书（包括附图），但是不包括摘要。另外，需要注意的是，申请人本人在先提出的发明或者实用新型专利申请文件也可能构成自己的在后专利申请的抵触申请。

二、判断新颖性的原则

在判断一项权利要求是否具备新颖性时，应当遵循以下原则进行判断。

（一）同样的发明或者实用新型

发明或者实用新型专利申请与现有技术或者申请日前由任何单位或个人向专利局提出申请并在申请日后（含申请日）公布的（以下简称"申请在先、公布在后的"）发明或者实用新型的相关内容相比，如果其技术领域、所解决的技术问题、技术方案和预期效果实质上相同，则认为两者为同样的发明或者实用新型。

在进行新颖性判断时，首先判断专利申请的技术方案与对比文件（包括现有技术和申请在先公布在后的专利申请或者专利文件）的技术方案是否实质上相同，如果专利申请与对比文件全文公开的内容相比，其权利要求所限定的技术方案与对比文件公开的技术方案实质上相同，所属技术领域的技术人员根据两者的技术方案可以确定两者能够适用于相同的技术领域，解决相同的技术问题，并具有相同的预期效果，则认为两者为同样的发明或者实用新型。因此，新颖性判断的核心就是技术方案实质上相同。

（二）单独对比原则

所谓"单独对比原则"，是指在判断新颖性时，应当将发明或者实用新型专利申请的各项权利要求分别与每一项现有技术或申请在先、公布在后的发明或者实用新型的相关内容单独地进行比较，不允许将被审查的申请的各项权利要求与几项现有技术或者申请在先公布在后的发明或者实用新型的内容的组合，或者与一份对比文件中的多个技术方案的组合进行对比。单独对比原则的实质是要求将发明或者实用新型的每项权利要求的每个技术方案分别与一份对比文件中记载的单个技术方案对比。

需要说明的是，在申请具有多项独立权利要求或者一项独立权利要求具有多个技术方案的情况下，对不同的技术方案的新颖性的判断，可能会分别采用不同的对比文件进行单独对比。新颖性判断所强调的单独对比原则，并不意味着评价一件专利申请时只能引用一篇对比文件进行新颖性判断。对于包含体现多个技术方案的多项独立权利要求的专利申请来说，对其新颖性的判断完全有可能需要引用多篇对比文件与多项独立权利要求分别单独对比。例如，在判断涉及半导体器件及其制造方法的专利申请的新颖性时，对于涉及该半导体器件的产品权利要求，应当与相关产品的现有技术进行比较。对于涉及半导体器件制造方法的方法权利要求，则应当与相关制造方法的现有技术进行比较。这两类现有技术既可能在一篇对比文件中披露，也可能在两篇或者多篇对比文件中披露。

三、判断新颖性的基准

判断发明或者实用新型的新颖性，应当以《专利法》第 22 条第 2 款为基准。以下给出新颖性判断的常见情形。[1]

（一）相同内容的发明或者实用新型

如果要求保护的发明或者实用新型与对比文件所公开的技术内容完全相同，或者仅仅是简单的文字变换，则该发明或者实用新型不具备新颖性。另外，上述相同的技术内容应该理解为包括可以从对比文件中直接地、毫无疑义地确定的技术内容。

例如，被审查申请的权利要求为"一种加工轴的方法，其包括对轴进行渗碳淬火处理，轴的表面硬度大于芯部的硬度"。对比文件披露了一种加工轴的方法，其包括对轴进行渗碳淬火处理的步骤。虽然对比文件未明确记载"轴的表面硬度大于芯部的硬度"的技术特征，但是所属技术领域的技术人员根据对比文件记载的对轴进行渗碳淬火的处理步骤，可以直接地、毫无疑义地确定轴的表面硬度大于其芯部的硬度。因此，上述技术特征属于对比文件中隐含的且可直接地、毫无疑义地确定的技术内容，该对比文件破坏上述专利申请权利要求的新颖性。

又如，被审查申请的权利要求为"一种 IC 卡，包括塑料基卡和封装在塑料基卡内的工作电路，其特征在于：所述的工作电路为集成电路 AT24CXX"。对比文件是一本涉及智能卡技术的教科书，其中披露了如下技术内容"智能卡又称集成电路卡，即 IC 卡，它将一个集成电路芯片镶嵌于塑料基片中，封装成卡的形式。常用的集成电路芯片包括美国 ATMEL 公司生产的 AT24C 01A/02/04/08/16 存储器芯片"。该案例中，权利要求中的技术特征"集成电路

---

[1] 详见《专利审查指南 2010》第二部分第三章第 3.2 节。

AT24CXX"表示 AT24C 系列的集成电路,此系列的集成电路已经被上述对比文件披露。另外,权利要求中的技术特征"封装在塑料基卡内的工作电路"与对比文件所公开的"集成电路芯片镶嵌于塑料基片中"仅是文字表达略有不同,技术内容实质上完全相同。因此,该对比文件破坏上述专利申请权利要求的新颖性。

（二）具体（下位）概念与一般（上位）概念

上位概念表达的是抽象的特点,反映一组具体事物的共同之处,体现了其涵盖的全部下位概念的共性。下位概念表达的往往是具体事物的特点,除了反映同类事物的共性外,还反映具体事物本身的特殊之处,体现了所属的上位概念未包含的个性。例如,金属包括金、银、铜、铁的共性,但下位概念"金"既有金属的共性,又体现其自身的个性。显然,代表共性的上位概念公开的信息,比既有共性又有个性的下位概念公开的信息要少。需要注意的是,上位概念与下位概念之间的关系是相对而言的。例如"电冰箱"相对于"制冷设备"来说是下位概念,但相对于"直冷式电冰箱"来说却又是上位概念。

如果被审查的发明或者实用新型与对比文件相比,其区别仅在于前者采用一般（上位）概念,而后者采用具体（下位）概念限定同类性质的技术特征,则具体（下位）概念的公开使采用一般（上位）概念限定的发明或者实用新型丧失新颖性。例如,被审查的发明或者实用新型与对比文件的区别仅在于发明或者实用新型中的技术特征为"金属锁体上套有护套",而对比文件中公开的相应技术方案中的技术特征为"黄铜锁体上套有黑色乙烯基树脂护套"。其中,"黄铜"是"金属"的下位概念,"黑色乙烯基树脂护套"是"护套"的下位概念。因此,对比文件中具体（下位）概念的公开导致采用一般（上位）概念限定的发明或者实用新型丧失新颖性。

如果情况相反,被审查的发明或者实用新型与对比文件相比,两者的区别仅仅在于发明或者实用新型中的某个技术特征为下位概念,而对比文件中公开的相应技术方案中的技术特征为上位概念,则采用上位概念限定的技术内容不能否定用下位概念限定的发明或者实用新型中技术方案的新颖性。例如,被审查的发明或者实用新型与对比文件的区别仅在于发明或者实用新型中选用了"氯"来代替对比文件中的"卤素",则对比文件中"卤素"的公开并不导致用氯对其进行限定的发明或者实用新型丧失新颖性。

（三）惯用手段的直接置换

可直接置换的惯用手段通常是所属技术领域的技术人员在解决某个问题时熟知并常用、可互相置换且技术效果预期相同的技术手段。如果被审查的发明或者实用新型与对比文件的区别仅仅是所属技术领域的惯用手段的直接置换,则该发明或者实用新型不具备新颖性。例如,对比文件公开了采用螺钉固定的装置,而被审查的发明或者实用新型仅将该装置的螺钉固定方式改换为螺栓固定方式,该发明或者实用新型不具备新颖性。

（四）数值和数值范围

以数值和数值范围表征技术特征是权利要求中常见的情形。例如工艺的参数、化学领域的组合物发明中组分的含量等。如果被审查的发明或者实用新型中存在以数值或者连续变化的数值范围限定的技术特征,而其余技术特征与对比文件相同,则其新颖性的判断应当依照以下各项规则。

（1）对比文件公开的数值或者数值范围落在上述限定的技术特征的数值范围内,将破坏被审查的发明或者实用新型的新颖性。例如,专利申请的权利要求为"一种铜基形状记忆合金,包含 10%～35%（重量）的锌和 2%～8%（重量）的铝,余量为铜"。如果对比文件公开了包含 20%（重量）锌和 5%（重量）铝的铜基形状记忆合金,则上述对比文件破坏该权利要求的新颖性。

又如，专利申请的权利要求为一种热处理台车窑炉，其拱衬厚度为 100～400 毫米。如果对比文件公开了拱衬厚度为 180～250 毫米的热处理台车窑炉，则该对比文件破坏该权利要求的新颖性。

（2）对比文件公开的数值范围与上述限定的技术特征的数值范围部分重叠或者有一个共同的端点，将破坏被审查的发明或者实用新型的新颖性。例如，某申请的权利要求为"一种铝钛合金的生产方法，其特征在于：加热温度为 200℃～500℃"。如果对比文件公开的铝钛合金的生产方法中加热温度为 400℃～700℃，则与该权利要求的范围值 200℃～500℃部分重叠，因此破坏了该权利要求的新颖性。该案例中，如果对比文件公开的铝钛合金的生产方法中加热温度为 500℃～700℃，则与该权利要求的温度范围 200℃～500℃有共同端点值 500℃，同样破坏了该权利要求的新颖性。

（3）对比文件公开的数值范围的两个端点将破坏上述限定的技术特征为离散数值并且具有该两端点中任一个的发明或者实用新型的新颖性，但不破坏所限定的技术特征为该两端点之间任一数值的发明或者实用新型的新颖性。例如，专利申请的权利要求为"一种二氧化钛光催化剂的制备方法，其干燥温度为 40℃、58℃、75℃或者 100℃"。如果对比文件公开了干燥温度为 40℃～100℃的二氧化钛光催化剂的制备方法，则该对比文件破坏干燥温度分别为 40℃和 100℃时权利要求的新颖性，但不破坏干燥温度分别为 58℃和 75℃时权利要求的新颖性。

（4）对比文件公开的数值范围包括上述限定的技术特征的数值或者数值范围，但是与上述限定的技术特征的数值或者数值范围没有共同的端点，将不破坏被审查的发明或者实用新型的新颖性。例如，某申请的权利要求为"一种铝钛合金生产方法，其特征在于：加热温度为 350℃"。如果对比文件公开的铝钛合金的生产方法中加热温度为 200℃～500℃，则权利要求中的温度值 350℃落入对比文件公开的 200℃～500℃范围内，但无共同的端点，所以对比文件不能破坏该权利要求的新颖性。又如，专利申请的权利要求为"一种内燃机用活塞环，其活塞环的圆环直径为 95 毫米"。如果对比文件公开了圆环直径为 70～105 毫米的内燃机用活塞环，则该对比文件不破坏该权利要求的新颖性。

（五）包含性能、参数、用途或制备方法等特征的产品权利要求

通常来说，产品权利要求应当采用产品的结构或组成特征来表征。但是，有些产品权利要求中的一个或者多个技术特征无法用产品的结构或组成特征清楚地表达，而需采用物理性能或化学参数特征、制备方法特征、用途限定特征等进行表达。对于上述这些采用非产品结构或者组成特征表达的产品权利要求新颖性的判断，下面详细说明。

1. 包含性能、参数特征的产品权利要求

对于包含性能、参数特征的产品权利要求，应当考虑权利要求中的性能、参数特征是否隐含了要求保护的产品具有某种特定的结构和/或组成。如果该性能、参数隐含了要求保护的产品具有区别于对比文件产品的结构和/或组成，则该权利要求具备新颖性；相反，如果所属技术领域的技术人员根据该性能、参数无法将要求保护的产品与对比文件产品区分开，则可推定要求保护的产品与对比文件产品相同，因此申请的权利要求不具备新颖性。

例如，被审查专利申请的权利要求为用 X 衍射数据等多种参数表征的一种结晶形态的化合物 A，对比文件公开的也是结晶形态的化合物 A。如果根据对比文件公开的内容，难以将两者的结晶形态区分开，则可推定要求保护的产品与对比文件产品相同，该申请的权利要求相对于对比文件而言不具备新颖性，除非申请人能够根据申请文件或现有技术证明，申请的权利要求所限定的产品与对比文件公开的产品在结晶形态上的确不同。

又如，被审查专利申请的权利要求为"一种触发器，在钟控脉冲信号为 0 时维持该触发器的

状态，而在该钟控脉冲信号为 1 时改变该触发器的状态"。对比文件公开了一种触发器，在钟控脉冲信号从 0 变到 1 的上跳沿时刻改变触发器的状态。该权利要求与对比文件相比，虽然其构成都是触发器，但权利要求的触发器在钟控信号为 1 时发生改变，即使钟控信号连续为 1 而不发生跳变时，其触发状态仍会改变。而对比文件的触发器仅在从 0 变到 1 的上跳沿时刻改变，也就是钟控信号发生特定变化时，其触发状态才会改变。触发状态改变的方式表明，权利要求所述的触发器可以是钟控 R－S 触发器，而对比文件可以是维持－阻塞触发器，两者具有不同的结构，因此该权利要求具备新颖性。

2. 包含用途特征的产品权利要求

如果被审查的产品权利要求包含用途特征，而其余技术特征与对比文件相同，对于这类权利要求，应当考虑权利要求中的用途特征是否隐含了要求保护的产品具有某种特定的结构和/或组成。如果该用途由产品本身固有的特性决定，而且用途特征没有隐含产品在结构和/或组成上发生改变，则该用途特征限定的产品权利要求相对于对比文件的产品不具有新颖性。例如，专利申请的权利要求涉及一种用于抗病毒的化合物 X。对比文件披露了一种用作催化剂的化合物 X。该案例中，虽然化合物 X 用途改变，但决定其本质特性的化学结构式并没有任何变化，因此涉及用于抗病毒的化合物 X 的发明不具备新颖性。但是，如果该用途隐含了产品具有特定的结构和/或组成，即该用途表明产品的结构和/或组成发生了改变，则该用途作为产品的结构和/或组成的限定特征必须予以考虑。例如，"起重机用吊钩"是指仅适用于起重机的尺寸和强度等结构的吊钩，其与具有同样形状的一般钓鱼者使用的"钓鱼用吊钩"相比，结构上不同，两者是不同的产品。

3. 包含制备方法特征的产品权利要求

如果被审查的产品权利要求包含制备方法特征，而其余技术特征与对比文件相同，对于这类权利要求，应当考虑制备方法是否导致产品具有某种特定的结构和/或组成。如果所属技术领域的技术人员可以断定该方法必然使产品具有不同于对比文件产品的特定结构和/或组成，则该权利要求具备新颖性；相反，如果申请的权利要求所限定的产品与对比文件产品相比，尽管所述方法不同，但产品的结构和组成相同，则该权利要求不具备新颖性，除非申请人能够根据申请文件或现有技术证明该方法导致产品在结构和/或组成上与对比文件产品不同，或者该方法给产品带来了不同于对比文件产品的性能从而表明其结构和/或组成已发生改变。例如，专利申请的权利要求为一种用 X 方法制得的玻璃杯。对比文件公开了一种用 Y 方法制得的玻璃杯。如果两种方法制得的玻璃杯的结构、形状和构成材料相同，则对比文件破坏专利申请的权利要求的新颖性；相反，如果上述 X 方法包含了对比文件中没有记载的在特定温度下退火的步骤，使得用该方法制得的玻璃杯在耐碎性上比对比文件的玻璃杯有明显的提高，则表明要求保护的玻璃杯因制备方法的不同而导致了微观结构的变化，具有了不同于对比文件产品的内部结构，该权利要求具备新颖性。

需要说明的是，新颖性概念中的"同样的发明或者实用新型"的含义与本章第一节优先权概念中涉及的相同主题的含义是有区别的。优先权中相同主题是指技术内容完全相同，排除了新颖性概念中的相同主题概念的外延情况，如"上位概念与下位概念""惯用手段的直接置换"和"数值范围交叉或部分重叠"等情况。

四、化学发明的新颖性

（一）化合物的新颖性

（1）专利申请要求保护一种化合物的，如果在一份对比文件里已经提到该化合物，即推定该化合物不具备新颖性，但申请人能提供证据证明在申请日之前无法获得该化合物的除外。这里所谓"提到"的含义是：明确定义或者说明了该化合物的化学名称、分子式（或结构式）、理化参数或制备方法（包括原料）。

例如，如果一份对比文件中所公开的化合物的名称和分子式（或结构式）难以辨认或者不清楚，但该文件公开了与专利申请要求保护的化合物相同的理化参数或者鉴定化合物用的其他参数等，即推定该化合物不具备新颖性，但申请人能提供证据证明在申请日之前无法获得该化合物的除外。

如果一份对比文件中所公开的化合物的名称、分子式（或结构式）和理化参数不清楚，但该文件公开了与专利申请要求保护的化合物相同的制备方法，即推定该化合物不具备新颖性。

（2）通式不能破坏该通式中一个具体化合物的新颖性。一个具体化合物的公开使包括该具体化合物的通式权利要求丧失新颖性，但不影响该通式所包括的除该具体化合物以外的其他化合物的新颖性。一系列具体的化合物能破坏这系列中相应的化合物的新颖性。一个范围的化合物（例如 C_{1-4}）能破坏该范围内两端具体化合物（C_1 和 C_4）的新颖性，但若 C_4 化合物有几种异构体，则 C_{1-4} 化合物不能破坏每个单独异构体的新颖性。

（3）天然物质的存在本身并不能破坏该发明物质的新颖性，只有对比文件中公开的与发明物质的结构和形态一致或者直接等同的天然物质，才能破坏该发明物质的新颖性。

（二）组合物的新颖性

1. 仅涉及组分时的新颖性判断

一份对比文件公开了由组分（A＋B＋C）组成的组合物甲，如果：

（1）发明专利申请为组合物乙（组分：A＋B），并且权利要求采用封闭式撰写形式，如"由A＋B组成"，即使该发明与组合物甲所解决的技术问题相同，该权利要求仍有新颖性。

（2）上述发明组合物乙的权利要求采用开放式撰写形式，如"含有A＋B"，且该发明与组合物甲所解决的技术问题相同，则该权利要求无新颖性。

（3）上述发明组合物乙的权利要求采取排除法撰写形式，即指明不含C，则该权利要求仍有新颖性。

2. 涉及组分含量时的新颖性判断

涉及组分含量时的新颖性判断，请参见本书第四章第三节四的内容。

（三）用物理化学参数或者用制备方法表征的化学产品的新颖性

（1）对于用物理化学参数表征的化学产品权利要求，如果无法依据所记载的参数对由该参数表征的产品与对比文件公开的产品进行比较，从而不能确定采用该参数表征的产品与对比文件产品的区别，则推定用该参数表征的产品权利要求不具备《专利法》第22条第2款所述的新颖性。

（2）对于用制备方法表征的化学产品权利要求，其新颖性审查应针对该产品本身进行，而不是仅仅比较其中的制备方法是否与对比文件公开的方法相同。制备方法不同并不一定导致产品本身不同。如果申请没有公开可与对比文件公开的产品进行比较的参数以证明该产品的不同之处，而仅仅是制备方法不同，也没有表明由于制备方法上的区别为产品带来任何功能、性质上的改变，则推定该方法表征的产品权利要求不具备《专利法》第22条第2款所述的新颖性。

（四）化学产品用途发明的新颖性

一种新产品的用途发明由于该产品是新的而自然具备新颖性。

一种已知产品不能因为提出了某一新的应用而被认为是一种新的产品。例如，产品 X 作为洗涤剂是已知的，那么一种用作增塑剂的产品 X 不具备新颖性。但是，如果一项已知产品的新用途本身是一项发明，则已知产品不能破坏该新用途的新颖性。这样的用途发明属于使用方法发明，因为发明的实质不在于产品本身，而在于如何去使用它。例如，上述原先作为洗涤剂的产品 X，后来有人研究发现将它配以某种添加剂后能作为增塑剂用。那么，如何配制、选择什么添加剂、配比多少等就是使用方法的技术特征。这时，审查员应当评价该使用方法本身是否具备新颖性，而不能凭产品 X 是已知的认定该使用方法不具备新颖性。

对于涉及化学产品的医药用途发明，其新颖性审查应考虑以下 4 个方面：

（1）新用途与原已知用途是否实质上不同。仅仅表述形式不同而实质上属于相同用途的发明不具备新颖性。

（2）新用途是否被原已知用途的作用机理、药理作用所直接揭示。与原作用机理或者药理作用直接等同的用途不具备新颖性。

（3）新用途是否属于原已知用途的上位概念。已知下位用途可以破坏上位用途的新颖性。

（4）给药对象、给药方式、途径、用量及时间间隔等与使用有关的特征是否对制药过程具有限定作用。仅仅体现在用药过程中的区别特征不能使该用途具备新颖性。

五、宽限期

根据《专利法》第 24 条的规定，申请专利的发明创造在申请日以前 6 个月内，有下列情形之一的，不丧失新颖性："（一）在中国政府主办或者承认的国际展览会上首次展出的；（二）在规定的学术会议或者技术会议上首次发表的；（三）他人未经申请人同意而泄露其内容的。"《专利法》第 24 条所列三种在先公开的情形不构成影响该申请新颖性和创造性的现有技术。这里所说的 6 个月期限，被称为"宽限期"。

中国政府主办的国际展览会，包括国务院、各部委主办或者国务院批准由其他机关或者地方政府举办的国际展览会。中国政府承认的国际展览会，是指国际展览会公约规定的由国际展览局注册或者认可的国际展览会。所谓国际展览会，即展出的展品除了举办国的产品以外，还应当有来自外国的展品。"首次展出"并不意味着在申请日以前的 6 个月内只允许申请人在某一国际展览会上展出一次。这里的"首次展出"意味着申请人对其发明创造的第一次展出必须在申请日（有优先权的，是指优先权日）之前的 6 个月内，若超出 6 个月就会使展出的发明创造丧失新颖性，并没有排除申请人在申请日以前的 6 个月内在不同的国际展览会上多次展出其发明创造。

规定的学术会议或者技术会议，是指国务院有关主管部门或者全国性学术团体组织召开的学术会议或者技术会议，不包括省以下或者受国务院各部委或者全国性学术团体委托或者以其名义组织召开的学术会议或者技术会议。在后者所述的会议上的公开将导致丧失新颖性，除非这些会议本身有保密约定。"首次发表"应当包括口头报告和书面材料二者在内。因为从学术会议和技术会议的常规举办方式来看，通常都不是仅仅只有口头报告或者讲演，一般还会提供与口头报告、讲演相配合的书面材料，否则就会影响学术交流的效果。

他人未经申请人同意而泄露其内容所造成的公开，包括他人未遵守明示或者默示的保密信约而将发明创造的内容公开，也包括他人用威胁、欺诈或者间谍活动等手段从发明人或者申请人那里得知发明创造的内容而后造成的公开。

本节重点介绍在发明专利实质审查过程中涉及的宽限期的相关内容。有关专利申请享受宽限期在形式上应当满足的要求，请参见本书第五章的相关内容。

（一）宽限期的适用是新颖性要求的一个例外

宽限期的适用实际上是新颖性要求的一个例外。根据新颖性要求，如果一项发明创造在申请日之前已经公开，就构成了现有技术的一部分，使得该项发明创造不具备新颖性，因而不能获得专利权。但是，申请人可能由于某些正当原因，不得不在申请日之前将其发明创造公开，或者他人未经发明人或申请人同意擅自泄密。在这种情况下，如果按照新颖性判断原则，一概认为该发明创造丧失新颖性，则显失公平，不利于科学技术的传播。因此，有必要对这种申请前的公开采取保障措施，但这种保障措施也必须有一定限度，以避免申请前的随意公开而导致公众利益受损。这种保障措施就是规定满足一定条件的公开，在 6 个月的宽限期内，不构成影响新颖性和创造性的现有技术。

例如，王某于 2008 年 8 月 12 日向国家知识产权局提交了一件发明专利申请。在王某履行了相关手续的前提下。

情形一：如果王某于 2008 年 1 月 7 日在我国政府主办的国际展览会上首次展出了其发明创造，那么由于王某发明专利申请的申请日为 2008 年 8 月 12 日，因此宽限期的起算日为 2008 年 2 月 12 日。由于王某在我国政府主办的国际展览会上首次展出其发明创造的时间在 2008 年 2 月 12 日之前，超出了宽限期，因此所述在先公开将影响其发明专利申请的新颖性。

情形二：如果王某在全国性学术团体组织召开的学术会议上首次介绍其发明创造的时间是 2008 年 3 月 1 日，在不丧失新颖性的宽限期内，则不会影响该发明专利申请的新颖性。

情形三：如果王某的好友陈某未经王某同意于 2008 年 5 月 10 日在某刊物上发表了一篇介绍王某所作发明创造的文章，陈某发表文章的时间在宽限期内，由于陈某的发表行为未经王某同意，因此陈某的行为不会影响该发明专利申请的新颖性。

情形四：如果刘某自行研究出了与王某相同的发明创造，并于 2008 年 4 月 26 日在我国政府承认的国际展览会上展出了该发明创造。由于刘某是自行研制出了与王某相同的发明创造，因此其于 2008 年 4 月 26 日在我国政府承认的国际展览会上展出该发明创造的行为属于《专利法》第 22 条规定的"现有技术"，而不属于王某可以要求新颖性宽限期的情形，因而影响王某发明专利申请的新颖性。

（二）宽限期与优先权的效力

应当注意的是，宽限期与优先权的效力是不同的。宽限期仅仅是把申请人（包括发明人）的某些公开，或者第三人从申请人或发明人那里以合法手段或者不合法手段得来的发明创造的某些公开，认为是不损害该专利申请新颖性和创造性的公开，并没有把判断专利申请的新颖性和创造性的关键日期提前到发明创造的那些公开日，所以宽限期的作用是有限的。一方面，如果在首次展出、首次发表或泄露之日至申请人提出专利申请的期间，其他人独立地再次公开了同样的发明创造，则使申请人的专利申请丧失新颖性；另一方面，实际上，发明创造公开以后已经成为现有技术，只是在一定期限内排除了这些在先公开的现有技术效力。所以，从公开之日至申请日期间，如果第三人独立地作出了同样的发明创造，而且在申请人的专利申请日以前提出了专利申请，那么根据先申请原则，该申请人就不能取得专利权。当然，由于申请人（包括发明人）的使用公开，使该发明创造成为现有技术，故第三人的申请没有新颖性，也不能得到专利权。

（三）发明创造被再次公开的情形

发生《专利法》第 24 条规定情形的任何一种情形之日起 6 个月内，申请人提出申请之前，发明创造再次被公开的（再次公开可以是申请人自己的行为，也可以是他人的行为），只要该公开不属于《专利法》第 24 条规定的情形，则该申请将受到此在后公开的影响而丧失新颖性。

再次公开仍然属于《专利法》第 24 条规定的情形的，该申请不因此而丧失新颖性，但宽限期自发明创造的第一次在先公开之日起计算。

第四节 创 造 性

根据《专利法》第22条第1款的规定，授予专利权的发明和实用新型应当具备新颖性、创造性和实用性。因此，申请专利的发明和实用新型具备创造性是授予其专利权的必要条件之一。一件发明专利申请是否具备创造性，只有在该发明具备新颖性的条件下才予以考虑。

本节将重点对发明的创造性的概念、创造性的审查原则、审查基准以及不同类型发明的创造性判断等内容进行阐述，同时对实用新型创造性的判断进行介绍。

一、创造性的概念

根据《专利法》第22条第3款的规定，创造性是指与现有技术相比，该发明具有突出的实质性特点和显著的进步，该实用新型有实质性特点和进步。申请专利的发明或者实用新型仅仅具备新颖性是不够的。如果申请人的发明创造与现有技术相比改变很小，或者说所属技术领域的技术人员很容易想到发明创造的技术方案，那么如果对这类专利申请都授予专利权，将导致授权的专利过多过滥，对公众应用现有技术带来了很多的制约，将侵害公众正当的权益，干扰社会发展的正常秩序。因此，《专利法》第22条第1款规定了授予专利权的发明或者实用新型除了必须具备新颖性之外，还必须具备创造性。

现有技术的相关内容已在本章第一节进行了详细讲解，此处不再赘述。应当注意的是，《专利法》第22条第2款中所述的，在申请日以前由任何单位或个人向专利局提出申请并且记载在申请日以后公布的专利申请文件或者公告的专利文件中的内容，不属于现有技术，因此在评价发明或者实用新型的创造性时不予考虑。

按照《专利法》第22条第3款的规定，要得出一项发明或者实用新型具备创造性的结论，必须同时满足"实质性特点"和"进步"这两方面的要求。对于发明来说，"实质性特点"和"进步"还必须分别是"突出"和"显著"的。下面将针对发明创造性概念中涉及的"突出的实质性特点"和"显著的进步"进行说明，有关"所属技术领域的技术人员"的概念，请参见本书第二章的有关内容。实用新型创造性的概念将在本节后续内容中介绍。

发明有突出的实质性特点，是指对所属技术领域的技术人员来说，发明相对于现有技术是非显而易见的。发明相对于现有技术在技术方案的构成上应当具有实质性的区别，如果发明是所属技术领域的技术人员在现有技术的基础上，仅仅通过合乎逻辑的分析、推理或者有限的试验就可以得到，则该发明是显而易见的，也就不具有突出的实质性特点。其中"突出"一词仅仅是为了表明发明专利和实用新型专利在对实质性特点的要求程度上存在不同。

发明有显著的进步，是指发明与现有技术相比能够产生有益的技术效果。例如，发明克服了现有技术中存在的缺点，或者为解决某一技术问题提供了一种不同构思的技术方案，或者代表某种新的技术发展趋势。应当注意，"显著的进步"并不是说发明在任何方面与现有技术相比都要有进步或者产生好的效果。申请专利的发明有可能在某一方面取得了进步，例如降低了生产成本、进行了废物利用等，但是在取得一方面进步的同时有可能会在其他方面作出牺牲，要求发明创造的所有方面都具有进步性是不现实的。其中，"显著"一词仅仅是为了表明发明专利和实用新型专利对进步性的要求程度上存在不同。

二、判断发明创造性的原则

根据《专利法》第22条第3款的规定，在判断发明是否具备创造性时，应当判断发明是否具有突出的实质性特点，同时还应当判断发明是否具有显著的进步。

在评价发明是否具备创造性时，不仅要考虑发明的技术方案本身，而且还要考虑发明涉及的技术领域、所要解决的技术问题和所产生的技术效果，要将发明作为一个整体来考虑。一项权利要求的技术方案通常是由多个技术特征构成的，不能因为表征该发明的每个技术特征都是已知的或者显而易见的，就得出要求保护的技术方案是显而易见的结论。例如，单个晶体管实质上是一个电子开关。但是，多个晶体管相互连接就形成微处理器。通过这种内部的相互作用所获得的技术效果是可以进行数据处理，微处理器所能带来的技术效果超出了多个晶体管各自的技术效果之和。

在进行创造性的判断时，可以将现有技术中的不同技术内容组合在一起，与一项权利要求的技术方案进行对比。此时，可以引用的现有技术未必是一个完整的技术方案，只要相关现有技术内容的结合能够形成一个与权利要求相对比的技术方案即可。可能出现的相关现有技术内容的结合通常包括：一篇对比文件结合本领域的公知常识，一篇对比文件不同部分的结合，以及两篇或者两篇以上对比文件的结合等。

通常情况下，如果一项独立权利要求具备创造性，则不再判断该独立权利要求的从属权利要求是否具备创造性。因为从属权利要求对其所引用的独立权利要求中的技术特征作了进一步限定，其包括了独立权利要求中的全部技术特征，所以独立权利要求具备创造性时，包括其全部技术特征的从属权利要求也具备创造性（如果独立权利要求与从属权利要求享有的优先权不同，则需要具体分析和判断）。但是，如果独立权利要求不具备创造性，那么还应该对从属权利要求是否具备创造性作出进一步判断。

三、判断发明创造性的基准

判断发明是否具备创造性，应当以《专利法》第 22 条第 3 款为基准。为了尽可能使得创造性判断的结论客观准确，《专利审查指南 2010》第二部分第四章在规定了所属技术领域的技术人员作为创造性判断主体的基础上，还给出了"突出的实质性特点"的一般性判断方法，简称为"三步法"。下面进行详细说明。

（一）"突出的实质性特点"的判断

判断发明是否具有突出的实质性特点，就是要判断对所属技术领域的技术人员来说，要求保护的发明相对于现有技术是否显而易见。如果要求保护的发明相对于现有技术是显而易见的，则不具有突出的实质性特点；反之，如果对比的结果表明要求保护的发明相对于现有技术是非显而易见的，则具有突出的实质性特点。

判断要求保护的发明相对于现有技术是否显而易见，通常可按照以下 3 个步骤进行。

1. 确定最接近的现有技术

最接近的现有技术，是指现有技术中与要求保护的发明最密切相关的一个技术方案，它是判断发明是否具有突出的实质性特点的基础。在评价发明的创造性时，所确定的最接近现有技术应当使得本领域技术人员在其所掌握的现有技术（不局限于最接近的现有技术本身）的基础上，能够认识到该最接近的现有技术所存在的问题，根据现有技术给出的最直接的启示，通过最便捷的途径、最少的改变、以最简单的方式解决所述问题，获得发明的技术方案。如此确定的最接近的现有技术使得对于发明显而易见性的评述最合乎逻辑、最有说服力。

在确定最接近的现有技术时，可以从其所属技术领域、解决的技术问题、技术效果或者用途和公开的技术特征这几个方面考虑。例如，与要求保护的发明技术领域相同，所要解决的技术问题、技术效果或者用途最接近或公开了发明的技术特征最多的现有技术，或者虽然与要求保护的发明技术领域不同，但能够实现发明的功能，并且公开发明的技术特征最多的现有技术，都可以被确定为最接近的现有技术。

例如，某申请要求保护"一种生产 IC 卡的方法，包括如下步骤：① 在该 IC 卡基体上依次形成标记层和透明的光变层；② 用激光穿过光变层而在所述标记层上作防伪标记；其中，该光变层由具有光变效果的材料制成，并且不会因激光照射而改变"。根据说明书中的记载，光变效果是指在不同观看角度下可产生不同的视觉效果。对比文件 1 公开了"一种 IC 卡生产方法，包括步骤：① 在 IC 卡基体上形成标记层，并用印刷法在标记层上制作防伪标记；② 在所述标记层上覆盖透明的光变层，该光变层由具有光变效果的材料形成"。对比文件 2 公开了"一种 IC 卡生产方法，包括步骤：① 在 IC 卡基体上依次形成标记层和带有透镜结构的塑料层；② 用激光穿过塑料层的透镜结构而在所述标记层上作防伪标记，该塑料层不会因激光照射而改变，并且该塑料层的透镜结构具有在不同观看角度下产生不同视觉效果的特性"。其中，对比文件 1、对比文件 2 公开的现有技术与本发明的技术领域相同，解决的技术问题、技术效果也相近。考虑到对比文件 2 的现有技术公开的发明的技术特征更多，因此选择对比文件 2 的现有技术作为最接近的现有技术更有利于评述该申请创造性。

概括地说，对于产品发明而言，最接近的现有技术通常是功能或者用途相同或者相近的另一个产品，且具有的共同特征最多。对于方法发明来说，最接近的现有技术通常是相同或基本相同的方法。应当注意的是，在确定最接近的现有技术时，应首先考虑技术领域相同或相近的现有技术。无相同或相近技术领域的现有技术时，可以考虑选择与要求保护的发明技术领域不同，但能够实现发明的功能，并且公开发明的技术特征最多的现有技术作为最接近的现有技术。

2. 确定发明的区别特征和发明实际解决的技术问题

在确定了最接近的现有技术之后，接下来要做的工作首先应当是分析要求保护的发明与最接近的现有技术相比有哪些区别特征，然后根据该区别特征所能达到的技术效果确定发明实际解决的技术问题。原则上，构成发明技术方案的所有技术特征（如构成某装置的部件以及连接关系）在整体技术方案中所产生的技术效果，均可以作为确定发明实际解决的技术问题的依据，只要这些技术效果是所属技术领域的技术人员可以预期的。

从解决技术问题的角度来看，发明实际解决的技术问题是指改进最接近的现有技术，以使发明所获得的技术效果优于最接近的现有技术的技术效果。因此，通常将实际解决的技术问题称为"客观存在的技术问题"。需要说明的是，最接近的现有技术可能不同于申请人在说明书中所描述的现有技术，因此，根据最接近的现有技术重新确定的该发明实际解决的技术问题也可能不同于申请人在说明书中描述的想要解决的技术问题。

例如，一件发明专利申请要求保护"一种椅子，包括：两个扶手和一个符合人体体形的弯曲的椅背"。申请人在说明书中声称要解决的技术问题是人坐着时可轻松地将手臂放置在两个扶手上。如果检索到的最接近的现有技术公开了"带有两个扶手的椅子"，而未公开"符合人体体形的弯曲的椅背"这一技术特征，则发明与对比文件的区别特征就是所述椅子包括一个符合人体体形的弯曲的椅背。此时，根据区别特征重新确定的发明实际解决的技术问题就是如何使人坐着时更舒适，不同于申请人在说明书中声称要解决的便于人坐着时可轻松地将手臂放置在扶手上的技术问题。

某些情况下，发明所获得的技术效果并不优于最接近的现有技术的技术效果。此时，发明实际解决的技术问题就是提供另一种与现有技术的效果相同或接近的其他替代方案。

3. 判断要求保护的发明对所属技术领域的技术人员来说是否显而易见

创造性判断的第三步就是要从最接近的现有技术和发明实际解决的技术问题出发，判断要求保护的发明对所属技术领域的技术人员来说是否显而易见。判断过程中，要确定的是现有技术整体上是否存在某种技术启示，即现有技术中是否给出将上述区别特征应用到该最接近的现有技术以解决其存在的技术问题（即发明实际解决的技术问题）的启示。这种启示会使所属技术领域的技术人员在面对所述技术问题时，有动机改进该最接近的现有技术并获得要求保护的发明。这里强调"有动机"是指，在判断现有技术对创造性的影响时，应当从现有技术给出的启示是否能够引导本领域技术人员采用该技术方案的角度进行判断，而不应当根据本领域技术人员是否"能够"采用某技术方案而得出结论。如果现有技术存在这种技术启示，则发明是显而易见的，不具有突出的实质性特点。

通常认为，现有技术中存在上述技术启示的情形主要包括如下三种情形。

第一种情形：所述区别特征为公知常识。所谓公知常识，通常包括本领域中解决该重新确定的技术问题的惯用手段，或教科书或者工具书等中披露的解决该重新确定的技术问题的技术手段。

例如，某申请的权利要求为"一种提环开口瓶盖，其特征是：在小口的玻璃瓶盖上加有提环，提环与瓶盖之间以冲压铆合铆定，铆合点的两侧向斜下方压有开口线，其玻璃瓶盖由金属薄片制成"。对比文件公开了"一种用于啤酒、汽水等气压饮料瓶拉启式瓶盖，其特征在于：在小口的玻璃瓶盖上加有提环，提环与瓶盖之间以冲压铆合铆定，铆合点的两侧向斜下方压有开口线"。发明与对比文件的区别特征在于，对比文件中没有公开拉启瓶盖是由金属薄片制成。但是，用金属薄片制造啤酒瓶盖对本领域技术人员来说属于公知常识，因此可以认为现有技术中存在上述技术启示。

又如，发明涉及"一种具有电脑 USB 接口的移动电话充电器，其取代从通常的市电电源取电的方式，采用与电脑的 USB 接口相容的直流插头，利用 USB 接口具有的 5V 电源对移动电话充电"。对比文件 1 公开了"一种 MP3 播放器的充电器，具有与电脑 USB 接口相连的插头，通过该插头从电脑 USB 接口获取电源，对 MP3 播放器的电池进行充电"。将发明与对比文件 1 比较可以看出，二者均借助与电脑 USB 接口相容的插头从电脑获取电源以给电池充电，区别仅在于发明的充电器是移动电话充电器，其实际解决的技术问题是在没有市电电源的情况下如何给移动电话充电。其中，移动电话、MP3 播放器等电子设备之间，解决相同问题的技术方案相互转用属于本领域的惯用手段。并且，发明中移动电话与对比文件 1 中的 MP3 都属于电池用量有限的随身携带的电子设备，都会遇到在使用过程中电池电量用完，需要充电却不方便从市电电源取电的问题，又由于两者所需的充电电压都很小，电脑 USB 接口的电源均可满足其充电的需要。因此，所属技术领域的技术人员在遇到移动电话电池电量用完而不能从市电电源取电的问题时，有动机将现有的、利用电脑 USB 接口给 MP3 播放器充电的方式应用到移动电话中，得到发明所述的技术方案，从而解决其技术问题。

第二种情形：所述区别特征为与最接近的现有技术相关的技术手段。

例如，同一份对比文件其他部分披露的技术手段，该技术手段在该其他部分所起的作用与该区别特征在要求保护的发明中为解决该重新确定的技术问题所起的作用相同。例如，要求保护的发明是"一种氦气检漏装置，其包括：检测真空箱是否有整体泄漏的整体泄漏检测装置；对泄漏氦气进行回收的回收装置；和用于检测具体漏点的氦质谱检漏仪，所述氦质谱检漏仪包括有一个真空吸枪"。对比文件 1 的某一部分公开了"一种全自动氦气检漏系统，该系统包括：检测真空箱是否有整体泄漏的整体泄漏检测装置和对泄漏的氦气进行回收的回收装置"。该对比文件1的另一部分公开了"一种具有真空吸枪的氦气漏点检测装置",其中指明该漏点检测装置可以是检测具体漏点的氦质谱检漏仪。此处记载的氦质谱检漏仪与要求保护的发明中的氦质谱检漏仪的作用相同。根据对比文件1中另一部分的教导,所属技术领域的技术人员能容易地将对比文件1中的两种技术方案结合成发明的技术方案。因此,可认为现有技术中存在上述技术启示。

第三种情形:所述区别特征为另一份对比文件中披露的相关技术手段,该技术手段在该对比文件中所起的作用与该区别特征在要求保护的发明中为解决该重新确定的技术问题所起的作用相同。

例如,要求保护的发明是"设置有排水凹槽的石墨盘式制动器,所述凹槽用以排除为清洗制动器表面而使用的水"。发明要解决的技术问题是如何清除制动器表面上因摩擦产生的妨碍制动的石墨屑。对比文件1记载了"一种石墨盘式制动器"。对比文件2公开了"在金属盘式制动器上设有用于冲洗其表面上附着的灰尘而使用的排水凹槽"。要求保护的发明与对比文件1的区别在于发明在石墨盘式制动器表面上设置了凹槽,而该区别特征已被对比文件2所披露。由于对比文件1所述的石墨盘式制动器会因为摩擦而在制动器表面产生磨屑,从而妨碍制动。对比文件2所述的金属盘式制动器会因表面上附着灰尘而妨碍制动,为了解决妨碍制动的技术问题,前者必须清除磨屑,后者必须清除灰尘,这是性质相同的技术问题。为了解决石墨盘式制动器的制动问题,所属技术领域的技术人员按照对比文件2的启示,容易想到用水冲洗,从而在石墨盘式制动器上设置凹槽,把冲洗磨屑的水从凹槽中排出。由于对比文件2中凹槽的作用与发明要求保护的技术方案中凹槽的作用相同,所属技术领域的技术人员有动机将对比文件1和对比文件2相结合,从而得到发明所述的技术方案。因此,可认为现有技术中存在上述技术启示。

又如,某申请涉及"一种喷嘴,由可燃气体喷嘴、吸入口、混合管、扩压管和旋流器组成,该可燃气体喷嘴有一根与高压气源相通的中心管,用于从喷嘴的中心管引入少量的压缩空气"。其中,说明书中记载了从中心管引入压缩空气用于帮助煤气引射空气,以提高燃烧效率,控制炉内气氛。对比文件1公开了"一种喷射式烧嘴,由可燃气体喷嘴、吸入口、混合管、扩压管和旋流管组成"。对比文件2公开了"一种烧嘴,该烧嘴在其可燃气体喷嘴的中心有一根与高压气源相通的中心管,该中心管的作用是调节火焰长度。在增加中心管中高压气流量的同时,减少低压气体的流量,使空气和气体燃料的重量比例保持不变"。此案例中,选择对比文件1作为最接近的现有技术。发明与对比文件1的区别在于可燃气体喷嘴有一根与高压气源相通的中心管,其实际解决的技术问题是使高热值燃气充分燃烧,并更好地控制炉内气氛。对比文件2公开了权利要求中的上述区别特征。如果孤立地看待该中心管,可以认为它在发明和对比文件2中具有相同的结构和相同的作用,但是当综合考虑该区别特征在发明和对比文件2中各自的作用时可以看到,发明中的中心管用于补充喷嘴内引射空气量的不足,可以通过增加空气量提高燃烧效率。而在对比文件2中,中心管和用于引入低压空气的结构部件共同作用,可保持空气和气体燃料的比例不变而改变火焰长度,与发明的中心管的作用完全不同。因此,不能认为对比文件2中存在解决发明实际解决的技术问题的技术启示。

（二）"显著的进步"的判断

在评价发明是否具有显著的进步时,主要应当考虑发明是否具有有益的技术效果。以下情况,通常应当认为发明具有有益的技术效果,具有显著的进步:① 发明与现有技术相比具有更好的技术效果,例如质量改善、产量提高、节约能源、防治环境污染等;② 发明提供了一种技术构思不同的技术方案,其技术效果能够基本上达到现有技术的水平,例如采用不同的方法制备同一种产品；③ 发明代表某种新技术发展趋势，例如半导体器件，在申请专利的初期，具有信号不稳定、体积大、噪声大的缺陷，但它代表了新技术的发展趋势，逐渐取代了晶体管，不能因为其存在各种缺陷而认为没有创造性；④ 尽管发明在某些方面有负面效果，但在其他方面具有明显积极的技术效果，例如一种废旧电池的回收方法，虽然提高了生产成本，但降低了对环境的污染，节约了资源。

四、几种不同类型发明的创造性判断

以下就常见的几种类型发明的创造性判断举例说明。

（一）开拓性发明

开拓性发明，是指一种全新的技术方案，在技术史上未曾有过先例，它为人类科学技术在某个时期的发展开创了新纪元。开拓性发明代表了一个领域的发展方向，开创了一个新的领域，显然具有突出的实质性特点和显著的进步，具备创造性。例如，蒸汽机、白炽灯、收音机、雷达、激光器、利用计算机实现汉字输入等发明。

（二）组合发明

组合发明是指将某些技术方案进行组合，构成一项新的技术方案，以解决现有技术客观存在的技术问题。

在对组合发明进行创造性的判断时通常需要考虑：组合后的各技术特征在功能上是否彼此相互支持、组合的难易程度、现有技术中是否存在组合的启示以及组合后的技术效果等。如果要求保护的发明仅仅是将某些已知产品或方法组合或连接在一起，各自以其常规的方式工作，而且总的技术效果是各组合部分效果之总和，组合后的各技术特征之间在功能上无相互作用关系，仅仅是一种简单的叠加，则这种组合发明不具备创造性。例如"一台生产香肠的机器，该机器由一台已知的绞肉机和一台已知的灌肠机对接在一起构成，将绞肉和灌肠连续操作生产香肠"。该组合要想解决将绞肉和灌肠步骤结合起来连续操作生产香肠，本领域技术人员根据已知的绞肉机和已知的灌肠机，自然会将这两种已知设备连接在一起，各自以其常规的方式工作便可以实现本发明，且在作业上无任何非显而易见性的相互关系，仅仅是一种简单的叠加，因此上述组合发明不具备创造性。

如果组合的各技术特征在功能上彼此支持，并取得了新的技术效果；或者说组合后的技术效果比每个技术特征效果的总和更优越，则这种组合具有突出的实质性特点和显著的进步，发明具备创造性。其中，组合发明的每个单独的技术特征本身是否完全或部分已知并不影响对该发明创造性的评价。例如，"一种深冷处理及化学镀镍—磷—稀土方法由公知的深冷处理和化学镀相互组合"。现有技术在深冷处理后需要对工件采用非常规温度回火处理，以消除应力，稳定组织和性能。本发明在深冷处理后，对工件不作回火或时效处理，而是在 $80℃ \pm 10℃$ 的镀液中进行化学镀，这不但省去了所说的回火或时效处理，还使该工件仍具有稳定的基体组织以及耐磨、耐蚀并与基体结合良好的镀层。对该所属技术领域的技术人员来说，组合后的技术效果比每个技术特征效果的总和更优越，因此这种组合具有突出的实质性特点和显著的进步，发明具备创造性。

（三）选择发明

选择发明，是指从现有技术中公开的宽范围中，有目的地选出现有技术中未提到的窄范围或个体的发明。在进行选择发明创造性的判断时，选择所带来的预料不到的技术效果是考虑的主要因素。

如果发明仅仅是从一些具有相同可能性的技术方案中选出一种，或者发明是在可能的、有限

的范围内选择具体的尺寸、温度范围或者其他参数，而这些选择可以由所属技术领域的技术人员通过常规手段得到，或者发明是可以从现有技术中直接推导出来的选择，则不具备创造性。例如，现有技术中存在很多加热的方法，一项发明是在已知的采用加热的化学反应中选用一种公知的电加热法。该选择发明没有取得预料不到的技术效果，因而该选择发明不具备创造性。又如，"一项改进组合物 Y 的热稳定性的发明，其特征在于：确定了组合物 Y 中某组份 X 的最低含量"。实际上，该含量可以从组分 X 的含量与组合物 Y 的热稳定性关系曲线中推导出来，因此该发明不具备创造性。

如果选择使得发明取得了预料不到的技术效果，则该发明具有突出的实质性特点和显著的进步，具备创造性。例如，在一份制备硫代氯甲酸的现有技术的对比文件中，催化剂羧酸酰胺和/或尿素相对于原料硫醇，其用量比大于 0、小于等于 100%（mol）；在给出的例子中，催化剂用量比为 2%（mol）～13%（mol），并且指出催化剂用量比从 2%（mol）起，产率开始提高。此外，一般专业人员为提高产率，也总是采用提高催化剂用量比的办法。一项制备硫代氯甲酸方法的选择发明，采用了较小的催化剂用量比［0.02%（mol）～0.2%（mol）］，提高产率 11.6%～35.7%，大大超出了预料的产率范围，并且还简化了对反应物的处理工艺。这说明，该发明选择的技术方案，产生了预料不到的技术效果，因而该发明具备创造性。

（四）转用发明

转用发明，是指将某一技术领域的现有技术转用到其他技术领域中的发明。在进行转用发明的创造性判断时通常需要考虑：转用的技术领域的远近、是否存在相应的技术启示、转用的难易程度、是否需要克服技术上的困难以及转用所带来的技术效果等。

如果转用是在类似的或者相近的技术领域之间进行的，并且未产生预料不到的技术效果，则这种转用发明不具备创造性。例如，将用于柜子的支撑结构转用到桌子的支撑，这种转用发明不具备创造性。

如果转用能够产生预料不到的技术效果，或者克服了原技术领域中未曾遇到的困难，则这种转用发明具有突出的实质性特点和显著的进步，具备创造性。例如，一项潜艇副翼的发明，现有技术中潜艇在潜入水中时是靠自重和水对它产生的浮力相平衡停留在任意点上，上升时靠操纵水平舱产生浮力，而飞机在航行中完全是靠主翼产生的浮力浮在空中。该发明借鉴了飞机中的技术手段，将飞机的主翼用于潜艇，使潜艇在起副翼作用的可动板作用下产生升浮力或沉降力，从而极大地改善了潜艇的升降性能。由于将空中技术运用到水中需解决许多技术上的问题，且该发明取得了预料不到的技术效果，所以该发明具备创造性。

（五）已知产品的新用途发明

已知产品的新用途发明，是指将已知产品用于新的目的的发明。在进行已知产品新用途发明的创造性判断时通常需要考虑：新用途与已知用途技术领域的远近、新用途所带来的技术效果等。

如果新的用途仅仅是使用了已知材料的已知的性质，则该用途发明不具备创造性。例如，将作为润滑油的已知组合物在同一技术领域中用作切削剂，这种用途发明不具备创造性。

如果新的用途是利用了已知产品新发现的性质，并且产生了预料不到的技术效果，则这种用途发明具有突出的实质性特点和显著的进步，具备创造性。例如，将作为木材杀菌剂的五氯酚制剂用作除草剂而取得了预料不到的技术效果，该用途发明具备创造性。

（六）要素变更的发明

要素变更的发明，包括要素关系改变的发明、要素替代的发明和要素省略的发明。在进行要

第四章

素变更发明的创造性判断时通常需要考虑：要素关系的改变、要素替代和省略是否存在技术启示以及其技术效果是否可以预料等。

要素关系改变的发明，是指发明与现有技术相比，其形状、尺寸、比例、位置及作用关系等发生了变化。如果要素关系的改变没有导致发明效果、功能及用途的变化，或者发明效果、功能及用途的变化是可预料到的，则发明不具备创造性。例如，现有技术公开了一种刻度盘固定不动、指针转动式的测量仪表；一项发明是指针不动而刻度盘转动的同类测量仪表，该发明与现有技术之间的区别仅是要素关系的调换，即"动静转换"。这种转换并未产生预料不到的技术效果，所以这种发明不具备创造性。如果要素关系的改变导致发明产生了预料不到的技术效果，则发明具有突出的实质性特点和显著的进步，具备创造性。例如，"一项有关剪草机的发明，其特征在于：刀片斜角与公知的不同，其斜角可以保证刀片的自动研磨"，而现有技术中所用刀片的角度没有自动研磨的效果。该发明通过改变要素关系，产生了预料不到的技术效果，因此具备创造性。

要素替代的发明，是指已知产品或方法的某一要素由其他已知要素替代的发明。如果发明是相同功能的已知手段的等效替代，或者是为解决同一技术问题，用已知最新研制出的具有相同功能的材料替代公知产品中的相应材料，或者是用某一公知材料替代公知产品中的某材料，而这种公知材料的类似应用是已知的，且没有产生预料不到的技术效果，则该发明不具备创造性。例如，一项涉及泵的发明，与现有技术相比，该发明中的动力源是液压马达替代了现有技术中使用的电机，这种等效替代的发明不具备创造性。如果要素的替代能使发明产生预料不到的技术效果，则该发明具有突出的实质性特点和显著的进步，具备创造性。

要素省略的发明，是指省去已知产品或者方法中的某一项或多项要素的发明。如果发明省去一项或多项要素后其功能也相应地消失，则该发明不具备创造性。例如，一种涂料组合物发明，与现有技术的区别在于不含防冻剂。由于取消使用防冻剂后，该涂料组合物的防冻效果也相应消失，因而该发明不具备创造性。如果发明与现有技术相比，发明省去一项或多项要素（例如，一项产品发明省去了一个或多个零部件或者一项方法发明省去了一步或多步工序）后，依然保持原有的全部功能，或者带来预料不到的技术效果，则该发明具有突出的实质性特点和显著的进步，因此具备创造性。

五、判断发明创造性时需考虑的其他因素

发明是否具备创造性，通常应当根据上述审查基准进行判断。此外，还应考虑其他一些有影响的因素。这些因素包括：发明解决了人们一直渴望解决但始终未能获得成功的技术难题，发明克服了技术偏见，发明取得了预料不到的技术效果，以及发明在商业上获得成功等。下面分别进行说明。

（一）发明解决了人们一直渴望解决但始终未能获得成功的技术难题

如果某个技术领域中的技术难题一直存在却没有办法解决，人们渴望解决这种问题，一旦发明确实解决了这种技术难题，则该发明具有突出的实质性特点和显著的进步，具备创造性。例如，自有农场以来，人们一直期望解决在农场牲畜（如奶牛）身上无痛而且不损坏牲畜表皮地打上永久性标记的技术问题，某发明人基于冷冻能使牲畜表皮着色这一发现而发明的一项冷冻"烙印"的方法，成功地解决了这个技术问题，该发明具备创造性。

（二）发明克服了技术偏见

技术偏见，是指在某段时间内、某个技术领域中，技术人员对某个技术问题普遍存在的、偏

离客观事实的认识，它引导人们不去考虑其他方面的可能性，阻碍人们对该技术领域的研究和开发。如果发明克服了这种技术偏见，采用了人们由于技术偏见而舍弃的技术手段，从而解决了技术问题，则这种发明具有突出的实质性特点和显著的进步，具备创造性。例如，对于电动机的换向器与电刷间的界面，通常认为越光滑则接触越好，电流损耗也越小。一项发明将换向器表面制出一定粗糙度的细纹，其结果电流损耗更小，优于光滑表面。该发明克服了技术偏见，具备创造性。

（三）发明取得了预料不到的技术效果

发明取得了预料不到的技术效果，是指发明同现有技术相比，其技术效果产生"质"的变化，具有新的性能；或者产生"量"的变化，超出人们预期的想象。这种"质"或者"量"的变化，对所属技术领域的技术人员来说，事先无法预测或者推理出来。在创造性的判断过程中，考虑发明的技术效果有利于正确评价发明的创造性。如果发明与现有技术相比具有预料不到的技术效果，则不必再怀疑其技术方案是否具有突出的实质性特点，可以确定发明具备创造性。但是，应当注意的是，如果判断出发明的技术方案对本领域的技术人员来说是非显而易见的，且能够产生有益的技术效果，则发明具有突出的实质性特点和显著的进步，具备创造性，此种情况不应强调发明是否具有预料不到的技术效果。

例如，一种物质 C 的制造方法，其核心内容是，物质 A 和物质 B 在 63℃～65℃的温度范围内转化成物质 C。现有技术中，已知物质 A 和物质 B 在 50℃～130℃温度范围内转化成物质 C 时，物质 C 的产量通常随温度的增加而增加。而本方案在原先未被研究的 63℃～65℃的温度范围内转化，物质 C 的产量明显地超过预期值，这是本领域技术人员预料不到的，因此该方案具备创造性。

（四）发明在商业上获得成功

当发明的产品在商业上获得成功时，如果这种成功是由于发明的技术特征直接导致的，则一方面反映了发明具有有益效果，同时也说明了发明是非显而易见的，因而这类发明具有突出的实质性特点和显著的进步，具备创造性。但是，如果商业上的成功是由于其他原因所致，例如由于销售技术的改进或者广告宣传造成的，则不能作为判断创造性的依据。

六、化学发明的创造性

（一）化合物的创造性

（1）结构上与已知化合物不接近的、有新颖性的化合物，并有一定用途或者效果，可以认为其有创造性而不必要求其具有预料不到的用途或者效果。

（2）结构上与已知化合物接近的化合物，必须要有预料不到的用途或者效果。此预料不到的用途或者效果可以是与该已知化合物的已知用途不同的用途，或者是对已知化合物的某一已知效果有实质性的改进或提高，或者是在公知常识中没有明确的或不能由常识推论得到的用途或效果。

（3）两种化合物结构上是否接近，与所在的领域有关，应当对不同的领域采用不同的判断标准。

【例1】

现有技术：$H_2N—C_6H_4—SO_2NHR_1$ （Ⅱa）

申　　请：$H_2N—C_6H_4—SO_2—NHCONHR_1$ （Ⅱb）

（Ⅱa）磺胺是抗生素，（Ⅱb）磺酰脲是抗糖尿药，结构接近，但药理作用不同，有预料不到的用途或效果，磺酰脲因而创造性。

【例2】

现有技术：$H_2N—C_6H_4—SO_2NHCONHR_1$　　　　　　　　　　　　　　　（Ⅲa）

申　　请：$H_3C—C_6H_4—SO_2NHCONHR_1$　　　　　　　　　　　　　　　（Ⅲb）

（Ⅲa）氨基—磺酰脲与（Ⅲb）甲基—磺酰脲结构接近，只有 NH_2 与 CH_3 之区别，无预料不到的用途或效果，无创造性。

（4）应当注意，不要简单地仅以结构接近为由否定一种化合物的创造性，还需要进一步说明它的用途或效果是可以预计的，或者说明所属技术领域的技术人员在现有技术的基础上通过合乎逻辑的分析、推理或者有限的试验就能制造或使用此化合物。

（5）若一项技术方案的效果是已知的必然趋势所导致的，则该技术方案没有创造性。例如，现有技术的一种杀虫剂 $A—R$，其中 R 为 C_{1-3} 的烷基，并且已经指出杀虫效果随着烷基 C 原子数的增加而提高。如果某一申请的杀虫剂是 $A—C_4H_9$，杀虫效果比现有技术的杀虫效果有明显提高。由于现有技术中指出了提高杀虫效果的必然趋势，因此该申请不具备创造性。

（二）化学产品用途发明的创造性

1. 新产品用途发明的创造性

对于新的化学产品，如果该用途不能从结构或者组成相似的已知产品预见到，可认为这种新产品的用途发明有创造性。

2. 已知产品用途发明的创造性

对于已知产品的用途发明，如果该新用途不能从产品本身的结构、组成、分子量、已知的物理化学性质以及该产品的现有用途显而易见地得出或者预见到，而是利用了产品新发现的性质，并且产生了预料不到的技术效果，可认为这种已知产品的用途发明有创造性。

七、实用新型的创造性判断

根据《专利法》第22条第3款的规定，创造性，是指同申请日以前与现有技术相比，该发明有突出的实质性特点和显著的进步，该实用新型有实质性特点和进步。因此，实用新型创造性判断原则以及判断方法与发明创造性的判断没有本质区别——在实用新型创造性的判断中，也应当考虑其技术方案中的所有技术特征，包括材料特征和方法特征，其区别仅在于实用新型创造性的标准应当低于发明创造性的标准。

具体说来，两者在创造性判断标准上的不同，主要体现在现有技术中是否存在"技术启示"。也就是说，在判断现有技术中是否存在技术启示时，实用新型专利与发明专利存在区别，这种区别体现在下述两个方面。

一是现有技术的领域。对于发明而言，不仅要考虑该发明所属的技术领域，还要考虑其相近或相关的技术领域，以及该发明所要解决的技术问题能够促使本领域的技术人员到其中去寻找技术手段的其他技术领域。对于实用新型而言，一般着重考虑该实用新型所属的技术领域。但是，现有技术中给出明确的启示，例如现有技术中有明确的记载，促使本领域的技术人员到相近或者相关的技术领域寻找有关技术手段的，可以考虑其相近或者相关的技术领域。例如，一件实用新型涉及一种电梯门的门板，在评价该实用新型的创造性时，经过检索获得了一篇关于电梯门板的对比文件，在该对比文件中明确记载了"电梯门板的设计也可以参考建筑物门板的结构"。在这种现有技术的明确启示下，本领域技术人员则可以到建筑物门板这一相近领域去寻找相关对比文件来评价该实用新型的创造性。

二是现有技术的数量。对于发明而言，可以引用一项、两项或者多项现有技术评价其创造性。而对于实用新型而言，一般情况下可以引用一项或者两项现有技术评价其创造性。对于由现有技术通过"简单的叠加"而成的实用新型，可以根据情况引用多项现有技术评价其创造性。例如，一件实用新型要求保护"一种可置换表面的水上浮动平台，它由浮筒体构成，单个浮筒体的角面设有凸耳以及凸耳上的耳孔，供插销插入连接；浮筒体的四个侧面有相互吻合的凸凹形状，以便于相互连接；在浮筒体上表面设有十字形凹槽，从而容纳电缆"。评价该实用新型的创造性涉及 3 篇现有技术。第一篇现有技术公开了一种组合式浮筒（相当于水上浮动平台），该组合式浮筒包括浮体（相当于浮筒体）和嵌置件（相当于插销），单个浮体四角设置有凸耳板，凸耳板上设有连接孔（相当于耳孔）。第二篇现有技术公开了一种浮筒，浮筒各侧面皆由凹部和凸部的波形表面组合而成，当浮筒结合在一起时该凹部和凸部可以相互卡合。第三篇现有技术涉及一种浮筒，公开了"浮筒体上表面设置有十字形凹槽，可以在十字形凹槽内安装电缆和管线"的技术内容。由上可知，上述 3 篇现有技术已经公开了该实用新型要求保护的技术方案的所有技术特征。并且，这些技术特征在现有技术中的作用与在该实用新型中的作用完全相同，它们之间没有功能上的相互作用关系，其总的技术效果为各组合部分效果的总和，并没有带来更加优越的效果。因此，本领域技术人员在上述 3 篇现有技术的基础上得出该实用新型要求保护的技术方案，并不需要付出创造性的劳动。因此，该技术方案属于现有技术的简单的叠加，不具有实质性特点和进步，亦即不具备创造性。

第五节　实　用　性

根据《专利法》第 22 条第 1 款的规定，授予专利权的发明和实用新型应当具备新颖性、创造性和实用性。因此，申请专利的发明和实用新型具备实用性是授予其专利权的必要条件之一。

一、实用性的概念

根据《专利法》第 22 条第 4 款的规定，实用性是指发明或者实用新型申请的主题必须能够在产业上制造或者使用，并且能够产生积极效果。

一项发明或者实用新型要想获得专利保护，必须是一项能够适于实际应用的发明或者实用新型。换言之，发明或者实用新型不能是抽象的、纯理论性的，必须是一项能够在实践中实现的发明或者实用新型，虽然不需要达到直接应用于产业阶段的要求，但是至少应当具备将来有应用的可能性。也就是说，发明或者实用新型一旦付诸实践，就能够解决技术领域中某一个技术问题。

授予专利权的发明或者实用新型，必须是能够解决技术问题，并且能够应用的发明或者实用新型。换句话说，如果申请的是一种产品（包括发明和实用新型），那么该产品必须在产业中能够制造，并且能够解决技术问题；如果申请的是一种方法（仅限发明），那么这种方法必须在产业中能够使用，并且能够解决技术问题。在产业上能够制造或者使用的技术方案，是指符合自然规律、具有技术特征的任何可实施的技术方案。这些方案并不一定意味着使用机器设备，或者制造一种物品，还可以包括例如驱雾的方法，或者将能量由一种形式转换成另一种形式的方法。

所谓产业，它包括工业、农业、林业、水产业、畜牧业、交通运输业以及文化体育、生活用品和医疗器械等行业。

能够产生积极效果，是指发明或者实用新型专利申请在提出申请之日，其产生的经济、技术和社会的效果应当是积极的和有益的。积极效果并不是要求发明创造必须是完美无缺的，而是说发明创造不应导致技术上的明显倒退或者整体变劣。如果导致技术上的明显倒退或者整体变劣就不具有积极效果。例如，洗衣机从手摇发展到电动，从单缸发展到双缸，现在又发展到单缸全自动。自动化程度越来越高，但缺陷也很明显，在没电的环境，全自动洗衣机完全发挥不了洗衣机的作用，原始的手摇洗衣机反而能发挥作用。所以，积极效果不是苛求十全十美、完美无缺的效果。通常，只要专利申请要求保护的技术方案不是明显无益、脱离社会需要，即认为满足关于实用性规定中的"能够产生积极效果"的要求。

二、判断实用性的原则

判断发明或者实用新型专利申请的实用性时，应当遵循如下两个方面的原则。

一方面，应当以申请日提交的说明书（包括附图）和权利要求书所公开的整体技术内容为依据，而不仅仅局限于权利要求所记载的内容。当仅根据权利要求记载的技术方案难于判断其是否具备实用性时，需要结合说明书公开的内容进行判断。如果根据权利要求所记载的内容就可以清楚地确定权利要求请求保护的方案明显不能在产业中被制造或使用或者明显不能够产生积极效果，在这种情况下，只需根据权利要求所记载的内容即可得出该权利要求不具备实用性的结论。

另一方面，实用性与所申请的发明或者实用新型是怎样创造出来的或者是否已经实施无关。实用性要求发明或者实用新型必须能够制造或者使用，但并不意味着发明或者实用新型必须已经得到实施，只要从公知的科学理论上能够确认可以实现即可。

三、判断实用性的基准

判断发明或者实用新型的实用性，应当以《专利法》第 22 条第 4 款为基准。不具备实用性的几种常见情形包括：（一）无再现性的申请主题；（二）违背自然规律的发明或者实用新型专利申请；（三）利用独一无二的自然条件的产品；（四）人体或者动物体的非治疗目的的外科手术方法；（五）测量人体或动物体在极限情况下的生理参数的方法；（六）无积极效果的技术方案。

（一）无再现性的申请主题

具有实用性的发明或者实用新型专利申请主题，应当具有再现性。反之，无再现性的发明或者实用新型专利申请主题不具备实用性。再现性，是指所属技术领域的技术人员，根据公开的技术内容，能够重复实施专利申请中为解决技术问题所采用的技术方案。这种重复实施不得依赖任何随机的因素，并且实施结果应该是相同的。例如"给鸡喂食含碘的饲料所获得的食用高碘蛋"的发明申请，这类产品通常是人们根据生物体自身新陈代谢的机理，进行人为技术干扰，如控制饲养方法、给食特定的饲料而获得的。这些发明可以在饲养场或者养殖场实施，虽然生物体存在个体差异，实施效果程度上会有所差异，但是结果并不是完全随机的，所获得的结果是能够重复再现的。

应当注意的是，申请发明或者实用新型专利的产品的成品率低与不具有再现性是有本质区别的。前者是能够重复实施，只是由于实施过程中未能确保某些技术条件（例如环境洁净度、温度等）而导致成品率低；而不具有再现性是指，在确保发明或者实用新型专利申请所需全部技术条件下，所属技术领域的技术人员仍不可能重复实现该技术方案所要求达到的结果。

（二）违背自然规律的发明或者实用新型专利申请

具备实用性的发明或者实用新型专利申请应当符合自然规律。违背自然规律的发明或者实用新型专利申请是不能实施的，因此不具备实用性。需要注意的是，那些违背能量守恒定律的发明或者实用新型专利申请的主题，例如永动机，必然是不具备实用性的。

（三）利用独一无二的自然条件的产品

具备实用性的发明或者实用新型专利申请不得是由自然条件限定的独一无二的产品。利用特定的自然条件建造的自始至终都是不可移动的唯一产品不具备实用性。应当注意的是，不能因为上述利用独一无二的自然条件的产品不具备实用性，而认为其构件本身也不具备实用性。例如，利用特定自然条件的原材料所获得的产品通常不能被认为是利用独一无二的自然条件的产品。又如，利用喜马拉雅山上的无污染冰水制造饮料。在该发明中，虽然生产中利用的原材料是特定的，但是生产所获得的产品不是独一无二的，可以在产业上制造和使用。

（四）人体或者动物体的非治疗目的的外科手术方法

外科手术方法，是指使用器械对有生命的人体或者动物体实施的剖开、切除、缝合、纹刺等创伤性或者介入性治疗或处置的方法。

外科手术方法包括治疗目的和非治疗目的的手术方法。以治疗为目的的外科手术方法属于不授予专利权的主题；非治疗目的的外科手术方法，由于是以有生命的人或动物为实施对象，无法在产业上使用，因此不具备实用性。例如，为非治疗目的的美容而实施的外科手术方法，或者采用外科手术从活牛身体上摘取牛黄的方法（注意，这里的目的是摘取牛黄，若以治疗牛胆结石症为目的，采用外科手术从活牛身体上摘取牛黄的方法，则属于治疗目的的外科手术方法），以及为辅助诊断而采用的外科手术方法，例如实施冠状造影之前采用的外科手术方法等。

需要说明的是，牲畜、家禽等的屠宰方法不属于非治疗目的的外科手术方法，其可以在产业上使用，具备实用性。单纯的美容方法（即不介入人体或不产生创伤的美容方法，包括在皮肤、毛发、指甲、牙齿外部可为人们所视的部位局部实施的、非治疗目的的身体除臭、保护、装饰或者修饰方法）是非治疗目的的，其可以在美容院实施，可以在产业上使用，因而具备实用性。

（五）测量人体或动物体在极限情况下的生理参数的方法

测量人体或动物体在极限情况下的生理参数需要将被测对象置于极限环境中，这会对人或动物的生命构成威胁。不同的人或动物个体可以耐受的极限条件是不同的，需要有经验的测试人员根据被测对象的情况来确定其耐受的极限条件，因此这类方法无法在产业上使用，不具备实用性。例如，通过逐渐降低人或动物的体温，以测量人或动物对寒冷耐受程度的测量方法，不具备实用性。又如，利用降低吸入气体中氧气分压的方法逐级增加冠状动脉的负荷，并通过动脉血压的动态变化观察冠状动脉的代偿反应，以测量冠状动脉代谢机能的非侵入性的检查方法，不具备实用性。

（六）无积极效果的技术方案

具备实用性的发明或者实用新型专利申请的技术方案应当能够产生预期的积极效果。明显无益、脱离社会需要的发明或者实用新型专利申请的技术方案不具备实用性。一项技术方案可能存在某些方面的缺陷，例如请求保护的药物具有毒副作用，但在其他方面有益，则应当认为该技术方案能够产生预期的积极效果。

需要说明的是，对积极效果的判断是看发明或者实用新型能否产生预期的积极效果，而不能依据该发明是否被社会采用或产生足够的经济效益进行判断。事实上，许多产品发明专利可能都不会被社会采用，或者实施后也没能产生足够的经济效益，但它们的技术方案是能够产生积极效果的。

第六节　同样的发明创造的判断和处理

根据《专利法》第9条的规定，同样的发明创造只能授予一项专利权。该条款规定了不能重复授予专利权的原则。众所周知，专利权的基本含义是赋予专利权人禁止他人未经其许可实施发明创造的权利。对于同样的发明创造，无论是同一人提出两件以上专利申请，还是不同人分别提出两件以上专利申请，即使在符合授予专利权的条件下，也不能授予两项专利权，否则在这两项专利权之间就会发生冲突，这就是禁止重复授权原则。

应当注意，如果在先申请构成抵触申请或已公开构成现有技术，则根据《专利法》第 22 条第 2 款或者第 3 款而不是根据《专利法》第 9 条对在后专利申请（或专利）进行处理。

一、同样的发明创造的判断

对于发明或者实用新型，《专利法》第 9 条或《专利法实施细则》第 41 条中所述的"同样的发明创造"是指两件或两件以上申请（或专利）中存在的保护范围相同的权利要求。在判断是否为同样的发明创造时，应当将两件发明或者实用新型专利申请或专利的权利要求书的内容进行比较，而不是将权利要求书与专利申请或专利文件的全部内容进行比较。判断时，如果一件专利申请或专利的一项权利要求与另一件专利申请或专利的某一项权利要求保护范围相同，应当认为它们是同样的发明创造。

权利要求书是确定发明或者实用新型专利保护范围的法律文件，其最主要的作用是，在发明或者实用新型授权之前，权利要求书的内容表明申请人想要获得的专利权的保护范围；在授予专利权之后，权利要求书的内容则表明国家批准授予的专利权的保护范围。因此，从防止权利之间存在冲突的目的出发，禁止对同样的发明创造授予多项专利权，就是指禁止对存在保护范围相同的权利要求的两件以上专利申请全都授予专利权。

需要说明的是，如果两件专利申请或专利的说明书的内容相同，但它们的权利要求保护范围不同，则应当认为所要求保护的发明创造不同。例如，同一申请人提交的两件专利申请的说明书都记载了一种产品以及制造该产品的方法，其中一件专利申请的权利要求书要求保护的是该产品，另一件专利申请的权利要求书要求保护的是制造该产品的方法，应当认为要求保护的是不同的发明创造。应当注意的是，同样的发明创造严格限制在狭义的相同中，与新颖性中实质性相同的判断标准是不同的。权利要求保护范围仅部分重叠的，不属于同样的发明创造。例如，两件专利申请中 A 申请的权利要求与 B 申请的权利要求相比，其区别仅在于前者采用一般（上位）概念，而后者采用具体（下位）概念限定同类性质的技术特征，两者不属于同样的发明创造。又如，权利要求中存在以连续的数值范围限定的技术特征的，其连续的数值范围与另一件发明或者实用新型专利申请或专利的权利要求中的数值范围不完全相同的，也不属于同样的发明创造。

如果一件专利申请或专利的一项权利要求与另一件专利申请或专利的某一项权利要求保护范围相同，则应当认为它们是同样的发明创造。

如果一项权利要求请求保护了多个并列技术方案，则应当以各个技术方案为基准分别判断。

二、同样的发明创造的处理

下面针对属于"同样的发明创造"的两件专利申请的处理、一件专利申请和一项专利权的处理进行阐释。

（一）对两件专利申请的处理

对于同一申请人同日（指申请日，有优先权的指优先权日）就同样的发明创造提出两件专利申请，并且这两件申请符合授予专利权的其他条件的，专利局将就这两件申请分别通知申请人进行选择或者修改。申请人期满不答复的，相应的申请被视为撤回。经申请人陈述意见或者进行修改后仍不符合《专利法》第 9 条第 1 款规定的，两件申请均予以驳回。

对于不同的申请人同日（指申请日，有优先权的指优先权日）就同样的发明创造分别提出专利申请，并且这两件申请符合授予专利权的其他条件的，专利局将根据《专利法实施细则》第 41 条第 1 款的规定，通知申请人自行协商确定申请人。申请人期满不答复的，其申请被视为撤回；协商不成，或者经申请人陈述意见或进行修改后仍不符合《专利法》第 9 条第 1 款规定的，两件申请均予以驳回。

例如，申请人甲于 2005 年 5 月 9 日完成一项发明创造，并于 2005 年 8 月 12 日向专利局提交专利申请；申请人乙于 2005 年 11 月 9 日向专利局提交涉及同样的发明创造的专利申请，并要求享有申请日为 2005 年 8 月 12 日的在先申请的优先权。假设两件申请均符合其他授权条件且申请人乙要求的优先权成立，专利局将根据《专利法实施细则》第 41 条第 1 款的规定，通知甲、乙两位申请人自行协商确定申请人。若申请人期满不答复，则相应申请被视为撤回；若甲、乙两位申请人协商不成，或者陈述意见或进行修改后仍不符合《专利法》第 9 条第 1 款规定的，专利局将驳回两件申请。

（二）对一件专利申请和一项专利权的处理

对于同一申请人同日（指申请日，有优先权的指优先权日）就同样的发明创造提出的另一件专利申请已经被授予专利权，并且尚未授权的专利申请符合授予专利权的其他条件的，专利局将通知申请人进行修改。若申请人期满不答复，则其申请将被视为撤回。经申请人陈述意见或者进行修改后仍不符合《专利法》第 9 条第 1 款规定的，专利局将驳回其专利申请。

根据《专利法》第 9 条第 1 款的规定，对于同一申请人同日对同样的发明创造既申请实用新型专利又申请发明专利的，在先获得的实用新型专利权尚未终止，并且申请人在申请时分别作出说明的，除通过修改发明专利申请外，申请人还可以通过放弃实用新型专利权来避免重复授权。该条中涉及的"同日"仅指申请日，不包括优先权日。其中，如果该发明专利申请符合授予专利权的其他条件，专利局将通知申请人进行选择或者修改。申请人选择放弃已经授予的实用新型专利权的，应当在答复审查意见通知书时附交放弃实用新型专利权的书面声明。此时，对那件符合授权条件、尚未授权的发明专利申请，专利局将发出授权通知书，并将放弃上述实用新型专利权的书面声明予以公告，公告上会注明上述实用新型专利权自公告授予发明专利权之日起终止。

练习题及其解析

第一节练习题

1. 某公司于 2006 年 7 月 1 日向德国提交了发明专利申请，说明书中记载了技术方案 X，但未在权利要求书中要求保护该技术方案。该公司于 2007 年 2 月 6 日向法国提交了专利申请，说明书中记载了技术方案 X 和 Y，并在权利要求中要求保护技术方案 X 和 Y。法国专利申请享有德国专利申请的优先权。该公司于 2007 年 6 月 6 日向专利局提交了一件要求保护技术方案 X 和 Y 的发明专利申请。据此，下列关于该中国申请享有优先权的说法哪些是正确的？

A. 方案 X 可享有德国专利申请的优先权

B. 方案 Y 可享有法国专利申请的优先权

C. 方案 X 可享有德国专利申请的优先权，但方案 Y 不能享有法国专利申请的优先权

D. 方案 X 和方案 Y 均可享有法国专利申请的优先权

【解析】《专利法》第 29 条第 1 款规定："申请人自发明或者实用新型在外国第一次提出专利申请之日起 12 个月内，或者自外观设计在外国第一次提出专利申请之日起 6 个月内，又在中国就相同主题提出专利申请的，依照该外国同中国签订的协议或者共同参加的国际条约，或者依照相互承认优先权的原则，可以享有优先权。"

注意，优先权是以第一次申请的说明书、权利要

求书为基准的，并不要求只记载在权利要求书中。对于本题，简单罗列情况如下：2006.07.01 德 X；2007.02.06 法 X Y；2007.06.06 中 X Y。

2007 年 6 月 6 日在 2006 年 7 月 1 日起算的 12 个月的优先权期限内，以第一次申请为优先权基础，所以 X 享受德国专利申请的优先权，Y 享受法国专利申请的优先权，A、B 选项正确。

2. 申请人刘某于 2008 年 6 月 18 日向专利局提交了一件发明专利申请。下列由刘某就相同主题提出的在先申请，哪些可以作为其要求本国优先权的基础？

A. 申请日为 2007 年 9 月 14 日的中国发明专利申请，刘某已在该申请的基础上提出分案申请

B. 申请日为 2007 年 6 月 20 日的中国实用新型专利申请，但该申请因为没有缴纳申请费已被视为撤回

C. 申请日为 2007 年 6 月 22 日的中国实用新型专利申请，该申请于 2008 年 6 月 13 日被公告授予专利权

D. 申请日为 2007 年 7 月 25 日的中国发明专利申请，该申请享有申请日为 2006 年 8 月 15 日的美国专利申请的优先权

【解析】排除了不得作为要求本国优先权的基础的 3 个条件外，在先申请只要获得了确定的申请日，其并不受该申请是否已经撤回、驳回、分案或视为撤回的影响，都可作为要求本国优先权的基础。因此，对于选项 A，不得作为要求本国优先权的基础的是分案申请本身，分案申请的母案是可以作为本国优先权的基础的，故 A 选项正确。对于选项 B，其并不受在先申请被视为撤回的状态的影响，在先申请可以作为要求本国优先权的基础，故选项 B 正确。对于选项 C，已经被授予专利权的不得作为要求本国优先权的基础，故 C 选项错误。对于选项 D，已经要求外国优先权或者本国优先权的不得作为要求本国优先权的基础，故 D 选项错误。

第二节练习题

3. 一件发明专利申请的优先权日为 2006 年 12 月 15 日。如果下列出版物上记载了与该申请中所请求保护的技术方案相同的技术内容，且没有其他证据能证明该出版物的实际公开日，则其中哪些会导致该发明专利申请丧失新颖性？

A. 印刷日为 2006 年的英文论文集

B. 印刷日为 2006 年 12 月的中文期刊

C. 印刷日为 2006 年 11 月的俄文书籍，2007 年 2

月被译为中文在我国出版

D. 印刷日为 2006 年 10 月的以某少数民族语言撰写的专业书籍，在 2007 年 1 月推向全国之前仅在某少数民族地区的书店销售

【解析】《专利法》第 22 条第 2 款规定："新颖性，是指该发明或者实用新型不属于现有技术；也没有任何单位或者个人就同样的发明或者实用新型在申请日以前向国务院专利行政部门提出过申请，并记载在申请日以后公布的专利申请文件或者公告的专利文件中。"《专利审查指南 2010》第二部分第三章第 2.1.2.1 节中指出：出版物不受地理位置、语言或者获得方式的限制，也不受年代的限制。出版物的出版发行量多少、是否有人阅读过、申请人是否知道是无关紧要的。出版物的印刷日视为公开日，有其他证据证明其公开日的除外。印刷日只写明年月或者年份的，以所写月份的最后一日或者所写年份的 12 月 31 日为公开日。对于选项 A，由于出版物不受地理位置、语言的限制，而且，印刷日只写明年月或者年份的，以所写月份的最后一日或者所写年份的 12 月 31 日为公开日，因此，其不能破坏申请的新颖性，故 A 选项错误。对于选项 B，其推定的公开日为 2006 年 12 月 31 日，在申请的优先权日 2006 年 12 月 15 日之后，因此，其不能破坏申请的新颖性，故 B 选项错误。对于选项 C，其推定的公开日为 2006 年 11 月 30 日，在申请的优先权日 2006 年 12 月 15 日之前，因此，其破坏了申请的新颖性，故 C 选项正确。对于选项 D，其推定的公开日为 2006 年 10 月 31 日，而且出版物不受地理位置、语言的限制，因此，其破坏了申请的新颖性，故 D 选项正确。

4. 甲、乙先后就同样的发明创造提出发明专利申请，甲的申请日是 2008 年 3 月 28 日，乙的申请日是 2008 年 5 月 9 日。假定甲和乙的申请都未申请提前公开。下列说法哪些是正确的？

A. 如果甲在 2008 年 4 月 2 日撤回了其申请，则乙申请的新颖性不受影响

B. 如果甲在其申请于 2009 年 9 月 4 日公布后撤回该申请，则乙申请的新颖性不受影响

C. 如果甲的申请因未缴纳申请费而在 2008 年 5 月 12 日被视为撤回，则乙申请的新颖性不受影响

D. 如果甲在 2008 年 4 月 2 日撤回其申请后，又于 2008 年 6 月 8 日提出了另一件包含前一申请内容的新申请，并享有前一申请的优先权，则其新申请公布后，乙申请的新颖性会受到

影响

【解析】《专利法》第 22 条第 2 款规定："新颖性，是指该发明或者实用新型不属于现有技术；也没有任何单位或者个人就同样的发明或者实用新型在申请日以前向国务院专利行政部门提出过申请，并记载在申请日以后公布的专利申请文件或者公告的专利文件中。"

对于选项 A，由于甲在 4 月 2 日撤回了专利申请，尚未公开，所以不影响乙的申请的新颖性，A 选项正确。对于选项 B，由于甲的申请已经公开，不管其后是否撤回，对乙的申请的新颖性都产生了影响，B 选项错误。对于选项 C，甲的申请被视为撤回时并未公开，所以不影响乙的申请的新颖性，C 选项正确。对于选项 D，由于甲的在后申请在优先权的 12 个月的期限内，优先权成立。甲的在后申请可以享受到 2008 年 3 月 28 日的申请日，构成乙的申请的抵触申请，乙的申请新颖性会受到影响，D 选项正确。

第三节练习题

5. 权利要求 1：一种锅铲，由手柄、锅铲柄以及金属制成的锅铲头组成。

对比文件 1～4 均为现有技术，对比文件 1：一种由锅铲头、锅铲柄和木质手柄组成的锅铲，其中所述锅铲头和锅铲柄用黄铜制成。对比文件 2：一种由手柄、锅铲柄和锅铲头组成的锅铲，其中所述锅铲柄和锅铲头用铁制成。对比文件 3：一种用竹木制成的锅铲，由手柄、锅铲柄和锅铲头组成。对比文件 4：一种由手柄、锅铲柄和锅铲头组成的锅铲。

下列说法哪些是正确的？

A. 对比文件 1 破坏权利要求 1 的新颖性

B. 对比文件 2 破坏权利要求 1 的新颖性

C. 对比文件 3 破坏权利要求 1 的新颖性

D. 对比文件 4 破坏权利要求 1 的新颖性

【解析】A 选项：由于金属包括黄铜，因此"锅铲头用黄铜制成"为"金属制成的锅铲头"的下位特征，因此破坏新颖性，故 A 选项正确。B 选项：由于金属包括铁，"锅铲头用铁制成"为"金属制成的锅铲头"的下位特征，因此破坏新颖性，故选项 B 正确。C 选项："一种用竹木制成的锅铲，由手柄、锅铲柄和锅铲头组成"并未公开特征"金属制成的锅铲头"，因此不破坏新颖性，故选项 C 错误。D 选项："一种由手柄、锅铲柄和锅铲头组成的锅铲"并未公开特征"金属制成的锅铲头"，因此不破坏新颖性，故选项 D 错误。

6. 一件专利申请公开了一种组合物，该组合物由植物材料 A 经过步骤 X、Y 和 Z 加工处理制得，并公开了该组合物可用来杀菌。该申请的申请日为 2004 年 6 月 1 日。一篇 2003 年 3 月 1 日公开的文献记载了一种由植物材料 A 经过步骤 X、Y 和 Z 加工处理制得的染料组合物，该文献没有公开所得组合物可用来杀菌。

相对于该篇文献，该申请下列哪些权利要求具备新颖性？

A. 一种由植物材料 A 经过步骤 X、Y 和 Z 加工处理制得的组合物，其特征在于：该组合物可以杀菌

B. 一种杀菌组合物，该组合物由植物材料 A 经过步骤 X、Y 和 Z 加工处理制得

C. 一种制备杀菌组合物的方法，该方法包括：将植物材料 A 经过步骤 X、Y 和 Z 加工处理

D. 一种杀菌方法，包括：使用有效量的由植物材料 A 经过步骤 X、Y 和 Z 加工处理制得的一种组合物

【解析】A 选项要求保护的是一种组合物，同时用制备方法和用途加以限定，而"由植物材料 A 经过步骤 X、Y 和 Z 加工处理制得的"组合物已在对比文献中公开，进一步的用途限定"可以杀菌"没有为该申请的组合物本身带来新的特征，因此，两种组合物实质相同，该权利要求不具备新颖性。同理，B 选项中用制备方法"由植物材料 A 经过步骤 X、Y 和 Z 加工处理制得"限定的"杀菌组合物"与对比文献中已公开的组合物实质相同，因此该权利要求也不具备新颖性。C 选项中的"一种制备杀菌组合物的方法"与对比文献中已公开的组合物的制备方法相同，因此该权利要求也不具备新颖性。D 选项中的"一种杀菌方法"请求保护的是对比文献中并没有公开的"已知物质的新用途"，属于"使用方法发明"，因此该权利要求具备新颖性。

7. 某发明专利申请的权利要求撰写如下："1. 一种铝钛合金的生产方法，其特征在于加热温度为 200℃～500℃。2. 一种根据权利要求 1 的铝钛合金生产方法，其特征在于加热温度为 350℃。"

下列说法哪些是正确的？

A. 如果对比文件公开的铝钛合金的生产方法中加热温度为 400℃～700℃，则权利要求 1 不具备新颖性，权利要求 2 具备新颖性

B. 如果对比文件公开的铝钛合金的生产方法中加热温度为 500℃～700℃，则权利要求 1 和权利要求 2 都具备新颖性

C. 如果对比文件公开的铝钛合金的生产方法中加热温度为 200℃～500℃，则权利要求 1 不具备新颖性，权利要求 2 具备新颖性

D. 如果对比文件公开的铝钛合金的生产方法中加热温度为 450℃，则权利要求 1 不具备新颖性，权利要求 2 具备新颖性

【解析】《专利法》第 22 条第 2 款规定："新颖性，是指该发明或者实用新型不属于现有技术；也没有任何单位或者个人就同样的发明或者实用新型在申请日以前向国务院专利行政部门提出过申请，并记载在申请日以后公布的专利申请文件或者公告的专利文件中。"《专利审查指南 2010》第二部分第三章第 3.2.4 节中对存在以数值或者连续变化的数值范围限定的技术的发明的新颖性的判断作出了规定。在本题中，由于 A 选项中对比文件公开范围与发明专利申请权利要求 1 的范围部分重叠（400℃～500℃），因此破坏了权利要求 1 的新颖性；权利要求 2 的温度值 350℃没有落入对比文件公开的范围值 400℃～700℃，所以不能破坏权利要求 2 的新颖性，故 A 选项正确。选项 B 的对比文件公开范围与发明专利申请权利要求 1 的范围有共同的端点值 500℃，破坏了权利要求 1 的新颖性；权利要求 2 的温度值 350℃没有落入对比文件公开的范围值 500℃～700℃，所以不能破坏权利要求 2 的新颖性，故 B 选项错误。选项 C 中对比文件公开的温度范围与权利要求 1 的温度范围重合，破坏了权利要求 1 的新颖性；权利要求 2 的温度值 350℃落入对比文件公开的范围值 200℃～500℃且无共同的端点，所以不能破坏权利要求 2 的新颖性，故 C 选项正确。选项 D 的对比文件公开的温度为 450℃，落在发明专利申请的权利要求 1 的 200℃～500℃的范围内，破坏了权利要求 1 的新颖性；权利要求 2 的 350℃与对比文件公开的 450℃不相同，所以权利要求 2 具备新颖性，故选项 D 正确。

8. 甲公司拥有一件申请日为 2007 年 3 月 21 日、公布日为 2008 年 9 月 26 日的发明专利申请。下列专利文献均记载了与该申请中所请求保护的技术方案相同的技术内容，哪些构成了该申请的抵触申请？

A. 申请人同为甲公司，申请日为 2007 年 3 月 1 日、授权公告日为 2008 年 3 月 14 日的中国实用新型专利申请

B. 申请人为乙公司，申请日为 2007 年 1 月 5 日、公布日为 2008 年 9 月 5 日的中国发明专利申请

C. 申请人为丙公司，申请日为 2006 年 4 月 3 日、公布日为 2007 年 11 月 16 日的美国发明专利申请

D. 申请人为丁公司，国际申请日为 2006 年 2 月 14 日、进入中国国家阶段后的公布日为 2007 年 5 月 25 日的 PCT 国际申请

【解析】根据《专利审查指南 2010》第二部分第三章第 2.2 节中关于抵触申请的规定，"根据专利法第 22 条第 2 款的规定，在发明或者实用新型新颖性的判断中，由任何单位或者个人就同样的发明或者实用新型在申请日以前向专利局提出并且在申请日以后（含申请日）公布的专利申请文件或者公告的专利文件损害该申请日提出的专利申请的新颖性。为描述简便，在判断新颖性时，将这种损害新颖性的专利申请，称为抵触申请"；"抵触申请还包括满足以下条件的、进入了中国国家阶段的国际专利申请，即申请日以前由任何单位或者个人提出、并在申请日之后（含申请日）由专利局作出公布或公告的且为同样的发明或者实用新型的国际专利申请"。对于选项 A，虽然是申请人自己的申请，但根据《专利法》的规定，构成抵触申请，所以选项 A 正确。对于选项 B，乙的申请日（2007 年 1 月 5 日）在甲的 2007 年 3 月 21 日的申请日之前，且乙的申请公开在甲的申请日之后，构成抵触申请，选项 B 正确。对于选项 C，由于是美国发明专利，不是向专利局提出的专利申请，所以不构成抵触申请，选项 C 错误。对于选项 D，丁的申请日（2006 年 2 月 14 日）在甲的 2007 年 3 月 21 日的申请日之前，进入中国国家阶段后又进行了公布（中文公布），构成抵触申请，选项 D 正确。

第四节练习题

9. 一件发明专利申请的权利要求如下："1. 一种生产化合物 b 的方法，该方法包括：（1）向化合物 a 中加入催化剂 d，20℃～60℃反应 8 小时；（2）分离获得化合物 b。2. 权利要求 1 所述的方法，其中所述的催化剂 d 是人工合成的。3. 权利要求 1 所述的方法，其中催化反应温度为 50℃。4. 权利要求 1 所述的方法制得的化合物 b，该化合物用于餐具消毒。"

一份对比文件中公开了一种以 a 为底物生产具有抗菌活性化合物 b 的方法，使用催化剂 c，催化温度为 50℃。使用催化剂 d 催化此类反应对本领域技术人员来说不是显而易见的，且使用 d 能提高转化率。在上述权利要求得到说明书支持的情况下，哪些权利要求相对于该对比文件具备创造性？

A. 权利要求 1　　　B. 权利要求 2

C. 权利要求 3　　　D. 权利要求 4

【解析】 本题主要考察对"方法权利要求"和"产品权利要求"新颖性和创造性的判断。对比文件并未公开方法权利要求1中使用催化剂d的特征，因此权利要求1具备新颖性。且使用催化剂d催化此类反应对本领域技术人员来说不是显而易见的，使用d能提高转化率。因此，权利要求1具备创造性。权利要求2和权利要求3是权利要求1的从属权利要求，由于权利要求1具备新颖性创造性，因此权利要求2和权利要求3也具备新颖性和创造性。故选项A、B、C正确。《专利审查指南2010》第二部分第三章第3.2.5节第（2）点和第（3）点分别对包含用途特征和制备方法特征的产品权利要求作了明确的规定："如果该用途由产品本身固有的特性决定，而且用途特征没有隐含产品在结构和/或组成上发生改变，则该用途特征限定的产品权利要求相对于对比文件的产品不具有新颖性；如果所属技术领域的技术人员可以断定该方法必然使产品具有不同于对比文件产品的特定的结构和/或组成，则该权利要求具备新颖性。相反，如果申请的权利要求所限定的产品与对比文件产品相比，尽管所述方法不同，但产品的结构和组成相同，则该权利要求不具备新颖性。"由于权利要求4是产品的独立权利要求，其保护的化合物b已经被对比文件公开，而其前序部分所限定的由权利要求1所述的制造方法以及特征部分所限定的用途都没有对化合物b的结构产生影响，因此权利要求4不具备新颖性，从而也不具备创造性，故选项D错误。

10. 某件发明专利申请的权利要求如下："1. 一种治疗哮喘病的药物，其中含有化合物Y和化合物W，Y和W的重量比为：3～5∶1。2. 权利要求1所述的药物，其中化合物Y和化合物W的重量比为4∶1。"

说明书中记载了所述药物的实验效果，化合物Y和W联合治疗哮喘病的有效率约为90%，副作用显著降低。当化合物Y和W之间的比例为4∶1时，效果最好，能使药效时间延长。对比文件1公开了化合物Y及其用于治疗哮喘病的用途，副作用小，但疗效差，有效率近30%。对比文件2公开了化合物W及其用于治疗哮喘病的用途，化合物W治疗哮喘病效果较好，有效率约为50%，但副作用明显。下列说法哪些是正确的?

A. 权利要求1相对于对比文件1和2的组合具备创造性

B. 权利要求1相对于对比文件1和2的组合不具备创造性

C. 权利要求2相对于对比文件1和2的组合具备创造性

D. 权利要求2相对于对比文件1和2的组合不具备创造性

【解析】《专利法》第22条第3款规定："创造性，是指与现有技术相比，该发明具有突出的实质性特点和显著的进步，该实用新型具有实质性特点和进步。"《专利审查指南2010》第二部分第四章第4.2节中列举了组合发明的创造性判断基准，如果组合的各技术特征在功能上彼此支持，并取得了新的技术效果；或者说组合后的技术效果比每个技术特征效果的总和更优越，则这种组合具有突出的实质性特点和显著的进步，发明具备创造性。其中，组合发明的每个单独的技术特征本身是否完全或部分已知并不影响对该发明创造性的评价。由对比文件1、对比文件2以及本发明说明书中有关效果的描述可知，将W和Y结合能够超出W和Y单独使用时的效率，并且能够使副作用显著降低，对于本领域技术人员来说不是显而易见的，并且取得了意料不到的有益效果。因此，权利要求1和2都具备创造性。故选项A、C正确。

第五节练习题

11. 某件专利申请的权利要求书如下："1. 一次性植入双眼皮用具，包括缝合线及其端部装置的缝合针。2. 权利要求1所述的一次性植入双眼皮用具，其特征在于所述的缝合针为弧形。3. 用权利要求1所述一次性植入双眼皮用具植入双眼皮的方法，包括：用缝合针牵引缝合线从上眼睑用针。4. 权利要求3所述的方法，其中所述用针方向是从上眼睑内眼角向外眼角方向。"

上述权利要求请求保护的发明创造哪些具备实用性?

A. 权利要求1　　　B. 权利要求2

C. 权利要求3　　　D. 权利要求4

【解析】《专利法》第22条第4款规定："实用性，是指该发明或者实用新型能够在产业上制造或者使用，并且能够产生积极效果。"《专利审查指南2010》第二部分第五章第2节进一步指出，实用性，是指发明或者实用新型申请的主题必须能够在产业上制造或者使用，并且能够产生积极效果。所谓产业，它包括工业、农业、林业、水产业、畜牧业、交通运输业以及文化体育、生活用品和医疗器械等行业。权利要求1和权利要求2保护的是一种用具产品，其能够在产业上制造或者使用，因此，具备实用性，故选项A、B正确。《专利审查指南2010》第二部分第五章第3.2节中列举了几种不具备实用性的专利申请的主要情形：① 无再现性；② 违背自然规律；③ 利用独一无二的自然条件的产品；④ 人体或者动物体的非治疗目的的外科手术方法；⑤ 测量人体或动物体在极限情况下的生理参数的方法；⑥ 无积极效果。在第④种情形中，又明确举出了为美容而实施的外科手术方法不具备实用性的例子。权利要求3和权利要求4保护的是介入人体的、非治疗目的的外科手术方法，故不具备实用性，C、D选项错误。

12. 下列哪些申请专利的技术方案不具备实用性？

A. 一种屠宰方法，其特征在于：向活牲畜施加1万伏特电压3～7秒

B. 一种提取黑熊胆汁的方法，其特征在于：向活体黑熊体内植入联通胆囊的导管，定时提取

C. 一种美容方法，其特征在于：向人脸部皱纹处注射肉毒素

D. 亚欧大运河，其特征在于运河经由北京—莫斯科—巴黎—伦敦，依照地形地貌特点分段分期建成

【解析】《专利法》第22条第4款规定："实用性，是指该发明或者实用新型能够在产业上制造或者使用，并且能够产生积极效果。"《专利审查指南2010》第二部分第五章第3.2节中列举了几种不具备实用性的专利申请的主要情形：① 无再现性；② 违背自然规律；③ 利用独一无二的自然条件的产品；④ 人体或者动物体的非治疗目的的外科手术方法；⑤ 测量人体或动物体在极限情况下的生理参数的方法；⑥ 无积极效果。在第④种情形中，又明确举出了为美容而实施的外科手术方法，或者采用外科手术从活牛身体上摘取牛黄的方法不具备实用性的例子。本题中，B、C选项所述的发明主题属于前述规定中的第④种情形，D选项属于前述规定中的第③种情形，故选项B、C、D正确。A选项并非外科手术方法，而是屠宰方法，其能够在产业上使用，因此具备实用性，故选项A错误。

第六节练习题

13. 王某同日提出了X、Y、Z 3件发明专利申请：X申请要求保护一种墨水，该墨水由水和10%～50%的组分a组成；Y申请要求保护一种喷墨打印机，说明书描述了所使用的墨水由水和10%～50%的

组分a组成；Z申请要求保护一种墨水，该墨水由水和5%～40%的组分a组成。下列说法哪些是正确的？

A. X、Y申请所要求保护的技术方案属于同样的发明创造

B. Y、Z申请所要求保护的技术方案属于同样的发明创造

C. X、Z申请所要求保护的技术方案不属于同样的发明创造

D. X、Y和Z申请所要求保护的技术方案皆属于同样的发明创造

【解析】《专利审查指南2010》的第二部分第三章第6.1节中指出，如果一件专利申请或专利的一项权利要求与另一件专利申请或专利的某一项权利要求的保护范围相同，应当认为它们是同样的发明创造。两件专利申请或专利的说明书的内容相同，但其权利要求的保护范围不同的，应当认为所要求保护的发明创造不同。例如，同一申请人提交的两件专利申请的说明书都记载了一种产品以及制造该产品的方法，其中一件专利申请的权利要求书要求保护的是该产品，另一件专利申请的权利要求书要求保护的是制造该产品的方法，应当认为要求保护的是不同的发明创造。应当注意的是，权利要求保护范围仅部分重叠的，不属于同样的发明创造。例如，权利要求中存在以连续的数值范围限定的技术特征，其连续的数值范围与另一件发明或者实用新型专利申请或专利的权利要求中的数值范围不完全相同的，不属于同样的发明创造。由于X，Y保护的是不同的产品，因此保护范围不同，不属于同样的发明创造；X，Z保护的数值范围仅部分重叠，不属于同样的发明创造。因此，正确选项为C。

14. 甲乙两人就同样的发明创造同日向专利局分别提出实用新型专利申请，如果两人的申请均符合其他授予专利权的条件，则专利权应当授予何人？

A. 甲　　　　　　　　B. 乙

C. 甲和乙共有　　　　D. 经甲和乙协商确定的人

【解析】根据《专利法实施细则》第41条第1款的规定，"两个以上的申请人在同一日分别就同样的发明创造申请专利的，应当在收到国务院专利行政部门的通知后自行协商确定申请人。"故D选项正确。

【练习题答案】

1. A B	2. A B	3. C D	4. A C D	5. A B	6. D	7. A C D
8. A B D	9. A B C	10. A C	11. A B	12. B C D	13. C	14. D

第五章 专利申请的受理与审查程序

[本章导读]

本章涵盖《考试大纲》第四章第一节和第二节的部分知识点，主要讲授专利申请受理与审查的主要程序，包括专利申请的受理、国防专利申请和保密专利申请的处理、发明专利申请的初步审查、实用新型专利申请的初步审查、发明专利申请的公布、发明专利申请的实质审查程序、对申请文件的答复与修改以及专利权的授予与公告程序。此外，本章还涉及《考试大纲》第七章第三节所述《布达佩斯条约》相关知识点的介绍。

本章内容所涉及的法律、法规条款较多，主要包括《专利法实施细则》第44条第1款第（一）、（二）项中所列出的《专利法》和《专利法实施细则》的相关条款，其中包括《专利法》第一章中的第17~20条、《专利法》第二章至第四章的大部分条款、《专利法实施细则》第一章至第三章、第十一章中关于专利申请受理和审查的大部分条款。此外，本章还涉及国家知识产权局发布的《关于在香港特别行政区知识产权署提出的首次申请的优先权的规定》（以下简称"局10号令"）、《核苷酸和/或氨基酸序列表和序列表电子文件标准》（以下简称"局15号令"）、《关于专利电子申请的规定》（以下简称"局57号令"）、《关于台湾同胞专利申请的若干规定》（以下简称"局58号令"）、《用于专利程序的微生物菌种保藏办法》（以下简称"局8号公告"）、《关于港澳地区专利申请若干问题的规定》（以下简称"局51号公告"）以及《布达佩斯条约》的相关内容。

读者在学习本章内容时可以参阅《专利审查指南2010》第一部分第一章、第二章，第二部分第二章、第六章、第八章，第五部分第一章、第三章、第五章、第九章、第十一章。

需要说明的是，本章所述的受理程序未包含复审和无效宣告程序中相关文件的受理及审查，相关内容请参见本书第八章。此外，本章未包含外观设计专利申请的初步审查，关于此，请参见本书第六章第一节。

关于专利申请文件的形式审查，本章仅详细讲解了对于请求书的具体要求，对于其他申请文件的形式要求请参见本书第二章的内容；关于与专利申请相关的法律手续，本章仅对应当与专利申请一同提出和办理的法律手续作了重点介绍，有关审批流程中的其他法律手续和事务处理，请参见本书第七章各节的内容。

关于实用新型的初步审查，本章仅对专利申请是否存在明显实质性缺陷的审查作了详细介绍，关于实用新型专利的保护客体，请参见本书第三章第一节。

关于发明专利申请的实质审查，本章仅涉及程序方面的内容，关于授予专利权的实质性条件，请参见本书第四章。

本章第七节所述的答复和修改，是针对发明和实用新型专利申请而言的，关于外观设计专利申请的答复和修改，请参见本书第六章第四节。

还需要说明的是，在本章中，除非另有指明，关于专利申请文件的各方面要求同时适用于纸件申请和电子申请。

一项发明创造完成后要取得专利权，必须由申请人依照规定的方式向专利局提出专利申请。专利局受理后，经过法律规定的一系列审批程序，最终决定是否授予申请人专利权。通常所说的审批程序，就是指从专利申请的受理开始到专利申请获得最终审查结论的全部法律程序。

第一节 专利申请的受理

专利申请的受理是申请人欲就其发明创造提出专利申请或者申请后递交文件所经历的第一个审查程序，是专利申请及其申请后递交文件的入口。本书将对受理的概念和适用范围、受理条件、不受理情形、申请后提交文件的受理及关于电子申请的特殊规定进行阐述。

一、受理的概念及适用范围

（一）受理的概念及效力

专利申请的受理是一个重要的法律程序。受理程序是国家知识产权局接收申请人提交专利申请文件及其他文件，并依据《专利法》及其实施细则对专利申请是否符合受理条件进行审查并处理的程序。申请日的确定和申请号的给出是专利申请被受理的标志。专利申请被受理后，至少将产生以下的法律效力：

（1）在该申请被公布后，将阻止任何在其申请日以后就同样的内容申请专利的申请人获得专利权。

（2）无论该申请被受理以后的"命运"如何，除法律另有规定的以外，该申请可以作为相同主题的另一件申请在一定期限内要求优先权的基础。

（3）该申请的申请文件从被受理之日起，可以作为申请人要求申请文件副本的依据。申请人可以按规定的手续，要求国家知识产权局出具申请文件副本。

（4）该申请文件是申请人在后续审查程序中进行修改的基础。即申请人对专利申请的修改不得超出受理时的说明书和权利要求书记载的范围，不得超出受理时的外观设计图片或者照片表示的范围。

（二）受理的机构及地点

专利申请的受理机构是国家知识产权局。国家知识产权局专利局设立受理处，并在全国多个省市设立专利代办处，接收和受理申请人以纸件形式提交的专利申请和其他文件。

专利局受理处和上述代办处的地址和业务工作范围，由国家知识产权局以公告形式向公众发布。其中，专利局受理处负责受理所有专利申请及其他有关文件；专利局设在各地的代办处按照相关规定受理专利申请及其他有关文件；专利复审委员会可以受理与复审和无效宣告请求有关的文件。

此外，根据《专利法实施细则》的规定，专利申请涉及国防利益需要保密的，由国防专利机构受理并进行审查，具体内容参见本章第二节。

受理地点是专利申请及其有关文件的统一入口，未经过受理登记的文件，不进入审批程序。

（三）受理适用范围

受理仅适用于在国家知识产权局规定的受理地点对申请文件和其他有关文件的接收。邮寄或者直接交给专利局的任何个人或者非受理部门的申请文件和其他有关文件，不属于对文件的受理，其邮寄文件的邮戳日或者提交文件的提交日都不具有确定申请日或递交日的效力。

二、受理条件

国家知识产权局收到专利申请后，首先应进行是否符合受理条件的审查，即：文件的提交方式是否符合规定，是否满足最低的申请文件要求，申请文件的格式是否符合受理要求等。

（一）最低文件要求

根据《专利法实施细则》第38条的规定，国家知识产权局收到发明或者实用新型专利申请的请求书、说明书（实用新型必须包括附图）和权利要求书，或者外观设计专利申请的请求书、外观设计的图片或者照片和简要说明后，应当明确申请日、给出申请号，并通知申请人。

需注意的是,《专利法实施细则》第38条所规定的是专利申请被受理的最低文件要求,这与专利申请获得授权所需的专利申请文件以及对申请文件的要求是不一样的。例如,申请人提交的实用新型专利申请文件中有一幅附图,属于温度曲线图,虽然该附图不属于表示要求保护的产品的形状、构造或者其结合的附图,但仍然满足受理条件,该申请可以被受理。但是,在进行初步审查时,该附图不满足授予实用新型专利权的条件。除专利申请文件以外,在提出专利申请的同时或者提出专利申请之后,申请人、专利权人、其他利害关系人办理与该专利申请(或者专利)有关的各种手续时,还需要提交其他文件。其他文件包括各种请求、申报、意见陈述、补正以及各种证明、证据材料等,例如专利代理委托书、费用减缓请求书、费用减缓证明、优先权证明、优先权转让证明、实质审查请求书、提前公开声明、涉及保密的证明以及生物材料样品保藏和存活证明。但提出一件专利申请时,其他文件是否提交不影响专利申请的受理。

(二)文件提交方式

根据《专利法实施细则》的规定,申请人或者当事人应当以书面形式或者国务院专利行政部门规定的其他形式办理各种手续。以口头、电话、实物等非书面形式办理各种手续的,或者以电报、电传、传真、电子邮件等通讯手段办理各种手续的,均视为未提出,不产生法律效力。

1. 纸件申请

申请人可以通过纸件形式将专利申请当面递交或者通过邮局邮寄的方式递交到国家知识产权局受理部门。专利申请被受理的,该专利申请被称为纸件申请。除特殊规定,例如涉及核苷酸/氨基酸的专利申请需要提交序列表的计算机可读形式副本,外观设计专利申请必要时可以提交外观设计模型外,办理纸件申请的各种手续均应采取纸件形式。

申请人通过邮局邮寄的方式递交文件的,应当使用挂号信函,不得使用包裹,不得直接从国外,或者我国香港、澳门或台湾地区向国家知识产权局邮寄文件。

纸件申请被受理后,审批程序中申请人以电子文件形式提交的相关文件视为未提交。除非申请人或专利代理机构办理了电子申请注册手续,请求将纸件申请转为电子申请并获得批准。

2. 电子申请

以互联网为传输媒介将专利申请文件以符合规定的电子文件形式向国家知识产权局提出的专利申请称为电子申请。申请人以电子文件形式提出专利申请并被受理的,除另有规定的外,在审批程序中应当通过电子专利申请系统以电子文件形式提交相关文件,不符合规定的,该文件视为未提交。

(三)文件格式

申请人向专利局提交的申请文件要使用国家知识产权局规定的语言,即中文,并符合《专利法实施细则》第121条第1款规定的格式要求,即各类申请文件应当打字或者印刷,字迹应当为黑色,整齐清晰,并不得涂改。附图应当用制图工具和黑色墨水绘制,线条应当均匀清晰,并不得涂改。除上述作为受理条件应当满足的最低文件格式要求外,专利申请文件的格式还应当符合如下要求。

1. 适用文字

依照《专利法》和《专利法实施细则》规定提交的各种文件应当使用中文。

国家有统一规定的科技术语的,应当采用规范词;外国人名、地名和科技术语没有统一中文译文的,应当注明原文。依照《专利法》和《专利法实施细则》规定提交的各种证件和证明文件是外文的,国务院专利行政部门认为必要时,可以要求当事人在指定期限内附送中文译文。

2. 标准表格和书写规则

申请人提交专利申请或办理其他专利事务，应当使用标准表格，适用于专利申请的各种标准表格格式由专利局制定。

申请人以纸件方式提交专利申请文件和其他文件的，纸张应当为白色 A4 纸，质量不低于 80 克胶版纸；顶端和左侧的页边距为 25mm，底部和右侧的页边距为 15mm。申请文件的字体应当为楷体、宋体或仿宋体；与专利申请有关的其他文件可以手工书写，但字体应当工整，不得涂改。各种文件单面、纵向使用，从左至右横向书写。请求书、说明书、权利要求书、说明书附图、摘要和摘要附图应当分别用阿拉伯数字顺序单独编号。

（四）申请日的确定

专利局收到申请文件后，将进行专利申请的受理条件审查，符合受理条件的，将会确定申请日、给出申请号，该文件将立案成为一件正式的专利申请。申请日是专利申请程序和实体中的一个极其重要的时间起点。就申请和审查程序而言，根据我国专利制度的先申请原则，申请日是判断专利申请先后的客观标准，申请日是许多期限的起算日；就申请文件的实质性要求而言，申请日是判断专利申请是否具备新颖性和创造性的时间界限。申请日的确定是专利审批程序中一个重要的审查事项。由于递交专利申请的形式的不同，申请日确定的方式也有所不同。由于邮戳不清等原因造成的申请日确定有误，申请人可以请求更正申请日。在某些特殊情形下，申请日需要重新确定。

1. 纸件申请

向专利局受理处或者代办处窗口直接递交的专利申请，以收到日为申请日；通过邮局邮寄递交到专利局受理处或者代办处的专利申请，以信封上的寄出邮戳日为申请日；寄出的邮戳日不清晰无法辨认的，以专利局受理处或者代办处收到日为申请日，并将信封存档。通过速递公司递交到专利局受理处或者代办处的专利申请，以收到日为申请日。

例如，成都市民赵某通过邮局向专利局寄交了一件专利申请 S1，邮戳日为 2011 年 3 月 12 日，专利局受理处于 2011 年 3 月 15 日收到了该申请。赵某于 2011 年 3 月 13 日将另一件专利申请 S2 交付当地的速递公司，速递公司于次日上午送达成都代办处。在两份申请均符合受理条件的情况下，S1 的申请日应当是 2011 年 3 月 12 日，而 S2 的申请日应当是 2011 年 3 月 14 日。

对于邮寄或者递交到国家知识产权局非受理部门或者个人的专利申请，如果该专利申请被转送到受理处或者代办处，以受理处或者代办处实际收到日为申请日。

2. 电子申请

按照局 57 号令的规定，申请人提出电子专利申请的，以专利局专利电子申请系统收到符合《专利法》及其实施细则规定的专利申请文件之日为申请日。

3. PCT 进入中国国家阶段的专利申请

《专利法实施细则》第 102 条规定："按照专利合作条约已确定国际申请日并指定中国的国际申请，视为向国务院专利行政部门提出的专利申请，该国际申请日视为专利法第 28 条所称的申请日。"因此，进入中国国家阶段的专利申请的申请日为原国际申请日。向专利局办理并满足《专利法实施细则》第 104 条第 1 款第（一）项至第（三）项规定的进入国家阶段手续之日为进入日，不具有申请日的效力。

4. 分案申请

按照《专利法实施细则》第 42 规定提出分案申请的，以原申请的申请日为申请日，向专利局递交分案申请之日为分案递交日，分案递交日不具有申请日的效力。

5. 申请日的更正

申请人收到专利申请受理通知书之后认为该通知书上记载的申请日与邮寄该申请文件日期不一致的,可以请求国家知识产权局更正申请日。

申请人请求更正申请日的,应当符合下列要求:

(1)在递交专利申请文件之日起 2 个月内或者申请人收到专利申请受理通知书 1 个月内提出更正申请日的请求。

(2)附有收寄专利申请文件的邮局出具的寄出日期的有效证明,该证明中注明的寄出挂号号码与请求书中记录的挂号号码一致。

6. 申请日的重新确定

在专利申请被受理并确定申请日、给出申请号之后,某些情况下,申请日还可能会被重新确定。

(1)说明书中附图说明与说明书附图不对应的情况下,如果属于说明书中写有对附图的说明但无附图或者缺少部分附图的情形,按照《专利法实施细则》第 40 条的规定,申请人应当在专利局指定的期限内补交附图或者声明取消对附图的说明。申请人补交附图的,以向专利局提交或者邮寄附图之日为申请日;取消对附图的说明的,保留原申请日。

此处需注意,在说明书中包含了对摘要附图的说明,但摘要附图未作为说明书附图时,虽然摘要附图是申请日当天提交的文件,但由于摘要附图只作为一种技术情报,不具有法律效力,不属于说明书和权利要求书记载的范围。如果申请人将摘要附图补入说明书附图,需重新确定申请日。

(2)国际申请中有援引加入部分的,申请人在进入中国国家阶段时指明保留援引加入项目或部分,并请求修改相对于中国的申请日的,以向国际局或受理局提交援引加入项目或部分之日为重新确定的在中国的申请日。

(3)分案申请符合受理条件的,以请求书中写明的原申请日为申请日。如果请求书中写明的原申请日有误,在初审阶段会要求申请人进行补正,以申请人补正后正确的原申请日为重新确定的申请日。

7. 受理程序中错误的更正

专利局受理处或者代办处在受理工作中出现的错误一经发现,应当及时更正,并发出修改更正通知书,同时修改有关数据。对专利局内部错投到各审查部门的文件应当及时退回受理处,并注明退回原因。

8. 查 询

为了使当事人对其提交的申请文件及其他文件进行查询,特别是对于作出不予受理的原因,专利局受理处设置收文登记簿。当事人除能提供专利局或者专利局代办处的收文回执或者受理通知书外,以收文登记簿的记载为准。查询时效为 1 年,自提交该文件之日起算。

三、不予受理的情形

根据《专利法实施细则》第 39 条和《专利审查指南 2010》的相关规定,并结合局 52 号公告对港、澳、台地区的特别规定,专利申请有下列情形之一的,国家知识产权局不予受理:

(1)发明专利申请缺少请求书、说明书或者权利要求书的;实用新型专利申请缺少请求书、说明书、说明书附图或者权利要求书的;外观设计专利申请缺少请求书、图片或照片或者简要说明的,不予受理。

(2)申请文件未使用中文的,即专利申请文件中大幅度使用中文以外的其他文字的,例如发明专利申请的说明书中有大段文字使用外文的，不予受理。

（3）申请文件不符合《专利法实施细则》第 121 条第 1 款规定的，即申请文件未打字或者印刷的；或者某一申请文件的字迹或线条不清晰或有涂改以至不能分辨其内容的；或者发明或实用新型专利申请的说明书附图和外观设计专利申请的图片是用易擦去的笔迹绘制或有涂改的，不予受理。

（4）请求书中缺少申请人姓名或者名称，或者缺少地址的，不予受理。因为只有在申请人的姓名或者名称、申请人地址均确定的情形下，该专利申请的主体才能确定，二者缺一不可。

（5）外国申请人因国籍或者居所原因，明显不符合《专利法》第 18 条的规定的，该外国申请人明显不具有提出专利申请的资格，所提交的专利申请不予受理。

（6）在中国内地没有经常居所或者营业所的外国人、外国企业或者外国其他组织作为第一署名申请人，没有委托专利代理机构，即在专利请求书中未填写专利代理机构信息，同时申请人地址也填写为国外地址的，属于明显不符合《专利法》第 19 条第 1 款的规定，该专利申请不予受理。

（7）在中国内地没有经常居所或者营业所的香港、澳门或者台湾地区的个人、企业或者其他组织作为第一署名申请人，没有委托专利代理机构的，不予受理。

（8）文件是直接从外国向国家知识产权局邮寄的，不予受理。

（9）文件是直接从香港、澳门或者台湾地区向国家知识产权局邮寄的，不予受理。

（10）专利申请类别（发明、实用新型或者外观设计）不明确或者难以确定的，例如申请人所用表格为发明专利请求书，但申请文件中不包含说明书和权利要求书，而是包含图片或照片和简要说明，该专利申请的类别不明确，不予受理。

（11）分案申请改变申请类别的，例如原申请为发明专利，但分案申请是实用新型专利的，不予受理。

四、申请后提交文件的受理

（一）申请后提交文件的受理

申请人提交其他文件时，应当在各文件中注明该文件所涉及专利申请的申请号（或专利号），且仅涉及一件专利申请（或专利）；各文件应当用中文书写，外文证明材料应当附有中文清单。

对于纸件申请，字迹清晰、字体工整，且用不易擦去的笔迹完成。

不符合上述规定的，国家知识产权局不予受理。

（二）申请后提交文件的递交日确定

以纸件方式向专利局受理处或者代办处窗口直接递交的文件，以收到日为递交日；通过邮局邮寄递交到专利局受理处或者代办处的文件，以信封上的寄出邮戳日为递交日；寄出的邮戳日不清晰无法辨认的，以专利局受理处或者代办处收到日为递交日。通过速递公司递交到专利局受理处或者代办处的文件，以收到日为递交日。通过专利局专利电子申请系统递交文件的，以专利电子申请系统收到电子文件之日为递交日。

当事人对递交日有异议的，应当提供专利局出具的收到文件回执、收寄邮局出具的证明或者其他有效证明材料。证明材料符合规定的，专利局将重新确定递交日。

五、关于电子申请的特殊规定

（一）用户注册

申请人欲通过电子文件形式提交专利申请，首先应当成为电子申请用户，电子申请用户是指

第五章

已经与国家知识产权局签订电子专利申请系统用户注册协议（以下简称"用户注册协议"），办理了有关注册手续，获得用户代码和密码的申请人和专利代理机构。

电子申请用户注册方式包括当面注册、邮寄注册和网上注册。办理电子申请用户注册手续应当提交电子申请用户注册请求书、签字或者盖章的用户注册协议一式两份以及用户注册证明文件。但不需要缴纳费用。

电子申请用户注册请求书应当采用国家知识产权局制定的标准表格，请求书中应当写明注册请求人姓名或者名称、类型、证件号码、国籍或注册地、经常居所地或营业所所在地、详细地址和邮政编码，注册请求人是单位的，请求书中还应当写明经办人信息。注册请求人是个人的，应当提交由本人签字或者盖章的居民身份证件复印件或者其他身份证明文件；注册请求人是单位的，应当提交加盖单位公章的企业营业执照或者组织机构证复印件、经办人签字或者盖章的身份证明文件复印件；注册请求人是专利代理机构的，应当提交加盖专利代理机构公章的专利代理机构注册证复印件、经办人签字或者盖章的身份证明文件复印件。

注册材料经审查合格的，专利局应当向注册请求人发出电子申请注册请求审批通知书和一份经国家知识产权局盖章的用户注册协议，并给出用户代码。当面注册的，由注册请求人当面设定密码；邮寄注册的，应当在电子申请注册请求审批通知书中告知注册请求人密码；网上注册的，由申请人在提出注册请求时预置密码。

（二）提交申请的要求

电子申请的申请人应当按照规定的文件格式、数据标准、操作规范和传输方式提交电子申请文件。符合规定的，电子专利申请系统会发出文件接收情况的电子申请回执；不符合规定的，不予接收。

申请人认为其专利申请涉及国家安全或者重大利益，需要按照保密专利申请处理的，不得通过电子专利申请系统提交。

（三）申请的受理

电子申请由专利局电子申请受理部门负责受理，其受理范围包括：（1）发明、实用新型和外观设计专利申请；（2）进入国家阶段的国际申请。

电子申请的内容明显不属于专利申请的，不予受理。

第二节　国防专利申请和保密专利申请

根据《专利法》第 4 条规定，申请专利的发明创造涉及国家安全或者重大利益需要保密的，按照国家有关规定办理。在《专利法实施细则》中，将涉及国防利益需要保密的专利申请称为国防专利申请，将涉及国防利益以外的国家安全或者重大利益的申请称为保密专利申请。

一、国防专利申请的受理、审查与授权

国防专利是指涉及国防利益以及对国防建设具有潜在作用需要保密的发明专利。按照《专利法实施细则》第 7 条的规定，专利申请涉及国防利益需要保密的，由国防专利机构（即国防专利局）受理并进行审查；专利局受理的专利申请涉及国防利益需要保密的，应当及时移交国防专利局进行审查，如果该专利申请为电子申请，还应当同时将该专利申请转为纸件申请并通知申请人。

除《国防专利条例》另有规定的外，国防专利局对国防专利申请的审查遵守专利申请审查的一般规定。与普通专利申请的审查不同的是，对国防专利申请的审查不区分初步审查和实质审查，经审查认为不符合规定的，应当通知国防专利申请人在指定的期限内陈述意见或者对其国防专利申请进行修改、补正；无正当理由逾期不答复的，该国防专利申请即被视为撤回。

国防专利申请人在自申请日起 6 个月内或者在对第一次审查意见通知书进行答复时，可以对其国防专利申请主动提出修改。

经国防专利局审查没有发现驳回理由的，由国家知识产权局作出授予国防专利权的决定，并委托国防专利局颁发国防专利证书，同时在专利公报上公告国防专利的专利号、申请日和授权公告日。

二、保密专利申请的确定、审查与授权

保密专利申请限于发明和实用新型专利申请。申请人可以请求将其发明或者实用新型专利申请按照保密专利申请处理，但是否确定为保密专利申请还需由专利局进行审查确定。对于申请人未提出保密请求的发明或者实用新型专利申请，专利局也可以自行进行保密确定。保密专利申请的初步审查和实质审查的基准与一般专利申请一致，但审查流程稍有不同。

（一）保密专利申请的确定

1. 申请人提出保密请求的保密确定

申请人认为其发明或者实用新型专利申请涉及国防利益以外的国家安全或者重大利益需要保密的，应当在提出专利申请的同时，在请求书上作出要求保密的表示。申请人也可以在发明专利申请进入公布准备之前，或者实用新型专利申请进入授权公告准备之前，提出保密请求。申请人在提出保密请求之前已确定其申请的内容涉及国家安全或者重大利益需要保密的，应当提交有关部门确定密级的相关文件。

发明或者实用新型内容涉及国防利益以外的国家安全或者重大利益的，由国家知识产权局进行保密确定，必要时可以邀请相关领域的技术专家协助确定。专利申请确定保密的，按照保密专利申请处理；不需要保密的，进入正常流程，按照一般专利申请处理。

2. 专利局自行进行的保密确定

对于申请人未提出保密请求，但发明内容涉及国防利益以外的国家安全或者重大利益需要保密的发明或者实用新型专利申请，专利局也会将其转为保密专利申请并通知申请人。如果该专利申请为电子申请，专利局还会将其转为纸件申请并通知申请人。此后程序中的各种文件不得再通过电子专利申请系统提交。

（二）保密专利申请的审查与授权

保密发明专利申请初步审查合格后不予公布，实质审查请求符合规定的，直接进入实质审查程序。保密实用新型专利申请经初步审查没有发现驳回理由，保密发明专利申请经实质审查没有发现驳回理由的，作出授予相应的保密专利权的决定。

保密专利申请的授权公告仅公布专利号、申请日和授权公告日。

三、保密申请（或专利）的解密

（一）解 密

保密专利申请的申请人或者保密专利的专利权人可以书面提出解密请求。提出保密请求时提交了有关部门确定密级的相关文件的，申请人（或专利权人）提出解密请求时，应当附具原确定

密级的部门同意解密的证明文件。解密请求提出后，由专利局对保密申请（或专利）进行解密确定。同时，专利局每两年也会对保密专利申请（或专利）进行一次复查，经复查不需要继续保密的，通知申请人予以解密。

（二）解密后的处理

发明专利申请解密后，尚未被授予专利权的，按照一般发明专利申请进行审查和管理；符合公布条件的，应当予以公布，并出版发明专利申请单行本。实用新型专利申请解密后，尚未被授予专利权的，按照一般实用新型专利申请进行审查和管理。

发明或者实用新型专利解密后，应当进行解密公告、出版发明或者实用新型专利单行本，并按照一般专利进行管理。

第三节　发明专利申请的初步审查

发明专利申请的初步审查是在专利局受理发明专利申请之后、公布之前的一个必要程序。其目的是使专利申请文件的形式、格式符合专利法的要求，在实质内容上也不会使申请人或公众对专利法保护的客体和主题产生误解。

在进行发明专利申请初步审查时，专利局应当遵循保密原则、书面审查原则、听证原则和程序节约原则。此外，专利局在作出视为未提出、视为撤回、驳回等处分决定的同时，应当告知申请人可以启动的后续程序。

一、发明专利申请初步审查的范围及程序概述

（一）发明专利申请初步审查的范围

《专利法实施细则》第44条对三种专利申请初步审查的范围作出了明确规定。发明专利申请的初步审查除审查专利申请是否具备《专利法》第26条或者第27条规定的文件和其他必要的文件，这些文件是否符合规定的格式之外，还审查下列各项：发明专利申请是否明显属于《专利法》第5条、第25条规定的情形，是否不符合《专利法》第18条、第19条第1款、第20条第1款或者《专利法实施细则》第16条、第26条第2款的规定，是否明显不符合《专利法》第2条第2款、第26条第5款、第31条第1款、第33条或者《专利法实施细则》第17~21条的规定，以及申请文件是否符合《专利法实施细则》第2条、第3条第1款的规定。

总之，发明专利申请的初步审查包括对申请文件的形式、申请文件的明显实质性缺陷、其他相关手续文件的合法性及有关费用进行的审查。

（二）发明专利申请初步审查程序

1. 审查的启动

申请人提交发明专利申请文件并被受理的，申请人在期限内缴纳申请费、公布印刷费和必要的申请附加费后，专利局将启动发明专利申请的初步审查程序。

2. 专利申请的审查

根据《专利法》及其实施细则的相关规定，审查员对申请文件进行初步审查，并根据案件的具体情况发出不同的审查通知书。

（1）申请文件的审查

申请文件中存在可以通过补正方式克服的缺陷的，专利局应当发出补正通知书，尽可能在一次补正通知书中指出申请中存在的全部缺陷，要求申请人对缺陷进行补正。申请文件中存在不可

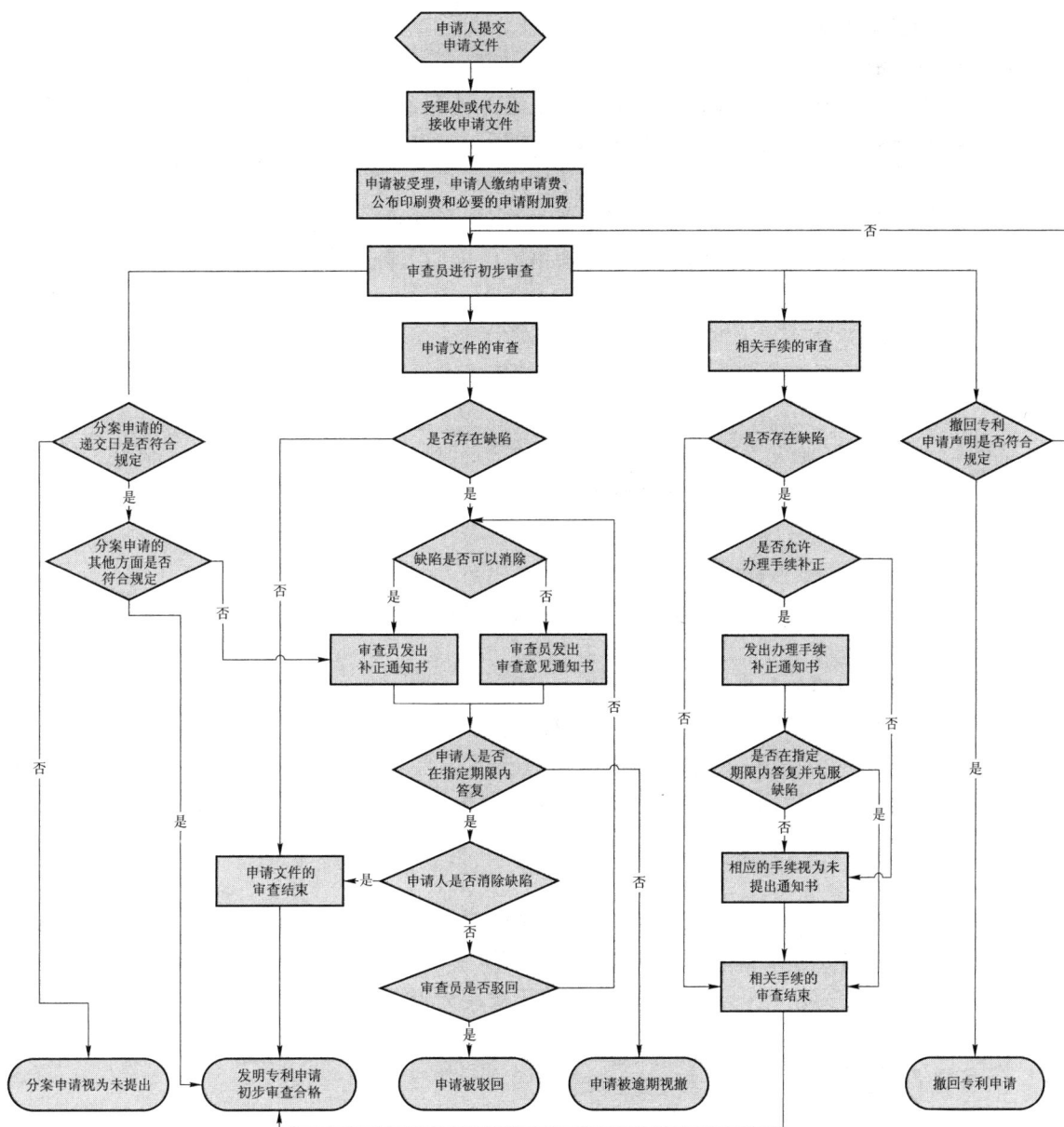

图 5-1　发明专利申请初步审查程序图

能通过补正方式克服的明显实质性缺陷时，专利局应当发出审查意见通知书，在审查意见通知书中指出缺陷事实并进行必要分析。

（2）手续文件的审查

初步审查中，专利局还会对一些相关的手续进行审查，例如专利代理委托手续、要求优先权手续、要求不丧失新颖性宽限手续、请求提前公布手续以及实质审查请求手续等。手续不符合规定的，专利局将根据缺陷的性质要求申请人办理手续补正或直接视为申请人未提出该手续。专利局所发的通知书包括办理手续补正通知书、视为未要求优先权通知书、视为未委托专利代理机构通知书、生物材料样品视为未保藏通知书、视为未要求不丧失新颖性宽限通知书、视为未提出通知书以及手续合格通知书等。

3. 初步审查的结束

（1）初审合格

经初步审查，申请文件不存在明显实质性缺陷，且符合《专利法》及其实施细则的其他规定，或者经补正或意见陈述消除各种缺陷的，该申请应予以初步审查合格。

（2）驳 回

申请文件存在明显实质性缺陷，在专利局发出审查意见通知书后，或者申请文件存在形式缺陷，专利局针对该缺陷已发出过两次补正通知书，经申请人陈述意见或者补正后仍然没有消除的，该申请可以被驳回。

（3）分案申请视为未提出

分案申请递交日不符合规定的，该分案申请视为未提出。

（4）视为撤回

若申请人未在补正通知书或审查意见通知书的答复期限内提交补正文件或意见陈述，或者该申请作为另一件专利申请的本国优先权基础，而另一件专利申请的优先权要求成立的，则该申请将被视为撤回。

（5）撤 回

在初步审查程序中，申请人主动提出撤回专利申请的声明，并符合相关规定时，专利局对该专利申请的审查终止。

4. 初步审查合格后的程序

发明专利申请初步审查合格之后，申请人提出提前公布声明并符合规定的，在符合其他公布条件之后，专利申请将立即进入公布程序。申请人未提出要求提前公布声明的，自申请日（有优先权的，指优先权日）满 18 个月，符合其他公布条件的，专利局即行公布该专利申请。

二、对申请文件的形式审查

对发明专利申请文件的形式审查包括发明专利申请文件是否齐备，以及这些文件是否符合规定的格式。所述申请文件是指请求书、说明书及其摘要、权利要求书，必要时还包括说明书附图、摘要附图或遗传资源来源披露登记表（依赖于遗传资源完成的发明创造）。

（一）请求书

1. 发明名称

发明名称的作用主要在于使申请专利的发明便于分类、查询。因此，发明名称的填写不仅要简短，而且还要清楚、准确、全面地表明申请专利的发明主题，例如是一种××方法还是××产品。发明名称字数一般不超过 25 个字，特殊情况下（例如化学领域）的发明名称最多允许 40 个字。发明名称中不允许写入人名、地名、商标名、型号、宣传用语等非技术用语；不允许写入词义含糊的用语，如"及其类似物"。

例如，发明名称为"一种化合物"，该发明名称过于笼统，不符合清楚、准确的要求。

2. 发明人

《专利法》所称发明人，是指对发明创造的实质性特点作出创造性贡献的人。发明人应当是自然人。发明人有在专利文件中写明自己是发明人的权利，也有在专利文件中不公开自己姓名的权利，因此可以请求专利局不公布其姓名。

（1）发明人的填写

发明人必须为个人，不应当是集体或单位。例如，某专利申请文件中，请求书的发明人一栏中直接填写为"某科技开发公司"是不符合规定的，虽然该项发明创造是由某科技开发公司整个团队集体完成的，但仍然应当将各个自然人的姓名按顺序填写在发明人一栏。

发明人应当使用本人真实姓名。外国发明人中文译名可以使用外文缩写字母，姓和名之间用圆点分开，圆点置于中间位置，例如 M·琼斯。发明人姓名之后不得冠以职称、职务等称呼。多个发明人的，应自左向右顺序填写。

例如英国某公司在我国申请专利，请求书中发明人的署名为 George W. Smith 博士，该发明人未使用中文译名，且姓名之后含有"××博士"的称谓，其署名方式不正确。

（2）发明人请求不公布姓名的手续

提出专利申请时请求不公布发明人姓名的，应当在请求书"发明人"一栏所填写的相应发明人后面注明"（不公布姓名）"。提出专利申请后请求不公布发明人姓名的，应当提交由发明人签字或者盖章的书面声明。但是专利申请进入公报编辑后才提出该请求的，视为未提出请求。

不公布姓名的请求提出之后，经审查认为符合规定的，专利局在专利公报、说明书单行本以及专利证书中均不公布其姓名，并在相应位置注明"请求不公布姓名"字样，发明人也不得再请求重新公布其姓名。

3．申请人

申请人是就发明创造向国家知识产权局提出专利申请的单位或个人。

（1）申请人是本国人

申请人是单位的，应当使用单位的正式全称，不得使用缩写或者简称，且请求书中填写的单位名称应当与所使用的公章上的单位名称一致。例如，某企业的正式名称为"中国某石油化工集团公司"，在其提交的专利申请中，专利申请人一栏不得仅填写为"某石化集团"。

申请人是单位的，应当具有申请人资格，例如不得填写为××大学科研处或者××研究所××课题组，科研处或课题组不具有申请人资格。

申请人为个人的，应当使用本人真实姓名，不得使用笔名或者其他非正式的姓名。其姓名中不应当含有学位、职务等称号。例如拥有博士学位的达蒙·琼斯提交的专利申请中，专利申请人一栏不得填写为"达蒙·琼斯博士"，而应直接填写为"达蒙·琼斯"。

（2）申请人是外国人、外国企业或者外国其他组织

《专利法》第 18 条的规定："在中国没有经常居所或者营业所的外国人、外国企业或者外国其他组织在中国申请专利的，依照其所属国同中国签订的协议或者共同参加的国际条约，或者依照互惠原则，根据本法办理。"由此可知，能够在我国申请专利保护的外国人可以分为两种情况，一是在中国有经常居所或营业所的外国人，这类外国人与我国的国民享有同等的待遇，可以依其自己的意愿在我国申请专利，不需要满足其他前提条件；二是在中国没有经常居所或者营业所的外国人、外国企业或者外国其他组织，这类外国人需要满足一定的前提条件才能在我国申请专利保护，即其所属国同中国签订有专门协议，或者其所属国与我国共同参加了有关的国际条约，例如同是《巴黎公约》成员国或 WTO 成员，或者其所属国依照互惠原则对我国国民给予专利保护。在中国有经常居所的外国人，应当提交公安部门出具的可在中国居住 1 年以上的证明文件。

依据国民待遇的原则，申请人的经常居所地或者营业所所属国同我国签订有协议或者共同参加了国际条约，或者有互惠原则的，也适用《专利法》第 18 条可以在中国申请专利的情形。

在中国人和外国人共同申请的情形，不论该外国申请人是第一申请人还是第二申请人，均应当对外国申请人的资格是否符合《专利法》第 18 条进行审查，此处应当注意与专利代理委托要求的区别。

4. 联系人

联系人是代替该单位接收专利局所发信函的收件人。

申请人是单位且未委托专利代理机构的，应当填写联系人，联系人应当是本单位的工作人员。申请人是个人且需由他人代收专利局所发信函的，也可以填写联系人。联系人只能填写一人。填写联系人的，还需要同时填写联系人的通信地址、邮政编码和电话号码。

5. 代表人

（1）代表人的指定

对于纸件申请，申请人有两人以上且未委托专利代理机构的，除请求书中另有声明的外，以请求书中指明的第一申请人为代表人。

因此，纸件申请的代表人指定有两种情形，其一是在请求书中声明，所声明的代表人应当是申请人之一；其二是在请求书中未声明时，以请求书中的第一申请人为代表人。

对于电子申请，申请人有两个以上且未委托专利代理机构的，以提交电子申请的电子申请用户为代表人。

（2）代表人的权利

除直接涉及共有权利的手续外，代表人有权办理在专利局的各种事务。其中，直接涉及共有权利的手续包括：提出专利申请，委托专利代理，转让专利申请权、优先权或者专利权，撤回专利申请，撤回优先权要求，以及放弃专利权等。直接涉及共有权利的手续应当由全体权利人签字或者盖章。

与纸件申请不同，电子申请的代表人有权代替申请人提出专利申请。

（3）代表人与联系人的区别

首先，代表人与联系人的法律地位不同。代表人有权代表申请人办理非共有权利的手续，而联系人仅是代替申请人接收专利局所发信函的收件人。

其次，代表人必须是申请人之一，而联系人不一定是申请人。纸件申请的申请人有两个以上且未委托专利代理机构的，默认第一申请人为代表人，电子申请默认提交电子申请的电子申请用户为代表人；而联系人通常不是申请人，申请人是单位且未委托专利代理机构的情形下，必须填写联系人，在其中没有默认的情形。

再次，联系人必须是自然人，而代表人则不然。在专利申请人是两个以上的单位且未委托专利代理机构的情况下，其代表人只能是其中某个申请人，仍是单位。但是，某种情形下，代表人和联系人可能是同一个人，例如某专利申请有两个以上的申请人，其中一个申请人为个人的，该申请的代表人和联系人可能同是该个人。

6. 地　址

请求书中的地址（包括申请人、联系人的地址）应当符合邮件能够迅速、准确投递的要求。地址中可以包含单位名称，但单位名称不得代替地址，例如不得仅填写××省××大学。台湾地区申请人不愿意公开其地址的，可以在地址栏仅填写为"中国台湾"。外国的地址应当注明国别、市（县、州），并附具外文详细地址。

7. 请求书中涉及的手续

某些手续需要在请求书中声明，例如委托专利代理机构的，应当在请求书中写明专利代理机构和专利代理人的信息；要求优先权的，应当在请求书中填写在先申请的申请日、申请号和原受理机构的名称；要求不丧失新颖性宽限期的，应当在请求书中声明；另外，申请人还可能在请求书中提出同日申请声明、请求提前公布声明、发明创造依赖于遗传资源完成的声明、保密请求

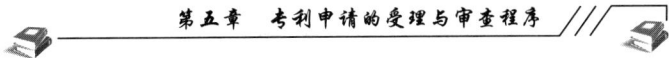

等等。

8. 签字或盖章

请求书应当按照规定签字或者盖章。未委托专利代理机构的，应当由全体申请人签字或者盖章；委托了专利代理机构的，应当由专利代理机构盖章。但对于电子申请，请求书中只能由提交电子申请的电子申请用户进行电子签章，委托专利代理机构的，为专利代理机构的电子签章；未委托专利代理机构的，为代表人的电子签章。

（二）说明书

说明书是申请人公开其发明或者实用新型的详细技术文件，用以解释权利要求书，所以是整个发明或者实用新型专利权的基础。因此，说明书应当对发明作出清楚、完整的说明，达到所属技术领域的技术人员能够实现的程度。在发明专利申请的初步审查中，对说明书的形式有下列要求：

（1）说明书应当在第一行写明发明名称。

（2）说明书应当包括技术领域、背景技术、发明内容、附图说明、具体实施方式五大部分的内容。

（3）说明书应当用词规范、语句清楚。不得使用商业性宣传用语，更不得使用贬低他人、诽谤他人或他人产品的语句。

（4）说明书的文字部分可以有化学式、数学式和表格，但不得有插图，插图应当作为说明书附图，而不应当出现在说明书中。

对上述要求的具体解释参见本书第二章第三节二（二）中的内容。

另外，在对说明书的初步审查中，还需特别注意下列两个方面的问题。

（1）说明书写有附图说明的，申请文件应当有附图；申请文件中有附图的，说明书中应当有附图说明。根据《专利法实施细则》第40条的规定，说明书中写有对附图的说明但无附图或者缺少部分附图的，申请人应当在专利局指定的期限内补交附图或者声明取消对附图的说明。申请人补交附图的，以向专利局提交或者邮寄附图之日为申请日；取消对附图的说明的，保留原申请日。

（2）发明专利申请包含一个或者多个核苷酸或者氨基酸序列的，说明书应当包括符合专利局规定的序列表。申请人应当将该序列表作为说明书的一个单独部分提交，并单独编写页码。需注意的是，序列表虽然单独编页，但仍是说明书的一部分。申请人还应当提交与该序列表相一致的计算机可读形式的副本；不一致的，以说明书中记载的为准。

（三）说明书附图

说明书附图是说明书的一个组成部分，作用在于用图形补充说明说明书文字部分的描述，使人能够直观地、形象化地理解发明的每个技术特征和整体技术方案。说明书附图同样可用于解释权利要求的内容。

说明书附图应当使用包括计算机在内的制图工具和黑色墨水绘制，特殊情况下，可以使用照片贴在图纸上作为附图。例如，显示金相结构或者组织细胞时，可将显微镜下的照片作为附图。

在发明专利申请的初步审查阶段，说明书附图的形式除了应当满足本章第一节受理条件中对说明书附图的要求（《专利法实施细则》第121条第1款）外，还应当符合《专利法实施细则》第18条的要求，具体可参见本书第二章第三节二（三）中的内容。

（四）权利要求书

权利要求书应当以说明书为依据，清楚、简要地限定要求专利保护的范围。在发明专利初步

第五章

审查程序中，权利要求书应当在形式上符合本书第二章第四节三3的要求。

（五）说明书摘要和摘要附图

说明书摘要是一种技术情报或技术信息，不属于发明原始记载的内容，不能作为修改申请文件的基础，也不能用来解释专利权的保护范围。

摘要中应当写明发明名称及所属技术领域，需要解决的技术问题，主要技术特征和用途，且不得超过300字。说明书摘要可以包括摘要附图，说明书含有附图的，申请人应当指定并提供一幅最能说明该发明技术特征的附图作为摘要附图。说明书摘要中包含的最能说明发明的化学式也可被作为摘要附图。

（六）遗传资源来源披露登记表

《专利法》第26条第5款规定："依赖遗传资源完成的发明创造，申请人应当在专利申请文件中说明该遗传资源的直接来源和原始来源；申请人无法说明原始来源的，应当陈述理由。"

《专利法》所称遗传资源，是指取自人体、动物、植物或者微生物等含有遗传功能单位并具有实际或者潜在价值的材料；《专利法》所称依赖遗传资源完成的发明创造，是指利用了遗传资源的遗传功能完成的发明创造。

就依赖遗传资源完成的发明创造申请专利的，申请人应当在请求书中予以说明，并填写专利局制定的表格。

遗传资源来源披露登记表应当填写发明名称、申请人姓名或者名称、遗传资源名称、遗传资源的直接来源和原始来源，并且按照规定签字或者盖章。申请人无法说明遗传资源的原始来源的，应当说明理由。如果遗传资源来源披露登记表是在申请后提交的，还应当写明申请号。

在《专利审查指南2010》第二部分第一章第九节对于遗传资源来源的披露及审查要求进行了详细阐述。

三、专利代理委托的审查

（一）委托专利代理的情形

在中国内地没有经常居所或者营业所的外国人、外国企业或者外国其他组织作为第一署名申请人在中国申请专利和办理其他专利事务的，应当委托依法设立的专利代理机构办理。在中国内地没有经常居所或者营业所的港、澳、台个人、企业或者其他组织作为第一署名申请人在中国申请专利和办理其他专利事务的，同样应当委托依法设立的专利代理机构办理。

明显不符合上述规定提交专利申请的，该专利申请不予受理。在初审程序中，对于不符合上述规定的专利申请，专利局将发出审查意见通知书，要求申请人委托专利代理机构办理专利事务，申请人在指定期限内未答复的，该申请被视为撤回；申请人陈述意见或者答复后仍不符合规定的，该专利申请将被驳回。

中国内地的单位或者个人作为第一署名申请人在国内申请专利和办理其他专利事务的，可以委托专利代理机构办理，也可以自行办理。

（二）委托专利代理的手续

委托专利代理机构提交专利申请或办理专利事务的，应当在请求书中填写专利代理的相关事项，并提交专利代理委托书。

1. 委托专利代理声明

申请人委托专利代理机构的，应当在请求书中填写专利代理机构的名称、机构代码以及该机构指定的专利代理人的姓名、执业证号码、联系电话。

专利代理机构的名称应当使用其在国家知识产权局登记的全称，并且要与加盖在申请文件中的专利代理机构公章上的名称一致，不得使用简称或者缩写，同时还应当填写国家知识产权局给予该专利代理机构的机构代码。

专利代理人应当使用其真实姓名，同时填写专利代理人执业证号码和联系电话，其中执业证号的前5位应当与专利代理机构的机构代码相同。一件专利申请的专利代理人不得超过两人。

2. 专利代理委托书

申请人委托专利代理机构向专利局申请专利和办理其他专利事务的，应当提交专利代理委托书。但根据申请的方式不同，对专利代理委托书提交形式的要求稍有不同。

（1）纸件申请的专利代理委托书

① 一般委托书。专利代理委托书应当使用专利局制定的标准表格，写明委托权限、发明创造名称、专利代理机构名称、专利代理人姓名，并应当与请求书中填写的内容相一致。申请人委托专利代理机构办理费用减缓手续的，可以在专利代理委托书中声明。在专利申请确定申请号后提交专利代理委托书的，还应当注明专利申请号。申请人有两个以上的，应当由全体申请人签字或者盖章。专利代理委托书还应当由专利代理机构加盖公章。

② 总委托书。申请人委托专利代理机构的，可以向专利局交存总委托书。专利局收到符合规定的总委托书后，应当给出总委托书编号，并通知该专利代理机构。已交存总委托书的，在提出专利申请时，有关委托人的部分，即总委托书中申请人的签章可以是复印件，但专利代理机构的签章应当为原件。

（2）电子申请的专利代理委托书

① 一般委托书。申请人委托专利代理机构使用电子文件形式申请专利和办理其他专利事务的，应当提交电子形式的专利代理委托书、专利代理委托书纸件原件的电子扫描件。专利局认为必要时，可以要求申请人在指定期限内提交专利代理委托书的纸件原件。

② 总委托书。已在专利局交存总委托书的，如果申请人提出专利申请时在请求书中写明总委托书编号，或者在办理著录项目变更时在著录项目变更申报书中写明总委托书编号，可以不提交电子形式的总委托书和总委托书复印件。

3. 专利代理委托手续的审查

对于必须委托专利代理机构的情形，已经委托专利代理机构，但委托专利代理的手续不符合规定的，专利局将发出补正通知书，通知申请人在指定期限内补正缺陷，逾期未答复的，该申请将被视为撤回；补正后仍不符合规定的，该申请可以被驳回。

对于可以委托专利代理机构的情形，委托专利代理的手续不符合规定的，专利局将发出办理手续补正通知书，通知申请人在指定期限内补正缺陷，逾期未答复或补正后仍不符合规定的，视为未委托专利代理机构。其后，申请人应当重新通过著录项目变更的形式委托专利代理机构办理手续，或者自行办理专利手续。但视为未委托专利代理机构不影响专利申请的继续审批。

（三）解除委托和辞去委托

1. 基本要求

申请人委托专利代理机构后，可以解除委托；专利代理机构接受申请人委托后，可以辞去委托。解除委托和辞去委托，均应办理著录项目变更手续。

解除委托时，应当由申请人办理著录项目变更申报手续；提交著录项目变更申报书时应当附具全体申请人签字或者盖章的解聘书，或者仅提交由全体申请人签字或者盖章的著录项目变更申

第五章

报书。

辞去委托时，应当由专利代理机构办理著录项目变更申报手续；提交著录项目变更申报书时应当附具申请人或者其代表人签字或者盖章的同意辞去委托声明，或者附具由专利代理机构盖章的表明已通知对方当事人的声明。

著录项目变更手续合格的，手续合格通知书的发文日为解除或者辞去委托的生效日。变更手续生效之前，该专利代理机构为申请人办理的事务继续有效。

2. 电子申请的特殊要求

电子申请的申请人已委托专利代理机构的，在办理解除委托或者辞去委托手续时，应当至少有一名申请人是电子申请用户。全体申请人均不是电子申请用户的，不予办理解除委托或者辞去委托手续。

解除委托手续合格的，以办理解除委托手续的注册的申请人为该专利申请的代表人。

辞去委托手续合格的，以指定的已成为电子申请用户的申请人作为该专利申请的代表人。未指定代表人的，以第一署名并成为电子申请用户的申请人为该专利申请的代表人。

四、优先权要求手续的审查

本小节只对初步审查阶段优先权要求的形式审查进行详细介绍。实质审查阶段对优先权的核实在本章第六节进行讲解。

按照《专利法》及其相关规定，申请人可以要求外国优先权、本国优先权、香港地区优先权和台湾地区优先权。申请人要求优先权的，应当于申请时在请求书中提出要求优先权声明，申请时未声明的，将不能要求优先权。

要求优先权声明中应当填写在先申请的申请日、申请号和原受理机构名称，如果漏写或者错写其中的一项或者两项内容的，申请人可以在专利局指定的期限内补正；期满未补正或补正后仍不符合规定的，该优先权将被视为未要求。

在先申请文件副本又称为"优先权证明文件"，可以证明申请人曾提出申请，申请人是谁，申请的主题和内容是什么，申请日是哪天。除非另有规定，在先申请文件副本应当于在后申请提出之日起 3 个月内提交，如必要，还需在此期限内提交优先权转让证明。期满未提交，所针对的优先权将被视为未要求。

（一）要求外国优先权

1. 要求外国优先权的条件

享有外国优先权的专利申请应当满足以下条件：

（1）申请人提出首次申请的国家或政府间组织应当是同中国签有协议或者共同参加国际条约，或者相互承认优先权的国家或政府间组织。

（2）在先申请应当是首次申请，即是在外国的第一次申请，且应当是一个被正式受理，给予了申请日的正规申请。

（3）要求优先权的，在后申请与在先申请的主题应一致。需注意的是，主题一致并不代表专利申请的类型不能改变，相反，发明专利申请的在先申请既可以是发明专利申请，又可以是实用新型专利申请，反之亦然。

（4）要求优先权的，在后申请应当在优先权期限内提出，发明或实用新型的优先权期限为12 个月，外观设计专利申请的优先权期限为 6 个月，从作为优先权基础的最早在先申请的申请日起算。

2. 要求外国优先权的手续

（1）提出要求优先权声明。要求优先权声明应在提出在后申请时在请求书中以书面的形式提出，申请人在声明中应注明作为要求优先权基础的在先申请的申请日、在先申请号和原受理机构名称。该声明不可在申请后补充提出。

例如，李某 2010 年 12 月 5 日向国家知识产权局提交了一份发明专利申请，该申请要求了其 2010 年 12 月 1 日在日本提交的专利申请的优先权。在初审阶段，李某又要求增加一项 2009 年 12 月 5 日在日本提交的专利申请的优先权，由于优先权要求声明只能在提交专利申请的同时提出，所以李某不可以增加以 2009 年 12 月 5 日在日本提交的专利申请为基础的优先权要求。

（2）缴纳优先权要求费。优先权要求费应当自在后申请的申请日起 2 个月内或者收到受理通知书之日起 15 日内缴纳，同申请费缴纳的期限一致。期限内未缴纳或者未缴足该费用的，视为未要求优先权。需注意的是，虽然申请费和优先权费的缴纳期限是一致的，但申请人可以在期限届满前的不同日期分别缴纳。例如，李某 2010 年 12 月 5 日向国家知识产权局提交了一份发明专利申请，该申请要求了其 2010 年 12 月 1 日在日本提交的专利申请的优先权。专利申请受理通知书于 2010 年 12 月 16 日发出，李某于 2011 年 1 月 5 日缴纳了申请费，其于 2010 年 1 月 8 日缴纳了优先权要求费，则申请费和优先权要求费的缴纳期限均在规定期限内，费用的缴纳均符合要求。如果李某在 2011 年 1 月 5 日缴纳了申请费，但优先权要求费是于 2011 年 4 月 2 日缴纳的，由于优先权要求费未在规定期限内缴纳，所以该优先权将被视为未要求。

（3）提交在先申请文件副本。申请人应当自在后申请的申请日起 3 个月内提交作为优先权基础的在先申请文件副本。在先申请文件副本应当经原受理机构证明。在先申请副本用于专利局对优先权进行核实，例如确定在先申请和在后申请的主题是否相同、所要求的是否为部分优先权等，因此在先申请文件副本应当包括申请人事项、发明人事项、发明创造名称、在先申请的申请号、申请日等事项及说明书、权利要求书、附图、摘要等内容。

依照国家知识产权局与该受理机构签订的协议，专利局通过电子交换等途径获得在先申请文件副本的，视为申请人提交了经该受理机构证明的在先申请文件副本。

为了方便申请人，已向专利局提交过的在先申请文件副本，需要再次提交的，由于在先申请文件副本已经保存在某一件专利申请文档中，申请人可以仅提交该副本的中文题录译文。但为了使审查员能迅速找到该在先申请文件副本，申请人在中文题录译文中应当注明在先申请文件副本的原件所在文档的申请号。

（4）必要时提交优先权转让证明。要求优先权的在后申请的申请人应当与在先申请的申请人相同或者是其中部分成员，不一致时应当附有优先权转让证明。转让证明应当自申请日起 3 个月内提交。

（二）要求本国优先权

1. 要求本国优先权的条件

享有本国优先权的专利申请应当满足以下条件：

（1）在先申请应当是在中国的首次申请，即在先申请应当是针对相同主题在中国提出的第一次申请。

（2）在后申请与在先申请的主题应一致。即首次申请的申请文件中披露了在后申请的某项权利要求所要求保护的技术方案。

（3）要求优先权的，在后申请应当在优先权期限内提出，发明或实用新型的优先权期限为 12 个月，从作为优先权基础的最早在先申请的申请日起算。外观设计专利申请不能要求本国优

第五章

先权。

（4）在先申请没有要求过本国或外国优先权，因为要求过优先权的申请不是一件首次申请。

（5）该在先申请的主题尚未授予专利权，其目的是为了避免重复授权。

（6）在先申请不得为分案申请，其目的也是为了避免重复授权。

2. 要求本国优先权的手续

（1）提出优先权要求声明。要求优先权声明应在提出申请时在请求书中以书面的形式提出，申请人在声明中应注明作为要求优先权基础的在先申请的申请日、在先申请受理机构（即中国）、在先申请号。

（2）缴纳优先权要求费。优先权要求费应当自在后申请的申请日起2个月内或者收到受理通知书之日起15日内缴纳。

（3）必要时提交优先权转让证明。与要求外国优先权不同的是，要求本国优先权的在后申请的申请人应当与在先申请的申请人完全相同，不相同时应当自在后申请日起3个月内提交优先权转让证明。因为在后申请的优先权成立将导致在先申请自在后申请日起视为撤回，如果申请人不完全相同，部分申请人的权利将因此而丧失。

对于本国优先权，因为其在先申请也是一件本国申请，申请文件均保存在专利局，因此不需要申请人提交在先申请文件副本；申请人要求本国优先权并且在请求书中写明了在先申请的申请日和申请号的，视为提交了在先申请文件副本。

3. 享有本国优先权对在先申请的影响

申请人要求本国优先权的，其在先申请自后一申请提出之日起即视为撤回。被视为撤回的在先申请不得请求恢复。

但是对于进入中国国家阶段的国际申请，如果其要求优先权的在先申请为在中国提出的首次申请，该作为优先权基础的在先申请不会被视为撤回，而是留待实质审查时通过避免重复授权的审查加以解决。对于在国际申请提出之后在先申请被授予专利权的情况，也留待后续程序中处理。这部分内容在本书第九章第三节有详细介绍。

（三）要求台湾地区优先权和香港地区优先权

局58号令和局10号令分别对要求台湾地区优先权和香港地区优先权的条件和手续作了详细的规定，下面做简单的归纳。

1. 要求台湾地区优先权的条件

享有台湾地区优先权的专利申请应当满足以下条件：

（1）在先申请应当是首次申请，且应当是中国台湾地区的正规专利申请。

（2）在后申请与在先申请的主题应一致。

（3）在后申请应当在优先权期限内提出，发明或实用新型的优先权期限为12个月；外观设计专利申请的优先权期限为6个月，从作为优先权基础的最早在先申请的申请日起算。

（4）要求台湾地区优先权的申请人应当是台湾同胞。

（5）在先申请的申请日应当在2010年9月12日或之后；在后申请的申请日应当在2010年11月22日或之后。

2. 要求台湾地区优先权的手续

（1）提出要求优先权声明。优先权声明中原受理机构的名称应当填写为"台湾地区"。

（2）缴纳优先权要求费。优先权要求费应当自在后申请的申请日起2个月内或者收到受理通知书之日起15日内缴纳。

（3）提交在先申请文件副本。申请人应当自在后申请日起 3 个月内提交作为优先权基础的在先申请文件副本，在先申请文件副本应当由台湾地区专利主管机构出具；已向专利局提交过的在先申请文件副本，需要再次提交的，申请人可以仅提交该副本的题录，但应当注明在先申请文件副本的原件所在文档的申请号。

（4）必要时提交优先权转让证明

要求优先权的在后申请人与在先申请人不相同或者不是在先申请人的其中部分成员的，申请人应当提供优先权转让证明，也可以提交有关说明。

3. 要求香港地区优先权的条件

享有香港地区优先权的专利申请应当满足以下条件：

（1）在先申请应当是首次申请，且应当是中国香港地区的短期专利或者注册外观设计申请。

（2）在后申请与在先申请的主题应一致。

（3）在后申请应当在优先权期限内提出，发明或实用新型的优先权期限为 12 个月；外观设计专利申请的优先权期限为 6 个月，从作为优先权基础的最早在先申请的申请日起算。

（4）在先申请的申请日应当在 1999 年 12 月 1 日或之后。

4. 要求香港地区优先权的手续

（1）提出要求优先权声明。优先权声明中原受理机构的名称应当填写为"香港特别行政区知识产权署"。

（2）缴纳优先权要求费。优先权要求费应当自在后申请的申请日起 2 个月内或者收到受理通知书之日起 15 日内缴纳。

（3）提交在先申请文件副本。申请人应当自在后申请日起 3 个月内提交作为优先权基础的在先申请文件副本，在先申请文件副本应当经香港特别行政区知识产权署证明。

（4）必要时提交优先权转让证明。要求优先权的在后申请人与在先申请人不相同或者不是在先申请人的其中部分成员的，申请人应当提供优先权转让证明。

（四）优先权要求的撤回

申请人要求优先权之后，可以撤回优先权要求。申请人要求多项优先权之后，可以撤回全部优先权要求，也可以撤回其中某一项或者几项优先权要求。

申请人撤回优先权要求属于对共有权利的处分，因此应当提交全体申请人签字或者盖章的撤回优先权声明。

优先权要求撤回后，导致该专利申请的最早优先权日变更时，自该优先权日起算的各种期限尚未届满的，该期限应当自变更后的最早优先权日或者申请日起算；撤回优先权的请求是在原最早优先权日起 15 个月之后到达专利局的，则在后专利申请的公布期限仍按照原最早优先权日起算。

例如，某申请人于 2011 年 3 月 1 日向国家知识产权局提出一件发明专利申请，该专利申请要求两项美国优先权，优先权日分别为 2010 年 3 月 1 日和 2010 年 6 月 1 日。申请人于 2011 年 8 月 1 日请求撤回优先权日为 2010 年 3 月 1 日的优先权，申请人提出撤回优先权的请求时已经是最早优先权日起 17 个月，所以在后申请公布的期限仍按原最早的优先权日 2010 年 3 月 1 日计算；但撤回优先权时，实质审查请求提出的期限尚未届满，所以实质审查请求的期限应当按变更后的最早优先权日起算，即按 2010 年 6 月 1 日计算。

要求本国优先权的，撤回优先权后，已按照《专利法实施细则》第 32 条第 3 款规定被视为撤回的在先申请不能因优先权要求的撤回而请求恢复。

（五）优先权的恢复

优先权的恢复适用于《专利法实施细则》第 6 条的基本原则，即申请人因不可抗拒的事由或因正当理由耽误《专利法》及其实施细则规定的期限或者指定期限，造成优先权被视为未要求的，申请人可以请求恢复其要求优先权的权利。可以请求恢复的情形如下：

（1）由于未在指定期限内答复办理手续补正通知书导致视为未要求优先权的。例如，请求书的要求优先权声明中，在先申请日填写的与在先申请文件不一致，申请人应当在专利局指定的期限内对请求书中的在先申请日进行补正，期满未补正，该优先权被未要求。申请人可以依据《专利法实施细则》第 6 条的规定提出恢复优先权的请求。

（2）要求优先权声明中漏写或者错写一项或者两项内容，并且在规定期限内缴足优先权要求费，但未在规定的期限内提交在先申请文件副本或者优先权转让证明。

（3）要求优先权声明中漏写或者错写一项或者两项内容，并且在规定期限内提交在先申请文件副本或者优先权转让证明，但未在规定期限内缴纳或者缴足优先权要求费。

（4）分案申请的原申请要求了优先权，但申请人提出分案申请时，忘记在请求书中填写要求优先权的相关信息的，可以主动提出恢复原申请中已经享有的优先权的请求，但原申请中未享有的优先权不予恢复。

除以上情形外，其他原因造成被视为未要求优先权的，不予恢复。例如，王某 2011 年 1 月 5 日向专利局提交一件发明专利申请，但在发明专利请求书中未写明优先权的信息。其后，王某于 2011 年 1 月 8 日向专利局提交恢复权利请求书，请求通过恢复程序增加优先权要求，但由于王某在提出专利申请时未在请求书中提出优先权声明，因此在提出专利申请后提出的优先权要求不能予以恢复。

五、宽限期要求手续的审查

《专利法》第 24 条规定了对在先公开予以宽限的三种情形。其内容已经在本书第四章第三节中进行了阐述。本节只对宽限期要求的手续进行介绍。

申请人提出不丧失新颖性宽限期要求，首先要注意，《专利法》第 24 条所述三种情形的公开是指首次公开，且公开之日距离申请日（有优先权的，指优先权日）的时间是 6 个月之内。此外，宽限期要求应当在请求书中声明，并在规定的时间内提交证明材料，但不需要缴纳费用。

（一）在中国政府主办或者承认的国际展览会上首次展出

中国政府主办的国际展览会，包括国务院、各部委主办或者国务院批准由其他机关或者地方政府举办的国际展览会。中国政府承认的国际展览会，是指国际展览会公约规定的由国际展览局注册或者认可的国际展览会。所谓国际展览会，即展出的展品除了举办国的产品以外，还应当有来自外国的展品。

申请人要求此种情形的不丧失新颖性宽限期的，应当在提出申请时在请求书中声明，并在自申请日起 2 个月内提交证明材料。国际展览会的证明材料应当由展览会主办单位出具。证明材料中应当注明展览会展出日期、地点、展览会的名称以及该发明创造展出的日期、形式和内容，并加盖公章。

（二）在规定的学术会议或者技术会议上首次发表

学术会议或者技术会议，是指国务院有关主管部门或者全国性学术团体组织召开的学术会议或者技术会议，不包括省以下或者受国务院各部委或者全国性学术团体委托或者以其名义组织召开的学术会议或者技术会议。

申请人要求此种情形的不丧失新颖性宽限期的，应当在提出申请时在请求书中声明，并在自申请日起 2 个月内提交证明材料。学术会议和技术会议的证明材料，应当由国务院有关主管部门或者组织会议的全国性学术团体出具。证明材料中应当注明会议召开的日期、地点、会议的名称以及该发明创造发表的日期、形式和内容，并加盖公章。

（三）他人未经申请人同意而泄露其内容

他人未经申请人同意而泄露其内容所造成的公开，包括他人未遵守明示或者默示的保密信约而将发明创造的内容公开，也包括他人用威胁、欺诈或者间谍活动等手段从发明人或者申请人那里得知发明创造的内容而后造成的公开。对于他人泄密的情形，申请人应当注意：第一，只有被公开的发明创造内容直接或者间接来自申请人，才可以享受不丧失新颖性的宽限；如果是来源于另外独立作出同样发明创造的单位或者个人，申请人就不能享受不丧失新颖性的宽限期。第二，泄露人不能是申请人本人，但可以是申请人单位的工作人员，包括发明人和设计人，也可以是任何第三人，包括从申请人那里直接或者间接获得发明创造内容的人。无论在何种情况下，都必须有证据或者理由认为发明创造内容的泄露违背了申请人明示或者默示的意愿。

在申请日以前 6 个月内，他人未经申请人同意而泄露了其申请专利的发明创造内容，若申请人在申请日前已获知，应当在提出专利申请时在请求书中声明，并在自申请日起 2 个月内提交证明材料。若申请人在申请日以后得知的，应当在得知情况后 2 个月内提出要求不丧失新颖性宽限期的声明，并附具证明材料。审查员认为必要时，可以要求申请人在指定期限内提交证明材料。证明材料应当注明泄露日期、泄露方式、泄露的内容，并由证明人签字或者盖章。

六、分案申请

分案申请，是指在一件专利申请中包含两项或两项以上的发明时，将其中一部分从原申请中分出，另行提交的专利申请。申请人提出分案申请或者是为了克服单一性缺陷，或者是基于自身利益的考虑主动提出。

分案申请是一件新的申请，因此专利局会给出一个提出分案申请当年的新的专利申请号，但分案申请是以原申请（第一次提出的申请）为基础提出的，因此可以保留原申请日，原申请享有优先权的，还可以保留优先权日。

（一）分案申请的几种情形

1. 原权利要求书中包含不符合单一性规定的两项以上发明

原始提交的权利要求书中包含不属于一个总的发明构思的两项以上发明的，可能会被要求将该申请限制至其中一项发明（一般情况是权利要求 1 所对应的发明）或者属于一个总的发明构思的两项以上的发明，对于其余的发明，可以提交分案申请。

2. 在修改的申请文件中所增加或者替换的独立权利要求与原权利要求书中的发明之间不具备单一性

在审查过程中，如果在修改权利要求时，将原来仅在说明书中描述的发明作为独立权利要求增加到原权利要求书中，或者在答复审查意见通知书时修改权利要求，将原来仅在说明书中描述的发明作为独立权利要求替换原独立权利要求，而该发明与原权利要求书中的发明之间缺乏单一性。在此情况下，可能会被认为修改文本中新增加或替换的独立权利要求与原权利要求书中的发明之间不具备单一性，属于不符合《专利法实施细则》第 51 条第 3 款规定的修改情形，此时应当将后增加或替换的发明从权利要求书中删除。对该删除的发明可以提交分案申请。

3. 独立权利要求之间缺乏新颖性或者创造性，其余的权利要求之间缺乏单一性

某一独立权利要求（通常是权利要求 1）缺乏新颖性或创造性，导致与其并列的其余独立权利要求之间、甚至其从属权利要求之间失去相同或者相应的特定技术特征，即缺乏单一性，因此需要修改。对于因修改而删除的主题，可以提交分案申请。例如，一件包括产品、制造方法及用途的申请，经检索和审查发现，产品是已知的，则该产品制造方法独立权利要求与该产品用途独立权利要求之间失去了相同或者相应的特定技术特征，而不具备单一性。

4. 原权利要求不存在单一性的缺陷，申请人主动提出分案申请

在原申请的权利要求不存在单一性缺陷时，申请人也可以就原申请中的其中一项发明提出分案申请。

需要注意，提出分案申请是自愿的行为，是否提出分案申请完全由申请人自己决定。申请人针对一件申请可以提出一件或者一件以上的分案申请，还可以针对一件分案申请以原申请为依据再提出一件或者一件以上的分案申请。

（二）分案申请的请求书

分案申请应当在请求书中填写原申请的申请号和申请日。分案申请请求书中未填写原申请的申请号或者填写的原申请的申请号有误的，按照一般专利申请受理。分案申请的请求书中原申请的申请号填写正确，但未填写原申请的申请日的，以原申请号所对应的申请日为申请日；原申请的申请日填写不正确的，受理时按请求书中填写的原申请日为申请日，该分案申请进入初步审查阶段后，由审查员通知申请人将原申请日修改正确，专利局发出重新确定申请日通知书。

对于已提出过分案申请，申请人需要针对该分案申请再次提出分案申请的，还应当在原申请的申请号后的括号内填写该分案申请的申请号。

对于纸件申请，原申请是国际申请的，申请人还应当在原申请的申请号后的括号内注明国际申请号。

（三）分案申请的申请人和发明人

分案申请是从原申请分割出来的，申请的权利仍应当归属于原申请的申请人，因此分案申请的申请人应当与原申请的申请人相同；不相同的，应当提交有关申请人变更的证明材料或者提交权利转移的证明材料。分案申请的发明人也应当是原申请的发明人或者是其中的部分成员。

（四）分案申请的递交时间

申请人最迟应当在收到专利局对原申请作出授予专利权通知书之日起 2 个月期限（即办理登记手续的期限）届满之前提出分案申请。上述期限届满后，或者原申请已被驳回，或者原申请已撤回，或者原申请被视为撤回且未被恢复权利的，一般不得再提出分案申请。

对于专利局已发出驳回决定的原申请，自申请人收到驳回决定之日起 3 个月内，可以提出分案申请；在提出复审请求以后以及对复审决定不服提起行政诉讼期间，申请人也可以提出分案申请。

对于已提出过分案申请，申请人需要针对该分案申请再次提出分案申请的，再次提出的分案申请的递交时间仍应当根据原申请审核。再次分案的递交日不符合上述规定的，不得分案。但是，因分案申请存在单一性的缺陷，申请人按照专利局发出的审查意见通知书或者分案通知书再次提出分案申请的情况除外。对于此种除外情况，申请人再次提出分案申请的同时，应当提交专利局发出的指明了单一性缺陷的审查意见通知书或者分案通知书的复印件。

例如，国家知识产权局以邮寄方式向申请人发出了办理登记手续通知书和授予专利权通知书，其发文日为 2011 年 5 月 24 日，申请人于 2011 年 6 月 4 日收到了该通知书。如果申请人欲

提出分案申请，应当自收到办理登记手续通知书之日起 2 个月内提出。《专利法实施细则》中所述的收到通知之日均为国家知识产权局推定申请人收到通知之日，办理登记手续通知书的发文日是 2011 年 5 月 24 日，则推定申请人收到的日期为发文日加 15 天，即 2011 年 6 月 8 日，办理登记手续的期限是 2 个月。因此，申请人最迟应在 2011 年 8 月 8 日提出分案申请。

（五）分案申请的文件

1. 分案申请应提交的文件

从申请手续的角度讲，分案申请是完全独立于原申请之外的另一个独立申请，因此应当按照一个独立的申请办理申请手续，提交所有必要的申请文件（包括请求书、权利要求书、说明书、说明书附图、摘要、摘要附图等），办理各种必要的申请手续，如委托专利代理机构、提出实质审查等。分案申请除应当提交申请文件外，还应当提交原申请的申请文件副本以及原申请中与本分案申请有关的其他文件副本。

对于纸件申请，原申请中已经提交的各种证明材料，可以使用复印件。原申请的国际公布使用外文的，除提交原申请的中文副本外，还应当同时提交原申请国际公布文本的副本。对于电子申请，原申请中已经提交的各种证明材料，包括原申请的申请文件副本、在先申请文件副本、国际公布文本副本等，均不需要重新提交。

2. 分案申请的内容

分案申请的内容不得超出原申请记载的范围。分案申请超出原申请记载的范围属于实用新型和外观设计专利申请初步审查的驳回理由，发明专利申请实质审查的驳回理由。在发明专利申请的初步审查过程中，对分案申请的内容是否超出原申请的范围不作审查。

分案以后的原申请与分案申请的权利要求书应当分别要求保护不同的发明；而它们的说明书可以允许有不同的情况。例如，分案前原申请有 A、B 两项发明；分案之后，原申请的权利要求书若要求保护 A，其说明书可以仍然是 A 和 B，也可以只保留 A；分案申请的权利要求书若要求保护 B，其说明书可以仍然是 A 和 B，或者也可以只是 B。

（六）分案申请的期限和费用

分案申请是一件独立的新申请，其各种费用按照一件新申请收取。对于已经届满或者自分案申请递交日起至期限届满日不足 2 个月的各种费用，申请人可以在自分案申请递交日起 2 个月内或者自收到受理通知书之日起 15 日内补缴；期满未补缴或未缴足的，该分案申请将被视为撤回。

由于分案申请享受原申请日，有优先权的，还享受原申请的优先权日。因此，分案申请适用的各种法定期限，例如提出实质审查请求的期限，应当从原申请日起算。对于已经届满或者自分案申请递交日起至期限届满日不足 2 个月的各种期限，申请人可以自分案申请递交日起 2 个月内或者自收到受理通知书之日起 15 日内补办各种手续；期满未补办的，该分案申请将被视为撤回。

例如，美国某公司于 2007 年 5 月 8 日向国家知识产权局提交了一件要求了美国优先权的发明专利申请，并在规定期限内递交了美国在先申请文件副本，办理了实质审查请求的相关手续。由于不符合单一性要求，该公司于 2010 年 7 月 5 日提出了分案申请，国家知识产权局于当天发出针对该分案申请的受理通知书，发文日 2010 年 7 月 5 日。虽然该公司针对原申请已经办理了实质审查请求的相关手续，但针对分案申请仍应在 2010 年 9 月 5 日前提交实质审查请求书并缴纳实质审查费。首先，因为分案申请是一件独立的专利申请，该申请仍然应当依据《专利法》第 35 条第 1 款规定，自发明专利申请自申请日起 3 年内，向国务院专利行政部门请求实质审查。且分案申请适用的各种法定期限应当从原申请日起算。第二，由于提交分案申请的时间已经超过了自原申请日起 3 年，因此提交实质审查请求书并缴纳实质审查费应当在分案申请递交日起 2 个月内或者自收到受理通知书之日起 15 日内（后到期为准），即 2010 年 9 月 5 日前完成。

七、涉及生物材料保藏的申请

（一）《布达佩斯条约》概述

《布达佩斯条约》全称为《国际承认用于专利程序的微生物保存布达佩斯条约》，于 1977 年 4 月 28 日于布达佩斯签订，1980 年 9 月 26 日修正，是《巴黎公约》成员国缔结的专门协定之一。1995 年 3 月 30 日，中国政府向世界知识产权组织递交加入书。1995 年 7 月 1 日，中国成为该条约的成员国。截至 2007 年 9 月 1 日，《布达佩斯条约》成员国共有 68 个。

该条约的宗旨是"为专利程序的目的允许或要求微生物寄存的缔约国必须承认向任何'国际保存单位'提交的微生物寄存。这种承认应包括承认由该国际保存单位说明的保存事实和交存日期，以及承认作为样品提供的是所保存的微生物样品"。由此可知，在该条约成员国的范围内，只要申请人向条约所规定的任何一个国际保藏单位提交了生物材料的保藏，该条约的成员国均应承认所提交保藏的生物材料、对该生物材料的保藏和存活事实、保藏日期和存活日期。

《布达佩斯条约》的签订，使申请人在一个国际保藏单位保藏就可获得所有成员国对该保藏行为的认可，避免了申请人必须在申请日（有优先权的，指优先权日）之前向准备申请的各个国家均提交保藏的负担。

《布达佩斯条约》由绪则和 4 个章节构成，共 20 条。其主要内容包括：绪则（第 1～2 条）；第一章，实质性条款（第 3～9 条）；第二章，行政性条款（第 10～12 条）；第三章，修订和修正（第 13～14 条）；第四章，最终条款（第 15～20 条）。该条约明确规定，"专利"应解释为发明专利、发明人证书、实用证书、实用新型、增补专利或增补证书、增补发明人证书和增补实用证书；"微生物保存"按照使用该用语的上下文，是指按照该条约以及施行细则发生的下列行为：向接收与受理微生物的国际保存单位送交微生物或由国际保存单位贮存此种微生物，或兼有上述送交与贮存两种行为；"专利程序"指与专利申请或专利有关的任何行政的或司法的程序；"用于专利程序的公布"指专利申请文件或专利说明书的官方公布或官方公开供公众查阅。

（二）涉及生物材料样品的保藏

根据《专利法》第 26 条第 3 款规定，说明书应当对发明或者实用新型作出清楚、完整的说明，以所属技术领域的技术人员能够实现为准。通常情况下，说明书应当通过文字和附图的记载充分公开申请专利保护的发明。但在生物技术这一特定的领域中，有时文字和附图记载很难描述生物材料的具体特征，即使有了这些描述也得不到生物材料本身，所属技术领域的技术人员仍然不能实施发明。在这种情况下，为了满足《专利法》第 26 条第 3 款的要求，应按规定将所涉及的生物材料到国家知识产权局认可的保藏单位进行保藏，作为对说明书文字和附图部分的补充。为此，《专利法实施细则》第 24 条对涉及新的生物材料的专利申请作出如下规定："申请专利的发明涉及新的生物材料，该生物材料公众不能得到，并且对该生物材料的说明不足以使所属领域的技术人员实施其发明的，除应当符合专利法和专利法实施细则的有关规定外，申请人还应当办理下列手续：

（一）在申请日前或者最迟在申请日（有优先权的，指优先权日），将该生物材料的样品提交国务院专利行政部门认可的保藏单位保藏，并在申请时或者最迟自申请日起 4 个月内提交保藏单位出具的保藏证明和存活证明；期满未提交证明的，该样品视为未提交保藏。

（二）在申请文件中，提供有关该生物材料特征的资料。

（三）涉及生物材料样品保藏的专利申请应当在请求书和说明书中写明该生物材料的分类命名（注明拉丁文名称）、保藏该生物材料样品的单位名称、地址、保藏日期和保藏编号；申请时未写明的，应当自申请日起 4 个月内补正；期满未补正的，视为未提交保藏。"

在上述规定中，所说的"生物材料"是指任何带有遗传信息并能够自我复制或者能够在生物系统中被复制的材料，包括基因、质粒、微生物、动植物细胞系等。所说的"公众不能得到的生物材料"是指个人或单位拥有的、由不是用于专利程序的保藏机构保藏并对公众不公开发放的生物材料；或者在申请日（优先权日）前公众不能得到的生物材料，例如通过不能再现的筛选、突变等手段新创制的微生物菌种。上述生物材料均要求保藏。

（三）涉及生物材料保藏的手续

1. 保藏单位

生物材料样品保藏单位应当是国家知识产权局认可的国际保藏单位保藏。即《布达佩斯条约》中规定的国际保藏单位。国际保藏单位每年略有变化，申请人应当关注世界知识产权组织官方网站的公告。我国目前的两个国际保藏单位分别是中国微生物菌种保藏管理委员会普通微生物中心（CCTCC）和中国典型培养物保藏中心（CGMCC）。

2. 保藏日期

申请人应当在申请日前或者最迟在申请日（有优先权的，指优先权日），将该生物材料样品提交至国家知识产权局认可的生物材料样品国际保藏单位保藏。由于申请人应当在提出申请时对其发明予以充分公开，使本领域技术人员能够实现，保藏生物材料样品是文字说明的重要补充，它和说明书一起实现《专利法》第 26 条第 3 款的要求，因此，提交保藏的日期应当在申请日（有优先权的，指优先权日）之前。如果生物材料样品保藏过程中发生样品死亡，但申请人能够提供证据证明造成生物材料样品死亡并非申请人责任的，申请人可以在自申请日起 4 个月内重新提供与原样品相同的新样品重新保藏，并以原提交保藏日为保藏日。

对于生物材料样品的保藏日期在申请日和优先权日之间的，申请人应当撤回优先权要求或者声明该生物材料的内容不要求享受优先权，否则，该生物保藏将不被承认。

3. 保藏证明和存活证明

在国家知识产权局认可的机构内保藏的生物材料，应当由该单位出具保藏证明，并确认生物材料的生存状况，即出具存活证明。

申请人提交保藏单位出具的保藏证明和存活证明的时限是自申请日起 4 个月内。

4. 保藏信息的记载

申请人应当于申请时在请求书和说明书中写明该生物材料的分类命名（注明拉丁文名称）、保藏该生物材料样品的单位名称、地址、保藏日期和保藏编号，并且在申请文件中提供有关生物材料特征的资料；申请时未写明的，应当在 4 个月内补正。在请求书中写明生物材料的保藏信息能使专利局获知该申请的发明内容涉及一种新的、公众不能得到的生物材料，并能依据该保藏信息进行生物材料样品保藏手续的审查；而在说明书中的生物材料保藏信息和申请人提交的保藏证明和存活证明一并作为申请人公开其新的生物材料样品的依据。

八、申请文件明显实质性缺陷的审查

（一）明显实质性缺陷审查的目的

按照《专利法实施细则》第 44 条的规定，在初步审查阶段要对申请文件中的明显实质性缺陷进行审查，一方面是将根据相关法律不应公开的专利申请和明显不属于专利法保护客体和主题的专利申请排除在公布之外，在实质内容上不会使申请人或公众对专利法保护的客体和主题产生误解；另一方面是指出申请文件中难以通过补正方式克服的其他实质性缺陷。对明显实质性缺陷的审查可以尽早结束审查程序，以避免不必要的拖延，节约申请人的成本和精力，同时也节约专利局的审查资源。

（二）明显实质性缺陷审查的范围

《专利法实施细则》第 44 条第 1 款第（一）项规定：初步审查中，应审查"发明专利申请是否明显属于专利法第 5 条、第 25 条规定的情形，是否不符合专利法第 18 条、第 19 条第 1 款、第 20 条第 1 款或者本细则第 16 条、第 26 条第 2 款的规定，是否明显不符合专利法第 2 条第 2 款、第 26 条第 5 款、第 31 条第 1 款、第 33 条或者本细则第 17 至第 21 条的规定"。

其中，明显实质性缺陷审查的范围包括：申请要求保护的主题是否明显不符合发明的定义（《专利法》第 2 条第 2 款）；专利申请中是否含有明显属于违反国家法律、社会公德或者妨害公共利益的内容（《专利法》第 5 条第 1 款）；依赖于遗传资源完成的发明，该遗传资源的获取或者利用是否明显违反法律、行政法规的规定（《专利法》第 5 条第 2 款）；申请要求保护的主题是否明显属于不授予专利权的主题，即是否属于科学发现、智力活动的规则和方法、疾病的诊断和治疗方法、动物和植物品种、原子核变换方法和用该方法获得的物质（《专利法》第 25 条第 1 款）；外国申请人按照国民待遇原则是否不符合申请资格，即其所属国是否同中国签订协议或者共同参加国际条约，或者有相互给予申请权的互惠原则（《专利法》第 18 条）；在中国没有经常居所或者营业所的外国人、外国企业或者外国其他组织在中国申请专利的，是否委托专利代理机构办理（《专利法》第 19 条第 1 款）；港、澳、台申请人是否委托专利代理机构提交专利申请或者办理其他专利事务；申请人将在中国完成的发明向外国申请专利的，是否报经专利局进行了保密审查（《专利法》第 20 条第 1 款）；权利要求是否明显不符合单一性的规定（《专利法》第 31 条第 1 款）；对申请文件的修改是否明显超出原说明书和权利要求书记载的范围（《专利法》第 33 条）；说明书是否记载了发明的技术内容（《专利法实施细则》第 17 条）；权利要求书是否记载了发明的技术特征（《专利法实施细则》第 19 条）。

第四节　实用新型专利申请的初步审查

根据《专利法》第 40 条的规定，实用新型专利申请经初步审查没有发现驳回理由的，作出授予实用新型专利权的决定，发给相应的专利证书，同时予以登记和公告。实用新型专利申请的初步审查是在专利局受理实用新型专利申请之后、授予实用新型专利权之前的一个必要程序。

对实用新型专利申请进行的初步审查，既与发明专利申请的初步审查内容有所不同，又区别于发明专利申请的实质审查。

一、实用新型专利申请初步审查范围及程序概述

（一）实用新型专利申请初步审查的范围

根据《专利法实施细则》第 44 条规定，实用新型专利申请的初步审查除"审查专利申请是否具备专利法第 26 条或者第 27 条规定的文件和其他必要的文件，这些文件是否符合规定的格式之外，还审查下列各项：实用新型专利申请是否明显属于专利法第 5 条、第 25 条规定的情形，是否不符合专利法第 18 条、第 19 条第 1 款、第 20 条第 1 款或者本细则第 16 至 19 条、第 21 至 23 条的规定，是否明显不符合专利法第 2 条第 3 款、第 22 条第 2 款和第 4 款、第 26 条第 3

款和第 4 款、第 31 条第 1 款、第 33 条或者专利法实施细则第 20 条、第 43 条第 1 款的规定，是否依照专利法第 9 条规定不能取得专利权；申请文件是否符合专利法实施细则第 2 条、第 3 条第 1 款的规定"。

总之，实用新型专利申请的初步审查的范围包括：申请文件的形式审查，申请文件的明显实质性缺陷审查，其他文件的形式审查，以及有关费用的审查。

由于初步审查未发现驳回理由的，实用新型专利申请将被授予专利权，而发明专利申请所采用的是实质审查制。因此，实用新型专利申请初步审查比发明专利申请的初步审查包含了更多的明显实质性缺陷的审查。

（二）实用新型初步审查程序

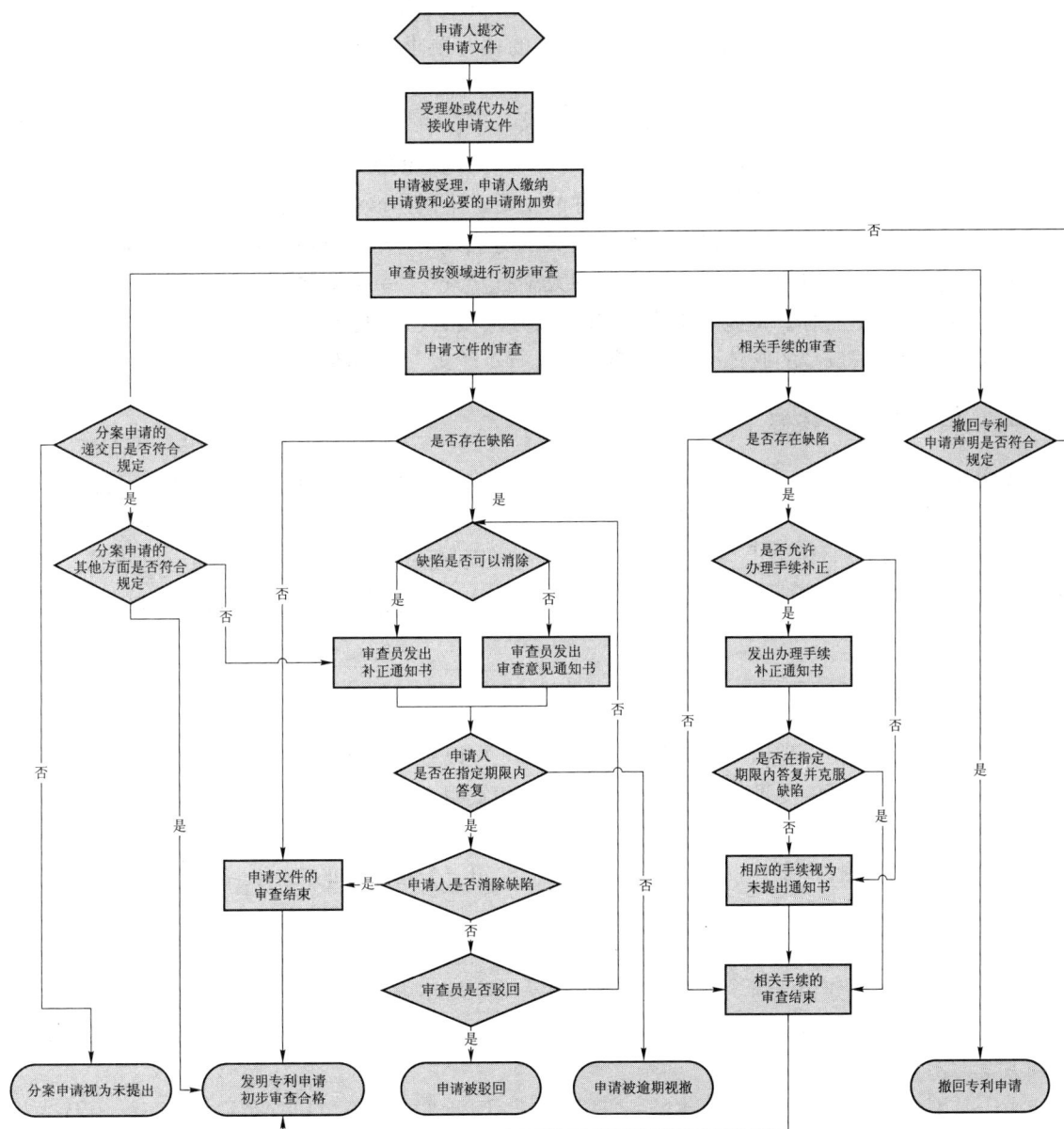

图 5-2　实用新型初步审查流程图

实用新型专利的审查程序与发明专利申请的初步审查程序相同。发明专利申请的具体审查程序可参见本章第三节一（二）的内容。与发明专利申请初步审查不同的是，由于实用新型专利申请采用初步审查制度，因此初步审查合格后，直接进入授权程序。

二、申请文件的形式审查

实用新型专利申请文件的形式审查包括：实用新型专利申请是否具备《专利法》第26条规定的专利申请文件，这些文件是否符合规定的格式。实用新型专利申请文件是指请求书、说明书及其摘要、权利要求书、说明书附图及摘要附图。

对申请文件中的说明书和说明书附图、权利要求书、说明书摘要和摘要附图的形式要求与发明专利申请对申请文件的形式要求基本相同，具体参见本书第二章第三节和第四节的内容。对实用新型专利请求书的填写要求与发明专利请求书的填写要求基本相同，具体参见本章第三节二（一）的内容。

需要注意的是，由于实用新型专利仅保护产品，不保护方法或者用途，因此实用新型名称的类型应当是产品，不得是方法或者用途，例如"一种空调器的清洁方法""一种数码相机的用途"是不符合规定的实用新型名称；实用新型名称的主题也不得是既含有产品又包含方法，例如实用新型名称不得为"一种铣床模具以及生产该模具的方法"。此外，也不得是未经过产业方法制造或者是无确定形状、构造的产品，例如"一种太湖石盆景""一种测量距离的红外线"也属于不符合规定的实用新型名称。但是，对于使用已知方法或者已知材料限定的产品名称，则是允许的，例如"一种注塑成型的阀体""一种铝合金自行车轮毂"则是符合规定的。

三、相关法律手续的审查

实用新型专利申请的初步审查范围中除申请文件的形式审查、申请文件的明显实质性缺陷审查外，还包括相关法律手续的审查和费用的审查。其中，请求书中涉及的手续参见本章第三节二（一）7的内容。此外，申请人在实用新型专利申请在审查过程中还有可能撤回专利申请、变更著录项目、提出延长期限请求、请求费用减缓等。这些法律手续的审查在其他章节已详细介绍，在此不再细述。

四、分案申请

一件专利申请包括两项以上实用新型的，申请人可以主动提出或者依据审查员的审查意见提出分案申请。分案申请的受理、分案申请的申请人和发明人、分案申请的递交时间、分案申请的文本、分案申请的期限和费用等内容已经在本章第三节详细阐述。对于实用新型专利申请的而言，除对上述内容进行审查外，在初步审查阶段需要审查分案申请的内容是否超出原申请记载的范围。

分案申请的技术方案应当在原申请中有完整的、确定的记载，申请人可以就原申请的一个或者一组权利要求提出分案申请，也可以针对原申请实用新型内容中的某个技术方案或某个具体实施方式提出分案申请，但分案申请的权利要求不应是从原申请中重新概括、归纳或者组合而成的新的方案。

由于分案申请是从原申请分出来的一部分内容，因此分案申请可以保留原申请日，有优先权的，还可以保留原优先权日，但分案申请的内容不得超出原说明书和权利要求书记载的范围。在实用新型专利申请的初步审查中，如果分案的实用新型专利申请内容超出原申请说明书和权利要求书记载的范围，且申请人无正当理由拒绝补正的，审查员可以根据《专利法实施细则》第 44 条的规定以分案申请不符合《专利法实施细则》第 43 条第 1 款的规定驳回该分案申请。如果申请人进一步修改其分案申请的申请文件，则这种修改应当符合《专利法》第 33 条的规定，不得超出原申请说明书和权利要求书记载的范围，否则，专利局将依据《专利法实施细则》第 44 条以不符合《专利法》第 33 条规定为理由驳回该分案申请。

如果原申请没有单一性缺陷，且分案申请与原申请的权利要求完全相同的，即存在相同主题的情况下，则根据《专利法实施细则》第 42 条第 1 款的规定，该分案申请视为未提出。

此外，需要注意的是，如果分案申请还同时要求优先权，则分案申请首先要满足相关规定，只有分案申请符合规定的，专利局才会继续审查分案申请优先权的要求是否符合规定。例如，分案申请的递交时间不符合规定的，专利局将发出分案申请视为未提出通知书，对于优先权的要求不予审查。

五、申请文件明显实质性缺陷的审查

如前所述，实用新型专利申请的初步审查中，对专利申请文件的明显实质性缺陷的审查较发明专利申请初步审查所涉及的内容更多。除对《专利法》第 5 条、25 条、第 18 条、第 19 条第 1 款、第 20 条第 1 款、第 31 条第 1 款以及第 33 条进行明显实质性缺陷的审查外，实用新型专利申请的明显实质性缺陷审查的内容还包括：申请的主题是否明显不符合实用新型保护客体的规定（《专利法》第 2 条第 3 款）；各项权利要求是否明显不具备新颖性或专利申请文件是否明显不具备实用性（《专利法》第 22 条第 2 款、第 4 款）；说明书是否明显不符合应当对实用新型作出清楚、完整的说明的规定（《专利法》第 26 条第 3 款）；权利要求书是否以说明书为依据，清楚、简要地限定了要求专利保护的范围（《专利法》第 26 条第 4 款）；权利要求是否明显不符合关于重复授权的规定（《专利法》第 9 条）；以及独立权利要求是否明显缺少必要技术特征的规定（《专利法实施细则》第 20 条第 2 款）；分案申请的内容是否明显超出原申请记载的范围（《专利法实施细则》第 43 条第 1 款）。在审查时应当对涉及的所有内容进行审查，尤其需要关注以下内容：

（一）依照《专利法实施细则》第 17 条第 5 款规定的审查

由于实用新型专利仅保护有形状、构造的产品，而表示产品的形状、构造的附图能够直观、形象地反映技术内容，还可对说明书文字内容进行补充，并有助于对说明书的理解。因此，说明书附图是实用新型专利申请文件中不可缺少的一部分，且根据《专利法实施细则》第 17 条第 5 款的规定，实用新型专利申请应当有要求保护的产品的形状、构造或者其结合的附图。

专利局在对说明书附图进行审查时，需要判断说明书附图是否反映产品的形状、构造、连接关系、位置关系等，该附图可以是机械构造图、电路图、方框图等，但是不得仅有不能反映产品形状、构造的效果图、性能图或相位图等。例如，仅有温度与压力变化的曲线图、时间与数量变化的直方图等。

（二）依照《专利法》第 2 条第 3 款规定的审查

《专利法》第 2 条第 3 款对实用新型专利申请的保护客体进行了明确的定义。申请人在考虑申请实用新型专利保护时，一定要注意实用新型专利保护客体对产品、产品的形状和/或构造、技术方案这 3 个方面的要求。尤其需要注意以下两点。

（1）与发明专利不同的是，实用新型专利只保护产品，不保护方法，因此，实用新型专利申请的权利要求的类型只能是产品权利要求，不能是方法权利要求。

（2）不管是独立权利要求还是从属权利要求，均要符合保护客体的要求，因为独立权利要求属于实用新型专利的保护客体，从属权利要求并不一定属于实用新型专利的保护客体。具体如下：

① 独立权利要求要求保护一种具有特定构造的产品，而从属权利要求进一步限了该产品具体的加工方法，则从属权利要求不属于保护客体。例如，独立权利要求1的内容为"一种地板，其特征在于：分为四层结构，由上至下依次为耐磨层、装饰层、中间层和底层"。而从属权利要求2的内容为"根据权利要求1所述的地板，其特征在于：在制造地板时，热压压强2.0～2.2MPa，热压温度180℃～200℃，保压5～10分钟成型"。

权利要求1的主题名称是一种产品，并且在权利要求1中限定了该地板的具体结构，显然，权利要求1要求保护的产品属于实用新型专利的保护客体。然而，在权利要求2中，在其引用的权利要求1的基础上，进一步限定了制造地板的加工工艺，即权利要求2中包含了对方法本身的限定，因而不属于实用新型专利保护的客体。

② 独立权利要求要求保护一种具有特定构造的产品，而从属权利要求进一步限定了该产品的组成成分，则从属权利要求不属于保护客体。例如，独立权利要求1的内容为"一种巧克力饼干，其特征在于：由巧克力表层、两层膨化外层和一层夹心层组成"。而从属权利要求2的内容为"根据权利要求1所述的巧克力饼干，其特征在于：所述的膨化外层由大米粉和玉米粉加盐、香料和糖膨化而成"。

权利要求1要求保护一种具有多层结构的产品，符合实用新型专利保护客体的规定。但权利要求2要求保护的技术方案又包含了所述膨化外层的组分："大米粉""玉米粉""盐""香料"和"糖"，因此权利要求2包含有对物质的组分提出的技术方案，即该权利要求包含了对材料本身提出的改进，不属于实用新型专利的保护客体。

（三）依照《专利法》第26条第4款规定的审查

说明书是对实用新型内容的详细介绍，权利要求书是在说明书的基础上，用构成技术方案的特征来表明要求专利保护的范围。因此，权利要求书的内容不能与说明书相互脱节，两者之间应当有一种密切的关联。

（1）权利要求书应当以说明书为依据，即得到说明书的支持。也就是说，各项权利要求所限定的技术方案应当在说明书中有相同或者相应记载，或者权利要求所限定的技术方案能够从说明书中概括得出，能够解决本实用新型所要解决的技术问题。对于权利要求应当得到说明书的支持的详细阐述参见本书第二章第四节的内容。

（2）权利要求书的技术方案应当清楚、简要，即权利要求所限定的保护范围应当清楚、简要。在实用新型专利申请的初步审查中，对于权利要求书清楚简要的要求除应当符合本书第二章第四节的要求外，鉴于实用新型专利保护客体的特殊要求，实用新型专利一般不允许使用图形来表示技术特征，例如轴截面形状为"★"形。对于既包括产品形状、构造，又包括有用途或工作过程等内容的权利要求，则属于实用新型权利要求不简要的情形。

（四）依照《专利法实施细则》第20条第2款规定的审查

独立权利要求应当从整体上反映实用新型的技术方案，记载解决技术问题的全部必要技术特征。对于实用新型专利申请而言，仅罗列了各个部件或者组成部分，未描述产品的形状、构造关系的独立权利要求，即"单纯组成式"的权利要求，一般情况下属于缺少必要技术特征的情形。例如，权利要求要求保护的技术方案为"一种雾状水混合器，其特征在于：该雾状水混合器是由储水器、进气管、进气阀、进水管、进水阀、出水管、出水阀、压力表、储水位指示管、输水管道、底座、压盖板、法兰以及螺栓组成"。上述权利要求仅仅限定了混合器由14个零部件组成，缺少解决技术问题的必要零部件之间的位置、连接关系等必要技术特征，这种以单纯组合方式表述的独立权利要求，属于不符合《专利法实施细则》第20条第2款的规定。

对于单纯组成式权利要求，如果其组成部分之间的连接关系是公知的，则不认为其缺少必要技术特征。

（五）依照《专利法》第22条第2款规定的审查

《专利法》第22条第2款规定了发明专利和实用新型专利的新颖性，对于二者新颖性的审查标准完全相同。但是，在实用新型的初步审查过程中，专利局通常仅在未经检索的情况下，对实用新型是否明显不具备新颖性进行审查。

明显不具备新颖性的审查是指，评价新颖性的对比文件不是经过审查员主动检索获得的，根据申请文件及其办理的手续中提供的信息已经获得有关现有技术及抵触申请信息的，审查员应当基于这些信息进行新颖性审查。

以下情形属于在未经检索的情况下获得的现有技术或抵触申请信息，这些情形足以破坏申请的新颖性：

（1）申请文件中本身记载的现有技术可能破坏该申请新颖性，例如背景技术中提供了现有技术专利文献号，且该现有技术足以破坏该申请新颖性。

（2）申请人要求享有不丧失新颖性宽限期但不符合规定，并且提交了足以破坏该申请新颖性的有关证明材料。

（3）申请人要求优先权，但优先权不成立，并且在先申请足以破坏该申请的新颖性。

（4）进入国家阶段的国际申请的国际检索报告中所列出的对比文件和专利性国际初步报告中引入的对比文件足以破坏该申请的新颖性。

（5）任何单位或个人针对所审查的实用新型专利申请提供了相关的检索报告，且检索报告中所列出的对比文件足以破坏该申请的新颖性。

（6）任何单位或个人针对所审查的实用新型提供了有关抵触申请的信息，或者审查时发现审查员本人之前已经审查过的实用新型专利申请构成该申请的抵触申请。

（7）任何单位或个人针对所审查的实用新型提供了有关现有技术的信息，且该信息足以破坏该申请的新颖性。

初步审查中一般不通过检索来判断实用新型是否明显不具备新颖性。但是，对于明显抄袭现有技术或者属于内容明显实质相同的专利申请重复提交的，应当进行新颖性审查，即进行检索并根据检索所获得的对比文件或其他信息来判断其是否明显不具备新颖性，这是必须要通过主动检索进行新颖性审查的情形。

（六）依照《专利法》第22条第4款的规定的审查

实用新型专利申请明显不具备《专利法》第22条第4款规定的实用性的，该实用新型专利申请也不能被授予实用新型专利权。对于明显不具有实用性的审查，所针对的是权利要求书和说明书记载的全部内容，尤其是说明书所记载的所要解决的技术问题和有益效果，而不是仅仅局限于权利要求记载的内容。

在实用新型初步审查中，涉及的不具备实用性的主要情形有：

（1）违背自然规律。具备实用性的实用新型专利申请应当符合自然规律。违背自然规律的实用新型专利申请是不能实施的，故不具备实用性。

在实用新型专利申请中，比较常见的是违背能量守恒定律、违背动量守恒定律、违背热力学第二定律等实用新型专利申请。例如"永动机"类的申请，其系统的输出能量大于输入能量，或者在系统中凭空创造出能量。这类申请违背能量守恒定律，明显不具有实用性。又如，在没有受到外力作用的情况下，利用物体的内能使系统具有额外的动量的申请，属于在动量守恒的系统中，凭空产生动量。这类申请违背动量守恒定律，明显不具有实用性。再如，"恒定从海水中吸热的设备"这种申请，人为地设定使热量从低温物体传导至高温物体。这类申请违背热力学第二定律，明显不具有实用性。

（2）利用独一无二的自然条件的产品。具备实用性的实用新型专利申请应当具有再现性。由自然条件限定的独一无二的产品，其自始至终都是不可移动的唯一产品，不具有再现性，因此不具备实用性。例如，在黄山狮鹫峰与玉屏峰之间搭设的索道结构，由于该索道结构由狮鹫峰与玉屏峰之间特定的地理结构限定，是一种独一无二的索道结构，因此不具备实用性。

（3）无积极效果。具备实用性的实用新型专利申请的技术方案应当能够产生预期的积极效果。明显无益、脱离社会需要的实用新型专利申请的技术方案不具备实用性。

一项技术方案可能在有些方面存在缺陷，但是在其他方面有积极效果，则认为该技术方案产生了预期的积极效果。例如，抽水蓄能的技术方案，尽管该技术方案存在电能的损耗，但是由于该方案能够解决不同时间或者不同地点电力调配的技术问题，故其仍然具有积极的效果。

（七）依照《专利法》第31条第1款规定的审查

根据单一性的相关规定，可以作为一件专利申请提出的属于一个总的发明构思的两项以上的实用新型，应当在技术上相互关联，包含一个或者多个相同或者相应的特定技术特征。由于在实用新型专利申请的初步审查中一般不进行检索，故将特定技术特征规定为"实用新型的每一项独立权利要求作为一个整体，对实用新型专利申请文件所描述的背景技术作出贡献的技术特征"。这一点与发明专利申请实质审查中特定技术特征的判断标准有所不同。

实用新型专利申请的单一性，应当遵循是否明显不具备单一性的判断原则。对专利申请是否具备单一性的审查应在独立权利要求所要求保护的技术方案之间进行。形式上是从属权利要求而实质上是独立权利要求的，应当作为独立权利要求进行审查。当一件申请中的多个独立权利要求明显不属于一个总的发明构思时，其明显缺乏单一性。审查中要具体结合所要解决的技术问题，将权利要求的技术方案与说明书所描述的背景技术进行比较，以确定不同的权利要求之间是否具有相同或者相应的特定技术特征，而不是简单地根据权利要求对前序部分和特征部分的划界来确定特定技术特征。

例如，"权利要求1. 一种防钉鞋，包括鞋底，鞋面，中底和鞋帮，其特征在于：鞋底上设置有透气孔，中底由天然乳胶制成，在鞋底和中底之间设置有一金属层。权利要求2. 一种防钉鞋垫，包括顶层和底层，其特征在于：顶层上表面设有凸起颗粒，在顶层和底层之间设置有一金属层。"

根据说明书背景技术的描述，现有的鞋不能防止钉子扎伤脚，本实用新型为了解决上述问题提出了权利要求1和权利要求2两个技术方案。虽然两个权利要求主题名称不相同，一个为鞋，另一个为鞋垫，但鞋底中增加的金属层和鞋垫中增加的金属层均能防止钉子扎伤脚，在防止钉子伤脚方面对背景技术作出的贡献相同，具有相同的特定技术特征，属于相同的发明构思，从而具备单一性。

（八）依照《专利法》第9条规定的审查

在实用新型的初步审查中，对于实用新型专利申请依照《专利法》第9条的规定是否能取得专利权，一般不通过检索进行审查。例如两件同样的发明创造一前一后申请两件实用新型专利申请，但由于审查员在审查过程中一般不进行检索，因此两件实用新型专利申请均可能被授予专利权。但在审查过程中已经得知有申请人就同样的发明创造申请了专利的，应当进行审查。

对于同人同日就同样的发明创造既申请实用新型专利又申请发明专利的，申请时所作的同日申请声明在实用新型审查阶段不予审查及处理。申请时未作出同日申请声明，申请日之后补交同日申请声明的，审查员不予接受。

第五节　发明专利申请的公布

发明专利申请的公布是指国家知识产权局将请求书中记载的著录事项和说明书的摘要刊登在《发明专利公报》上，并将发明专利申请的说明书及其附图和权利要求书以单行本的形式另行出版。

发明专利申请的公布程序是由我国对发明专利申请所实行的“早期公开，延迟实审”的制度所决定的，是发明专利申请在初步审查合格后，进入实质审查程序前的环节之一，也是发明专利审查整个流程中的一个重要程序。发明专利申请早期公开的目的是使公众可以尽早自由阅读和索取有关文献，有利于公众对专利申请审批进行监督和协助，也有利于最新技术的迅速传播和利用。

发明专利申请的公布程序根据申请人是否提出要求提前公布请求分为满 18 个月的即行公布和提前公布。关于 PCT 进入中国国家阶段的专利申请的国家公布参见本书第九章第三节的内容。

一、公布的情形

（一）满 18 个月即行公布

根据《专利法》34 条的规定，发明专利申请经过初步审查合格后，自申请日起（有优先权的，为优先权日）满 18 个月，即行公布。但是保密发明专利申请经初步审查合格后不予公布。

在初步审查程序中被驳回、被视为撤回以及在公布准备之前申请人主动撤回的发明专利申请不予公布。

（二）提前公布

申请人可以在法定公布期限届满前主动请求早日公布其发明专利申请。申请人请求早日公布其发明专利申请的，应当向专利局提出请求提前公布声明，不需要缴纳费用。请求提前公布声明既可以在提出申请时提出，也可以在审查过程中提出。申请人提出提前公布声明不能附有任何条件。提前公布声明符合规定的，发明专利申请在初步审查合格后立即进入公布准备。进入公布准备程序后，申请人要求撤销提前公布声明的，该要求视为未提出，申请文件照常公布。

二、与发明专利申请公布相关的手续

一些手续的提出时机与专利申请的公布有特别的关联，例如提出保密请求的时间界限、发明人请求不公布姓名的手续、撤回优先权的手续以及撤回专利申请的手续。这些手续提出的时间如果在进入公布准备阶段，对手续的审批结果将产生影响。

三、发明专利申请公布后的效力

（1）发明专利申请公布后，申请人可以要求实施其发明的单位或者个人支付适当的费用。即从发明专利申请公布之日起，申请人能够获得对专利申请的“临时保护”。

（2）发明专利申请的公布使其成为公布日之后提交的所有专利申请的现有技术。专利申请一旦公布，将使申请文件的内容处于任何人均可获知的状态，使在该日之后提交的专利申请不具备新颖性和创造性。

（3）发明专利申请的公布使被公布的申请成为以同样的主题在中国申请专利的，申请日在其申请日之后并且在其公布日之前（或当天）的发明或实用新型专利申请的抵触申请，从而破坏该在后申请的新颖性。

（4）自发明专利申请公布之日起至公告授予专利权之日止，任何人均可以对不符合《专利法》规定的专利申请向国务院专利行政部门提出意见，并说明理由。

对于 PCT 进入国家阶段的发明专利申请而言，根据《专利法实施细则》第 114 条第 2 款和第 3 款的规定，国际申请由国际局以中文进行国际公布的，自国际公布日起适用《专利法》第 13 条的"临时保护"规定；由国际局以中文以外的文字进行国际公布的，自国家公布之日起适用《专利法》第 13 条的"临时保护"规定。

第六节 发明专利申请的实质审查

我国对发明专利申请采取实质审查的制度，发明专利申请的授权必须经过实质审查程序。

一、实质审查程序的启动

（一）实质审查程序的启动

根据《专利法》的规定，发明专利申请的实质审查程序主要依据申请人的实质审查请求启动，专利局认为必要时可以自行启动实质审查。专利局可以自行启动对发明专利申请进行实质审查的规定也有着特别的意义。这是因为，有些发明会涉及国家或社会的重大利益，而申请人未意识到或因某种原因没有提出实质审查请求，为了维护国家利益或社会利益，允许专利局在这种情况下自行进行实质审查。

（二）实质审查请求的提出时机

根据《专利法》第 35 条的规定，申请人应当自该专利申请的申请日（有优先权的，指优先权日）起 3 年内提出实质审查请求。只要申请人完成了发明，即可向专利局提出发明专利申请，其后可以在该 3 年期限内进行调查研究，了解市场需求以及专利转让前景，判断该件发明专利申请的价值。如果预期该项发明能取得较大收益时，才需要向专利局提出实质审查请求，否则就可以不提出实质审查请求，节约实质审查费。

（三）实质审查请求的手续

发明专利申请人提出实质审查请求应当提交实质审查请求书，并缴纳实质审查费。提出请求和缴纳费用的时间均是自申请日（有优先权的，指优先权日）起 3 年内。申请人请求实质审查时，还应当提交在申请日前（有优先权的，指优先权日）与发明有关的参考资料。除非该专利申请已经由专利局启动实质审查程序，否则申请人在自申请日（有优先权的，指优先权日）起 3 年内不提出实质审查请求的，该专利申请将被视为撤回。如果发明专利已经在外国提出过申请，那么申请人还应当根据专利局的要求提交该国为审查其申请进行检索的资料或审查结果的材料。无正当理由逾期不提交的，该申请被视为撤回。

这里需要注意的是，对于分案申请，提出时间如果超出自申请日（有优先权的，指优先权日）34 个月的，应当自分案申请提交日起 2 个月内或收到受理通知书之日起 15 日内办理提出实质审查请求的手续。

二、实质审查的原则与范围

为了保证实质审查程序的合法进行，专利局在进行审查时必须遵循请求原则、听证原则和程序节约原则。下面主要介绍实质审查的范围。

在实质审查阶段，专利局对专利申请进行全面审查，专利申请既不能有《专利法实施细则》第53条所列的有关实质性方面的缺陷，又要符合《专利法》及其实施细则有关申请文件形式方面的所有规定。

（一）属于实质性缺陷的审查范围

在实质审查过程中，首先要审查申请文件中是否存在实质性缺陷。具体的程序和范围如下：一般情况下，专利局首先要审查申请的主题是否属于《专利法》第5条、第25条规定的不授予专利权的范围；是否符合《专利法》第2条第2款的规定；是否具有《专利法》第22条第4款所规定的实用性，且说明书是否充分公开了请求保护的主题。其后，应当审查权利要求所限定的技术方案是否不具备新颖性和创造性；全部权利要求是否以说明书为依据，清楚、简要地限定要求专利保护的范围；独立权利要求是否表述了一个针对发明所要解决的技术问题的完整的技术方案。

在进行上述审查的过程中，还需对申请文件的单一性、申请文件的修改时机和修改是否超范围进行审查。对于依赖于遗传资源完成的发明创造，还需审查申请人是否提交了专利局制定的遗传资源来源披露登记表。对遗传资源来源披露登记表的审查参见本章第三节发明初审的相关内容以及《专利审查指南2010》第二部分第十章第9.5节的相关内容。

在进行实质审查时，审查员还会对专利申请是否符合《专利法》第20条第1款进行审查。如果审查员有证据或理由认为涉及的发明是在中国完成的，且发明的内容已经在国外申请专利，审查员要核实其发明内容是否报经专利局进行了保密审查。对违反规定向外国申请专利的发明，在中国申请的发明专利，将不授予专利权。

（二）对权利要求的审查范围

对权利要求的审查是实质审查的重要内容，因此有必要对权利要求的审查范围进行特别的说明。

（1）审查权利要求是否具备新颖性和创造性。如果经审查认为独立权利要求不具备新颖性和创造性，则进一步审查从属权利要求是否具备新颖性和创造性。如果经审查认为独立权利要求具备新颖性和创造性，或者虽然独立权利要求不具备新颖性或创造性，但是从属权利要求具备新颖性和创造性，则该申请有被授予专利权的前景，属于应进行全面审查的情况，审查员应当遵循程序节约的原则，对权利要求书进行全面的审查。

（2）审查权利要求书中的全部权利要求是否以说明书为依据，清楚、简要地限定要求专利保护的范围。

（3）审查独立权利要求是否表述了一个针对发明所要解决的技术问题的完整的技术方案，即独立权利要求是否记载了解决上述技术问题的全部必要技术特征。

（4）对于经审查有授权前景的申请，如果检索出在同一申请日向专利局提交的属于同样的发明创造的专利或专利申请，应当注意避免对同样的发明创造的重复授权。

此外，对于权利要求不清楚的申请，审查员可能会在审查意见通知书中就申请人在说明书中描述的技术方案给出有关新颖性和/或创造性的审查意见，在答复通知书时申请人可以参考上述审查意见有针对性地修改申请文件。

（三）申请文件的形式审查

在实质审查阶段，除对申请文件的实质性缺陷进行审查外，对申请文件的形式审查也是必需的，具体的审查内容参见本书第二章的相关内容。

三、审查文本的确定

在开始进行实质审查时，审查员首先需要确定实质审查所依据的文本，可能作为实质审查所依据的文本有以下 4 种。

（1）原始申请文件。对于在原始申请文件的基础上直接初审合格的专利申请，且申请人未对申请文件进行主动修改的，实质审查所依据的文本为原始申请文件。

（2）应专利局初步审查部门要求补正后的文件。对于初审阶段提交的补正文件，一般应当以初审合格所依据的申请文件作为审查的文本。如果无法判断初审合格所依据的申请文件的，则应当以公布文本作为审查的文本。在初审阶段被初审审查员明确认定为不合格且未被采用作为公布文本的补正文件不得作为审查的文本。

（3）符合《专利法实施细则》第 51 条第 1 款规定的主动修改时机的修改文本。《专利法实施细则》第 51 条第 1 款规定："发明专利申请人在提出实质审查请求时以及在收到国务院专利行政部门发出的发明专利申请进入实质审查阶段通知书之日起的 3 个月内，可以对发明专利申请主动提出修改。"申请人在提出实质审查请求时，或者在收到专利局发出的发明专利申请进入实质审查阶段通知书之日起的 3 个月内，对发明专利申请进行了主动修改的，无论修改的内容是否超出原说明书和权利要求书记载的范围，均应当以申请人提交的经过该主动修改的申请文件作为审查文本。申请人在上述规定期间内多次对申请文件进行了主动修改的，以最后一次提交的申请文件为审查文本。

（4）不符合《专利法实施细则》第 51 条第 1 款规定的主动修改时机的修改文本。申请人在《专利法实施细则》第 51 条第 1 款规定的期间外，对发明专利申请进行的主动修改，一般不会被接受，所提交的经修改的申请文件，不会作为审查文本。审查员会在审查意见通知书中告知此修改文本不作为审查文本的理由，并以此前的能够接受的文本作为审查文本。"此前的能够接受的文本"指的是不考虑上述修改文件的情况下依请求原则确定的文本，即申请人依据符合《专利法》和《专利法实施细则》规定的时机提交的请求审查的文本。但是，如果审查员在阅读该经修改的文件后认为其消除了原申请文件存在的应当消除的缺陷，又符合《专利法》第 33 条的规定，且在该修改文本的基础上进行审查将有利于节约审查程序，也可以接受该经修改的申请文件作为审查的文本。

四、为审查目的的检索

在实质审查过程中，检索是发明专利申请被授予专利权之前的一个必经环节，审查员通常会在检索后再作出审查意见通知书，但在某些情况下，审查员不必检索即可进行审查并发出审查意见通知书。

（一）不必检索的情形

经审查，申请的主题属于下列情形的，审查员不必检索即可发出审查意见通知书。

（1）发明专利申请属于《专利法》第 5 条或者第 25 条所述的不应授予专利权的范畴。即发明专利申请违反法律、社会公德或者妨害公共利益；或者依赖于遗传资源完成的发明创造，该遗传资源的获取或者利用违反法律、行政法规的规定；或者申请的主题属于科学发现、智力活动的规则和方法；疾病的治疗和诊断方法、动物和植物品种、原子核变换方法和用原子核变换方法获得的物质。

（2）申请的主题不属于专利法意义上的技术方案，即不是对产品、方法或者其改进所提出的新的技术方案，不符合《专利法》第2条第1款的规定。

（3）申请的主题不具备实用性，即发明不能够制造或者使用，或者不能够产生积极效果。

（4）说明书未对发明专利申请请求保护的主题作出清楚、完整的说明，不能使所属技术领域的技术人员实现该发明。

应当指出的是，申请的全部主题属于上述情形的，审查员不必进行检索即可发出审查意见通知书。如果申请中只有部分主题属于上述情形，而其他主题不属于上述情形，则应当对不属于上述情形的其他主题进行检索后再发出第一次审查意见通知书。

（二）为审查目的检索

除上述不必检索即可发出审查意见通知书的情形外，审查员应当准确理解发明，根据申请的主题确定检索的技术领域，并且进一步分析权利要求，确定检索要素。该检索要素是指从技术方案中提炼出来的可检索的要素，通常用分类号和关键词表达。审查员应当利用可检索的要素来表达技术方案，以便在数据库中查找相关对比文件，最终获得准备的检索结果。检索质量的高低对于实质审查的结果和质量具有决定性的影响。

五、优先权的核实

在实质审查中，当出现下列情况之一时，需要核实优先权：

（1）对比文件公开了与申请的主题相同或密切相关的内容，而且对比文件的公开日在申请日和所要求的优先权日之间（该对比文件构成 PX 或 PY 级文件）。

（2）另一件在专利局的申请所公开的内容与申请的全部主题相同，或者与部分主题相同，前者的申请日在后者的申请日和所要求的优先权日之间，而其公布日在后者的申请日或之后（另一件申请构成 PE 级文件）。

（3）另一件在专利局的申请所公开的内容与申请的全部主题相同，或者与部分主题相同，前者所要求的优先权日在后者的申请日和所要求的优先权日之间，而其公布日在后者的申请日或之后（另一件申请构成 PE 级文件）。此时，首先应核实所审查的申请的优先权；当所审查的申请不能享有优先权时，还应当核实对比文件的优先权。

（4）另一件在专利局的申请或专利所请求保护的技术方案与申请的全部或者部分主题相同，前者的申请日或所要求的优先权日与后者的申请日或优先权日相同，对于这类可能造成重复授权的文件，需要核实本申请的优先权，必要时，还需要核实对比文件的优先权。

经核实，如果该发明专利申请的优先权不成立，审查员会在审查意见通知书中说明优先权不成立的理由，并以新确定的优先权日（在没有其他优先权时，即为申请日）为基础，进行后续审查。

核实优先权时对相同主题的认定参见本书第四章。

六、对缺乏单一性申请的处理

在实质审查过程中，对于单一性缺陷的处理，既可以同时检索和处理缺乏单一性的申请，也可以待申请人克服单一性缺陷后再进行审查。一旦申请人修改后克服了单一性缺陷，审查员就应当继续进行审查。

（一）对于申请的主题明显缺乏单一性的处理

（1）不进行检索而直接发出分案通知书。在完成单一性的审查后，如果发现申请的主题明显缺乏单一性的，可以不进行检索而直接发出分案通知书。通知申请人在指定期限内对其申请进行修改，待申请人修改申请并消除单一性缺陷后再进行检索及审查。

（2）直接检索审查，告知单一性缺陷。审查员也可以对其中一项发明（通常选择包括第一项独立权利要求的一组权利要求）进行检索和审查，发出审查意见通知书。审查意见通知书中同时指出单一性缺陷，说明理由，并要求申请人删除未经检索的不具备单一性的其他权利要求。

（3）如果缺乏单一性的两项或者多项独立权利要求的技术方案都属于该审查员负责审查的技术领域，且它们涉及的检索领域非常接近或者在很大程度上重叠，审查员可以在不增加太多工作量的情况下同时完成对它们检索，这样，在撰写审查意见通知书正文时，既可以指出缺乏单一性的缺陷，又可以对这些独立权利要求作出评价，减少一次审查意见通知书，从而加速审查进程；倘若通过检索发现申请中的一项或者几项独立权利要求不具备新颖性或者创造性，那么申请人在收到审查意见通知书之后，就可以删去这样的权利要求，而且不会再对它或者它们提出分案申请，从而避免了一些不必要的工作。

（二）检索后缺乏单一性申请的处理

专利申请缺乏单一性的缺陷有时是不明显的，要通过检索与审查后才能确定。这种缺乏单一性缺陷既可能存在于相互并列的独立权利要求之间，也可能因所引用的独立权利要求缺乏新颖性或创造性而存在于相互并列的从属权利要求之间。

对于检索后才能确定申请主题缺乏单一性的，一般会采用如下的审查方式：

（1）第一独立权利要求或其从属权利要求（第一项发明）具有授权前景，而其他独立权利要求与该具有授权前景的权利要求之间缺乏单一性，可以暂缓对其他独立权利要求的检索和审查，并且在第一次审查意见通知书中只针对第一独立权利要求或其从属权利要求（第一项发明）提出审查意见，同时要求申请人删除或者修改缺乏单一性的其他权利要求，以克服申请缺乏单一性的缺陷。

（2）第一独立权利要求及其从属权利要求（第一项发明）无授权前景，而其他的独立权利要求之间缺乏单一性，可以暂缓对其他独立权利要求的检索和审查，在第一次审查意见通知书中指出第一独立权利要求及其从属权利要求（第一项发明）没有授权前景的同时，指出该专利申请缺乏单一性的缺陷。当然，审查员也可以继续检索和审查其他独立权利要求，尤其是当其他独立权利要求的检索领域与第一独立权利要求的检索领域非常接近，或者在很大程度上重叠时，可以同时检索和审查，在通知书中同时指出单一性缺陷和其他缺陷。

（3）独立权利要求无授权前景，导致其下并列的从属权利要求之间无单一性的或者这些从属权利要求与其他的独立权利要求之间缺乏单一性的情形，可以参照上述（1）或（2）的方式进行处理；当审查员已经对全部权利要求进行检索后，也可能会仅指出该项独立权利要求不具备新颖性或创造性，即通常暂时不考虑其并列从属权利要求之间以及这些从属权利要求与其他的独立权利要求之间的单一性问题，因为申请人可以因创造性等问题而修改权利要求，从而克服单一性问题。但是，如果审查后可以确认具有授权前景的某个并列从属权利要求与其他权利要求之间不具备单一性，为了程序节约，审查员也可能会同时指出该单一性问题。

单一性的具体判断方法参见本书第二章第五节。

七、审查意见通知书

在实质审查过程中，根据审查的进行，要适时作出各种处理，其中最常见的处理是发出审查意见通知书。审查意见通知书包括标准表格、审查意见通知书正文和附件（例如对比文件的复制件）。在标准表格中给出实质审查所依据的文本、引用的对比文件、对权利要求书和说明书的结论性意见、实质审查的倾向性结论意见、答复期限等。在通知书正文部分主要指出权利要求书和/或说明书的实质性缺陷，有授权前景时还指出专利申请文件所存在的其他问题。

（一）第一次审查意见通知书

第一次审查意见通知书是审查员经过实质审查后首次发出的通知书，除了极少数可直接授权的专利申请外，专利局都必须发出第一次审查意见通知书。

当审查员认为必要时，可以简要地给申请人提出有益的修改建议。但是，建议的修改方式仅供申请人参考。如果接受审查员的建议，需要正式提交经过修改的文件，审查员在通知书中提出的修改建议不能作为进一步审查的文本。例如，审查员在第一次审查意见通知书中指出某项权利要求不清楚，并在通知书中完整写出了建议的权利要求1的内容。即使申请人同意审查员的修改建议，对权利要求1的修改与审查员的建议完全相同，申请人还是需要提交经过修改的正式文件，而不得直接指定审查员建议的该权利要求为审查文本。

除前述不全面审查的情况之外，第一次审查意见通知书通常会写明审查员对申请的实质方面和形式方面的全部意见。

在经修改的审查文本不符合《专利法》第33条的规定的情况下，审查员也可以针对审查文本之外的其他文本提出审查意见，可以评述该修改前提交的文本，也可以评述审查员认为申请人根据原申请文本的记载唯一可能选择的技术方案。

（二）再次发出审查意见通知书

再次审查意见通知书是针对申请人的意见陈述书及新修改的专利申请文件继续进行实质审查后发出的。在继续进行的实质审查中，审查员可以根据需要对发明进行补充检索。

1. 再次发出审查意见通知书的条件

在继续审查过程中，出现下述情况之一时，审查员会再次发出审查意见通知书：

（1）审查员发现与申请主题更加相关的对比文件，需要对权利要求进行重新评价。

（2）在前一阶段的审查中，审查员未对某项或某几项权利要求提出审查意见，经继续审查后，发现其中有不符合专利法及其实施细则规定的情况。

（3）经申请人陈述意见和/或进行修改之后，审查员认为有必要提出新的审查意见。

（4）修改后的申请有可能被授予专利权，但仍存在不符合《专利法》及其实施细则规定的缺陷。这些缺陷可能是修改后出现的新缺陷、审查员新发现的缺陷以及已经通知过申请人但仍未完全消除的缺陷。

（5）审查员打算驳回的申请，但在此前的审查意见通知书中未向申请人明确指出所依据的事实、理由和证据。

2. 再次发出审查意见通知书所针对的文本

在答复专利局发出的审查意见通知书时，不得再进行主动修改。审查员在申请人针对审查意见通知书作出的答复的基础上确定继续审查的文本。如果确定的审查文本为一个修改文本或者审查的是一件分案申请，则首先要进行的审查是确定申请人对申请文件的修改是否超出《专利法》第33条规定的原说明书和权利要求书记载的范围，以及依照《专利法实施细则》第43条第1款规定提出的分案申请是否超出原申请记载的范围。

（1）未提交修改文件

如果申请人仅提交了意见陈述书而未提交修改文件，审查的文本一般为前次审查所针对的文本。但如果申请人在意见陈述书中提出放弃最近一次提交的修改文件，则审查员可以接受申请人的意见，并以申请人指定的之前可以接受的文本作为继续审查文本。

（2）提交了修改文件

如果申请人在陈述意见的同时提交了修改文本，审查员首先按照《专利法实施细则》第51条第3款的规定，即"应当针对通知书指出的缺陷进行修改"，对申请人提交的修改文本（这里是指申请人正式提交的修改替换页，而不是含修改标记的修改页）进行审查。

如果审查员在收到符合《专利法实施细则》第51条第3款的修改文件之后，未作出后续审查意见或结论之前，再次收到申请人提交的符合《专利法实施细则》第51条第3款的修改文件，则应当在后一次提交的修改文件基础上确定继续审查的文本。在后续审查意见或结论已经发出之后收到的答复，审查员不予考虑。

如果申请人在答复审查意见通知书时所进行的修改的方式不符合《专利法实施细则》第51条第3款的规定，则这样的修改文本一般不予接受。

八、公众意见处理及辅助审查手段

（一）公众意见处理

根据《专利法实施细则》第48条的规定，自发明专利申请公布之日起至公告授予专利权之日止，任何人均可以对不符合《专利法》规定的专利申请向专利局提出意见，并说明理由。在实质审查程序中，任何人对不符合《专利法》规定的发明专利申请向专利局提出的意见，会被存入该申请文档中供审查员审查时考虑。如果公众的意见是在审查员发出授予专利权的通知之后收到的，审查员不必予以考虑。专利局对公众意见的处理情况，不需要通知提意见的公众。

（二）辅助审查手段

在实质审查过程中，除进行书面审查之外，专利局还可以根据需要采取辅助审查的手段。

1. 会 晤

在实质审查过程中，必要时可以与申请人举行会晤。但必须同时满足下述两个条件：（1）已发出第一次审查意见通知书；（2）申请人在答复审查意见通知书的同时或之后提出了会晤要求、或者审查员发出了会晤约请。

约定会晤的方式可以采取下述方式之一：（1）书面约定，发出会晤通知书，其副本存放在申请文档中；（2）电话约定，将约定会晤的电话记录存放在申请文档中。

会晤应当在专利局指定的地点进行。会晤由负责审查该申请的审查员主持。申请人委托了专利代理机构的，会晤必须有代理人参加。参加会晤的代理人应当出示代理人执业证。申请人更换代理人的，应当办理著录项目变更手续，并在著录项目变更手续合格后由变更后的代理人参加会晤。在委托代理机构的情况下，申请人可以与代理人一起参加会晤。申请人没有委托专利代理机构的，申请人应当参加会晤；申请人是单位的，由该单位指定的人员参加，该参加会晤的人员应当出示证明其身份的证件和单位出具的介绍信。

上述规定也适用于共同申请人。除非另有声明或者委托了代理机构，共有专利申请的单位或者个人都应当参加会晤。必要时，发明人受申请人的指定或委托，可以同代理人一起参加会晤，或者在申请人未委托代理机构的情况下受申请人的委托代表申请人参加会晤。参加会晤的申请人

第五章

或代理人等的总数，一般不得超过两名；两个以上单位或者个人共有一项专利申请，又未委托代理机构的，可以按共同申请的单位或个人的数目确定参加会晤的人数。

在会晤之前，应当事先确定所要讨论的问题。如果审查员或者申请人准备在会晤中提出新的文件，应当事先提交给对方。在会晤中，仅讨论已事先确定的问题和文件，不讨论会晤中提出的新文件。会晤结束后，填写会晤记录，一式两份，双方签字，一份交给申请人，另一份存放到申请文档中。会晤记录中应写明讨论的问题、双方达成的结论或者同意修改的内容。

对于会晤中达成一致的意见，申请人也应当重新提交正式的修改文件，会晤记录不能代替申请人的正式书面答复或者修改。如果在会晤中没有取得一致意见，审查工作将通过书面方式继续进行。对于在答复后进行的会晤，如果需要申请人重新提交修改文件或者进一步陈述意见的，应当在会晤记录中指定重新提交修改文件或陈述意见的期限。

2. 电话讨论

在实质审查过程中，审查员可以与申请人就申请文件中存在的问题进行电话讨论，电话讨论一般应当在审查员发出第一次审查意见通知书之后进行。但电话讨论仅适用于解决次要的、且不会引起误解的形式方面的缺陷所涉及的问题。需要注意的是，经电话讨论后申请人同意修改的内容，应当由申请人重新提交修改文件。

3. 取证和现场调查

一般说来，在实质审查程序中审查员不会要求申请人提供证据。但是如果申请人不同意审查员的意见，那么由申请人决定是否提供证据来支持其主张。如果申请人决定提供证据，审查员应当给予申请人一个适当的机会，使其能提供任何可能有关的证据，除非审查员确信提供证据也达不到有益的目的。

申请人提供的证据可以是书面文件或者实物模型。例如，申请人提供有关发明的技术优点方面的资料，以证明其申请具备创造性；又如，申请人提供实物模型进行演示，以证明其申请具有实用性等。

如果某些申请中的问题，需要审查员到现场调查方能得到解决，则应当由申请人提出要求，经批准后，审查员方可去现场调查。调查所需的费用由专利局承担。

九、驳回决定与授予专利权的通知

审查员会在尽可能短的时间内完成申请的实质审查。通常，在发出一次或者两次审查意见通知书后，审查员就可以作出驳回决定或者发出授予专利权的通知书。驳回决定或者授予专利权的通知书一经发出，申请人的任何呈文、答复和修改均不再予以考虑，因而任何呈文、答复和修改都需要在审查员发出审查决定之前提交。

（一）驳回决定

《专利法》第 38 条规定："发明专利申请经申请人陈述意见或者进行修改后，国务院专利行政部门仍然认为不符合本法规定的，应当予以驳回。"

1. 驳回申请的条件

审查员在作出驳回决定之前，应当将其经实质审查认定申请属于《专利法实施细则》第 53 条规定的应予驳回情形的事实、理由和证据通知申请人，并给申请人至少一次陈述意见和/或进行修改申请文件的机会。驳回决定一般应当在第二次审查意见通知书之后才能作出。这并非对驳回前审查意见通知书次数的严格限制，而是要求审查员在作出驳回决定时，满足听证原则的需要。

第五章

如果申请人在通知书（包括第一次审查意见通知书）指定的期限内未针对通知书指出的可驳回缺陷提出有说服力的意见陈述和/或证据，也未针对该缺陷对申请文件进行修改，或者修改仅是改正了错别字或更换了表述方式而技术方案没有实质上的改变，且审查员在上述通知书中已将驳回所针对的所有事实、证据和理由告知申请人，则在此情况下，可以在该通知书之后驳回。

例如，通知书中评述权利要求的创造性时，审查员认定某技术特征属于公知常识，申请人未修改权利要求，陈述意见时仅对该技术特征属于公知常识提出质疑。在发明不具有授权前景时，如果无需举证即能够确定该技术特征属于公知常识时，审查员可以直接作出驳回决定。无需举证即能够确定公知常识的情形是指：众所周知的事实、自然规律及定理、根据法律规定或已知事实和日常生活经验法则能推定出的另一事实。

如果申请人对申请文件进行了修改，即使修改后的申请文件仍然存在用已通知过申请人的理由和证据予以驳回的缺陷，但只要驳回所针对的事实改变，就应当给申请人再一次陈述意见和/或修改申请文件的机会。但对于此后再次修改涉及同类缺陷的，如果修改后的申请文件仍然存在足以用已通知过申请人的理由和证据予以驳回的缺陷，则审查员可以直接作出驳回决定，无需再次发出审查意见通知书，以兼顾听证原则与程序节约原则。

如果审查员在前次通知书中针对申请人并未请求保护的、审查员假定的技术方案进行了评述，申请人可以在答复时将审查员评述过的假定技术方案修改为请求保护的权利要求。如果审查员已经在通知书中就该假定的技术方案不符合《专利法》或《专利法实施细则》有关规定的具体事实、理由和证据明确告知过申请人，且申请人在指定期限内的答复也没有提出有说服力的意见陈述和/或证据，则此时审查员可以作出驳回决定。

申请人按照审查意见通知书修改后的申请文件中出现新的实质性缺陷，而已告知过的实质性缺陷依然存在，在已告知过的实质性缺陷与新出现的实质性缺陷无关的情况下，审查员可以根据审查意见通知书中已经告知过申请人的事实、理由和证据作出驳回决定。

但是，下面几种情形在第一次意见通知书后不能发出驳回决定，需要继续发出审查意见通知书：（1）第一次通知书中只评述了部分权利要求，申请人修改后将没有评述过的从属权利要求上升为独立权利要求；（2）第一次通知书中虽评述了所有权利要求，但修改后申请人将说明书的内容补入权利要求书中。

2. 驳回的种类

按照《专利法实施细则》第53条的规定，发明专利申请经申请人陈述意见和/或修改后，还存在下述情况的，可以作出驳回决定：

（1）专利申请的主题违反法律、社会公德或者妨害公共利益，或者申请的主题是违反法律、行政法规的规定获取或者利用遗传资源，并依赖该遗传资源完成的，或者申请的主题属于《专利法》第25条规定的不授予发明专利权的客体。

（2）专利申请不是对产品、方法或者其改进所提出的新的技术方案。

（3）专利申请所涉及的发明在中国完成，且向外国申请专利前未报经专利局进行保密审查的。

（4）专利申请的发明不具备新颖性、创造性或实用性。

（5）专利申请没有充分公开请求保护的主题，或者权利要求未以说明书为依据，或者权利要求未清楚、简要地限定要求专利保护的范围。

（6）专利申请是依赖遗传资源完成的发明创造，申请人在专利申请文件中没有说明该遗传资源的直接来源和原始来源；对于无法说明原始来源的，也没有陈述理由。

（7）专利申请不符合专利法关于发明专利申请单一性的规定。

（8）专利申请的发明是依照《专利法》第 9 条规定不能取得专利权的。

（9）独立权利要求缺少解决技术问题的必要技术特征。

（10）申请的修改或者分案的申请超出原说明书和权利要求书记载的范围。

3. 驳回决定的组成

驳回决定包括标准表格和驳回决定正文。标准表格中应当填写所有申请人的姓名或者名称。

4. 驳回决定正文的撰写

驳回决定正文包括案由、驳回的理由和决定 3 个部分。必要时可以增加第四部分"其他说明"。

（1）案由。案由部分应当包括如下内容：明确驳回决定所涉及的申请；简要叙述申请的审查过程，特别是与驳回决定有关的情况，一般包括历次的审查意见（包括所采用的证据）和申请人答复的概要、申请所存在的导致被驳回的缺陷；驳回决定所针对的文本。

（2）驳回的理由。在驳回理由部分，应当告知申请人驳回决定所依据的事实、理由和法律依据，当可以同时依据《专利法》及其实施细则的不同条款驳回申请时，应当选择其中最为合适、占主导地位的条款作为驳回的主要法律依据，同时，在符合听证原则的前提下，对存在的其他导致驳回的缺陷进行简要评述，这些缺陷均构成驳回理由。例如，当专利申请同时不符合《专利法》第 22 条第 3 款和第 26 条第 4 款的规定时，审查员可以选择《专利法》第 22 条第 3 款作为占主导地位的法律依据进行评述，同时简要地指出本申请中不符合《专利法》第 26 条第 4 款规定的缺陷。如果多项权利要求中分别存在不同的实质性缺陷，可以分别根据《专利法》及其实施细则的不同条款驳回的，则这些条款都应视为最为适合、占主导地位的条款。在该部分应当针对申请人的争辩进行简要评述。

（3）决定。在决定部分，写明驳回的理由属于《专利法实施细则》第 53 条第几项的情形，并根据《专利法》第 38 条的规定引出驳回该申请的结论。同时告知申请人相应的救济途径。

（4）其他说明。在其他说明部分，说明与已告知过的实质性缺陷无关的新的实质性缺陷，即没有经过听证的实质性缺陷，目的是供申请人或后续程序参考。

（二）授予专利权的通知

1. 发出授予专利权的通知书的条件

对经实质审查没有发现驳回理由的申请，审查员应当发出授予发明专利权的通知书。授权的文本，必须是经申请人以书面形式最后确认的文本。

2. 授权通知书发出前的检查

授权通知书发出前，对于申请文件中的某些明显错误，审查员可以依职权进行修改。审查员所作的这些依职权修改应当通知申请人。可以依职权修改的范围见本章第七节的相关内容。

十、实质审查程序的终止

发明专利申请的实质审查程序，因审查员作出驳回决定且决定生效，或者发出授予专利权的通知书，或者因申请人主动撤回申请，或者因申请被视为撤回而终止。

第七节 申请人的答复与修改

申请人可依照《专利法》及其实施细则的有关规定，通过答复通知书和修改专利申请文件得到相对有利的审查结果。

一、答 复

申请人在收到补正通知书或者审查意见通知书后，应当在指定的期限内补正或者陈述意见。申请人对专利申请进行补正的，应当提交补正书和相应修改文件替换页。申请人因正当理由难以在指定的期限内作出答复的，可以提出延长期限请求。申请人期满未答复的，该专利申请将被视为撤回。

（一）答复的期限

申请人应当在补正通知书或者审查意见通知书指定的期限内进行答复。

通常，初审阶段补正通知书／审查意见通知书的指定期限为 2 个月；在实质审查阶段，申请人答复第一次审查意见通知书的期限为 4 个月；再次审查意见通知书的答复期限通常为 2 个月，以推定申请人收到通知书之日起算。专利局收到申请人的答复之后即可以开始后续的审查程序。如果后续审查程序的审查意见或结论已经作出，对于此后在原答复期限内申请人再次提交的答复，审查员可以不予考虑。

（二）答复的方式

对于补正通知书或审查意见通知书，申请人应当采用专利局规定的意见陈述书或补正书的方式在指定的期限内书面作出答复。申请人的答复可以仅仅是意见陈述书，也可以进一步包括经修改的申请文件（替换页和／或补正书）。对于以纸件形式提交的申请，需以纸件形式提交答复文件；对于以电子文件形式提交的申请，申请人应通过电子专利申请系统提交答复文件。

申请人提交的无具体答复内容的意见陈述书或补正书，也是申请人的正式答复。对此，专利局可理解为申请人未对补正通知书或审查意见通知书中的审查意见提出具体反对意见，也未克服审查意见通知书所指出的申请文件中存在的缺陷。

申请人的答复应当提交给专利局受理部门。直接提交给审查员的答复文件或征询意见的信件不视为正式答复，不具有法律效力。

（三）答复的签署

申请人在答复补正通知书或审查意见通知书时，应当按照规定在补正书或意见陈述书上签字或者盖章。

申请人未委托专利代理机构的，其提交的意见陈述书或者补正书，应当由申请人签字或者盖章；申请人是单位的，应当加盖公章；申请人有两个以上的，可以由其代表人签字或者盖章。申请人委托了专利代理机构的，其答复应当由其所委托的专利代理机构盖章，并由委托书中指定的专利代理人签字或者盖章。专利代理人变更之后，由变更后的专利代理人签字或者盖章。

二、修 改

申请人对专利申请进行修改必须依照《专利法》的相关规定，遵循修改申请文件的原则。

（一）修改申请文件的原则

修改申请文件是为了消除通知书中所指出的、且确实存在的缺陷，同时尽可能为申请人争取较为合适的保护范围。修改要符合《专利法》及其实施细则和《专利审查指南 2010》中有关修改专利申请文件的规定；同时，注意修改后的申请文件不得出现新的不符合《专利法》及其实施细则和《专利审查指南 2010》中相关规定的缺陷。

根据《专利法》第 33 条的规定，申请人可以对其专利申请文件进行修改，但是，对发明和实用新型专利申请文件的修改不得超出原说明书和权利要求书记载的范围。

《专利法》规定修改不得超出原说明书和权利要求书记载的范围，是为了符合先申请原则。在先申请原则下，如果满足了《专利法》的相关规定，专利权授予最先提出申请的人。如果修改的内容超出了原说明书和权利要求书记载的范围，申请人在保留原申请日的同时添加新的内容，会造成对其他申请人不公平的后果。

原说明书和权利要求书记载的范围包括原说明书和权利要求书文字记载的内容和根据原说明书和权利要求书文字记载的内容以及说明书附图能直接地、毫无疑义地确定的内容。申请人在申请日提交的原说明书和权利要求书记载的范围，是审查上述修改是否符合《专利法》第33条的依据。申请人向专利局提交的优先权文件的内容，不能作为判断申请文件的修改是否符合《专利法》第33条的依据。

判断修改是否超范围的两项基本原则如下：一是原说明书和权利要求书有无文字记载，二是根据原说明书和权利要求书文字记载的内容以及说明书附图能否直接地、毫无疑义地确定。

"直接地、毫无疑义地确定的内容"是指，虽然在申请文件中没有明确的文字记载，但所属技术领域的技术人员根据原权利要求书和说明书文字记载的内容以及说明书附图，可以唯一确定的内容。

判断修改是否超范围时，需注意以下两种特殊情形：

（1）即使根据原权利要求书和说明书记载的内容可以推断出增加的内容属于公知常识中多个并列选项的一部分，但由于存在多种可选项，该增加的修改内容也不属于"直接地、毫无疑义地确定的内容"。例如，原权利要求书和说明书中记载了"部件 A 和 B 可以采用常规方式进行连接"。根据所属技术领域的公知常识，常规的连接方式包括焊接、铆接、镶嵌、钉接和螺栓连接。申请人将原申请文件中的上述内容修改为："① 部件 A 和 B 可以采用常规方式进行连接，如焊接、铆接、螺栓连接"；"② 部件 A 和 B 可以采用焊接进行连接"；或者"③ 部件 A 和 B 可以采用的连接方式为焊接、铆接、镶嵌、钉接和螺栓连接中的一种"。上述修改是将原申请文件中的"常规方式"具体化，不论将"常规方式"具体化为哪个/些连接方式，都是向原申请文件中引入了新的技术内容。例如"焊接连接"，该方式除具有连接功能外，还具有其本身的性质或特点，如具有焊接组织；又如"螺栓连接"，该方式除具有连接功能外，一般还具有可拆卸的特点。这些内容均没有记载于原始申请文件中，也不能由其直接地、毫无疑义地确定，因此，上述这些修改方式均不允许。

（2）对于物质固有的但在发明申请日前尚未公开的特征，由于本领域技术人员在申请日前根本无从认定，因此其不属于"直接地、毫无疑义确定的内容"。例如，申请涉及某新的化合物，在原申请文件中没有提及其熔点，那么该物质固有的熔点不能补入申请文件中。

（二）修改的情形

1. 申请人主动修改

根据《专利法实施细则》第51条的规定，对于发明专利申请，在以下两种情况下，申请人可以对申请文件进行主动修改：（1）提出实质审查请求时；（2）收到专利局发出的发明专利申请进入实质审查阶段通知书之日起3个月内。对于实用新型专利申请，申请人自申请日起2个月内，可以对实用新型专利申请主动提出修改。

在发明专利申请的初步审查程序中，申请人根据《专利法实施细则》第51条的规定提出了主动修改文本的，专利局除对补正书进行形式审查外，仅需对主动修改的提出时机是否符合《专利法实施细则》第51条的规定进行核实。符合规定的，作出合格的处理意见后存档；不符合规定的，作出供实审参考的处理意见后存档。对主动修改文本的内容不进行审查，留待实质审查时处理。

在实用新型专利申请的初步审查中，对于在自申请日起 2 个月内提出的主动修改，该修改文件应当作为专利局审查的文本。对于申请人自申请日起 2 个月之后又主动提出修改文件的，如果消除了原申请文件存在的缺陷，具有授权的前景，则该修改文件可以接受；对于不能接受的修改文件，则视为未提出。

2. 申请人针对通知书指出的缺陷所作的修改

申请人在收到专利局发出的补正通知书或审查意见通知书后对专利申请文件进行修改的，应当针对通知书指出的缺陷进行修改。

然而，对于虽然修改的方式不符合《专利法实施细则》第 51 条第 3 款的规定，但其内容与范围满足《专利法》第 33 条要求的修改，只要经修改的文件消除了原申请文件存在的缺陷，并且具有被授权的前景，这种修改可能被视为是经审查员同意的，其相当于针对通知书指出的缺陷进行的修改。经此修改的申请文件可能会被接受。

当出现下列情况时，即使修改的内容没有超出原说明书和权利要求书记载的范围，也不能被视为是针对通知书指出的缺陷进行的修改，因而不能被接受。

（1）删除或改变独立权利要求中的技术特征，导致扩大了该权利要求请求保护的范围。

（2）将仅在说明书中记载的与原来要求保护的主题缺乏单一性的技术内容作为修改后权利要求的主题。例如，一件有关自行车新式把手的发明专利申请，申请人在说明书中不仅描述了新式把手，而且还描述了其他部件，如自行车的车座等。经实质审查，权利要求限定的新式把手不具备创造性。在这种情况下，申请人作出主动修改，将权利要求限定为自行车车座，则这种修改是不允许的，因为修改后的主题与原来要求保护的主题无关，它们之间缺乏单一性。

（3）增加了新的独立权利要求，该独立权利要求限定的技术方案在原权利要求书中未出现过。

（4）主动增加新的从属权利要求，该从属权利要求限定的技术方案在原权利要求书中未出现过。如果经审查，全部修改内容都不是针对通知书指出的缺陷作出的，而是属于不予接受的情况，审查员会针对修改前的文本继续审查；如果答复审查意见通知书时提交的经修改的文本中，修改的内容有一部分是针对通知书指出的缺陷而另一部分不是针对通知书指出的缺陷进行的，且审查员对当前修改文本中符合要求的部分文本有新的审查意见，可以在当次审查意见通知书中一并指出。

值得注意的是，如果在通知书指定期限之内、审查员作出后续审查意见或结论之前多次提交了修改文件，且其中至少有一次提交的修改文件不符合《专利法实施细则》第 51 条第 3 款的规定，则以符合《专利法实施细则》第 51 条第 3 款的规定的最后一次提交的修改文件作为后续审查文本。如果多次提交的修改文件均不符合《专利法实施细则》第 51 条第 3 款的规定，则审查员只考虑最后一次提交的修改文件。

3. 专利局依职权修改

不管是专利申请的初步审查阶段，还是发明专利申请的实质审查阶段，在发明专利申请初审合格之前，或作出授予发明或者实用新型专利权通知书之前，专利局均可以对发明或实用新型专利申请文件中文字和符号的明显错误依职权进行修改，并通知申请人。但是，可能引起保护范围变化的修改，不属于依职权修改的范围。

（三）允许的修改

1. 对权利要求书的修改

对权利要求书的下述各种情形的修改，不会超出原权利要求书和说明书记载的范围，因此是允许的。

（1）在独立权利要求中增加技术特征，对独立权利要求作进一步的限定，以克服原独立权利要求无新颖性或创造性、缺少解决技术问题的必要技术特征、未清楚地限定发明或者未以说明书为依据等缺陷，且增加了技术特征的独立权利要求所述的技术方案未超出原说明书和权利要求书记载的范围。

（2）变更独立权利要求中的技术特征，以克服原独立权利要求未清楚地表述请求保护的范围、未以说明书为依据或者无新颖性或创造性等缺陷，且变更了技术特征的独立权利要求所述的技术方案未超出原说明书和权利要求书记载的范围。

（3）对于含有数值范围技术特征的权利要求中数值范围的修改，修改后数值范围的两个端值在原说明书和/或权利要求书中已确实记载，且修改后的数值范围在原数值范围之内。

（4）变更独立权利要求的类型、主题名称及相应的技术特征，以克服原独立权利要求类型错误或者缺乏新颖性或创造性等缺陷，且变更后的独立权利要求所述的技术方案未超出原说明书和权利要求书记载的范围。

（5）删除一项或多项权利要求，以克服原第一独立权利要求和并列的独立权利要求之间缺乏单一性，或者两项权利要求具有相同的保护范围而使权利要求书不简要，或者权利要求未以说明书为依据等缺陷。

（6）将独立权利要求相对于最接近的现有技术正确划界。

（7）修改从属权利要求的引用部分，改正引用关系上的错误，使其准确地反映原说明书中所记载的实施方式或实施例。

（8）修改从属权利要求的限定部分，清楚地限定该从属权利要求的保护范围，使其准确地反映原说明书中所记载的实施方式或实施例。

2. 对说明书和摘要的修改

对于说明书的修改，主要有两种情况：一种是针对说明书中本身存在的不符合《专利法》及其实施细则规定的缺陷作出的修改，另一种是根据修改后的权利要求书作出的适应性修改。上述两种修改只要不超出原说明书和权利要求书的记载范围，则都是允许的。允许的说明书的修改包括下述各种情形：

（1）修改发明名称，使其准确、简明地反映要求保护的主题。

（2）修改发明所属技术领域，使其与国际专利分类表中最低分类位置涉及的领域相关。

（3）修改背景技术部分，使其与要求保护的主题相适应。

独立权利要求按照《专利法实施细则》第21条的规定撰写的，说明书背景技术部分应当记载与该独立权利要求前序部分所述的现有技术相关的内容，并引证反映这些背景技术的文件。如果审查员通过检索发现了比申请人在原说明书中引用的现有技术更接近所要求保护的主题的对比文件，则应当允许申请人修改说明书，将该文件的内容补入这部分，并引证该文件，同时删除描述不相关的现有技术的内容。应当指出，这种修改实际上使说明书增加了原申请的权利要求书和说明书未曾记载的内容，但由于修改仅涉及背景技术而不涉及发明本身，且增加的内容是申请日前已经公知的现有技术，因此按照国际惯例是允许的。如果申请中引证文件的内容对于实现发明是必不可少的，只有在申请人对于引证文件中的内容指引得非常明确，例如清楚写明了具体的引证文件及其具体段落等信息，且所补入的引证文件内容与本发明的相关内容具有唯一确定的关系，才可以允许申请人补入引证文件中的具体内容。

（4）修改发明内容。

可修改发明内容部分中与该发明所解决的技术问题有关的内容，使其与要求保护的主题相适应，即反映该发明的技术方案相对于最接近的现有技术所解决的技术问题。当然，修改后的内容不应超出原说明书和权利要求书记载的范围。当技术方案清楚地记载于原申请中，但其技术效果或发明所要解决的技术问题没有明确记载时，如果技术效果可以由本领域技术人员从技术方案直接地、毫无疑义地确定，例如根据申请文件记载的发明的原理、作用或功能可以没有困难地直接预期到这种效果，则允许申请人进行澄清性修改；如果所要解决的技术问题可以由本领域技术人员根据说明书记载的技术效果或技术方案直接地、毫无疑义地确定，则允许申请人进行澄清性修改。

修改发明内容部分中与该发明技术方案有关的内容，使其与独立权利要求请求保护的主题相适应。如果独立权利要求进行了符合《专利法》及其实施细则规定的修改，则允许该部分作相应的修改；如果独立权利要求未作修改，则允许在不改变原技术方案的基础上，对该部分进行理顺文字、改正不规范用词、统一技术术语等修改。

修改发明内容部分中与该发明的有益效果有关的内容。只有在某（些）技术特征在原始申请文件中已清楚地记载，而其有益效果没有被清楚地提及，但所属技术领域的技术人员可以直接地、毫无疑义地从原始申请文件中推断出这种效果的情况下，才允许对发明的有益效果作合适的修改。不允许增加不能从原申请文件中直接地、毫无疑义地确定的技术效果或技术问题。例如，原申请涉及"关于清洗羊毛衣物的方法，包括用某种洗涤剂进行清洗"，如果通过修改增加"该方法具有保护衣物免受虫蛀的优点"，但该优点不能由原申请文件直接地、毫无疑义地确定，则该修改是不允许的。

（5）修改附图说明。

申请文件中有附图，但缺少附图说明的，允许补充所缺的附图说明；附图说明不清楚的，允许根据上下文作出合适的修改。

（6）修改具体实施方式或者实施例。

对具体实施方式或者实施例的修改中允许增加的内容一般限于补入原实施方式或者实施例中具体内容的出处以及已记载的反映发明的有益效果数据的标准测量方法（包括所使用的标准设备、器具）。如果由检索结果得知原申请要求保护的部分主题已成为现有技术的一部分，则申请人应当将反映这部分主题的内容删除，或者明确写明其为现有技术。

（7）修改附图。其中包括：删除附图中不必要的词语和注释，将其补入说明书文字部分之中；修改附图中的标记使之与说明书文字部分相一致；在文字说明清楚的情况下，为使局部结构清楚起见，允许增加局部放大图；修改附图的阿拉伯数字编号，使每幅图使用一个编号。

（8）修改由所属技术领域的技术人员能够识别出的明显错误，即语法错误、文字错误和打印错误。对这些错误的修改必须是所属技术领域的技术人员能从说明书的整体及上下文看出的唯一的正确答案。

（9）修改摘要。通过修改使摘要写明发明的名称和所述技术领域，清楚地反映所要解决的技术问题、解决该问题的技术方案的要点以及主要用途；删除商业性宣传用语；更换摘要附图，使其最能反映发明技术方案的主要技术特征。

（四）不允许的修改

作为一个原则，凡是对说明书（及其附图）和权利要求书，作出不符合《专利法》第33条规定的修改，均是不允许的。具体地说，如果申请的内容通过增加、改变和/或删除其中的一部分，致使所属技术领域的技术人员看到的信息与原申请记载的信息不同，而且又不能从原申请记载的信息中直接地、毫无疑义地确定，那么这种修改就是不允许的。

这里所说的申请内容，是指原说明书（及其附图）和权利要求书记载的内容，不包括优先权文件中的任何内容。

1. 不允许的增加

不能允许的增加内容的修改，包括：

（1）将某些不能从原说明书（包括附图）和/或权利要求书中直接明确认定的技术特征写入权利要求和/或说明书；

（2）为使公开的发明清楚或者使权利要求完整而补入不能从原说明书（包括附图）和/或权利要求书中直接地、毫无疑义地确定的信息。

（3）增加的内容是通过测量附图得出的尺寸参数技术特征。

（4）引入原申请文件中未提及的附加组分，导致出现原申请没有的特殊效果。

（5）补入了所属技术领域的技术人员不能直接从原始申请中导出的有益效果。

（6）补入实验数据以说明发明的有益效果，和/或补入实施方式和实施例以说明在权利要求请求保护的范围内发明能够实施。

（7）增补原说明书中未提及的附图，一般是不允许的；如果增补背景技术的附图，或者将原附图中的公知技术附图更换为最接近现有技术的附图，则应当允许。

要注意的是，在对背景技术的修改过程中，如果增加的内容虽是现有技术，却涉及发明本身，即对发明的技术问题、技术方案或技术效果产生了影响，则这种修改也是不允许的。

2. 不允许的改变

不能允许的改变内容的修改包括：

（1）改变权利要求中的技术特征，超出了原权利要求书和说明书记载的范围，例如原权利要求请求保护"一种自行车闸"，后来申请人把权利要求修改成"一种车辆的闸"，而从原权利要求书和说明书不能直接导出修改后的技术方案。这种修改超出了原权利要求书和说明书记载的范围。

（2）由不明确的内容改成明确具体的内容而引入原申请文件中没有的新的内容，例如，一件有关合成高分子化合物的发明专利申请，原申请文件中只记载在"较高的温度"下进行聚合反应。当申请人看到审查员引证的一份对比文件中记载了在40℃下进行同样的聚合反应后，将原说明书中"较高的温度"改成"高于40℃的温度"。虽然"高于40℃的温度"的提法包括在"较高的温度"范围内，但是，所属技术领域的技术人员并不能从原申请文件中理解到"较高的温度"是指"高于40℃的温度"。因此，这种修改引入了新内容。

（3）将原申请中分开的几个分离的特征，改变成一种新的组合，而原申请没有明确提及这些分离的特征彼此间的关联。

（4）改变说明书中的某些特征，使得改变后反映的技术内容不同于原申请记载的内容，超出了原说明书和权利要求书记载的范围。

3. 不允许的删除

不能允许的删除某些内容的修改，包括：

（1）从独立权利要求中删除在原申请中明确认定为发明的必要技术特征的那些技术特征，即删除在原说明书中始终作为发明的必要技术特征加以描述的那些技术特征。

（2）从权利要求中删除一个与说明书记载的技术方案有关的技术术语。

（3）从权利要求中删除在说明书中明确认定的关于具体应用范围的技术特征，例如，将"有肋条的侧壁"改成"侧壁"。

（4）从说明书中删除某些内容而导致修改后的说明书超出了原说明书和权利要求书记载的范围。例如，一件有关多层层压板的发明专利申请，其说明书中描述了几种不同的层状安排的实施方式，其中一种结构是外层为聚乙烯。如果申请人修改说明书，将外层的聚乙烯这一层去掉，那么这种修改是不允许的，因为修改后的层压板完全不同于原申请文件中记载的层压板。

第八节　专利权的授予与公告

一件专利申请被授权公告后，该专利权才能真正获得保护。本节对专利权的授予程序、专利证书和专利登记簿的内容进行介绍。

一、专利权的授予

（一）授予专利权及办理登记手续的通知

发明专利申请经实质审查、实用新型或外观设计专利申请经初步审查没有发现驳回理由的，专利局作出授予相应专利权的决定，发出授予专利权的通知书，并在通知书中写明授权所依据的文本。

专利局发出授予专利权通知书的同时，还要发出办理登记手续通知书，说明办理登记手续的期限及应当缴纳的费用。

（二）办理登记手续

申请人应当在自收到办理登记手续通知书之日起2个月内办理登记手续。申请人在办理登记手续时，应当按照办理登记手续通知书中写明的费用金额缴纳专利登记费、授权当年（办理登记手续通知书中指明的年度）的年费、公告印刷费，同时还应当缴纳专利证书印花税。

上述缴费项目中只有年费可以享有费用减缓。年费自授予专利权当年起可以减缓3年。

（三）颁发专利证书、登记和公告授予专利权

申请人在规定期限之内办理登记手续后，专利局制作并颁发专利证书，同时将授予专利权的决定在专利登记簿上登记、在专利公报上公告。对于有同日申请声明的实用新型专利申请，在授权公告时应同时公告同日申请声明。专利权自公告之日起生效。

（四）视为放弃取得专利权的权利

专利局发出授予专利权通知书和办理登记手续通知书后，申请人未按照办理登记手续通知书中的规定办理登记手续，即未在规定的期限内缴纳或缴足相关费用，视为申请人放弃取得专利权的权利。在办理登记手续期限届满后，专利局作出视为放弃取得专利权的决定，发出视为放弃取得专利权通知书。

由于发明专利申请已经进行过公布，该专利申请最终是否被授予专利权应当告知公众。因此，对于已经视为放弃取得专利权的发明专利申请，还应当在专利公报上公告该发明专利申请视为放弃取得专利权。

二、专利证书

（一）专利证书的构成

专利证书由证书由首页和专利单行本构成。

1. 专利证书首页

专利证书首页记载与专利权有关的重要著录事项、国家知识产权局印记、局长签字和授权公告日等。著录事项包括专利证书号（顺序号）、发明创造名称、专利号（即申请号）、专利申请日、发明人或设计人姓名以及专利权人姓名或名称。

2. 专利单行本

专利单行本为授权公告的文本。发明专利单行本包括扉页、权利要求书、说明书（说明书有附图的，包含说明书附图），实用新型专利单行本包括扉页、权利要求书、说明书和说明书附图，外观设计专利单行本包括扉页、彩色外观设计图片或者照片以及简要说明。

（二）专利证书的效力

专利证书是表示一件专利申请被授予专利权的重要证明文件，记载了专利的保护范围。专利证书还记载了授权当日专利的法律状态。授权之后专利法律状态的变化以及专利权人的变化均不在专利证书中体现，仅在专利登记簿中登记。因此，授权公告日之后专利证书不能作为专利权是否有效以及专利权归属的法律文件。

（三）专利证书副本

一件专利有两名以上专利权人的，根据共同权利人的请求，专利局可以颁发专利证书副本。对同一专利权颁发的专利证书副本数目不能超过共同权利人的总数。专利权终止后，专利局不再颁发专利证书副本；颁发专利证书后，因专利权转移发生专利权人变更的，专利局不再向新专利权人或者新增专利权人颁发专利证书副本。

专利证书副本与专利证书正本格式、内容一致。专利证书副本标有"副本"字样。

（四）专利证书的更换

1. 可以更换专利证书的情形

（1）专利权权属纠纷经地方知识产权管理部门调解或者人民法院调解或者判决后，专利权归还请求人的，在该调解或者判决发生法律效力后，当事人在办理变更专利权人手续并合格后，可以请求专利局更换专利证书。（2）因保管和使用不当造成专利证书损坏的，可以请求专利局更换专利证书。

对于专利证书中存在打印错误时，专利权人可以退回该证书，请求专利局更正。

2. 不予更换专利证书的情形

（1）专利权终止后，不再更换专利证书；（2）因专利权的转移、专利权人更名发生专利权人姓名或者名称变更的，均不予更换专利证书；（3）专利证书遗失的，除专利局的原因造成的以外，不予补发。

三、专利登记簿

（一）专利登记簿的内容

专利局授予专利权时建立专利登记簿，即自专利申请的授权公告日起建立该申请的专利登记簿。

专利登记簿登记的内容包括：专利权的授予，专利申请权、专利权的转移，专利权的无效宣告，专利权的终止，专利权的恢复，专利权的质押、保全及其解除，专利实施许可合同的备案，专利实施的强制许可，以及专利权人姓名或名称、国籍、地址的变更等。

专利权的授予，专利权的无效宣告，专利权的终止，专利权的恢复，专利权的质押、保全及

第五章

其解除，专利权实施许可合同的备案和专利实施的强制许可由专利局依职权登记；专利申请权、专利权的转移，以及专利权人姓名或名称、国籍、地址的变更等根据当事人的请求进行登记。

专利登记簿由 3 部分内容组成：著录事项、登记事项及法律状态。

（二）专利登记簿的法律效力

授予专利权时，专利登记簿与专利证书上记载的内容是一致的，在法律上具有同等效力；授予专利权之后，专利的法律状态的变更仅在专利登记簿上记载，由此导致专利登记簿与专利证书上记载的内容不一致的，以专利登记簿上记载的法律状态为准。

（三）专利登记簿副本

专利权授予公告之后，任何人可以向专利局请求出具专利登记簿副本。专利登记簿副本依据专利登记簿制作，并且，制作专利登记簿副本时，按照规定的格式打印而成，加盖证件专用章后生效。

练习题及其解析

第一节练习题

1. 下列哪些说法是正确的？

A. 申请外观设计专利的，应当提交请求书，请求书中应当写明外观设计的名称

B. 申请外观设计专利的，应当提交简要说明，简要说明中应当有对产品技术效果的说明

C. 申请外观设计专利的，应当提交外观设计的图片或者照片

D. 国家知识产权局认为有必要时，可以要求申请人提交外观设计产品样品

【解析】《专利法》第 27 条第 1 款规定："申请外观设计专利的，应当提交请求书、该外观设计的图片或者照片以及对该外观设计的简要说明等文件。"《专利法实施细则》第 16 条规定："发明、实用新型或者外观设计专利申请的请求书应当写明下列事项：（一）发明、实用新型或者外观设计的名称；……"由此，选项 A、C 正确。《专利法实施细则》第 28 条第 1 款和第 3 款规定："外观设计的简要说明应当写明外观设计产品的名称、用途，外观设计的设计要点，并指定一幅最能表明设计要点的图片或者照片。省略视图或者请求保护色彩的，应当在简要说明中写明。""简要说明不得使用商业性宣传用语，也不能用来说明产品的性能。"故选项 B 错误。《专利法实施细则》第 29 条规定："国务院专利行政部门认为必要时，可以要求外观设计专利申请人提交使用外观设计的产品样品或者模型。……"故 D 选项正确。综上，本题答案为 A、C、D。

2. 对于下列哪些情形的专利申请，国家知识产权局将不予受理？

A. 仅提交了图片和简要说明的外观设计专利申请

B. 缺少摘要的发明专利申请

C. 直接从香港特别行政区向国家知识产权局邮寄的专利申请

D. 在中国有经常居所的外国人未委托专利代理机构提出的专利申请

【解析】《专利法实施细则》第 39 条明确规定了专利申请不予受理的情形，同时《专利审查指南 2010》进一步解释并列举了专利申请不予受理的情形。选项 A 因未提交外观设计专利请求书而属于不受理情形；选项 B 中缺少说明书摘要不影响专利申请的受理，因此是错误的；选项 C 是属于《专利审查指南 2010》列出的不予受理的情形，故 C 选项错误。选项 D 中在中国有经常居所的外国人与中国申请人享受同样的国民待遇，可以不委托专利代理机构，D 选项错误。

3. 专利申请文件有以下哪些情形的，国家知识产权局不予受理，并且通知申请人？

A. 专利申请类别（发明、实用新型或者外观设计）不明确或者难以确定

B. 请求书中缺少申请人的地址

C. 说明书使用日文撰写

D. 发明或者实用新型专利申请缺少说明书摘要

【解析】《专利法实施细则》第 39 条明确规定了专利申请不予受理的情形，其中 A、B、C 选项均在所列情形中，而说明书摘要并未列入专利申请被受理

的必要文件。因此，A、B、C 选项正确，D 选项错误。

4. 下列说法哪些是正确的？

A. 国务院专利行政部门负责统一受理和审查专利申请，依法授予专利权

B. 实用新型专利申请缺少说明书附图的，国家知识产权局不予受理

C. 发明专利申请文件中缺少说明书摘要，国家知识产权局不予受理

D. 在中国没有营业所的外国某公司直接向国家知识产权局面交的专利申请，国家知识产权局不予受理

【解析】《专利法》第 3 条第 1 款规定："国务院专利行政部门负责管理全国的专利工作；统一受理和审查专利申请，依法授予专利权。"故 A 选项正确。《专利法实施细则》第 39 条第 1 款规定："专利申请文件有下列情形之一的，国务院专利行政部门不予受理，并通知申请人：（一）发明或者实用新型专利申请缺少请求书、说明书（实用新型无附图）或者权利要求书的，或者外观设计专利申请缺少请求书、图片或者照片、简要说明的。"故 B 选项正确，C 选项错误。《专利法实施细则》第 39 条规定："专利申请文件有下列情形之一的，国务院专利行政部门不予受理，并通知申请人：……（五）明显不符合专利法第 18 条或者第 19 条第 1 款的规定的。"《专利法》第 19 条第 1 款规定："在中国没有经常居所或者营业所的外国人、外国企业或者外国其他组织在中国申请专利和办理其他专利事务的，应当委托依法设立的专利代理机构办理。"故 D 需选项正确。综上，本题正确答案为 A、B、D。

第二节练习题

5. 下列哪些说法是正确的？

A. 发明专利申请涉及国防利益需要保密的，由国防专利局受理

B. 申请专利的发明创造涉及国家安全或者重大利益需要保密的，应当由国防专利机构受理和审查

C. 国防专利申请经实质审查没有发现驳回理由的，由国防专利机构作出授予专利权的决定

D. 只有发明专利申请才需要进行保密审查

【解析】 A 选项是《专利法实施细则》第 7 条第 1 款的规定，正确。根据《专利法实施细则》第 7 条的规定，需要保密的专利申请分为两种类型，一种是涉及国防利益的国防专利申请，另一种是涉及国防利益以外的国家安全或者重大利益需要保密的保密专利申请。前者既可以由国防专利局受理，也可以由国家知识产权局受理后移交国防专利局进行审查；对于涉及国防利益以外的国家安全或者重大利益的保密专利申请，其受理和审查都由国家知识产权局来进行，故 B 选项错误。国防专利申请经国防专利机构审查没有发现驳回理由的，由国务院专利行政部门作出授予国防专利权的决定，而不是由国防专利机构作出授予专利权的决定，故 C 选项错误。根据《专利法实施细则》第 7 条第 2 款的规定，国务院专利行政部门认为其受理的发明或者实用新型专利申请涉及国防利益以外的国家安全或者重大利益需要保密的，应当及时作出按照保密专利申请处理的决定，并通知申请人。因此，需要进行保密审查的专利申请包括发明和实用新型两种专利类型，D 选项错误。

第三节练习题

6. 张某完成了一项职务发明创造，其单位就此项发明创造提出了发明专利申请。以下哪些说法是正确的？

A. 在提出专利申请时，张某请求不公布其姓名，则应当在请求书"发明人"一栏所填写的张某姓名后注明"（不公布姓名）"

B. 在提出专利申请后，张某请求不公布其姓名，则应当提交张某签字或者盖章的书面声明

C. 在专利申请进入公报编辑后，张某请求不公布其姓名，则张某的请求将被视为未提出

D. 张某不公布其姓名的请求被批准后，专利局在专利公报、说明书单行本以及专利证书中均不公布其姓名

【解析】 本题涉及发明人或者设计人的署名权。《专利法》第 17 条规定："发明人或者设计人有权在专利文件中写明自己是发明人或者设计人。"同时，根据本章第三节关于发明人不公布姓名的规定，显然，选项 A、B、C、D 均正确。

7. 下述关于代表人的说法哪些是正确的？

A. 申请人有两人以上且未委托专利代理机构的，应当指定一人为代表人，被指定的代表人必须是申请人之一

B. 除申请人在请求书中另有声明外，以请求书中的第一申请人（即第一署名人）为代表人

C. 代表人有权代表共同申请人办理委托专利代理、要求提前公开的手续

D. 申请人为法人的，代表人就是其指定的联系人

【解析】 根据《专利法实施细则》第15条第4款的规定，申请人有两人以上且未委托专利代理机构的，除请求书中另有声明的外，以请求书中指明的第一申请人为代表人。同时，按照《专利审查指南2010》和本节的进一步规定，被指定的代表人必须是申请人之一。因此，A选项正确。由于在申请人为一人或者申请人已经委托专利代理机构的情况下，不需要指定代表人，因此B选项表述不完整，缺少"申请人有两人以上且未委托专利代理机构的"这样一个前提条件，所以B选项错误。关于代表人的权利，委托专利代理涉及共有权利，不能由代表人代为办理，因此C选项错误。D选项的表述混淆了专利申请过程中代表人和联系人这两个不同的概念。其中，代表人应当是申请人之一，而联系人则是为了将国家知识产权局发出的各种文件送达申请人而指定的收件人。在专利申请人是两个以上法人的情况下，其代表人是专利申请人之一，即仍然是某个法人，而不是其指定的联系人，故D选项错误。

8. 申请人刘某于2008年6月18日向国家知识产权局提交了一件发明专利申请。下列由刘某就相同主题提出的在先申请，哪些可以作为其要求本国优先权的基础？

　　A. 申请日为2007年9月14日的中国发明专利申请，刘某已在该申请的基础上提出分案申请

　　B. 申请日为2007年6月20日的中国实用新型专利申请，但该申请因为没有缴纳申请费已被视为撤回

　　C. 申请日为2007年6月22日的中国实用新型专利申请，该申请于2008年6月13日被公告授予专利权

　　D. 申请日为2007年7月25日的中国发明专利申请，该申请享有申请日为2006年8月15日的美国专利申请的优先权

　　【解析】 本题所考的知识点为要求本国优先权的条件。A选项中，虽然刘某已在该发明申请的基础上提出分案申请，但不具有前述不能作为本国优先权的基础的任何情形，因此并不影响该发明专利申请作为刘某2008年6月18日所提发明专利申请要求优先权的基础，故A选项正确。此处需注意的是，虽然分案申请不能作为要求本国优先权的基础，但原案申请是可以作为要求本国优先权的基础的。B选项中，虽然该实用新型专利申请因为没有缴纳申请费已被视为撤回，但不具有前述不能作为本国优先权基础的任何情

形，因此也不影响该实用新型专利申请作为刘某2008年6月18日所提发明专利申请要求优先权的基础，故B选项正确。C选项中，由于该实用新型专利申请已于2008年6月13日被公告授予专利权，属于前述不能作为本国优先权基础的情形之一，故不能作为刘某发明专利申请要求优先权的基础，C选项错误。D选项中，由于该发明专利申请已经享有了另一件专利申请的优先权，具有前述不能作为本国优先权的基础的情形之一，因此不能再作为刘某发明专利申请要求优先权的基础，D选项错误。

9. 某外国申请人于2005年3月1日向国家知识产权局提出一件发明专利申请，该专利申请要求两项美国优先权，优先权日分别为2004年3月1日和2004年6月1日，申请人于2005年8月1日请求撤回优先权日为2004年3月1日的优先权。请问下述哪些期限计算结果是正确的？

　　A. 该申请的公布期限日应为2005年9月1日

　　B. 该申请人提出实质审查请求的期限届满日应为2007年3月1日

　　C. 该申请的公布期限日应为2005年12月1日

　　D. 该申请人提出实质审查请求的期限届满日应为2007年6月1日

　　【解析】 本题的知识点是优先权要求的撤回。申请人于最早优先权日起17个月提出撤回优先权的请求，所以在后申请公布的期限仍按原最早的优先权日2004年3月1日起算，因此选A正确，选C错误；撤回优先权后，实质审查的期限尚未届满，所以实质审查的期限应当按变更后的最早优先权日起算，即按2004年6月1日起算，因此选D正确，选B错误。

10. 下列有关优先权的说法哪些是正确的？

　　A. 外观设计专利申请不能作为本国优先权的基础

　　B. 要求外国优先权的实用新型专利申请，其在先申请既可以是实用新型专利申请，也可以是发明专利申请

　　C. 申请人要求本国优先权的，其在先申请自在后申请提出之日起即视为撤回

　　D. 申请人要求外国优先权的，应当自申请日起两个月内提交在先申请文件副本

　　【解析】 根据《专利法》第29条有关本国优先权的规定，作为本国优先权基础的在先申请不包括外观设计专利申请，因此A选项正确。根据《专利法》第29条关于外国优先权的规定，以及《巴黎公约》第4条E（2）中规定："准许在一国中根据专利申请

的优先权提出实用新型的申请，反之亦然。"因此，要求外国优先权的实用新型专利申请，其在先申请既可以是实用新型专利申请，也可以是发明专利申请，故 B 选项正确。根据《专利法实施细则》第 32 条规定，申请人要求本国优先权的，其在先申请自在后申请提出之日起即视为撤回，故 C 选项正确。《专利法》第 30 条规定："申请人要求优先权的，应当在申请的时候提出书面声明，并且在 3 个月内提交第一次提出的专利申请文件的副本；……"故 D 选项错误。综上，本题的正确答案为 A、B、C。

11. 甲提交了一项发明专利申请，其申请日为 2006 年 3 月 11 日。在提交专利申请时，甲依据《专利法》第 24 条及《专利法实施细则》第 31 条的规定，在请求书中作了其发明创造不丧失新颖性的声明。甲在何时提交证明材料符合规定的期限？

　　A. 在提交申请文件的同时　B. 在 2006 年 5 月 11 日前

　　C. 在 2006 年 5 月 26 日前　D. 在提出实质审查请求后的 3 个月内

【解析】 根据《专利法实施细则》第 31 条的规定，要求享受《专利法》第 24 条规定的不丧失新颖性的例外，应当履行两项手续，其一是在提交申请时声明，其二是在申请日起两个月内提交有关证明文件。在本题中，甲提出申请的日期是 2006 年 3 月 11 日，因此在提交申请文件的同时以及 2006 年 5 月 11 日前提交证明材料都是符合规定的。据此，正确答案为 A、B。

12. 赵某于 2008 年 1 月 8 日向国家知识产权局提交了一件发明专利申请，后于 2009 年 3 月 30 日就该申请提出了分案申请。下列说法哪些是正确的？

　　A. 由于超出了 12 个月的期限，国家知识产权局将不受理赵某的分案申请

　　B. 如果赵某提出的分案申请为实用新型专利申请，则国家知识产权局将不受理赵某的分案申请

　　C. 如果赵某在分案申请中正确地填写了原申请号但未填写原申请日，则国家知识产权局将不受理赵某的分案申请

　　D. 如果赵某在分案申请中正确地填写了原申请日但未填写原申请号，则国家知识产权局将按照一般专利申请受理

【解析】 本题的知识点包括分案申请的时间、分案申请的类别以及分案申请的请求书。分案申请没有 12 个月的期限的概念，这是和优先权要求的期限所不

同的。根据对分案申请递交日的规定，申请人可以自收到原申请办理登记手续通知书之日起 2 个月内办理登记手续的期限届满前，向专利局提出分案申请，所以 A 选项错误。分案申请改变申请类别的，不予受理，故选项 B 正确。分案申请请求书中原申请的申请号填写正确，但未填写原申请的申请日的，以原申请号所对应的申请日为申请日。可见此种情况是可以受理的，选项 C 错误。分案申请请求书中未填写原申请的申请号或者填写的原申请的申请号有误的，按照一般专利申请受理，选项 D 正确。

13. 下列哪些分案申请不符合规定？

　　A. 甲对其已经驳回且已生效的发明专利申请提出的分案申请

　　B. 乙对其已经主动撤回的外观设计专利申请提出的分案申请

　　C. 丙对其正在初审中的发明专利申请提出的实用新型专利分案申请

　　D. 丁将原申请中的发明人 A、B 和 C 减少为分案申请中的 B 和 C

【解析】 本题的知识点包括分案申请的时间、分案申请的类别和分案申请的申请人，根据《专利法实施细则》第 42 条的规定，一件专利申请包括两项以上发明、实用新型或者外观设计的，申请人可以在自收到授予专利权的通知之日起 2 个月的期限届满前，向国务院专利行政部门提出分案申请。但是，专利申请已经被驳回、撤回或者视为撤回的，不能提出分案申请；并且，分案的申请不得改变原申请的类别。A 选项和 B 选项中的甲、乙分别对已经驳回和撤回的专利申请提出分案申请，不符合《专利法实施细则》第 42 条第 1 款的规定，故 A、B 选项错误。至于 C 选项，由于丙的分案申请改变了原申请的类别，不符合《专利法实施细则》第 42 条第 3 款的规定，故 C 选项错误。而 D 选项中，丁的分案申请中的发明人尽管与原申请中的发明人不完全相同，但仍是原申请的发明人中的一部分成员，符合分案申请关于发明人的规定。因此，正确答案为 A、B、C。

14. 申请人于 2008 年 4 月 7 日在日本提交了一件发明专利申请，后于 2009 年 4 月 7 日就同样的发明在中国提交了一件发明专利申请。该申请涉及生物材料样品保藏。下列关于保藏日期的说法哪些是正确的？

　　A. 如果申请人未要求其在先申请的优先权，则应当最迟在 2009 年 4 月 7 日提交保藏

　　B. 如果申请人要求其在先申请的优先权，则应

当最迟在 2008 年 4 月 7 日提交保藏

C. 如果申请人要求其在先申请的优先权，则应当最迟在 2009 年 4 月 7 日提交保藏

D. 如果申请人要求其在先申请的优先权，则应当最迟在 2009 年 8 月 7 日提交保藏

【解析】 根据《专利法实施细则》第 24 条的规定，由于申请人在中国的申请日为 2009 年 4 月 7 日，因此，申请人如果未要求其在先申请的优先权，则应当在 2009 年 4 月 7 日前将该生物材料的样品提交保藏，A 选项正确。如果申请人要求其在先申请的优先权，则应当在优先权日即 2008 年 4 月 7 日前将该生物材料的样品提交保藏，故 B 选项正确，C、D 选项错误。

第四节练习题

15. 下列各项哪些属于实用新型专利申请的初步审查范围？

A. 实用新型是否明显不具备实用性

B. 实用新型申请是否明显不具备单一性

C. 实用新型是否明显不具备创造性

D. 申请人是否是就同样的实用新型最先提出申请的人

【解析】 根据《专利法实施细则》第 44 条的规定，实用新型专利申请的初步审查中，对专利申请是否明显不符合《专利法》第 22 条第 4 款、第 31 条第 1 款和第 9 条的规定进行审查，但不对专利申请是否明显不符合《专利法》第 22 条第 3 款进行审查。故正确答案为 A、B、D。

16. 下列有关实用新型专利申请的说法哪些是正确的？

A. 实用新型专利申请缺少说明书附图的，国家知识产权局不予受理

B. 在初步审查中，国家知识产权局应当对实用新型是否明显不具备创造性进行审查

C. 属于一个总的发明构思的两项以上的实用新型，可以作为一件实用新型专利申请提出

D. 对于不需要补正就符合初步审查要求的实用新型专利申请，国家知识产权局可以直接作出授予实用新型专利权的决定

【解析】 在实用新型的初步审查中，仅仅审查申请是否明显不具备新颖性和实用性，并不审查创造性问题，故选项 B 不正确。根据《专利法实施细则》第 39 条规定，实用新型专利申请无附图的，不予受理，故选项 A 正确。根据有关单一性的规定，选项 C 正确。从审查程序来看，实用新型申请经过初步审查没

有发现驳回理由的，审查员应当作出授予专利权的通知，因而选项 D 正确。

第五节练习题

17. 关于对初审合格的发明专利申请的公布，下列哪些说法是正确的？

A. 申请人请求早日公布的，应当在初审合格后立即予以公布

B. 分案申请自提出分案请求之日起满 18 个月即行公布

C. 未要求优先权的申请自申请日起满 18 个月即行公布

D. 享有优先权的申请自优先权日起满 18 个月即行公布

【解析】 根据《专利法》第 34 条的规定，国务院专利行政部门收到发明专利申请后，经初步审查认为符合本法要求的，自申请日起满 18 个月，即行公布。国务院专利行政部门可以根据申请人的请求早日公布其申请。同时，根据《专利法实施细则》第 11 条的规定，除《专利法》第 28 条和第 42 条规定的情形外，《专利法》所称申请日，有优先权的，指优先权日。因此，答案 A、C、D 正确。根据《专利法实施细则》第 43 条第 1 款的规定，按照《专利法实施细则》第 42 条的规定提出的分案申请，可以保留原申请日，享有优先权的，可以保留优先权日。因此，分案申请符合规定的，应当自原申请的优先权日起满 18 个月即行公布，故答案 B 错误。

18. 申请人李某提出了一件发明专利申请，并同时提交了发明专利申请提前公布声明。该申请初审合格后，立即进入了公布准备阶段。其后，李某提交了撤回专利申请声明，国家知识产权局经审查发出了手续合格通知书。则下列说法哪些是正确的？

A. 该申请文件将不予公布

B. 该申请文件将照常公布，但审查程序终止

C. 该申请已经进入公布准备阶段，申请人不得请求撤回其专利申请

D. 该专利申请的撤回将在以后出版的专利公报上予以公告

【解析】 《专利法实施细则》第 36 条第 2 款规定，撤回专利申请的声明在国务院专利行政部门作好公布专利申请文件的印刷准备工作后提出的，申请文件仍予公布；但是，撤回专利申请的声明应当在以后出版的专利公报上予以公告。据此，选项 A 错误，选项 B、D 正确。《专利法》第 32 条规定："申请人可以在被授予专利权之前随时撤回其专利申请。"因此，

撤回专利申请是申请人的权利，C 选项错误。

第六节练习题

19. 下列关于实质审查审查文本确定的说法中哪些是正确的？

A. 修改不符合《专利法实施细则》第 51 条第 1 款的规定的文本均不能作为审查文本

B. 如果申请人进行的修改不符合《专利法实施细则》第 51 条第 1 款的规定，但该经修改的文件消除了原申请文件存在的应当消除的缺陷，又符合《专利法》第 33 条的规定，且在该修改的文本的基础上进行审查将利于节约审查程序，则可以接受该经修改的申请文件作为审查文本

C. 撰写第一次审查意见通知书时，如果申请人最后一次提交的文本不符合《专利法实施细则》第 51 条第 1 款的规定，审查员也可以针对此前的能够接受的文本作为审查文本提出审查意见，供申请人参考

D. 如果修改符合《专利法实施细则》第 51 条第 1 款的规定，无论是否符合《专利法》第 33 条的规定，均应当以申请人提交的经过该主动修改的申请文件作为审查文本

【解析】《专利法实施细则》第 51 条第 1 款规定："发明专利申请人在提出实质审查请求时以及在收到国务院专利行政部门发出的发明专利申请进入实质审查阶段通知书之日起的 3 个月内，可以对发明专利申请主动提出修改。"申请人在提出实质审查请求时，或者在收到专利局发出的发明专利申请进入实质审查阶段通知书之日起的 3 个月内，对发明专利申请进行了主动修改的，无论修改的内容是否超出原说明书和权利要求书记载的范围，均应当以申请人提交的经过该主动修改的申请文件作为审查文本，因而选项 D 正确。申请人在《专利法实施细则》第 51 条第 1 款规定的期间外，对发明专利申请进行的主动修改，一般不会被接受，所提交的经修改的申请文件，不会作为审查文本。审查员会在审查意见通知书中告知此修改文本不作为审查文本的理由，并以此前的能够接受的文本作为审查文本，因而选项 C 正确。如果审查员在阅读该经修改的文件后认为其消除了原申请文件存在的应当消除的缺陷，又符合《专利法》第 33 条的规定，且在该修改文本的基础上进行审查将有利于节约审查程序，也可以接受该经修改的申请文件作为审查的文本，因而选项 B 正确而选项 A 不正确。

20. 下列哪些情况需要核实优先权？

A. 检索得到的所有对比文件的公开日都早于该案所要求的优先权日

B. 对比文件构成 PX 或 PY 级文件

C. 另一件在专利局的申请所公开的内容与申请的全部主题相同，或者与部分主题相同，前者的申请日在后者的申请日和所要求的优先权日之间，而其公布日在后者的申请日之前

D. 另一件在专利局的申请所公开的内容与申请的全部主题相同，或者与部分主题相同，前者所要求的优先权日在后者的申请日和所要求的优先权日之间，而其公布日在后者的申请日或之后

【解析】《专利审查指南 2010》第二部分第八章第 4.6.1 节规定，当检索得到的所有对比文件的公开日都早于申请人所要求的优先权日时，不必核实优先权。只有出现下列情形之一时，才需要核实优先权：（1）对比文件公开了与申请的主题相同或密切相关的内容，而且该对比文件的公开日在申请日和所要求的优先权日之间，即该对比文件构成 PX 或 PY 级文件；（2）他人在专利局的申请所公开的内容与申请的全部主题相同，或者与部分主题相同，前者的申请日在后者的申请日和所要求的优先权日之间，而前者的公布日在后者的申请日或申请日之后，即他人在专利局的申请构成 PE 级文件；（3）他人在专利局的申请所公开的内容与申请的全部主题相同，或者与部分主题相同，前者所要求的优先权日在后者的申请日和所要求的优先权日之间，而前者的公布日在后者的申请日或申请日之后，即他人在专利局的申请构成 PE 级文件。因而选项 A 不正确，对比文件的公开日都早于申请人所要求的优先权日时，不必核实优先权。选项 B 属于（1）的情况，所以正确。选项 C 虽然与（2）的内容不同，但另一件在专利局的申请所公开的内容与申请的全部主题相同，或者与部分主题相同，前者的申请日在后者的申请日和所要求的优先权日之间，而其公布日在后者的申请日之前，显然构成了 PX 文件，也应当核实优先权。选项 D 属于（3）的情况，所以正确。

21. 下列哪些原则属于实质审查程序中的基本原则？

A. 请求原则　　　　B. 听证原则

C. 禁止反悔原则　　D. 程序节约原则

E. 一事不再理原则

【解析】《专利审查指南 2010》第二部分第八章第 2.2 节规定，实质审查程序中的基本原则为请求原

则、听证原则和程序节约原则。禁止反悔原则与一事不再理原则均为复审请求审查程序和无效宣告请求审查程序中普遍适用的原则，而并非实质审查程序中的基本原则。因而选项 A、B、D 正确，而选项 C、E 不正确。

22. 下列哪种说法是正确的？

A. 申请人的答复应当提交给专利局受理部门

B. 直接提交给审查员的答复文件或征询意见的信件不视为正式答复，不具有法律效力

C. 申请人提交的无具体答复内容的意见陈述书或补正书，不视为申请人的正式答复

D. 申请人提交的无具体答复内容的意见陈述书，也是申请人的正式答复

【解析】《专利审查指南 2010》第二部分第八章第 5.1.1 节规定，申请人的答复应当提交给专利局受理部门。直接提交给审查员的答复文件或征询意见的信件不视为正式答复，不具有法律效力。申请人提交的无具体答复内容的意见陈述书或补正书，也是申请人的正式答复。因而选项 A、B、D 正确，而选项 C 不正确。

第七节练习题

23. 下面哪些文件可以作为申请文件的修改基础？

A. 申请日提交的原说明书和权利要求书

B. 申请人向专利局提交的申请文件的优先权文件的内容

C. 进入国家阶段的国际申请的原始提交的外文文本

D. 申请日提交的说明书摘要

【解析】《专利审查指南 2010》第二部分第八章第 5.2.1.1 节规定，申请人在申请日提交的原说明书和权利要求书记载的范围，是审查上述修改是否符合《专利法》第 33 条规定的依据，申请人向专利局提交的申请文件的外文文本和优先权文件的内容，不能作为判断申请文件的修改是否符合《专利法》第 33 条规定的依据。但进入国家阶段的国际申请的原始提交的外文文本除外。此外，摘要仅是一种技术信息，其内容不属于发明原始记载的内容，不能作为以后修改说明书或者权利要求书的根据。因而选项 A、C 正确，而选项 B、D 不正确。

24. 关于对申请文件中说明书附图的修改，下面哪些说法是正确的？

A. 修改申请文件时增加附图是绝对不允许的

B. 修改申请文件时增补现有技术的附图是可以的

C. 修改申请文件时，在文字说明清楚的情况下，为使局部结构清楚起见，允许增加局部放大图

D. 增加附图不影响权利要求的保护范围，所以是允许的

【解析】《专利审查指南 2010》第二部分第八章第 5.2.2.2 节（9）和 5.2.3.1 节（7）规定，在文字说明清楚的情况下，为使局部结构清楚起见，允许增加局部放大图是允许的修改；增补原说明书中未提及的附图，一般是不允许的；如果增补背景技术的附图，或者将原附图中的公知技术附图更换为最接近现有技术的附图，则应当允许。因而选项 B、C 正确，而选项 A、D 不正确。

25. 权利要求的技术方案中，某温度为 20℃～90℃，对比文件公开的技术内容与该技术方案的区别是其所公开的相应的温度范围为 0℃～100℃，该文件还公开了该范围内的一个特定值 40℃，因此审查员在审查意见通知书中指出该权利要求无新颖性。如果原始文本中还记载了特定值 55℃、65℃ 和 85℃，则权利要求中关于该温度范围的修改可允许的是？

A. 55℃～85℃   B. 55℃～70℃

C. 55℃～100℃   D. 55℃～90℃

【解析】《专利审查指南 2010》第二部分第八章第 5.2.2.1 节规定，对于含有数值范围技术特征的权利要求中数值范围的修改，只有在修改后数值范围的两个端值在原说明书和/或权利要求书中已确实记载且修改后的数值范围在原数值范围之内的前提下，才是允许的。例如，权利要求的技术方案中，某温度为 20℃～90℃，对比文件公开的技术内容与该技术方案的区别是其所公开的相应的温度范围为 0℃～100℃，该文件还公开了该范围内的一个特定值 40℃，因此，审查员在审查意见通知书中指出该权利要求无新颖性。如果发明专利申请的说明书或者权利要求书还记载了 20℃～90℃ 范围内的特定值 40℃、60℃ 和 80℃，则允许申请人将权利要求中该温度范围修改成 60℃～80℃ 或者 60℃～90℃。因而选项 A、D 正确，而选项 B、C 不正确。

26. 申请人在提出实质审查请求时，对发明专利的申请文件进行了修改，以下的哪些修改是不被允许的？

A. 将"烯烃含量降低到 10（v）%～25（v）%"的内容补入权利要求，该内容仅在原摘要中出现过，而未记载在原说明书和权利要求书中

B. 原申请文件仅在说明书实施例中给出了微滤膜的孔径的 4 个点，即 0.38 微米、0.47 微米、1.64 微米、2 微米。在对权利要求书的修改中将上述微滤膜的孔径修改成了一个范围，0.38～2 微米

C. 申请人将实施例中的钢板层增加附图标记 13，但是该附图标记并未在原申请文件中记载，原始文本已经对钢板层与其他部件的位置关系进行了清楚的描述

D. 申请人由于疏忽在递交发明专利申请时将涉及本发明要解决问题的技术手段（无法从原说明书和原权利要求书中直接毫无疑义确定的内容）的附图 4～9 忘记提交，只提交了附图 1～3，但是该案要求了优先权，作为优先权文本的原美国申请具有附图 1～9，申请人在提出实质审查请求时增加了附图 4～9

【解析】 对于选项 A，摘要仅是一种技术信息，其内容不属于发明原始记载的内容，不能作为以后修改说明书或者权利要求书的根据，也不能用来解释专利权的保护范围，这种修改超范围。对于选项 B，《专利审查指南 2010》第二部分第八章第 5.2.3.2 节中规定，将原申请的几个分离的特征，改变成一种新的组合，而原申请没有明确提及这些分离的特征彼此间的关联，属于不允许的改变。由于原申请文件中仅记载了几个离散的数值点，授权文本中将原申请实施例中几个分离的特征改变成一种新的组合，而原申请并没有明确提及这些分离的特征彼此之间的关联。因此，认定该修改超范围，是不允许的。对于选项 C，原始文本已经对钢板层与其他部件的位置关系进行了清楚的描述，根据文字说明可以唯一确认附图中钢板层的位置，这种情形不属于修改超范围，应当允许增加该附图标记。对于选项 D，该新提交的附图 4～9 所表述的涉及本发明要解决问题的技术手段，不能够从原始提交的申请中直接地、毫无疑义地确定。因此，所提交的新的附图超出了原始申请记载的范围，不满足《专利法》第 33 条的规定。尽管作为优先权文本的原美国申请具有附图 4～9，但是对于非 PCT 申请，判断是否满足《专利法》第 33 条的规定要以原始提交的说明书和权利要求书为依据，而不能以优先权文件作为依据。

第八节练习题

27. 申请人孔某于 2007 年 1 月 14 日提交了一件发明专利申请，国家知识产权局于 2010 年 3 月 24 日发出授予专利权通知书和办理登记手续通知书，通知书中告知申请人缴纳第四年费、登记费、印花税。在申请人缴费后，国家知识产权局于 2010 年 8 月 13 日颁发专利证书并予以公告。下列哪些说法是正确的？

A. 该专利权自 2010 年 8 月 13 日生效

B. 该专利权的期限自 2010 年 8 月 13 日起算

C. 如果孔某申请专利时提出的费用减缓请求已获批准，那么第四年度的年费可以按减缓比例缴纳

D. 孔某可以在办理登记手续的同时缴纳第五年度的年费

【解析】 发明专利权自公告之日起生效，故 A 选项正确。发明专利权的期限为 20 年，自申请日起计算，故 B 选项错误。可以减缓的费用种类有：（1）申请费（不包括公布印刷费、申请附加费）；（2）发明专利申请实质审查费；（3）复审费；（4）年费（自授予专利权当年起 3 年的年费）。据此，C 选项正确。授予专利权当年以后的年费应当在上一年度期满前缴纳。孔某在办理登记手续的同时缴纳第五年度的年费也是可以的，故 D 选项正确。

28. 国家知识产权局于 2009 年 4 月 10 日向申请人吴某发出了授予实用新型专利权通知书和办理登记手续通知书。由于吴某搬家未能及时变更通信地址，两份通知书被退回。国家知识产权局于 2009 年 6 月 5 日对两份通知书进行公告送达。下列说法哪些是正确的？

A. 吴某最迟应当在 2009 年 8 月 5 日办理登记手续

B. 吴某在办理登记手续时应当缴纳专利登记费、公告印刷费和授予专利权当年的年费

C. 如果吴某未在规定期限内办理登记手续，则视为其放弃取得专利权的权利

D. 如果吴某在规定期限内办理了登记手续，则其专利权应当自 2009 年 4 月 10 日起生效

【解析】《专利法实施细则》第 4 条第 5 款规定："文件送交地址不清，无法邮寄的，可以通过公告的方式送达当事人。自公告之日起满 1 个月，该文件视为已经送达。"由于国家知识产权局于 2009 年 6 月 5 日对两份通知书进行公告送达，因此，视为该两份通知书已于 2009 年 7 月 5 日送达，吴某最迟应当在 2009 年 9 月 5 日办理登记手续，故 A 选项错误。《专利法实施细则》第 97 条规定："申请人办理登记手续时，应当缴纳专利登记费、公告印刷费和授予专利权当年的年费；期满未缴纳或者未缴足的，视为未办理登记手续。"故 B 选项正确。《专利法实施细则》第 54

条第 2 款规定："期满未办理登记手续的,视为放弃取得专利权的权利。"故 C 选项正确。专利权自公告之日起生效,故 D 选项错误。

29. 下列有关专利登记簿的说法哪些是正确的?

A. 国家知识产权局在受理专利申请后即行建立专利登记簿

B. 只有专利权人及其委托的专利代理机构可以请求国家知识产权局出具专利登记簿副本

C. 专利登记簿与专利证书中记载的专利权人不一致时,以专利登记簿记载的为准

D. 因未缴纳年费造成专利权终止的,应当在专利登记簿中予以登记

【解析】专利局授予专利权时应当建立专利登记簿,A 选项错误。经国务院专利行政部门同意,任何人均可以查阅或者复制已专利登记簿,并可以请求国务院专利行政部门出具专利登记簿副本,B 选项错误。授予专利权时,专利登记簿与专利证书上记载的内容是一致的,在法律上具有同等效力;专利权授予之后,专利的法律状态的变更仅在专利登记簿上记载,由此导致专利登记簿与专利证书上记载的内容不一致的,以专利登记簿上记载的法律状态为准。据此,C 选项正确。《专利法实施细则》第 89 条对专利登记簿登记的与专利申请和专利权有关的事项进行了规定,其中包括专利权的终止。因此,因未缴纳年费造成专利权终止的,应当在专利登记簿中予以登记,D 选项正确。

【练习题答案】

1. A C D	2. A C	3. A B C	4. A B D	5. A	6. A B C D	7. A
8. A B	9. A D	10. A B C	11. A B	12. B D	13. A B C	14. A B
15. A B D	16. A B D	17. A C D	18. B D	19. B C D	20. B C D	21. A B D
22. A B D	23. A C	24. B C	25. A D	26. A B D	27. A C D	28. B C
29. C D						

第六章　外观设计专利申请的初步审查和授权条件

[本章导读]

本章内容与其他章相比较为特殊，集中讲解了《考试大纲》第二章至第五章中有关外观设计的大多数知识点。具体地说，包括对于外观设计专利申请文件的形式要求、单一性要求、优先权相关规定、初步审查程序及审查范围、外观设计初审程序中的答复与修改以及外观设计授权的实质性条件等内容。此外，还包含对于《考试大纲》第七章第三节有关《建立工业品外观设计分类洛迦诺协定》（以下简称《洛迦诺协定》）以及外观设计专利分类的介绍。

本章内容涉及的法律、法规条款主要包括：《专利法》第9条、第23条、第27条、第29条第1款、第31条第2款、第33条及第40条等，《专利法实施细则》第2条、第6条、第16条、第27条、第28条、第31条、第32条第1款、第35条、第42条、第43条第1款、第44条、第45条、第51条、第52条和第121条等。

读者学习本章内容时可以参阅《专利审查指南2010》第一部分第三章和第四部分第五章。

需要说明的是，对于三种专利申请文件相同的一些形式要求，本章不重复讲解，请参见本书第二章和第五章。关于外观设计专利保护客体和不授予专利权的主题，请参见本书第四章。关于在同一申请日就同样的外观设计提出的两件专利申请的处理方式，请参见本书第四章。

外观设计专利申请要获得专利权，不但需要符合形式要求，还必须满足实质性条件。我国对于外观设计专利申请进行初步审查，符合规定的要求后即授予专利权。但是，在初步审查程序中并不对外观设计是否满足所有的实质性条件进行审查，外观设计专利申请是否满足所有授权条件这一问题，通常是在专利权无效宣告程序中解决的。

第一节　外观设计专利申请文件

《专利法》第27条第1款规定："申请外观设计专利的，应当提交请求书、该外观设计的图片或者照片以及对该外观设计的简要说明等文件。"《专利法》第59条第2款规定："外观设计专利权的保护范围以表示在图片或者照片中的该产品的外观设计为准，简要说明可以用于解释图片或者照片所表示的该产品的外观设计。"因此，请求书、图片或者照片以及简要说明是必要的申请文件，图片或者照片、简要说明是确定外观设计专利保护范围的重要文件。

一、请求书

请求书中应当写明的内容包括申请人、设计人、委托代理、优先权声明和产品名称等，有关申请人、设计人、委托代理、优先权等规定，与发明和实用新型的相关规定相同，参见本书第五章。

（一）产品名称

1. 产品名称的作用

请求书中写明产品名称，主要是用于对图片或者照片中表示的外观设计所应用的产品种类进行说明，以确定产品的用途。请求书中写明产品名称也便于专利文献的查询和检索。

例如，从外观设计图片中无法确定外观设计产品是汽车还是玩具汽车，如果其请求书中写明的产品名称为"玩具汽车",则说明该产品的用途是玩具而不是交通工具,审查员会给出玩具类的分类号而非交通工具的分类号,并且在对专利文献进行检索时可以根据关键词"玩具汽车"及其所属类别进行检索。

2.产品名称应当满足的要求

(1) 产品名称应当与外观设计图片或者照片中表示的外观设计相符合。

(2) 准确、简明地表明要求保护的产品的外观设计。

(3) 产品名称一般应当符合《国际外观设计分类表》中小类列举的名称。但并非所有符合国际外观设计分类表中小类列举的名称的产品都是我国外观设计专利保护的客体。如"图形用户界面(计算机屏幕版面设计)",虽是《国际外观设计分类表》"14-04 显示界面和图标"小类列举的名称,但不是我国外观设计专利保护的客体。

(4) 产品名称一般不得超过 20 个字。

3.产品名称通常应当避免的情形

根据上述要求,产品名称通常应当避免下列情形:

(1) 含有人名、地名、国名、单位名称、商标、代号、型号或以历史时代命名的产品名称。例如"比利时巧克力""X 60 笔记本电脑"等。但有特定含义的名称可以使用,例如"中国象棋"。

(2) 概括不当、过于抽象的名称。例如"文具""炊具""乐器""建筑用物品"等。但成套产品的产品名称可以是对各套件名称的概括,例如包含了被罩、床单、枕套、抱枕套的成套产品可以命名为"床上用品套件",而包含了茶壶、茶杯、茶盘的成套产品可以命名为"成套茶具"。

(3) 描述技术效果、内部构造的名称。例如"节油发动机""人体增高鞋垫""装有新型发动机的汽车"等。但在某些情况下,尽管产品名称描述了产品的技术效果,如果其已成为该类产品的通用名称的,则可以使用,例如"节能灯"。

(4) 附有产品规格、大小、规模、数量单位的名称。例如"21 英寸电视机""中型书柜""一副手套"等。

(5) 以外国文字或无确定的中文意义的文字命名的名称。例如"克莱斯酒瓶"。但已经众所周知并且含义确定的文字可以使用,例如"DVD 播放机""LED 灯""USB 集线器"等。

必要时,申请人可以将上述应当避免使用在产品名称中的内容写在括号内,例如"笔记本电脑(X60)""酒瓶(克莱斯)"。

(二) 合案申请的种类和项数声明

《专利法》第31条第2款规定:"同一产品两项以上的相似外观设计,或者用于同一类别并且成套出售或者使用的产品的两项以上外观设计,可以作为一件申请提出。"对于同一产品的相似外观设计或成套产品的外观设计提出一件专利申请的,在填写外观设计专利请求书时,应当勾选相应选框,并声明包含的相似外观设计项数或成套产品的项数(图 6-1)。

二、图片或者照片

申请外观设计专利的,应当提交外观设计图片或者照片,请求保护色彩的,应当提交彩色图片或者照片。

由于外观设计专利的保护范围以表示在图片或者照片中的该外观设计为准,因此图片或者照片是确定外观设计保护范围的主要依据。申请人提交的有关图片或者照片应当清楚地显示要求专利保护的产品的外观设计。如果图片或者照片不能清楚地显示要求专利保护的产品的外观设计,

⑯ 相似 设计	☐本案为同一产品的相似外观设计，其所包含的项数为＿＿＿＿项。
⑰ 成套 产品	☐本案为成套产品的多项外观设计，其所包含的项数为＿＿＿＿项。

图 6-1　项数声明截图

则无法准确界定外观设计专利权的保护范围。

如图 6-2 所示鱼缸为立体产品，如果仅提交一幅正投影视图，不能清楚地显示该立体产品的三维形态。图 6-3 所示的图片，由于分辨率过低，导致无法清楚显示产品的形状和图案。

图 6-2　鱼缸

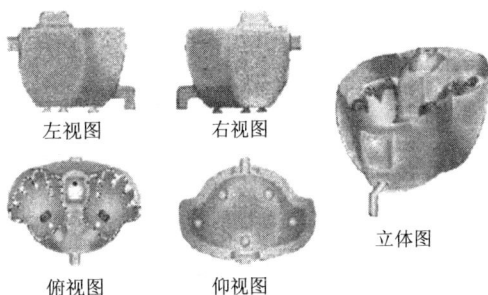

左视图　　右视图

俯视图　　仰视图　　立体图

图 6-3　不清晰的产品

视图包括图片视图和照片视图，图片视图又包括线条视图和渲染视图。图片视图和照片视图除了要满足视图名称、视图数量以及共同的视图制作要求外，还应当满足其各自的具体制作要求。

（一）视图的名称和数量

1. 视图的名称

视图的名称包括：主视图、后视图、左视图、右视图、俯视图、仰视图、立体图、剖视图、剖面图、放大图、局部放大图、展开图、使用状态图、变化状态图、参考图等。各视图的视图名称应当标注在相应视图的正下方。应当注意的是，电子申请的视图名称应通过电子申请的客户端填写，不应直接显示在视图中。

对于下述类型产品的外观设计专利申请，应当按照表 6-1 的要求标注视图名称。

表 6-1　视图名称标注要求

产品类型	视图名称	视图名称标注原则
成套产品	套件 N 各视图 例如：套件 1 主视图	应当在其中每件产品的视图名称前以阿拉伯数字顺序编号标注，并在编号前加"套件"字样
同一产品的相似 外观设计	设计 N 各视图例如：设计 1 主视图	应当在每个设计的视图名称前以阿拉伯数字顺序编号标注，并在编号前加"设计"字样

产品类型	视图名称	视图名称标注原则
组件产品	组件 N 各视图 例如：组件 1 主视图	应当在每个构件的视图名称前以阿拉伯数字顺序编号标注，并在编号前加"组件"字样
有多种变化状态的产品	变化状态 N 各视图 或者，变化状态图 N 例如：变化状态 1 主视图，变化状态图 1	对于有多种变化状态的产品的外观设计，应当在其显示变化状态的视图名称后，以阿拉伯数字顺序编号标注

2. 视图的数量

就平面产品的外观设计而言，设计要点涉及一个面的，可以仅提交该面正投影视图；设计要点涉及两个面的，应当提交两面正投影视图。

就立体产品的外观设计而言，设计要点涉及 6 个面的，应当提交六面正投影视图（图 6-4）；设计要点仅涉及一个或几个面的，应当至少提交所涉及面的正投影视图和立体图（图 6-5），并应当在简要说明中写明省略视图的原因。例如"后视图与主视图对称，省略后视图""左视图与右视图相同，省略左视图""仰视图不常见，省略仰视图"。

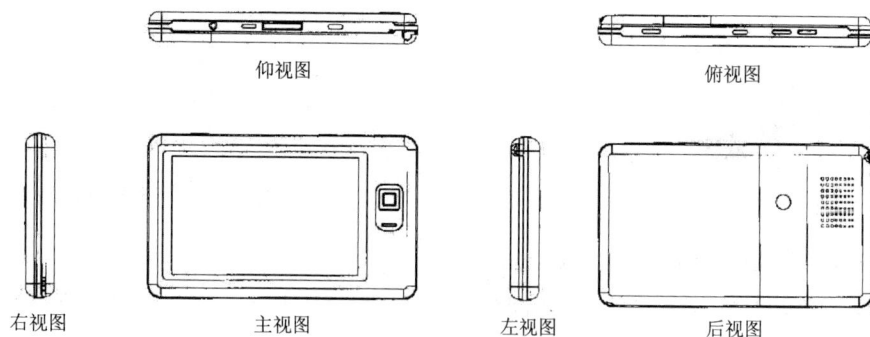

仰视图　　　　　　　　　　　俯视图

右视图　　　主视图　　　左视图　　　后视图

图 6-4　MP4 播放器

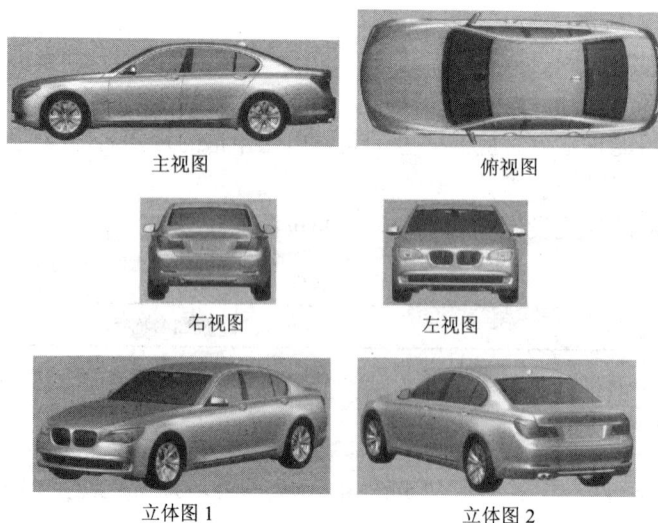

主视图　　　　　　　　　　俯视图

右视图　　　　　　左视图

立体图 1　　　　　　　立体图 2

图 6-5　汽车

对于立体产品，应当提交的足够的视图以清楚显示其三维形态。如图6-6所示鱼缸，申请人在申请日仅提交了主视图和右视图，无法确定鱼缸的俯视图是长方形还是椭圆形，因此该立体产品的三维形态是不确定的，不能清楚地显示要求保护产品的外观设计。如果申请人补交立体图，则会因修改超范围而违反《专利法》第33条的规定，因此这一缺陷无法通过不超范围的修改而克服，申请人一定要注意应当在申请时就提交立体图。

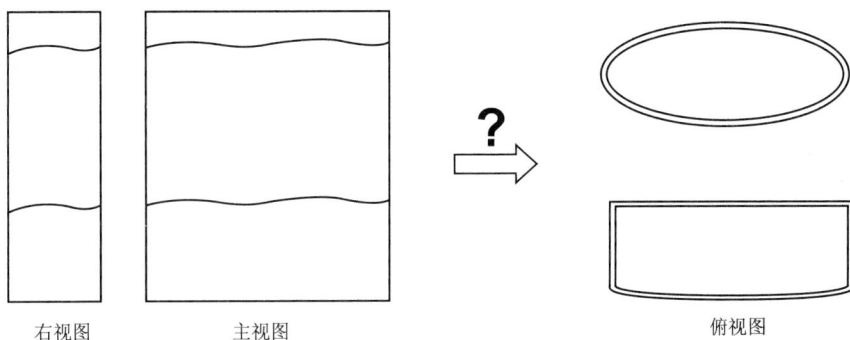

| 右视图 | 主视图 | | 俯视图 |

图6-6　鱼缸

值得注意的是，以上只是对视图数量的最低要求，申请人应当根据具体情况提交相关视图，以清楚地显示要求专利保护的产品的外观设计。

（二）视图的制作要求

1. 正投影视图

正投影视图包括：主视图、后视图、左视图、右视图、俯视图和仰视图，被合称为"六面正投影视图"。

各正投影视图应当符合正投影规则，投影关系对应且比例一致。

同一产品的同一项外观设计的正投影视图应当使用同一表达方式制作，不应当在正投影视图中混用不同的表达方式。

主视图所对应的面应当是使用时通常朝向消费者的面或者最大程度反映产品的整体设计的面。例如，带杯把的杯子的主视图应是杯把在侧边的视图。

2. 立体图

立体图更接近于人们所看到的物品的三维形状，相对六面正投影视图而言，可以更直观地表达产品的立体效果，更有助于理解六面正投影视图中表达的产品的外观设计。如图6-7所示茶几，提交的正投影视图仅显示了产品的二维形状，需要借助体现产品三维形状的立体图确定产品的整体形状。

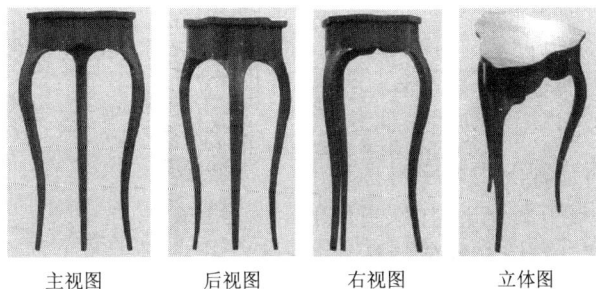

| 主视图 | 后视图 | 右视图 | 立体图 |

图6-7　茶几

第六章

立体图的表达方式可以与正投影视图不一致，即正投影视图是线条绘制视图，立体图可以是渲染视图或者照片视图。但是，立体图表达的内容应当与正投影视图一致。如图 6-8 所示微波炉，主视图右上角有一长方形显示屏设计，立体图相应位置缺少该设计内容，立体图与主视图表达不一致，不能清楚地显示要求专利保护的产品的外观设计。

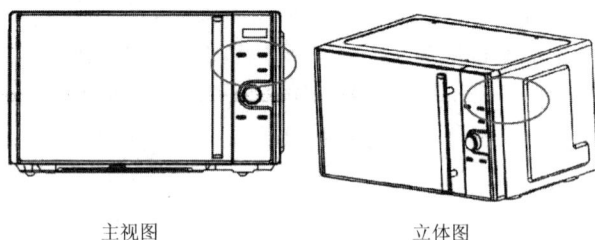

图 6-8　微波炉

3. 剖视图、剖面图

剖视图或剖面图主要是用于辅助表达产品的外观设计，如产品的凸凹形状等，具体的要求如下：(1) 应使用规定的剖面线。(2) 应在相应视图上用剖切符号表示剖切位置，用箭头表示剖切方向，并以英文字母标注（但可不给出表示从中心位置处剖切的标记）。剖切符号不得与产品的轮廓线相交。(3) 应与正投影视图中标注的剖切方向一致。

如图 6-9 所示，根据主视图、右视图和俯视图判断，A-A 剖视图与主视图标注的剖视方向不一致，A-A 剖视图应当旋转 180 度。

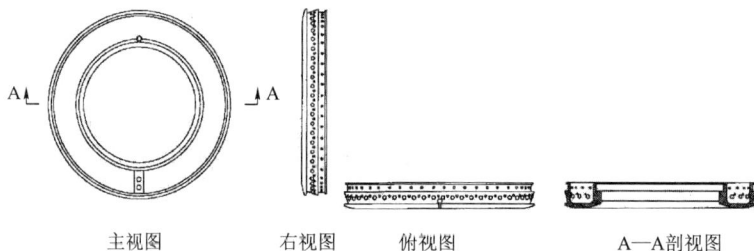

图 6-9

4. 放大图、局部放大图

放大图和局部放大图是将原视图或原视图的某一部分按一定比例放大的视图。当产品的某个细节不能清晰显示时，可以提交放大图或者局部放大图。

放大图和局部放大图应与原视图或原视图的局部表达的内容一致，并且应在对应视图中标注被放大的部位（图 6-10）。

5. 展开图

展开图主要用于清楚地显示产品曲面上的图案和具有可展开结构的产品，可以是产品整体的展开图，也可以是局部的展开图。

对于表达产品局部的展开图，可以在视图名称中明确表明展开的部位，例如"侧面展开图"（图 6-11）；也可以在对应视图中以字母标注出展开部位，并相应地在展开图名称中写明该部位，例如"A 部展开图"，对展开部位的标注不得影响外观设计的清楚表达。

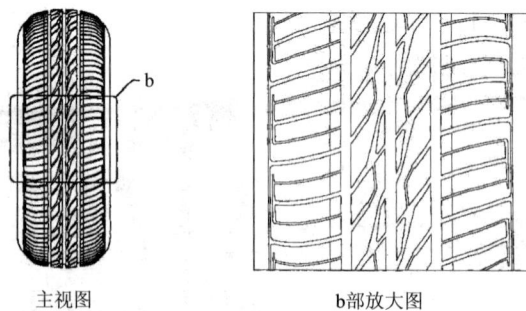

图 6-10　轮胎

| 俯视图 | 主视图 | 侧面展开图 |

图 6 - 11　水杯

6. 使用状态图、变化状态图等

使用状态图、变化状态图主要用于表示产品在使用状态或者变化状态下的外观设计。如图6-12所示，变化状态图表达了变形玩具在变化状态下的外观设计。

使用状态图、变化状态图表达的内容应当与正投影视图和立体图一致，且不得出现正投影视图表达的产品之外的其他产品。

使用状态图和变化状态图可以使用与正投影视图不同的表达方法制作，例如正投影视图是绘制线条视图，使用状态图和变化状态图可以是渲染视图或者照片视图。

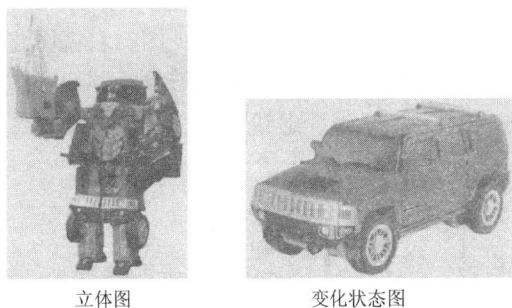

| 立体图 | 变化状态图 |

图 6 - 12　变形玩具

7. 参考图

参考图通常表示产品的使用场所或者与其他产品配合使用时的情况，用于解释产品所属领域、使用方法、使用场所或者用途，使产品表达得更全面。常见参考图有表示通电状态的参考图、装入内装物的参考图、使用状态参考图等。图6-13为表盘的外观设计，参考图表达了表盘与表带配合使用时的情况。图6-14所示的使用状态参考图表达了床上用品套件的使用状态。

参考图中请求保护的产品的外观设计应当与其他视图表达一致。

参考图可以使用与正投影视图不同的表达方法制作，例如正投影视图是绘制线条视图，参考图可以是渲染视图或者照片视图。

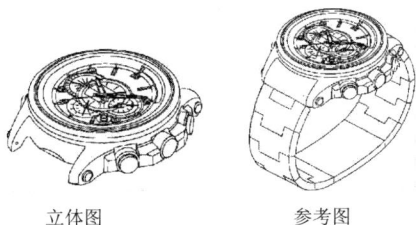

| 立体图 | 参考图 |

图 6 - 13　手表盘

使用状态参考图

图 6 - 14　床上用品套件

（三）图片的具体要求

图片包括线条视图和渲染视图，可以使用包括计算机在内的制图工具绘制，但不得使用铅笔、蜡笔、圆珠笔绘制，也不得使用蓝图、草图、油印件。对于使用计算机绘制的外观设计图

第六章

片，图面分辨率应当满足清晰的要求。

制作图片时应当参照我国技术制图和机械制图国家标准中有关正投影关系、线条宽度以及剖切标记的规定绘制，并应当以粗细均匀的实线表达外观设计的形状。不得以阴影线、指示线、虚线、中心线、尺寸线、点划线等线条表达外观设计的形状。可以用两条平行的双点划线或自然断裂线表示细长物品的省略部分。图面上可以用指示线表示剖切位置和方向、放大部位、透明部位等，但不得有不必要的线条或标记。

1. 线条视图

线条视图是采用细实线来表达产品的外观设计的视图。线条视图应当避免如下4种缺陷。

（1）视图投影关系有错误。例如投影关系不符合正投影规则、视图之间的投影关系不对应或者视图方向颠倒等。如图6-15所示冰箱，主视图和右视图中显示的冰箱的支撑脚未在仰视图中表示出来，造成仰视图与主视图、右视图之间投影关系不对应。

（2）外观设计图片中的产品绘制线条包含有应删除或修改的线条。例如视图中的阴影线（图6-16）、指示线、虚线、中心线、尺寸线、点划线等。

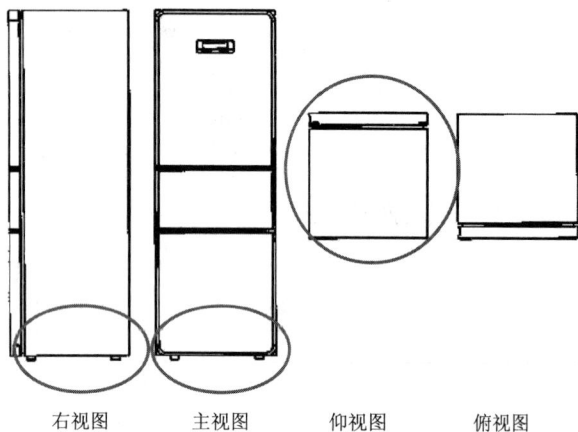

图 6-15　冰箱

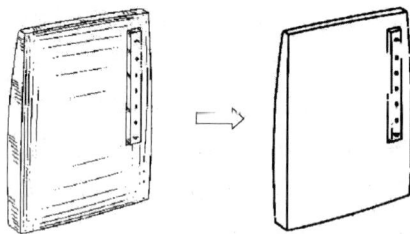

图 6-16

（3）各视图比例不一致。如图6-17所示滤水杯，俯视图与主视图、后视图、左视图和右视图的比例不一致，不能清楚地显示要求专利保护的产品的外观设计。

（4）采用简化画法。如图6-18中左侧视图采用了简化画法表达螺纹，是错误表达方式，应当如右侧视图所示，按照实际形状绘制螺纹。

2. 渲染视图

渲染视图指通过计算机制图技术绘制出来的有色彩渲染或者光影效果的外观设计图片。渲染视图应当清楚地显示产品的形状、图案和色彩。渲染视图应当避免如下两种缺陷。

（1）图片的分辨率过低。如图6-19所示图片的分辨率过低，无法清楚地显示请求保护的产品的外观设计。

（2）视图中的部分细节模糊。如图6-20所示，由于在制图过程中光源设置不合理等原因，导致左视图、右视图中产品的部分细节模糊，不能清楚地显示要求专利保护的产品的外观设计。

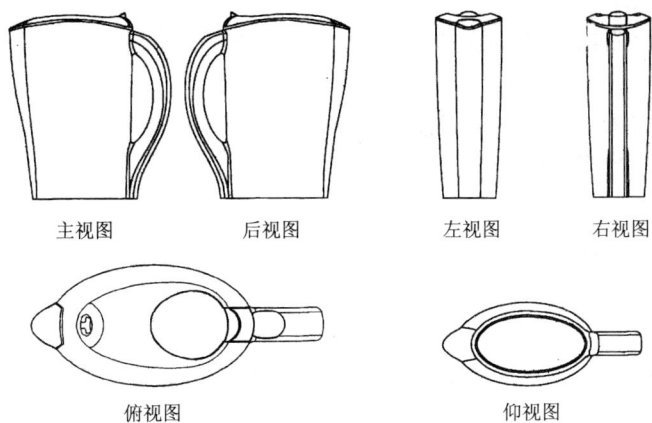

| 主视图 | 后视图 | 左视图 | 右视图 |

俯视图　　　　　　　　　　仰视图

图 6 - 17

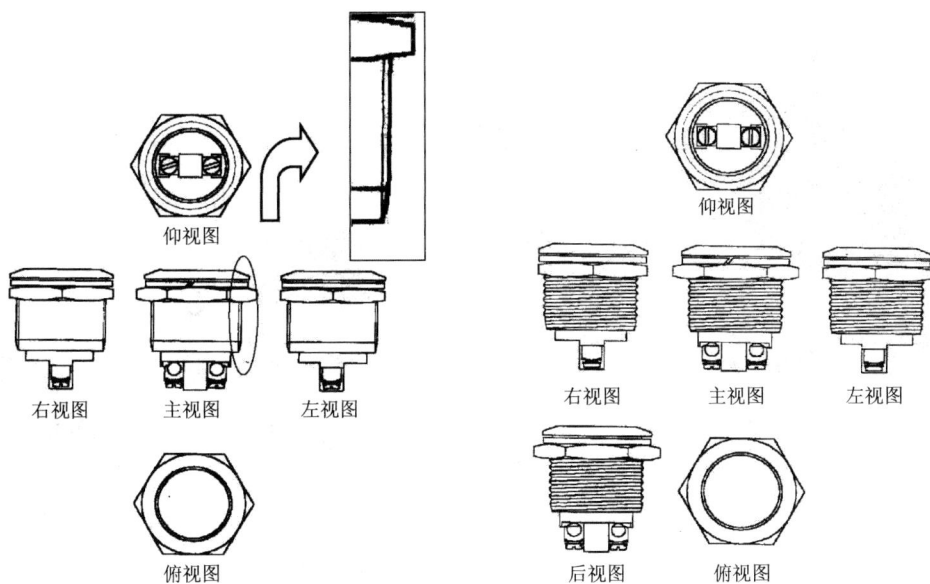

图 6 - 18

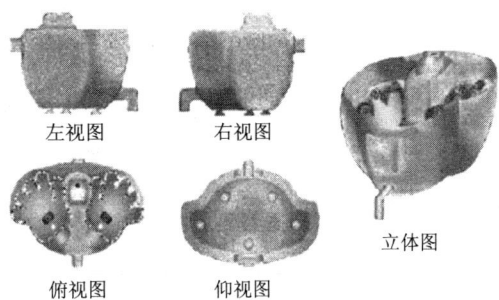

图 6 - 19

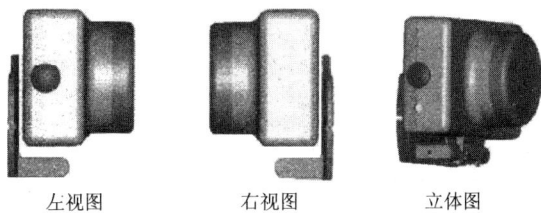

图 6 - 20

第六章

（四）照片的具体要求

照片视图是对产品实物或者样品拍摄而得的视图。照片视图应当清楚地显示要求专利保护的产品的外观设计。

拍摄的照片应当清晰，应当遵循正投影规则，对准产品中心部位水平拍摄，拍摄时尽量避免因透视产生的变形。照片视图应当避免如下4种缺陷。

（1）照片背景不单一。

如图6-21所示，照片背景中出现了产品外观设计以外的其他内容，影响对要求专利保护的产品的外观设计的表达。

（2）出现强光、反光、阴影、倒影等。如图6-22所示的电水壶，视图中产品的表面有拍摄者以及拍摄环境的倒影，不属于本外观设计的设计内容，导致视图无法清楚地显示要求专利保护的产品的外观设计。

（3）各视图比例不一致。如果比例不一致，会导致视图无法清楚地显示要求专利保护的产品的外观设计。

（4）存在影响外观设计表达的内装物或者衬托物。如图6-23所示的曲别针盒中装有曲别针，影响对曲别针盒的外观设计的表达。

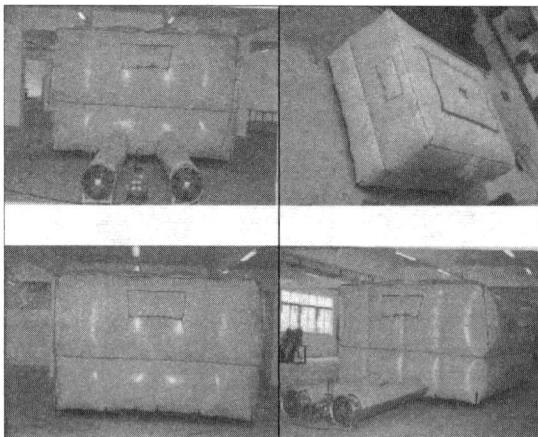

图 6-21

图 6-22　电水壶

图 6-23　曲别针盒

对于某些产品，如果必须依靠内装物或者衬托物才能清楚地显示请求保护的对象，则允许保留内装物或者衬托物，但不得影响产品外观设计的正确表达。

例如，图6-24所示塑身裤，通过衣模的支撑，能清楚地显示塑身裤的形状、图案等，因此允许使用衬托物，以清楚地显示请求保护的对象。

再如，图6-25所示透明包装瓶，通过内装物的衬托，能更清楚地显示包装瓶表面的纹样。对此类外观设计申请，允许内装不透明的液体，但内装物必须装满，并且不应影响外观设计的表达。

（五）特殊形态产品的视图

1. 细长产品

细长产品分为有固定长度的细长产品和不定长的细长产品，绘制视图时均可以采用省略长度的画法绘制。必要时还可以提交细长产品的放大图或局部放大图，以更清楚地显示要求专利保护的产品的外观设计。

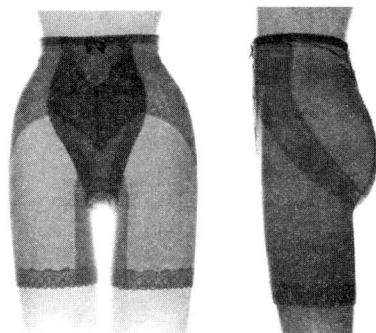

图 6-24 塑身裤

图 6-25 包装瓶

（1）对于有固定长度的细长物品，可以完整绘制两端轮廓线，用两条平行的双点划线或者自然断裂线截去中间一段长度，如图 6-26 所示，同时在简要说明中写明产品为细长产品，采用了省略画法。

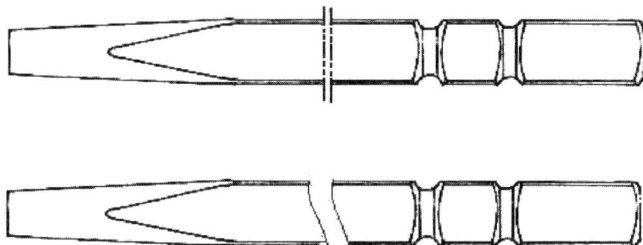

图 6-26 筷子

（2）对于不定长的细长产品，根据产品的特点，可以采用省略中间长度画法或者单元体视图表示法。例如，图 6-27 所示型材，其横截面的形状和尺寸完全相同，可以采用省略中间长度的画法，用两条平行的双点划线截去中间一段长度，也可以采用图 6-26 所示的自然断裂线省略长度的表示方式。

再如，图 6-28 所示链条，是由相同单元相互扣接形成的不定长的细长物品，可以采用单元体视图表示法，同时在简要说明中写明产品不定长。

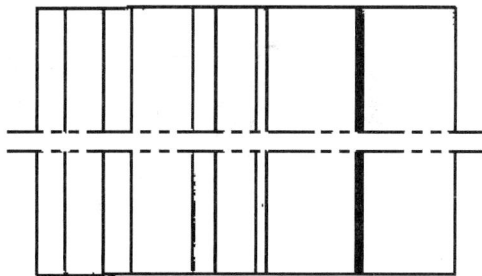

图 6-27 型材

主视图　　　　　　　　　立体图

图 6-28 链条

第六章

2. 单元图案连续的产品

单元图案连续的产品是指单元图案沿一定方向（上、下、左、右）连续、无限定边界的产品，如花布、花边、包装纸、壁纸等。

对于单元图案连续的产品，应提交包含完整单元图案的视图（图6-29和图6-30），同时在简要说明中写明单元图案的连续情况，如"该产品单元图案四方连续无限定边界"，或者"该产品单元图案沿左右方向两方连续无限定边界"。

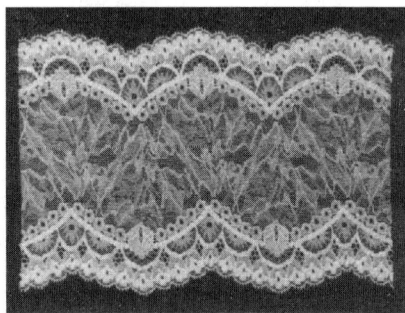

图6-29 花边

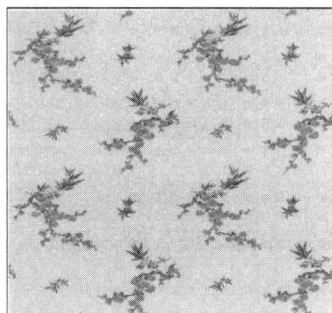

图6-30 花布

3. 组件产品

组件产品，是指由多个构件相结合构成的一件产品。根据组装关系，组件产品可以分为无组装关系、组装关系唯一或者组装关系不唯一的组件产品。

对于组装关系唯一的组件产品，应当提交组合状态的产品视图。如图6-31所示带咖啡壶的咖啡机，只要能清楚地显示要求专利保护的产品的外观设计，可以仅提交组合状态的视图，不必提交各组件的视图。

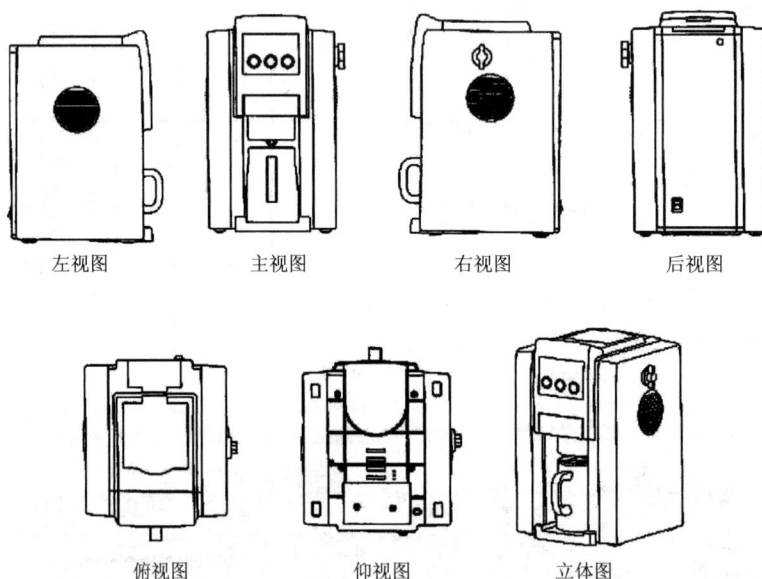

左视图   主视图   右视图   后视图

俯视图   仰视图   立体图

图6-31 咖啡机

对于无组装关系的组件产品（如图6-32所示游戏牌）和组装关系不唯一的组件产品（如图

第六章

6-33 所示插接玩具），应当提交各构件的视图。每一个组件均应符合基本的视图要求，并明确标注为"组件 N 某视图"，以清楚地显示要求专利保护的产品的外观设计。

| 组件1主视图 | 组件2主视图 | 组件3主视图 | 组件4主视图 |

| 组件5主视图 | 组件6主视图 | 组件7主视图 | 组件8主视图 |

图 6-32　游戏牌

| 组件1主视图 | 组件1后视图 | 组件1左视图 |

| 组件1右视图 | 组件1俯视图 | 组件1仰视图 |

| 组件2主视图 | 组件2左视图 | 组件2右视图 | 组件2后视图 |

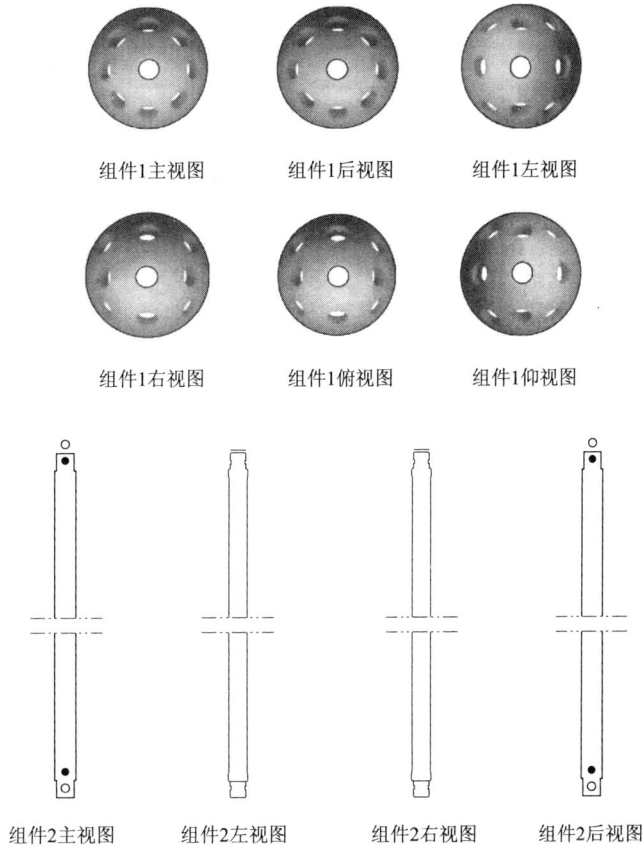

图 6-33　插接玩具（一）

第六章

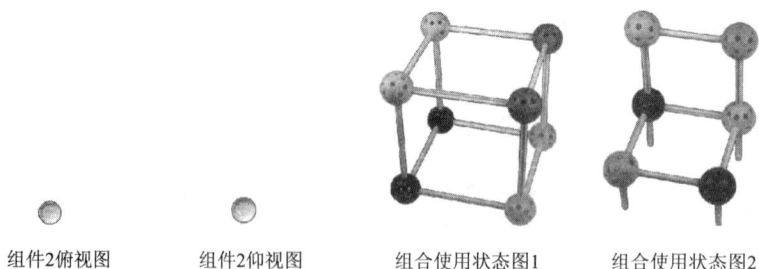

组件2俯视图　　　组件2仰视图　　　组合使用状态图1　　　组合使用状态图2

图6-33　插接玩具（二）

4. 成套产品

对于成套产品，应当提交各套件的视图，每个套件的视图均应符合前述关于视图数量和视图制作等各方面要求，并明确标注为"套件N某视图"，以清楚地显示要求专利保护的产品的外观设计，如图6-34所示床上用品套件。

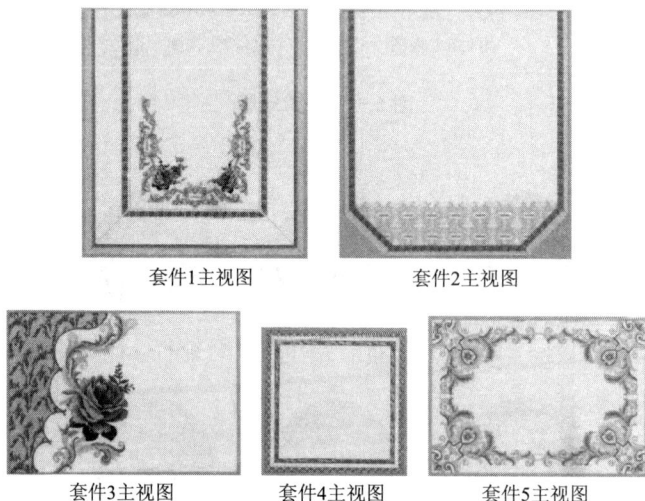

套件1主视图　　　　　　套件2主视图

套件3主视图　　　套件4主视图　　　套件5主视图

图6-34　床上用品套件

三、简要说明

简要说明是外观设计专利申请的必要申请文件，根据《专利法》第59条第2款的规定，可以用于解释图片或者照片所表示的产品的外观设计。

（一）简要说明应当写明的内容

根据《专利法实施细则》第28条第1款规定，外观设计的简要说明中应当写明外观设计产品的名称、用途，外观设计的设计要点，并指定一幅最能表明设计要点的图片或者照片。

1. 外观设计产品的名称

简要说明中的产品名称应当与请求书中的产品名称一致。如请求书中填写的产品名称为"电热水壶"，简要说明中应写明产品名称为电热水壶，而不能仅写为"水壶"。

2. 外观设计产品的用途

简要说明中应当写明外观设计产品的用途，准确地写明产品的用途有助于确定产品类别，并给出准确的分类号。

如6-35所示充气件，该充气件为一种坐垫，供人们在户外活动时坐在上面休息，也可以在湖泊、池塘等水体中用作浮动坐垫，如果申请人未写明产品的用途，仅凭产品名称和图片显示的外观设计，很难确定该产品的类别。

对于盘子、杯子、轮胎等日常生活中常见的产品，应当简明、扼要、准确地写明该产品的用途。如图6-36所示成套茶具，其用途可以写为"用于泡茶、饮茶"。

对于具有多种用途的产品，简要说明应当写明所述产品的多种用途。

如图6-37所示的电子闹表，同时具有时钟、闹钟和收音机三种用途，可以写为"本产品可用作时钟、闹钟和收音机"。

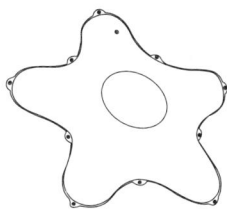

图6-35　充气件　　　　图6-36　成套茶具图　　　　图6-37　电子闹表

需要注意的是，多用途产品是指同一产品同时具有多种用途，而非同一外观设计适用于多种不同的产品。

对于比较生僻领域的产品，应当采用通俗易懂的语言，简明准确地写明该产品的用途。如图6-38所示保安单元，其用途可以写为"本外观设计产品为电保险元件"。

对于产品的零部件，有些有专属类别，有些则属于其上位产品所属的类别，因此，简要说明不但应写明其本身的用途，还应写明其所在的上位产品。例如，产品名称为"打火轮"的外观设计专利申请，简要说明不但要写明其用途为"用于打火"，还应写明"是打火机的零部件"，以免审查员无法确定类别，也避免在后续程序确定产品种类时产生分歧。

3. 外观设计的设计要点

设计要点是指与现有设计相区别的产品的设计要素或者部位。其中，设计要素指形状、图案及其结合，或者色彩与形状、图案的结合。设计要点应当简明扼要，不应具体描述产品的形状、图案、色彩。

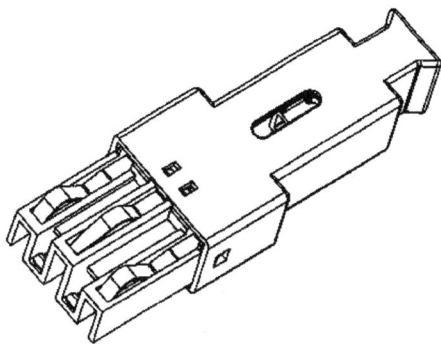

图6-38　保安单元　　　　　　　图6-39　轮胎

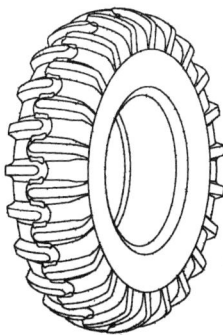

可以通过以下4种方式对设计要点进行描述。

（1）指明设计要点涉及的"要素"。如果设计要点仅在于外观设计的某一个或几个要素（形状、图案、色彩），可以采用指明设计要点涉及的要素的撰写方式。如图6-39所示轮胎，其设计要点在于产品表面的图案设计，可以写为"该外观设计的设计要点为轮胎表面的图案"。

（2）指明设计要点所在"视图"。如果设计要点仅体现在某一个或几个视图中，可以采用指明设计要点所在视图的撰写方式。如图6-40所示包装盒，其设计要点在于主视图，可以写为"该外观设计的设计要点在于主视图"。

（3）指明设计要点所在"部位"。如果设计要点在于产品的某一个或几个部位，可以采用指明设计要点所在部位的撰写方式。例如"该外观设计的设计要点在于冰箱的门和把手"。

（4）结合"设计要素""视图"或"部位"指明设计要点。如果采用上述任一撰写方式均无法清楚表达该外观设计的设计要点，可以根据具体情况对上述撰写方式进行合理的组合，以更好的表达该外观设计的设计要点。如图6-41所示茶壶，其设计要点在于壶身上的图案，既包含了该产品的图案要素，又包含了产品的部位，可以将（1）和（3）中所述方式结合，写为"设计要点为壶身的图案"。

主视图　　　　　　　立体图

图6-40　包装盒图

图6-41　茶壶

4. 指定一幅最能表明设计要点的图片或者照片

指定的图片或者照片应当最能表明设计要点，所以对于视图的选择要恰当、合理。如图6-42所示椅子，根据一般常识和该外观设计视图可知，其设计要点不会在椅子的底部，因此如果指定仰视图为最能表明设计要点的视图是不恰当的。

一件外观设计专利申请只能指定一幅最能表明设计要点的图片或者照片，对于同一产品两项以上的相似外观设计、成套产品和组件产品也应当且只能指定一幅最能表明设计要点的图片或者照片。

应当注意的是，《专利法实施细则》要求在简要说明中对最能表明设计要点的一幅图片或者照片进行指定，其目的在于出版专利公报，不影响外观设计专利保护范围的确定。

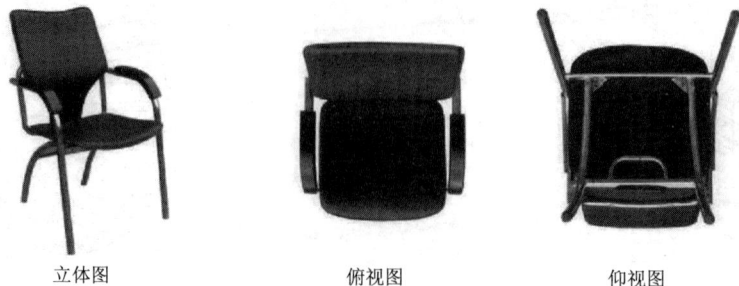

立体图　　　　　　　俯视图　　　　　　　仰视图

图6-42　椅子（一）

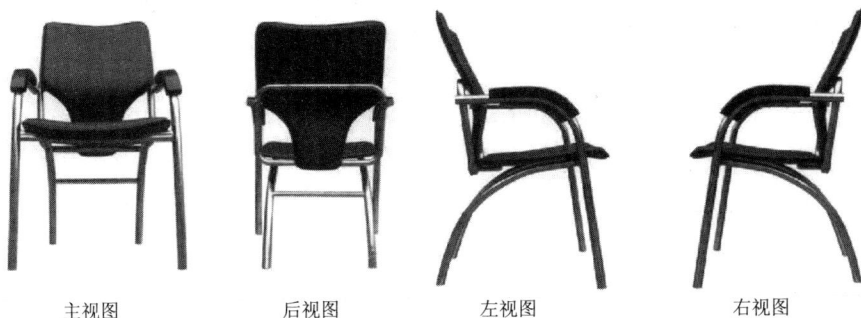

| 主视图 | 后视图 | 左视图 | 右视图 |

图6-42　椅子（二）

（二）必要时应当在简要说明中写明的内容

在撰写简要说明时，如果有下述情形，应当在简要说明中写明。

1. 请求保护色彩或者省略视图的情况

（1）请求保护色彩。如果外观设计专利申请请求保护色彩，应当在简要说明中写明。色彩以外观设计图片或者照片中显示的色彩为准，不得用具体的色彩数值描述产品的色彩。

如果简要说明对设计要点的描述涉及了色彩，就应当同时单独写明"请求保护色彩"。如果其简要说明中写明"设计要点在于枕头的图案与色彩的结合"，就应当同时单独写明"请求保护色彩"。

（2）省略视图。如果外观设计专利申请省略了视图，通常应当写明省略视图的具体原因，例如"后视图与主视图对称，省略后视图"；如果难以写明省略视图原因，可以仅写明省略某视图，例如"省略仰视图"。

2. 指定多项相似外观设计中的一项作为基本设计

对于同一产品两项以上的相似外观设计的合案申请，申请人应当在简要说明中指定其中一项作为基本设计，其他设计应分别与基本设计相似。如果指定的基本设计不恰当，会导致无法作为相似设计合案申请。

需要注意的是，一件相似外观设计专利申请只能有一项基本设计。

3. 平面产品的单元图案两方连续或者四方连续等无限定边界的情况

对于花边、花布这类单元图案两方连续或者四方连续无限定边界的平面产品，可以将一个或者几个单元图案显示在视图中，同时在简要说明中写明产品的单元图案两方连续或者四方连续等无限定边界的情况。如果是单元图案两方连续，应当写明是上下连续还是左右连续。例如，图6-29所示花边，简要说明应写为"该产品单元图案左右两方连续"；图6-30所示花布，简要说明写为"该产品单元图案四方连续"。

4. 细长物品的长度采用省略画法

对于细长物品，采用了省略长度画法的，必要时应当在简要说明中声明采用了省略画法。但是，简要说明中不能写入省略的具体长度，而对于有固定长度的细长物品，可以写明省略的比例，如"省略的长度为整体长度的2/3"。

5. 采用透明材料或者具有特殊视觉效果的新材料制成

对于包含透明材料产品，如图6-43所示厅柜，可以写为"A部透明"。

6. 必要时应当写明成套产品中各套件产品名称

成套产品的申请通常无法在产品名称中具体涵盖所有套件的名称，为了清楚地表达出需要保

第六章

护的外观设计，必要时应当在简要说明中写明各个套件所对应的产品名称。如图 6－44 所示床上用品套件，可以写为"套件 1 是床单，套件 2 是被罩，套件 3 是枕套"。

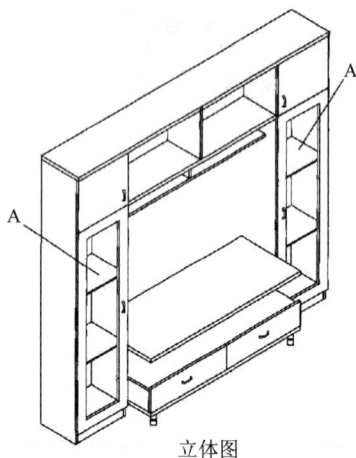

图 6－43　厅柜

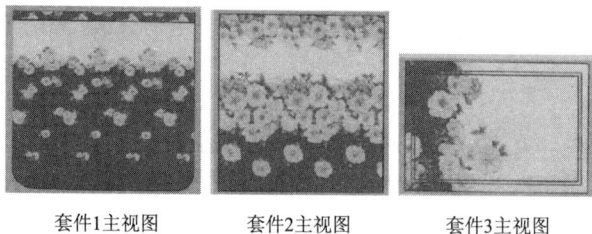

套件1主视图　　套件2主视图　　套件3主视图

图 6－44　床上用品套件

（三）不能写入简要说明的内容

以下两点内容不能写入简要说明。

1. 商业性宣传用语

简要说明中不能写入商业性宣传用语。例如，"简约、大方、工艺性强、充满时尚诱惑力、体现专业设备的现代感和灵动性、该产品整体新颖美观、布局合理、线条简洁流畅"等。

2. 产品的性能和内部结构

简要说明不应当用来说明产品的性能，例如，"本打印机的打印速度高达 25 页/分钟，首页输出仅需 7 秒，最大进纸容量可达 260 页"。

简要说明也不能用来说明产品的内部结构，例如，"本抽水马桶的水箱内部包含浮球、起动杆、溢水管、桶缸注水管、导向装置等"。

第二节　外观设计专利申请的单一性

根据《专利法》第 31 条第 2 款的规定，外观设计专利申请应当符合单一性的要求。单一性是指一件外观设计专利申请应当限于一项外观设计。但是，同一产品两项以上的相似外观设计，或者属于同一类别并且成套出售或者使用的产品的两项以上的外观设计，也可以作为一件申请提出。由此可以看出，能作为一件专利申请提出的外观设计有三种情况：（1）一件产品所使用的一项外观设计；（2）同一产品的两项以上的相似外观设计；（3）成套产品的外观设计。

需要注意的是，无论是相似外观设计的合案申请还是成套产品的合案申请，其中的每一项外观设计除了应当满足合案申请的相关规定外，还应当分别满足其他授权条件；如果其中一项外观设计不具备授权条件，则应当删除该项外观设计，否则整个专利申请不能被授予专利权。

一、一件产品所使用的一项外观设计

如果产品的各个构成部分不可分割，产品是以整体形态存在的，其外观设计属于一件产品所

使用的一项外观设计（图6-45）。

组件产品的各个构件虽然可以分离，但各个构件在使用过程中不可缺失，其中一个构件的缺失会影响整体产品用途的实现，所以包含各构件的组件产品在一件申请中被作为一件产品对待的。

有的组件产品中的各构件具备单独申请的条件，例如浴室组合盥洗柜中可分离的镜子、水龙头、洗脸盆以及柜子；有的组件产品中各构件则不具备单独申请的条件，例如扑克牌中的单张牌、拼图玩具中的一个拼图块、国际象棋中的一个棋子、插接玩具中的一个插接块。如果申请文件表示要求保护的是整体产品的外观设计，无论其中各构件是否已分别表示、是否符合单独申请的条件，都必须将整体视为一件产品，并只能作为一件产品的外观设计获得保护。

根据组装关系，组件产品可以分为无组装关系、组装关系唯一或者组装关系不唯一的组件产品。

（1）无组装关系的组件产品。各构件之间没有组装关系，可以随意搭配使用，例如国际象棋棋子和扑克牌。

（2）组装关系唯一的组件产品。各构件之间只有一种组装关系，只有按照固定的方式结合在一起，才能构成一件完整的产品，例如图6-46所示拼图玩具和图6-47所示由水壶和加热底座两部分组成的电热水壶。

图6-45

图6-46

图6-47

（3）组装关系不唯一的组件产品。各构件必须与其他构件配合使用，并且有不同的组合方式，例如图6-48所示的积木玩具。

图6-48

二、同一产品两项以上的相似外观设计

根据《专利法》第31条第2款的规定，同一产品两项以上的相似外观设计可以作为一件申请提出。允许将同一产品的两项以上的相似外观设计合案申请，不但保护了基本设计，也保护了

与基本设计相似的设计。

将同一产品的两项以上相似外观设计合案申请时应当注意：（1）一件申请中的多项外观设计应当是同一产品的外观设计；（2）应当在简要说明中指定一项基本设计，其他外观设计应当与简要说明中指定的基本设计相似；（3）一件专利申请中的相似外观设计不得超过10项；（4）每一项外观设计应当分别具备授权条件才能被授予专利权，其中一项外观设计不具备授权条件的，除非删除该项外观设计，否则该专利申请不被授予专利权。

（一）同一产品

根据《专利法》第31条第2款的规定，一件专利申请中的相似外观设计应当为同一产品的外观设计。例如，均为餐用盘的外观设计。

如果各项外观设计分别为餐用盘、碟、杯、碗（图6-49）的外观设计，虽然各产品同属于国际外观设计分类表中的同一大类，却并不属于同一产品，不能作为同一产品的多项相似外观设计合案申请，但是它们可以作为成套产品提出一件外观设计专利申请。

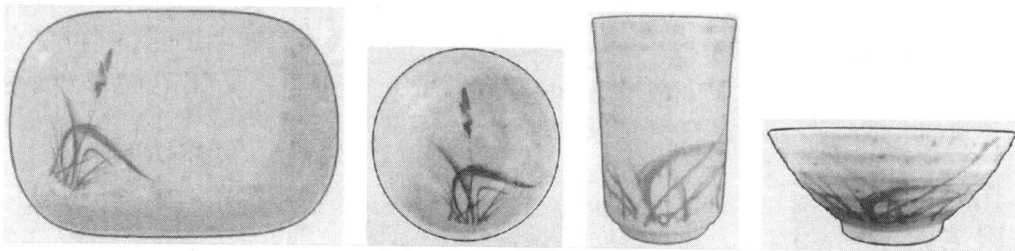

图6-49

（二）相似外观设计

在一项外观设计专利申请中，其他外观设计与简要说明中指定的基本设计应当是相似的。判断相似外观设计时，应当将其他外观设计与基本外观设计单独进行对比。一般情况下，经整体观察，如果其他外观设计和基本外观设计具有相同或者相似的设计特征，并且二者之间的区别点在于局部细微变化、该类产品的惯常设计、设计单元重复排列或者仅色彩要素的变化等情形，则通常认为二者属于相似的外观设计。

1. 区别点在于局部细微变化

如图6-50所示的饰品，其中设计1为基本设计，设计2、设计3与设计1的整体形状极为相似，仅存在形状和色彩的局部细微变化，可以作为相似外观设计合案申请。

2. 区别点在于该类产品的惯常设计

如图6-51所示包装盒的两项设计的图案极为相似，不同之处主要在于形状，但两个包装盒的形状均为该类产品的惯常设计，可以作为相似外观设计合案申请。

设计1　　　　设计2　　　　设计3　　　　　　　　设计1　　　　设计2

图6-50　　　　　　　　　　　　　　　　　图6-51

3. 区别点在于设计单元重复排列

如图 6－52 所示的染色机，两项设计的每个设计单元均相同，区别仅在于单元数量不同，可以作为相似外观设计合案申请。

4. 区别点在于色彩要素的变化

如图 6－53 所示花布，如果两项设计的区别点仅在于色彩，可以作为相似外观设计合案申请。

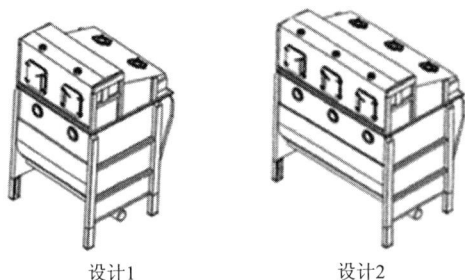

设计1	设计2

图 6－52

设计1	设计2

图 6－53

上述四种情形仅属于一般情况，在判断是否属于相似外观设计时，不应简单套用，而应当对外观设计进行整体观察、综合判断，以得出客观结论。

三、成套产品的外观设计

（一）成套产品的定义

成套产品是指由两件以上（含两件）属于同一大类、各自独立的产品组成，各产品的设计构思相同，其中每一件产品具有独立的使用价值，而各件产品组合在一起又能体现出其组合使用价值的产品，例如由茶杯、茶壶、碟子和汤匙组成的茶具。

（二）成套产品应当具备的条件

成套产品应当同时具备下列条件：（1）各产品都属于同一类别；（2）各产品习惯上同时出售或者同时使用并具有组合使用价值；（3）各产品的设计构思相同；（4）构成成套产品的每一件产品还应当分别具备授权条件才能被授予专利权，其中一件产品不具备授权条件的，除非删除该件产品的外观设计，否则该专利申请不应当被授予专利权。

例如图 6－54 所示的成套茶具，包含茶壶、茶杯和杯碟 3 个套件产品，每个套件都属于 07 大类，每件产品的设计构思相同，习惯上属于同时出售、同时使用，并且每个套件都可以单独使用，各套件产品组合在一起又能体现出其组合使用价值。所以，这 3 件产品属于成套产品可以合案申请。但是，因为茶壶带有奥林匹克标志的图案，如果申请人无法出具奥林匹克标志权利人出具的允许其申请专利的证明，则该申请不符合《专利法》第 5 条的规定，除非申请人删除该茶壶的设计，否则该申请不应当被授予专利权。

1. 同一类别

属于同一类别是指属于《国际外观设计分类表》中的同一大类。例如，桌子和椅子均属于 06 大

图 6－54　成套茶具

类，只要同时满足其他条件，就可以作为成套产品合案申请。

2. 成套出售或者使用

成套出售或者使用，指习惯上同时出售或者同时使用并具有组合使用价值。同时出售或者同时使用这两个条件不必同时满足，只要满足其中之一即可。

需要注意的是，在判断是否属于同时出售或使用时还要考虑是否具有组合使用价值，有些产品虽然满足成套产品的其他条件，但由于不具有组合使用价值，所以不能作为成套产品合案申请。例如，设计构思相同的衣柜和桌子，虽然二者同属于 06 大类，也满足可以同时出售的条件，但衣柜和桌子没有任何组合使用价值，不能将其作为成套产品提出合案申请。

(1) 同时出售。同时出售，是指外观设计产品习惯上同时出售，而不是要求必须同时出售，例如由床罩、床单和枕套等床上用品。为了促销而随意搭配出售的产品，一般不应认为是习惯上同时出售，不能作为成套产品提出申请。例如，在销售电视机时赠送电话机，不应认为是习惯上同时出售，不能将电视机和电话机作为成套产品提出合案申请。

(2) 同时使用。同时使用，是指产品习惯上同时使用，也就是说，使用其中一件产品时，会产生使用联想，从而想到另一件或另几件产品的存在，而不是指在同一时刻同时使用这几件产品，例如咖啡器具中的咖啡杯、咖啡壶、糖罐、牛奶壶。

3. 各产品的设计构思相同

设计构思相同，是指各产品的设计风格是统一的，即对各产品的形状、图案或者其结合以及色彩与形状、图案的结合所作出的设计是统一的。

形状的统一，是指各个构成产品都以同一种特定的造型为特征，或者各构成产品之间以特定的造型构成组合关系，即认为符合形状统一。

图案的统一，是指各产品上图案设计的题材、构图、表现形式等方面应当统一。若其中有一方面不同，则认为图案不统一，例如咖啡壶上的设计以兰花图案为设计题材，而咖啡杯上的设计图案为熊猫，由于图案所选设计题材不同，则认为图案不统一，因此不能作为成套产品合案申请。

对于色彩的统一，不能单独考虑，应当与各产品的形状、图案综合考虑。如果各产品的形状、图案统一，在简要说明中没有写明请求保护色彩的情况下，属于设计构思相同；在简要说明中写明请求保护色彩的情况下，如果产品的色彩风格一致则设计构思相同；如果各产品的色彩变换较大，破坏了整体的和谐，表明设计构思不相同。

(三) 成套产品的外观设计中不应包含相似外观设计

成套产品外观设计专利申请中不应包含某一件或者几件产品的相似外观设计。例如，一项包含咖啡杯和咖啡壶的外观设计专利申请（图 6-55），不应再包括所述咖啡杯或咖啡壶的两项以上的相似外观设计。

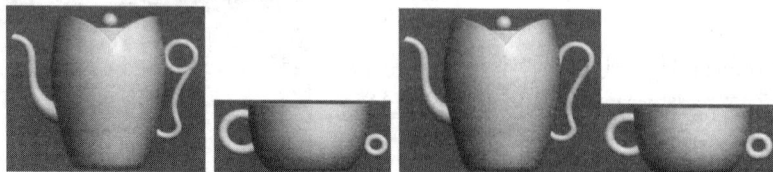

图 6-55

如果涉及成套产品的申请中已经包含了一件或者几件产品的相似外观设计，分案时应当注意将同一产品的几项相似设计作为一件申请提出，而不是分置于原申请和分案申请中，否则将因不同申请中的外观设计实质相同而导致不符合"同样的发明创造只能授予一项专利权"的规定。

例如，图6-55所示的一件申请包含了咖啡壶的两项相似外观设计和咖啡杯的两项相似外观设计，应当将壶的两项外观设计保留在原案中，将杯的两项外观设计作为分案申请提出。不应将壶的一项设计和杯的一项设计保留在原案中，将壶的另一项设计和杯的另一项设计作为分案提出。

四、外观设计分案申请的特殊规定

外观设计分案申请，是指原外观设计专利申请文件中包含两项以上外观设计，申请人将其中一项或者多项外观设计从原申请中分出，再提出一件或者多件外观设计专利申请，该被分出的新的外观设计专利申请为分案申请。分案的主要目的是将一件不符合单一性要求的外观设计申请分作两件或多件申请，使每一件申请均符合单一性的要求。

如果将不符合规定的两项以上的外观设计作为一件申请提出，那么申请人可以主动提出或者依据审查员的审查意见提出分案申请。提交外观设计专利分案申请的时间、期限、申请人和设计人及分案申请中应填写的原案申请日、原案申请号等，与发明专利申请的规定相同，参见本书第五章。但是，外观设计分案申请应着重注意以下两点：

（1）原申请中包含两项以上外观设计的，分案申请应当是原申请中的一项或几项外观设计，并且不得超出原申请表示的范围。

判断分案申请中的外观设计是否超出原申请表示的范围时，可参见本章第四节二（一）讲解的"修改的原则"。

（2）原申请为产品整体外观设计的，不允许将其中的一部分作为分案申请提出。例如，一件专利申请请求保护的是摩托车的外观设计，摩托车的零部件的外观设计不能作为分案申请提出。

第三节　外观设计专利申请的优先权

根据《专利法》第29条第1款的规定，申请人自外观设计在外国第一次提出专利申请之日起6个月内，又在中国就相同主题提出专利申请的，依照该外国同中国签订的协议或者共同参加的国际条约，或者依照相互承认优先权的原则，可以享有优先权。

一、优先权的类型、期限等

外观设计专利申请的优先权仅限于外国优先权，并且要求优先权的最长期限为6个月，这与发明和实用新型专利申请的优先权不同。

对于要求优先权的声明、在先申请文件副本和在后申请的申请人等，外观设计专利申请与发明专利申请的要求是相同的，可参见本书第五章。

二、优先权的主题

外观设计专利申请要享有外国优先权，在先申请的主题应当与在后申请的主题相同。主题相同应当满足两个条件：一是属于相同产品的外观设计；二是中国在后申请保护的外观设计应当清楚地表示在在先申请中。

根据《专利法》第30条的规定，申请人要求优先权的，应当在申请的时候提出书面声明，并且在 3 个月内提交在先申请文件的副本。为确保外观设计专利申请能够有效地享有在先申请的优先权，申请人在申请之初就应当注意满足优先权主题相同的条件。

（一）相同产品

根据《专利审查指南 2010》第四部分第五章第 9.2 节的规定，判断是否属于相同主题的外观设计时，应结合产品名称、视图、简要说明以及分类号等首先判断是否属于相同产品的外观设计。

需要注意的是，"相同产品"并非指在后申请和在先申请的产品名称完全相同。例如，在先申请的产品名称为"电子产品"，由于我国不允许使用概括不当、过于抽象的名称，因此申请人向我国提交申请时将产品名称改为"MP3 播放器"，虽然名称不同，但根据简要说明、视图或者在先申请文件中的分类号等信息可以判断二者用途相同，因此二者属于相同产品。但是，如果将"玩具汽车"改为"汽车"，并且在后申请的简要说明中写明"用于交通运输"，则二者不属于相同产品。

（二）要求保护的外观设计应清楚地表示在在先申请中

针对实践中出现的在先申请和在后申请的视图和简要说明不完全一致的情形，《专利审查指南 2010》第四部分第五章第 9.2 节规定："如果中国在后申请要求保护的外观设计与其在外国首次申请中的视图不完全一致，或者在后申请文本中有简要说明而外国首次申请文本中无相关简要说明，但根据两者的申请文件可知，所述在后申请要求保护的外观设计已经清楚地表示在所述外国首次申请中，则可认定中国在后申请要求保护的外观设计与其在外国首次申请的外观设计主题相同，可以享有优先权。"

以下通过案例解析何为"在后申请要求保护的外观设计已经清楚地表示在所述外国首次申请中"。

图 6-56 所示带把手的柜子，在先申请要求保护实线表示的把手的外观设计，但同时以虚线表示了柜体部分的外观设计。由于中国不允许采用虚线表达外观设计形状，申请人向中国提交在后申请时，往往采用将虚线改为实线或者删除虚线的方式。判断主题是否相同时，不必考虑在先申请的视图中采用的是实线还是虚线，只要已清楚表示了在后申请要求保护的外观设计即可以认定二者主题相同。因此，无论是将虚线改为实线后的整体产品外观设计，还是删除虚线后的把手外观设计，只要已清楚地显示在在先申请中，都可以认定属于相同主题。

在先申请　　　　　　在后申请　　　　　　在后申请

图 6-56

由于各国对于视图的形式要求存在差异，经常出现在先申请和在后申请的视图数量和种类不同的情形。此时，应当重点关注二者的内容而非表达形式，即应判断在后申请要求保护的外观设计是否已清楚地表示在在先申请的视图中。

图 6 - 57 所示在先申请只有汽车的立体图，其中国在后申请提交了该件产品的主视图、右视图和立体图，且在简要说明中写明"其他视图无设计要点，省略其他视图"。在这种情形下，由于在后申请的主视图和右视图已清楚地表示在所述在先申请的立体图中，可认定二者的主题相同，在后申请可以享有其在先申请的优先权。

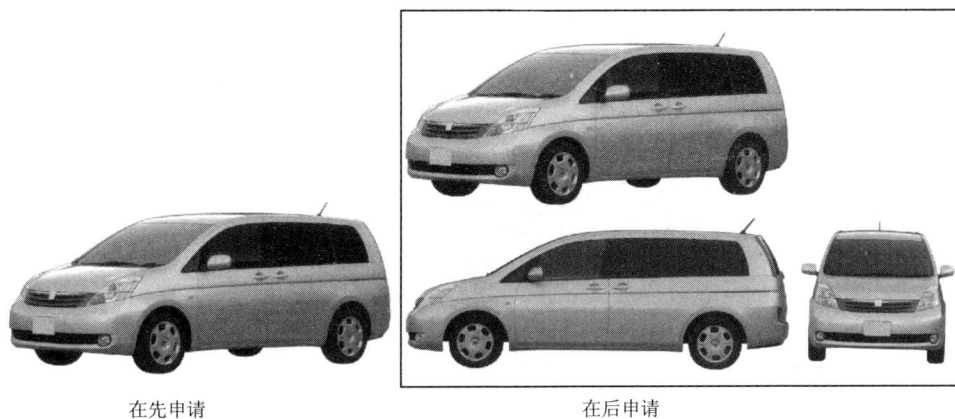

在先申请　　　　　　　　　　　在后申请

图 6 - 57　汽车

图 6 - 58 所示在先申请中仅有仪表盘的一面正投影视图，在后申请中增加了其他正投影视图，增加的视图显示的内容并未清楚地表示在在先申请中，二者的主题不相同。

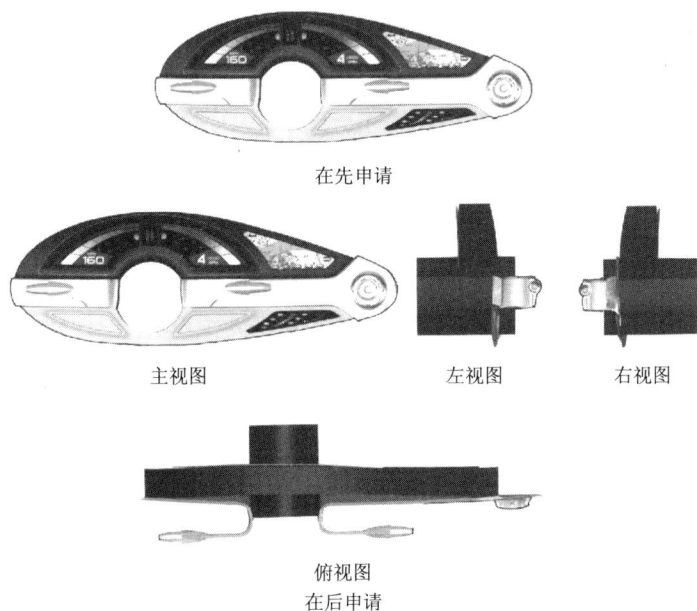

在先申请

主视图　　　　　　　左视图　　　右视图

俯视图
在后申请

图 6 - 58

《专利法实施细则》第 31 条第 4 款规定："外观设计专利申请的申请人要求外国优先权，其在先申请未包括对外观设计的简要说明，申请人按照本细则提交的简要说明未超出在先申请文件的图片或者照片表示的范围的，不影响其享有优先权。如果在后申请要求保护色彩，而该色彩已清楚地表示在其在先申请中，无论该在先申请是否要求保护色彩，均不影响其享有优先权。但是，如果在后申请要求保护的色彩未清楚地表示在其在先申请中，则二者的主题不相同。"

例如，在先申请中仅有杯子的主视图和立体图，未说明省略后视图等视图的原因，所以无法确定杯子背面的设计。在后申请中增加了"后视图与主视图对称，省略后视图"的简要说明，要保护的内容中增加了杯子背面的设计，明显超出了在先申请照片表示的范围，导致二者的主题不相同，不能享有优先权。

如果在后申请要求保护的外观设计与在先申请显示的外观设计实质相同，不应当认定其优先权主题相同。因为实质相同并非相同，两个设计之间尚存在一些差异，只是差异之处较小而已。

如图 6 - 59 所示染色机，在先申请表示了 2 个单元的设计，而在后申请要求保护的为 3 个单元的设计，二者的每个单元的设计相同，但单元数不同导致二者整体设计并不相同，即在后申请 3 个单元的设计并未表示在在先申请中，二者的主题不相同。

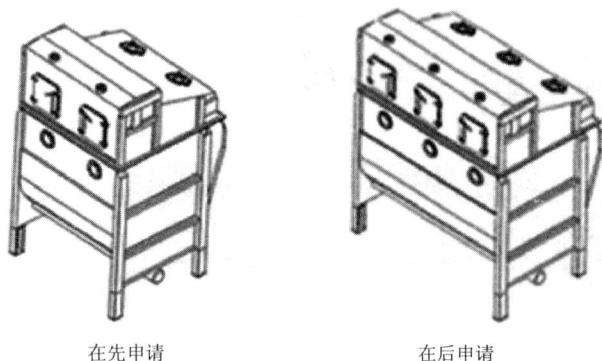

在先申请　　　　　　在后申请

图 6 - 59

第四节　外观设计专利申请的初步审查

外观设计专利申请的审查方式是初步审查，不同于一些国家的形式审查，我国的初步审查中不但对申请文件特别是视图的形式作严格审查，而且对申请是否存在明显的实质性缺陷进行审查。

一、初步审查的范围

根据《专利法实施细则》第 44 条的规定，我国外观设计申请的初步审查既包括对形式缺陷的审查，也包括对明显实质性缺陷的审查，具体审查的范围为：申请文件是否齐备并符合规定格式；是否明显不符合外观设计的定义或者明显属于不授予外观设计专利权的主题；是否已依法委托代理机构；请求书、图片或者照片、简要说明的内容和形式是否符合规定要求；是否明显属于现有设计或者存在抵触申请；图片或者照片是否明显未清楚地显示要求保护的外观设计；是否明显不具备单一性；修改是否明显超范围；分案申请是否明显超范围；是否符合禁止重复授权和先申请原则；各种手续的办理形式以及申请文件、各种证件和证明文件使用的语言是否符合规定等。

上述初步审查范围涉及的主要审查标准在本章第一节至本节以及第三章第三节和第四节均有论述。关于委托代理机构、各种手续的办理形式以及申请文件、各种证件和证明文件使用的语言，对外观设计专利申请的要求与对发明专利申请的要求相同，可参见本书其他章节。

对于要求外国优先权的外观设计专利申请，审查员对优先权的相关事项进行初步审查。例如，审查优先权主题是否明显不相关、优先权声明和在先申请文件副本的提交时间和内容等是否符合规定。关于处理方式，与发明专利申请初步审查的处理方式相同。需要注意的时，由于审查员在初步审查中仅对优先权的主题进行是否"相关"而非"相同"的审查，所以即使经初步审查的申请可能被给予优先权，但在无效宣告请求程序中经过核实后，则可能会被判定不能享有优先权。因此，在实践中应注意把握本章第三节讲解的主题相同的标准。

对于依据《专利法》第 23 条第 1 款的初步审查，即审查"是否明显属于现有设计或者存在抵触申请"，是第三次修改《专利法》后新加入的审查内容。初步审查过程中，审查员在以下三种情形下对"是否属于现有设计或者存在抵触申请"进行审查：

（1）初步审查中通常不进行检索，所以审查员仅需根据申请文件的内容及一般消费者的常识，判断所要求保护的外观设计专利申请是否明显属于现有设计或者存在抵触申请。

（2）审查员根据未经其检索获得的有关现有设计或抵触申请的信息判断外观设计是否明显属于现有设计或者存在抵触申请。例如，在初步审查阶段，有单位或个人提供了中国外观设计专利文献号，如果该专利文献涉及的外观设计与本申请的外观设计相同或者明显实质相同，审查员会将其作为对比文件，依据《专利法》第 23 条第 1 款对申请进行审查。

（3）外观设计涉及非正常申请的，例如明显抄袭现有设计或者属于内容明显实质相同的专利申请，审查员会根据检索获得的对比文件或者其他途径获得的信息判断外观设计是否明显属于现有设计或者存在抵触申请。

初步审查过程中，对于外观设计专利申请根据《专利法》第 9 条的规定是否能授予专利权，一般也不通过检索进行审查，但审查员已经得知有申请人就同样的外观设计在同日提出外观设计专利申请的，会进行审查。对于在不同申请日提出的同样的外观设计的专利申请，依据《专利法》第 23 条第 1 款的规定进行审查。在判断是否构成同样的外观设计时，应当以表示在两件外观设计专利申请或者专利的图片或者照片的产品的外观设计为准。同样的外观设计是指外观设计相同或者实质相同，具体判断原则参见本章第五节。对于就同样的外观设计在同日提出两件外观设计专利申请的，处理方式参见本书第四章第六节。

审查员对外观设计专利申请进行初步审查后，认为其存在形式缺陷或者明显实质性缺陷，将要求申请人在指定期限内陈述意见或者补正；申请人期满未答复的，其申请将视为撤回。申请人陈述意见或者补正后，审查员仍然认为不符合规定的，将予以驳回。

需要注意的是以下两点：

（1）形式缺陷也会导致外观设计专利申请被驳回。以往有些考生存在误解，以为只有明显实质性缺陷才会导致外观设计专利申请被驳回，实际上形式缺陷也会导致申请被驳回。例如，视图存在投影关系不对应的缺陷，审查员发出了两次补正通知书，申请人均未克服该缺陷，审查员会作出驳回决定。

（2）视图不仅会出现形式缺陷，也会出现明显实质性缺陷。视图较易出现形式缺陷，例如视图投影关系不对应、比例不一致、绘制的线条不符合规定等。视图也会出现明显实质性缺陷，例如，本章第一节的"视图的数量"中所述鱼缸案例，虽然表面看是缺少一幅图——立体图，但正是由于缺少立体图而导致鱼缸的三维形态不确定，已提交的视图不能清楚地显示要求保护产品的外观设计，并且该缺陷无法通过补正的方式克服，这已经是明显实质性缺陷。

外观设计专利申请经初步审查没有发现驳回理由的，审查员会发出授予外观设计专利权通知。

二、在初步审查阶段对申请文件的修改

申请文件难免会存在缺陷，申请人应当进行修改，否则会影响保护范围的确定，也影响公众对专利信息的利用。需要注意的是，在初步审查阶段可以对申请文件进行修改，但在无效宣告程序中就不能修改专利文件。

第六章

在初步审查阶段，有三种修改途径：申请人在申请日起 2 个月内可以主动提出修改；申请人针对通知书指出的缺陷在指定的期限内进行修改；审查员对申请文件中出现的明显错误依职权修改。

（一）修改的原则

根据《专利法》第 33 条的规定，对外观设计专利申请文件的修改不得超出原图片或者照片表示的范围。对外观设计专利申请文件的修改，包括对使用外观设计的产品名称、外观设计图片或者照片以及对外观设计简要说明的修改。其中，对使用外观设计的产品名称、外观设计简要说明的修改是否超出原图片或者照片表示的范围，应当结合外观设计图片或者照片来判断。

原图片或者照片，指的是申请日提交的图片或者照片。修改超出原图片或者照片表示的范围，是指修改后的外观设计与原始申请文件中表示的相应的外观设计相比，属于不相同的设计。

1. 未超出原图片或者照片表示范围的修改

在判断对外观设计专利申请文件的修改是否超出原图片或者照片表示的范围时，如果修改后的内容在原图片或者照片中已有表示，或者可以直接地、毫无疑义地确定，则认为所述修改没有超出原图片或者照片表示的范围。

修改后的内容在原图片或者照片中已有表示，是指修改后增加的、改变的、减少的视图或者视图内容与申请日提交的各视图中记载的设计内容相同。

修改后的内容在原图片或者照片中可以直接地、毫无疑义地确定，是指修改后增加的、改变的、减少的视图或者视图内容，可以通过申请日提交的各个视图所共同表达的外观设计直接地、毫无疑义地确定。例如，图 6 - 60 所示，申请人于申请日提交了主视图、后视图、左视图、右视图、立体图。主视图与后视图在产品顶部投影关系不对应，不能清楚地显示要求专利保护的产品的外观设计，不符合《专利法》第 27 条第 2 款的规定。为克服该缺陷，申请人修改了后视图，修改后的后视图与主视图投影关系对应，克服了原视图存在的缺陷。修改后的后视图所表达的产品的设计内容，在申请日提交的主视图及立体图中已有相同的记载，二者属于相同的设计。因此，该修改未超出原图片表示的范围。

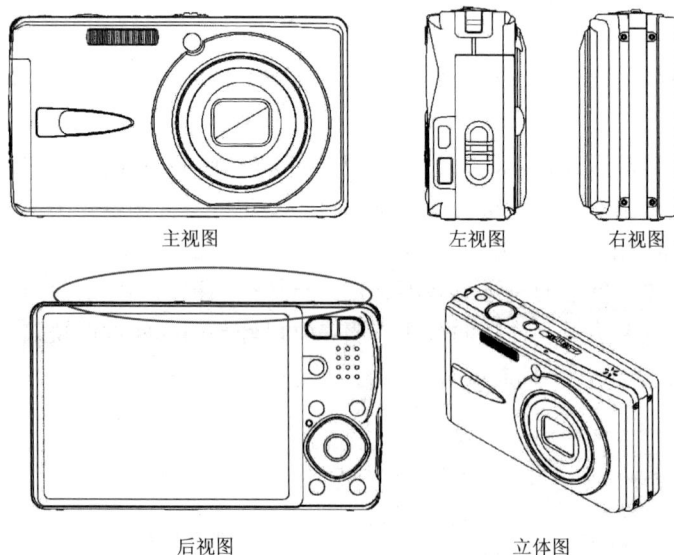

主视图　　　　　　　　　　　左视图　　　右视图

后视图　　　　　　　　　　立体图

图 6 - 60 （一）

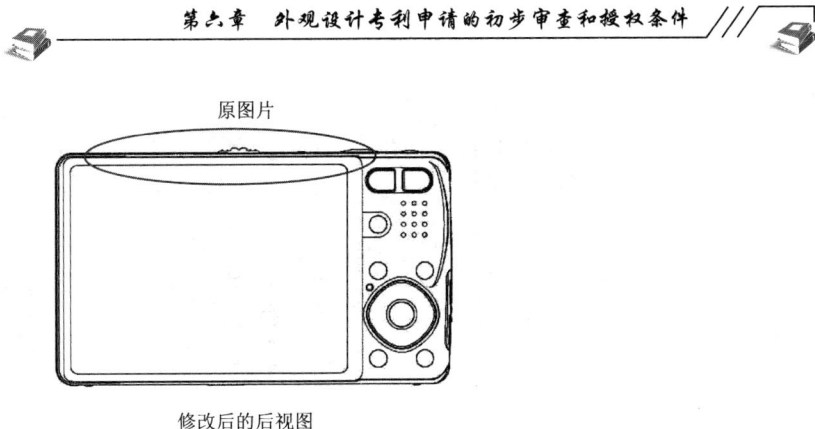

原图片

修改后的后视图

图 6 - 60（二）

又如，图 6 - 61 所示，申请人于申请日提交了主视图、左视图、俯视图、仰视图及立体图。修改后的图片中增加了右视图，但增加的右视图所表达的产品的设计内容，在申请日提交的立体图中已有相同的记载，二者属于相同的设计。因此，该修改未超出原图片表示的范围。

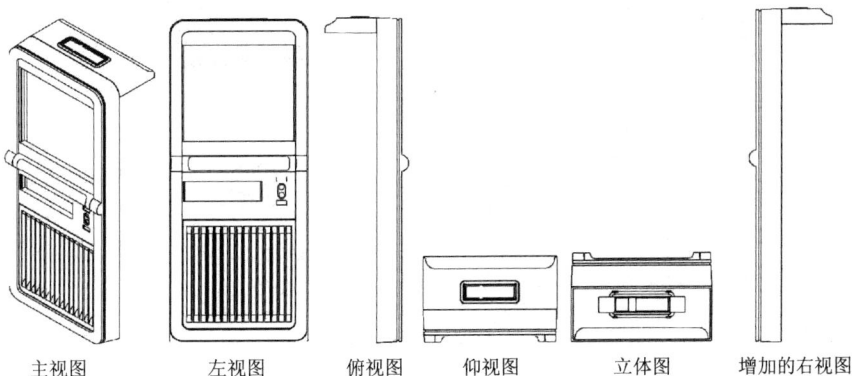

主视图　　左视图　　俯视图　　仰视图　　立体图　　增加的右视图

图 6 - 61

再如，图 6 - 62 所示，申请人于申请日提交了主视图、后视图、右视图、仰视图及使用状态参考图。修改后将使用状态参考图的视图名称修改为立体图，视图名称的变化并未导致设计内容发生变化，修改前后的外观设计仍属于相同的设计。因此，该修改未超出原照片表示的范围。

2. 超出原图片或者照片表示范围的修改

如果修改后的内容既未在原图片或者照片中表示，又不能通过原图片或者照片直接地、毫无疑义地确定，则认为所述修改超出了原图片或者照片表示的范围。

例如，图 6 - 63 所示，申请人于申请日提交了主视图、左视图、俯视图及立体图。原左视图和立体图均显示产品左侧板无图案设计。修改后的照片中，申请人在左视图和立体图中加入了图案要素，即在产品左侧板添加了图案设计，该修改在原照片中无相同表示，也不能从原照片中直接地、毫无疑义地确定。修改后的外观设计与原始申请文件中表示的外观设计相比，属于不相同的设计。因此，该修改超出了原照片表示的范围。

又如，图 6 - 64 所示，原图片仅表达了箱外壳的形状，未显示因产品外层透明而可见的内层设计，修改后的照片表示了透过透明的箱盖可见的盖内设计，该设计内容在原图片中无相同表示，也不能从原图片中直接地、毫无疑义地确定，该修改超出了原图片表示的范围。

在判断是否超出原图片或者照片表示的范围时，还应当结合简要说明进行判断。

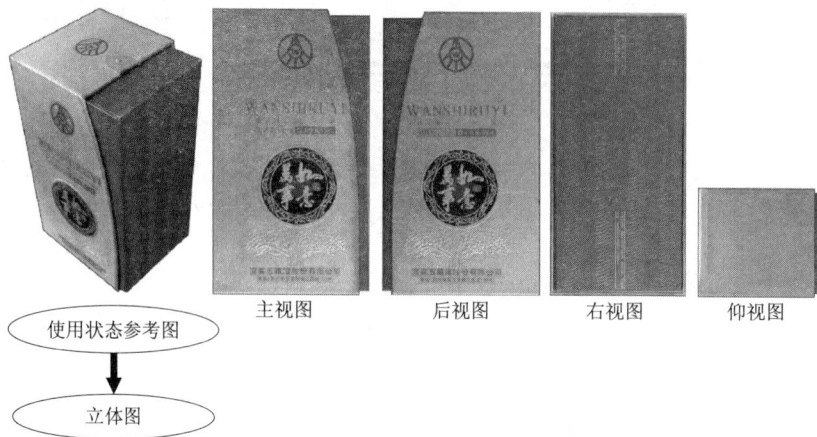

主视图　　　　后视图　　　　右视图　　　仰视图

使用状态参考图

立体图

图 6 - 62

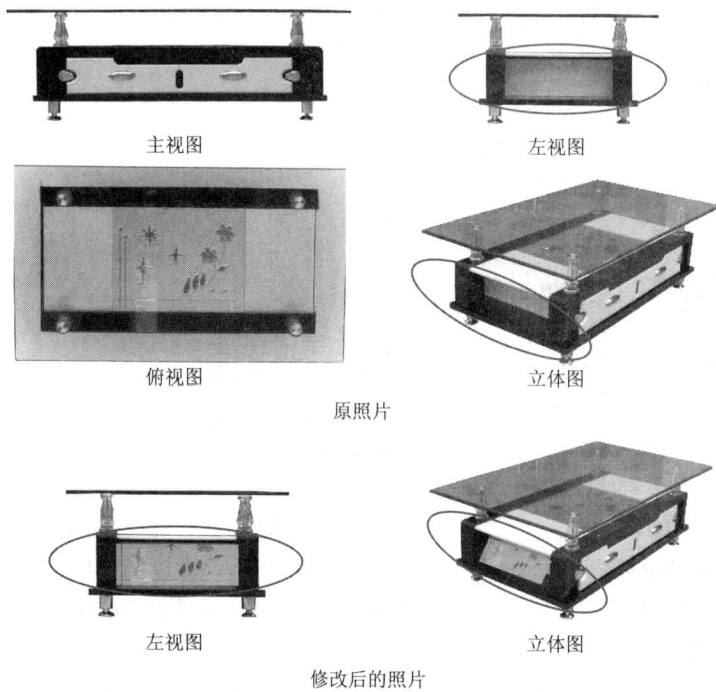

主视图　　　　　　　　　　左视图

俯视图　　　　　　　　　　立体图

原照片

左视图　　　　　　　　　　立体图

修改后的照片

图 6 - 63

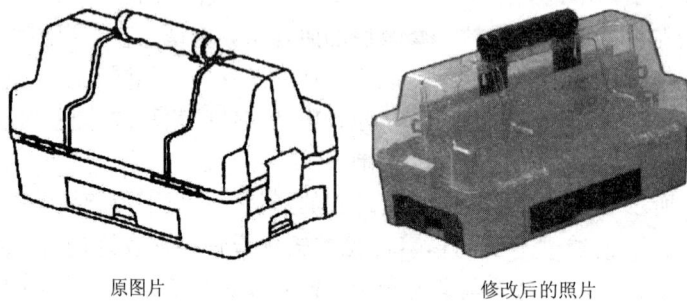

原图片　　　　　　　　修改后的照片

图 6 - 64

第六章

例如，图 6 - 65 所示，原图片仅包括主视图和立体图，未在简要说明中写明省略视图的情况。申请人在修改后的简要说明中增补省略后视图的原因为"后视图与主视图对称，省略后视图"，但后视图的设计内容未在原图片中表示，从原图片中也不能直接地、毫无疑义地确定后视图与主视图是否是对称的关系。因此，申请人对简要说明的修改超出了原图片表示的范围。

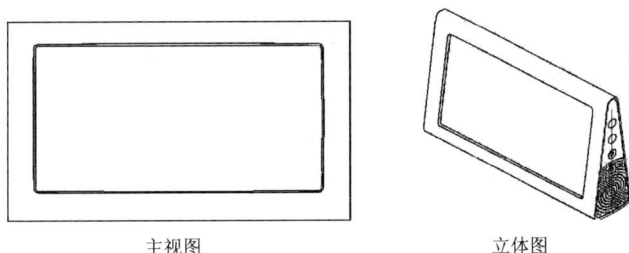

主视图　　　　　　　　　立体图

图 6 - 65

又如，在简要说明中已声明"请求保护色彩"的情况下，申请人将原照片外观设计的色彩由红色改为蓝色，属于超范围的修改。

（二）依职权修改

根据《专利法实施细则》第 51 条第 4 款的规定，审查员可以对申请文件进行依职权修改。修改的内容主要包括：明显的产品名称错误、视图名称错误、视图方向错误；视图中应删除的阴影线等线条；简要说明中不应包含的内容；简要说明中指定的最能表明设计要点的图片或者照片明显不恰当；请求书中错写、漏写邮政编码等信息等。

审查员依职权修改的内容，会记载在授予外观设计专利权通知书中。如果对审查员依职权修改的内容有异议，应当尽快陈述意见，以便修改。

第五节　外观设计专利申请的实质性授权条件

《专利法》第 23 条规定了外观设计专利申请的实质性授权条件。如果外观设计明显不符合《专利法》第 23 条第 1 款规定的实质性授权条件，申请将在初步审查阶段被驳回。如果申请不符合《专利法》第 23 条第 2 款或第 3 款规定的实质性授权条件，或者存在初步审查阶段未发现的不符合《专利法》第 23 条第 1 款规定的实质性缺陷，可以通过无效宣告程序解决。

一、概　述

一项外观设计能否被授予专利权，除了要根据外观设计定义考虑其是否满足规定的条件、申请是否符合单一性的要求、图片或者照片是否清楚显示要求专利保护的产品的外观设计等外，还需要考虑是否符合如下实质性授权条件：

（1）不属于现有设计，即相对于申请日（有优先权的指优先权日）之前的现有设计而言，该外观设计应当是新的，而不是已有的，从而排除了与现有设计在整体视觉效果上相同或实质相同的外观设计。

（2）不存在抵触申请，即在申请日（有优先权的指优先权日）之前没有任何单位或者个人就同样的外观设计提出过专利申请，并记载在申请日以后公告的专利文件中。

（3）与现有设计或者现有设计特征的组合相比，应当具有明显区别。

（4）不得与他人在申请日以前已经取得的合法权利相冲突。即该外观设计是申请人通过创造性劳动或者合法途径获得，而不是照搬、抄袭或者非法使用他人在先权利所保护的对象。

在理解上述条件之前，应首先掌握现有设计、判断客体、判断主体的基本概念以及具体判断方式。

1. 现有设计

在判断外观设计是否属于现有设计或者是否与现有设计或者现有设计特征的组合相比是否有明显区别时，必须了解什么是现有设计。

现有设计是指申请日（有优先权的，指优先权日）以前在国内外为公众所知的设计。包括公开发表过、公开使用过或者以其他方式为公众所知的设计。

现有设计可以是已公告的中国外观设计专利，也可以是其他国家已经授权公告的外观设计；可以是申请日前为公众所知的工业品的外观设计，也可以是未以工业品为载体的设计，例如著名绘画作品、自然物、基本几何形状等。

2. 判断客体

进行比较的对象被称为判断客体。在无效宣告请求程序中，判断客体是指涉案专利和与之进行比较的对比设计。

3. 判断主体

依据《专利法》第23条第1款和第2款以及《专利法》第9条的规定判断外观设计是否符合实质性授权条件时，应当基于一般消费者的知识水平和认知能力进行评价。一般消费者是一个法律拟定的人，既不是日常生活中的普通消费者，也不是具有创新设计能力的专业设计人员，不应将其局限为某一类具体的人。

不同种类的产品具有不同的消费者群体，作为某种类外观设计产品的一般消费者应具有以下特点：

第一，对涉案专利申请日之前相同种类或者相近种类产品的外观设计及其常用设计手法具有常识性的了解。其中，常用的设计手法包括设计的替换、转用以及组合等。

第二，对外观设计产品之间在形状、图案以及色彩上的区别具有一定的分辨力，但不会注意到产品的形状、图案以及色彩的微小变化。

4. 判断方式

在判断涉案专利是否属于现有设计或者存在抵触申请时，以及判断是否与相同或者相近种类产品现有设计相比不具有明显区别时，应当遵循"单独对比""直接观察""仅以产品的外观作为判断的对象"和"整体观察、综合判断"的判断方式。❶

二、不属于现有设计

不属于现有设计，是指在现有设计中，既没有与涉案专利相同的外观设计，也没有与涉案专利实质相同的外观设计。因此，是否属于现有设计归根到底是对两项外观设计是否构成相同或实质相同的判断。

（一）外观设计相同

外观设计相同，是指涉案专利与现有设计中的对比设计属于相同种类产品的外观设计，并且其全部外观设计要素与对比设计的相应设计要素相同。外观设计的设计要素是指形状、图案以及

---

❶ 具体参阅《专利审查指南2010》第四部分第五章第5.2节。

色彩。

另外，未导致产品外观设计变化的如下三种情况也属于相同。

（1）常用材料的替换。例如，橡胶锤和金属锤，二者形状、图案及色彩均相同。尽管在使用过程中因二者轻重不同适用场合有所不同，给一般消费者的印象也有差别，但这不是外观设计在视觉印象上产生的差别。因此，二者属于相同的外观设计。

（2）仅存在产品功能、内部结构、技术性能的不同。例如，声控开关和触摸开关，二者形状、图案及色彩均相同。尽管在使用过程中二者给一般消费者的印象有所不同，但这不是外观设计产生的视觉印象带来的差别，而是产品功能、内部结构、技术性能的不同带来的，因此。二者属于相同的外观设计。

（3）仅存在尺寸的不同。例如，摆在游乐场所供人们摄影留念的大型玩具与小朋友拿在手中玩的玩偶。二者形状、图案及色彩相同，差别仅在于尺寸大小不同，应当属于相同的外观设计。

应当注意的是，相同的外观设计其产品种类一定是相同的。关于产品种类相同或相近的判断是以用途为准，参考产品的名称、国际外观设计分类以及产品销售时的货架摆放位置。

（二）外观设计实质相同

外观设计实质相同是指就相同或者相近种类的产品外观设计而言，如果一般消费者经过整体观察可以看出，在形态上的区别仅属于下列5种情形，则应当认定涉案专利与对比设计实质相同。

（1）区别在于施以一般注意力不能察觉到的局部的细微差异。如图6-66所示，涉案专利与对比设计均为剃须刀，二者整体形状相同，仔细观察会发现不同点在于开关按键的形状和侧面上部。涉案专利开关呈同心圆形，而对比设计类似指甲形。一般消费者如果不进行细致反复的比较，对这些局部细微的差异是不会察觉的。因此，二者应当属于实质相同的外观设计。

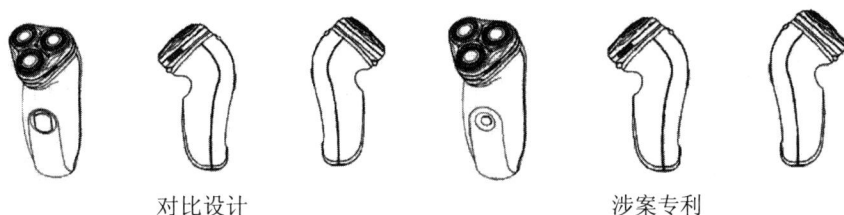

对比设计　　　　　　　　　　涉案专利

图6-66　剃须刀

（2）区别在于使用时不容易看到或者看不到的部位。如图6-67所示，涉案专利与对比设计均为电冰箱，整体形状、门的分割比例、把手的设计均相同。二者的区别在于背面压缩机的散热孔、底部支脚、侧面电源插孔以及正面的铭牌。由于在使用过程中，冰箱的背面、底面和侧面一

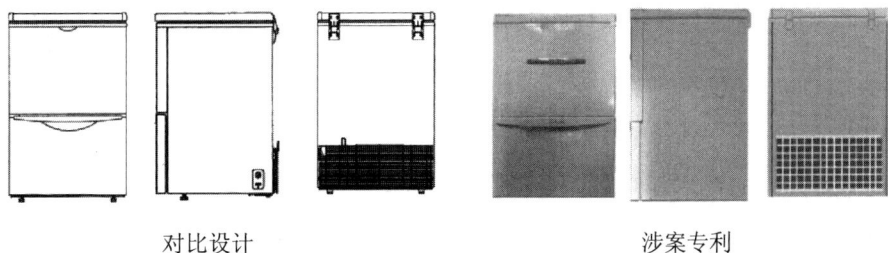

对比设计　　　　　　　　　　涉案专利

图6-67　电冰箱

第六章

般不易看到或者看不到，因此相应面设计的差别通常不会给一般消费者留有视觉印象。铭牌处于易见的正面，但属于施以一般注意力不能察觉到的局部细微差异。因此，二者属于实质相同的外观设。

但有证据表明在不容易看到部位的特定设计对于一般消费者能够产生引人瞩目的视觉效果的情况除外。

（3）区别在于将某一设计要素整体置换为该类产品的惯常设计的相应设计要素。惯常设计是指现有设计中一般消费者所熟知的、只要提到产品名称就能想到的相应设计。惯常设计带来的区别在一般消费者视觉印象中易被淡化，而惯常设计以外的区别点更容易产生视觉印象。

对比设计　　　　　　　　　涉案专利

图 6 - 68　包装盒

如图 6 - 68 所示，涉案专利和对比设计均为包装盒，二者图案基本相同，虽然局部标志和小文字有所差别，但属于施以一般注意力不能察觉到的局部细微差异。二者明显的不同点在于形状，对比设计形状为扁圆柱形，涉案专利为扁立方体形。但是，涉案专利的形状是包装盒惯常使用的扁立方体形，属于将对比设计的形状整体置换为此类产品惯常使用的形状，二者属于实质相同的外观设计。

（4）区别在于将对比设计作为设计单元按照该种类产品的常规排列方式作重复排列或者将其排列的数量作增减变化。如图 6 - 69 所示，涉案专利与对比设计均为染色机。对比设计是两个窗口，涉案专利是 3 个窗口。将窗口作为一个单元按常规排列方式重复连续累加形成的设计，属于没有新的设计内容的外观设计，涉案专利与对比设计相比较属于实质相同的外观设计。

应当注意的是，无论是以对比设计为设计单元进行重复排列还是将对比设计已有的多个排列数量作增减变化，仅当其排列方式是按照该种类产品的常规排列方式进行的变化才能视为实质相同。

（5）区别在于互为镜像对称。如图 6 - 70 所示，涉案专利与对比设计均为书柜，二者的设计镜像对称，属于实质相同的外观设计。

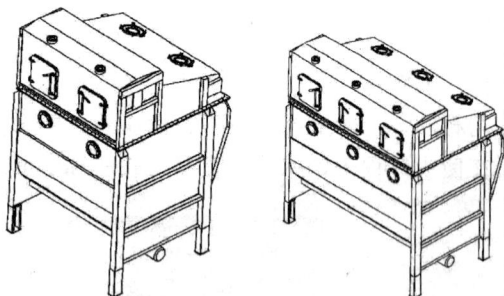

对比设计　　　　　　　涉案专利

图 6 - 69　染色机

对比设计　　　　　　涉案专利

图 6 - 70　书柜

综上，两项外观设计构成实质相同，应当满足两个条件：第一，二者外观设计产品用途相同或相近；第二，二者的设计有所差别，但该差别仅属于上述 5 种情形。

第六章

三、不存在抵触申请

不存在抵触申请，是指没有任何单位或者个人就同样的外观设计在申请日以前向专利局提出过申请，并记载在申请日以后公告的专利文件中。换言之，抵触申请是指在涉案专利申请日以前任何单位或者个人就同样的外观设计向专利局提出的并且在申请日以后（含申请日）被公告授予专利权的专利申请。其中，同样的外观设计是指外观设计相同或者实质相同。

相同和实质相同的判断基准与上述判断"不属于现有设计"时相同。

四、与现有设计或现有设计特征的组合相比具有明显区别

与现有设计或者现有设计特征的组合相比具有明显区别是外观设计专利申请实质性授权条件的另一个重要条件。该条件具体包括 3 个方面的情形：（1）涉案专利与一项相同或相近种类产品的现有设计相比具有明显区别；（2）涉案专利与一项不相同且不相近种类产品的现有设计相比具有明显区别；（3）涉案专利与现有设计及现有设计特征的组合相比具有明显区别。

以下从不具有明显区别的角度分析该实质性授权条件。

（一）与一项相同或相近种类产品的现有设计相比不具有明显区别

如果一般消费者经过对涉案专利与现有设计的整体观察可以看出，二者的差别对于产品外观设计的整体视觉效果不具有显著影响，则涉案专利与现有设计相比不具有明显区别。显著影响的判断仅限于相同或者相近种类的产品外观设计。

在进行整体观察和综合判断时，应当综合考虑二者的区别是否属于施以一般注意力不易察觉的局部细微变化、是否处于使用中不易看到的部位、是否属于该类产品的惯常设计以及是否是受功能唯一限定的设计等因素。

应当注意的是，外观设计简要说明中设计要点所指设计并不必然对外观设计整体视觉效果具有显著影响，不必然导致涉案专利与现有设计相比具有明显区别。例如，对于汽车的外观设计，简要说明中指出其设计要点在于汽车底面，但汽车底面的设计对汽车的整体视觉效果并不具有显著影响。

（二）由一项现有设计转用得到

转用，是指将产品的外观设计应用于其他种类的产品。模仿自然物、自然景象以及将无产品载体的单纯形状、图案、色彩或者其结合应用到产品的外观设计中，也属于转用。

如果涉案专利是由一项现有设计转用得到的，二者的设计特征相同或者仅有细微差别，且该具体的转用手法在相同或者相近种类产品的现有设计中存在启示，则涉案专利的外观设计应被视为与现有设计不具有明显区别。

以下几种类型的转用属于明显存在转用手法的启示的情形，由此得到的外观设计与现有设计相比不具有明显区别：

（1）单纯采用基本几何形状或对其仅作细微变化得到的外观设计。如图 6-71 所示烫钻，该烫钻形状采用了简单几何造型八棱台体，没有做任何其他设计。这种转用属于常用的设计手法，是一般消费者无需任何启示都能想到的。因此，可以认定该设计与现有设计不具有明显区别。

（2）单纯模仿自然物、自然景象的原有形态得到的外观设计。如图 6-72 所示一种面点食品，完全模仿了自然界中黄螺的造型。这种将自然物造型未作任何变形，原样转用为产品外观设计的方法是常用的设计手法，因此，可以认定该设计与现有设计不具有明显区别。

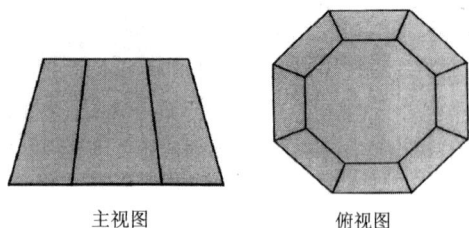

主视图　　　　　　　俯视图

图 6-71　烫钻

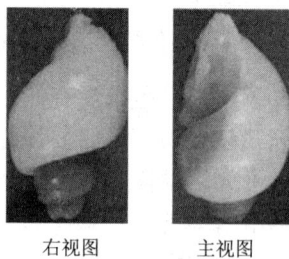

右视图　　　主视图

图 6-72　食品（素黄螺）

图 6-73　挂毯

（3）单纯模仿著名建筑物、著名作品的全部或者部分形状、图案、色彩得到的外观设计。如图 6-73 所示挂毯，其形状采用的是该类产品常用的长方形，设计要点在于图案设计，而图案采用了世界名画——《蒙娜丽莎》，简单模仿著名作品作为产品外观设计是一种常用的设计手法，可以认定该挂毯与现有设计没有明显区别。

（4）由其他种类产品的外观设计转用得到的玩具、装饰品、食品类产品的外观设计。例如，玩具汽车设计模仿了具有运输功能的汽车造型，这是一种常用设计手法，因此，可以认定该玩具汽车与现有设计没有明显区别。

需要注意的是，在判断涉案专利是否属于通过转用现有设计得到时，是在产品种类既不相同也不相近的涉案专利和现有设计之间进行单独对比。某些情况下，现有设计还可以是不以产品为载体的自然物、自然景象以及基本几何形状、著名作品等。

（三）由现有设计或者现有设计的特征组合得到

组合包括拼合和替换，是指将两项或者两项以上现有设计或者现有设计特征拼合成一项外观设计，或者将一项外观设计中的设计特征用其他设计特征替换。以一项设计或者设计特征为单元重复排列而得到的外观设计属于组合设计。上述组合也包括采用自然物、自然景象以及无产品载体的单纯形状、图案、色彩或者其结合进行的拼合和替换。

现有设计特征是指现有设计的部分设计要素或者其结合，如现有设计的形状、图案、色彩要素或者其结合；或者现有设计的某组成部分的设计，如整体外观设计产品中的零部件的设计。

如果涉案专利是由几项现有设计或者现有设计特征组合得到的，所述现有设计与涉案专利的相应设计部分相同或者仅有细微差别，且该具体的组合手法在相同或者相近种类产品的现有设计中存在启示，则涉案专利应被视为与现有设计或者现有设计特征的组合不具有明显区别。但是，如果现有设计或者设计特征组合后形成的外观设计产生了独特视觉效果，则该外观设计被视为与现有设计或者现有设计特征的组合相比具有明显区别。独特视觉效果是指涉案专利相对于现有设计产生了预料不到的视觉效果。

以下几种类型的组合属于明显存在组合手法的启示的情形，由此得到的外观设计属于与现有设计或者现有设计特征的组合相比没有明显区别的外观设计：

（1）将相同或者相近种类产品的多项现有设计原样或者作细微变化后进行直接拼合得到的外观设计。如图 6-74 所示，现有设计分别是电熨斗和熨斗支架，涉案专利是将二者结合在一起的产品设计。电熨斗支架本身属于电熨斗的零部件，将支架与电熨斗组合是常见的组合方式，同时涉案专利的各部分设计与现有设计相同，因此可直接认定涉案专利与现有设计的组合相比不具有明显区别。

第六章

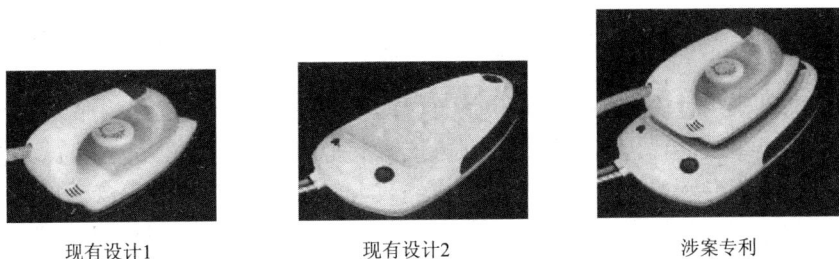

现有设计1　　　　　　现有设计2　　　　　　涉案专利

图6-74　电熨斗

（2）将产品外观设计的设计特征用另一项相同或者相近种类产品的设计特征原样或者作细微变化后替换得到的外观设计。如图6-75所示，现有设计分别是带有啤酒瓶盖造型椅面的折叠椅和带有啤酒桶造型的酒吧椅，该酒吧椅带有圆盘形椅脚和柱状椅腿，在接近椅脚的椅腿一侧伸出近似"T"形的踏脚。涉案专利的椅面呈啤酒瓶盖造型，椅脚为圆盘形，椅腿是柱状，在接近椅脚的椅腿一侧伸出近似"T"形的踏脚。由于现有设计和涉案专利均为椅，属于相同种类产品，而涉案专利是将现有设计2的椅面替换为现有设计1的椅面后得到的，这是一种常见的设计手法，可以直接认定涉案专利与现有设计特征的组合相比没有明显区别。

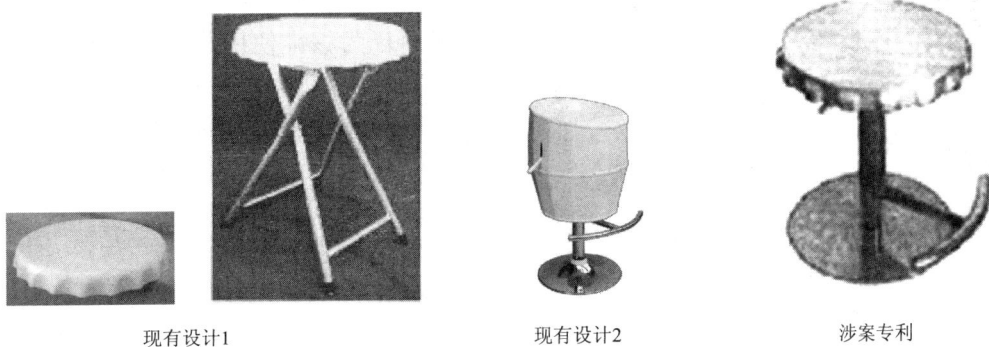

现有设计1　　　　　　　　现有设计2　　　　　　　　涉案专利

图6-75　酒吧椅

（3）将产品现有的形状设计与现有的图案、色彩或者其结合通过直接拼合，或者将现有设计中的图案、色彩或者其结合替换成其他现有设计的图案、色彩或者其结合，由此而得到的外观设计应被视为与现有设计或者现有设计特征的组合不具有明显区别。如图6-76所示，现有设计分别是一个圣诞老人的图案和一个带有花边的盘子。涉案专利是一个带有花边及圣诞老人图案的餐盘。将一个现有的图案附着于另一个现有设计的产品上做装饰用，是一种常见的设计手法，因此可直接认定涉案专利与现有设计的组合相比没有明显区别。

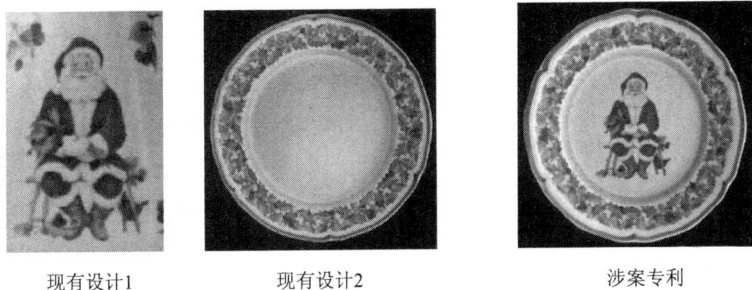

现有设计1　　　　　　现有设计2　　　　　　涉案专利

图6-76　碟

五、与在先取得的合法权利相冲突

授予专利权的外观设计不得与他人在申请日以前已经取得的合法权利相冲突。其中，他人是指专利权人以外的民事主体，包括自然人、法人或者其他组织。合法权利是指依照中华人民共和国法律享有并且在涉案专利申请日仍然有效的权利或者权益，包括商标权、著作权、企业名称权（包括商号权）、肖像权以及知名商品特有包装或者装潢使用权等。在申请日以前取得，是指在先合法权利的取得是在涉案专利的申请日之前。相冲突是指未经权利人许可，外观设计专利使用了在先合法权利的客体，从而导致专利权的实施将会损害在先权利人的相关合法权利或者权益。

在实践中，权利冲突主要表现在与在先的商标权和著作权之间的冲突。因此，着重分析外观设计专利权与这两种权利产生冲突的具体表现和认定标准。

（一）商标权

由于商标是表明商品或服务的来源的标记，主要作用就是将一个企业的商品或者服务同其他企业的商品或者服务区别开来，因此外观设计与在先商标权相冲突的判断，原则上适用商标相同或近似的判定标准。

涉案专利　　　　　　在先注册商标

图6-77　包装袋

如图6-77所示，涉案专利为带有卡通"小鸡"及"南方妇幼"图案的包装袋外观设计，在先注册商标为核准使用范围是妇婴产品的"小鸡"图案。尽管涉案专利是包装袋，但从图案中的文字判断应当是使用在妇幼产品的包装上，因此，可以认定二者使用范围相近。就图形来看，尽管涉案专利未显示将小鸡作为商标使用，但由于涉案专利中的小鸡图案属于主体图案，在使用过程中容易使相关公众与在先商标混淆，易将涉案专利误认为在先商标所有权人的相关产品，应当认定涉案专利与在先商标相冲突。

对于在中国境内为相关公众广为知晓的注册商标可以适当放宽产品种类判定。

（二）著作权

与在先著作权相冲突的判断应当根据著作权的独创性原则。如果涉案专利中的外观设计确系申请人或者专利权人独立创作的，则不构成权利冲突。如果不是独立创作的，未经著作权人许可，在涉案专利中使用了该作品相同或者实质性相似的设计，从而导致涉案专利的实施将会损害在先著作权人的相关合法权利或者权益的，应当判定涉案专利权与在先著作权相冲突。

如图6-78所示，涉案专利为猪饲料包装袋，其形状为长方形，图案是一头拟人化的卡通猪，后面跟着同样造型、举着横幅的4头小猪，正中偏右侧有产品名称"太湖3号"。在先著作权人的作品显示的设计也是一头拟人化的卡通猪，后面跟着同样造型、举着横幅的四头小猪。尽管背景图案及文字标题的设计均

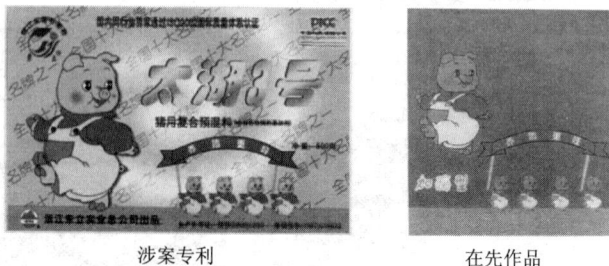

涉案专利　　　　　　在先作品

图6-78　猪饲料包装袋

不相同，但二者主体图案相同，已经构成实质性相似。

第六节　外观设计分类

外观设计分类体系有别于发明和实用新型的分类体系，采用的是国际外观设计分类法，即洛迦诺分类法。

一、《洛迦诺协定》

1968年10月8日，为统一外观设计分类，《巴黎公约》成员国在瑞士洛迦诺召开外交会议，缔结了《洛迦诺协定》（即《建立工业品外观设计国际分类洛迦诺协定》），制定了《国际外观设计分类表》（又称《洛迦诺分类表》）。我国于1996年9月19日加入该协定。

（一）条约适用的范围

《洛迦诺协定》要求各成员国采用统一的工业品外观设计分类法（国际分类法）。一些未加入《洛迦诺协定》的国家和组织虽然不受协定约束，但也在注册簿和发行的公报中采用按《国际外观设计分类表》给出的分类号，例如世界知识产权组织（WIPO）国际局、非洲知识产权组织（OAPI）、比荷卢知识产权组织（BOIP）和欧洲内部市场协调局（OHIM）。

（二）外观设计国际分类法的语言

《洛迦诺协定》采用英语和法语写成。世界知识产权组织出版的《国际外观设计分类表》包括英语和法语两种版本，我国以最新公布的《国际外观设计分类表》的中文译本为工作文本。

（三）外观设计国际分类法的使用

根据《洛迦诺协定》的规定，外观设计国际分类法纯属管理性质，各成员国可以将国际分类法作为主要的分类系统，也可以作为辅助的分类系统。但是，各成员国的主管局应当在外观设计保存或注册的官方文件中以及正式公布这些文件的有关刊物上标明按《国际外观设计分类表》给出的大类和小类号。

需要注意的是，《洛迦诺协定》明确规定外观设计国际分类法对各国的外观设计保护性质和范围没有约束力。由于要满足各国的分类需要，《国际外观设计分类表》中会尽可能多地列入各种类型的产品或者设计，但不意味着列入的产品或者设计必然属于我国外观设计专利保护的客体。例如，该分类表14-04小类中的"显示界面和图标"（图6-79）属于产品通电后显示的图案，不属于我国外观设计专利保护的客体。

图6-79

（四）专家委员会

《洛迦诺协定》的各成员国代表组成专家委员会。专家委员会负责修改和增补大类和小类表，并且制定和修订依字母排序的产品目录表和用法说明。

二、《国际外观设计分类表》

分类号在管理外观设计专利、编排和公告外观设计专利文本以及检索外观设计专利时起到重要的作用，因此需要按照《国际外观设计分类表》对外观设计进行分类。

（一）《国际外观设计分类表》的编排

《国际外观设计分类表》包括：大类和小类表；以字母顺序编排的外观设计产品项列表，并标示出其所属大类和小类；注释。

（二）《国际外观设计分类表》的等级结构

《国际外观设计分类表》包括若干大类，例如"家具和家居用品"大类；各大类又细分为小类，例如"家具和家居用品"大类中包括"座椅""床""桌子及类似家具"等小类；小类下则为具体的产品项——产品或设计名称，例如"座椅"小类中包括"扶手椅""婴儿椅"和"躺椅"等具体产品名称。

目前采用的第9版《国际外观设计分类表》包括32个大类和219个小类。

（三）分类方法

外观设计国际分类法一般遵循用途原则。用途可以通过产品名称或者对产品的使用目的、使用领域、使用方法的描述等表达出来。

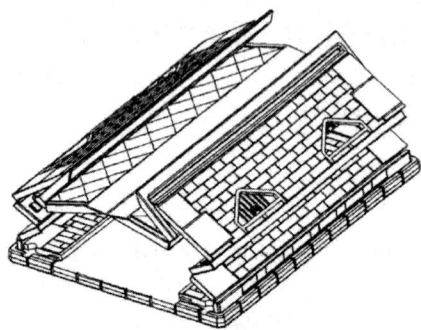

图 6 - 80

例如，图 6 - 80 显示的是建筑的设计，其分类号取决于使用该外观设计的产品的用途。如果是"马厩"，即动物居所，属于第 30 大类中的第 02 小类；如果是"玩具房屋"，则属于第 21 大类中的第 01 小类。

对于产品的零部件，有专属类别的，该零部件属于其专属的类别，例如汽车的轮胎，其专属 12 - 15 类；没有专属类别的，且通常不应用于其他产品的，该零部件属于其上位产品所属的类别，例如打火机的打火轮，没有专属的类别，则属于其上位产品（打火机）所属的 26 - 05 类。当然，产品的零部件是否具有专属的类别，并不限于与分类表中的具体产品项——对应，例如验钞机的外壳，其属于 10 - 07 类。

（四）分类号的表示

分类号由"LOC""（版本号）""Cl.""大类号-小类号"组合而成。例如"LOC（9）Cl.06 - 04"，其中，"LOC"是"洛迦诺"的外文缩写，"Cl."是"分类"的外文缩写。

多个分类号的，各分类号之间用分号分隔，例如，LOC（9）Cl.06 - 04；23 - 02。

练习题及其解析

第一节练习题

1. 下列各图是某外观设计专利申请图片。已知主视图和立体图正确，哪些视图明显错误？

A. 左视图   B. 右视图

C. 俯视图   D. 仰视图

【解析】《专利法》第 27 条第 2 款规定："申请人提交的有关图片或者照片应当清楚地显示要求专利保护的产品的外观设计。"在本题中，已知主视图和立体图正确，结合主视图和立体图判断，产品截面上方为一个略向上凸起的弧形，弧形的左右端点处并非

圆滑过渡，在产品两侧应当有相应的投影，因此右视图正确左视图错误，选项 A 正确。从主视图中判断，产品左右两侧的线条并非垂直而是两侧向外凸起的圆弧，因此圆弧的左右两端最突出处在俯视图中应当有相应的投影。综合主视图和立体图发现，型材截面左右两侧的圆弧与截面上方圆弧的交接点为一棱角，并非圆弧过渡，所以该交接点在俯视图中也应当有相应投影，因此俯视图错误，选项 C 正确。

2. 下列各图是某外观设计专利申请图片。已知主视图和立体图正确，哪些视图明显错误？

A. 左视图   B. 右视图

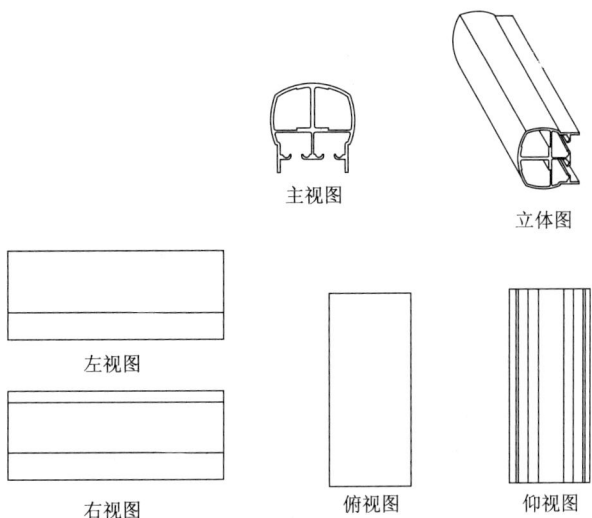

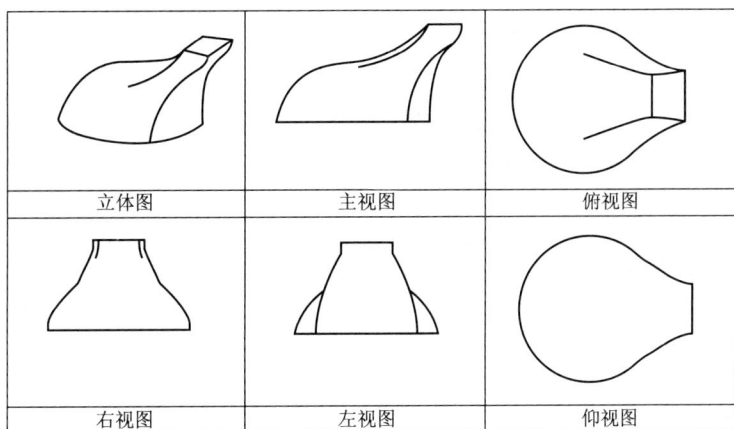

C. 俯视图　　　　　　D. 仰视图

【解析】《专利法》第27条第2款规定："申请人提交的有关图片或者照片应当清楚地显示要求专利保护的产品的外观设计。"在本题中，已知主视图和立体图正确，结合立体图和主视图判断，该产品左低右高、左宽右窄，因此，产品右侧投影应存在明显的遮挡关系，且立体图中产品右侧也存在明显的八字形轮廓线，故左、右视图名称错误，应当互换名称。因此，A、B两选项正确。从主视图和俯视图判断，仰视图对产品底部的外轮廓绘制不完整，具体是指，主视图中产品底部横线从右往左，第一节点和第二节点之间的线条在仰视图中没有相应的表达，故仰视图绘制错误，D选项正确。

3. 下列各图是产品棘轮扳手的外观设计专利申请的图片。已知主视图、左视图和右视图正确，哪些视图明显错误？

A. 后视图　　　　　　B. 俯视图

C. 仰视图　　　　　　D. 立体图

【解析】《专利法》第27条第2款规定："申请人提交的有关图片或者照片应当清楚地显示要求专利保护的产品的外观设计。"在本题中，已知主视图、左视图和右视图正确，结合主视图、左视图和右视图判断，产品的左侧下方有一圆柱形凸起，后视图右侧缺少相应部位的投影，俯视图和仰视图的视图方向明显有错误，应当分别旋转180度，因此后视图、俯视图和仰视图均与主视图、左视图和右视图的投影关系不对应，不能清楚地显示要求专利保护的产品的外观设计。因此，A、B、C选项均正确。立体图中缺少主视图右侧扳手握手部位的图案，立体图与主视图表达不一致，因此选项D也正确。

4. 下列哪些说法是正确的？

A. 申请外观设计专利的，应当提交请求书、该外观设计的图片或者照片以及对该外观设计的简要说明

第六章

主视图

左视图

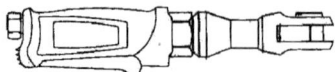

后视图

右视图

俯视图

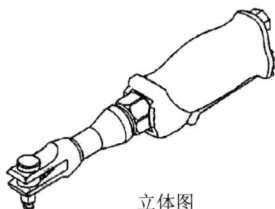

立体图

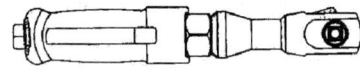

仰视图

B. 外观设计专利权的保护范围以表示在图片或者照片中的该产品的外观设计为准，简要说明和请求书可以用于解释图片或者照片所表示的该产品的外观设计

C. 外观设计专利权的保护范围以表示在图片或者照片中的该产品的外观设计为准，简要说明可以用于解释图片或者照片所表示的该产品的外观设计

D. 外观设计专利权的保护范围以专利权人生产的外观设计专利产品为准

【解析】《专利法》第 27 条第 1 款规定："申请外观设计专利的，应当提交请求书、该外观设计的图片或者照片以及对该外观设计的简要说明等文件。"因此，A 选项正确。《专利法》第 59 条第 2 款规定："外观设计专利权的保护范围以表示在图片或者照片中的该产品的外观设计为准，简要说明可以用于解释图片或者照片所表示的该产品的外观设计。"因此，C 选项正确，B、D 选项错误。

5. 同一产品的多项相似外观设计作为一件外观设计专利申请提出的，简要说明中应当包含下列哪几项？

A. 外观设计产品的名称、用途

B. 外观设计的设计要点

C. 指定一幅最能表明设计要点的图片或者照片

D. 指定一项基本设计

【解析】根据《专利法实施细则》第 28 条的规定，外观设计的简要说明应当写明外观设计产品的名称、用途，外观设计的设计要点，并指定一幅最能表

明设计要点的图片或者照片；对于同一产品的多项相似外观设计提出一件外观设计专利申请的，应当在简要说明中指定其中一项作为基本设计。因此，选项 A、B、C、D 均正确。

第二节练习题

6. 下列关于可以合案申请的相似外观设计的正确说法有哪些？

A. 在一件专利申请中提交的多项相似外观设计，必须是针对同一产品的

B. 申请人应当在简要说明中指定一项基本设计

C. 其他设计应当与基本设计相似

D. 一件外观设计专利申请中的相似外观设计不得超过 12 项

【解析】根据《专利法》第 31 条第 2 款的规定，一件申请中的各项相似外观设计应当为同一产品的外观设计。所以相似外观设计必须是针对同一产品的，选项 A 正确。《专利法实施细则》第 28 条第 2 款规定："对同一产品的多项外观设计提出一件外观设计专利申请的，应当在简要说明中指定其中一项作为基本设计。"所以，选项 B 正确。根据《专利法实施细则》第 35 条第 1 款规定，将同一产品的多项相似外观设计作为一件申请提出的，该产品的其他设计应当与简要说明中指定的基本设计相似；一件外观设计专利申请中的相似外观设计不得超过 10 项。所以，选项 C 正确，选项 D 错误。

7. 以下外观设计产品中，属于组件产品的有哪些？

A. 咖啡杯、咖啡壶、牛奶壶和糖罐组成的咖啡器具

B. 一副麻将牌

C. 一幅拼图

D. 带盖的杯子

【解析】　选项 A 中的 4 件产品各自都是完整的产品，属于成套产品而非组件产品；选项 B 的麻将牌属于无组装关系的组件产品；选项 C 和选项 D 都属于组装关系唯一的组件产品。

8. 在设计构思相同的情况下，下列哪组产品属于成套产品？

A. 书包和铅笔盒

B. 床罩、床单和枕套组成的多件套床上用品

C. 扑克牌

D. 床和床头柜

【解析】　选项 A 中的书包和铅笔盒尽管可能同时使用，但由于书包属于 03 大类，铅笔盒属于 19 大类，所以二者不属于国际外观设计分类表中的同一大类，不符合成套产品的条件。选项 C 的扑克牌是组件产品。选项 B 和 D 中的每件产品分别属于同一大类，各产品习惯上同时出售或者使用，所以属于成套产品。

9. 下述哪些在规定的期限内提出的分案申请是允许的？

A. 原申请为包含了茶壶和茶杯的茶具，分案申请为原申请中的茶杯的设计

B. 原申请为一件完整的手机，分案申请为原申请中手机的按键的设计

C. 原申请包含了戒指和耳环，分案申请为原申请中的戒指的设计

D. 原申请为带兰花图案的衣柜和桌子，分案申请为带梅花图案的衣柜

【解析】　根据《专利法实施细则》第 43 条的规定，分案申请不得超出原申请记载的范围，即分案申请中的外观设计应当表示在原申请中，所以选项 A 和选项 C 正确，而选项 D 错误。选项 B 中手机按键是产品的局部设计，原申请为产品整体外观设计的，不允许将其中的一部分作为分案申请提出，所以只有手机按键的申请不能作为原申请的分案申请，选项 B 是错误的。

第三节练习题

10. 关于外观设计优先权，下列说法哪些是正确的？

A. 自外观设计在外国第一次提出专利申请之日

起 6 个月内，可以要求外国优先权

B. 自外观设计在本国第一次提出专利申请之日起 6 个月内，可以要求本国优先权

C. 申请人要求外观设计优先权的，应当自申请日起 3 个月内提交在先申请文件副本

D. 授权时公告某外观设计专利享有优先权，则在无效宣告请求程序中一定能判定该外观设计享有优先权

【解析】　根据《专利法》第 29 条第 1 款的规定，外观设计优先权仅限于外国优先权，所以选项 A 正确，选项 B 错误。根据《专利审查指南 2010》第一部分第三章第 6.2.1.1 节的规定，初步审查时只审查优先权主题的相关性，只要在先申请和在后申请的主题相关即给予优先权。根据《专利法》第 30 条的规定，要求享有优先权的，应当自申请日起 3 个月内提交在先申请文件副本。因此，C 选项正确。根据《专利审查指南 2010》第四部分第五章第 9.2 节的规定，在无效宣告请求程序中，可能因二者的主题不相同而被判定不能享有优先权，因此选项 D 错误。

第四节练习题

11. 下列有关我国外观设计专利申请审查的说法哪些是正确的？

A. 对外观设计专利申请采用登记制

B. 仅对外观设计专利申请文件的形式进行审查

C. 仅对外观设计专利申请的明显的实质性缺陷进行审查

D. 申请文件存在形式缺陷可能导致申请被驳回

【解析】　本题考察考生对我国外观设计审查制度和审查范围是否有准确的把握。根据《专利法》第 40 条的规定，我国对外观设计专利申请采用初步审查制度，故选项 A 所述登记制是错误的。根据《专利法实施细则》第 44 条的规定，初步审查不但包括申请文件的形式审查，还包括是否具有明显实质性缺陷的审查，所以选项 B 和 C 错误。根据《专利法实施细则》第 44 条的规定，申请文件如果存在形式缺陷，国务院专利行政部门应当首先通知申请人进行补正。但是，经过补正仍不能克服缺陷，国务院专利行政部门应当驳回申请，所以选项 D 正确。

12. 外观设计专利申请的申请人在申请日起 2 个月内对申请文件提出了主动修改，下列哪些修改是允许的？

A. 原请求书中的产品名称为"21 英寸电视机"，修改后为"电视机（21 英寸）"

B. 原图片显示的产品形状为圆形设计，修改后

变为椭圆形设计

    C. 原视图名称为"正视图"，修改后为"主视图"

    D. 在原图片未显示透明效果的情况下，修改后将原简要说明中的"本产品为透明产品"删除

【解析】《专利法》第33条规定了修改外观设计申请文件的原则：对外观设计申请文件的修改不得超出原图片或者照片表示的范围。符合此原则的修改，才属于允许的修改。选项A属于对产品名称的修改，产品名称对图片或者照片中表示的外观设计所应用的产品种类具有说明作用，修改前后的产品名称均表示外观设计所应用的产品为电视机，该修改未超出原图片或者照片表示的范围，属于允许的修改。选项B属于对产品形状的修改，将产品形状由圆形修改为椭圆形，产品形状的改变导致修改前后的外观设计不相同，该修改超出了原图片或者照片表示的范围，属于不允许的修改。选项C属于对视图名称的修改，仅对不规范的视图名称进行了修改，视图所表达的设计内容未发生变化，修改前后的外观设计仍是相同的外观设计，修改未超出原图片或者照片表示的范围，属于允许的修改。选项D属于对简要说明的修改。对简要说明进行的修改要结合原图片或者照片来判断是否超范围。在原图片未显示透明效果的情况下，删除了简要说明中"本产品为透明产品"的说明，使得简要说明的表述与原图片相一致，未超出原图片表示的范围，属于允许的修改。

13. 下列对外观设计专利申请文件的修改中，哪些未超出原图片或者照片表示的范围？

    A. 原图片中立体图与主视图表达不一致，申请人主动修改，将主视图中相应内容修改为与立体图表达相一致

    B. 原简要说明中写有对外观设计产品的技术性能的说明，修改后将其删除

    C. 原照片表达的是带有图案的水杯的外观设计，修改后将原照片中的图案删除

    D. 修改原图片中的视图方向，将左视图旋转90度

【解析】根据《专利法》第33条的规定，对外观设计专利申请文件的修改不得超出原图片或者照片表示的范围。《专利审查指南2010》第一部分第三章第10节的规定，修改超出原图片或者照片表示的范围，是指修改后的外观设计与原始申请文件中表示的相应的外观设计相比，属于不相同的设计。选项A所

述的修改中，修改后的主视图与立体图表达相一致，即主视图中的修改内容在原立体图中已有相同的表达，修改前后的外观设计未发生变化，属于相同的设计，因此该修改未超出原图片表示的范围。选项B属于对简要说明的修改，对简要说明进行的修改要结合原图片或者照片来判断是否符合不超范围的原则，删除简要说明中关于技术性能的说明，对产品的外观设计未做改动，修改前后的外观设计仍是相同的设计，修改未超出原图片或者照片表示的范围。选项C属于对产品图案要素的修改，将产品图案要素删除导致修改前后的外观设计不相同，修改超出了原图片或者照片表示的范围。选项D属于对视图方向的修改，仅改变了视图方向，视图所表达的设计内容未发生变化，修改前后的外观设计仍是相同的外观设计，修改未超出原图片或者照片表示的范围。

第五节练习题

14. 涉案外观设计专利与对比设计的区别属于下列哪些情形时，涉案专利与对比设计实质相同？

    A. 仅将产品的材料由塑料替换为金属

    B. 产品为单一色彩且仅作色彩改变

    C. 仅在于暖气片的叶片数量一个为48片，另一个为46片

    D. 两者区别仅在于互为镜像对称

【解析】根据《专利审查指南2010》第四部分第五章第5.1.1节的规定，如果涉案专利与对比设计仅属于常用材料的替换，或者仅存在产品功能、内部结构、技术性能或者尺寸的不同，而未导致产品外观设计的变化，二者仍然属于相同的外观设计。选项A属于相同的外观设计，不属于实质相同，选项A不符合题意。根据《专利审查指南2010》第四部分第五章第5.2.6.3节的规定，单一色彩的外观设计仅作色彩改变，两者仍属于实质相同的外观设计。选项B正确。根据《专利审查指南2010》第四部分第五章第5.1.2节的规定，如果一般消费者经过对涉案专利与对比设计的整体观察可以看出，二者的区别仅属于下列情形，则涉案专利与对比设计实质相同：……（4）其区别在于将对比设计作为设计单元按照该种类产品的常规排列方式作重复排列或者将其排列的数量作增减变化，例如，将影院座椅成排重复排列或者将其成排座椅的数量作增减；（5）其区别在于互为镜像对称。选项C、D正确。

15. 授予专利权的外观设计不得与他人在先取得的哪些合法权利相冲突？

    A. 商标权

B. 著作权

C. 肖像权

D. 知名商品特有包装使用权

【解析】 根据《专利审查指南2010》第四部分第五章第7节的规定，合法权利，是指依照中华人民共和国法律享有并且在涉案专利申请日仍然有效的权利或者权益。包括商标权、著作权、企业名称权（包括商号权）、肖像权以及知名商品特有包装或者装潢使用权等。选项A、B、C、D均正确。

第六节练习题

16. 下述哪些说法是正确的？

A. 中国采用国际专利分类法对发明专利申请进行分类

B. 中国采用国际专利分类法对实用新型专利申请进行分类

C. 中国采用洛迦诺分类法对实用新型专利申请进行分类

D. 中国采用洛迦诺分类法对外观设计专利申请进行分类

【解析】 根据《专利审查指南2010》第一部分第三章第12节的规定，我国采用国际分类法（即洛迦诺分类法）对外观设计专利申请进行分类。根据《专利审查指南2010》第一部分第四章第1节的规定，我国采用国际专利分类法对发明专利申请和实用新型专利申请进行分类。因此，选项A、B、D正确，选项C错误。

【练习题答案】

1. AC	2. ABD	3. ABCD	4. AC	5. ABCD	6. ABC	7. BCD
8. BD	9. AC	10. AC	11. D	12. ACD	13. ABD	14. BCD
15. ABCD	16. ABD					

第六章

第七章　流程法律手续的审批与相关事务处理

[本章导读]

本章内容涉及《考试大纲》第四章第一节和第二节的部分知识点，与本书第五章的内容相结合可以覆盖《考试大纲》第四章第一节和第二节的几乎全部知识点。具体地说，本章主要讲授各种流程法律手续的审批以及相关事务的处理。首先讲述的是法律手续办理程序中的两个基础概念：期限与费用。其后讲述的法律手续审查及事务处理程序，主要包括：专利申请的撤回、专利权的维持和终止、中止程序、著录项目变更、权利恢复程序、专利行政复议程序。此外，本章还讲授了与专利申请审批程序不同，但是密切相关的一些重要制度，包括：向外申请专利前的保密审查制度、实用新型和外观设计专利权评价报告制度、专利申请文档及登记簿的查阅、复制和保存制度、内地申请在香港获得专利保护的程序。

本章内容涉及的法律、法规条款也较多，主要包括：《专利法》第9条、第10条、第20条、第21条、第32条、第42~44条、第61条、第71条、第75条等，《专利法实施细则》第4~6条、第8条、第9条、第14条、第36条、第41条、第45条、第56条、第57条、第71条、第86~88条、第93条、第94条、第98~100条、第118条、第119条第2款等。本章内容还涉及《国家知识产权局行政复议规程》（以下简称"局24号令"）、《专利费用减缓办法》（以下简称"局39号令"）、《关于专利电子申请的规定》（以下简称"局57号令"）、《关于香港回归后中国内地和香港专利申请若干问题的说明》（以下简称"局57号公告"）、《专利收费标准》（以下简称"局75号公告"）和《公告办理向外国人转让专利申请权或者专利权的审批和登记事宜》（以下简称"局94号公告"）的相关内容。

读者学习本章内容时可以参阅《专利审查指南2010》第一部分第一章和第五部分。

需要说明的是，本章主要介绍申请人或专利权人在专利审批程序的不同阶段可能办理的各种手续，以及专利局对相关手续和事务的处理。请求书中涉及的且申请人必须在初步审查阶段办理的手续的具体要求，请参见本书第五章第三节。

专利申请的审批程序中，申请人在提交了专利申请文件之后，应当按照《专利法》及其实施细则的规定，办理各种与其申请的审查相关的流程法律手续。各种流程法律手续的办理应当按照规定的方式提出请求，必要时应当在规定的期限内缴纳费用。专利局在收到申请人提交的专利申请或者办理法律手续的文件之后，应当依据《专利法》及其实施细则的规定，及时进行相关的审批和处理。

第一节　期限与费用

申请人办理专利申请及流程法律手续时，需要在规定的期限内提交相关文件，必要时还需在规定的期限内缴纳费用。专利法规中所称的期限是在专利申请及审查程序中对申请人、其他关系人以及国家知识产权局完成某种程序在时间上的规定。费用是指国家知识产权局在专利申请的审批流程中，按照法律规定向专利申请人、专利权人和其他当事人收取的费用。

一、期　限

期限有不同的种类，如果专利申请人耽误了办理手续的期限，将会受到相应的处分，严重的将会丧失有关权利。对于某些期限，如果当事人在规定的期限内不能完成相应的行为，可以请求延长相应的期限。

（一）期限的种类

专利申请及审查程序中的期限分为两种：法定期限和指定期限。

1. 法定期限

法定期限是指《专利法》及其实施细则明确规定的各种期限。

这类期限主要有：

（1）当事人请求启动专利审查程序的期限。例如，《专利法》第 35 条规定："申请人应当在申请日起 3 年内提交实质审查请求。"

（2）当事人办理法律手续的期限。例如，《专利法实施细则》第 54 条第 1 款规定："国务院专利行政部门发出授予专利权的通知后，申请人应当自收到通知之日起 2 个月内办理登记手续。……"

（3）当事人提交专利文件的期限。例如，《专利法》第 30 条的规定："对于要求优先权的专利申请，申请人应当自申请日起 3 个月内提交在先申请文件副本。……"

（4）当事人缴纳专利费用的期限。例如，《专利法实施细则》第 95 条规定："申请人应当自申请日起 2 个月内或者在收到受理通知书之日起 15 日内缴纳申请费、公布印刷费和必要的申请附加费。"

2. 指定期限

指定期限是指专利局的审查员在根据《专利法》及其实施细则作出的各种通知中，规定申请人或专利权人、其他当事人作出答复或者进行某种行为的期限。

这类期限包括：

（1）指定当事人答复或者修改文件的期限。例如，专利局对发明专利申请进行实质审查时认为申请文件不符合《专利法》及其实施细则的规定，将会通知申请人，要求其在指定的期限内陈述意见，或者对其申请进行修改。

（2）要求当事人提交有关资料的期限。例如，当事人提交的证明文件是外文的，专利局认为必要时，将会要求当事人在指定的期限内提交中文译文。

（3）要求当事人办理有关手续的期限。例如，申请人办理恢复权利手续不符合规定的，专利局可以要求申请人在指定的期限内办理恢复手续补正。

指定期限一般为 2 个月。发明专利申请的实质审查程序中，申请人答复第一次审查意见通知书的期限为 4 个月。对于较为简单的行为，国家知识产权局也可以给予 1 个月或 15 日等更短的期限。例如，办理恢复手续补正的期限一般为 1 个月。

（二）期限的计算

期限计算的关键在于确定期限的起算日和期限的届满日。

1. 期限的起算日

期限的起算方法有两种：以固定日期为起算日或者以通知或者决定的推定收到日为起算日。

（1）以申请日、优先权日、授权公告日等固定日期为起算日

大部分法定期限是自申请日、优先权日、授权公告日等固定日期起计算的。在此问题上，需要注意申请日和优先权日的适用规则。

根据《专利法实施细则》第 11 条的规定，除《专利法》第 28 条和第 42 规定的情形外，《专利法》所称的申请日，有优先权的指优先权日。《专利法实施细则》所称的申请日，除另有规定的外，是指《专利法》第 28 条规定的申请日。

换言之，如果一件发明专利申请要求了优先权，则应当依据《专利法》第 28 条的规定确定

其申请日，此时与优先权日无关。如果此申请经过审查被授予专利权，依据《专利法》第 42 条的规定，该专利权的保护期限应当为自申请日起 20 年，与优先权日无关。除此之外，对于《专利法》中规定的其他期限，如果起算日是申请日，并且该申请享有优先权的，所涉及以申请日起算的期限应当是指最早优先权日。例如，《专利法》第 35 条规定的申请人提出发明专利申请实质审查请求的期限，有优先权要求的，期限自最早优先权日起计算。

当以申请日起算的期限属于《专利法实施细则》的规定时，该申请日是指按照《专利法》第 28 条的规定确定的实际申请日，除非该条款特别说明有优先权的，指优先权日。例如，《专利法实施细则》第 24 条规定："涉及生物材料样品保藏的发明专利申请，应当在申请时或者最迟自申请日起 4 个月内提交合格的保藏证明和存活证明。"此处所提及的期限是从申请日起算，不包括优先权日。

自授权公告日起计算的期限比较少，例如，专利权人要求支付使用费的诉讼时效为 2 年，若专利权人于专利授权前已经得知或者应当得知的，该期限自专利权授权之日起计算。

（2）以通知和决定的推定收到日为起算日

国家知识产权局在专利申请的审查程序以及后续程序中，会向申请人、专利权人或其他当事人等发出各种通知或决定。通知和决定可以通过邮寄送达、直接送交、电子方式送达或公告送达的方式送达当事人。在专利申请的整个程序中，全部指定期限和部分法定期限是自通知和决定的推定收到日起计算的。例如，专利局指定申请人陈述意见，补正或者修改其申请文件的期限（指定期限），自推定申请人收到审查意见通知书之日起计算；申请人办理登记手续的期限（法定期限）是自推定申请人收到授予专利权通知之日起计算。

通过邮寄送达当事人的通知和决定，自发文日起满 15 日推定为当事人收到通知和决定之日；当事人提供证据，证明实际收到日在推定收到日之后的，以实际收到日为送达日。例如，专利局于 2010 年 7 月 5 日发出的补正通知书，其推定收到日为 2010 年 7 月 20 日。但是，如果申请人提供证据，证明其实际上是在 2010 年 7 月 26 日收到该通知书，那么，在计算期限时，应当以 7 月 26 日作为期限的起算日。

由国家知识产权局直接送交的通知和决定，以交付日为送达日。但在专利审批程序中的通知和决定，国家知识产权局不通过直接送交的方式送达当事人。

对于以电子文件形式提交的专利申请。国家知识产权局在审批流程中形成的各种通知、决定和其他文件，将会以电子文件形式送达申请人。此种送达方式自发文日起满 15 日推定为当事人收到通知和决定之日。

因送交地址不清或者存在其他原因被退回的通知和决定，国家知识产权局应当在专利公报上通过公告方式将该通知和决定的相关信息通知当事人。此种送达方式的推定收到日为自公告之日起满 1 个月。

需要注意的是，期限的起算日如果为法定休假日时，仍然以该休假日为起算日。

2. 期限的届满日及计算

期限起算日加上法定或者指定的期限即为期限的届满日。当事人相应的行为应当在期限届满日之前、最迟在届满日当天完成。

（1）以期限最后一月的相应日为期限届满日

各种期限的第一日（起算日）不计算在期限内。期限以年或者月计算的，以其最后一月的相应日（与起算日相对应的日期）为期限届满日。

例如，一件发明专利申请的申请日为 2011 年 6 月 5 日，且未要求优先权，那么申请人提出实质审查请求期限的届满日应当为 2014 年 6 月 5 日。

又如，专利局于 2011 年 6 月 10 日发出第一次审查意见通知书，要求申请人自收到通知书之日起 4 个月内进行答复，期限届满日的计算方法为通知书的推定收到日加上指定期限 4 个月，即为 2011 年 10 月 25 日。

（2）以期限最后一月的最后一日为期限届满日

上文介绍了以期限最后一月的相应日为期限届满日的情形，当该月无相应日的，应当以该月的最后一日为期限届满日。适用此规则的情形是没有 31 日的月份，尤其是 2 月份。

例如，专利局于 2010 年 12 月 16 日发出的通知书，其推定收到日是 2010 年 12 月 31 日，如果该通知书的指定期限为 2 个月，则最后一月的最后一日是 2011 年 2 月 31 日，但是，由于 2 月份不存在与 31 日相对应的日期，因此期限届满日应当是该月最后一日 28 日。

（3）以法定休假日后的第一个工作日为期限届满日

期限届满日是法定休假日❶或者移用周休息日的，以法定休假日或者移用周休息日后的第一个工作日为期限届满日，该第一个工作日为周休息日的，期限届满日顺延至周一。法定休假日包括节日和周休息日。

例如，专利局于 2009 年 12 月 2 日发出补正通知书，指定期限为 2 个月，期限届满日推定为 2 月 17 日，但根据国务院办公厅的通知，2010 年 2 月 13～19 日放假，其中，2 月 13～15 日为春节法定节日，2 月 16～19 日为移用周休息日，休假日后第一个工作日 2010 年 2 月 20 日为周六，故期限届满日顺延至周一，即 2010 年 2 月 22 日。

（三）期限的延长

1. 延长指定期限

申请人或专利权人有正当理由不能在指定期限内进行或者完成某一行为，可以在期限届满之前向国家知识产权局提出书面的延长期限请求、说明理由并缴纳延长期限请求费，将原指定期限延长。可以请求延长的指定期限中，不包括专利复审委员会在无效宣告请求审查程序中指定的期限。

申请人请求延长的期限不足 1 个月的，按照 1 个月计算。延长的期限不得超过 2 个月。对同一通知或者决定中指定的期限一般只允许延长一次。

2. 中止期限的延长

（1）延长因权属纠纷导致的中止期限

如果专利申请权（专利权）权属纠纷的审理在中止期限内未能结案，需要继续中止程序，请求人应当在中止期满前请求延长中止期限。具体规定参见本章第四节二（二）。

（2）延长因协助执行财产保全导致的中止期限

对于人民法院要求专利局协助执行财产保全而执行中止程序的，中止期限一般为 6 个月。人民法院要求继续采取财产保全措施的，在履行了必要的手续后，中止程序可以续展 6 个月。中止程序的续展实质上是对中止期限的延长。具体规定参见本章第四节三（二）。

（四）耽误期限的处置

当申请人或专利权人未在规定的期限内完成应当完成的行为时，国家知识产权局将对其行为作出处分，处分决定的种类较多，如视为撤回专利申请权、视为放弃取得专利权的权利、专利权终止、视为未提出请求和视为未要求优先权等。其结果是使权利丧失，例如丧失专利申请权、专利权、优先权。

---

❶ 关于法定休假日的具体规定参见《全国年节及纪念日放假办法》和《国务院关于职工工作时间的规定》的相关内容。

第七章

申请人因不可抗拒的事由或者正当理由耽误期限，导致权利丧失的，可以依据《专利法实施细则》第 6 条的规定，向专利局请求恢复权利。具体的手续参见本章第六节的内容。

另外，如果申请人认为国家知识产权局作出的处分决定侵犯了自己的合法权益，也可以提出行政复议请求。具体的手续参见本章第七节的内容。

二、费 用

向国务院专利行政部门申请专利和办理其他手续的，应当按照规定缴纳费用。

《专利法实施细则》第 93～100 条具体规定了费用种类、缴费期限、费用的缴纳方式、缴费日的确定等内容，以及未缴纳、逾期缴纳、未缴足专利费用的相应的法律后果。《专利法实施细则》第 103 条、第 113 条和第 115 条另外规定了进入中国国家阶段的国际申请的几种特殊费用。

（一）费用的种类

（1）启动专利申请进入审查所缴纳的费用：申请费、申请附加费（包括权利要求附加费和说明书附加费）、公布印刷费；

（2）审查费用：发明专利申请实质审查费、复审费、无效宣告请求费；

（3）授权时或授权后应当缴纳的与专利权有关的费用：专利登记费、公告印刷费、年费；

（4）相关手续需缴纳的费用：恢复权利请求费、延长期限请求费、优先权费、著录事项变更费、专利权评价报告费。

对于进入中国国家阶段的国际申请，除上述费用之外，还包括：宽限费、译文改正费、单一性恢复费。

（二）费用的缴纳

费用的缴纳方式包括：直接向专利局缴纳，通过邮局或者银行汇付，或者按照专利局规定的其他方式缴纳。通过邮局或者银行汇付的，应当在送交专利局的汇单上写明正确的申请号或者专利号以及缴纳的费用名称。

按时并且足额缴纳专利费用是办理许多专利手续的必要条件，"按时"就是指缴费日应当在期限届满日之前，最迟在届满日当天。

1. 缴费日的确定

缴费日的确定方法与费用的缴纳方式密切相关。

（1）直接向专利局缴纳

直接向专利局缴纳的，以缴纳当日为缴费日。

（2）通过邮局汇付

通过邮局汇付的，以专利局收到的邮局取款通知单上的汇出日为缴费日。邮局取款通知单上的汇出日与中国邮政普通汇款收据上收汇邮戳日表明的日期不一致的，以当事人提交的中国邮政普通汇款收据原件或者经公证的收据复印件上表明的收汇邮戳日为缴费日。

（3）通过银行汇付

通过银行汇付的，以银行实际汇出日为缴费日。当事人对缴费日有异议，并提交银行出具的加盖部门公章的证明材料的，以证明材料确认的汇出日重新确定缴费日。

（4）因银行或者邮局责任导致退款，当事人重新补缴费用

因银行或者邮局责任造成必要缴费信息（如申请号、费用名称等）不完整被退款，当事人提出异议的，应当以书面形式陈述意见，并附具汇款银行或者邮局出具的加盖公章的证明，同时重新缴纳已被退回的款项。符合上述规定的，原缴费日视为重新缴纳款项的缴费日。

（5）补充必要缴费信息

当事人通过邮局或者银行汇付费用时，遗漏申请号或费用名称等必要缴费信息的，可以在汇款当日通过传真或电子邮件的方式补充信息。补充的缴费信息应包括下列内容：邮局或银行汇款单复印件、缴纳费用的申请号（专利号）及各项费用的名称和金额、接收收据的地址信息。当日补充完整缴费信息的，以汇出日为缴费日。当日未补充完整信息而再次补充的，以国家知识产权局收到完整缴费信息之日为缴费日。

（6）专利费用暂存

当事人通过邮局或者银行汇付费用，由于汇单字迹不清或者缺少必要事项造成既不能开出收据又不能将款项退回的，国家知识产权局会将该款项暂存到国家知识产权局账户。缴款人提供证明后可以开出收据的，以出暂存之日为缴费日。自收到国家知识产权局关于权利丧失的通知之日起2个月内向国家知识产权局提交了证据，表明是由于邮局或者银行的原因导致汇款暂存的，以原汇出日为缴费日。

（7）以专利局规定的其他方式缴纳

以专利局规定的其他方式缴纳的，按规定确定缴费日。

2. 费用的缴纳期限

《专利法实施细则》中明确规定了各种费用的缴纳期限，表7-1和表7-2分别按普通国家申请、进入中国国家阶段的国际申请的费用缴纳期限和耽误期限的处分进行归纳。

表7-1　普通国家申请的费用的缴纳期限

费 用 种 类	缴 纳 期 限	耽误期限的处分
申请费和申请附加费，发明专利申请公布印刷费	自申请日起2个月内或者自收到受理通知书之日起15日内	视为撤回专利申请
优先权要求费	自申请日起2个月内或者自收到受理通知书之日起15日内	视为未要求优先权
发明专利申请实质审查费	自申请日（有优先权，指优先权日）起3年内	视为撤回专利申请
复审费	自收到驳回决定之日起3个月内	视为未提出复审请求
专利登记费、授予专利权当年的年费、公告印刷费	自收到授予专利权的通知之日起2个月内	视为放弃取得专利权的权利
授予专利权当年之后的年费	上一年度期满前	专利权终止
延长期限请求费	原指定期限届满前	不予延长期限
恢复权利请求费	当事人收到确认权利丧失通知之日起2个月内	不予恢复权利
著录事项变更费、专利权评价报告请求费、无效宣告请求费	自提出相应请求之日起1个月内	视为未提出相应的请求

表7-2　进入中国国家阶段的PCT申请费用的缴纳期限

费 用 种 类	缴 纳 期 限	耽误期限的处分
宽限费	优先权日起32个月	在中国的效力终止
译文改正费1	在专利局作好公布发明专利申请或者公告实用新型专利权的准备工作之前改正译文	不予改正

续表

费 用 种 类	缴 纳 期 限	耽误期限的处分
译文改正费 2	在收到发明专利申请进入实质审查阶段通知书之日起 3 个月内改正译文	不予改正
单一性恢复费	指定期限内	不具备单一性的部分视为撤回，且不得提出分案申请

需要注意的是，分案申请视为一件新申请收取各种费用。对于已经届满或者自分案申请递交日起至期限届满日不足 2 个月的各种费用，申请人可以在自分案申请递交日起 2 个月内或者自收到受理通知书之日起 15 日内补缴。例如，某分案申请的申请日为 2007 年 12 月 1 日，未享受优先权，如果该分案申请的递交日为 2010 年 5 月 1 日，则申请人应当在 2010 年 12 月 1 日之前缴纳实质审查费；如果该分案申请的递交日为 2010 年 11 月 1 日，由于该日距离 2010 年 12 月 1 日已经不足 2 个月，所以申请人缴纳实质审查费的期限就是自 2010 年 11 月 1 日起 2 个月内或者自收到受理通知书之日起 15 日内。

（三）费用的减缓

申请人或专利权人缴纳专利费用确实有困难，可以请求国家知识产权局减缓有关费用。

1. 允许减缓的费用种类

可以请求减缓的费用种类包括：申请费、发明专利申请实质审查费、复审费、自授权当年起 3 年的年费。需注意的是，虽然申请费可以减缓，但是同时缴纳的公布印刷费、申请附加费不能减缓。例如，申请人提交的发明专利申请包含 12 项权利要求，那么申请人需要缴纳 900 元申请费，50 元公布印刷费和 300 元申请附加费❶。如果申请人提出费用减缓请求，并且专利局同意减缓的，那么 900 元申请费可以减缓，而 50 元公布印刷费和 300 元权利要求附加费不能减缓。

2. 请求减缓的手续

请求费用减缓的，申请人应当在规定的期限内提交费用减缓请求书，必要时应附具有关证明文件。费用减缓请求书应当由全体申请人（或专利权人）签字或者盖章，申请人（或专利权人）声明委托专利代理机构办理费用减缓手续的，可以由专利代理机构盖章，但应在专利代理委托书中声明或者单独提交声明。

个人请求费用减缓，应在费用减缓请求书中如实填写全体申请人（或专利权人）的个人年收入，必要时，应当在专利局指定的期限内提交市级以上人民政府管理专利工作的部门出具的经济困难情况证明。单位请求费用减缓的，应在费用减缓请求书中填写全体申请人（或专利权人）的经济困难情况，并附具市级以上人民政府管理专利工作的部门出具的经济困难情况证明。文件填写的内容符合规定的，可以减缓专利费用。

3. 费用减缓的标准

费用减缓的标准因申请人（专利权人）的情况而各不相同。具体情况见表 7-3。

表 7-3　费用减缓的标准

申请人类型	申请费、实审费、授权当年起 3 年的年费减缓比例	复审费减缓比例
一个个人	85%	80%

---

❶ 根据国家知识产权局第 45 号公告的规定，权利要求从第 11 项起，每项加收 150 元申请附加费。说明书（包括说明书附图和序列表）从第 31 页开始，每页加收 50 元申请附加费；从 301 页开始，每页加收 100 元附加费。

申请人类型	申请费、实审费、授权当年起 3 年的年费减缓比例	复审费减缓比例
两个以上个人	70%	60%
一个单位	70%	60%
个人＋一个单位	70%	60%
多个单位	不予减缓	不予减缓

4. 提出费用减缓请求的期限

提出专利申请时以及在专利审批程序中，申请人（或专利权人）可以请求减缓应当缴纳但尚未到期的费用。

在提出专利申请的同时提出费用减缓请求并符合规定的，可以同时减缓四种费用。提出专利申请之后，申请人或者专利权人只能请求减缓尚未到期的费用，并且应当在有关费用缴纳期限届满日的两个半月之前提出费用减缓请求。

5. 进入中国国家阶段的国际申请的费用减缓

对于国家知识产权局作为受理局的国际申请或由 3 个特定国际检索单位（欧洲专利局、日本特许厅和瑞典专利局）作出国际检索报告的国际申请，某些费用可以直接免缴或减缴。具体内容请参见本书第九章第三节。

（四）专利费用的退款和查询

1. 退　款

多缴、重缴、错缴专利费用的，可以退款。退款分为当事人请求退款和专利局主动退款两种，其中当事人请求退款的期限为 3 年。退款后，被退的款项视为自始未缴纳。

（1）当事人请求退款

退款请求人应当是该款项的缴款人。申请人（专利权人）、专利代理机构作为非缴款人请求退款的，应当声明是受缴款人委托办理退款手续。

退款请求应书面提出，说明理由，并附具相应证明。退款请求应当注明申请号（或专利号）和要求退款的款项的信息（如票据号、费用金额等）及收款人信息。当事人要求通过邮局退款的，收款人信息包括姓名、地址和邮政编码；当事人要求通过银行退款的，收款人信息包括姓名或者名称、开户行、账号等信息。附具的证明包括专利局开出的费用收据复印件、邮局或者银行出具的汇款凭证等。

经审查核实可以退款的，专利局将按照退款请求中注明的收款人信息退款。退款请求中未注明收款人信息的，或者退款请求人是申请人（或专利权人）或专利代理机构的，专利局将按照文档中记载的相应的地址和姓名或名称退款。

例如，申请人宋某委托某专利代理公司提交了一件专利申请，该专利代理公司于 2010 年 4 月 17 日按规定缴纳了申请费。申请人宋某于 2010 年 4 月 30 日也缴纳了申请费。由于宋某缴纳的申请费是重复缴纳的费用，因此宋某可以请求退款，也可以委托专利代理公司接收退款。退款请求应当最迟于 2014 年 4 月 30 日提出。

对多缴、重缴、错缴的费用，当事人在自缴费日起 3 年后才提出退款请求的；或者当事人不能提供错缴费用证据的；或者当事人对于减缓请求被批准之前已经按规定缴纳的各种费用，请求退款的，专利局不予办理退款。

（2）专利局主动退款

针对下述几种情形，国家知识产权局应主动退款：

（1）专利申请已经撤回，并且在国家知识产权局作出发明专利申请进入实质审查阶段通知书之前已经缴纳的实质审查费；

（2）专利权终止或宣告专利权全部无效决定公告后缴纳的年费；

（3）国家知识产权局作出不予恢复权利决定的，当事人已缴纳的恢复权利请求费及相关费用。

2. 费用的查询

当事人可以提供必要的缴费证据，请求专利局查询费用缴纳情况。查询时效为自汇出费用之日起 1 年内。

（五）费用种类的转换

费用转换限于同一专利申请（或专利），当事人可以请求转换，专利局也可以依职权转换。

同一专利申请（或专利）缴纳的费用，费用种类填写错误，在转换后费用的缴费期限届满前，当事人可以提出费用转换请求并附具相应证明；当事人缴纳的费用种类明显错误的，专利局可以依职权对费用种类进行转换，并通知当事人。

费用种类转换的，缴费日不变。

第二节　专利申请的撤回

撤回专利申请是申请人对其专利申请进行处分的表现方式之一。申请人在提出专利申请之后，经过对现有技术进行调查，认为自己的申请不具新颖性或者创造性没有授权前景的；或者由于对现有技术进一步开发研究，有了更好的技术可以申请专利的；或者要向外国申请专利，又超过了优先权期限，为了防止自己的专利申请内容被公布的等情形，没有必要让原专利申请程序继续下去的，都可以要求撤回其专利申请。

一、提出撤回专利申请的时间

在授予专利权之前，申请人随时可以主动要求撤回其专利申请。即在专利申请处于初步审查期间，或者在发明专利申请处于实质审查期间，申请人均可以提出撤回申请的声明。

判断一件专利申请是否授予专利权以授权公告日为界限来划分。申请人主动要求撤回其专利申请的，应当在授权公告日之前提交撤回专利申请声明。

二、撤回专利申请的程序

申请人主动要求撤回专利申请的，应当向专利局书面提交撤回专利申请声明。

（一）撤回专利申请声明

撤回专利申请声明应当写明发明创造的名称、申请号和申请日。由于撤回专利申请是直接涉及申请人共有权利的手续，因此撤回专利申请声明应当有全体申请人的签字或盖章的声明。申请人提交撤回专利申请声明的，可以同时附具全体申请人签字或者盖章同意撤回专利申请的证明材料，或者仅提交由全体申请人签字或者盖章的撤回专利申请声明。委托专利代理机构的，撤回专利申请的手续应当由专利代理机构办理，并附具全体申请人签字或者盖章同意撤回专利申请的证明材料。

撤回专利申请是权利人即申请人对其权利进行处分的方式之一，因此，撤回专利申请声明中不需要对撤回的理由进行说明，但撤回专利申请也不得附有任何条件。

（二）撤回专利申请请求的审查

撤回专利申请声明不符合规定的，专利局发出视为未提出通知书，同时指出存在的缺陷。撤回专利申请声明符合规定的，专利局发出手续合格通知书。

申请人虽然可以在授权前的任何时候行使撤回其申请的权利，但这种权利的行使并不是绝对的、无条件的。如果因专利申请权的归属发生纠纷，当事人办理了中止有关程序的手续，或者因协助执行人民法院的中止有关程序的，那么，在中止期间，申请人提出的撤回专利申请请求，不予批准，专利局发出视为未提出通知书。

撤回专利申请的生效日为手续合格通知书的发文日。

（三）撤回专利申请的公告

对于已经公布的发明专利申请，专利申请的撤回应当在专利公报上予以公告。对于实用新型和外观设计专利申请，专利申请的撤回不予公告。

对于发明专利申请，撤回专利申请的声明是在专利局作好专利申请文件公布准备后提出的，申请文件照常公布，但审查程序终止。该撤回专利申请的声明在以后出版的专利公报上予以公告。

三、撤回专利申请的效力

在公布前或公布后，申请人撤回申请的请求提出后会产生不同的法律后果。如果撤回请求是在公布前提出的，申请不被公布，它不破坏在其申请日后提出的专利申请的新颖性。如果请求是在公布后提出，被撤回的专利申请将成为现有技术，就同一内容提出的、申请日在后的专利申请将不再具备新颖性。

申请人撤回专利申请，并不意味着申请人完全放弃或者丧失专利申请权，仅是表明申请人终止了该专利申请的审查程序。在撤回专利申请后，申请人可以就其发明创造重新提出专利申请，也可以用被其撤回的专利申请作基础，继续在本国或外国提出新的专利申请，并要求优先权。

第三节　专利权的维持与终止

专利权被授予之后，自申请日起算发明专利权的保护期限为 20 年，实用新型专利权和外观设计专利权的保护期限为 10 年，专利权期满终止。在专利权期限届满前，专利权人应按专利年度缴纳年费，以维持专利权的有效性。未按规定缴纳年费的，专利权将在期满前终止。另外，专利权人主动放弃专利权的，专利权也将在期满前终止。

一、专利权的维持

专利申请被授予专利权以后，专利权人需要每年缴纳年费以维持专利权的有效性。

（一）年　费

授予专利权当年的年费应当在办理登记手续的同时缴纳，以后的年费应当在上一年度期满前缴纳，即授权当年以后的年费的缴费期限届满日是申请日在该年的相应日。

专利年费的数额应当按照国家知识产权局公布的专利收费项目和标准❶中规定的数额缴纳。

例如，一件专利申请的申请日是 2007 年 6 月 3 日，如果该专利申请于 2011 年 8 月 1 日被授予专利权（授予专利权公告之日），申请人在办理登记手续时已缴纳了第五年度年费，该专利权人最迟应当在第五年度期满前，即 2012 年 6 月 3 日前按照第六年度年费标准缴纳第六年度年费。

（二）滞纳金

专利年费缴纳期限届满后，专利权人未按时缴纳年费（不包括授予专利权当年的年费）或者缴纳的数额不足的，专利局将发出缴费通知书，通知专利权人在缴纳年费期满之日起 6 个月内补缴年费，并缴纳滞纳金。滞纳金的金额按照每超过规定的缴费时间 1 个月，加收当年全额年费的 5％计算；期满未缴纳的，专利权自应当缴纳年费期满之日起终止。滞纳金不予减缓。

通过上述规定可以看出，滞纳期分为 6 个时间段，不同的时间段缴纳的滞纳金金额不同。补缴时间未超过规定期限之后的 1 个月时，不缴纳滞纳金。超过规定期限 1 个月（不含 1 整月）至 2 个月（含 2 个整月）的，缴纳数额为全额年费的 5％。以此类推，超过规定期限 5 个月（不含 5 整月）至 6 个月的，缴纳数额为全额年费的 25％。

滞纳期届满后，专利权人未缴足应缴的年费和滞纳金的，该专利权终止。专利权终止后，专利权人办理恢复手续时，除了要补缴年费之外，还应当缴纳或者补足全额年费 25％的滞纳金。

例如，一件实用新型专利，申请日为 2008 年 6 月 4 日，申请专利时已获准专利费用减缓。该专利第三年度的年费应于 2010 年 6 月 4 日之前缴纳。如果专利权人逾期未缴纳年费，专利局将发出缴费通知书，通知专利权人补缴年费和滞纳金，滞纳金按照每超过规定的缴费时间 1 个月，加收当年全额年费的 5％计算。

不同的缴费时间段内，缴纳的滞纳金是不一样的，已知全额年费为 600 元，费用减缓比例为 85％，滞纳金金额的具体计算方式如表 7－4 所示。

表 7－4　滞纳金缴纳金额计算表

缴　费　时　间	第三年年费金额（元）	应当缴纳的滞纳金金额（元）	总计（元）
2010 年 6 月 5 日到 2010 年 7 月 5 日（7 月 4 日为周日）	90	0	90
2010 年 7 月 6 日到 2010 年 8 月 4 日	90	30	120
2010 年 8 月 5 日到 2010 年 9 月 6 日（9 月 4 日为周六）	90	60	150
2010 年 9 月 7 日到 2010 年 10 月 8 日（10 月 4 日为休假日）	90	90	180
2010 年 10 月 9 日到 2010 年 11 月 4 日	90	120	210
2010 年 11 月 5 日到 2010 年 12 月 6 日（12 月 4 日为周六）	90	150	240

按照表 7－4 的要求，在 2010 年 7 月 6 日到 2010 年 8 月 4 日期间，专利权人共计应缴纳年费及滞纳金 120 元。如果缴费人只缴纳了 100 元年费和滞纳金，属于未缴足费用。假设其在 2010

❶ 《关于规范专利申请行为的若干规定》（国家知识产权局第 45 号局令，2007 年 8 月 27 日发布）。

年 10 月 20 日再次补缴费用，则应当缴纳全额年费 20％的滞纳金，共计应缴纳年费及滞纳金 210 元。由于专利权人已缴纳了 100 元，还应再补缴费用 110 元。

专利权人在滞纳期内补缴年费和滞纳金的，专利权继续维持有效。

二、专利权的终止

（一）期满终止

专利权是一种有期限的无形财产权。专利权期满的，专利权即行终止。专利权的期限自实际申请日起计算。例如，一件实用新型专利的申请日是 2009 年 9 月 6 日，该专利权的期限为 10 年，即从 2009 年 9 月 6 日至 2019 年 9 月 5 日，专利权期满终止日为 2019 年 9 月 6 日（遇休假日不顺延）。

专利权期满终止的，应当在专利登记簿和专利公报上分别予以登记和公告。

（二）未缴年费终止

对于专利权人没有按照规定缴纳年费及其滞纳金的，专利权将会在期限届满前终止。

专利权人在滞纳期内未缴纳或未缴足年费和滞纳金的，滞纳期届满之后专利局将发出专利权终止通知书。专利权人可以在规定的期限内办理恢复权利手续，请求恢复专利权。专利权人未启动恢复程序或者恢复权利请求未被批准的，该专利权终止。由于未缴足年费导致专利权终止的，应当在专利登记簿上登记，并在专利公报上公告。专利权自应当缴纳年费期限届满之日起终止。

例如，一件申请日为 2008 年 6 月 4 日的实用新型专利，该专利第三年度的年费应于 2010 年 6 月 4 日之前缴纳，如果专利权人逾期未缴纳年费，专利局将发出缴费通知书，通知专利权人补缴年费，并缴纳滞纳金（具体计算方式参见表 7－4）。如果专利权人在滞纳期届满后仍未缴纳或缴足年费和滞纳金，该专利权将终止，终止日为 2010 年 6 月 4 日。

（三）专利权人放弃专利权

授予专利权后，专利权人随时可以主动以书面声明的方式要求放弃其专利权，放弃专利权的手续合格的，专利权在期限届满前终止。

1. 依据《专利法》第 44 条放弃专利权

（1）放弃专利权的手续

专利权人依据《专利法》第 44 条放弃专利权时，应当提交放弃专利权声明，并在其中写明发明创造的名称、专利权号和申请日。由于放弃专利权是全体权利人的共有权利，因此，放弃专利权声明中应当有全体专利权人的签字或盖章。专利权人放弃专利权的，应当提交放弃专利权声明，并附具全体专利权人签字或者盖章同意放弃专利权的证明材料，或者仅提交由全体专利权人签字或者盖章的放弃专利权声明。委托专利代理机构的，放弃专利权的手续应当由专利代理机构办理，并附具全体申请人签字或者盖章的同意放弃专利权声明。

专利权人声明放弃专利权时不得附有任何条件。放弃专利权只能放弃一件专利的全部，不能放弃部分专利权。例如，如果一个专利有 6 项权利要求，专利权人不可以要求放弃其中的 2 项，保留其余的 4 项，从而达到放弃部分专利权的目的。

部分专利权人欲放弃专利权的，可以通过专利权转让或赠与来实现。例如，一个专利有甲、乙、丙 3 个专利权人，甲想要放弃共同专利权人的权利，可以通过办理专利权的转让或者赠与等著录项目变更手续来实现其目的，而不是办理放弃专利权的手续。

（2）放弃专利权声明的审查

专利权人放弃专利权的手续不符合规定的，专利局应当发出视为未提出通知书；符合规定的，专利局应当发出手续合格通知书，并将有关事项分别在专利登记簿和专利公报上登记和公告。

专利权人无正当理由不得要求撤销放弃专利权的声明。除非在专利权非真正拥有人恶意要求放弃专利权后，专利权真正拥有人（应当提供生效的法律文书来证明）可要求撤销放弃专利权声明。

（3）放弃专利权的生效

依据《专利法》第44条的规定放弃专利权并符合规定的，手续合格通知书的发文日为放弃专利权的生效日，被放弃的专利权自该日起终止。

2. 依据《专利法》第9条放弃专利权

根据《专利法》第9条和《专利法实施细则》第41条的规定，同一申请人同日对同样的发明创造既申请实用新型专利又申请发明专利，并且分别提出了同日申请声明。如果获得的实用新型专利权尚未终止，发明专利申请经审查没有发现驳回理由，为避免重复授予专利权，专利局将发出审查意见通知书，通知申请人修改发明专利申请或者选择放弃实用新型专利权（对同样的发明创造的处理参见本书第四章第六节的内容）。如果申请人选择获得发明专利权，应当在规定期限内声明放弃实用新型专利权，即应当提交放弃实用新型专利权声明。

（1）放弃专利权的手续

专利权人声明依据《专利法》第9条第1款和《专利法实施细则》第41条第4款放弃实用新型专利权的，应当提交放弃专利权声明。该放弃专利权声明除了要满足一般的形式要求外，还应当写明所对应的发明专利申请号。

（2）放弃专利权声明的审查

放弃专利权手续经审查不符合规定的，专利局应当发出视为未提出通知书；符合规定的，专利局应当发出手续合格通知书，专利局在公告授予发明专利权时对放弃实用新型专利权的声明予以登记和公告。

（3）放弃专利权的生效

依据《专利法》第9条放弃实用新型专利权的，发明专利权的授权公告日为放弃实用新型专利权声明的生效日，被放弃的实用新型专利权自该日起终止。

（四）专利权终止的效力

专利权终止，只是表明该项专利权自此以后不再受法律保护，但该项专利权在此前所发生的一切法律关系都是有效的，因此并不能否定该项专利权的合法性。需注意的是专利权终止与专利权无效的区别，因为被宣告无效的专利权，即视为该专利权自始不存在。

第四节 中 止 程 序

中止，是指当地方知识产权管理部门或者人民法院受理了专利申请权（或专利权）权属纠纷，或者人民法院裁定对专利申请权（或专利权）采取财产保全措施时，专利局根据权属纠纷的当事人的请求或者人民法院的要求中止有关程序的行为。前者称为"权属纠纷中止"，后者称为"财产保全中止"。

一、中止的范围

执行中止程序的，中止的范围包括：

（1）暂停专利申请的初步审查、实质审查、复审、授予专利权和专利权无效宣告程序；

（2）暂停视为撤回专利申请、视为放弃取得专利权、未缴年费终止专利权等程序；

（3）暂停办理撤回专利申请、放弃专利权、变更申请人（或专利权人）的姓名或者名称、转移专利申请权（或专利权）、专利权质押登记等手续。但是，对于中止请求批准前已进入公布或者公告准备的，该程序不受中止的影响。

二、权属纠纷中止

虽然《专利法》对职务发明创造、非职务发明创造、利用本单位的物质技术条件所完成的发明创造、多人合作完成的发明创造、委托他人完成的发明创造等情况下，申请专利的权利以及专利权的归属作出了明确规定。但是，在专利申请受理之后或者授予专利权之后，仍会出现专利申请权（或专利权）归属的纠纷。权属纠纷发生后，纠纷当事人应当请求地方管理部门调处或者向地方中级人民法院起诉。为了防止在调处或者诉讼过程中，作为标的的专利申请权（或专利权）受到损害，为保护真正权利人的利益，当事人可以请求专利局中止有关程序。

（一）中止的启动

专利申请权（或专利权）权属纠纷的当事人在权属纠纷已被地方知识产权管理部门或者人民法院受理之后，可以请求专利局中止有关程序。

当事人提出中止请求的，应当提交中止程序请求书，并附具地方知识产权管理部门或者人民法院的写明专利申请号（或专利号）的有关受理文件正本或者副本。

中止程序的启动还需要满足下列条件：

（1）请求中止的专利申请（或专利）未丧失权利，涉及无效宣告程序的除外；

（2）请求中止的专利申请（或专利）未执行中止程序；

（3）受理权属纠纷的机关对该专利申请（或专利）权属纠纷案具有管辖权；

（4）中止请求是由有关证明文件中所记载的权属纠纷当事人提出；

（5）证明文件中记载的申请号（或专利号）、发明创造名称和权利人与请求中止的专利申请（或专利）中记载的内容一致；

（6）中止请求书与证明文件的其他方面符合规定的形式要求。

专利局执行中止的，应当通知专利申请（或专利）权属纠纷的双方当事人。

（二）中止的期限

对于专利申请权（或专利权）权属纠纷的当事人提出的中止请求，该中止期限一般不得超过1年，自提出中止请求之日起算。

有关专利申请权（或专利权）权属纠纷在中止期限1年内未能结案，需要继续中止程序的，请求人应当在中止期限届满前请求延长中止期限，并提交权属纠纷的受理部门出具的说明尚未结案原因的证明文件。中止的期限可以延长一次，延长的期限不得超过6个月。

（三）中止的结束

中止期限满1年，且当事人未请求延长期限的，该中止程序结束。但对于涉及无效宣告程序中的专利，中止期限不超过1年。中止期限届满，专利局将自行恢复有关程序。

对于尚在中止期限内的专利申请（或专利），地方知识产权管理部门作出的处理决定或者人民法院作出的判决产生法律效力之后（涉及权利人变更的，在办理著录项目变更手续之后），中止程序结束。

中止程序结束的，专利局应当通知权属纠纷的双方当事人，恢复有关程序。

三、财产保全中止

财产保全制度是《民事诉讼法》的重要制度，其目的是为了保证将来依法作出的生效判决能够全面、顺利地执行，真正保护胜诉一方当事人的合法权益，专利申请权（或专利权）作为无形财产权，可以被作为人民法院财产保全的对象。人民法院在民事案件的审理中，裁定对专利申请权（或专利权）采取财产保全措施，请求专利局协助执行中止有关程序，称为"财产保全中止"。

（一）中止的启动

人民法院作出对专利申请权（或专利权）采取财产保全措施的民事裁定后，该人民法院可以请求专利局中止有关程序。

人民法院应当将对专利申请权（或专利权）进行财产保全的民事裁定书和协助执行通知书送达专利局指定的接收部门，并提供人民法院的通讯地址、邮编和收件人姓名。

中止的启动还需要满足下列条件：

（1）民事裁定书和协助执行通知书应写明要求专利局协助执行的专利申请号（或专利号）、发明创造名称、专利申请人（或专利权人）的姓名或者名称、财产保全期限等内容；

（2）要求协助执行财产保全的专利申请（或专利）处于有效期内；

（3）该专利申请（或专利）未执行中止程序。

专利局决定执行中止程序的，应当通知人民法院和申请人（或专利权人）。专利局协助执行专利权的财产保全而中止程序的，应当予以公告。

（二）中止的期限

对于专利局协助执行财产保全而中止的程序，中止期限为6个月，自收到民事裁定书之日起算。

人民法院要求在中止期限届满后继续采取财产保全措施的，应当在中止期限届满前将继续保全的协助执行通知书送达专利局。符合规定的，中止程序可以续展6个月。对于同一法院对于同一案件在执行程序中作出的保全裁定，专利局中止的期限不超过12个月，在审判程序中作出的保全裁定，专利局中止的期限可以适当延长。

对已执行财产保全中止程序的不得重复进行保全。执行中止程序后，其他人民法院又要求协助执行财产保全的，可以轮候保全。专利局应当进行轮候登记，对轮候登记在先的，自前一保全结束之日起轮候保全开始。

（三）中止的结束

中止期限届满，人民法院没有要求继续采取财产保全措施的，中止程序结束。

执行中止程序期间，要求协助执行财产保全的人民法院将解除保全通知书送达专利局后，经审核符合规定的，中止程序结束。

专利局应当将中止程序结束的结论通知人民法院和申请人（或专利权人），并恢复有关程序，同时对专利权的保全解除予以公告。

第五节　著录项目变更

著录项目是指专利审批过程中记录的与专利申请及专利权有关的事项，包括以当事人填写内容记录的事项和在审批过程中形成的记录事项。

著录项目变更是指由当事人请求，专利局对依照当事人填写内容记录的著录事项进行的变更。

具体变更项目包括：发明人或设计人姓名、申请人或者专利权人事项（申请人或专利权人姓名或名称、国籍或者注册的国家或地区、身份证号码或组织机构代码、地址、邮政编码）、联系人事项（联系人姓名、地址、邮政编码、联系电话）、专利代理事项（专利代理机构名称、机构代码、地址、邮政编码、专利代理人姓名、执业证号码、联系电话）以及代表人等。

专利申请权或专利权转让或者因其他事由发生转移的，申请人或专利权人应当以著录项目变更的形式向专利局登记。

一、办理著录项目变更手续的人

在专利申请被受理之后，如果著录项目发生变化，当事人应当及时办理著录项目变更手续。未委托专利代理机构的，著录项目变更手续应当由申请人或专利权人或者其代表人办理变更手续；已委托专利代理机构的，应当由专利代理机构办理变更手续。对于因权利转移引起的变更，可以由新的权利人或者其委托的专利代理机构办理变更手续。

二、著录项目变更手续

当事人办理著录项目变更手续应当提交著录项目变更申报书，附具相应的证明文件或法律文书。对于某些著录项目的变更，还应当在规定的时间内缴纳著录事项变更费。

（一）著录项目变更申报书

当事人办理著录项目变更手续应当提交著录项目变更申报书。一件专利申请的多个著录项目同时发生变更的，只需提交一份著录项目变更申报书；一件专利申请同一著录项目发生连续变更的，应当分别提交著录项目变更申报书；多件专利申请的同一著录项目发生变更的，即使变更的内容完全相同，也应当针对每一个专利申请，分别提交著录项目变更申报书。

（二）著录项目变更手续费

办理著录项目变更手续应当按照规定缴纳著录项目变更手续费（即著录事项变更费）。专利局公布的专利收费标准（局75号公告）中公布了两项著录项目变更手续费。一件专利申请每次变更收费标准中的一项著录项目，例如同时变更申请人和发明人，则收取一项著录项目变更费用200元。针对一件专利申请或专利，申请人（或专利权人）在一次著录项目变更申报手续中对同一项著录项目提出连续变更，视为一次变更。

例如，在一次著录项目变更申报手续中申请人请求将一件专利申请的申请人从甲变更为乙，再从乙变更为丙，应当缴纳著录项目变更手续费200元。若同时还变更发明人姓名，申请人也只需缴纳一项著录项目变更手续费200元。

又如，在一次著录项目变更申报手续中申请人请求将一件专利申请的申请人从甲变更为乙，同时变更专利代理机构和代理人，申请人应当缴纳申请人变更的手续费200元和代理机构、代理人变更的手续费50元。

（三）著录项目变更手续费缴纳期限

著录项目变更手续费应当自提交著录项目变更申报书之日起1个月内缴纳，另有规定的除外；期满未缴纳或者未缴足的，视为未提出著录项目变更申报。

（四）著录项目变更证明文件

涉及申请人或专利权人姓名或者名称变更、专利申请权或专利权转移、发明人变更、专利代

第七章

理机构及代理人变更、申请人或专利权人国籍变更等，应当提交证明文件。

1. 证明文件的形式要求

（1）提交的各种证明文件中，应当写明申请号或专利号、发明创造名称和申请人或专利权人姓名或者名称。

（2）一份证明文件仅对应一次著录项目变更请求，同一著录项目发生多次变更的，应当分别提交各次的证明文件。

（3）各种证明文件应当是原件。证明文件是复印件的，应当经过公证或者由出具证明文件的主管部门加盖公章（原件在专利局备案确认的除外）；在外国形成的证明文件是复印件的，应当经过公证。

2. 申请人或专利权人姓名或者名称变更

申请人或专利权人姓名或者名称的变更是指权利主体不变，其姓名或者名称发生变化的变更，简称"更名"。由于权利主体不同，提交的证明文件也不相同。证明文件的具体要求可参阅《专利审查指南 2010》第一部分第一章第 6.7.2.1 节的相关内容。

3. 专利申请权或专利权转移

专利申请权或者专利权的转移是指权利主体发生改变的变更。具体涉及因权属纠纷，权利的转让或赠与，因单位的合并、分立、注销或者改变组织形式，继承，以及拍卖等各种情形发生的权利转移。各种情形对证明文件有不同的要求，具体要求可参阅《专利审查指南 2010》第一部分第一章第 6.7.2.2 节的相关内容。

需要特别注意的是，对于因权利转让或赠与发生的权利转移，如果转让方含中国内地的个人或者单位的，而受让方含外国人、外国企业或者外国其他组织的，应当根据局 94 号公告的要求，出具国务院商务主管部门颁发的《技术出口许可证》或者《自由出口技术合同登记证书》，或者地方商务主管部门颁发的《自由出口技术合同登记证书》，以及双方签字或者盖章的转让合同。转让方含中国内地的个人或者单位的，而受让方是港、澳、台个人、企业或者其他组织的，也应当按上述情形处理。

4. 发明人变更

发明人享有在专利申请文件中署名的权利。通常情形下，发明人是不能变更的。但因发明人更改姓名、更改中文译文、发明人错填或者漏填、发明人资格纠纷等情形的发生，也可以提出发明人的变更请求。对证明文件的具体要求可参阅《专利审查指南 2010》第一部分第一章第 6.7.2.3 节的相关内容。

5. 专利代理机构及代理人变更

专利代理机构和代理人的变更可能会涉及专利代理机构的更名、迁址，专利代理人的变更，专利代理机构解除委托，申请人或专利权人辞去委托，以及申请人或专利权人更换专利代理机构；因专利申请权或专利权转移，变更后的申请人或专利权人委托新专利代理机构。对于各种情形下的证明文件要求及相关处理可参阅《专利审查指南 2010》第一部分第一章第 6.7.2.4 节的相关内容。

6. 申请人或专利权人国籍变更

申请人或专利权人变更国籍的，应当提交身份证明文件。

三、著录项目变更手续的审批

专利局依据当事人提交的著录项目变更申报书和附具的证明文件进行审查。

著录项目变更申报手续不符合规定的，专利局向办理变更手续的当事人发出视为未提出通知书；著录项目变更申报手续符合规定的，向有关当事人发出手续合格通知书，通知著录项目变更前后的情况；应当予以公告的，还要同时通知公告的卷期号。需注意的是，权利转移发生的申请人（或专利权人）的改变，新的权利人不享受原权利人的费用减缓。

四、著录项目变更的生效

著录项目变更手续自专利局发出变更手续合格通知书之日起生效。专利申请权或专利权的转移自登记日起生效，登记日即上述的手续合格通知书的发文日。

著录项目变更手续生效前，专利局发出的通知书以及已进入专利公布或公告准备的有关事项，仍以变更前为准。

第六节　权利恢复程序

一件专利申请在审批程序中或者授予专利权之后，应当在法定期限或指定期限内完成相应的行为。如果当事人不能够在规定的期限内完成其行为，将会导致丧失相应的权利。对于因不可抗拒的事由或者其他正当理由导致权利丧失的，为了给当事人提供救济的途径，设置了权利恢复程序。

一、请求恢复权利的条件

（一）权利丧失的情形

根据《专利法实施细则》第 6 条第 1 款和第 2 款的规定，当事人因不可抗拒的事由或者其他正当理由而延误法定期限或者指定期限，导致其权利丧失的，可以向专利局请求恢复权利。所述"延误法定期限或者指定期限"是指未在法定期限或者指定期限完成相应的行为而导致了权利丧失。例如，申请人未在规定的期限内办理要求优先权手续，造成视为未要求优先权；未在规定的期限内缴纳或缴足申请费，造成专利申请被视为撤回；未在规定的期限内办理实质审查请求手续造成专利申请被视为撤回；未在指定期限内对补正通知书或审查意见通知书作出答复，造成专利申请被视为撤回；未在规定的期限内办理专利登记手续，造成专利权被视为放弃；未在规定的期限内缴纳或缴足专利年费及滞纳金，造成专利权终止等。针对上述丧失的权利，申请人可以请求恢复权利。

（二）因不可抗拒的事由延误期限

"不可抗拒的事由"是指因人力无法抗拒的自然力造成的耽误期限，如地质灾害、气象灾害、人为战争等原因。"不可抗拒的事由"导致的权利丧失既不属于专利局的原因，又不属于因当事人自身的原因，是一种人力不可控的情形。

（三）因其他合理理由延误期限

"其他正当理由"是指如申请人生病、提交的文件在传递过程中丢失等其他原因造成的耽误期限。这种情形导致的权利丧失通常是由于当事人自身的原因。

（四）不适用于权利恢复程序的期限

权利恢复的情形不适用于不丧失新颖性的宽限期（《专利法》第 24 条）、优先权期限（《专利法》第 29 条）、专利权期限（《专利法》第 42 条）以及侵权诉讼时效（《专利法》第 68 条）。

对于国际申请而言，如果该申请在国际阶段被撤回或者被视为撤回，或者该国际申请对中国的指定被撤回的，该国际申请在中国的效力终止，并且不可以请求恢复权利。申请人未按期办理进入中国国家阶段手续或进入手续不符合要求导致国际申请在中国的效力终止的，不适用《专利法实施细则》第6条第2款的规定。具体规定请参见本书第九章第三节的相关内容。

二、请求恢复权利的手续

（一）请求恢复权利的期限

当事人因不可抗拒的事由而延误期限，导致其权利丧失的，应当自障碍消除之日起2个月内，最迟自期限届满之日起2年内提出恢复权利的请求。当事人因其他正当理由而延误期限，导致其权利丧失的，应当自收到专利局或者专利复审委员会的处分决定之日起2个月内提出恢复权利请求。

（二）请求恢复权利应当提交的文件

当事人请求恢复权利的，应当提交恢复权利请求书，说明理由，必要时还需附具证明文件。其中，恢复权利请求书为国家知识产权局制定的标准表格，恢复权利请求书中应当写明请求恢复的专利申请号或专利号，发明创造的名称，申请人或专利权人的姓名或名称，在恢复权利请求书中应当写明恢复的理由，恢复权利所依据的法律规定，即按照《专利法实施细则》第6条第1款恢复权利，还是按照《专利法实施细则》第6条第2款恢复权利，并按照规定签字或者盖章。通常情况下，当事人依据《专利法实施细则》第6条第2款请求恢复权利不必提交证明文件，但依据《专利法实施细则》第6条第1款请求恢复权利应当提交证明文件，证明由于不可抗拒的事由发生，而使当事人不能完成应当履行的行为或义务，从而导致权利丧失。

（三）请求恢复权利应当缴纳的费用

当事人因不可抗拒的事由而延误期限导致权利丧失，依据《专利法实施细则》第6条第1款请求恢复权利的，不需要缴纳恢复权利请求费。当事人因其他正当理由而延误期限导致权利丧失，依据《专利法实施细则》第6条第2款请求恢复权利的，应当在恢复期内，即在收到专利局或者专利复审委员会的处分决定之日起2个月内，缴纳恢复权利请求费。

（四）请求恢复权利的同时应当办理的手续

当事人在请求恢复权利的同时，应当办理权利丧失前应当办理的相应手续，消除造成权利丧失的原因。例如，申请人因未缴纳申请费导致其专利申请被视为撤回后，在请求恢复其申请权时，应当补缴规定的申请费。

三、恢复权利请求的审批与后续程序

经专利局同意恢复专利申请权或专利权的，专利审批程序继续。对于已公告过处分决定的，还应当在专利公报上公告恢复权利的决定。

第七节　专利行政复议程序

专利行政复议是指，公民、法人和其他组织认为国家知识产权局作出的，除驳回决定以外的具体行政行为侵犯其合法权益，作为行政相对人或者利害关系人依法提出复议申请，国家知识产权局依法受理、审理并作出决定的活动。专利行政复议制度的目的是为了纠正国家知识产权局违法或者不当的具体行政行为（驳回决定除外），保护公民、法人和其他组织的合法权益，保障和监督国家知识产权局依法行使职权。

中国专利局在1990年开始筹建专利复议制度，于1991年制定了中国专利局的行政复议规程，从1992年开始受理复议案件。目前，专利行政复议在程序上适用的法律文件主要有《中华人民共和国行政复议法》、《中华人民共和国行政复议法实施条例》和《国家知识产权局行政复议规程》。

国家知识产权局承担行政复议案件的处理工作。

一、专利行政复议受案范围

（一）具体行政行为

行政复议的受案范围是根据《行政复议法》的规定而确定的。《行政复议法》将行政机关作出的所有具体行政行为均包括在行政复议范围内，同时也明确规定"单行法另有规定的，从单行法的规定"。

因此，国家知识产权局行政复议的受案范围是国家知识产权局作出的具体行政行为。但对专利复审委员会管辖的具体行政行为（包括驳回专利申请的决定、驳回布图设计登记申请的决定、授予专利权的决定）不服，不能向国家知识产权局申请复议，而应按照《专利法》的规定向专利复审委员会请求复审或提出无效宣告请求。对专利复审委员会以自己的名义作出的任何行为不服，如不予受理复审请求的决定、不予受理无效宣告请求的决定以及无效宣告请求视为撤回的决定等，都不能向国家知识产权局申请复议，而应依法向人民法院提起诉讼或者提请专利复审委员会重新考虑。

所谓具体行政行为，是指行政机关针对特定的相对人作出的、对其权利义务作出处分的行为。行政机关的不作为也是一种具体行政行为，即消极的具体行政行为。因此，当国家知识产权局存在不作为情况时，也可以对其提起行政复议。

（二）专利行政复议的受案范围

国家知识产权局的专利审查程序相当复杂，在每个具体的程序上，均可能发生损害相对人利益的具体行政行为。专利行政复议的主要受理范围有：

（1）专利申请人对不予受理其申请不服的。

（2）专利申请人对申请日的确定有争议的。

（3）专利申请人对视为未要求优先权不服的。

（4）专利申请人对其专利申请按保密专利申请处理或者不按保密专利申请处理不服的。

（5）专利申请人对专利申请视为撤回不服的。

（6）专利申请人对视为放弃取得专利权的权利不服的。

（7）专利权人对专利权终止不服的。

（8）专利申请人、专利权人因耽误有关期限导致其权利丧失，请求恢复权利而不予恢复的。

（9）专利权人对给予实施强制许可的决定不服的。

（10）强制许可请求人对终止实施强制许可的决定不服的。

（11）国际申请的申请人对国家知识产权局根据《专利法实施细则》第105条终止其国际专利申请不服的。

（12）国际申请的申请人对国家知识产权局根据《专利法实施细则》第116条所作复查决定不服的。

（13）布图设计登记申请人对不予受理布图设计申请不服的。

（14）布图设计登记申请人对布图设计申请视为撤回不服的。

（15）布图设计登记申请人、布图设计权利人因耽误有关期限造成权利丧失，请求恢复权利而不予恢复的。

（16）布图设计权利人对非自愿许可决定不服的。

（17）布图设计权利人、被控侵权人对侵犯布图设计专有权所作行政处罚不服的。

（18）专利代理机构对撤销其机构的处罚不服的。

（19）专利代理人对吊销其"专利代理人资格证书"的处罚不服的。

（20）公民、法人和其他组织认为国家知识产权局作出的其他具体行政行为侵犯其合法权益的。

二、不能提起专利行政复议的情况

不能提起专利行政复议的情况如下：

（1）布图设计权利人、非自愿许可取得人对非自愿许可报酬的裁决不服的。

（2）布图设计权利人、被控侵权人对布图设计专有权侵权纠纷处理决定不服的。

国家知识产权局对布图设计侵权纠纷可以进行处理，包括认定是否构成侵权，也包括决定停止侵权。基于该种决定解决的仍是当事人之间的私权的纠纷，故根据《行政复议法》的规定，是不能提起复议的。当然，对国家知识产权局对涉及布图设计侵权中的行政处罚（类似于对假冒专利的行政处罚），如"没收、销毁侵权产品或者物品"，是可以进行复议的。

（3）国际申请的申请人对国家知识产权局作为国际申请的受理单位、国际检索单位和国际初步审查单位所作决定不服的。这是因为，国家知识产权局作为这 3 个主体所作决定并不是国家行为，而是受世界知识产权组织国际局委托的行为。故不仅不能进行复议，也不能进行行政诉讼。在国际阶段知识产权局有何错误，相对人完全可以通过向知识产权局直接提出来纠正失误，只要是可以而应当纠正的，均不必通过其他程序来纠正。

（4）专利申请人对驳回专利申请的决定不服的。

（5）专利申请人对复审决定不服的。

（6）专利权人和无效宣告请求人对专利复审委员会就无效宣告请求所作决定不服的。

（7）布图设计登记申请人对驳回登记申请的决定不服的。

（8）布图设计登记申请人对复审决定不服的。

（9）布图设计权利人对撤销布图设计登记的决定不服的。

三、提出行政复议的主体

提出行政复议的主体应当是认为国家知识产权局的具体行政行为侵犯其合法权益的公民、法人和其他组织，具体包括：专利申请人、专利权人、布图设计登记申请人、布图设计权利人及其他利害关系人。对涉及共有权利具体行政行为不服申请行政复议的，应当由共有人共同提出复议申请。

在具体行政行为作出时，其权利或利益受到损害的其他利害关系人可以申请行政复议，也可以作为第三方参加复议。所谓的"利害关系"必须是国家知识产权局作出具体行政行为时就已经存在的。如国家知识产权局依恢复程序恢复了一项专利权，而在该专利权存在时，该专利权人指控他人侵权，如果该被控侵权人认为专利局的恢复行为是不合法的，在复议时效内，可以以利害关系人的身份提出复议。

国家知识产权局是复议程序中的被申请人。

四、行政复议程序的代理

行政复议程序是与诉讼程序相衔接的程序，直接适用《行政复议法》。当事人提出复议申请，委托代理人时，不限于专利代理人，可以是具有行为能力，未被剥夺政治权利的任何人，当然也包括不具有专利代理人资格的律师。

行政复议程序是相对独立的一个程序，并未放入专利程序中。故申请人在申请专利时填写的专利代理委托书，不能自然地延续到复议程序。即使申请人意图委托其在专利程序的专利代理人进行复议，也要另行提交授权委托书。

如果提出行政复议的主体是港、澳、台申请人或外国申请人，则应当有代理人（除非其在我国大陆地区有固定的居所或真实有效的经营场所）。代理人并不限于专利代理人，可以是律师，也可以是普通的中国公民。如果从境外提交委托书，该委托书必须经所在国公证和我国使领馆认证。

五、行政复议程序

（一）行政复议申请的受理

复议申请存在下列情形的，不予受理：

（1）无具体的复议请求和必要的证据的。

（2）行政复议的主体不符合规定的。

（3）有权申请复议的人已经向人民法院提起行政诉讼，人民法院已经立案的。

（4）申请复议的具体行政行为不属于行政复议的受案范围的。

（5）提出行政复议的期限不符合规定的。复议申请的期限是从得知具体行政行为之日起60日，如果发生不可抗力或者其他正当理由耽误了期限时，在障碍消除后，复议期限可以继续计算。

除此之外，复议申请文件的形式还应当符合要求，例如，复议申请书应当一式两份，申请书中应当包含申请人的姓名或名称和通信地址、具体的复议请求和理由、并有复议申请人的签名或印章；应当附具必要的证据材料；国家知识产权局以书面形式作出具体行政行为的，应附具该文书或者其复印件；委托代理人的，应附具授权委托书。

（二）行政复议案件的审理

行政复议案件原则上采取书面方式审理。法律事务处应当自受理复议申请之日起7日内将复议申请书副本转交原作出具体行政行为的部门。该部门应当在收到复议申请书副本之日起10日内提出维持、撤销或者变更原具体行政行为的书面答复意见，并提交当初作出具体行政行为的证据、依据和其他有关材料。在审理的过程中，法律事务处可以向有关部门和人员调查情况，也可应请求听取复议申请人或者第三人的口头意见。复议申请人、第三人可以查阅国家知识产权局有关部门作出的对复议申请的答复意见以及作出具体行政行为所依据的证据、依据和其他有关材料，但涉及保密的内容除外。

复议决定作出之前，复议申请人可以撤回复议申请。申请人撤回复议申请后，不得以同一事实和理由再申请复议。

复议期间具体行政行为原则上不停止执行。法律事务处认为需要停止执行的，应当向国家知识产权局有关部门发出停止执行通知书,并通知复议申请人及第三人。

国家知识产权局审理行政复议案件不适用调解。

(三)行政复议程序的结束

行政复议程序在下列三种情况下结束:

(1)复议申请人在复议决定作出之前主动撤回其复议申请的,复议程序终止。

(2)国家知识产权局有关部门向法律事务处提交对复议申请的书面答复意见,认为原具体行政行为确有错误并决定直接予以纠正,且复议申请人没有其他要求的,复议程序终止。

(3)经审理作出行政复议决定的,复议程序结束。

(四)复议决定的作出与送达

行政复议决定以国家知识产权局的名义作出。

行政复议决定应当自受理复议申请之日起60日内作出,但情况复杂或者其他原因不能在规定期限内作出的,经规定的审批程序后可以延长期限,并通知复议申请人和第三人。延长的期限最多不得超过30日。

复议决定书直接送达的,复议申请人在送达回证上的签收日期为送达日期。复议决定书邮寄送达的,自交付邮寄之日起满15日视为送达。复议决定书一经送达,即发生法律效力。

六、不服复议决定的后续救济程序

根据《行政复议法》的规定,当事人不服行政机关作出的复议决定后,有两种救济程序。

(一)向人民法院提起诉讼

由于国家知识产权局属于国务院部委一级的行政机关,根据《行政诉讼法》的规定,应当由中级法院管辖,复议申请人或复议程序中的第三人不服国家知识产权局的复议决定,可以在收到复议决定书15天内,向北京第一中级人民法院提起行政诉讼,但复议决定的法律效力并不因当事人提起行政诉讼而中止。

(二)向国务院提出终局的裁定请求

当事人如果不服国务院部委一级所作复议决定时,或者不服省一级政府所作复议决定时,除了选择向法院起诉以外,还可以选择向国务院提出终局的裁决。

第八节 向外国申请专利前的保密审查

根据《专利法》第20条第1款的规定,任何单位或者个人将在中国完成的发明或者实用新型向外国申请专利的,应当事先报经专利局进行保密审查。

一、保密审查请求的主体

任何单位或者个人,无论是中国的单位或个人,还是外国的个人、企业或其他组织,只要其发明或实用新型是在中国完成的,均需在向外国申请专利之前向国家知识产权局提出保密审查请求。这是基于国家安全和重大利益的考虑,防止涉及国家安全或者重大利益的发明或者实用新型未经许可直接流向国外,导致国家安全或者重大利益遭受损害。

二、保密审查的对象

需要请求专利局进行保密审查的对象有以下3个限定条件:第一,发明创造为发明或者实用新型；第二，该发明或者实用新型是在中国完成的；第三，申请人准备就该发明或者实用新型向外国申请专利。

在中国完成的发明或者实用新型，是指技术方案的实质性内容在中国境内完成的发明或者实用新型。

三、请求进行保密审查的时间

对于在中国完成的发明或者实用新型，应当由申请人启动保密审查请求，请求进行保密审查的时间是向外国申请专利之前。所述向外国申请专利，包括向外国申请专利或者向有关国外机构提交专利国际申请。向外国申请专利，是指向外国国家或外国政府间专利合作组织设立的专利主管机构提交专利申请；向有关国外机构提交专利国际申请，是指向作为 PCT 受理局的外国国家或外国政府间专利合作组织设立的专利主管机构或世界知识产权组织国际局提交专利国际申请。

四、请求进行保密审查的方式

《专利法实施细则》第 8 条第 2 款、第 3 款规定的保密审查请求的方式有三种。

第一，直接向外国申请专利或者向有关国外机构提交专利国际申请的，应当事先向专利局提出请求，并详细说明其技术方案。向外国申请专利保密审查请求书和技术方案说明书应当使用中文，这也是和《专利法实施细则》第 3 条相一致的，请求人可以同时提交相应的外文文本供审查员参考。技术方案说明书应当详细说明该发明或实用新型的技术方案，并且应当与向外国申请专利的内容一致，其格式可以参照专利申请的说明书的格式撰写，必要时可以包含附图，申请人也可以将权利要求书一并提交。

第二，向专利局申请专利后拟向外国申请专利或者向有关国外机构提交专利国际申请的，应当在向外国申请专利或者向有关国外机构提交专利国际申请前向专利局提出请求。由于在中国申请专利的申请文件已经详细记载了技术方案，申请人只需提交向外国申请专利保密审查请求书即可。

第三，向专利局提交专利国际申请的，视为同时提出了保密审查请求。向专利局提交国际申请，是指有资格向中国受理局提交国际申请的申请人提出的国际申请，对于中国受理局不受理而直接转国际局的国际申请，申请人在之前必须单独提出保密审查请求，经专利局允许后再提出国际申请。

五、保密审查请求的审批

按照《专利法实施细则》第 9 条规定，保密审查请求的审批由专利局进行，并采用二次审查默认审批的制度。

（一）首次审查

专利局收到申请人依据《专利法实施细则》第 8 条递交的向外国申请专利保密审查请求后，应当及时进行审查。除个别请求文件因形式原因被视为未提出，申请人需要重新提出保密审查请求之外，形式符合规定的保密审查请求均由专利局进行保密审查。

经审查认为可能涉及国家安全或者重大利益需要保密的，需及时向申请人发出暂缓向外国申请专利的保密审查通知。申请人未在其请求递交日起 4 个月内收到保密审查通知的，可以就该发明或者实用新型向外国申请专利或者向有关国外机构提交专利国际申请。

第七章

（二）进一步审查

对于可能涉及国家安全或者重大利益，已经向申请人发出保密审查通知的，由专利局进行进一步的保密审查，及时作出是否需要保密的决定，并通知申请人。申请人未在其请求递交日起 6 个月内收到保密审查决定的，可以就该发明或者实用新型向外国申请专利或者向有关国外机构提交专利国际申请。

在首次审查和进一步审查中所称的申请人未在其请求递交日起 4 个月或 6 个月内收到相应通知或决定，是指专利局发出相应通知或决定的推定收到日未在规定期限内。例如，申请人于 2011 年 1 月 1 日向专利局提出向外国申请专利保密审查请求，专利局未在 2011 年 4 月 16 日之前发出暂缓向外国申请专利的保密审查通知的（推定收到日为 2011 年 5 月 1 日），才默认同意申请人向外国申请专利。

六、向外国申请专利前的保密审查与普通国家申请的保密审查的异同

向外国申请专利前的保密审查和普通国家申请的保密审查是申请人意愿完全不同的两种情形的保密审查，其适用的法律不同，提出保密审查请求的方式及时限也完全不同，但保密审查的标准是一致的。如果其内容涉及国家安全或者重大利益，最终两种请求方式下所涉及的内容均不能向外国申请专利，在中国的申请也将作为保密专利申请。表 7-5 列出了两种保密审查的异同。

表 7-5 向外国申请专利前的保密审查与普通国家申请的保密审查的异同

		保密请求	向外国申请专利保密审查请求
不同点	申请人的意愿不同	申请人认为申请的内容可能涉及国家安全或者重大利益，希望保密	申请人认为申请的内容不涉及国家安全或者重大利益，希望向外国申请专利
	请求方式不同	申请时：在发明或者实用新型专利请求书中作出请求保密的表示；申请后：提交意见陈述书	三种不同的请求方式，参见见本节四部分内容
	适用法律不同	《专利法实施细则》第 7 条	《专利法》第 20 条和《专利法实施细则》第 8 条和第 9 条
	提出请求的时限不同	发明或实用新型专利申请进入公布或者公告准备之前提出请求或者专利局自行保密审查	向外国申请专利之前，不论在中国的专利申请的状态如何，是否已经公开或者公告，均需提出保密审查请求
相同点	保密审查标准一致	按照《专利法》第 4 条的规定进行审查，即申请专利的发明创造涉及国家安全或者重大利益需要保密的，按照国家有关规定办理	
	归属一致	对于保密专利申请或者国防专利申请，申请人不得将该申请的内容向外国申请专利 申请人提出向外国申请专利保密审查请求，经保密审查涉及国家安全或者重大利益需要保密，禁止向外国申请专利的，申请人不得就技术内容向外国申请专利，其在中国所对应的专利申请将转为保密专利申请或者国防专利申请	

第九节　实用新型和外观设计专利权评价报告

由于实用新型和外观设计专利申请实行初步审查制度，经初步审查没有发现驳回理由的，专利申请将被授予专利权。专利权人或者利害关系人为了了解其专利权的法律稳定性，可以请求国家知识产权局出具专利权评价报告。另外，根据《专利法》第61条第2款的规定，专利侵权纠纷涉及实用新型专利或者外观设计专利的，人民法院或者管理专利工作的部门可以要求专利权人或者利害关系人出具由国家知识产权局作出的专利权评价报告，作为审理、处理专利侵权纠纷的证据。

一、专利权评价报告的法律效力和法律地位

专利权评价报告是人民法院审理专利侵权案件或者管理专利工作的部门处理专利侵权纠纷的证据，其主要作用是供受案法院或者行政机关判断专利权的稳定性，从而确定是否需要根据被控侵权人提起的无效宣告请求来中止相关程序。

另外，专利权评价报告也可以帮助专利权人和社会公众了解相关专利权的法律稳定性。对于专利权人而言，可以避免其在不了解自己权利稳定性的情况下盲目行使其专利权，从而避免对其自身利益的损害；对公众而言，在订立专利权实施许可合同或者受让专利权时，可以根据专利权评价报告进一步了解该专利权，避免就带有瑕疵的专利权进行没有价值的交易行为。上述规定有利于正确引导专利权人或者利害关系人提出专利权评价报告请求，并合理对待专利权评价报告。

应当注意的是，专利权评价报告是国家知识产权局出具的关于实用新型或者外观设计专利权稳定性的证据。至于专利权是否有效，只能由无效宣告程序来确定。因此，专利权评价报告不属于行政决定，也不是对专利权有效性的正式判定，专利权人或者利害关系人不能就此提起行政复议和行政诉讼。

二、专利权评价报告请求手续

（一）请求人的资格

根据《专利法实施细则》第56条第1款的规定，专利权人或者利害关系人可以请求国家知识产权局作出专利权评价报告。"利害关系人"这一主体在《专利法》第60条中进行了规定，是指可以单独提起专利侵权诉讼或者请求处理专利侵权纠纷的人。因此，利害关系人包括专利实施独占许可合同的被许可人和由专利权人授予起诉权的专利实施普通许可合同的被许可人。此外，由于利害关系人可以单独提出专利权评价报告请求，所以共同专利权人中的部分专利权人也可以提出该请求。

请求人不是专利权人或者利害关系人的，其专利权评价报告的请求视为未提出。

（二）请求的客体

专利权评价报告请求的客体应当是已经授权公告的实用新型专利或者外观设计专利，包括已经终止的实用新型专利或者外观设计专利。

根据《专利法实施细则》第56条第1款的规定，只有授权公告的实用新型或者外观设计专利才可以被请求对其作出专利权评价报告。因此，对于下列实用新型或者外观设计不得提出专利权评价报告请求：第一，未授权公告的实用新型或者外观设计专利申请。第二，已被专利复审委

员会宣告全部无效的实用新型专利或者外观设计专利，因为实用新型或者外观设计专利权被宣告无效后，该专利权被视为自始即不存在。第三，已作出过专利权评价报告的实用新型或者外观设计专利，因为《专利法实施细则》第 57 条规定，针对同一项实用新型或者外观设计专利权，仅作出一份专利权评价报告。

（三）专利权评价报告请求手续

请求国家知识产权局作出专利权评价报告的，应当提交专利权评价报告请求书，并缴纳专利权评价报告请求费。除专利权人已经全程委托并继续委托该专利代理机构办理专利权评价报告事务的之外，委托专利代理机构的，还需提交委托书。

1. 请求书

请求书的要求主要体现在请求书的表格、针对的文本以及作为利害关系人的相关证明文件这几个方面。

（1）专利权评价报告请求书应当使用国家知识产权局统一制定的表格。请求书应当写明专利号、发明创造名称、请求人和/或专利权人名称或者姓名。

（2）专利权评价报告请求书中应当指明专利权评价报告所针对的文本。该文本应当符合对专利权评价报告请求的客体要求，其可以是与授权公告一并公布的实用新型专利文件或者外观设计专利文件，或者是由生效的无效宣告请求审查决定维持有效的实用新型专利文件或者外观设计专利文件。如果请求作出专利权评价报告的文本是由生效的无效宣告请求审查决定维持部分有效的实用新型专利文件或者外观设计专利文件，请求人应当在请求书中指明相关的无效宣告请求审查决定的决定号，以方便作出专利权评价报告的部门获得相关决定，并确定专利权评价报告所针对的文本。

（3）请求人是利害关系人的，在提出专利权评价报告请求的同时应当提交相关证明文件。例如，请求人是专利实施独占许可合同的被许可人的，应当提交与专利权人订立的专利实施独占许可合同或其复印件；请求人是专利权人授予起诉权的专利实施普通许可合同的被许可人的，应当提交与专利权人订立的专利实施普通许可合同或其复印件，以及专利权人授予起诉权的证明文件。如果所述专利实施许可合同已在国家知识产权局备案，请求人可以不提交专利实施许可合同，但应在请求书中注明。

（4）每一份请求应当仅限于一项实用新型专利或者外观设计专利。

专利权评价报告请求书不符合上述规定的，国家知识产权局应当通知请求人在指定期限内补正。

2. 委托的手续

专利权评价报告请求的相关事务可以由请求人或者其委托的专利代理机构办理。与专利审批程序中的其他程序不同，请求人可以单独或另行委托专利代理机构办理专利权评价报告的事务。关于委托的手续涉及下面三种情况：涉外当事人的委托；专利权人另行委托专利代理机构办理专利权评价报告的手续；利害关系人作为请求人时的委托。

（1）涉外当事人的委托。根据《专利法》第 19 条第 1 款规定，在中国没有经常居所或者营业所的外国人、外国企业或者外国其他组织，应当委托专利代理机构提出专利权评价报告请求。另外，香港、澳门或者台湾地区的当事人，也应委托专利代理机构提出请求。未按规定委托的，国家知识产权局应当通知请求人在指定期限内补正。

（2）请求人是专利权人且已委托专利代理机构进行全程代理，中途另行委托专利代理机构仅办理专利权评价报告手续的，请求书中应由另行委托的专利代理机构盖章，同时另行提交专利代理委托书，指明委托权限仅限于办理专利权评价报告手续。

（3）利害关系人作为请求人且委托专利代理机构办理的，请求书中应由委托的专利代理机构盖章，同时应当提交专利代理委托书，并在专利代理委托书中写明委托权限为办理专利权评价报告相关事务。

根据《专利法实施细则》第 57 条的规定，作出专利权评价报告前，多个请求人分别请求对同一件实用新型专利或者外观设计专利作出专利权评价报告的，国家知识产权局均予以受理，但仅作出一份专利权评价报告。

三、专利权评价报告的作出

（一）评价报告作出的时间

专利权评价报告的请求手续合格的，国家知识产权局应当自收到合格的专利权评价报告请求书和请求费后两个月内作出专利权评价报告。

（二）专利权评价的内容

专利权评价报告评价的内容较全面，几乎涉及所有的无效理由。

1. 实用新型专利权评价涉及的内容

（1）实用新型是否属于《专利法》第 5 条或者第 25 条规定的不授予专利权的情形。

（2）实用新型是否属于《专利法》第 2 条第 3 款规定的保护客体。

（3）实用新型是否具备《专利法》第 22 条第 2 款、第 3 款、第 4 款规定的新颖性、创造性和实用性。

（4）实用新型专利的说明书是否按照《专利法》第 26 条第 3 款的要求充分公开了专利保护的主题。

（5）实用新型是否符合《专利法》第 26 条第 4 款的规定，即权利要求是否得到说明书的支持。

（6）实用新型是否符合《专利法实施细则》第 20 条第 2 款的规定，即独立权利要求是否缺少必要技术特征。

（7）实用新型专利文件的修改是否符合《专利法》第 33 条的规定，即专利申请文件的修改是否超范围。

（8）分案的实用新型专利是否符合《专利法实施细则》第 43 条第 1 款的规定，即分案申请是否超范围。

（9）实用新型是否符合《专利法》第 9 条的规定，即是否属于重复授权和是否将专利权授予最先申请的人。

2. 外观设计专利权评价涉及的内容

（1）外观设计是否属于《专利法》第 5 条或者第 25 条规定的不授予专利权的情形。

（2）外观设计是否属于《专利法》第 2 条第 4 款规定的保护客体。

（3）外观设计是否符合《专利法》第 23 条第 1 款、第 2 款规定的新颖性和创造性。

（4）外观设计专利的图片或者照片是否符合《专利法》第 27 条第 2 款的规定，即申请人提交的有关图片或者照片是否清楚地显示了要求保护的产品的外观设计。

（5）外观设计专利文件的修改是否符合《专利法》第 33 条的规定，即专利申请文件的修改是否超范围。

（6）分案的外观设计专利是否符合《专利法实施细则》第 43 条第 1 款的规定，即分案申请是否超范围。

（7）外观设计是否符合《专利法》第9条的规定，即是否属于重复授权和是否将专利权授予最先申请的人。

可见，实用新型或者外观设计专利权评价的内容涉及除《专利法》两个条款外的全部无效理由。实用新型专利权评价的内容不包括《专利法》第20条第1款关于向外申请保密审查的评价，原因在于，审查员无法获取相关证据从而进行评价。外观设计专利权评价的内容不包括《专利法》第23条第3款关于权利冲突的评价，原因在于，关于外观设计权利冲突的无效理由需要由在先权利人提出，审查员很难掌握相关资料和证据。

（三）专利权评价报告的组成

专利权评价报告包括反映对比文件与被评价专利相关程度的表格部分，以及该专利是否符合《专利法》及其实施细则规定的授予专利权的条件的说明部分。

1. 表格部分

对于实用新型专利权评价报告，其表格部分的填写与发明的检索报告相同。

对于外观设计专利权评价报告，其表格部分应当清楚地记载检索的领域、数据库、由检索获得的对比文件以及对比文件与外观设计专利的相关程度等内容。该表格与实用新型专利权评价报告的表格部分类似。

2. 说明部分

说明部分应当记载和反映对专利权评价的结论。

在专利权评价报告中，对于未发现被评价专利存在不符合授权条件的情况，只需给出结论，不必论述理由。对于被评价专利存在不符合授权条件的情况，即不符合《专利法》及其实施细则规定的授予专利权条件的实用新型专利，或者不符合《专利法》及其实施细则规定的授予专利权条件的外观设计专利的每项外观设计，应当给出明确、具体的评价说明，并明确结论，必要时应当引证对比文件。

（四）检　索

在对实用新型或者外观设计专利权进行评价时，应当基于检索结果进行，且评价的重点在于与现有技术或者现有设计的比对。

在检索时，对于实用新型专利，应该针对实用新型专利的所有权利要求进行检索。对于外观设计专利，根据《专利法》第59条第2款的规定，应该针对外观设计专利的图片或照片表示的所有产品外观设计进行检索，并考虑简要说明的内容。对于一件外观设计专利中包含有多项外观设计的，应当对全部的外观设计进行检索。

在下列的情况下，不必进行检索即可对实用新型或者外观设计的专利权进行评价。

实用新型专利保护的主题属于下列情形之一：（1）不属于《专利法》第2条第3款规定实用新型专利申请请求保护的客体；（2）属于《专利法》第5条或者第25条规定的不授予专利权的情形；（3）不具备实用性；（4）说明书和权利要求书未对该主题作出清楚、完整的说明，以至于所属技术领域的技术人员不能实现。

外观设计专利保护的产品外观设计属于下列情形之一：（1）不属于《专利法》第2条第4款规定外观设计专利申请请求保护的客体；（2）属于《专利法》第5条或第25条规定的不授予专利权的情形；（3）图片或者照片未清楚地显示要求专利保护的产品的外观设计。

四、专利权评价报告的更正和查询、复制

（一）专利权评价报告的更正

专利权评价报告中存在下列错误的，可以进行更正：著录项目信息或文字错误，作出专利权评价报告的程序错误，法律适用明显错误，结论所依据的事实认定明显错误以及其他应当更正的错误。

更正专利权评价报告的情形有两种：作出专利权评价报告的部门在发现专利权评价报告中存在错误后，可以自行更正；请求人认为专利权评价报告存在需要更正的错误的，可以在收到专利权评价报告后2个月内请求更正。

（二）专利权评价报告的查询和复制

根据《专利法实施细则》第57条的规定，国家知识产权局在作出专利权评价报告后，任何单位或者个人可以查阅或者复制。这也是提高效率、节约资源的体现。

第十节　专利申请文档及登记簿的查阅、复制和保存

专利申请文档是在专利申请审批程序中以及专利权有效期内逐步形成、并作为原始记录保存起来以备查考的各种文件的集合，也是专利局进行审批和作出各种结论的依据。它真实地记录了专利申请从产生、形成到消亡的整个过程。专利申请文档包括纸件案卷和电子文档。专利登记簿是专利局自授权公告日起建立的，记载专利的最新法律状态的文件。为了解专利申请的审批过程或专利的归属或其他法律状态，当事人可以请求查阅和复制专利申请文档或专利登记簿。但在专利申请的不同审查阶段，允许当事人查阅和复制的内容是不同的。

一、允许查阅和复制的内容

在不同的审查阶段，允许公众查阅和复制的内容是不同的。原则上，专利局或者专利复审委员会负有保密责任的文件，不予查阅。

（一）公布前或授权公告前的专利申请

对于公布前的发明专利申请，授权公告前的实用新型的和外观设计专利申请，该申请的申请人或代理人可以查阅和复制该专利申请文档中的有关内容，包括：申请文件，与申请直接有关的手续文件，在初步审查程序中向申请人发出的通知书和决定书，以及申请人对通知书的答复意见正文。

（二）已经公布但尚未公告授予专利权的发明专利申请

对于已经公布但尚未公告授予专利权的发明专利申请，可以查阅和复制该专利申请文档中直到公布日为止的有关内容，即申请文件，与申请直接有关的手续文件，公布文件，以及在初步审查阶段专利局向申请人发出的通知书和决定书、申请人对通知书的答复意见正文。

（三）已经公告授予专利权的专利申请

对于已经公告授予专利权的专利申请，可以查阅和复制的内容包括：申请文件，与申请直接有关的手续文件，发明专利申请公布文件，授权公告文件，以及在各已审结的审查程序（包括初步审查、实质审查、复审和无效宣告审查等）中专利局向申请人或有关当事人发出的通知书和决定书的正文、申请人或有关当事人对通知书的答复意见正文。

（四）在复审程序、无效宣告审查程序之中的专利申请

对于处在复审程序、无效宣告审查程序之中尚未结案的专利申请文档，因特殊情况需要查阅和复制的，经有关方面同意后，可以依照第 1 项和第 2 项中的有关规定查阅和复制专利申请文档中进入当前审查程序以前的内容。

二、查阅和复制程序

查阅和复制专利申请文档中的文件，应当由请求人提出书面请求，专利局工作人员在审核请求人出具的有关证明或者证件后，到文档管理部门提取文档，取出不允许查阅和复制的文件；其后与请求人约定查阅时间，并发出查阅通知书；查阅人凭查阅通知书到指定地点查阅文件，对需要复制的文件进行复制；查阅完毕后，专利局工作人员对专利申请案卷重新整理，并将请求阅档的证明原件和证件复印件存入文档后，将该文档退回文档管理部门。

三、案卷保存期限及销毁

专利申请案卷一经建立应妥善保管。对于失去保存价值的案卷应定期销毁。

对于视为撤回、驳回和主动撤回等未授权结案的案卷，案卷的保存期限不少于 2 年。对于视为放弃取得专利权、主动放弃专利权、未缴年费专利权终止、期限届满专利权和专利权被宣告全部无效等授权后结案的案卷，其保存期限不少于 3 年。保存期限自结案日起算。

分案申请的原申请的案卷的保存期从最后结案的分案申请的结案日起算。

作出不受理决定的专利申请文件保存期限为 1 年。保存期限自不受理通知书发出之日起算。

案卷的保存期限届满后，经主管局长签署同意，主管部门对案卷实施销毁。

第十一节　内地申请在香港地区获得专利保护的程序

根据香港特别行政区（以下简称"香港"）于 1997 年 6 月 27 日实施的《专利条例》和《注册外观条例》规定，香港建立由标准专利和短期专利组成的独立专利制度和注册外观设计制度。其中香港专利有两类：标准专利和短期专利。专利或外观设计即使已获国家知识产权局或其他国家/地区的注册，亦不会自动在香港受到保护。要在香港得到保护，必须根据香港《专利条例》或《注册外观条例》的规定在香港另行注册，才可在香港受到保障。所以，发明人或创作人希望其产品或方法在内地和香港两地同时获得专利、外观设计保护时，必须分别在两地进行申请或注册。

一、香港的专利注册制度和外观设计注册制度

（一）标准专利

标准专利是通过注册"指定专利当局"（即由香港特别行政区政府指定的专利局）已经授权的发明专利而批准的一种专利。

标准专利的审批程序规定，请求人为获得标准专利应当办理记录、注册两步手续。第一次应当在指定专利当局公布申请后的 6 个月内进行（该公布申请称作"指定专利申请"），第二次应当在指定专利当局对该申请授权后的 6 个月内进行，或在香港指定专利申请记录请求公布后 6 个月内进行，以后到期的为准（该授权专利称作"指定专利"）。目前，指定专利当局包括中国国家知识产权局、英国专利局和欧洲专利局 3 家专利局。

标准专利授权后，标准专利的有效期最长为 20 年，自授权后的第一个（指定专利申请的申请日的）申请周年日起满 3 年应当逐年缴纳年费。

（二）短期专利

短期专利是申请人直接向香港特别行政区知识产权署（以下简称"香港知识产权署"）提出而获得批准的专利。香港短期专利一般不依赖于中国内地的发明或实用新型申请，所以一项发明或创作只要求在香港得到保护时，无须先向中国内地提出一个同样的申请，只要向香港知识产权署提交一个短期专利申请即可。要求获得香港短期专利保护的，除提交必要的申请文件之外，还应提交包括中国国家知识产权局在内的国际检索单位或香港知识产权署指定的专利当局所作的检索报告。

短期专利的审批程序规定，短期专利申请只需要经过一次形式审查和办理一次注册手续即可获得保护。

短期专利不同于我国内地现有的实用新型专利，它保护的发明主题的范围与标准专利没有区别，与我国内地发明专利大体相当，既可以保护产品发明，也可以保护方法发明，甚至还可以保护涉及微生物的发明。申请短期专利时，可以要求一项或多项优先权，要求优先权的最长期限为 12 个月。申请人在《巴黎公约》成员国或 WTO 成员提出的或为进入这些国家提出的在先专利申请，或其他保护的申请，均可作为要求短期专利优先权的基础。一项短期专利申请只允许提出一项独立权利要求，也允许提出分案申请。

短期专利授权后，不用逐年缴纳年费，只需在自申请日起满 4 年时，办理续展手续，缴纳续展费就可以将保护期延长到第 8 年。

（三）注册外观设计

外观设计在香港是通过《注册外观设计条例》来保护的。香港新《注册外观条例》于 1997 年于 6 月 27 日生效。申请人可直接向香港地区外观设计注册处提交外观设计注册申请。

香港知识产权署直接受理外观设计申请，若申请通过形式方面的审查，该设计便会获得注册。外观设计注册的申请可以享受在先申请的优先权。外观设计的保护期为自申请日或优先权日起 5 年，可续展 4 次，每次续展 5 年，最多可保护 25 年。

二、国际申请在香港地区获得专利保护

申请人在提出的国际申请中指定中国并希望其申请在香港地区获得专利保护的，除应向中国国家知识产权办理有关手续外，还应当按照香港《专利条例》的有关规定办理标准专利的请求注册批予手续或短期专利的请求批予手续。

（一）要求获得中国发明专利的国际申请

要求获得中国发明专利的国际申请在进入中国国家阶段后，申请人为获得香港标准专利的保护，应当向香港知识产权署办理标准专利的注册手续，即：自该申请由中国专利局以中文公布之日起 6 个月内，或者该申请已由国际局以中文公布的、自中国国家知识产权国家申请号通知书发文日起 6 个月内，向香港知识产权署办理记录请求手续；并自该申请由中国专利局授予专利权之日起 6 个月内向香港知识产权署办理注册与批予请求手续。以上程序适用于公布日或国家申请号通知书发文日是在 1997 年 6 月 27 日或之后的申请。

（二）要求获得中国实用新型专利的国际申请

要求获得中国实用新型专利的国际申请人为使其国际申请也获得香港短期专利的保护，应当

在进入中国国家阶段之日起 6 个月内，或自中国国家知识产权国家申请号通知书发文日起 6 个月内，向香港知识产权署办理短期专利的批予请求手续。以上程序适用于国家申请号通知书发文日是在 1997 年 7 月 1 日或之后的申请。

三、中国内地发明专利申请在香港地区获得专利保护

向中国国家知识产权局提出发明专利申请的申请人，为获得香港标准专利的保护，应当按照香港《专利条例》的有关规定，向香港知识产权署办理标准专利的注册手续，即：自该申请由中国专利局公布之日起 6 个月内向香港知识产权署办理记录请求手续；并自该申请由中国国家知识产权局授予专利权之日起 6 个月内向香港知识产权署办理注册与批予请求手续。以上程序适用于公布日是在 1997 年 6 月 27 日或之后的申请。

四、要求获得香港短期专利

要求获得香港短期专利（除前述通过国际申请途径外）的，应当按照香港《专利条例》的规定，向香港知识产权署办理有关手续。根据香港《专利条例规则》的规定，要求获得香港短期专利保护的，还应提交包括中国国家知识产权局在内的国际检索单位或香港知识产权署指定的专利局所作的检索报告。

五、要求获得注册外观设计保护

要求获得香港注册外观设计保护的，应当按照香港《注册外观设计条例》的规定，向香港知识产权署办理有关手续。

练习题及其解析

第一节练习题

1. 第一次审查意见通知书于 2005 年 4 月 1 日送达申请人，该通知书指定其应当于收到之日起 4 个月内答复。如果申请人请求延长答复期限，以下哪些情况延长答复期限的请求不应当被批准？

A. 申请人于 2005 年 7 月 29 日打电话给国家知识产权局，请求延期答复审查意见通知书。之后，于 8 月 3 日提交延长期限请求书，并缴纳了延长期限请求费

B. 申请人于 2005 年 5 月 27 日提交延长期限请求书，并于该日后的 2 个月内缴纳了延长期限请求费

C. 申请人于 2005 年 8 月 2 日提交延长期限请求书，并于该日后 1 个月内缴纳了延长期限请求费

D. 申请人于 2005 年 7 月 1 日提交延长期限请求书，并于该日后 1 个月内缴纳了延长期限请求费

【解析】本题中，第一次审查意见通知书于 2005 年 4 月 1 日送达申请人，答复期限届满日为 2005 年 8 月 1 日。A 选项中，虽然申请人于 2005 年 7 月 29 日打电话给国家知识产权局，但不具有有法律效力。申请人 2005 年 8 月 3 日提交延长期限请求书，显然超过答复期限届满日 2005 年 8 月 1 日，不应当被批准。故 A 选项正确。B 选项中，申请人于 2005 年 5 月 27 日提交延长期限请求书，并于该日后的 2 个月内缴纳了延长期限请求费，即 2005 年 7 月 27 日之前缴纳了延长期限请求费，均在答复期限内，应当被批准。故 B 选项错误。C 选项中，申请人于 2005 年 8 月 2 日提交延长期限请求书，显然超过答复期限届满日 2005 年 8 月 1 日，不应当被批准。故 C 选项正确。D 选项中，申请人最终于 2005 年 8 月 1 日之前缴纳了延长期限请求费，应当被批准。故 D 选项错误。

2. 一件享有外国优先权的发明专利申请的优先权日为 2006 年 2 月 20 日，申请日为 2007 年 2 月 7 日。以下说法哪些是正确的？

A. 该申请自 2007 年 2 月 7 日起满 18 个月即行公布

B. 申请人提出实质审查请求的期限为自 2006 年 2 月 20 日起 3 年

C. 如果该专利申请被授予专利权，则其保护期限自 2007 年 2 月 7 日起计算

D. 2006 年 2 月 20 日以前在出版物上公开发表的技术属于该发明专利申请的现有技术

【解析】根据《专利法》第 34 条、第 35 条的规定，发明专利申请经初步审查符合规定的，自申请日起满 18 个月，即行公布；发明专利申请提出实质审查的期限是自申请日起 3 年内。同时根据《专利法实施细则》第 11 条的规定，除《专利法》第 28 条和第 42 条规定的情形外，专利法所称申请日，有优先权的，指优先权日。因此，A 选项错误，B 选项正确。根据《专利法》第 42 条的规定，发明专利权的期限为 20 年，实用新型专利权和外观设计专利权的期限为 10 年，均自申请日起计算，且所指申请日为实际申请日，因此 C 选项正确。《专利法》第 22 条第 5 款对现有技术进行了定义，所指申请日有优先权的，是优先权日，故 D 选项正确。

3. 申请人宋某委托某专利代理公司提交了一件专利申请，该专利代理公司于 2007 年 4 月 17 日按规定缴纳了申请费，申请人宋某于 2007 年 4 月 30 日也缴纳了申请费，由于宋某缴纳的申请费属于重缴费用，因此可以请求退款。下列关于退款手续的说法哪些是正确的？

A. 请求退款应当书面提出、说明理由并附具相应证明

B. 宋某可以委托专利代理公司接收退款

C. 退款请求中未注明接收退款的收款人姓名的，则退款的收款人仅能为专利代理机构

D. 退款请求应当最迟于 2010 年 4 月 30 日提出

【解析】《专利法实施细则》第 94 条第 4 款规定："多缴、重缴、错缴专利费用的，当事人可以自缴费日起 3 年内，向国务院专利行政部门提出退款请求，国务院专利行政部门应当予以退还。"《专利审查指南 2010》第五部分第二章第 4.2.2 节对退款的手续进行了规定，请求退款应当书面提出，说明理由并附具相应证明。故 A 选项正确。退款请求人应当是该款项的缴款人。申请人（或专利权人）、专利代理机构作为非缴款人请求退款的，应当声明是受缴款人委托办理退款手续。故宋某可以委托专利代理公司接收退款，B 选项正确。对于 C 选项，《专利审查指南 2010》规定，退款请求中未注明收款人信息的，退款请求人是申请人（或专利权人）或专利代理机构的，应当按

照文档中记载的相应的地址和姓名或名称退款。故 C 选项错误。对于 D 选项，由于宋某重复缴纳申请费的时间是 2007 年 4 月 30 日，提出退款请求的最晚时间是缴费日起 3 年内，因此，退款请求最迟应当于 2010 年 4 月 30 日提出，D 选项正确。综上，本题正确答案为 A、B、D。

4. 下列哪些专利费用均可以予以减缓？

A. 申请费、自授予专利权当年起 3 年内的年费、复审费

B. 申请费、专利登记费、复审费

C. 申请费、申请附加费、自授予专利权当年起 5 年内的年费、复审费

D. 申请费、自授予专利权当年起 3 年内的年费、优先权要求费、复审费

【解析】根据局 39 号令和《专利审查指南 2010》第五部分第二章第 3.1 节中规定，可以减缓的费用种类包括申请费、发明专利申请实质审查费、复审费、自授权当年起 3 年的年费。不包括申请附加费、专利登记费、优先权要求费、授权当年起第四年和第五年的年费，因此正确的选项为 A。

5. 王某于 2008 年 10 月 4 日委托速递公司向国家知识产权局递交专利申请，并在 2008 年 10 月 9 日通过邮局向国家知识产权局汇付了相关申请费用。国家知识产权局于 2008 年 10 月 8 日收到了该速递公司递交的专利申请，并于 10 月 10 日收到了王某汇付的费用。下列说法哪些是正确的？

A. 王某专利申请的申请日为 2008 年 10 月 4 日，缴费日为 2008 年 10 月 9 日

B. 王某专利申请的申请日为 2008 年 10 月 4 日，缴费日为 2008 年 10 月 10 日

C. 王某专利申请的申请日为 2008 年 10 月 8 日，缴费日为 2008 年 10 月 9 日

D. 王某专利申请的申请日为 2008 年 10 月 8 日，缴费日为 2008 年 10 月 10 日

【解析】本题综合考查申请日和缴费日的确定。《专利法》第 28 条规定："国务院专利行政部门收到专利申请文件之日为申请日。如果申请文件是邮寄的，以寄出的邮戳日为申请日。"《专利审查指南 2010》第五部分第三章第 2.3.1 节中规定，通过速递公司递交到国家知识产权局受理处或者各专利代办处的专利申请，以收到日为申请日。故王某专利申请的申请日为 2008 年 10 月 8 日。根据《专利法实施细则》第 94 条第 3 款的规定，直接向国务院专利行政部门缴纳费用的，以缴纳当日为缴费日；以邮局汇付方式缴纳费

用的，以邮局汇出的邮戳日为缴费日；以银行汇付方式缴纳费用的，以银行实际汇出日为缴费日。故王某专利申请的缴费日为2008年10月9日。综上，本题的正确答案为C。

第二节练习题

6. 李某欲撤回其提出的发明专利申请。以下关于其撤回的说法中哪些是正确的？

A. 李某在被授予专利权之前，可以随时撤回其专利申请

B. 如果李某撤回其申请的声明是在国家知识产权局作好公布其专利申请文件的准备工作之后提出的，则其申请文件仍予公布

C. 如果李某的专利申请是委托专利代理机构代为办理的，则撤回声明应当由代理机构提出，且不需要李某签章或提供同意撤回申请的证明材料

D. 李某撤回其专利申请不得附有任何条件

【解析】《专利法》第32条规定："申请人可以在被授予专利权之前随时撤回其专利申请。"据此，A选项正确。

《专利法实施细则》第36条第2款规定："撤回专利申请的声明在国务院专利行政部门作好公布专利申请文件的印刷准备工作后提出的，申请文件仍予公布；但是，撤回专利申请的声明应当在以后出版的专利公报上予以公告。"据此，B选项正确。

《专利法实施细则》第36条第1款规定："申请人撤回专利申请的，应当向国务院专利行政部门提出声明，写明发明创造的名称、申请号和申请日。"《专利审查指南2010》第一部分第一章第6.6节进一步规定，委托专利代理机构的，撤回专利申请的手续应当由专利代理机构办理，并附具全体申请人签字或者盖章同意撤回专利申请的证明材料，或者仅提交由专利代理机构和全体申请人签字或者盖章的撤回专利申请声明。据此，C选项错误。《专利审查指南2010》第一部分第一章6.6规定，撤回专利申请不得附有任何条件。据此，D选项正确。

7. 申请人孙某于2007年2月7日提交了一件发明专利申请并同时提交了提前公开声明，国家知识产权局于2007年8月3日发出了初审合格通知书，随即该申请进入了公报编辑阶段。之后，孙某于2007年10月10日提交了撤回专利申请声明，国家知识产权局于2007年11月2日发出了撤回专利申请手续合格通知书。下列哪些说法是正确的？

A. 由于孙某撤回了专利申请，所以该申请文件

不予公布

B. 由于撤回专利申请声明是在专利申请进入公报编辑后提出的，所以该申请文件仍予公布

C. 撤回该专利申请的生效日为2007年11月2日

D. 撤回该专利申请的生效日为2007年10月10日

【解析】《专利法》第32条规定："申请人可以在被授予专利权之前随时撤回其专利申请。"《专利法实施细则》第36条规定："申请人撤回专利申请的，应当向国务院专利行政部门提出声明，写明发明创造的名称、申请号和申请日。撤回专利申请的声明在国务院专利行政部门作好公布专利申请文件的印刷准备工作后提出的，申请文件仍予公布；但是，撤回专利申请的声明应当在以后出版的专利公报上予以公告。"因此，A选项错误，B选项正确。《专利审查指南2010》第一部分第一章第6.6节规定，撤回专利申请的生效日为手续合格通知书的发文日。由于国家知识产权局于2007年11月2日发出了撤回专利申请手续合格通知书，因此撤回该专利申请的生效日为2007年11月2日，故C选项正确，D选项错误。

第三节练习题

8. 张某通过邮局向国家知识产权局递交了一件发明专利申请，其信封上的寄出邮戳日为2005年4月18日。国家知识产权局于2005年4月21日收到了该申请，经审查于2007年1月12日发出了授予专利权的通知书。张某在规定的期限内办理了登记手续后，国家知识产权局于2007年2月26日进行了授权公告。基于以上事实，该项专利权的期限届满日应当为下列哪一日？

A. 2025年4月18日　　B. 2025年4月21日

C. 2027年1月12日　　D. 2027年2月26日

【解析】张某通过邮局向国家知识产权局递交专利申请，应当以寄出的邮戳日为申请日，其信封上的寄出邮戳日为2005年4月18日，故该发明专利申请的申请日为2005年4月18日。而发明专利权的期限自申请日起计算为20年，故该项专利权的期限自2005年4月18日起算，期限为20年，期限届满日为2025年4月18日，故A选项正确。

9. 陈某和李某委托某专利代理机构向国家知识产权局提交了一件专利申请。该申请被授予专利权后，陈某和李某欲放弃该专利权。下列说法哪些是正确的？

A. 放弃专利权的手续既可以由该专利代理机构办理，也可以由陈某或者李某办理

B. 在办理放弃专利权手续时，应当提交陈某或者李某签字同意的放弃专利权声明

C. 陈某和李某既可以放弃全部专利权，也可以放弃部分专利权

D. 放弃专利权的生效日为手续合格通知书的发文日

【解析】《专利审查指南2010》第五部分第九章第2.3节规定，授予专利权后，专利权人随时可以主动要求放弃专利权，专利权人放弃专利权的，应当提交放弃专利权声明，并附具全体专利权人签字或者盖章同意放弃专利权的证明材料，或者仅提交由全体专利权人签字或者盖章的放弃专利权声明。委托专利代理机构的，放弃专利权的手续应当由专利代理机构办理，并附具全体申请人签字或者盖章的同意放弃专利权声明。主动放弃专利权的声明不得附有任何条件。放弃专利权只能放弃一件专利的全部，放弃部分专利权的声明视为未提出。放弃专利权声明经审查，不符合规定的，审查员应当发出视为未提出通知书；符合规定的，审查员应当发出手续合格通知书，并将有关事项分别在专利登记簿和专利公报上登记和公告。放弃专利权声明的生效日为手续合格通知书的发文日，放弃的专利权自该日起终止。由此可知，A、B、C选项错误，D选项正确。

10. 下述哪些情形将导致专利权终止？

A. 专利权被宣告无效

B. 专利权期限届满

C. 专利权人以书面声明放弃其专利权

D. 专利权人没有按照规定缴纳年费

【解析】《专利法》第47条第1款规定："宣告无效的专利权视为自始即不存在。"据此，A选项错误。

第四节 练习题

11. 王某于2008年8月5日提交了一件发明专利申请，其所在公司以申请专利的权利应当属于该公司为由向人民法院提起诉讼，并于2010年3月19日向国家知识产权局提出中止请求。下列哪些说法是正确的？

A. 该公司在提出中止请求时应当提交中止程序请求书、附具人民法院出具的受理通知书正本或者副本

B. 该公司应当于2010年4月19日前缴纳中止程序请求费

C. 在2010年9月19日前该公司未请求延长中止的，国家知识产权局自行恢复有关程序

D. 执行中止期间，王某不得办理权利转让、放弃权利等手续

【解析】《专利法实施细则》第86条第1款和第2款规定："当事人因专利申请权或者专利权的归属发生纠纷，已请求管理专利工作的部门调解或者向人民法院起诉的，可以请求国务院专利行政部门中止有关程序。请求中止有关程序的，应当向国务院专利行政部门提交请求书，并附具管理专利工作的部门或者人民法院的写明申请号或者专利号的有关受理文件副本。"据此，A选项正确。由于中止程序不需要缴纳请求费，故B选项错误。专利申请权或者专利权归属的纠纷请求中止的，中止期限为1年。C选项中，从提出中止请求到2010年9月19日仅半年，故C选项错误。《专利法实施细则》第88条规定："国务院专利行政部门根据本细则第86条和第87条规定中止有关程序，是指暂停专利申请的初步审查、实质审查、复审程序，授予专利权程序和专利权无效宣告程序；暂停办理放弃、变更、转移专利权或者专利申请权手续，专利权质押手续以及专利权期限届满前的终止手续等。"故D选项正确。

12. 当事人因专利申请权纠纷而请求中止实质审查程序。关于该中止的实质审查程序，以下哪些说法是正确的？

A. 凡不涉及权利人变动的，国家知识产权局在收到发生法律效力的调解决定或判决书后，应当及时予以恢复

B. 凡涉及权利人变动的，国家知识产权局在收到发生法律效力的调解决定或判决书后，如果当事人办理了相应的著录项目变更手续，则应予以恢复

C. 如果自请求中止之日起1年内，专利申请权纠纷未能结案，请求人又未请求延长中止的，国家知识产权局将自行恢复

D. 只能依当事人的请求才能恢复

【解析】关于中止程序的恢复，《专利法实施细则》第86条第3款规定，管理专利工作的部门作出的调解书或者人民法院作出的判决生效后，当事人应当向国务院专利行政部门办理恢复有关程序的手续。自请求中止之日起1年内，有关专利申请权或者专利权归属的纠纷未能结案，需要继续中止有关程序的，请求人应当在该期限内请求延长中止。期满未请求延长的，国务院专利行政部门自行恢复有关程序。《专利审查指南》第二部分第八章7.3进一步规定，对于因专利申请权归属纠纷当事人的请求而中止的实质审

查程序，在专利局收到发生法律效力的调解书或判决书后，凡不涉及权利人变动的，应及时予以恢复；涉及权利人变动的，在办理相应的著录项目变更手续后予以恢复。若自上述请求中止之日起1年内，专利申请权归属纠纷未能结案，请求人又未请求延长中止的，专利局将自行恢复被中止的实质审查程序。显然，A、B、C选项符合《专利法实施细则》和《专利审查指南》的相关规定，为正确选项。而D项由于表述过于绝对，没有包含国家知识产权局自行恢复的情况，因此为错误选项。

第五节 练习题

13. 下列有关申请人姓名或者名称变更的说法哪些是正确的？

A. 我国公民因更改姓名提出变更请求的，应当提交本人签字或者签章的声明

B. 我国企业法人因更名提出变更请求的，应当提交工商行政管理部门出具的证明文件

C. 外国企业因更名提出变更请求的，应当提交该企业签章的声明

D. 外国人因更改中文译名提出变更请求的，应当提交申请人的声明

【解析】 根据对申请人或专利权人姓名或者名称变更所需提交的证明文件的规定，个人因更改姓名提出变更请求的，应当提交户籍管理部门出具的证明文件；企业法人因更名提出变更请求的，应当提交工商行政管理部门出具的证明文件；外国人、外国企业或者外国其他组织因更名提出变更请求的，应当参照国内个人或企业更名的规定提交相应的证明文件；外国人、外国企业或者外国其他组织因更改中文译名提出变更请求的，应当提交申请人（或专利权人）的声明。由此可知，A、C选项错误，B、D选项正确。

14. 在办理专利申请权或专利权的转让手续时，下列哪些情形应当出具商务主管部门颁发的《技术出口许可证》或者《自由出口技术合同登记证书》？

A. 广州市市民王某向国家知识产权局提交了一件外观设计专利申请并获得专利权，之后将该专利权转让给一家日本的企业

B. 北京市的一所大学与美国的一所大学共同向国家知识产权局提交了一件发明专利申请，之后将该专利申请权转让给一家韩国的企业

C. 上海市市民刘某向国家知识产权局提交了一件发明专利申请，之后刘某在美国做访问学者期间，将其专利申请权转让给一家美国的企业

D. 天津市的一家民营企业向国家知识产权局提交了一件发明专利申请并获得了专利权，之后将专利权转让给在中国内地注册的一家外资企业

【解析】《专利法》第10条规定："专利申请权和专利权可以转让。中国单位或者个人向外国人、外国企业或者外国其他组织转让专利申请权或者专利权的，应当依照有关法律、行政法规的规定办理手续。转让专利申请权或者专利权的，当事人应当订立书面合同，并向国务院专利行政部门登记，由国务院专利行政部门予以公告。专利申请权或者专利权的转让自登记之日起生效。"其中所称"有关法律、行政法规"就是指《对外贸易法》和《技术进出口管理条例》。《专利审查指南2010》进一步规定，对于发明或者实用新型专利申请（或专利），转让方是中国内地的个人或者单位，受让方是外国人、外国企业或者外国其他组织的，应当出具国务院商务主管部门颁发的《技术出口许可证》或者《自由出口技术合同登记证书》，或者地方商务主管部门颁发的《自由出口技术合同登记证书》，以及双方签字或者盖章的转让合同。由于外观设计专利申请不涉及技术，不需要办理出口的有关手续。据此，A选项错误。《专利审查指南2010》还规定，中国内地的个人或者单位与外国人、外国企业或者外国其他组织作为共同转让方，受让方是外国人、外国企业或者外国其他组织的，需要办理出口的有关手续。据此，B选项正确。C选项中，刘某虽然是在美国做访问学者期间，将其专利申请权转让给一家美国的企业，但其中国人的身份并没有改变，故C选项正确。D选项中，由于受让方是在中国内地注册的一家外资企业，是在中国内地注册的一家外资企业，因此仍属于中国企业，故在办理专利权转让手续时，不需要出具商务主管部门颁发的《技术出口许可证》或者《自由出口技术合同登记证书》，D选项错误。

15. 我国甲公司与日本乙公司签订了一份专利权转让合同，将甲公司享有的一项儿童玩具实用新型专利权转让给乙公司。甲公司到国家知识产权局办理权利变更手续时，应当出具下列哪些文件？

A. 甲公司上级主管部门批准转让该专利权的批件

B. 国务院对外经济贸易主管部门会同国务院专利行政部门批准转让该专利权的批件

C. 技术出口合同登记证

D. 甲公司和乙公司双方盖章的转让合同

【解析】《专利法实施细则》第14条第1款规定："除依照专利法第10条规定转让专利权外，专利权因其他事由发生转移的，当事人应当凭有关证明文件或者法律文书向国务院专利行政部门办理专利权转移手续。"局94号公告关于向外国人转让专利申请权或者专利权的审批和登记事宜中规定，若待转让的专利申请权或者专利权涉及限制类技术，当事人应当按照《技术进出口管理条例》的规定办理技术出口审批手续；获得批准的，当事人凭《技术出口许可证》到我局办理转让登记手续；若待转让的专利申请权或者专利权涉及自由类技术，当事人应当按照《技术出口管理条例》和《技术进出口合同登记管理办法》的规定，办理技术出口登记手续；经登记的，当事人凭国务院商务主管部门或者地方商务主管部门出具的《技术出口合同登记证书》）到我局办理转让登记手续。《专利审查指南2010》规定，对于发明或者实用新型专利申请或专利，转让方是中国内地的个人或者单位，受让方是外国人、外国企业或者外国其他组织的，应当出具国务院商务主管部门颁发的《技术出口许可证》或者《自由出口技术合同登记证书》，或者地方商务主管部门颁发的《自由出口技术合同登记证书》，以及双方签字或者盖章的转让合同。由此可知，C、D选项正确。

16. 王某为某公司的法定代表人，现欲将自己的专利申请转让给该公司。该公司欲委托王某委托的原专利代理机构继续代理其申请专利。下列说法哪些是正确的？

  A. 由于王某是该公司的法定代表人，因此该转让行为无需办理登记手续

  B. 由于委托了同一家专利代理机构，因此在办理专利权转让登记手续时无需提交新的专利代理委托书

  C. 在办理该专利权转让登记手续时，应当提交转让合同

  D. 该专利权转让登记手续既可以由该公司办理，也可以由该代理机构办理

【解析】《专利法》第10条第3款规定："转让专利申请权或者专利权的，当事人应当订立书面合同，并向国务院专利行政部门登记，由国务院专利行政部门予以公告。"《专利法实施细则》第14条第1款规定："除依照专利法第10条规定转让专利权外，专利权因其他事由发生转移的，当事人应当凭有关证明文件或者法律文书向国务院专利行政部门办理专利权转移手续。"《专利审查指南2010》第一部分第一章

第6.7节规定，专利申请权（或专利权）转让或者因其他事由发生转移的，申请人（或专利权人）应当以著录项目变更的形式向专利局登记。

A选项中，由于王某将自己的专利申请转让给了其公司，虽然王某为该公司的法定代表人，但由于专利申请权的所有者发生了变化，所以应当办理著录项目变更手续，故A选项错误。

B选项中，虽然该公司委托王某委托的原专利代理机构继续代理其申请专利，变更前申请人和变更后申请人委托同一家专利代理机构，但由于申请人发生了改变，因此必须重新办理相关的委托手续，故B选项错误。

第六节练习题

17. 申请人因正当理由未在规定期限内办理专利权登记手续，造成其取得实用新型专利权的权利被视为放弃的，应如何办理恢复手续？

  A. 在收到视为放弃取得专利权通知书之日起3个月内，缴纳年费、登记费、印花税、公告印刷费和恢复权利请求费

  B. 在收到视为放弃取得专利权通知书之日起2个月内，缴纳年费、登记费、公告印刷费和恢复权利请求费，提交恢复权利请求书

  C. 在收到视为放弃取得专利权通知书之日起2个月内，缴纳年费、登记费、印花税、公告印刷费和各年度的维持费，提交恢复权利请求书和相关证明材料

  D. 在收到视为放弃取得专利权通知书之日起2个月内，缴纳年费、登记费、印花税、公告印刷费和恢复权利请求费，提交恢复权利请求书和相关证明材料

【解析】《专利法实施细则》第6条第2款规定："除前款规定的情形外，当事人因其他正当理由延误专利法或者本细则规定的期限或者国务院专利行政部门指定的期限，导致其权利丧失的，可以自收到国务院专利行政部门的通知之日起2个月内向国务院专利行政部门请求恢复权利。"故A选项中所述办理恢复手续的时间为收到视为放弃取得专利权通知书之日起3个月内是错误的，A选项错误。《专利法实施细则》第6条第3款规定："当事人依照本条第1款或者第2款的规定请求恢复权利的，应当提交恢复权利请求书，说明理由，必要时附具有关证明文件，并办理权利丧失前应当办理的相应手续；依照本条第2款的规定请求恢复权利的，还应当缴纳恢复权利请求费。"《专利法实施细则》第97条规定："申请人办理登记

261

手续时，应当缴纳专利登记费、公告印刷费和授予专利权当年的年费；期满未缴纳或者未缴足的，视为未办理登记手续。"《专利审查指南 2010》第五部分第七章第 6.2 节规定，根据《专利法实施细则》第 6 条第 2 款规定请求恢复权利的，应当自收到专利局或者专利复审委员会的处分决定之日起 2 个月内提交恢复权利请求书，说明理由，并同时缴纳恢复权利请求费。当事人在请求恢复权利的同时，应当办理权利丧失前应当办理的相应手续，消除造成权利丧失的原因。《专利审查指南 2010》第五部分第九章第 1.1.3 节规定，申请人在办理登记手续时，应当按照办理登记手续通知书中写明的费用金额缴纳专利登记费、授权当年（办理登记手续通知书中指明的年度）的年费、公告印刷费，同时还应当缴纳专利证书印花税。故 B、C 选项错误。D 选项中，由于相关证明文件必要时才需要附具，不是必须提交证明文件，故 D 选项正确。

18. 申请人王某未在规定期限内缴纳办理专利权登记手续所需的费用，于 2008 年 7 月 11 日收到视为放弃取得专利权通知书，该通知书的发文日为 2008 年 7 月 4 日。现王某欲依据《专利法实施细则》第 6 条第 2 款的规定请求恢复权利，则下列说法哪些是正确的？

    A. 王某应当于 2008 年 9 月 4 日前办理恢复手续

    B. 王某应当提交恢复权利请求书并说明理由

    C. 王某应当缴纳恢复费 1 000 元

    D. 王某应当在提交恢复权利请求书的同时缴纳办理专利权登记手续所需的费用

【解析】《专利法实施细则》第 6 条第 2 款规定："……当事人因其他正当理由延误专利法或者本细则规定的期限或者国务院专利行政部门指定的期限，导致其权利丧失的，可以自收到国务院专利行政部门的通知之日起 2 个月内向国务院专利行政部门请求恢复权利。"《专利法实施细则》第 4 条第 3 款规定："国务院专利行政部门邮寄的各种文件，自文件发出之日起满 15 日，推定为当事人收到文件之日。"本题中，通知书的发文日为 2008 年 7 月 4 日，推定收到日为 2008 年 7 月 19 日，因此王某应当于 2008 年 9 月 19 日之前办理恢复手续，A 选项错误。《专利法实施细则》第 6 条第 3 款规定："当事人依照本条第 1 款或者第 2 款的规定请求恢复权利的，应当提交恢复权利请求书，说明理由，必要时附具有关证明文件，并办理权利丧失前应当办理的相应手续；依照本条第 2 款的规定请求恢复权利的，还应当缴纳恢复权利请求

费。"本题中，王某的专利权视为放弃的原因是未在规定期限内缴纳办理专利权登记手续所需的费用，王某在提交恢复权利请求书的同时应当缴纳办理专利权登记手续所需的费用，因此 B、D 选项正确。根据局 75 号公告的规定，恢复权利请求费为 1 000 元，故 C 选项正确。

第七节练习题

19. 下述哪些行为属于国家知识产权局行政复议的受案范围？

    A. 对专利局执行法院民事判决书不服的

    B. 对专利局所作实用新型或外观设计专利性评价报告不服的

    C. 对专利局认为其对外申请需要保密的决定不服的

    D. 对地方知识产权局所作行政处罚决定不服的

【解析】（1）根据《民事诉讼法》的规定，任何单位或个人对法院的生效判决书均有执行的义务，如果无故不执行生效的法院判决书，法院可以对相关机关进行处罚。因此，专利局执行法院的民事判决书，如根据判决书的内容将专利权人由张三变更为李四，该行为并不属于专利局自己的具体行政行为，而是法院判决书执行的一部分。当事人如不服，应当依据《民事诉讼法》规定的程序提起再审，而不能提起行政复议。（2）根据《专利法》第 61 条的规定，专利权评价报告是法院处理专利侵权纠纷案件的证据，该报告并不是行政决定，因此对其不能提起行政复议。（3）根据《专利法》的规定，在中国完成的发明和实用新型，在向外国提出专利申请前，应当首先经国家知识产权局进行保密审查。基于该决定属于国家知识产权局的具体行政行为，应当可以对其提出复议申请。（4）对地方知识产权局作出的行政处罚决定，如对假冒专利的处罚决定，如果提起行政复议，应当向本级政府提出，而不能向国家知识产权局提出，因为国家知识产权局与地方知识产权局的关系并不是垂直或直接领导关系，也不存在人财物的管理关系，而是宏观的指导关系。据此，A、B、D 选项错误，C 选项正确。

20. 下述哪些人可以提出复议申请？

    A. 专利申请人、专利权人

    B. 著录项目变更前的专利权人

    C. 关心专利事业但没有利害关系的公众

    D. 专利代理人为其客户利益以自己名义提出复议申请

【解析】专利申请人和专利权人当然可以作为复

议申请人是没有疑义的，著录项目变更前的专利权人，由于变更专利权人涉及其利益，显然其可以作为有利害关系的人来提出复议申请。但是，关心专利事业，但与专利局所作处分没有任何利害关系的公众，是不能提出复议申请的，因为复议程序并不是为公众提供的一个异议程序，而是为特定的相对人提供的一种行政救济程序。专利代理人为其客户的利益提出复议申请时，复议申请人仍是其客户，而不是代理人，并且，代理人不能以自己的名义替客户申请复议。据此，C、D选项错误，A、B选项正确。

第八节练习题

21. 下列说法哪些是正确的？

A. 任何单位或者个人将其在中国完成的发明向外国申请专利的，应当事先报经国务院专利行政部门进行

B. 未经保密审查，将在中国完成的发明在外国申请专利后，再到中国申请专利的，虽然满足其他授权条件，该申请仍不能被授予发明专利权

C. 专利申请在向外国申请专利之前，均需报经国家知识产权局进行保密审查

D. 中国内地的个人在美国工作期间完成的发明，在向美国申请专利之前，需报经国家知识产权局进行保密审查

【解析】　根据《专利法》第20条第1款的规定，任何单位或者个人将其在中国完成的发明或者实用新型向外国申请专利的，应当事先报经国家知识产权局进行保密审查。因此，报经国家知识产权局进行保密审查的主体是任何单位或者个人，需进行保密审查的客体是在中国完成的发明或实用新型，不包括外观设计，故A选项正确。C选项中所涉及客体是三种类型的专利申请，D选项所涉及的客体是在美国完成的发明。因此，C、D选项均是错误的。《专利法》第20条第4款规定："对违反本条第1款规定向外国申请专利的发明或者实用新型，在中国申请专利的，不授予专利权。"故B选项正确。

第九节练习题

22. 关于专利权评价报告的作用，正确的说法有哪些？

A. 评价报告是人民法院或者管理专利工作的部门审理、处理侵权纠纷的证据

B. 评价报告可帮助专利权人和社会公众了解相关专利权的法律稳定性

C. 评价报告不属于行政决定

D. 评价报告是实用新型和外观设计专利是否有效的正式判定

【解析】　此题涉及专利权评价报告的法律地位和效力。《专利审查指南2010》第五部分第十章第1节具体规定了专利权评价报告的法律地位和效力，评价报告是人民法院或者管理专利工作的部门审理、处理侵权纠纷的证据。而且，根据上文介绍，其可以帮助专利权人和社会公众了解相关专利权的法律稳定性。故选项A和B正确。评价报告不是行政决定，所以选项C正确。应该注意，专利权评价报告不是关于专利权本身是否有效的正式判定，专利权是否有效应该由无效宣告程序来解决，故选项D错误。

23. 下列关于专利权评价报告的说法正确的有哪些？

A. 对于已经终止的实用新型或者外观设计专利，可以提出专利权评价报告请求

B. 对于未授权公告的实用新型或者外观设计专利申请，可以提出专利权评价报告请求

C. 对已被专利复审委员会宣告部分无效的实用新型专利或者外观设计专利可以提出专利权评价报告请求

D. 对于已作出过专利权评价报告的一项实用新型或者外观设计专利，不再作出专利权评价报告

【解析】　此题涉及专利权评价报告请求的客体。根据《专利法实施细则》第56条第1款的规定，只有授权公告的实用新型或者外观设计专利才可以被请求对其作出专利权评价报告。授权公告的实用新型或者外观设计专利包括已经终止或者放弃的实用新型专利或者外观设计专利。根据《专利法实施细则》第57条的规定，针对同一项实用新型或者外观设计专利权，仅作出一份专利权评价报告。故选项A和D正确，选项B故错误。对于选项C，因为实用新型专利或者外观设计专利被专利复审委员会宣告部分无效，那么还有专利权存在，故可以提出专利权评价报告请求。

24. 实用新型和外观设计专利权被授予后，哪些人可以请求国家知识产权局对其作出专利权评价报告？

A. 任何人

B. 由专利权人授予起诉权的专利实施普通许可合同的被许可人

C. 共同专利权人中的部分专利权人

D. 专利实施独占许可合同的被许可人

【解析】 此题涉及请求作出专利权评价报告的请求人资格。《专利法实施细则》第 56 条第 1 款规定：专利权人或者利害关系人可以请求国家知识产权局作出专利权评价报告。利害关系人包括专利实施独占许可合同的被许可人和由专利权人授予起诉权的专利实施普通许可合同的被许可人。部分专利权人亦属于专利权人。故选项 B、C、D 正确。

25. 请求国家知识产权局作出实用新型专利权评价报告的时间应当为何时？

　　A. 提出实用新型专利申请前

　　B. 提出实用新型专利申请后任何时间

　　C. 授予实用新型专利权的决定公告前

　　D. 授予实用新型专利权的决定公告后

【解析】 此题涉及提出专利权评价报告请求的时间。根据《专利法实施细则》第 56 条第 1 款的规定，只有授权公告的实用新型或者外观设计专利才可以被请求对其作出专利权评价报告。所以，请求国家知识产权局作出实用新型专利权评价报告的时间必须在授予专利权决定公告之后。

26. 关于专利权评价报告评价的内容，下列说法正确的有哪些？

　　A. 实用新型或者外观设计是否属于《专利法》规定的保护客体

　　B. 实用新型专利是否具备创造性

　　C. 外观设计专利权评价的内容不包括关于权利冲突的评价

　　D. 专利权评价的内容不包括专利申请文件的修改是否超范围

【解析】《专利审查指南 2010》的本次修改扩大了专利权评价的内容，应该注意把握。根据上文的记载，选项 A 和选项 B 被包含在评价的内容之中，选项 C 是不属于评价内容的例外情况，应该牢记。申请文件是否超范围显然属于评价的内容，故选项 D 错误。

第十节练习题

27. 下列说法哪些是正确的？

　　A. 申请人有权查阅和复制专利案卷中的所有文件

　　B. 对于公布前的发明专利申请案卷，申请人及其代理人可以请求查阅和复制

　　C. 对于复审和无效宣告程序中的文件，该案当事人可以请求查阅和复制

　　D. 任何人均可以请求查阅或者复制已经公布的发明专利申请的案卷

【解析】 涉及国家利益或者因专利局、专利复审委员会内部业务及管理需要在案卷中留存的有关文件，不予查阅和复制，故 A 选项错误。对于公布前的发明专利申请、授权公告前的实用新型和外观设计专利申请，该案申请人或者代理人可以查阅和复制该专利申请案卷中的有关内容，故 B 选项正确。《专利审查指南 2010》第五部分第四章第 5.1 节规定，对于复审和无效宣告程序中的文件，查阅和复制请求人仅限于该案当事人。故 C 选项正确。《专利法实施细则》第 118 条第 1 款规定："经国务院专利行政部门同意，任何人均可以查阅或者复制已经公布或者公告的专利申请的案卷和专利登记簿，并可以请求国务院专利行政部门出具专利登记簿副本。"故 D 选项正确。

第十一节练习题

28. 黄某于 2006 年 6 月 29 日向国家知识产权局提交的发明专利申请于 2008 年 1 月 11 日被公布，并于 2008 年 7 月 18 日被公告授予专利权。黄某欲就该发明获得香港标准专利的保护，则应当办理下列哪些手续？

　　A. 在提出专利申请的同时，向国家知识产权局提出要求获得香港标准专利保护的声明

　　B. 在 2006 年 12 月 29 日之前，向香港知识产权署提出要求获得香港标准专利保护的请求

　　C. 自 2008 年 1 月 11 日起 6 个月内向香港知识产权署办理记录请求手续

　　D. 自 2008 年 7 月 18 日起 6 个月内向香港知识产权署办理注册与批予请求手续

【解析】 局 57 号公告中规定："向中国国家知识产权提出发明专利申请的申请人，为获得香港标准专利的保护，应当按照香港《专利条例》的有关规定，向香港知识产权署办理标准专利的注册手续，即：自该申请由中国专利局公布之日起 6 个月内向香港知识产权署办理记录请求手续；并自该申请由中国专利局授予专利权之日起 6 个月内向香港知识产权署办理注册与批予请求手续。"在本题中，由于黄某的发明专利申请于 2008 年 1 月 11 日被公布，并于 2008 年 7 月 18 日被公告授予专利权，因此，黄某需自 2008 年 1 月 11 日起 6 个月内向香港知识产权署办理记录请求手续，并自 2008 年 7 月 18 日起 6 个月内向香港知识产权署办理注册与批予请求手续，方可就该发明获得香港标准专利的保护。据此，A、B 选项错误，C、D 选项正确。

【练习题答案】

1. A C	2. B C D	3. A B D	4. A	5. C	6. A B D	7. B C
8. A	9. D	10. B C D	11. A D	12. A B C	13. B D	14. B C
15. C D	16. C D	17. D	18. B C D	19. C	20. A B	21. A B
22. A B C	23. A C D	24. B C D	25. D	26. A B C	27. B C D	28. C D

第八章　专利申请的复审与专利权的无效宣告

[本章导读]

　　本章内容涵盖《考试大纲》第五章的全部知识点，主要讲解在复审请求审查程序和无效宣告请求审查程序中审理复审请求案件和无效宣告请求案件时需要遵循的原则以及具体程序规定。

　　本章内容涉及的法律、法规条款主要包括《专利法》第41条、第45～47条，《专利法实施细则》第59～72条。

　　读者学习本章内容时可以参阅《专利审查指南2010》第四部分。

　　由于本章仅涉及程序法方面的规范，关于复审请求理由以及无效宣告理由的实体判断标准，请参见本书第二至四章、第六章以及《专利审查指南2010》的相关部分。

　　申请人如果不服专利局在初步审查程序或实质审查程序中作出的驳回决定，可以依照《专利法》第41条的规定向专利复审委员会提出复审请求，启动复审程序。而专利申请被授予专利权后，任何单位或者个人认为该专利权的授予不符合《专利法》的有关规定的，可以依照《专利法》第45条的规定请求专利复审委员会宣告该专利权无效，启动无效宣告程序。

第一节　概　　述

　　复审程序和无效宣告程序在审理机关、审查原则、审查人员组成、审查决定、更正及驳回请求程序、司法救济等方面都存在相同或相近之处。

一、法定审理机关——专利复审委员会

　　国务院专利行政部门（即国家知识产权局）设立专利复审委员会。专利复审委员会对复审请求和专利权无效宣告请求进行审查，作出决定。

　　（一）专利复审委员会的组成

　　专利复审委员会由国家知识产权局指定的技术专家和法律专家组成。专利复审委员会内设主任委员、副主任委员、复审委员、兼职复审委员、复审员和兼职复审员。主任委员由国家知识产权局局长兼任，副主任委员、复审委员和兼职复审委员由局长从局内有经验的技术和法律专家中任命，复审员和兼职复审员由局长从局内有经验的审查员和法律人员中聘任。

　　（二）专利复审委员会的任务

　　根据相关规定，专利复审委员会的主要任务包括受理和审查下述案件，并作出决定：

　　（1）专利申请复审请求案件，专利申请复审请求案件包括对初步审查和实质审查程序中驳回专利申请的决定不服而请求复审的案件。

　　（2）专利权无效宣告请求案件，专利权无效宣告请求案件指任何单位和个人请求宣告已经公告授予的专利权无效的案件。

　　（3）集成电路布图设计申请复审请求案件，集成电路布图设计复审请求案件指对驳回集成电路布图设计登记申请决定不服而请求复审的案件。

（4）集成电路布图设计专有权撤销请求案件，集成电路布图设计撤销请求案件指任何单位和个人请求撤销已经登记的集成电路布图设计专有权的案件。

二、审查原则

专利复审委员会在审理专利申请复审请求案件和专利权无效宣告请求案件（以下分别简称复审案件和无效宣告案件）时，遵循下列原则。

（一）合法原则

按照《专利法》第 21 条第 1 款的规定，要求专利复审委员会在复审和无效宣告案件审理过程中应当依法行政，审查程序和审查决定应当符合相关法律、法规和规章等有关规定，即应当符合《专利法》《专利法实施细则》和《专利审查指南 2010》及其他规范性文件的有关规定。

（二）公正执法原则

同样，根据《专利法》第 21 条第 1 款的规定，专利复审委员会应以客观、公正、准确、及时为原则，坚持以事实为根据，以法律为准绳，独立地履行审查职责，不徇私情，全面、客观、科学地分析判断，作出公正的决定。客观就是要对证据、证据证明的事实进行客观的分析和认定，用尽可能客观的标准进行审查；公正就是对待双方当事人要不偏不倚，平等地对待每一方；准确就是要准确地把握和分析案情，准确地适用法律、法规条款，并且得出正确的结论；及时就是要求专利复审委员会在客观条件允许的情况下，尽快处理案件。

（三）请求原则

在复审程序和无效宣告程序中，请求原则首先体现为复审程序和无效宣告程序均只能基于当事人的请求而启动。和发明专利申请的实质审查程序中所需遵循的请求原则相比，虽然实质审查程序通常也只有在申请人提出实质审查请求的前提下才能启动，但是根据《专利法》第 35 条第 2 款的规定，国家知识产权局在认为必要的时候，可以自行对发明专利申请进行实质审查。

此外，请求原则还体现为复审程序和无效宣告程序均可以基于当事人的请求而终止。对于复审程序，只要复审请求人在专利复审委员会作出复审请求审查决定（以下简称"复审决定"）前撤回其复审请求，其所启动的复审程序即终止。对于无效宣告程序，如果无效宣告请求人在专利复审委员会作出无效宣告请求审查决定前请求撤回其无效宣告请求的，通常情况下，无效宣告请求人所启动的无效宣告程序也终止。但是，当无效宣告请求人请求撤回其无效宣告请求时，如果专利复审委员会认为在已有证据和已进行的审查工作基础上能够作出宣告专利权无效或者部分无效的决定，那么专利复审委员会将继续审查程序并作出决定。

当然，如果请求人在专利复审委员会已经宣布审查决定的结论或者已经发出书面审查决定之后才请求撤回复审请求或者无效宣告请求的，则不会影响审查决定的有效性。换句话说，在这种情况下提出的撤回请求没有效力。

（四）依职权审查原则

依职权审查原则是指专利复审委员会可以对所审查的案件依职权进行审查，而不受当事人请求的范围和提出的理由、证据的限制。依职权审查原则是请求原则的例外，只有在特殊情况下才能适用。

例如，在复审程序中，专利复审委员会一般仅针对驳回决定所依据的理由和证据进行审查。但是，除驳回决定所依据的理由和证据外，如果专利复审委员会发现审查文本中存在足以用在驳回决定作出前已告知过申请人的其他理由及其证据予以驳回的缺陷，则专利复审委员会可以依据上述理由及其证据对该缺陷进行审查；在无效宣告程序中，专利权存在请求人未提及的缺陷而导致无法针对请求人提出的无效宣告理由进行审查的，专利复审委员会可以依职权引入与上述缺陷相关的无效宣告理由并进行审查。

（五）听证原则

在复审程序和无效宣告程序中的听证原则要求在专利复审委员会作出审查决定之前，应当将审查决定所依据的理由、证据和认定的事实通过通知书、转送文件或者口头审理的方式告知过审查决定对其不利的当事人，并给予其针对上述理由、证据和认定的事实陈述意见的机会。

需要注意的是，此处的"告知"和"给予当事人意见陈述的机会"属于专利复审委员会的程序义务，并不要求相关当事人事实上获知了相关内容并进行了意见陈述，而只要专利复审委员会履行了相应的法定程序并给予了当事人意见陈述的机会即可。例如，在无效宣告程序中，如果一方当事人由于自身的原因而未能参加专利复审委员会依法举行的口头审理。此时，虽然事实上该当事人既未获知口头审理的内容也没有进行相应的答复，但由于专利复审委员会已经通过举行口头审理履行了告知义务并给予了该当事人进行意见陈述的机会，则可以认为在此基础上作出审查决定符合听证原则。

还有，对于审查决定对其有利的当事人，在审查决定作出之前无需履行上述告知义务。例如，在无效宣告程序中，专利复审委员会已将请求人提交的无效宣告请求文件转送专利权人并指定答复期限（满足了对专利权人的听证原则），专利权人对此进行了答复但未要求进行口头审理。此时，如果专利复审委员会认为请求人提交的证据充分，其请求宣告专利权全部无效的理由成立，则可以直接作出宣告专利权全部无效的审查决定。由于该审查决定对请求人有利，因此无需在作出审查决定之前将专利权人的答复意见告知请求人并给予其意见陈述的机会，而将专利权人的答复意见随直接作出的审查决定一并送达请求人即可。

此外，听证原则还要求专利复审委员会在作出审查决定之前，在已经根据人民法院或者地方专利管理部门作出的生效的判决或者调解书变更专利申请人或者专利权人的情况下，应当给予变更后的当事人陈述意见的机会。

（六）公开原则

根据公开原则，复审程序和无效宣告程序遵循以下规定：除了根据国家法律、法规等规定需要保密的案件（例如专利申请人不服初审驳回提出复审请求的案件）以外，其他各种案件的口头审理应当公开举行，审查决定应当公开出版发行。

（七）回避制度与从业禁止

回避制度与从业禁止是公正执法原则的具体体现，其目的是为了保证案件审理的公平、公正，以及提高案件审理过程和结论的公信力。

1. 回避制度

根据《专利法实施细则》第37条的规定，属于以下情形的，审案人员应自行回避：

（1）审案人员是当事人或者其代理人的近亲属的。

（2）审案人员与专利申请或者专利权有利害关系的。

（3）审案人员与当事人或者其代理人有其他关系，可能影响公正审查和审理的。

（4）审案人员曾参与原申请的审查的。

上述（1）中的近亲属包括配偶、父母、子女、兄弟姐妹、祖父母、外祖父母、孙子女、外孙子女和其他具有扶养、赡养关系的亲属。上述（4）中参与原申请审查包括参与原申请的初步审查和实质审查。

如果当事人认为审案人员属于上述应自行回避的情形而没有回避的，有权以书面方式向专利复审委员会提出回避请求，说明理由，必要时附具证据。对当事人提出的回避请求，专利复审委员会应当以书面方式作出决定，并通知回避请求人。

2. 从业禁止

专利复审委员会主任委员或者副主任委员任职期间，其近亲属不得代理复审或者无效宣告案件；处室负责人任职期间，其近亲属不得代理该处室负责审理的复审或者无效宣告案件。

专利复审委员会主任委员或者副主任委员离职后三年内，其他人员离职后两年内，不得代理专利复审或者无效宣告案件。

如果当事人认为某代理人不符合上述从业禁止的规定的，也有权以书面方式向专利复审委员会提出禁止其在上述规定范围内从业的请求，说明理由，必要时附具证据。对此，专利复审委员会应当以书面方式作出决定，并通知请求人。

三、审案人员组成

复审案件和无效宣告案件的审案人员组成有两种模式，合议审查和独任审查。

专利复审委员会合议审查的案件，应当由三或五人组成的合议组负责审查，其中包括组长一人、主审员一人、参审员一或三人。一般情况下采用三人合议组，而在下列特殊情况下，应当组成五人合议组：（1）在国内或者国外有重大影响的案件；（2）涉及重要疑难法律问题的案件；（3）涉及重大经济利益的案件。

五人合议组的组成，由主任委员或者副主任委员决定或者审批。

此外，对于合议组的组成还有如下限制性规定：专利复审委员会作出无效宣告审查决定后，同一请求人针对该审查决定涉及的专利权以不同理由或者证据提出新的无效宣告请求的，作出原审查决定的主审员不再参加该无效宣告案件的审查工作；对于审查决定被人民法院的判决撤销后重新审查的案件，一般应当重新成立合议组。

合议组成员中，组长、主审员、参审员的职责分工各有不同。合议组意见依照少数服从多数的原则形成。

对于简单的案件，可以由一人独任审查。

四、审查决定

（一）审查决定的责任分配

合议组对审查决定的事实认定、法律适用、结论以及决定文件的形式和文字负全面责任。

在下列情形下，合议组作出的审查决定，须经主任委员或者副主任委员审批：（1）组成五人合议组审查的案件；（2）合议组的表决意见不一致的案件；（3）被法院判决撤销重新作出决定的案件。

在这种情况下，案件的审批者对审查决定的法律适用及结论负审批责任。

（二）审查决定的构成

审查决定包括：著录项目、法律依据、决定要点、案由、决定的理由以及结论。对于涉及外观设计的审查决定，根据需要还可以包括附图。

复审请求审查决定的著录项目应当包括：决定号、决定日、发明创造名称、国际分类号（或者外观设计分类号）、复审请求人、申请号、申请日、发明专利申请的公开日以及合议组成员姓名。无效宣告请求审查决定的著录项目应当包括：决定号、决定日、发明创造名称、国际分类号

（或者外观设计分类号）、无效宣告请求人、专利权人、专利号、申请日、授权公告日以及合议组成员姓名。

审查决定的法律依据是指审查决定的理由所涉及的法律、法规条款。

决定要点是决定正文中理由部分的实质性概括和核心论述。它是针对该案争论点或者难点所采用的判断性标准。决定要点应当对所适用的专利法及其实施细则有关条款作进一步解释，并尽可能地根据该案的特定情况得出具有指导意义的结论。

案由部分应当按照时间顺序来记载。这部分内容应当客观、真实，与案件中的相应记载相一致，能够正确地、概括性地反映案件的审查过程和争议的主要问题。案由部分应当用简明、扼要的语言，对当事人陈述的意见进行归纳和概括，清楚、准确地反映当事人的观点，并且应当写明决定的结论对其不利的当事人的全部理由和证据。在针对发明或者实用新型专利申请或者专利的复审或者无效宣告请求的审查决定中，应当写明审查决定所涉及的权利要求的内容。

决定的理由部分应当阐明审查决定所依据的法律、法规条款的规定，得出审查结论所依据的事实，并且具体说明所述条款对该案件的适用。这部分内容的论述应当详细到足以根据所述规定和事实得出审查结论的程度。对于决定的结论对其不利的当事人的全部理由、证据和主要观点应当进行具体分析，阐明其理由不成立、观点不被采纳的原因。对于涉及外观设计的审查决定，应当根据需要使用文字对所涉及外观设计的主要内容进行客观的描述。

结论部分应当给出具体的审查结论，并且应当对后续程序的启动、时限和受理单位等给出明确、具体的指示。

对于涉及外观设计的审查决定，应当根据需要使用外观设计的图片或者照片作为审查决定的附图。在判断涉案专利的外观设计与现有设计或者现有设计特征的组合相比是否具有明显区别的审查决定中，通常要求有附图。

（三）审查决定的出版

除所针对的专利申请未公开的情况外，审查决定正文全文应当公开出版。对于应当公开出版的审查决定，当事人对审查决定不服向人民法院起诉并已被受理的，在人民法院生效判决生效后，审查决定与判决书一起公开。

五、更正及驳回请求

（一）更　正

在复审程序和无效宣告程序中，对于专利复审委员会已经作出的处理决定，如果发现存在下述错误情形需要更正，则经过主任委员或者副主任委员批准后，可以进行更正，并通知当事人：（1）复审或者无效宣告请求属于应当受理而不予受理的，或者已经受理而属于不予受理的；（2）发出的通知书存在错误的；（3）审查决定中存在明显文字错误的；（4）已经按照视撤处理的复审请求或者无效宣告请求，发现不应视为撤回的；（5）专利复审委员会作出的其他处理决定需要更正的。

（二）驳回请求

对于已经受理的复审或者无效宣告案件，经审查认定不符合受理条件的，经主任委员或者副主任委员批准后，作出驳回复审请求或者无效宣告请求的决定。

需要注意的是，对于已经受理而属于不予受理的情形，合议组成立前采取更正的处理方式，合议组成立后则采取驳回请求的处理方式。

第八章

六、司法救济

（一）法院可受理的情形

专利复审委员会作出的审查决定有三种：复审请求审查决定、无效宣告请求审查决定以及专利复审委员会作出的其他审查决定（目前指集成电路布图设计复审和撤销案件的审查决定）。对于专利复审委员会作出的审查决定，当事人可以请求司法救济。

对于专利复审委员会作出的除审查决定之外的其他行政行为，当事人也可以请求司法救济，那与一般的具体行政行为的后续司法救济并无区别。

（二）诉讼时效

当事人应当在收到专利复审委员会作出的审查决定之日起 3 个月内向人民法院起诉。

对一审人民法院判决不服的，国内当事人应当自判决书送达之日起 15 日内提出上诉，涉外当事人应当自判决书送达之日起 30 日内提出上诉。

（三）管辖权

不服专利复审委员会作出的审查决定向法院起诉的，由北京市第一中级人民法院管辖。对北京市第一中级人民法院作出的一审判决不服提出上诉的，由北京市高级人民法院管辖。

（四）对法院生效判决的执行

复审请求或者无效宣告请求审查决定被人民法院的生效判决撤销后，专利复审委员会应当重新作出审查决定。

重新作出审查决定时，因主要证据不足或者法律适用错误导致审查决定被撤销的，专利复审委员会不得以相同的理由和证据作出与原决定相同的决定；因违反法定程序导致审查决定被撤销的，根据人民法院的判决，专利复审委员会将在纠正程序错误的基础上，重新作出审查决定。

第二节　专利申请的复审程序

专利申请的复审程序是指专利申请人对国家知识产权局驳回其专利申请的决定不服，依照《专利法》第 41 条的规定，向专利复审委员会提出复审请求，由专利复审委员会进行审查并作出决定的一种法定程序。专利申请人对国家知识产权局作出的驳回决定不服的，只能依法提出复审请求，而不能直接提起行政诉讼，也不能提起行政复议。

复审程序除了具有本章第一节所述的特征外，在程序性质和程序设计方面还有下述特点。

一、复审程序的性质

一方面，复审程序是因申请人对驳回决定不服而启动的救济程序，该程序通过纠正专利审批过程中出现的失误以保障申请人的正当权益，同时也为申请人提供了通过进一步陈述意见、补充证据、修改申请文件以获得最终授权的机会。因此，在复审程序中，专利复审委员会不承担全面审查的责任，其审查范围一般限于驳回决定所依据的理由和证据。另一方面，复审程序是专利审批程序的延续，因此，赋予专利复审委员会对于专利申请中存在的、但驳回决定未提及的明显实质性缺陷进行审查的权利，从而有利于提高专利授权的质量以及权利的稳定性，并且可以避免不合理地延长审批程序。

二、复审程序流程简述

复审程序的流程如图 8-1 所示。

国家知识产权局原审查部门

| 发明初审 | 发明实审 | 实用新型初审 | 外观设计初审 | 集成电路初审 |

返回原审查部门继续审批程序

返回原审查部门继续审批程序

驳回决定

可修改文本

收到后3个月内

提出复审请求

复审委形式审查

原审查部门前置审查

1个月内

是否坚持驳回决定

否 → 复审委撤销驳回决定

是

复审委合议审查

撤销驳回决定的复审决定

未在期限内答复
未参加口头审理

复审通知书和/或口头审理

视为撤回结案

复审请求人答复

可修改文本

根据需要可再次发复通或口审

维持驳回决定的复审决定

撤销驳回决定的复审决定

生效判决撤销复审决定，重新作出复审决定

送达复审请求人

3个月内

不起诉 → 复审决定生效

起诉至北京市第一中级人民法院

生效判决维持复审决定

上诉至北京市高级人民法院

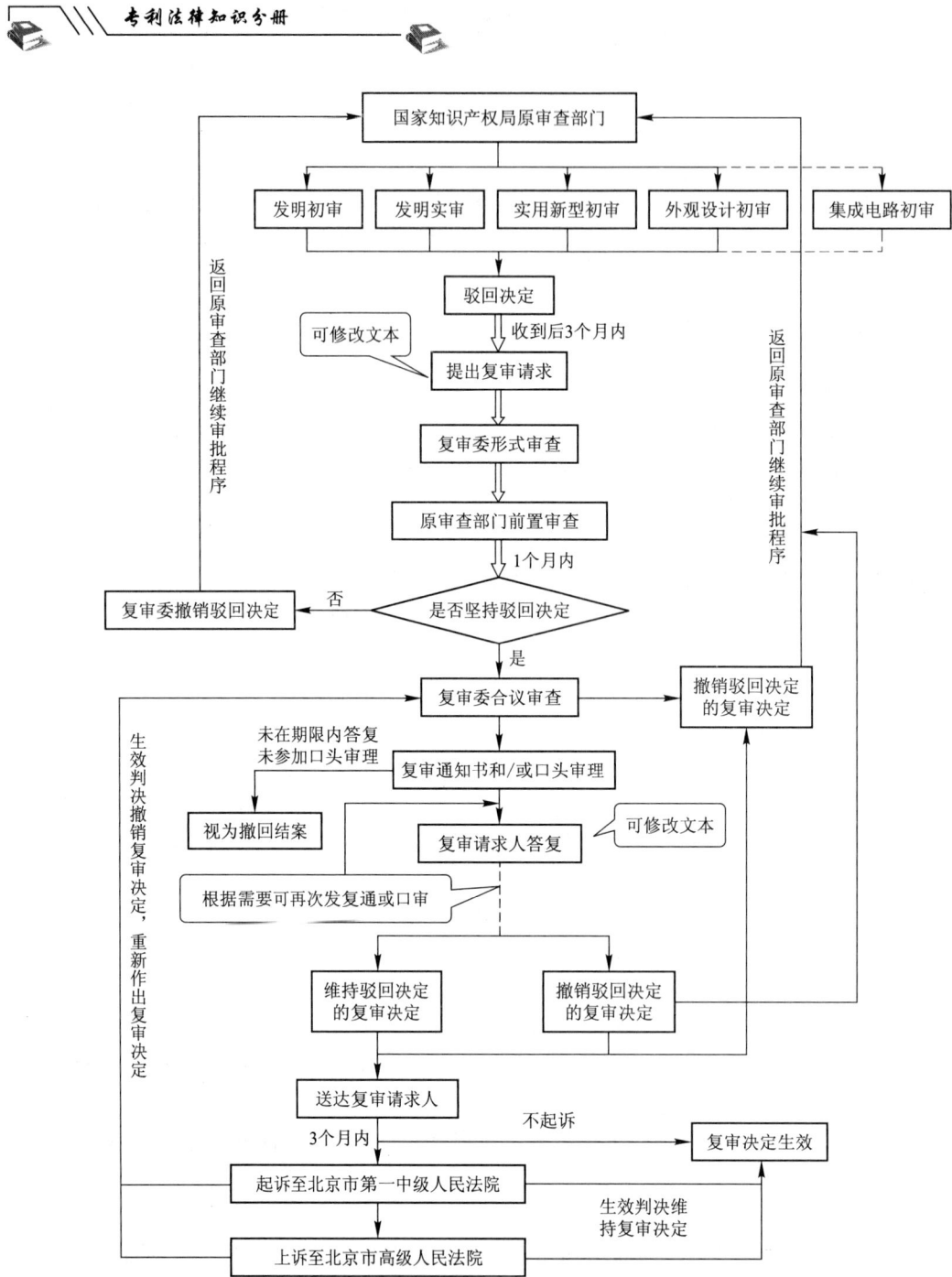

图8-1 专利申请的复审程序流程图

在收到国家知识产权局原审查部门作出的驳回决定之日起的 3 个月内，申请人可以提出复审请求从而启动复审程序。在提出复审请求时，复审请求人可以提交证明文件和修改后的申请文件。

形式审查合格后，专利复审委员会受理该复审请求，向复审请求人发出受理通知书，并将复审请求书（包括附具的证明文件和修改后的申请文件）连同案卷一并转交作出驳回决定的原审查部门进行前置审查。原审查部门在 1 个月内作出前置审查意见书，并将前置审查意见书随案卷一同转交专利复审委员会。如果前置审查意见同意撤销驳回决定，则专利复审委员会根据前置审查意见作出撤销驳回决定的复审决定，并将案卷返回原审查部门继续进行审批程序；如果前置审查意见坚持驳回决定，则专利复审委员会成立合议组进行合议审查。

如果专利复审委员会认为驳回决定所指出的缺陷已被克服，则可以直接作出撤销驳回决定的复审决定，并将案卷返回原审查部门继续进行审批程序；如果专利复审委员会认为驳回决定所指出的缺陷仍然存在或者本申请还存在其他明显实质性缺陷，则需要发出复审通知书或者举行口头审理以将上述缺陷涉及的理由、证据和认定的事实告知复审请求人并指定答复期限。复审请求人在进行意见陈述时可以提交申请文件的修改文本。如果复审请求人未在指定的期限内进行答复和/或未参加口头审理，则其复审请求被视为撤回。复审请求人如期进行答复后，专利复审委员会可以根据需要再次发出复审通知书或者举行口头审理。在复审请求人提交的意见陈述以及修改文本的基础上，如果专利复审委员会认为上述缺陷已被克服，则可以作出撤销驳回决定的复审决定，并将案卷返回原审查部门继续进行审批程序；如果专利复审委员会认为上述缺陷仍然存在，则在满足听证原则的条件下，可以作出维持驳回决定的复审决定。复审决定需要送达复审请求人。

如果复审请求人不服复审决定，则可以在复审决定送达复审请求人之日起的 3 个月内，向北京市第一中级人民法院提起行政诉讼。如果复审请求人对北京市第一中级人民法院的判决不服，还可以上诉至北京市高级人民法院。如果复审请求人不起诉复审决定或者生效判决维持复审决定的，则复审决定最终生效。如果生效判决撤销复审决定，则专利复审委员会应当重新作出审查决定。

三、复审请求的形式审查

专利申请人对驳回决定不服的，可以在收到驳回决定之日起 3 个月内向专利复审委员会提出复审请求，提交复审请求书，必要时可以附具证明文件和修改后的申请文件。专利复审委员会收到复审请求书后对复审请求进行形式审查。形式审查主要审查复审请求书文件格式、复审请求的客体、复审请求人的资格、复审请求的期限和费用以及委托手续等内容。经形式审查复审请求符合规定的，专利复审委员会发出复审请求受理通知书，通知复审请求人。

（一）复审请求书文件格式

提出复审请求时，复审请求人应当向专利复审委员会提交符合规定格式的复审请求书，说明理由，必要时可以修改专利申请文件和/或附具有关证据。

复审请求书应当符合规定的格式，不符合规定格式的，专利复审委员会发出补正通知书通知复审请求人在收到通知书之日起 15 日内补正；期满未补正或者在 15 日内补正但经两次补正后仍存在同样缺陷的，该复审请求视为未提出，专利复审委员会发出复审请求视为未提出通知书。

（二）复审请求的客体

针对专利申请，国家知识产权局在专利审批过程中可以依法作出对申请人不利的具体行政行为，包括作出驳回决定、不予受理通知书、视为未提出通知书等。其中，仅仅针对驳回决定才可以提出复审请求，如果复审请求不是针对驳回决定的，专利复审委员会不予受理，发出复审请求不予受理通知书。

国家知识产权局作出的驳回决定包括以下两种类型：在实质审查程序中对发明专利申请作出的驳回决定；在初步审查程序中对发明、实用新型、外观设计专利申请或者集成电路布图设计申请作出的驳回决定。

（三）复审请求人资格

复审请求人应当是被驳回申请的申请人。复审请求人不是被驳回申请的申请人的，其复审请求不予受理，专利复审委员会发出复审请求不予受理通知书。被驳回申请的申请人属于共同申请人的，如果复审请求人不是全部申请人，专利复审委员会应当发出补正通知书通知复审请求人在收到通知书之日起 15 日内补正；期满未补正的，其复审请求视为未提出，专利复审委员会发出复审请求视为未提出通知书。

（四）复审请求的期限与费用

专利申请人应当在收到驳回决定之日起 3 个月内提出复审请求，否则该复审请求不予受理。在此期限内，专利申请人还应缴足复审费。如果专利申请人在收到驳回决定之日起 3 个月内提出了复审请求，但在此期限内未缴纳或者未缴足复审费的，其复审请求视为未提出，专利复审委员会发出复审请求视为未提出通知书。

如果当事人因不可抗拒的事由而未能在收到驳回决定之日起 3 个月内提出复审请求，可以自障碍消除之日起 2 个月内，并且最迟不超过自 3 个月期限届满之日起的 2 年内，请求恢复权利并缴足复审费（无需缴纳恢复权利请求费）。

（五）委托手续

复审请求人委托专利代理机构请求复审或者解除、辞去委托的，应当按照规定在专利局办理相关手续。但是，复审请求人在复审程序中委托专利代理机构，且委托书中写明其委托权限仅限于办理复审程序有关事务的，其委托手续或者解除、辞去委托的手续应当在专利复审委员会办理，无需办理著录项目变更手续。

复审请求人在专利复审委员会办理委托手续，但提交的委托书中未写明委托权限仅限于办理复审程序有关事务的，专利复审委员会发出补正通知书通知复审请求人在收到通知书之日起 15 日内补正；期满未补正的，视为未委托。

复审请求人为涉外当事人的，应当按照《专利法》第 19 条的规定委托专利代理机构办理复审程序有关事务，未按规定委托的，其复审请求将不予受理。

四、复审请求的前置审查

复审请求经过形式审查合格后，专利复审委员会将复审请求书（包括附具的证明文件和修改后的申请文件）连同案卷一并转交作出驳回决定的原审查部门进行前置审查。

原审查部门应当在收到案卷后 1 个月内提出前置审查意见，作出前置审查意见书，并随案卷一同转交专利复审委员会。前置审查意见是原审查部门和专利复审委员会之间的意见交换，前置审查意见书并不发送给复审请求人。

前置审查意见分为下列三种类型：（1）复审请求成立，同意撤销驳回决定；（2）复审请求人提交的申请文件修改文本克服了申请中存在的缺陷，同意在修改文本的基础上撤销驳回决定；（3）复审请求人陈述的意见和提交的申请文件修改文本不足以撤销驳回决定，因而坚持驳回决定。

前置审查意见同意撤销驳回决定，即属于上述第（1）、（2）种类型的，专利复审委员会不再进行合议审查，根据前置审查意见作出撤销驳回决定的复审决定，通知复审请求人，由原审查部门继续进行审批程序。未经专利复审委员会作出复审决定，原审查部门不得直接进行审批程序。

前置审查意见坚持驳回决定的，专利复审委员会将成立合议组进行合议审查。

五、复审请求的合议审查

（一）审查方式

针对一项复审请求，合议组可以采取书面审理、口头审理或者书面审理与口头审理相结合的方式进行审查。

如果专利复审委员会不能作出直接撤销驳回决定的复审决定，就需要发出复审通知书（包括复审请求口头审理通知书）或者进行口头审理。具体地说，有下列 4 种情形之一的，合议组将发出复审通知书（包括复审请求口头审理通知书）或者进行口头审理：（1）复审决定将维持驳回决定；（2）需要复审请求人依照《专利法》及其实施细则和《专利审查指南 2010》有关规定修改申请文件，才有可能撤销驳回决定；（3）需要复审请求人进一步提供证据或者对有关问题予以说明；（4）需要引入驳回决定未提出的理由或者证据。

针对合议组发出的复审通知书，复审请求人应当在收到该通知书之日起 1 个月内针对通知书指出的缺陷进行书面答复，必要时可以提交证明文件和修改后的申请文件；期满未进行书面答复的，其复审请求被视为撤回。复审请求人提交无具体答复内容的意见陈述书的，视为其对复审通知书中的审查意见无反对意见。

针对合议组发出的复审请求口头审理通知书，如果该通知书已指出申请不符合《专利法》及其实施细则和《专利审查指南 2010》有关规定的事实、理由和证据，那么复审请求人应当参加口头审理或者在收到该通知书之日起 1 个月内针对通知书指出的缺陷进行书面答复；复审请求人未参加口头审理且期满未进行书面答复的，其复审请求被视为撤回。如果复审请求口头审理通知书仅涉及口头审理的确定而没有指出申请中存在的具体缺陷及所依据的事实、理由和证据，那么复审请求人未参加口头审理并不直接导致复审请求被视为撤回。在这种情况下，合议组通常需要向复审请求人发出复审通知书指出申请中存在的缺陷及所依据的事实、理由和证据。

在复审请求人进行书面答复或者在口头审理上陈述意见以及对申请文件进行修改后，如果专利复审委员会认为驳回决定和专利复审委员会所指出的缺陷仍未被克服，在满足听证原则的条件下，可以作出维持驳回决定的复审决定；如果专利复审委员会认为上述缺陷已被克服，则可以作出撤销驳回决定的复审决定，并将案卷返回原审查部门继续进行审批程序；在复审请求人进行书面答复或者在口头审理上陈述意见以及对申请文件进行修改后，如果专利复审委员会既不能作出撤销驳回决定的复审决定，也不能作出维持驳回决定的复审决定，则需要继续发出复审通知书（包括复审请求口头审理通知书）或者进行口头审理。

（二）审查范围

复审请求人提交了修改文本的，合议组首先应当针对其是否符合《专利法》第 33 条以及《专利法实施细则》第 61 条第 1 款的规定进行审查。此外，在复审程序中，合议组一般仅针对驳回决定所依据的理由和证据进行审查。

除驳回决定所依据的理由和证据外，合议组发现审查文本中存在下列缺陷的，可以依职权对与之相关的理由及其证据进行审查，并在满足听证原则的前提下，应当依据该理由及其证据作出维持驳回决定的审查决定：（1）足以用在驳回决定作出前已告知过申请人的其他理由及其证据予以驳回的缺陷；（2）驳回决定未指出的明显实质性缺陷或者与驳回决定所指出缺陷性质相同的缺陷。

此外，在合议审查中，合议组可以依职权引入所属技术领域的公知常识，或者补充相应的技术词典、技术手册、教科书等所属技术领域中的公知常识性证据。

例如，原审查部门在审查意见通知书中曾指出原权利要求1不符合《专利法》第22条第3款有关创造性的规定，但最终以修改超范围而不符合《专利法》第33条的规定为由作出的驳回决定。如果复审请求人在复审程序中通过将申请文件修改为原权利要求1从而克服修改超范围的缺陷，这时，虽然驳回决定指出的缺陷已被克服，但如果合议组认为对于原权利要求1用不符合《专利法》第22条第3款有关创造性的规定为由足以驳回的，则应通过复审通知书或口头审理通知书指出该缺陷，复审请求人的答复和/或修改申请文件不能使该缺陷克服的，专利复审委员会最终可以权利要求1不符合《专利法》第22条第3款有关创造性的规定为由作出维持驳回决定的复审决定。

又如，驳回决定指出权利要求1不具备创造性，合议组经审查认定该权利要求请求保护的明显是永动机，因而不具备实用性，则属于驳回决定未指出的明显实质性缺陷，合议组可以针对该缺陷进行审查，发出复审通知书或口头审理通知书，如果复审请求人通过答复和/或修改申请文件未能克服该缺陷，专利复审委员会最终应以该权利要求不符合《专利法》第22条第4款的规定为由作出维持驳回决定的复审决定。

再如，驳回决定指出权利要求1因存在含义不确定的用语，导致保护范围不清楚，合议组发现权利要求2同样因存在此类用语而导致保护范围不清楚，属于驳回决定中未指出的与驳回决定所指出缺陷性质相同的缺陷，应当在复审程序中一并告知复审请求人；复审请求人的答复未使权利要求2的缺陷克服的，合议组应以不符合《专利法》第26条第4款的规定为由作出维持驳回决定的复审决定。

（三）修改文本的审查

在提出复审请求、答复复审通知书（包括复审请求口头审理通知书）或者参加口头审理时，复审请求人均可以对申请文件进行修改和/或提交证据，所进行的修改应当符合《专利法》第33条的规定，不得超出原说明书和权利要求书记载的范围。具体的审查标准参见本书第五章第七节。

此外，复审请求人在复审程序中对申请文件的修改还应当符合《专利法实施细则》第61条第1款的规定，即仅限于消除驳回决定或者合议组指出的缺陷。下列情形通常不符合《专利法实施细则》第61条第1款的规定：（1）修改后的权利要求相对于驳回决定针对的权利要求扩大了保护范围；（2）将与驳回决定针对的权利要求所限定的技术方案缺乏单一性的技术方案作为修改后的权利要求；（3）改变权利要求的类型或者增加权利要求；（4）针对驳回决定或者合议组指出的缺陷未涉及的权利要求或者说明书进行修改。但修改明显文字错误，或者修改与驳回决定所指出缺陷性质相同的缺陷的情形除外。

这与本书第五章第七节列举的在发明专利申请的实质审查程序中不符合《专利法实施细则》第51条第3款的修改方式基本相同，只是在复审程序中的规定更加严格，通常不允许改变权利要求的类型，也不允许针对驳回决定或者合议组指出的缺陷未涉及的权利要求或者说明书进行修改（但修改明显文字错误，或者修改与驳回决定或者合议组所指出缺陷性质相同的缺陷的情形除外）。这体现了复审程序作为救济程序的性质。

即使复审请求人在复审程序中所进行的修改符合《专利法》第33条的规定，但如果修改未针对驳回决定或者合议组指出的缺陷进行，则该修改文本一般不会被接受，合议组将针对之前可接受的文本进行审查。

需要注意的是，根据《专利法实施细则》第61条第1款进行的审查仅针对复审请求人在复审程序中进行的修改，包括提出复审请求时的修改、答复复审通知书（包括复审请求口头审理通知书)、在口头审理中进行的修改以及复审请求人进行的主动修改,而不针对当事人在在先审查程序中所进行的修改。换句话说,如果复审请求人在复审程序中提交的修改文本均不符合《专利法实施细则》第61条第1款的规定,则合议组应针对驳回决定所针对的文本进行审查,而无须审查驳回决定以及之前实质审查意见通知书所针对的文本是否符合《专利法实施细则》第51条第3款的规定。

六、复审决定

(一) 复审决定的类型

复审请求审查决定分为下列三种类型:(1)复审请求不成立,维持驳回决定;(2)复审请求成立,撤销驳回决定;(3)专利申请文件经复审请求人修改,克服了驳回决定所指出的缺陷,在修改文本的基础上撤销驳回决定。

上述第(2)种类型具体包括下列情形:

① 驳回决定适用法律错误的。例如,驳回决定以权利要求相对于申请在前、公开在后的中国专利申请没有创造性为由驳回本申请的。

② 驳回理由缺少必要的证据支持的。例如,驳回决定以权利要求相对于对比文件1的区别技术特征已被现有技术公开而不具备创造性为由驳回本申请,但没有举证证明区别技术特征已被现有技术公开的。

③ 审查违反法定程序的。例如,驳回决定以申请人放弃的申请文本或者不要求保护的技术方案为依据;在审查程序中没有给予申请人针对驳回决定所依据的事实、理由和证据陈述意见的机会;驳回决定没有评价申请人提交的与驳回理由有关的证据,以至可能影响公正审理的。

④ 驳回理由不成立的其他情形。

(二) 不服复审决定的司法救济

复审决定作出后,专利复审委员会应当将其送达复审请求人。无论复审决定的结论是维持驳回决定还是撤销驳回决定,如果复审请求人对复审决定不服,均可以在收到复审决定之日起的3个月内向北京市第一中级人民法院提起行政诉讼。

(三) 复审决定的效力

复审决定作出后,复审请求人在规定的期限内未起诉或者人民法院的生效判决维持该复审决定的,该复审决定最终生效。维持驳回决定的复审决定生效后,标志着该专利申请的审批程序的终结。

复审决定撤销驳回决定的,专利复审委员会应当将有关的案卷返回原审查部门,由原审查部门继续审批程序。复审决定对原审查部门具有约束力,即原审查部门应当执行专利复审委员会的决定,不得以同样的事实、理由和证据作出与该复审决定意见相反的驳回决定。需要注意的是,在原审查部门所依据的事实、理由和证据与复审决定所依据的有所不同的情况下,原审查部门可以再次作出驳回决定,而不违背在先复审决定的约束力。

七、复审程序的中止

当专利申请案件处于复审程序时,如果地方专利管理部门或者人民法院受理了与该专利申请相关的专利申请权权属纠纷,或者人民法院裁定对专利申请权采取财产保全措施,国家知识产权局根据权属纠纷的当事人的请求或者人民法院的要求,决定是否中止复审程序。中止程序的相关规定参见本书第七章第四节的相关内容。

八、复审程序的终止

复审程序终止的情形如下:

（1）复审请求因期满未答复而被视为撤回的,复审程序终止。

（2）在作出复审决定前,复审请求人撤回其复审请求的,复审程序终止。

（3）已受理的复审请求因不符合受理条件而被驳回请求的,复审程序终止。

（4）复审决定作出后复审请求人不服该决定的,在规定的期限内未起诉或者人民法院的生效判决维持该复审决定的,复审程序终止。

第三节　专利权的无效宣告程序

专利权的无效宣告程序是指自国务院专利行政部门公告授予专利权之日起,任何单位或者个人认为一项专利权的授予不符合《专利法》有关规定,请求专利复审委员会宣告该专利权无效的程序。无效宣告程序是专利公告授权后依当事人请求而启动的、通常为双方当事人参加的程序。专利权的无效宣告程序是对授予专利权提出异议的唯一法定途径,即,认为一项专利权的授予不符合《专利法》有关规定的,既不能直接提起行政诉讼,也不能提起行政复议,而只能提出无效宣告请求。

无效宣告程序除了具有本章第一节所述的特征外,在程序性质、审查原则和程序设计等方面还有以下特点。

一、无效宣告程序的性质

专利权是国家知识产权局代表国家授予专利权人的一种排他的对世权,因此任何人都理应有提出异议的权利。专利权的授予和无效宣告与行政管理活动密切相关,但同时专利权又是一种私权,参加无效宣告程序的无效宣告请求人和专利权人之间是平等的民事主体,作为无效宣告请求审查机关的专利复审委员会在综合考虑请求人和专利权人提交的意见陈述和证据的基础上进行居间裁决,对专利权的有效性作出评判。因此,综合来说,无效宣告程序属于行政裁决。

二、无效宣告程序的审查原则

除了本章第一节中提到的合法原则、公正执法原则、请求原则、依职权审查原则、听证原则和公开原则之外,在无效宣告程序中,还应当遵循一事不再理原则、当事人处置原则和保密原则。

（一）一事不再理原则

为了提高行政效率,同时考虑到在先生效决定的权威性,在无效宣告程序中需遵循一事不再理原则。一事不再理原则是指,对已作出审查决定的无效宣告案件涉及的专利权,以同样的理由和证据再次提出无效宣告请求的,专利复审委员会不予受理和审理。

如果再次提出的无效宣告理由或者证据因时限等原因未被在先的无效宣告请求审查决定所考虑,则该请求不属于上述不予受理和审理的情形。例如,如果在先的无效宣告请求审查决定中以无效宣告理由 A 为超过无效宣告请求日起 1 个月后提出的无效宣告理由而不考虑该无效宣告理由 A,此后,无效宣告请求人又以同样的无效宣告理由 A 再次提出无效宣告请求。对于这种情形,专利复审委员会不得以一事不再理为由而不受理和审理该无效宣告请求。

如果再次提出的无效宣告请求中的所有无效宣告理由和证据均被在先的无效宣告请求审查决定所考虑，则专利复审委员会不予受理；如果再次提出的无效宣告请求中仅有部分无效宣告理由和/或证据被在先的无效宣告请求审查决定所考虑，在满足其他受理条件的情况下，专利复审委员会对该无效宣告请求予以受理，但对该部分无效宣告理由和/或证据不予审理。

（二）当事人处置原则

在无效宣告程序中，当事人处置原则体现在无效宣告请求人和专利权人都具有对自身权利进行处置的权利。当事人处置原则主要体现在以下两点。

1. 请求人可以放弃全部或者部分无效宣告请求的范围、理由及证据

对于请求人放弃的无效宣告请求的范围、理由和证据，专利复审委员会通常不再审查。需要指出的是，《专利法实施细则》第72条第2款规定："专利复审委员会作出决定之前，无效宣告请求人撤回其请求或者其无效宣告请求被视为撤回的，无效宣告请求审查程序终止。但是，专利复审委员会认为根据已进行的审查工作能够作出宣告专利权无效或者部分无效的决定的，不终止审查程序。"根据该条款的立法精神，既然无效宣告请求人请求撤回无效宣告请求并不必然导致无效宣告程序的终止，那么可以推知在无效宣告程序中无效宣告请求人对无效宣告请求的范围、理由和证据的放弃也不应是完全自由的，要受到《专利法实施细则》第72条第2款例外规定的限制。即，对于无效宣告请求人放弃的无效宣告请求的范围、理由和证据，专利复审委员会认为根据已进行的审查工作能够据此作出宣告专利权无效或者部分无效的决定的，专利复审委员会将不允许无效宣告请求人放弃，而继续进行审查。

2. 在无效宣告程序中，当事人有权自行与对方和解

对于无效宣告程序，双方当事人达成和解体现为无效宣告请求人请求撤回其无效宣告请求。但同样根据《专利法实施细则》第72条第2款的规定，无效宣告请求人请求撤回无效宣告请求并不必然导致无效宣告程序的终止，因此在无效宣告程序依无效宣告请求人的请求而启动后，双方当事人依照当事人处置原则进行和解以至无效宣告请求人请求撤回其无效宣告请求也不必然导致无效宣告程序的终止。当无效宣告请求人因与专利权人达成和解而请求撤回其无效宣告请求时，虽然通常情况下专利复审委员会将接受该撤回请求而终止无效宣告程序。但是，如果专利复审委员会认为在已有证据和已进行的审查工作基础上能够作出宣告专利权无效或者部分无效的决定，那么专利复审委员会将继续审查程序并作出决定。在无效宣告程序的审理过程中，如果请求人和专利权人均向专利复审委员会表示有和解愿望，专利复审委员会可以根据具体案情（主要是已有证据和已进行的审查工作）决定是否给予双方当事人一定的期限进行和解，并暂缓作出审查决定，直至任何一方当事人要求专利复审委员会作出审查决定，或者专利复审委员会指定的期限已届满。

在无效宣告程序中，专利权人针对请求人提出的无效宣告请求主动缩小专利权保护范围且相应的修改文本已被专利复审委员会接受的，视为专利权人承认大于该保护范围的权利要求自始不符合《专利法》及其实施细则的有关规定，并且承认请求人对该权利要求的无效宣告请求，从而免去请求人对宣告该权利要求无效这一主张的举证责任。

在无效宣告程序中，专利权人声明放弃部分权利要求或者多项外观设计中的部分项的，视为专利权人承认该项权利要求或者外观设计自始不符合《专利法》及其实施细则的有关规定，并且承认请求人对该项权利要求或者外观设计的无效宣告请求，从而免去请求人对宣告该项权利要求或者外观设计无效这一主张的举证责任。

第八章

（三）保密原则

在作出审查决定之前，合议组的成员不得私自将自己、其他合议组成员、负责审批的主任委员或者副主任委员对该案件的观点明示或者暗示给任何一方当事人。为了保证公正执法和保密，合议组成员原则上不得与一方当事人会晤。

三、无效宣告程序流程简述

无效宣告程序的流程如图8-2所示。

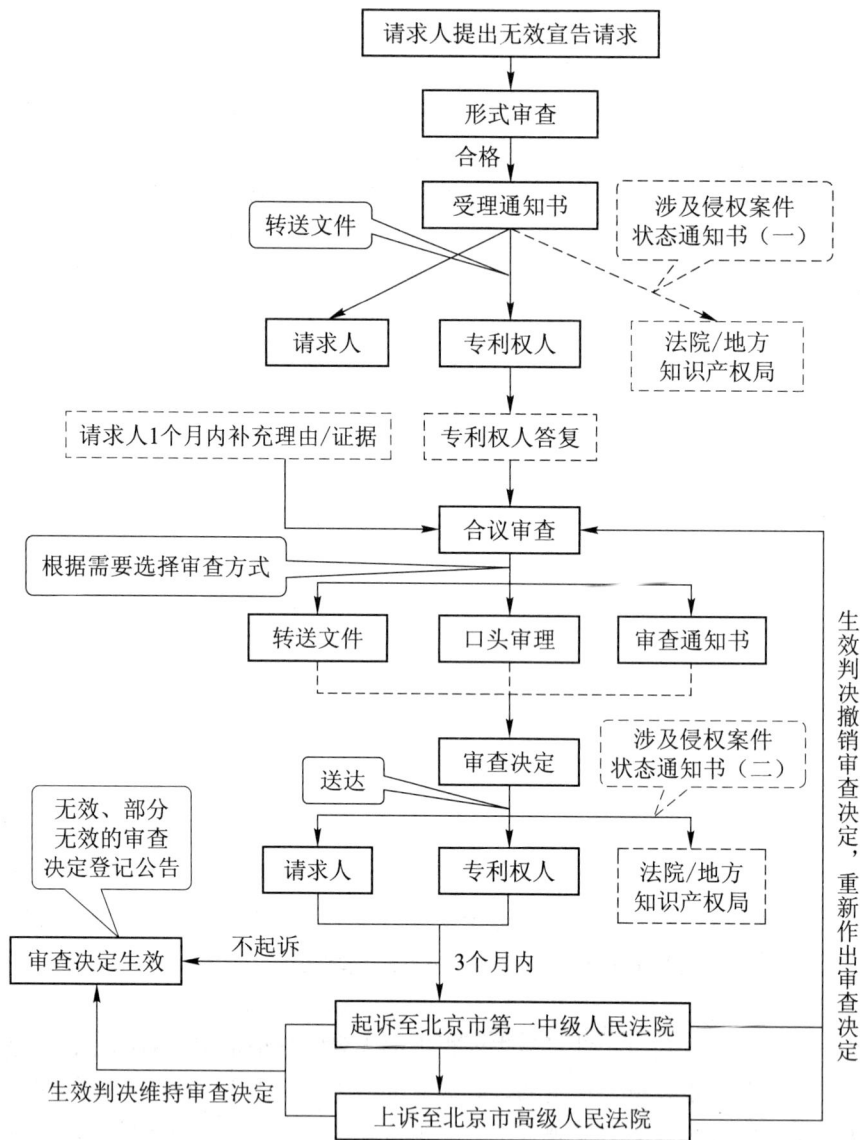

图8-2　专利权的无效宣告程序流程图

无效宣告请求人向专利复审委员会提出无效宣告请求从而启动无效宣告程序。形式审查合格后，专利复审委员会受理该无效宣告请求，向无效宣告请求人和专利权人发出无效宣告请求受理通知书，同时，随无效请求受理通知书将无效宣告请求书和有关文件副本转送给专利权人。无效宣告请求涉及专利侵权案件的，根据人民法院、地方专利管理部门或者当事人的请求，专利复审委员会将在发出受理通知书的同时向处理该专利侵权案件的人民法院或者地方专利管理部门发出无效宣告请求案件审查状态通知书（一）。此后，专利复审委员会成立合议组进行合议审查。

在提出无效宣告请求之日起的1个月内，无效宣告请求人可以增加无效宣告理由或者补充证据。收到无效请求受理通知书后，专利权人可以在1个月内进行答复。

在合议审查过程中，合议组可以根据需要采用转送文件、口头审理以及发出无效宣告请求审查通知书的方式进行审查。

经过合议组审查，在满足听证原则的条件下，专利复审委员会可以作出无效宣告请求审查决定。无效宣告请求审查决定需要送达双方当事人。如果专利复审委员会在受理无效宣告请求时曾向人民法院或者地方专利管理部门发出过无效宣告请求案件审查状态通知书（一），那么当无效宣告程序终止时，专利复审委员会需要向上述机关发出无效宣告请求案件审查状态通知书（二），告知其该无效宣告案件的审理结果。

专利权人和无效宣告请求人中的任何一方当事人对无效宣告请求审查决定不服的，均可以在收到该审查决定之日起的3个月内向北京市第一中级人民法院提起行政诉讼。一方当事人起诉的，另一方当事人作为第三人参加诉讼。任何一方当事人对北京市第一中级人民法院的判决不服，还可以上诉至北京市高级人民法院。如果双方当事人均不起诉或者生效判决维持无效宣告请求审查决定的，则无效宣告请求审查决定最终生效。如果生效判决撤销无效宣告请求审查决定，则专利复审委员会应当重新作出审查决定。

四、无效宣告请求的形式审查

任何单位或者个人认为一项专利权的授予不符合《专利法》有关规定而请求专利复审委员会宣告该专利权无效的，在向专利复审委员会提出无效宣告请求时，需要提交无效宣告请求书。专利复审委员会收到无效宣告请求书后对无效宣告请求进行形式审查。形式审查主要审查无效宣告请求书文件格式、无效宣告请求的客体、无效宣告请求人的资格、无效宣告请求的范围以及理由和证据、无效宣告请求的费用以及委托手续等内容。

经形式审查无效宣告请求符合规定的，专利复审委员会应当向无效宣告请求人和专利权人发出无效宣告请求受理通知书，通知无效宣告请求人和专利权人。同时，随无效请求受理通知书将无效宣告请求书和有关文件副本转送专利权人，要求其在收到该通知书之日起1个月内答复。

无效宣告请求涉及专利侵权案件的，人民法院、地方专利管理部门或者当事人可以请求专利复审委员会向处理该专利侵权案件的人民法院或者地方专利管理部门发出无效宣告请求案件审查状态通知书，根据该请求，专利复审委员会将在发出受理通知书的同时向处理该专利侵权案件的人民法院或者地方专利管理部门发出无效宣告请求案件审查状态通知书（一）。

对于已经受理的无效宣告请求，如果针对同一专利权如需等待在先作出的专利权无效或部分无效的审查决定生效而暂时无法审查的，专利复审委员会应当发出通知书通知请求人和专利权人；在先审查决定生效或者被人民法院生效判决予以撤销后，专利复审委员会应当及时恢复审查。

（一）无效宣告请求书的文件格式

提出无效宣告请求时，请求人应当一式两份地提交无效宣告请求书及其附件。无效宣告请求书应当符合规定的格式，不符合规定格式的，无效宣告请求人应在收到补正通知书之日起15日内进行补正；期满未补正或者在15日内补正但经两次补正后仍存在同样缺陷的，无效宣告请求视为未提出，专利复审委员会发出无效宣告请求视为未提出通知书。

（二）无效宣告请求客体

无效宣告请求的客体应当是已经公告授权的专利，包括已经终止或者放弃（自申请日起放弃的除外）的专利。无效宣告请求不是针对已经公告授权的专利的，专利复审委员会不予受理，发出无效宣告请求不予受理通知书。另外，已被宣告无效的专利权视为自始不存在，对其提出的无效宣告请求也不予受理。

（三）无效宣告请求人资格

请求人属于下列情形之一的，其无效宣告请求专利复审委员会不予受理，发出无效宣告请求不予受理通知书。

（1）请求人不具有民事诉讼主体资格的。

（2）以授予专利权的外观设计与他人在申请日以前已经取得的合法权利相冲突为理由请求宣告外观设计专利权无效，但请求人不能证明是在先权利人或者利害关系人的。其中，利害关系人是指有权根据相关法律规定就侵犯在先权利的纠纷向人民法院起诉或者请求相关行政管理部门处理的人。

（3）专利权人针对其专利权提出无效宣告请求且请求宣告专利权全部无效、所提交的证据不是公开出版物或者请求人不是共有专利权的所有专利权人的。

（4）多个请求人共同提出一件无效宣告请求的，但属于所有专利权人针对其共有的专利权提出的除外。

对于第（1）种不予受理的情形，需要结合《民事诉讼法》的相关规定理解，《民事诉讼法》第49条规定："公民、法人和其他组织可以作为民事诉讼的当事人。法人由其法定代表人进行诉讼。其他组织由其主要负责人进行诉讼。"需特别注意的是，办事处、科研组、单位的内设机构等不能成为无效请求人。

对于第（2）种不予受理的情形，由于以外观设计与他人在申请日以前已经取得的合法权利相冲突为理由请求宣告外观设计专利权无效可以被看做是对在先合法权利的行使，因此要求这种特定的无效宣告理由的请求人应为在先权利人或者与在先权利的有直接利害关系并且具有起诉权的人。例如，如果他人在先取得的合法权利为注册商标权时，上述利害关系人包括注册商标使用许可合同的被许可人和注册商标财产权利的合法继承人。无效宣告请求人可以通过提交权利证书或者使用许可合同等证据来证明其为在先权利的权利人或者利害关系人。

第（3）种情形涉及对专利权人针对自己的专利权提出无效宣告请求的限制。对专利权人针对自己的专利权提出无效宣告请求进行限制的主要目的是防止存在潜在权属纠纷的专利权的表面上的专利权人恶意提出无效宣告请求，影响潜在的真正的专利权人的利益。首先，对自己的专利权提出无效宣告请求涉及实体权利的重大处分，而专利权属于所有共有专利权人，因此共有专利权人的部分专利权人对共有的专利权提出无效宣告请求的，不予受理；其次，在实际操作中，专利权人对自己专利权提出无效宣告请求的主要目的是为了对权利要求进行修改，以获得更稳固的专利权，没有全部无效自己专利权的现实需求；最后，由于在专利权人请求宣告自己专利权无效的程序中，实际上只存在专利权人一方当事人，从而不能进行有效的质证。因此，如果专利权人提交相对容易质证的公开出版物之外的证据的，不予受理。

关于第（4）种情形，多个请求人对同一项专利权的授权存在异议时，均应有权对其提出无效宣告请求。但是，无论各个请求人提出无效宣告请求的理由相同或者不同，由于他们之间都不存在稳定的共同权利和义务关系，在无效宣告以及后续的司法程序中对于例如是否服从无效宣告请求审查决定等问题可能出现相互意见不一致的情况，从而造成混乱而难于处理。因此，参考民事诉讼中有关集团诉讼和共同诉讼的理论及处理模式，从简化程序、方便处理的角度出发，明确规定多个请求人共同提出一件无效宣告请求的不予受理。另一方面，对于共有同一项专利权的多个专利权人，由于其存在共同共有的权利义务关系，因此需要作出例外规定，允许他们针对其共有的专利权共同提出一件无效宣告请求。

（四）无效宣告请求的范围以及理由和证据

无效宣告请求书中应当明确无效宣告请求的范围。无效宣告请求的范围是指无效宣告请求针对的权利要求或外观设计。如果一件专利中存在多项权利要求或者外观设计，无效宣告请求可以仅针对其中部分项权利要求或者外观设计。无效宣告请求书未明确无效宣告请求范围的，例如在无效宣告请求书中仅提及该专利存在某些缺陷，但却不明确由于存在这些缺陷而请求宣告哪些项权利要求或者多项外观设计无效的，请求人应当在收到补正通知书之日起 15 日内进行补正；期满未补正的，无效宣告请求视为未提出。

无效宣告理由仅限于《专利法实施细则》第 65 条第 2 款规定的理由，具体包括：

（1）被授予专利的发明创造不属于《专利法》第 2 条规定的客体。

（2）被授予专利的发明创造属于《专利法》第 5 条、第 25 条规定的不授予专利权的情形。

（3）被授予专利的发明创造依照《专利法》第 9 条的规定属于重复授权而不能取得专利权。

（4）被授予专利的发明创造与要求保护的主题相关的修改超范围，不符合《专利法》第 33 条的规定。

（5）被授予专利的发明创造不符合《专利法实施细则》第 43 条第 1 款关于分案申请修改超范围的规定。

（6）发明或实用新型专利不符合《专利法》第 20 条第 1 款关于向外申请保密审查的规定。

（7）发明或实用新型专利不具备《专利法》第 22 条第 2 条、第 3 条或第 4 款规定的新颖性、创造性或实用性。

（8）发明或实用新型专利保护的主题未充分公开，不符合《专利法》第 26 条第 3 款的规定。

（9）发明或实用新型专利不符合《专利法》第 26 条第 4 款关于权利要求书应当以说明书为依据，清楚、简要地限定要求专利保护的范围的规定。

（10）发明或实用新型专利权利要求缺少必要技术特征，不符合《专利法实施细则》第 20 条第 2 款的规定。

（11）外观设计专利不符合《专利法》第 23 条关于外观设计相对于现有设计和已有合法权利的授权条件的规定。

（12）外观设计专利不符合《专利法》第 27 条第 2 款关于图片或者照片应当清楚地显示要求专利保护的产品的外观设计的规定。

无效宣告理由不属于上述理由的，不予受理。例如，发明、实用新型和外观设计专利申请存在明显不具备单一性的缺陷，不符合《专利法》第 31 条第 1 款、第 2 款的规定是初步审查可以驳回的情形，但这不属于上述无效宣告理由。如果无效宣告请求人以此为由请求宣告专利权无效的，专利复审委员会不予受理。此外，经比较可以发现除了不符合《专利法》第 31 条第 1 款（单一性）的规定以及不符合《专利法》第 26 条第 5 款（遗传资源的来源说明）的规定这两种情形属于经实质审查可以驳回的理由而不属于无效宣告理由之外，发明和实用新型专利的无效宣告理由与发明专利申请经实质审查可以驳回的理由完全重合。这是比较常见的考点。

如本节"二、无效宣告程序的审查原则"中所述，根据一事不再理原则，在专利复审委员会就一项专利权已作出无效宣告请求审查决定后，又以同样的理由和证据提出无效宣告请求的，不予受理，但所述理由或者证据因时限等原因未被所述决定考虑的情形除外。

以授予专利权的外观设计与他人在申请日以前已经取得的合法权利相冲突为理由请求宣告外观设计专利权无效，但是未提交证明权利冲突的证据的，不予受理。此处证明权利冲突的证据，包括用来证明在上述外观设计专利的申请日前已经取得在先合法权利并且该合法权利在申请日时仍然有效的证据。

请求人在提出无效宣告请求时还应当具体说明无效宣告理由，提交有证据的，应当结合提交的所有证据具体说明。对于发明或者实用新型专利需要进行技术方案对比的，应当具体描述涉案专利和对比文件中相关的技术方案，并进行比较分析；对于外观设计专利需要进行对比的，应当具体描述涉案专利和对比文件中相关的图片或者照片表示的产品外观设计，并进行比较分析。例如，请求人针对《专利法》第22条第3款的无效宣告理由提交多篇对比文件的，应当指明与请求宣告无效的专利最接近的对比文件以及单独对比还是结合对比的对比方式，具体描述涉案专利和对比文件的技术方案，并进行比较分析。如果是结合对比，存在两种或者两种以上结合方式的，应当指明具体结合方式。对于不同的独立权利要求，可以分别指明最接近的对比文件。请求人未具体说明无效宣告理由的，或者提交有证据但未结合提交的所有证据具体说明无效宣告理由的，或者未指明每项理由所依据的证据的，其无效宣告请求不予受理。

如果一件无效宣告请求中的所有无效宣告的范围及理由和证据均不符合上述规定，专利复审委员会将发出无效宣告请求视为未提出通知书或者无效宣告请求不予受理通知书。但是，如果部分无效宣告的范围及理由和证据不符合上述规定，而其他无效宣告的范围及理由和证据符合受理条件，在具体实践中，对于这种情况专利复审委员会予以受理，对于不符合规定的无效宣告范围及理由和证据在合议审查中不予审理。

（五）费　用

请求人应当自提出无效宣告请求之日起1个月内缴足无效宣告请求费，未缴纳或未缴足的，其无效宣告请求视为未提出，专利复审委员会发出无效宣告请求视为未提出通知书。

（六）委托手续

在无效宣告程序中，请求人或者专利权人欲委托专利代理机构的，应当提交无效宣告程序授权委托书，且专利权人应当在委托书中写明委托权限仅限于办理无效宣告程序有关事务。与复审程序不同，无效宣告程序不被专利申请的全程代理所覆盖，因此在无效宣告程序中，即使专利权人此前已就其专利委托了在专利权有效期内的全程代理并继续委托该全程代理的机构的，也应当提交无效宣告程序授权委托书。但是，由于专利权人在收到无效宣告请求受理通知书之前不会知晓其专利进入了无效宣告程序，也没有机会委托专利代理机构办理无效宣告程序有关事务，此时，如果专利权人就其专利委托了在专利权有效期内的全程代理的，则暂时视为专利权人仍委托该全程代理的机构作为无效宣告程序中的专利代理机构，而将无效宣告请求受理通知书及无效宣告请求书和有关文件副本发给该全程代理的机构。

另外，每个无效宣告请求程序均各自独立，各自的委托手续不相互延及。即使由相同的无效宣告请求人针对相同的专利权提出的多个无效宣告请求，也需要按照规定分别办理委托手续。

在无效宣告程序中，请求人委托专利代理机构的，或者专利权人委托专利代理机构且委托书中写明其委托权限仅限于办理无效宣告程序有关事务的，其委托手续或者解除、辞去委托的手续应当在专利复审委员会办理，无需办理著录项目变更手续。

请求人或者专利权人委托专利代理机构而未向专利复审委员会提交委托书或者委托书中未写

明委托权限的，专利权人未在委托书中写明其委托权限仅限于办理无效宣告程序有关事务的，请求人或专利权人应当在收到补正通知书之日起 15 日内补正；期满未补正的，视为未委托。

在无效宣告程序中，请求人和专利权人不得委托相同的专利代理机构或代理人。不符合上述规定的，当事人应当在收到补正通知书之日起 15 日内变更委托；期满未变更委托的，后委托的视为未委托；同一日委托的，视为双方均未委托。

请求人为涉外当事人的，应当按照《专利法》第 19 条的规定委托专利代理机构办理无效宣告程序有关事务，未按规定委托的，其无效宣告请求将不予受理，专利复审委员会发出无效宣告请求不予受理通知书。

同一当事人与多个专利代理机构同时存在委托关系的，应当以书面方式指定其中一个专利代理机构作为收件人；未指定的，在无效宣告程序中最先委托的专利代理机构视为收件人；最先委托的代理机构有多个的，署名在先的专利代理机构视为收件人；署名无先后（同日分别委托）的，当事人应当在收到专利复审委员会的通知后 15 日内指定收件人；期满未指定的，视为未委托。

此外，根据《专利代理条例》的规定，专利代理机构或代理人接受委托后，不得就同一内容的专利事务接受有利害关系的其他委托人的委托。

当事人委托公民代理的，参照有关委托专利代理机构的规定办理。公民代理的权限仅限于在口头审理中陈述意见和接收当庭转送的文件。

在无效宣告程序中，对于下述涉及当事人重大实体权利处分的具体事项，代理人需要得到当事人明确的特别授权：（1）专利权人的代理人代为承认请求人的无效宣告请求；（2）专利权人的代理人代为修改权利要求书；（3）代理人代为和解；（4）请求人的代理人代为撤回无效宣告请求。

对于当事人在授权委托书关于委托权限的诸如"全权委托""特别授权"等未指明特别授权具体事项的泛泛表述，其委托权限均视为一般代理权限，即不能代表当事人处置上述四种具体事项。

五、无效宣告请求的合议审查

（一）审查方式

在无效宣告请求的合议审查程序中，针对不同的情形，专利复审委员会合议组可以采用转送文件、口头审理以及发出无效宣告请求审查通知书的方式进行审查。

1. 转送文件

专利复审委员会可以根据案件审查需要将有关文件转送有关当事人。需要指定答复期限的，指定答复期限为收到通知书之日起的 1 个月内。根据《专利法实施细则》第 71 条的规定，该指定的期限不得延长。当事人期满未答复的，视为当事人已得知转送文件中所涉及的事实、理由和证据，并且未提出反对意见。

当事人提交的意见陈述书及其附件应当一式两份。

2. 口头审理

专利复审委员会根据当事人的请求或者案情需要可以决定对无效宣告请求进行口头审理。口头审理的具体规定参见本章第四节。

3. 无效宣告请求审查通知书

在无效宣告程序中，有下列情形之一的，专利复审委员会可以向双方当事人发出无效宣告请求审查通知书：（1）当事人主张的事实或者提交的证据不清楚或者有疑问的。（2）专利权人对其权利要求书主动提出修改，但修改不符合《专利法》及其实施细则和《专利审查指南2010》有关规定的。（3）需要依职权引入当事人未提及的理由或者证据的。（4）需要发出无效宣告请求审查通知书的其他情形。

审查通知书的内容所针对的有关当事人应当在收到该通知书之日起1个月内答复。期满未答复的，视为当事人已得知通知书中所涉及的事实、理由和证据，并且未提出反对意见。

4. 审查方式的选择

如果专利复审委员会认为请求人请求宣告无效的范围部分成立，可能会作出宣告专利权部分无效的决定的，专利复审委员会应当通过口头审理结案。在其他情形下，专利复审委员会可以根据案件情况选择采取口头审理或者通过转送文件或发出无效宣告请求审查通知书的方式进行书面审查。

5. 合并审理

为了提高审查效率和减少当事人负担，专利复审委员会可以对案件合并审理。合并审理的情形通常包括：（1）针对一项专利权的多个无效宣告案件，尽可能合并口头审理。（2）针对不同专利权的无效宣告案件，部分或者全部当事人相同且案件事实相互关联的，专利复审委员会可以依据当事人书面请求或者自行决定合并口头审理。

需要注意，合并审理后的各无效宣告案件仍然各自独立，其证据不得相互组合使用。

（二）审查范围

专利复审委员会曾经作出的宣告专利权部分无效的审查决定最终生效后，针对该专利权的其他无效宣告请求的审查以维持有效的权利要求或外观设计为基础。

在无效宣告程序中，专利复审委员会通常仅针对当事人提出的无效宣告请求的范围、理由和提交的证据进行审查，不承担全面审查专利有效性的义务。但是，为了提高专利授权质量，从维护公共利益的角度出发，专利复审委员会可以在请求原则的基础上针对专利权中存在的明显实质性缺陷进行依职权审查。在无效宣告程序中依当事人请求的审查范围和专利复审委员会可以依职权审查的范围分别如下所述。

1. 依当事人请求的审查范围

除了提出无效宣告请求时所涉及的无效宣告理由和证据外，根据《专利法实施细则》第67条的规定，在提出无效宣告请求之日起1个月内，请求人还可以增加无效宣告理由或者补充证据，这些无效宣告理由和证据也属于无效宣告请求合议审查的范围。但是，对于那些直至提出无效宣告请求之日起1个月期满仍未具体说明的无效宣告理由以及没有用于具体说明相关无效宣告理由的证据，专利复审委员会不予考虑。

对于请求人在提出无效宣告请求之日起1个月后增加的无效宣告理由或者补充的证据，专利复审委员会一般不予考虑，但下列情形除外，仍然属于无效宣告请求合议审查的范围。

（1）针对专利权人以合并方式修改的权利要求（参见后述"（三）无效宣告程序中专利文件的修改"部分内容），在专利复审委员会指定期限内增加无效宣告理由和/或证据，并在该期限内对所增加的无效宣告理由和/或证据具体说明的。由于专利权人在无效宣告程序中以合并方式修改的权利要求不同于已被授权公告的权利要求书中的任一项权利要求，因此针对这种新出现的权利要求，无效宣告请求人理应有机会增加无效宣告理由和/或证据。

需要注意的是，此处请求人的这种增加无效宣告理由和/或证据的机会只能针对特定的以合并方式修改的权利要求提出，而针对其他没有修改或者以删除方式修改后的权利要求则没有这种额外的补充无效宣告理由和/或证据的机会。

（2）对明显与提交的证据不相对应的无效宣告理由进行变更的。例如，无效宣告请求人在提出无效宣告请求时认为：本发明专利申请日之前公开的证据1中公开了与本专利权利要求1完全一样的技术方案，因此本专利权利要求1不是新的技术方案，不符合《专利法》第2条第2款的规定，请求宣告权利要求1无效。此后，如果无效宣告请求人在口头审理当庭将上述无效宣告理由变更为权利要求1相对于证据1不具备《专利法》第22条第2款规定的新颖性，那么变更后的涉及《专利法》第22条第2款的无效宣告理由属于依当事人请求的审查范围，合议组应当考虑。

（3）针对专利权人提交的反证，请求人在专利复审委员会指定的期限内补充证据，并在该期限内结合该证据具体说明相关无效宣告理由的。在这种情形下，请求人并不能补充新的无效宣告理由，而只能针对反证结合补充的证据进一步具体说明原有的相关无效宣告理由。

（4）在口头审理辩论终结前提交技术词典、技术手册和教科书等所属技术领域中的公知常识性证据或者用于完善证据法定形式的公证文书、原件等证据，并在口头审理辩论终结前结合该证据具体说明相关无效宣告理由的。

对于专利权人来说，其应当在专利复审委员会指定的答复期限内提交证据，但对于技术词典、技术手册和教科书等所属技术领域中的公知常识性证据或者用于完善证据法定形式的公证文书、原件等证据，可以在口头审理辩论终结前补充。专利权人提交或者补充证据的，应当在上述期限内对提交或者补充的证据具体说明。专利权人提交或者补充证据不符合上述期限规定或者未在上述期限内对所提交或者补充的证据具体说明的，专利复审委员会不予考虑。

如果请求人或专利权人提交的证据是外文的，提交其中文译文的期限适用该证据的举证期限。

对于有证据表明因无法克服的困难在举证期限内不能提交的证据，当事人可以在所述期限内书面请求延期提交。专利复审委员会根据实际案件决定是否允许延期提交证据。不允许延期提交明显不公平的，专利复审委员会应当允许延期提交。

2. 专利复审委员会可以依职权审查的范围

在请求原则的基础上，如果存在下列特定情形，专利复审委员会可以依职权进行审查。

（1）请求人提出的无效宣告理由明显与其提交的证据不相对应，专利复审委员会可以告知其有关法律规定的含义，允许其变更或者依职权变更为相对应的无效宣告理由。例如，请求人提交的证据为同一专利权人在专利申请日前申请并在专利申请日后公开的中国发明专利文件，而无效宣告理由为不符合《专利法》第9条第1款的，专利复审委员会可以告知请求人《专利法》第9条第1款和第22条第2款的含义，允许其将无效宣告理由变更为该专利不符合《专利法》第22条第2款，或者依职权将无效宣告理由变更为该专利不符合《专利法》第22条第2款。

（2）专利权存在请求人未提及的明显不属于专利保护客体的缺陷，即授权专利明显不符合《专利法》第2条、第5条和第25条的规定，专利复审委员会可以引入上述无效宣告理由进行审查。

（3）专利权存在请求人未提及的缺陷而导致无法针对请求人提出的无效宣告理由进行审查，专利复审委员会可以依职权针对专利权的上述缺陷引入相关无效宣告理由并进行审查。例如，无效宣告理由为独立权利要求1不具备创造性，但该权利要求因不清楚而无法确定其保护范围，从而不存在审查创造性的基础的情形下，专利复审委员会可以引入涉及《专利法》第26条第4款的无效宣告理由并进行审查。

（4）请求人请求宣告权利要求之间存在引用关系的某些权利要求无效，而未以同样的理由请求宣告其他权利要求无效，不引入该无效宣告理由将会得出不合理的审查结论，专利复审委员会可以依职权引入该无效宣告理由对其他权利要求进行审查。例如，请求人以权利要求1不具备新颖性、从属权利要求2不具备创造性为由请求宣告专利权无效，如果专利复审委员会认定权利要求1具备新颖性，而从属权利要求2不具备创造性。此时，如果按照绝对的请求原则，专利复审委员会应作出维持权利要求1有效，以从属权利要求2不具备创造性为由宣告权利要求2无效的决定。但是，从从属权利要求2不具备创造性的结论可以推知其所引用的独立权利要求1也不具备创造性，维持这样的权利要求1有效的审查结论明显不合理，因此专利复审委员会可以依职权对权利要求1的创造性进行审查。

（5）请求人以权利要求之间存在引用关系的某些权利要求存在缺陷为由请求宣告其无效，而未指出其他权利要求也存在相同性质的缺陷，专利复审委员会可以引入与该缺陷相对应的无效宣告理由对其他权利要求进行审查。例如，请求人以权利要求1增加了技术特征而导致其不符合《专利法》第33条的规定为由请求宣告权利要求1无效，而未指出从属权利要求2也存在同样的缺陷，专利复审委员会可以引入《专利法》第33条的无效宣告理由对从属权利要求2进行审查。

（6）请求人以不符合《专利法》第33条或者《专利法实施细则》第43条第1款的规定为由请求宣告专利权无效，且对修改超出原申请文件记载范围的事实进行了具体的分析和说明，但未提交原申请文件的，专利复审委员会可以引入该专利的原申请文件作为证据。

（7）专利复审委员会可以依职权认定技术手段是否为公知常识，并可以引入技术词典、技术手册、教科书等所属技术领域中的公知常识性证据。

需要特别指出的是，专利复审委员会在适用依职权原则进行审查时，需要满足听证原则。例如，对于上述情形（4）中的案例，如果专利复审委员会最终要以权利要求1和2不具备创造性为由作出宣告权利要求1和2无效的审查决定，那么在作出审查决定之前，应当将依职权引入的独立权利要求1不具备创造性的无效宣告理由告知专利权人，并给予其陈述意见的机会。

（三）无效宣告程序中专利文件的修改

1. 修改原则

发明或者实用新型专利文件的修改仅限于权利要求书，其原则是：（1）不得改变原权利要求的主题名称。（2）与授权的权利要求相比，不得扩大原专利的保护范围。（3）不得超出原说明书和权利要求书记载的范围。（4）一般不得增加未包含在授权的权利要求书中的技术特征。

外观设计专利的专利权人不得修改其专利文件。需要注意的是，在无效宣告程序中，外观设计的专利权人虽然不能修改专利文件，但是可以放弃一件外观设计专利中的部分项外观设计。修改专利文件和放弃部分项外观设计是两个不同的概念，不能混淆。

2. 修改方式

在满足上述修改原则的前提下，修改权利要求书的具体方式一般限于权利要求的删除、合并和技术方案的删除。

权利要求的删除是指从权利要求书中去掉某项或者某些项权利要求，包括独立权利要求或者从属权利要求。

技术方案的删除是指从同一权利要求中并列的两种以上技术方案中删除一种或者一种以上技术方案。

权利要求的合并是指两项或者两项以上相互无从属关系但在授权公告文本中从属于同一独立权利要求的权利要求的合并。在此情况下，所合并的从属权利要求的技术特征组合在一起形成新的权利要求。该新的权利要求应当包含被合并的从属权利要求中的全部技术特征。在未删除独立权利要求的情况下，不允许对其从属权利要求进行合并式修改。

无效宣告程序中权利要求的修改是一个非常重要的知识点，不仅在专利法律知识的考试中经常出现，而且是涉及无效宣告程序的专利代理实务的必考内容，需要牢牢掌握。权利要求的修改方式的判断又是其中的重点和难点，下面通过一个例子详细阐述这三种修改方式、特别是权利要求合并式修改的特点。

假设一件发明专利授权公告的权利要求书如下："1. 一种装置 X，其特征在于：包括技术特征 A、B 和 C1。2. 根据权利要求 1 所述的装置 X，其特征在于：还包括技术特征 D。3. 根据权利要求 1 或 2 所述的装置 X，其特征在于：还包括技术特征 E。4. 根据权利要求 1 所述的装置 X，其特征在于：还包括技术特征 F 和 G。5. 根据权利要求 2 所述的装置 X，其特征在于：其中技术特征 D 为 D1 或 D2。6. 一种装置 X，其特征在于：包括技术特征 A、B 和 C2。7. 根据权利要求 6 所述的装置 X，其特征在于：还包括技术特征 F。8. 根据权利要求 6 所述的装置 X，其特征在于：还包括技术特征 H。"

分析上述权利要求书可知，该发明专利共有 8 项权利要求，其中有两项独立权利要求：独立权利要求 1 和 6。从属权利要求 2～5 引用权利要求 1，是权利要求 1 的从属权利要求；从属权利要求 7、8 引用权利要求 6，是权利要求 6 的从属权利要求。从属权利要求 3 引用权利要求 1 或 2，是多项从属权利要求。从属权利要求 5 具有两个并列的技术方案。

如果将原权利要求 5 修改为"根据权利要求 2 所述的装置 X，其特征在于：其中技术特征 D 为 D1"，相当于删除了原权利要求 5 中"技术特征 D 为 D2"的技术方案，属于技术方案的删除。

将上述任意一项或者多项权利要求从权利要求书中去掉，均属于权利要求的删除。需要注意的是，在删除某项权利要求后，需要将它的全部技术特征补充到引用该权利要求的其他权利要求中去，从而形成新的权利要求书文本。

例如，将原权利要求 6 删除后的权利要求书文本应为："1. 一种装置 X，其特征在于：包括技术特征 A、B 和 C1。2. 根据权利要求 1 所述的装置 X，其特征在于：还包括技术特征 D。3. 根据权利要求 1 或 2 所述的装置 X，其特征在于：还包括技术特征 E。4. 根据权利要求 1 所述的装置 X，其特征在于：还包括技术特征 F 和 G。5. 根据权利要求 2 所述的装置 X，其特征在于：其中技术特征 D 为 D1 或 D2。6. 一种装置 X，其特征在于：包括技术特征 A、B、C2 和 F。7. 一种装置 X，其特征在于：包括技术特征 A、B、C2 和 H。"

如果修改后的权利要求书仅剩这样一个权利要求："1. 一种装置 X，其特征在于：包括技术特征 A、B、C2、F 和 H。"对于这样的修改方式可以表述为：删除原权利要求 1～6，并将均从属于原独立权利要求 6 的原权利要求 7 和 8 合并，形成新的独立权利要求 1。这样的新权利要求 1 是符合规定的合并式修改所得的权利要求。

由于原权利要求 1 和 6 均为独立权利要求，因此不能对这两项权利要求进行合并式修改。但是，修改为"1. 一种装置 X，其特征在于：包括技术特征 A、B、C1 和 C2"。这样的修改后的权利要求是不能被接受的。

类似地，虽然原权利要求 2 和 7 均为从属权利要求，但它们并不从属于同一独立权利要求，因此即使同时删除原独立权利要求 1 和 6，也不能对这两项从属权利要求进行合并式修改。也就是说，即使修改后的权利要求书仅剩如下一个权利要求，该修改后的权利要求也不能被接受的："1. 一种装置 X，其特征在于：包括技术特征 A、B、C1、D 、C2 和 F。"

如果不删除独立权利要求，也不允许对其从属权利要求进行合并式修改。对于如下修改后的权利要求书："1. 一种装置 X，其特征在于：包括技术特征 A、B 和 C1。2. 根据权利要求 1 所述的装置 X，其特征在于：还包括技术特征 D、F 和 G。"虽然修改后的权利要求 2 是原从属权利要求 2 和 4 的合并，但是由于没有删除它们均引用的原独立权利要求 1，因此修改后的权利要求书是不能被接受的。

而对于如下修改后权利要求书："1. 一种装置 X，其特征在于：包括技术特征 A、B 和 C1。2. 根据权利要求 1 所述的装置 X，其特征在于：还包括技术特征 D 和 E。"则不能将该修改后的权利要求 2 看作原权利要求 2 和 3 的合并，从而认为由于没有删除原独立权利要求 1 而不能接受。实际上，修改后的权利要求 2 就是原权利要求 3 引用原权利要求 2 的技术方案，实质上存在于授权公告的权利要求书中，因此可以将这个权利要求看作没有修改。对于上述权利要求书的修改方式可以表述为：删除原权利要求 2 和权利要求 4～8，并删除原权利要求 3 引用原权利要求 2 的技术方案，并将权利要求重新编号。

还要注意，修改后的权利要求应当包含被合并的从属权利要求中的全部技术特征。修改后的权利要求如下："1. 一种装置 X，其特征在于：包括技术特征 A、B、C1、D 和 F。"由于该修改后的权利要求没有包含原从属权利要求 4 中的技术特征 G，因此不能看作原从属权利要求 2 和 4 的合并。

当然，对于如下修改后的权利要求："1. 一种装置 X，其特征在于：包括技术特征 D、F 和 G。"这样的修改后的权利要求遗漏了原独立权利要求中的技术特征，既扩大了权利要求的保护范围，也不属于任何一种允许的修改方式，根本不能被接受。

3. 修改时机

在专利复审委员会作出审查决定之前，专利权人可以删除权利要求或者权利要求中包括的技术方案。

仅在下列三种情形的答复期限内，专利权人可以以合并的方式修改权利要求书：（1）针对无效宣告请求书。（2）针对请求人增加的无效宣告理由或者补充的证据。（3）针对专利复审委员会引入的请求人未提及的无效宣告理由或者证据。

如前所述，请求人针对专利权人以合并方式修改的权利要求，在专利复审委员会指定期限内可以增加无效宣告理由和/或证据。而针对请求人增加的无效宣告理由或者补充的证据，专利权人在答复期限内又可以以合并的方式修改权利要求书。从表面上看，这似乎可能形成无限循环。然而事实上，一方面由于在未删除独立权利要求的情况下不允许对其从属权利要求进行合并式修改，从而导致专利权人进行合并式修改的可能方式是有限的；另一方面，即使是以合并方式修改的权利要求也不会包含授权的权利要求书以外的技术特征，这使得无效宣告请求人也不可能不断地提出新的无效宣告理由和/或证据。

4. 处理方式

专利复审委员会收到专利权人（或者有明确特别授权的代理人）提交的权利要求书的修改文本或者放弃部分权利要求或者多项外观设计中的部分项的声明后，对其是否符合修改原则、修改方式和修改时机进行合议审查，审查后及时将结果告知双方当事人。经审查该修改符合上述规定的，以修改后的权利要求书作为该无效宣告案件的审查基础；如果存在权利要求的合并的，同时告知请求人可以在指定期限内针对该合并式修改增加无效宣告理由和/或证据。经审查不符合上述规定的，以修改前的权利要求书作为审查基础，同时向双方当事人说明修改不符合上述规定的理由。

六、无效宣告程序中对于同样的发明创造的处理

《专利法》第 9 条所述的同样的发明创造，对于发明和实用新型而言，是指要求保护的发明或者实用新型相同；对于外观设计而言，是指要求保护的产品外观设计相同或者实质相同。

在先申请的中国专利构成请求宣告无效的专利的抵触申请或者构成其现有技术或现有设计时，无效宣告请求人应当依据《专利法》第 22 条或第 23 条对在后申请的专利提出无效宣告请求。只有在被请求宣告无效的专利和作为对比文件的中国专利的申请日（有优先权的，指优先权日）相同的情况下，才需依据《专利法》第 9 条提出无效宣告请求。此时，根据专利权人是否相同，采用不同的处理方式。

（一）专利权人相同

对于申请日（有优先权的，指优先权日）和专利权人均相同、属于同样的发明创造的两项专利，如果授权公告日不同，《专利审查指南 2010》直接规定授权在先的专利权不存在重复授权的缺陷、授权在后的专利权不符合关于禁止重复授权的规定而应予宣告无效。这样操作既简化了程序，有利于尽早结案，同时也符合《专利法》第 9 条的规定。当然，如果被请求宣告无效的两项专利权属于《专利法》第 9 条第 1 款和《专利法实施细则》第 41 条第 2 款规定的例外情况，即满足下列条件：同人同日（仅指申请日）就同样的发明创造既申请发明又申请实用新型；该实用新型先授权、发明后授权；在该发明授权时先获得授权的实用新型尚未终止；并且在申请时申请人在发明和实用新型专利申请文件中均分别说明了对同样的发明创造已申请了另一专利。这时，专利权人可以选择从公告授予发明专利权之日起放弃该实用新型专利权从而保留授权在后的发明专利权。

而对于申请日（有优先权的，指优先权日）和专利权人均相同、属于同样的发明创造的两项专利的授权公告日也相同的情形，如果仅有一项专利权被请求宣告无效，则专利复审委员会直接认定该被请求宣告无效的专利权不符合关于禁止重复授权的规定而应予宣告无效；如果这两项专利权均被请求宣告无效，专利复审委员会一般会合并审理。专利权人可以选择保留其中一项专利权，专利复审委员会将宣告另一项专利权无效。但在专利复审委员会告知专利权人进行选择后，专利权人不选择保留其中一项的，专利复审委员会将依据《专利法》第 9 条的规定，均予以宣告无效。

（二）专利权人不同

对于申请日（有优先权的，指优先权日）相同但专利权人不同、属于同样的发明创造的两项专利，如果仅有其中一项专利权被请求宣告无效，则被请求宣告无效的专利权人可以请求宣告另外一项专利权无效。此后，按照下述两项专利均被请求宣告无效的情形处理：如果被请求宣告无效的专利权人不请求宣告另一项专利权无效的，专利复审委员会将直接宣告被请求宣告无效的专利权无效。

对于申请日（有优先权的，指优先权日）相同但专利权人不同、属于同样的发明创造的两项专利，如果均被请求宣告无效，专利复审委员会一般会合并审理。由于在申请日时，各专利权人一般不可能知晓另一专利权人的申请，而不同类型的专利的效力和保护期限有所差别，因此无论两项专利的授权公告日相同或者不同，各专利权人均可以协商选择保留其中一项专利权，专利复审委员会将宣告另一项专利权无效。但是，在专利复审委员会告知各专利权人进行协商选择后，各专利权人协商不成又不选择保留其中一项的，专利复审委员会将依据《专利法》第 9 条第 1 款的规定，均予以宣告无效。

第八章

七、无效宣告请求审查决定

（一）无效宣告请求审查决定的类型

无效宣告请求审查决定分为下列三种类型：（1）宣告专利权全部无效。（2）宣告专利权部分无效。（3）维持专利权有效。

在无效宣告程序中，如果请求人针对一件发明或者实用新型专利的部分权利要求的无效宣告理由成立，针对其余权利要求（包括以合并方式修改后的权利要求）的无效宣告理由不成立，则无效宣告请求审查决定应当宣告上述无效宣告理由成立的部分权利要求无效，并且维持其余的权利要求有效。需要注意，在权利要求修改文本的基础上维持专利有效的无效宣告请求审查决定属于宣告专利权部分无效的类型。

对于包含有若干个具有独立使用价值的产品的外观设计专利，如果请求人针对其中一部分产品的外观设计专利的无效宣告理由成立，针对其余产品的外观设计专利的无效宣告理由不成立，则无效宣告请求审查决定应当宣告无效宣告理由成立的该部分产品外观设计专利无效，并且维持其余产品的外观设计专利有效。例如，对于包含有同一产品两项以上的相似外观设计的一件外观设计专利，如果请求人针对其中部分项外观设计的无效宣告理由成立，针对其余外观设计的无效宣告理由不成立，则无效宣告请求审查决定应当宣告无效宣告理由成立的该部分项外观设计无效，并且维持其余外观设计有效。

（二）无效宣告请求审查决定的效力

根据《专利法》第 47 条的规定，宣告无效的专利权视为自始即不存在。一项专利被宣告部分无效后，被宣告无效的部分应视为自始即不存在。但是，被维持有效的部分（包括修改后的权利要求）也应同时视为自始即存在。

（三）无效宣告请求审查决定的送达、登记和公告

无效宣告请求审查决定作出后，应当送达双方当事人。对于涉及侵权案件的无效宣告请求，在无效宣告请求审理开始之前曾通知有关人民法院或者地方专利管理部门的，专利复审委员会作出决定后，应当将审查决定和无效宣告审查结案通知书送达有关人民法院或者地方专利管理部门。

专利复审委员会作出宣告专利权无效（包括全部无效和部分无效）的审查决定后，当事人未在收到该审查决定之日起 3 个月内向人民法院起诉或者人民法院生效判决维持该审查决定的，由专利局予以登记和公告。

（四）不服无效宣告请求审查决定的司法救济

专利权人和无效宣告请求人在收到无效宣告请求审查决定后，任何一方当事人对该审查决定不服，均可以在收到该审查决定之日起的 3 个月内向北京市第一中级人民法院提起行政诉讼。一方当事人起诉的，另一方当事人作为第三人参加诉讼。

八、无效宣告程序的中止

当专利案件处于无效宣告程序时，如果地方专利管理部门或者人民法院受理了专利权权属纠纷，或者人民法院裁定对专利权采取财产保全措施，国家知识产权局根据权属纠纷的当事人的请求或者人民法院的要求，决定是否中止无效宣告程序。中止程序的相关规定参见本书第七章第四节的相关内容。

九、无效宣告程序的终止

无效宣告程序终止的情形如下：

（1）请求人在专利复审委员会对无效宣告请求作出审查决定之前，撤回其无效宣告请求的，无效宣告程序终止，但专利复审委员会认为根据已进行的审查工作能够作出宣告专利权无效或者部分无效的决定的除外。

（2）请求人未在指定的期限内答复口头审理通知书，并且不参加口头审理，其无效宣告请求被视为撤回的，无效宣告程序终止，但专利复审委员会认为根据已进行的审查工作能够作出宣告专利权无效或者部分无效的决定的除外。

（3）已受理的无效宣告请求因不符合受理条件而被驳回请求的，无效宣告程序终止。

（4）在专利复审委员会对无效宣告请求作出审查决定之后，当事人未在收到该审查决定之日起 3 个月内向人民法院起诉，或者人民法院生效判决维持该审查决定的，无效宣告程序终止。

（5）在专利复审委员会作出宣告专利权全部无效的审查决定后，当事人未在收到该审查决定之日起 3 个月内向人民法院起诉，或者人民法院生效判决维持该审查决定的，针对该专利权的所有其他无效宣告程序终止。

如果专利复审委员会在受理无效宣告请求时曾向人民法院或者地方专利管理部门发出过无效宣告请求案件审查状态通知书（一），那么当无效宣告程序终止时，专利复审委员会需要向上述机关发出无效宣告请求案件审查状态通知书（二），告知其该无效宣告案件的审理结果。

第四节　口头审理

口头审理是根据《专利法实施细则》第 63 条、第 70 条的规定而设置的行政听证程序，其目的在于查清事实，给当事人当庭陈述意见的机会。

一、口头审理的确定

口头审理的确定有两种方式，一是依当事人的请求，合议组审查确定，二是合议组依职权确定。

当事人请求进行口头审理的，应当依据符合规定的理由。

无效宣告程序的当事人可以依据下列理由请求进行口头审理：（1）需要同对方当事人当面质证和辩论；（2）需要当面向合议组说明事实；（3）需要实物演示；（4）需要请出具过证言的证人出庭作证。

在复审程序中，复审请求人可以依据下列理由请求进行口头审理：（1）需要当面向合议组说明事实或者陈述理由；（2）需要实物演示。

当事人提出口头审理请求的，在形式上应当以书面方式提出，并说明理由；在实体上所述理由应当符合上述规定。

对于尚未进行口头审理的无效宣告案件，专利复审委员会在审查决定作出前收到当事人依据上述理由以书面方式提出口头审理请求的，合议组应当同意进行口头审理。

复审请求人提出口头审理请求的，合议组根据案件的具体情况决定是否进行口头审理。

在无效宣告程序或者复审程序中，合议组可以根据案情需要自行决定进行口头审理。针对同一案件已经进行过口头审理的，必要时可以再次进行口头审理。

经主任委员或者副主任委员批准，专利复审委员会可以进行巡回口头审理，就地审理办案，并承担所需费用。巡回口头审理指合议组到专利复审委员会驻地之外的其他地方举行口头审理。

二、口头审理的程序

（一）口头审理的通知及口头审理前的准备

1. 口头审理通知书

口头审理通知书应当告知当事人口头审理的时间、地点，合议组成员，口头审理注意事项，法律后果，以及拟审查的主要问题。口头审理的日期和地点一经确定一般不再改动。遇特殊情况需要改动的，需经双方当事人同意或者经主任委员或者副主任委员批准。

在复审程序中，为了节约程序，合议组认为专利申请不符合《专利法》及其实施细则有关规定的，可以随口头审理通知书将不符合规定的具体事实、理由和证据告知复审请求人，此时相当于发出一次复审通知书。复审请求人可以选择口头审理答辩，也可以在指定期限内书面陈述意见。

2. 口头审理通知书回执

当事人应当在收到口头审理通知之日起 7 日内向专利复审委员会提交口头审理通知书回执，写明是否参加口头审理。逾期未提交回执，视为不参加口头审理。

口头审理通知书回执中应当有当事人的签名或者盖章。表示参加口头审理的，应当写明参加口头审理人员的姓名。要求委派出具过证言的证人就其证言出庭作证的，应当在口头审理通知书回执中声明，并且写明该证人的姓名、工作单位（或职业）和要证明的事实。

3. 当事人不参加口头审理的法律后果

无效宣告程序中，请求人期满未递交回执，并且不参加口头审理的，其无效宣告请求视为撤回，但专利复审委员会认为根据已进行的审查工作能够作出宣告专利权无效或者部分无效的决定的除外。专利权人不参加口头审理的，可以缺席审理。

复审程序中，口头审理通知书中已经告知专利申请不符合《专利法》及其实施细则有关规定的具体事实、理由和证据的，如果请求人既未出席口头审理，也未在指定期限内进行书面意见陈述，其复审请求视为撤回。

4. 口头审理参加人

参加口头审理的每方当事人及其代理人的数量不得超过 4 人。回执中指明的参加口头审理人员不足 4 人的，可以在口头审理进行前指定其他人参加口头审理。一方有多人参加口头审理的，应当指定其中之一作为第一发言人进行主要发言。

当事人不能在指定日期参加口头审理的，可以委托其专利代理人或者其他人代表出庭。当事人依照《专利法》第19条规定委托专利代理机构代理的，该机构应当指派专利代理人参加口头审理。

5. 口头审理前的准备

合议组在口头审理前应当将无效宣告程序中当事人提交的有关文件转送对方。口头审理两天前应当公告进行该口头审理的有关信息（口头审理不公开进行的除外）。

（二）口头审理的进行

口头审理由合议组组长主持，包括四个阶段。

1. 口头审理的第一阶段

即口头审理预备阶段。

第八章

该阶段的任务是确认口头审理参加人资格，介绍合议组成员，介绍参加人并询问对方是否有异议，告知当事人的权利和义务，询问是否请求合议组成员回避，是否有证人出庭或者物证演示，是否有和解愿望并视情况确定暂停、中止或者继续口头审理。

2. 口头审理的第二阶段

即口头审理调查阶段。

第二阶段中，合议组可以先视情况简要介绍案情，然后才开始进行口头审理调查。

在无效宣告程序的口头审理中，先由请求人陈述无效宣告请求的范围及其理由，并简要陈述有关事实和证据，再由专利权人进行答辩。其后，由合议组就无效宣告请求的范围、理由和各方当事人提交的证据进行核对，确定口头审理的审理范围。当事人当庭增加理由或者补充证据，合议组决定予以考虑的，应当给予首次得知所述理由或者收到所述证据的对方当事人选择当庭口头答辩或者以后进行书面答辩的权利。接着，由请求人就无效宣告理由以及所依据的事实和证据进行举证，然后由专利权人进行质证，需要时专利权人可以提出反证，由对方当事人进行质证。

在复审程序的口头审理中，合议组先告知复审请求人口头审理调查的事项，然后由复审请求人进行陈述。复审请求人当庭提交修改文本的，合议组应当审查该修改文本是否能够被接受。

在口头审理调查过程中，合议组成员可以就有关事实和证据向当事人或者证人提问，也可以要求当事人或者证人作出解释。

3. 口头审理的第三阶段

即口头审理辩论阶段。

在无效宣告程序的口头审理调查后，进行口头审理辩论。由当事人在对证据和事实予以确认的基础上，就证据所表明的事实，争议的问题，以及适用的法律、法规各自陈述其意见，并进行辩论。在口头审理辩论时，合议组成员可以提问，但不得发表自己的倾向性意见，也不得与任何一方当事人辩论。

在口头审理辩论过程中，当事人又提出事先已提交过、但未经调查的事实或者证据的，合议组组长可以宣布中止辩论，恢复口头审理调查。调查结束后，继续进行口头审理辩论。

在双方当事人的辩论意见表达完毕后，合议组组长宣布辩论终结，由双方当事人作最后意见陈述。此后，再次以前述方式处理和解事宜。

在复审程序的口头审理调查后，合议组可以就有关问题发表倾向性意见，必要时将其认为专利申请不符合《专利法》及其实施细则和《专利审查指南2010》有关规定的具体事实、理由和证据告知复审请求人，并听取复审请求人的意见。

4. 口头审理的第四阶段

即口头审理结束阶段。

合议组组长可以根据需要宣布暂时休庭进行合议。然后，重新开始口头审理，合议组组长宣布口头审理结论，口头审理结束。

口头审理结论可以是审查决定的结论，也可以是其他结论。例如，案件事实已经查清，可以作出审查决定等结论。

（三）口头审理的中止和终止

有下列情形之一的，合议组组长可以宣布中止口头审理，并在必要时确定继续进行口头审理的日期：当事人请求审案人员回避的；因和解需要协商的；需要对发明创造进一步演示的；合议组认为必要的其他情形。

对于事实已经调查清楚、可以作出审查决定，并且不属于需要经过主任委员或者副主任委员审核批准的案件，合议组可以当场宣布审查决定的结论。需要经过主任委员或者副主任委员审核批准的案件，合议组应当在批准后宣布审查决定的结论。合议组不当场宣布审查决定结论的，由组长作简要说明。至此，口头审理终止。

三、口头审理的其他事项

（一）当事人的权利和义务

1. 当事人的权利

当事人有权请求审案人员回避；无效宣告程序中的当事人有权与对方当事人和解；有权在口头审理中请出具过证言的证人就其证言出庭作证和请求演示物证；有权进行辩论。

无效宣告请求人有权请求撤回无效宣告请求，放弃无效宣告请求的部分理由及相应证据，以及缩小无效宣告请求的范围。专利权人有权放弃部分权利要求及其有关证据。

复审请求人有权撤回复审请求；有权提交修改文件。

2. 当事人的义务

（1）当事人应当遵守口头审理规则，维护口头审理的秩序。

（2）发言时应当征得合议组组长同意，任何一方当事人不得打断另一方当事人的发言。

（3）辩论中应当摆事实、讲道理。

（4）发言和辩论仅限于合议组指定的与审理案件有关的范围。

（5）当事人对自己提出的主张有举证责任，反驳对方主张的，应当说明理由。

（6）口头审理期间，未经合议组许可不得中途退庭。

（二）当事人缺席和中途退庭

有当事人未出席口头审理的，只要一方当事人的出庭符合规定，合议组按照规定的程序进行口头审理。

当事人未经合议组许可而中途退庭的，或者因妨碍口头审理进行而被合议组责令退庭的，合议组可以缺席审理。但是，应当就该当事人已经陈述的内容及其中途退庭或者被责令退庭的事实进行记录，并由当事人或者合议组签字确认。

（三）证人出庭作证

出具过证言并在口头审理通知书回执中写明的证人可以就其证言出庭作证。当事人在口头审理中提出证人出庭作证请求的，合议组可根据案件的具体情况决定是否准许。

证人出庭作证时，应出示身份证件。合议组应当告知其诚实作证的法律义务和作伪证的法律责任。出庭作证的证人不得旁听案件的审理。询问证人时，其他证人不得在场，但需要证人对质的除外。

证人应当对合议组提出的问题作出明确回答，对于当事人提出的与案件无关的问题可以不回答。

（四）记　录

除笔录外，合议组可以使用录音、录像设备进行记录。

在重要的审理事项记录完毕后或者在口头审理终止时，合议组应当将笔录交当事人阅读。对笔录的差错，当事人有权请求记录人更正。笔录核实无误后，应当由当事人签字并存入案卷。当事人拒绝签字的，由合议组组长在口头审理笔录中注明。

口头审理中需要记录的重要事项如下：

（1）在无效宣告程序的口头审理中，当事人声明放弃的权利要求、无效宣告请求的范围、理由或者证据。

（2）在无效宣告程序的口头审理中，双方当事人均认定的重要事实，包括是否提交原件、对证据真实性是否认可等。

（3）在复审程序的口头审理中，合议组当庭告知复审请求人其专利申请不符合《专利法》及其实施条例和审查指南有关规定的具体事实、理由和证据以及复审请求人陈述的主要内容。

（4）其他需要记录的重要事项：合议组成员、对方出庭人员身份、主体资格等。

（五）旁　听

在口头审理中允许旁听，旁听者无发言权；未经批准，不得拍照、录音和录像，也不得向参加口头审理的当事人传递有关信息。必要时，专利复审委员会可以要求旁听者办理旁听手续。

第五节　无效宣告程序中有关证据问题的规定

在专利申请的初步审查、实质审查以及复审程序中，如果审查员或合议组认为专利申请中存在缺陷，则由审查员或合议组进行举证和/或说明。特别是对于现有技术，审查员一般只在特定的数据库中进行有限检索。

而无效宣告程序通常是双方当事人参加的程序，对于专利中是否存在足以宣告该专利无效的缺陷，通常由双方当事人进行举证和/或说明，专利复审委员会进行居间裁决。对于现有技术的举证，当事人不会受任何数据库的局限，只要符合现有技术定义的证据，当事人都可以举出。因此，无效宣告程序中有关证据的问题具有一定的特殊性，也是无效宣告案件审理的重点和关键。在此，对涉及这方面的规定单独进行阐述。

一、无效宣告程序中证据的法律适用规则

在无效宣告程序中有关证据的各种问题，适用《专利审查指南 2010》的规定；《专利审查指南 2010》中没有规定的，可以参照人民法院民事诉讼中的相关规定。

二、当事人举证

（一）举证责任的分配

当事人对自己提出的无效宣告请求所依据的事实或者反驳对方无效宣告请求所依据的事实有责任提供证据加以证明。

在依据前述规定无法确定举证责任承担时，专利复审委员会可以根据公平原则和诚实信用原则，综合当事人的举证能力以及待证事实发生的盖然性等因素确定举证责任的承担。

没有证据或者证据不足以证明当事人的事实主张的，由负有举证责任的当事人承担不利后果。

（二）证据的提交

证据必须在举证期限内提交，该举证期限可以是法定期限，也可以是指定期限。具体参见本章第三节五（二）中的相关内容。

对于外文证据、域外证据、港澳台证据以及物证的提交有以下特别规定。

1. 外文证据的提交

当事人提交外文证据的，应当提交中文译文，未在举证期限内提交中文译文的，该外文证据

视为未提交。当事人应当以书面方式提交中文译文，未以书面方式提交中文译文的，该中文译文视为未提交。外文证据中没有提交中文译文的部分，不作为证据使用，但当事人应专利复审委员会的要求补充提交该外文证据其他部分的中文译文的除外。

对方当事人对中文译文内容有异议的，应当在指定的期限内对有异议的部分提交书面中文译文，否则视为无异议。双方当事人达成一致意见的，以双方最终认可的中文译文为准；未能达成一致意见的，必要时，专利复审委员会可以委托翻译。双方当事人就委托翻译达成协议的，专利复审委员会可以委托双方当事人认可的翻译单位进行翻译；达不成协议的，专利复审委员会可以自行委托专业翻译单位进行翻译。委托翻译所需翻译费用由双方当事人各承担50％；拒绝支付翻译费用的，视为其承认对方当事人提交的中文译文正确。

在具体使用外文证据时，以双方当事人一致认可的中文译文或者专利复审委员会委托翻译的中文译文中的内容为准，专利复审委员会一般不引用外文证据的原文。

2. 域外证据及港、澳、台地区证据的提交

域外证据是指在中华人民共和国领域外形成的证据，该证据应当经所在国公证机关予以证明，并经中华人民共和国驻该国使领馆予以认证，或者履行中华人民共和国与该所在国订立的有关条约中规定的证明手续。

当事人向专利复审委员会提供的证据是在香港、澳门、台湾地区形成的，应当履行相关的证明手续。

鉴于规定域外证据及港、澳、台地区证据提交的形式主要在于确认其真实性，因此如果存在以下三种情况，当事人可以在无效宣告程序中不办理相关的证明手续：（1）该证据是能够从除香港、澳门、台湾地区外的国内公共渠道获得的，如从专利局获得的国外专利文件，或者从公共图书馆获得的国外文献资料；（2）有其他证据足以证明该证据真实性的，如我国人民法院的生效判决已经确认其真实性的；（3）对方当事人认可该证据的真实性的。

3. 物证的提交

当事人应当在举证期限内提交物证。当事人提交物证的，应当在举证期限内提交足以反映该物证客观情况的照片和文字说明，具体说明依据该物证所要证明的事实。

当事人确有正当理由不能在举证期限内提交物证的，应当在举证期限内书面请求延期提交，但仍应当在上述期限内提交足以反映该物证客观情况的照片和文字说明，具体说明依据该物证所要证明的事实。当事人最迟在口头审理辩论终结前提交该物证。

对于经公证机关公证封存的物证，当事人在举证期限内可以仅提交公证文书而不提交该物证，但最迟在口头审理辩论终结前提交该物证。

三、专利复审委员会对证据的调查收集

根据请求原则，证据通常应当由当事人提供，专利复审委员会一般不主动调查收集证据。专利复审委员会调查收集证据是例外规定，有严格限定。

对当事人及其代理人确因客观原因不能自行收集的证据，应当事人在举证期限内提出的申请，专利复审委员会认为确有必要时，可以调查收集。

专利复审委员会可以实地调查收集有关证据，也可以委托地方专利管理部门或者其他有关职能部门调查收集。

应当事人的申请对证据进行调查收集的，所需费用由提出申请的当事人或者专利复审委员会承担。专利复审委员会自行决定调查收集证据的，所需费用由专利复审委员会承担。

四、证据的质证和审核认定

（一）证据的质证

证据应当由当事人质证，未经质证的证据，不能作为认定案件事实的依据。质证时，当事人应当围绕证据的关联性、合法性、真实性，针对证据证明力有无以及证明力大小，进行质疑、说明和辩驳。

（二）证据的审核

合议组对于当事人提交的证据应当逐一进行审查和对全部证据综合进行审查。

证据的关联性指的是作为证据内容的事实与案件事实之间存在的客观联系。关联性不涉及证据真假和证明价值，而侧重证据和证明对象之间的形式关系。如果特定证据的证明目的并非指向本案的待证事实，则该证据没有关联性。在无效宣告程序中，合议组应当明确证据与案件事实之间的证明关系，排除不具有关联性的证据。

证据的合法性是指提供证据的主体（主要针对人证而言）、证据的形式以及证据的收集程序和来源必须符合法律规定。合议组应当根据案件的具体情况，从以下方面审查证据的合法性：（1）证据是否符合法定形式；（2）证据的取得是否符合法律、法规的规定；（3）是否有影响证据效力的其他违法情形。

证据的真实性有两层含义，一是证据本身必须是真实的，不能是伪造或者变造的；二是证据所反映的内容应当是客观真实的。合议组应当根据案件的具体情况，从以下方面审查证据的真实性：（1）证据是否为原件、原物，复印件、复制品与原件、原物是否相符；（2）提供证据的人与当事人是否有利害关系；（3）发现证据时的客观环境；（4）证据形成的原因和方式；（5）证据的内容；（6）影响证据真实性的其他因素。

（三）证据的认定

对于一方当事人提出的证据，另一方当事人认可或者提出的相反证据不足以反驳的，专利复审委员会可以确认其证明力。

对于一方当事人提出的证据，另一方当事人有异议并提出反驳证据，对方当事人对反驳证据认可的，可以确认反驳证据的证明力。

双方当事人对同一事实分别举出相反的证据，但都没有足够的依据否定对方证据的，专利复审委员会应当结合案件情况，判断一方提供证据的证明力是否明显大于另一方提供证据的证明力，并对证明力较大的证据予以确认。

因证据的证明力无法判断导致争议事实难以认定的，专利复审委员会应当依据举证责任分配的规则作出判定。

以下是证据认定过程中涉及证人证言、认可和承认、公知常识、公证文书的一些特殊规定。

1. 证人证言

证人应当陈述其亲历的具体事实。证人根据其经历所作的判断、推测或者评论，不能作为认定案件事实的依据。

专利复审委员会认定证人证言，可以通过对证人与案件的利害关系以及证人的智力状况、品德、知识、经验、法律意识和专业技能等的综合分析作出判断。

证人应当出席口头审理作证，接受质询。未能出席口头审理作证的证人出具的书面证言不能单独作为认定案件事实的依据，但证人确有困难不能出席口头审理作证的除外。证人确有困难不能出席口头审理作证的，专利复审委员会根据前段新述的综合分析标准对其书面证言进行认定。

2. 认可和承认

在无效宣告程序中，一方当事人明确认可的另外一方当事人提交的证据，专利复审委员会应当予以确认。但其与事实明显不符，或者有损国家利益、社会公共利益，或者当事人反悔并有相反证据足以推翻的除外。

在无效宣告程序中，对一方当事人陈述的案件事实，另外一方当事人明确表示承认的，专利复审委员会通常予以确认。但其与事实明显不符，或者有损国家利益、社会公共利益，或者当事人反悔并有相反证据足以推翻的除外；另一方当事人既未承认也未否认，经合议组充分说明并询问后，其仍不明确表示肯定或者否定的，视为对该项事实的承认。

代理人的承认视为当事人的承认。但是，未经特别授权的代理人对事实的承认直接导致承认对方无效宣告请求的除外；当事人在场但对其代理人的承认不作否认表示的，视为当事人的承认。

进行口头审理的案件当事人在口头审理辩论终结前，没有进行口头审理的案件当事人在无效宣告决定作出前撤回承认并经对方当事人同意，或者有充分证据证明其承认行为是在受胁迫或者重大误解情况下作出且与事实不符的，专利复审委员会不予确认该承认的法律效力。

当事人为达成调解协议或者和解的目的作出妥协所涉及的对案件事实的认可，不得在其后的无效宣告程序中作为对其不利的证据。

3. 公知常识

主张某技术手段是本领域公知常识的当事人，对其主张承担举证责任。该当事人未能举证证明或者未能充分说明该技术手段是本领域公知常识，并且对方当事人不予认可的，合议组对该技术手段是本领域公知常识的主张不予支持。这里的充分说明，是指使合议组确信该技术手段是本领域公知常识。

当事人可以通过教科书或者技术词典、技术手册等工具书记载的技术内容来证明某项技术手段是本领域的公知常识。

4. 公证文书

一方当事人将公证文书作为证据提交时，有效公证文书所证明的事实，应当作为认定事实的依据，但有相反证据足以推翻公证证明的除外。

如果公证文书在形式上存在严重缺陷，例如缺少公证人员签章，则该公证文书不能作为认定案件事实的依据。如果公证文书的结论明显缺乏依据或者公证文书的内容存在自相矛盾之处，则相应部分的内容不能作为认定案件事实的依据。例如，公证文书仅根据证人的陈述而得出证人陈述内容具有真实性的结论，则该公证文书的结论不能作为认定案件事实的依据。

五、其他

（一）互联网证据的公开时间

公众能够浏览互联网信息的最早时间为该互联网信息的公开时间，一般以互联网信息的发布时间为准。

（二）申请日后记载的使用公开或者口头公开

申请日后（含申请日）形成的记载有使用公开或者口头公开内容的书证，或者其他形式的证据可以用来证明专利在申请日前使用公开或者口头公开。

在判断上述证据的证明力时，形成于专利公开前（含公开日）的证据的证明力一般大于形成于专利公开后的证据的证明力。

（三）技术内容和问题的咨询、鉴定

专利复审委员会可以根据需要邀请有关单位或者专家对案件中涉及的技术内容和问题提供咨询性意见，必要时可以委托有关单位进行鉴定，所需的费用根据案件的具体情况由专利复审委员会或者当事人承担。

（四）当事人提交的样品等不作为证据的物品的处理

在无效宣告程序中，当事人在提交样品等不作为证据的物品时，有权以书面方式请求在其案件审结后取走该物品。合议组允许当事人取走物品时，当事人应当在收到通知之日起3个月内取走该物品。期满未取走的，或者在提交物品时未提出取走请求的，专利复审委员会有权处置该物品。

练习题及其解析

第一节练习题

1. 国家知识产权局经审查驳回了刘某的发明专利申请。刘某对该驳回决定不服，采取下列哪些方式寻求救济符合相关规定？

A. 向专利复审委员会提出复审请求

B. 向北京市第一中级人民法院提起行政诉讼

C. 向国家知识产权局相关部门申请行政复议

D. 请求国家知识产权局原审查部门对该申请进行重审

【解析】 申请人对国家知识产权局驳回专利申请的决定不服的，只有一条法定的救济途径，即向专利复审委员会提出复审请求，因此仅有A选项正确。

2. 审理无效宣告请求案件的合议组成员有下列哪些情形的应当回避？

A. 是该无效宣告请求案件涉及的发明专利的实审人员的

B. 是该无效宣告请求案件涉及的实用新型专利的初审人员的

C. 与请求人的代理人曾经在专利局一起工作过的

D. 因病正在使用该专利药品的

【解析】 原申请的审查包括初步审查和实质审查，实审人员、初审人员均属于参与原申请审查的人员，所以A、B选项正确。而C选项尚不足以构成与代理人有其他关系、可能影响公正审理的情形，D也不属于与专利权有利害关系的情形，故选项C、D不属于应当回避的情形。

3. 以下说法正确的是？

A. 专利复审委员会如果发现被授予的专利权存在明显的实质性缺陷时，可以针对该专利权

自行启动无效宣告程序，并作出宣告专利权无效或者部分无效的审查决定

B. 专利复审委员会如果发现实质审查部门作出的驳回决定存在重大缺陷时，可以自行启动复审程序，并作出撤销驳回决定的复审决定

C. 国家知识产权局在认为必要的时候，可以自行对发明专利申请进行实质审查

D. 在无效宣告程序中，专利复审委员会的审查范围仅限于无效宣告请求人提出的理由和证据

【解析】 根据复审程序和无效宣告程序中的请求原则，复审程序以及无效宣告程序均只能基于当事人的请求而启动，并不存在例外情况，因此A、B选项均不正确。选项C为《专利法》第35条第2款的原话，正确。对于选项D的表述，由于在无效宣告程序中，专利复审委员会的审查范围除了依当事人请求的范围外，还存在专利复审委员会可以依职权审查的范围，因此不正确。

第二节练习题

4. 下列那个或哪些说法是正确的？

A. 专利权人针对结论对其不利的专利权评价报告，可以向专利复审委员会请求复审

B. 针对专利复审委员会作出的宣告专利权全部无效的决定，专利权人可以向专利复审委员会请求复审

C. 针对复审请求，专利复审委员会发出了不予受理通知书，针对该不予受理通知书，复审请求人不能提出复审请求

D. 对于初步审查程序中对外观设计专利申请作出的驳回决定，专利申请人可以向国家知识

产权局相关部门申请行政复议

【解析】专利申请人对驳回决定不服而欲寻求救济的，只能向专利复审委员会提出复审请求，而不能直接向法院起诉，也不能提起行政复议；并且，只能针对驳回决定请求复审，针对其他任何具体行政行为，都不能请求复审。因此，只有选项 C 的表述正确。

5. 王某于 2005 年 8 月向国家知识产权局提出了一件外观设计专利申请，2005 年 10 月王某将该外观设计专利申请权转让给张某，并到国家知识产权局办理了相关手续。国家知识产权局经审查于 2006 年 4 月驳回了该外观设计专利申请。下列哪些说法是正确的？

A. 张某对该外观设计专利申请驳回决定不服的，可以向专利复审委员会申请行政复议

B. 张某对该外观设计专利申请驳回决定不服的，可以向专利复审委员会提出复审请求

C. 王某对该外观设计专利申请驳回决定不服的，可以向专利复审委员会申请行政复议

D. 王某对该外观设计专利申请驳回决定不服的，可以向专利复审委员会提出复审请求

【解析】本题的考点有两个：一是针对驳回决定不服的，向专利复审委员会提出复审请求是仅有的法定救济途径；二是复审请求人应是被驳回申请的申请人，而专利申请权可以转让，通过转让，专利申请权以及提出复审请求的权利一并被转让给受让人。因此，在提出复审请求时，复审请求人应为当时有权提出复审请求的专利申请人，即在后的专利申请人。综上，正确答案为 B。

6. 专利复审委员会于 2007 年 7 月 31 日向复审请求人邮寄发出了复审请求口头审理通知书，告知进行口头审理的时间为 2007 年 9 月 8 日，并在该通知书中指明该申请不符合专利法有关规定的事实、理由和证据。下列关于复审请求人收到该通知书后的哪些说法是正确的？

A. 复审请求人应当在 2007 年 9 月 8 日之前提交意见陈述书，否则其复审请求将被视为撤回

B. 复审请求人应当在 2007 年 9 月 8 日之前提交意见陈述书或者按时参加口头审理，否则复审委员会将直接作出审理决定

C. 复审请求人可以在 2007 年 9 月 8 日参加口审或者在 2007 年 9 月 15 日之前提交意见陈述书，既不按时参加口审也未提交意见陈述书的，不影响复审委员会继续审理

D. 复审请求人可以在 2007 年 9 月 8 日参加口审或者在 2007 年 9 月 15 日之前提交意见陈述书，既不按时参加口审也未提交意见陈述书的，其复审请求将被视为撤回

【解析】针对专利复审委员会发出的复审请求口头审理通知书，复审请求人有两种处理方式，一是可以参加口头审理，在口头审理中陈述意见和/或修改申请文件；二是可以不参加口头审理，通过书面方式进行陈述意见和/或修改申请文件。这时，书面答复的期限为收到复审请求口头审理通知书之日起的 1 个月内。如果复审请求口头审理通知书中已指出申请不符合有关规定的事实、理由和证据，而复审请求人既不参加口头审理又不在答复期限内进行书面答复的，其复审请求视为撤回。本题中，复审委员会于 2007 年 7 月 31 日发出复审请求口头审理通知书，并指明了该申请不符合《专利法》有关规定的事实、理由和证据。该通知书推定邮路 15 天，即复审请求人 8 月 15 日收到。复审请求人或者参加 9 月 8 日的口头审理进行意见陈述或者不参加 9 月 8 日的口头审理，在收到复审请求口头审理通知书之日起 1 个月内即 9 月 15 日前提交意见陈述书。既不按时参加口审也未按期提交意见陈述书的，复审请求将被视为撤回。综上，A、B、C 选项不正确，D 选择正确。

7. 国家知识产权局认为某件发明专利申请的权利要求 1 与对比文件 1 相比只有一个区别特征，且认为该区别技术特征属于公知常识。经审查，最终以权利要求 1 相对于对比文件 1 和公知常识的结合不具备创造性为由驳回了该专利申请。申请人不服驳回决定提出了复审请求。下列哪些说法是正确的？

A. 专利复审委员会发现专利申请中存在驳回决定未指出的明显实质性缺陷时，可以据此发出复审通知书

B. 复审请求人可以提交证据证明权利要求 1 与现有技术相比可以获得预料不到的技术效果

C. 专利复审委员会认为驳回决定中关于权利要求 1 与对比文件 1 相比不具有创造性的理由充分，且复审请求人已经通过驳回决定得知该理由，因此专利复审委员会无需告知复审请求人即可直接作出维持驳回决定的复审决定

D. 专利复审委员会在审查中可以引入技术词典作为证据来确认上述区别特征属于公知常识

【解析】

在复审程序中合议组首先应依据驳回决定所依据

的理由和证据针对驳回决定所指出的缺陷进行审查。相对于前审程序，复审程序是一个独立的行政程序，在作出对复审请求人不利的决定前，需要告知复审请求人审查决定所依据的理由、证据和认定的事实，使其具有陈述意见的机会，即需满足听证原则。由此，C选项错误。除驳回决定所依据的理由和证据外，合议组可以引入几种如上所述特定的理由和证据，选项A、D属于这些情形，正确。在提出复审请求、答复复审通知书（包括复审请求口头审理通知书）或者参加口头审理时，复审请求人都可以提交证据证明复审请求成立，和/或对申请文件进行修改以克服驳回决定和合议组指出的缺陷。因此，B选项正确。

8. 李某向国家知识产权局提交了一件发明专利申请。经实质审查国家知识产权局以权利要求1相对于对比文件1和公知常识的结合不具备创造性为由驳回了该申请。李某对驳回决定不服提出复审请求，并未修改申请文件。专利复审委员会经合议审查后认为权利要求1相对于对比文件1和公知常识的结合具备创造性，因此作出撤销驳回决定的复审决定。下列哪个或哪些说法是正确的？

　　A. 如果专利复审委员会认为专利申请中不存在任何可以驳回的缺陷，则可以在作出撤销驳回决定的复审决定后，自行发出授权通知书

　　B. 原审查部门在继续审查过程中只能依据复审决定对该申请授予专利权

　　C. 原审查部门收到复审决定和案卷后，如果通过发出审查意见通知书完成再一次的听证，则可以仍以权利要求1相对于对比文件1和公知常识的结合不具备创造性为由再次驳回该申请

　　D. 原审查部门收到复审决定和案卷后，如果通过补充检索发现新的对比文件2，在满足听证原则的前提下，可以以权利要求1相对于对比文件1和2的结合不具备创造性为由再次驳回该申请

　　【解析】 撤销驳回决定的复审决定对原审查部门具有约束力，即原审查部门不得以同样的事实、理由和证据作出与该复审决定意见相反的驳回决定。对于C选项，由于复审决定已经认定权利要求1相对于对比文件1和公知常识的结合具备创造性，因此无论是否再次完成听证，原审查部门都不得以同样的事实、理由和证据作出结论相反的驳回决定。因此，C选项错误。D选项中原审查部门通过补充检索得到了新的对比文件2，所依据的证据与复审决定不同，因此可

以再次作出驳回决定，故D选项正确。复审委员会无权判定专利申请能否被授予专利权，复审决定并不是对专利申请能否授权的评判。因此，A、B选项明显错误。

9. 李某向国家知识产权局提交了一件发明专利申请。经实质审查国家知识产权局以权利要求1分别相对于对比文件1或对比文件2不具备新颖性为由驳回了该申请。李某对驳回决定不服提出复审请求，并未修改申请文件。专利复审委员会经合议审查后认为权利要求1相对于对比文件1具有区别技术特征A，相对于对比文件2具有区别技术特征B，因此权利要求1相对于对比文件1或对比文件2均具备新颖性，因此作出撤销驳回决定的复审决定。下列哪个或哪些做法没有违背复审决定对原审查部门的约束力？

　　A. 原审查部门以权利要求1相对于对比文件1和对比文件2的结合不具备创造性为由再次驳回该申请

　　B. 原审查部门以权利要求1相对于对比文件3不具备新颖性为由再次驳回该申请

　　C. 原审查部门以权利要求1得不到说明书支持不符合《专利法》第26条第4款的规定为由再次驳回该申请

　　D. 以上做法均违背了复审决定对原审查部门的约束力

　　【解析】 撤销驳回决定的复审决定对原审查部门具有约束力，即原审查部门不得以同样的事实、理由和证据作出与该复审决定意见相反的驳回决定。但是，在原审查部门所依据的事实、理由和证据与复审决定所依据的有所不同的情况下，原审查部门可以再次作出驳回决定，而不违背在先复审决定的约束力。选项A、C中原审查部门所依据的理由与在先复审决定不同，选项B中原审查部门所依据的证据与在先复审决定不同。因此，选项A、B和C的做法均不违背在先复审决定对原审查部门的约束力。

10. 复审请求人在专利复审委员会作出复审决定前撤回其复审请求。对此，下列哪些说法是正确的？

　　A. 如果专利复审委员会认为根据已进行的审查工作能够作出撤销驳回决定的复审决定的，不终止审查程序

　　B. 如果专利复审委员会认为根据已进行的审查工作能够作出维持驳回决定的复审决定的，不终止审查程序

　　C. 复审程序继续进行

　　D. 复审程序终止

【解析】 本题的正确答案非常明确，为选项 D，因为在作出复审决定前，复审请求人撤回其复审请求的，复审程序终止。但是 A、B 选项作为干扰选项，具有一定的迷惑性。应当注意不要与涉及无效宣告程序的《专利法实施细则》第 72 条第 2 款的规定相混淆。

11. 下列哪些说法是错误的？

A. 复审请求人在答复复审通知书时，可以修改权利要求但不能修改说明书

B. 专利申请人认为国家知识产权局发出的审查意见通知书结论不正确的，可以向专利复审委员会提出复审请求

C. 复审程序中，专利复审委员会指定的期限不得延长

D. 复审决定被人民法院的生效判决撤销的，复审程序终止

【解析】 复审程序中，对权利要求书和说明书复审请求人均可进行修改，而不像无效宣告程序中，只能对权利要求书进行修改，因此 A 选项错误。复审请求只能针对驳回决定提出，因此 B 选项错误。复审程序中，专利复审委员会指定的期限在符合相关规定的情况下可以延长，而不像无效宣告程序中专利复审委员会指定的期限不得延长，因此 C 选项错误。复审决定被人民法院生效判决撤销的，专利复审委员会应当重新作出审查决定，而不是复审程序终止，因此，D 选项错误。

第三节练习题

12. 甲针对某件发明专利提出了无效宣告请求，主张：（1）产品广告页 A1 和销售发票 A2 证明独立权利要求 1 的技术方案已被使用公开，丧失新颖性；（2）独立权利要求 2 相对于证据 1 无新颖性；（3）独立权利要求 3 相对于证据 2 和证据 3 的结合无创造性。甲在口头审理当庭补充主张：（4）权利要求 2 相对于证据 2 无新颖性。专利复审委员会经审查认定：1）A1 和 A2 不能形成证据链证明使用公开，无法破坏权利要求 1 的新颖性；2）甲仅提交了证据 1 的复印件，因此证据 1 不予采信，无法破坏权利要求 2 的新颖性；3）证据 2 和证据 3 没有结合的启示，无法破坏权利要求 3 的创造性；4）权利要求 2 相对于证据 2 没有新颖性的无效宣告理由属于逾期提出的无效宣告理由，不予考虑，故作出维持专利权有效的审查决定。

（1）该审查决定生效后，在满足其他受理条件下，针对该发明专利再次提出的下列无效宣告请求

中，哪些将不被专利复审委员会受理？

A. 甲主张产品广告页 A1、销售发票 A2 和实物证据 A3 证明权利要求 1 的技术方案已被使用公开，丧失新颖性

B. 甲主张权利要求 2 相对于证据 1 无新颖性，同时提交了证据 1 的原件

C. 乙主张权利要求 3 相对于证据 2 和证据 3 的结合无创造性

D. 乙主张权利要求 2 相对于证据 2 无新颖性

【解析】 是否适用一事不再理原则与在前或在后的请求人是否相同无关，仅需关注在后提出的理由和证据是否被在先的无效宣告请求审查决定予以考虑并具体评述过。

对于 A 选项，由于在先生效决定并未涉及实物证据 A3，因此 A 选项不属于一事不再理的情形，应予以受理。B 选项中的证据 1 在先决定中由于仅提交复印件而未被采信，关于权利要求 2 相对于证据 1 是否具备新颖性的无效理由也未予以考虑，因此应予以受理。C 选项中的理由和证据已被在先决定具体论述过，属于一事不再理的情形。D 选项中的无效理由是由于时限的原因而未被在先决定考虑的，不属于一事不再理的情形。因此，正确答案选 C。

（2）该审查决定生效后，在满足其他受理条件下，针对该发明专利再次提出的下列无效宣告请求中，哪些将被专利复审委员会受理？

A. 甲主张权利要求 2 相对于证据 2 和证据 3 的结合无创造性

B. 甲主张权利要求 3 相对于证据 1 和证据 3 的结合无创造性

C. 甲主张权利要求 3 缺少必要技术特征

D. 甲主张权利要求 3 相对于证据 1、证据 2 和证据 3 的结合无创造性

【解析】 在先决定具体论述了权利要求 3 相对于证据 2 和 3 的结合具备创造性，而 A 选项中在后提出的无效宣告的理由是权利要求 2 相对于证据 2 和 3 的结合不具备创造性，所针对的权利要求不同，因此该无效宣告的理由未被在先决定考虑过，不属于一事不再理的情形。在先决定具体论述的无效理由及其涉及的证据与 B、C、D 选项的无效理由和证据均不完全相同，应予以受理。因此，正确答案为 A、B、C、D。

13. 国家知识产权局于 2006 年 10 月 27 日向李某发出了授予发明专利权通知书和办理登记手续通知书，赵某在规定的期限内办理了登记手续，该申请于

2007年1月12日被公告授予专利权。该专利权因李某未缴纳年费于2009年9月11日终止。针对该专利权提出的下列无效宣告请求，哪些即使符合其他受理条件也不会被受理？

A. 钱某于2006年7月27日提出的无效宣告请求

B. 孙某于2007年1月9日提出的无效宣告请求

C. 李某于2008年3月3日提出的无效宣告请求

D. 周某于2009年10月16日提出的无效宣告请求

【解析】　专利申请未经公告授权不能称为"专利权"，时间节点为授权公告日。据此，选项A、B提出无效宣告请求的时间均在授权公告日2007年1月12日之前，因此不应被受理，当选。选项C、D提出无效宣告请求的时间均在授权公告日之后，C选项毫无疑问应予受理。对于D选项，虽然提出无效宣告请求的时间在专利权终止日之后，但由于专利权终止的效力与专利权被宣告无效的效力不同，专利权终止只是从某一特定时间起专利权失效，没有追溯力，而专利权被宣告无效则该专利权视为自始不存在。因此，对于已经终止的专利权仍然可以提出无效宣告请求，即D选项的无效宣告请求应予受理。

14. 一项实用新型专利权包括3项独立权利要求，针对该专利权提出的下列无效宣告请求，在符合其他受理条件的情况下，哪个或哪些可以被受理？

A. 赵某针对该专利权提出无效宣告请求，在无效宣告请求书中仅指出本专利说明书公开不充分，应当宣告说明书无效

B. 钱某以权利要求1～3不具备单一性为理由请求宣告权利要求1～3无效

C. 孙某认为无需说明，该专利显然不具备新颖性、创造性和实用性，因此请求宣告权利要求1～3无效

D. 李某详细论述了权利要求1相对于证据1（在先申请在后公开的中国专利申请）和证据2（在先公开的中文期刊）的结合不具备创造性的理由，因此请求宣告权利要求1无效

【解析】　选项A仅指出说明书公开不充分的缺陷，但没有明确无效宣告请求针对的权利要求，即没有明确无效宣告请求的范围，需要进行补正后才能受理。选项B中不符合单一性的理由不属于《专利法实施细则》第65条第2款规定的无效宣告理由，不予受理。选项C没有对无效宣告理由进行具体说明，不予受理。选项D中虽然李某提出的无效宣告理由实体

上明显不成立，但是符合形式审查要件，应予受理。

15. 下列关于在无效宣告请求的审查过程中修改专利文件的说法哪些是不正确的？

A. 发明专利的专利权人既可以修改权利要求书，也可以修改说明书

B. 外观设计专利的专利权人仅可以修改图片或者照片，不得修改简要说明

C. 只要修改不超出原说明书和权利要求书记载的范围，发明专利的专利权人可以扩大原权利要求的保护范围

D. 只要修改不超出原说明书和权利要求书记载的范围，发明专利的专利权人可以用未包含在授权的权利要求书中但记载在授权的专利说明书中的技术特征进一步限定权利要求从而缩小权利要求的保护范围

【解析】　无效宣告程序中，对于发明或者实用新型，仅能修改权利要求书；对于外观设计，不得修改专利文件，因此A、C选项中的说法错误。

对发明或者实用新型专利的权利要求书进行修改时，不得扩大保护范围，不得增加未包含在授权的权利要求书中的技术特征，因此C、D选项中的说法错误。特别是D选项中的"从而缩小权利要求的保护范围"与C选项中的"扩大原权利要求的保护范围"对应，属于迷惑性表述，需要仔细辨析。

16. 某发明于2010年4月25日被授权公告，授权公告的权利要求书如下："1. 一种汽车，其特征在于包括底盘A、车身B和发动机C。2. 根据权利要求1所述的汽车，其特征在于：底盘A由合金材料M制成。3. 根据权利要求2所述的汽车，其特征在于：轮胎上的花纹为X或Y。4. 根据权利要求1所述的汽车，其特征在于：还包括后视镜Z。5. 用于权利要求2所述汽车的合金材料M。"

请求人于2010年5月5日提出无效宣告请求，此后请求人没有补充任何无效理由和证据。专利复审委员会于同年5月7日向双方当事人发出受理通知书，并将请求人提交的无效宣告请求书及所附证据副本转送给专利权人。2010年7月1日，专利复审委员会举行口头审理，同年7月16日，专利复审委员会作出审查决定。下列哪个或哪些修改不能被接受？

A. 专利权人于2010年5月1日提交权利要求书修改替换页，删除权利要求1和2

B. 专利权人于口头审理当庭声明删除权利要求3中花纹为Y的技术方案

C. 专利权人于口头审理当庭声明删除权利要求

1～5，仅保留将授权公告的权利要求 2 和 4 合并而成的新独立权利要求 1

　　D. 专利权人于 2010 年 6 月 7 日提交权利要求书修改替换页，相对于授权公告的权利要求书，增加了一个从属权利要求，该从属权利要求由授权公告的权利要求 2 和 4 合并而成

　　【解析】 选项 A 中专利权人对权利要求书进行修改时，还未进入无效宣告程序，因此不能被接受。选项 B 中专利权人所进行的修改属于技术方案的删除，而且修改时机在专利复审委员会作出审查决定之前，因此应予接受。选项 C 中的修改属于权利要求的合并，从修改方式上讲没有问题，但是其修改时机已经超出了专利权人的答复期限，因此不能被接受。选项 D 的修改时机在专利权人的答复期限内，但是在修改方式方面，合并式修改要求：“在独立权利要求未作修改的情况下，不允许对其从属权利要求进行合并式修改，”因此，该选项的修改也不能被接受。

　　17. 针对某件发明专利，请求人于 2010 年 4 月 2 日提出无效宣告请求时没有提交证据，仅结合本专利说明书和权利要求书记载的内容，论证了无效宣告理由 Y4 成立。请求人于 2010 年 4 月 30 日补充提交了 3 份证据：X1、X2 和 X3，增加了无效宣告理由 Y1、Y2 和 Y3，请求人结合证据 X2 和 X3 具体说明了无效宣告理由 Y1，结合证据 X3 具体说明了无效宣告理由 Y3。除此之外请求人未进行任何其他说明。下列哪些说法是正确的？

　　A. 专利复审委员会对证据 X1 不予考虑

　　B. 专利复审委员会对无效宣告理由 Y2 不予考虑

　　C. 专利复审委员会对无效宣告理由 Y4 不予考虑

　　D. 在口审过程中，请求人主张其提出的证据 X2 可用于支持无效宣告理由 Y4，对此专利复审委员会不予考虑

　　【解析】 在提出无效宣告请求时及在其后的 1 个月内，请求人未结合证据 X1 具体说明任何无效宣告理由，因此对证据 X1 不予考虑；对于无效理由 Y2，请求人在上述期限内也未具体说明，因此不予考虑；请求人在期限内结合本专利说明书和权利要求书具体说明了无效理由 Y4，因此应当予以考虑；对于在口头审理中（已过请求日后 1 个月）请求人补充的以证据 X2 支持无效理由 Y4 的主张，由于没有在上述期限内进行具体说明，因此不予考虑。

　　18. 李某于 2006 年 5 月 23 日对某一专利提出无效宣告请求，提交了证据 1（中文期刊），李某认为该专利权利要求 1 相对于证据 1 所公开的技术方案的区

别技术特征 A 是本领域的公知常识，因此权利要求 1 不具备创造性。李某于同年 6 月 30 日补充提交了证据 2（美国专利文件）和证据 3（俄文工具书），具体说明了该专利权利要求 1 相对于证据 1 和 2 的结合不具备创造性，证据 3 证明了技术特征 A 是本领域的公知常识，以及权利要求 1 相对于证据 1 和该公知常识的结合不具备创造性。李某于同年 7 月 10 日口头审理当庭提交了证据 2 和证据 3 的中文译文。下列说法哪些是正确的？

　　A. 对于李某提出的所有理由和证据，专利复审委员会均应当予以考虑

　　B. 对于李某 2006 年 6 月 30 日补充的证据和增加的理由，专利复审委员会均不予考虑

　　C. 对于该专利权利要求 1 相对于证据 1 和 2 的结合不具备创造性的理由，专利复审委员会不予考虑

　　D. 对于该专利权利要求 1 相对于证据 1 和证据 3 证明的公知常识的结合不具备创造性的理由，专利复审委员会应当予以考虑

　　【解析】 对于李某于请求日提交的中文证据以及结合证据具体说明的无效理由，专利复审委员会当然应予考虑；对于李某于请求日 1 个月后即 2006 年 6 月 30 日补充提交的非公知常识性证据 2 及其口头审理当庭提交的中文译文，专利复审委员会不予考虑；由于公知常识性证据 3 及其中文译文，均在口头审理辩论终结前补充提交并用以具体说明无效理由，因此予以考虑；权利要求 1 相对于证据 1 和 2 的结合不具备创造性的无效理由未在请求日 1 个月内提出并具体说明，因此不予考虑；而权利要求 1 相对于证据 1 和公知常识的结合不具备创造性的无效理由已在请求日得到具体说明，应予考虑。据此，A、B 选项错误，C、D 选项正确。

　　19. 赵某拥有的发明专利 A 仅有 1 项权利要求，钱某拥有的发明专利 B 也仅有 1 项权利要求。发明专利 A 和 B 的优先权日均为 2010 年 3 月 1 日，但发明专利 A 的实际申请日在先，而发明专利 B 的授权公告日在先。2011 年 6 月 1 日，针对发明专利 B，孙某向专利复审委员会提出无效宣告请求，认为发明专利 B 的权利要求 1 和发明专利 A 的权利要求 1 属于同样的发明创造，请求宣告发明专利 B 的权利要求 1 无效。专利复审委员会经审查后认为，发明专利 B 的权利要求 1 和发明专利 A 的权利要求 1 确实属于同样的发明创造。以下哪个或哪些说法是不正确的？

　　A. 根据先申请原则，由于发明专利 A 的实际申

请日在先，因此应当宣告发明专利 B 的权利要求 1 无效

B. 由于 A 和 B 的专利类型相同，均为发明专利，并且发明专利 B 的授权公告日在先，因此孙某的无效宣告理由不成立，应当维持发明专利 B 的权利要求 1 有效

C. 如果钱某在专利复审委员会指定期限内不针对发明专利 A 提出无效宣告请求，专利复审委员会将宣告发明专利 B 无效

D. 如果钱某在专利复审委员会指定期限内针对发明专利 A 提出了无效宣告请求，专利复审委员会将宣告发明专利 A 无效

【解析】 本题主要涉及无效宣告程序中对于同样的发明创造的处理。先申请原则中申请日应理解为有优先权日的指优先权日，而发明专利 A 和 B 的优先权日相同，因此不能依据发明专利 A 的实际申请日在先就适用先申请原则宣告发明专利 B 的权利要求 1 无效，选项 A 不正确。发明专利 A 和 B 属于申请日（有优先权的，指优先权日）相同但专利权人不同、属于同样的发明创造的两项专利，并不根据授权公告日的先后决定是否存在重复授权的缺陷，因此选项 B 也不正确。对于属于申请日（有优先权的，指优先权日）相同但专利权人不同、属于同样的发明创造的两项专利 A 和 B，如果只有专利 B 被请求宣告无效，而专利 B 的专利权人钱某不请求宣告专利 A 无效的，专利复审委员会将直接宣告被请求宣告无效的专利 B 无效，因此选项 C 正确。如果钱某对发明专利 A 提出了无效宣告请求，专利复审委员会一般会将这两件无效宣告案件合并审理。两个专利权人赵某和钱某可以协商选择保留其中一项专利权，专利复审委员会将宣告另一项专利权无效。二人协商不成又不选择保留其中一项的，专利复审委员会将宣告发明专利 A 和 B 均无效，因此选项 D 不正确。

20. 以下有关无效宣告请求审查决定的哪个或哪些说法是正确的？

A. 专利权被宣告部分无效后，其经过修改被予以维持的权利要求应视为自修改之日起存在

B. 专利复审委员会作出宣告专利权无效的审查决定并且该决定生效后，由国家知识产权局登记和公告

C. 专利复审委员会宣告专利权全部无效的，仅需将无效宣告请求审查决定送达专利权人即可

D. 专利复审委员会基于专利权人在无效宣告程

序中提交的修改文本作出维持专利权有效的审查决定，该决定的类型属于维持专利权有效

【解析】 选项 A 涉及无效宣告审查决定的效力：被宣告无效的权利要求被视为自始不存在，被维持有效的（包括经修改而被维持有效的）权利要求应视为自始存在，因此 A 选项错误。专利复审委员会作出宣告专利权无效（包括全部无效和部分无效）的审查决定并生效后，即专利权的状态发生了改变时，由国家知识产权局登记和公告，因此 B 选项正确。无论无效宣告请求审查决定的结论如何，专利复审委员会都应当将无效宣告请求审查决定送达双方当事人，因此 C 选项错误。对于选项 D，由于专利权人在无效宣告程序中提交了修改文本并被专利复审委员会接受，在这种情形下作出的无效宣告请求审查决定相当于宣告被修改权利要求无效，维持修改后的权利要求有效，应属于宣告专利权部分无效的类型。

21. 在无效宣告程序中，请求人未在指定期限内答复口头审理通知书，并且未参加口头审理。对此，下列哪些说法是正确的？

A. 专利复审委员会应当作出维持专利权有效的无效宣告请求审查决定

B. 其无效宣告请求视为撤回，无效宣告程序即行终止

C. 该无效宣告请求审查程序中止

D. 是否终止该无效宣告审查程序由专利复审委员会根据情况决定

【解析】 在无效宣告程序中，请求人未在指定期限内答复口头审理通知书，并且未参加口头审理，这时通常的做法是无效宣告请求视为撤回，无效宣告程序终止。但是，有除外规定：专利复审委员会认为根据已进行的审查工作能够作出宣告专利权无效或者部分无效的决定的除外。因此，A、B、C 选项均错误，D 选项正确。

22. 请求人于 2010 年 4 月 1 日提出无效宣告请求，专利复审委员会于 2010 年 6 月 2 日向双方当事人发出口头审理通知书。下列说法哪些是正确的？

A. 当事人应当在 2010 年 6 月 24 日之前提交口头审理通知书回执

B. 请求人期满未提交口头审理通知书回执，也不参加口头审理的，专利复审委员会应当缺席审理

C. 专利权人期满未提交口头审理通知书回执，也不参加口头审理的，专利复审委员会可以

缺席审理

D. 请求人期满未提交口头审理通知书回执，也不参加口头审理的，其无效宣告请求视为撤回，但是否终止该无效宣告审查程序由专利复审委员会根据情况决定

【解析】 推定当事人于发出通知书后 15 日收到，然后在 7 日内提交回执，因此应于 2010 年 6 月 24 日之前提交，A 选项正确。对于请求人，期满未提交口头审理通知书回执，也不参加口头审理的，其无效宣告请求将视为撤回。但是，但专利复审委员会认为根据已进行的审查工作能够作出宣告专利权无效或者部分无效的决定的，不终止审查程序，作出宣告专利权无效或者部分无效的决定。由此可知，选项 B 不准确，D 选项正确。专利权人不参加口头审理的，可以缺席审理，不影响审查程序的进行，C 选项正确。

第四节练习题

23. 请求人于 2010 年 4 月 1 日提出无效宣告请求，专利复审委员会于 2010 年 6 月 2 日向双方当事人发出口头审理通知书。下列说法哪些是正确的？

A. 当事人应当在 2010 年 6 月 24 日之前提交口头审理通知书回执

B. 请求人期满未提交口头审理通知书回执，也不参加口头审理的，其无效宣告请求视为撤回，无效宣告程序即行终止

C. 请求人期满未提交口头审理通知书回执，也不参加口头审理的，专利复审委员会应当缺席审理

D. 专利权人期满未提交口头审理通知书回执，也不参加口头审理的，专利复审委员会可以缺席审理

【解析】 推定当事人于发出通知书后 15 日收到，然后在 7 日内提交回执，因此当事人应于 2010 年 6 月 24 日之前提交口头审理通知书回执，A 选项正确。专利权人不参加口头审理的，可以缺席审理，不影响审查程序的进行，D 选项正确。对于请求人，期满未提交口头审理通知书回执，也不参加口头审理的，其无效宣告请求将视为撤回，无效宣告请求审查程序终止。但是，专利复审委员会认为根据已进行的审查工作能够作出宣告专利权无效或者部分无效的决定的，不终止审查程序，作出宣告专利权无效或者部分无效的决定。由此可知，选项 B、C 都不正确。

24. 下列关于无效宣告程序中口头审理的说法哪些是正确的？

A. 当事人表示参加口头审理的，应当在"口头

审理通知书"回执中注明参加口头审理人员的姓名，没有注明的，不得参加口头审理

B. 要求委派出具过证言的证人就其证言出庭作证的，应当在"口头审理通知书"回执中声明

C. 只要是没有在"口头审理通知书"回执中声明出庭的证人，一律不能出庭作证

D. 在"口头审理通知书"回执中声明出庭的证人，合议组应当允许其出庭作证

【解析】《专利审查指南 2010》中并没有规定没有在口头审理回执中写明的口头审理参加人和证人就一定不能出席口头审理，因此 A、C 错误。在口头审理通知书回执中出现的证人，是否能够出庭作证，要看该证人证言作为证据是否能够被接受，否则也不能出庭作证，因此 D 错误。根据《专利审查指南 2010》的规定，要求委派出具过证言的证人就其证言出庭作证的，应当在"口头审理通知书"回执中声明，B 选项正确。

第五节练习题

25. 张某于 2007 年 2 月 4 日对某一发明专利提出无效宣告请求，提交了美国专利说明书 D1 和某美国出版公司公开发行的科技期刊 D2，主张该专利不具备创造性。2007 年 3 月 4 日，请求人补充提交上述美国出版公司出具的证明材料 D3，用于证明 D2 的真实性和公开时间。2007 年 5 月 4 日，请求人提交了 D3 的公证认证文件 D4。下列哪些说法是正确的？

A. 张某应当在 2007 年 3 月 4 日之前提交 D1 和 D2 的中文译文，否则该两项证据将被视为未提交

B. 张某应当就 D1 和 D2 提交相关的公证认证文件

C. 张某应当在口头审理辩论终结前提交 D3 的公证文件的中文译文

D. 由于 D3 的公证文件的提交日期超出了规定的期限，因此不予考虑

【解析】 D1、D2 的中文译文的提交期限和 D1、D2 自身的提交期限相同，为提出无效宣告请求之日起 1 个月，因此 A 正确。D1、D2 尽管属于域外证据，但是 D1 是美国专利说明书，可以在专利局获得，属于能够从港、澳、台地区外的国内公共渠道获得的证据，无需提交公证认证文件，并且，D2 有证据 D3、D4 证明其真实性，根据审查指南的相关规定，有其他证据足以证明域外证据真实性的，可以不办理相关的证明手续，因此 D2 不属于必须提交公证认证等证

明文件的情形，B选项错误。D3属于对D2法定形式的完善，可以在口头审理辩论终结前提交，故C选项正确，D选项错误。

26. 无效宣告请求人在提出请求时提交的证据有技术设计图纸，在之后的1个月内补充的证据有美国专利说明书及其译文，并在口头审理时提交了专业杂志、《英汉技术词典》和技术设计人员的书面证言作为证据，上述证据均用于证明被请求宣告无效的发明专利不具备新颖性和创造性。以下说法哪些是正确的?

A. 专利复审委员会对请求人提交的所有证据均予以考虑

B. 专利复审委员会对请求人在口头审理时提交的证据均不予考虑

C. 专利复审委员会对请求人在口头审理时提交的专业杂志和《英汉技术词典》予以考虑

D. 专利复审委员会对请求人在口头审理时提交的专业杂志和书面证言不予考虑

【解析】从提交期限上来看，请求人在提出口头审理之日起1个月内提交的证据均应考虑；普通证据在超出该举证期限后不予考虑，如口头审理时提交的专业杂志、技术设计人员的书面证言。但是，《英汉技术词典》作为公知常识性证据，可以在口头审理辩论终结前提交。因此，请求人在提出无效宣告请求及之后1个月内提交的技术设计图纸、美国专利说明书及其译文应当予以考虑，在口头审理时提交的专业杂志和技术设计人员的书面证言应当不予考虑，而在口头审理时提交的《英汉技术词典》应当予以考虑。

【练习题答案】

1. A	2. AB	3. C	4. C	5. B	6. D	7. ABD
8. D	9. ABC	10. D	11. ABCD	12. (1) C	(2) ABCD	13. AB
14. D	15. ABCD	16. ACD	17. ABD	18. CD	19. ABD	20. B
21. D	22. ACD	23. AD	24. B	25. AC	26. D	

第九章 《专利合作条约》及国际申请程序

[本章导读]

本章内容涵盖《考试大纲》第七章第一节和第二节的全部知识点。具体地说,本章包括《专利合作条约》概述、PCT 国际阶段的程序和国际申请进入中国国家阶段的特殊规定 3 个方面的内容。

本章内容涉及的国际条约、法律、法规条款主要包括《专利合作条约》(又称"PCT"或"PCT 条约")第一章和第二章的相关条款、《专利合作条约实施细则》(又称"PCT 实施细则")第一部分至第三部分的相关条款、《专利法》第 20 条第 2 款、《专利法实施细则》第十章的大部分条款。

读者学习本章内容时可以参阅《专利合作条约行政规程》(又称"PCT 行政规程")《专利合作条约受理局指南》(又称"PCT 受理局指南")《专利合作条约国际检索单位和初步审查单位指南》(又称"PCT 国际检索单位和初步审查单位指南")以及《专利审查指南2010》第三部分。

由于本章仅涉及国际申请进入中国国家阶段的特殊规定,关于与普通中国国家申请和专利共同适用的其他要求或规定以及相关程序,本章不再重复讲授,请读者参见本书各章。

关于《专利法实施细则》第 117 条的规定,即基于国际申请授予的中国专利权在确定保护范围时的特殊规定,请参见本书第十章第四节。

《专利合作条约》是专利领域的一个重要国际条约,其为申请人向不同国家申请专利建立了一种新的途径,即在传统的《巴黎公约》途径基础上建立了 PCT 途径。依照 PCT 条约,各成员国在专利申请的受理、检索及审查方面进行合作,形成一种国际申请体系,使申请人和各成员国专利局从中获益。按照该条约提出的申请称为国际申请(又称 PCT 申请)。

第一节 《专利合作条约》概述

《巴黎公约》建立的国民待遇原则和优先权原则使发明人向外国申请专利成为可能。但是随着经济和科技全球化趋势的发展,申请人对专利申请途径的需求日趋多元化,而各国专利局面临的工作压力与日俱增,PCT 条约应运而生。本节将简单介绍该条约的产生和发展、PCT 体系设计、在 PCT 体系中承担相应工作的职能机构、适用的法律文件、PCT 体系在中国的发展以及利用 PCT 途径的益处。

一、《专利合作条约》的产生和发展

如果通过传统的《巴黎公约》途径,申请人希望其发明能在多个国家获得专利保护,通常须在首次提出专利申请后的 12 个月内分别向各个国家提出专利申请,申请文件分别使用各国规定的语言撰写,满足各国的形式及内容要求,并向各国专利局缴纳规定的费用。而各国专利局则对同样的发明进行重复的检索和审查,这种方式无疑给申请人和专利局带来大量的重复工作,造成巨大的积压和负担。为了解决这一问题,1966 年,工业产权巴黎联盟提请知识产权联合国际局(BIRPI,即世界知识产权组织的前身)对此进行研究,经 BIRPI 拟定草案,并经多次专家会议讨论、修改,1970 年 6 月在华盛顿举行的外交会议上签订了 PCT 条约。该条约于 1978 年 1 月正式生效,并于当年 6 月实施。最初成员国仅有 18 个,此后成员国不断扩充,截至 2011 年 6 月

底，成员已达到 144 个，占《巴黎公约》成员国数量的 83%，申请人利用 PCT 途径提交的专利申请量已经超过 100 万件。其成员国的数量和申请量足以说明，PCT 条约已经成为当前最重要的专利条约之一。

PCT 条约是在《巴黎公约》的基础上建立的，其遵守《巴黎公约》的基本原则，仅对《巴黎公约》的成员国开放，只有《巴黎公约》的成员国才可以加入 PCT 条约。

二、PCT 体系设计概述

国际申请程序通常分为两个阶段，第一阶段称为国际申请程序的"国际阶段"，包括国际申请的提交、受理和形式审查、国际检索和国际公布；如果申请人要求，国际阶段还包括国际初步审查。申请人提交国际申请后，分别由特定的国际单位，根据 PCT 条约制定的统一标准分别完成相应的任务。第二阶段是 PCT 申请程序的"国家阶段"，国家阶段的程序在各个国家局完成，主要是指授权程序。如果申请人希望在某个指定的成员国获得专利保护，在国际阶段程序完成之后，申请人必须在 PCT 条约规定的期限内按照各指定的成员国的规定，办理进入国家阶段的手续，启动国家阶段的程序。

国际申请程序如图 9-1 所示。图中标注的期限仅作为解释程序的目的，有关期限的具体规定参见本章第二节的相应内容。

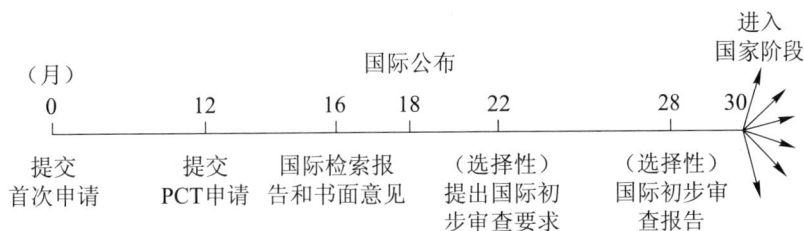

图 9-1　国际申请程序流程图

通常情况下，申请人首先向本地专利局提交国家或地区申请，此后在优先权期限内以主管受理局接受的语言向主管受理局提出国际申请，满足统一的形式及其他要求，并要求本地申请的优先权。当然，申请人也可以直接提出国际申请。

该申请被受理获得了国际申请日后，即在所有指定的成员国中获得正规国家申请的效力。除另有规定外，国际申请日与各国国家申请日的效力相同。

如果申请人缴纳了规定的费用，在受理程序之后，国际申请进入国际检索程序。通常在优先权日起 16 个月❶内，由承担国际检索的国际单位作出国际检索报告（或宣布不作出国际检索报告）和书面意见。国际检索报告中将载明国际检索单位检索出来的相关对比文件及其他信息，书面意见则是对国际申请中请求保护的发明看来是否具备新颖性、创造性和工业实用性提供初步的、无约束力的意见。

一般情况下，自优先权日起 18 个月届满，由国际局对国际申请、国际检索报告以及其他规定应予以公布的文件进行国际公布。

通常情况下，上述程序是必经程序。

---

❶　此处 16 个月的标注仅作为解释程序的目的，有关国际检索单位作出国际检索报告和书面意见的期限，参见 PCT 实施细则第 42 条、第 43 条之二的规定，或者参见本章第二节的相应内容。

第九章

如果申请人愿意，自优先权日起 22 个月❶内可以要求进行国际初步审查，从而启动国际初步审查程序，该程序是可选择的程序，不是必经程序。

在申请人启动国际初步审查程序之后，承担国际初步审查的国际单位通常自优先权日起 28 个月❷内完成国际初步审查报告，又称专利性国际初步报告（见 PCT 条约第二章规定）。该报告对国际申请中请求保护的发明看来是否具备新颖性、创造性和工业实用性提供初步的、无约束力的意见，通常在申请人提交的修改文件的基础上作出。

如果申请人欲在某些指定国寻求专利保护，应当自优先权日起 30 个月内办理进入该指定国国家阶段的手续，从而启动国家阶段的程序。当然，各指定国也可以规定更晚的期限。进入国家阶段后，各国家局将参考国际单位的报告，依据本国法对该申请进行审查，并作出是否授予专利权的决定。例如，有些国际申请的主题（如赌博工具、原子核变换方法获得的物质）不属于 PCT 实施细则规定的不予检索和初步审查的主题，国际单位对其作出了国际检索报告和专利性国际初步报告，认可了这类主题的新颖性和创造性，但是该主题分别属于中国《专利法》第 5 条、第 25 条规定的不能被授予专利权的主题，因此不能在中国获得专利权。

三、PCT 体系的职能机构

PCT 体系的职能机构主要有国际局、受理局、国际检索单位、国际初步审查单位、指定局和选定局。

（一）国际局

国际局是指世界知识产权组织国际局。国际局对 PCT 条约的实施承担中心管理的任务。国际局负责保存所有国际申请文件正本；负责国际申请的公布出版；负责在申请人以及各国际单位或国家局之间传递国际申请和与国际申请有关的各种文件；此外，国际局还负责受理国际申请。

（二）受理局

受理国际申请的国家局或政府间组织被称为受理局。多数国家加入 PCT 条约后，其国家局即成为接受本国国民或居民提交的国际申请的受理局。国际局作为受理局可以接受任何 PCT 成员国的国民或居民提交的国际申请。

（三）国际检索单位

负责对国际申请进行国际检索的国家局或政府间组织被称为国际检索单位，其任务是对作为国际申请主题的发明提出现有技术的文献检索报告，并且在此基础上作出可专利性的书面意见。国际检索单位由国际专利合作联盟大会指定。到目前为止，被大会指定的国际检索单位共有 17 个，它们是：奥地利专利局、澳大利亚专利局、中国国家知识产权局、欧洲专利局、西班牙专利与商标局、日本特许厅、韩国知识产权局、俄罗斯专利局、瑞典专利局、美国专利与商标局、加拿大专利局、芬兰专利商标局、巴西专利局、北欧专利组织、印度专利局、以色列专利局以及埃及专利局。❸

---

❶　此处 22 个月的标注仅作为解释程序的目的，有关提出国际初步审查要求的期限，参见 PCT 实施细则第 54 条之二的规定，或者参见本章第二节的相应内容。

❷　此处 28 个月的标注仅作为解释程序的目的，有关完成国际初步审查报告的期限，参见 PCT 实施细则第 69 条的规定，或者参见本章第二节的相应内容。

❸　其中，印度专利局、以色列专利局以及埃及专利局截至 2011 年 5 月底尚未开始执行国际检索单位的业务。

（四）国际初步审查单位

负责对国际申请进行国际初步审查的国家局或政府间组织被称为国际初步审查单位，其任务是对作为国际申请主题的发明是否具备新颖性、创造性和工业实用性提出初步的、无约束力的意见，作出国际初步审查报告。上面列举的国际检索单位同时也是国际初步审查单位。❶

（五）指定局和选定局

申请人在国际申请中指明的、要求对其发明给予保护的那些成员国即为指定国，指定国的国家局被称为指定局。申请人按照 PCT 条约第二章选择了国际初步审查程序，在国际初步审查要求书中所指明的预定使用国际初步审查结果的成员国被称为选定国，选定国的国家局即为选定局。

四、PCT 法律文件简介

PCT 条约的目标是建立统一的 PCT 申请体系，以减少发明人和专利局的重复劳动。条约中的规定仅涉及专利申请的提出、检索、公布和审查等，而不涉及专利的授权。授予专利权的任务由各国家局来完成，各国家局根据本国法的规定进行审查。

PCT 法律文件包括：PCT 条约、PCT 实施细则、PCT 行政规程，这三者是 PCT 体系的法律依据，对各成员国具有约束力，个别条款允许成员国保留。此外，还包括 PCT 受理局指南、PCT 国际检索和国际初步审查指南、PCT 申请人指南，但这些文件对各成员国的从业人员或申请人仅具有指导效力，不具有法律效力。

（一）PCT 条约

PCT 条约分为 8 章，共 69 条。涉及国际申请程序的规定主要在前三章，第一章主要涉及国际申请的提出、国际检索和国际公布的规定，在申请程序不被终止（申请被视为撤回或者被撤回）的情况下，凡是符合要求的国际申请都要经历第一章规定的程序；第二章主要涉及国际初步审查的规定，该程序应申请人的请求才启动，不是必经程序，具有可选择性和非强制性的特点；第三章涉及对各程序都适用的共同规定，例如有关期限的规定。

（二）PCT 实施细则

PCT 实施细则分为 6 个部分，共 96 条，其对 PCT 条约明文规定按细则办理的事项作出补充规定，对有关管理的要求和程序作出规定，对贯彻条约规定中的具体细节作出规定。

（三）PCT 行政规程

PCT 行政规程分为 7 个部分以及 6 个附件，PCT 行政规程对 PCT 实施细则中明文规定按行政规程办理的事项作出补充规定，对适用 PCT 实施细则的具体细节作出规定。

（四）PCT 受理局指南

PCT 受理局指南的目的在于帮助和指导受理局执行条约为其规定的任务。

（五）PCT 国际检索和初步审查指南

PCT 国际检索和初步审查指南的目的在于帮助和指导国际检索单位、国际初步审查单位执行条约为其规定的任务。

（六）PCT 申请人指南

PCT 申请人指南的目的在于帮助申请人正确利用 PCT 申请体系，并向申请人提供必要的

---

❶　其中，印度专利局、以色列专利局以及埃及专利局截至 2011 年 5 月底尚未开始执行国际初步审查单位的业务。

信息。

五、PCT 体系在中国的发展

中国于 1993 年 10 月 1 日递交加入书，1994 年 1 月 1 日正式成为 PCT 成员国。从该日起，国家知识产权局（时为中国专利局）成为 PCT 受理局，接受我国国民或居民提出的 PCT 申请。从同一日起，申请人提出国际申请可以指定中国。国家知识产权局还同时被指定为 PCT 国际检索单位和国际初步审查单位。1997 年 7 月 1 日之后，进入中国国家阶段的国际申请，还可以依据相关规定获得香港地区的专利保护。

六、利用 PCT 途径的益处

通常情况下，当申请人向外申请的具体目标国确定且较少的情形下，申请人利用传统的《巴黎公约》途径，可以较快获得能否授予专利权的结果；当申请人希望就同一发明向多个国家提交专利申请时，或者申请人向外申请的具体目标国尚未确定时。

与《巴黎公约》途径比较，通过 PCT 途径申请专利可以使申请人和各国专利局获得以下好处：

第一，简化提出申请的手续。通过《巴黎公约》途径，申请人必须使用不同语言向各国分别提交申请，并分别满足各国的要求。而通过 PCT 途径，申请人在提出申请时仅需要使用一种语言向一个专利局提出一份申请，满足统一的要求，国际申请被给予国际申请日的，自国际申请日起在每个指定国具有正规的国家申请的效力。除特殊情形外，国际申请日应被认为是在每个指定国的实际申请日。

第二，推迟申请人进入目标国决策的时间。随着各国的经济发展状况和知识产权保护状况趋于多元化，申请人需要有充分的时间调查在目标国的专利保护需求及状况，以及专利申请和保护成本的投入产出比。通常情况下，PCT 途径比传统的《巴黎公约》途径至少多出 18 个月时间进行决策。

第三，使申请人更为准确地投入资金。各国高昂的专利申请费用以及代理费用是申请人在申请专利时必须考虑的重要因素。通过 PCT 途径，申请人可以获得国际检索报告和专利性国际初步报告，其对专利授权前景的初步评价可以为申请人提供帮助。与《巴黎公约》途径相比，虽然通过 PCT 途径向外国申请专利所花费的费用在绝对值上并不减少，还会多花费国际阶段的费用，但是，准确地（并且是推迟地）投入国家阶段的高额费用显然更具价值。

第四，帮助申请人完善申请文件。与《巴黎公约》途径比较，申请人在进入国家阶段前有多个机会在国际单位审查员的指导下改正或修改申请文件，使进入国家阶段的申请文件更为完善。

第五，不同程度地减轻成员国的负担。在国际阶段国际单位作出的国际检索报告和专利性国际初步报告将给各国家局的审查带来帮助。

第二节 PCT 国际阶段的程序

PCT 国际阶段的程序包括国际申请的提出和受理、国际检索、国际公布以及可选择的国际初步审查程序。在国际阶段，申请人还可以请求变更著录项目以及请求撤回国际申请、指定、优先权、国际初步审查要求书或选定。

一、国际申请的提出和受理

（一）国际申请的提出

1. 申请人

一般来说，只有 PCT 成员国的国民或者居民可以提出国际申请。也就是说，在通常情况下，至少有一名申请人的国籍所属国或者居所所在国是 PCT 成员国，申请人才有资格提出国际申请。

在提出国际申请时，对于不同的指定国可以有不同的申请人。这种制度设计基于两方面原因：其一，美国要求申请必须由发明人提出，因此在国际申请提出时，发明人也必须同时作为对美国的申请人，而对于其他国家，申请人可以不是发明人；其二，此种制度设计便于共同申请人在提出申请时基于各种目的（例如目标市场的划分）划分出指定的地域范围。这样，在进入指定国的国家阶段时，只有对该指定国的申请人才会作为进入国家阶段的申请人。例如，在进入中国国家阶段时，仅作为美国的申请人将不会被国家知识产权局记录为对中国的申请人。

2. 主管受理局

申请人应当向主管受理局提出国际申请。主管受理局可以是申请人国籍所属国的国家局，而或者是申请人居所所在国的国家局，也可以是代表其国籍所属国或居所所在国的国家局，而国际局作为受理局可以受理所有成员国国民或者居民提出的国际申请。例如，长期居住在日本的中国公民，他既可以向国家知识产权局提出申请，也可以向日本特许厅提出申请，还可以向国际局提出申请。

中国的国民或居民既可以向国家知识产权局提出国际申请，也可以向国际局提出国际申请，但是需注意，如果直接向国际局提出国际申请，根据《专利法》第 20 条第 1 款的规定，申请人应当事先请求国家知识产权局进行保密审查。

3. 申请语言

申请人应当使用主管受理局接受的语言准备申请文件。国家知识产权局作为受理局接受的申请语言有两种，即中文和英文。因此，申请人向国家知识产权局提交国际申请应当使用中文或者英文。

4. 国际申请的申请文件

国际申请的申请文件的形式和内容的撰写方式应当满足统一的标准。依据 PCT 条约规定，任何成员国的法律在国际申请的形式和内容方面不能提出与 PCT 条约不同的或额外的要求。申请文件的标准化是 PCT 申请程序的优点之一。

国际申请的申请文件包括请求书、说明书、权利要求、附图和摘要。

（1）请求书

请求书由国际局统一制定，通常每半年更新一次。请求书中包括申请人、发明人、发明名称、代理人信息、国家的指定、优先权、各种声明、在先检索结果的利用、签字、清单列表等重要信息，依照规定正确填写请求书是保障 PCT 程序的重要因素。

（2）说明书

说明书应当对发明作出清楚、完整的说明，足以使本技术领域的技术人员能够实施该发明。说明书最好按照技术领域、背景技术、发明内容、附图概述、本发明的最佳实施方式（或本发明的实施方式）、工业实用性等 6 个部分的方式和顺序撰写，并建议在每一部分前加上相应的标题。如果国际申请中包含核苷酸或氨基酸序列的内容，说明书中应当包括序列表，该序列表应当符合 PCT 行政规程附件 C 规定的标准，并应作为说明书的单独部分提交。应当注意，多数国际检索单位还要求申请人提供计算机可读形式的序列表。

（3）权利要求

权利要求应当以说明书为依据，清楚、简要地限定要求保护的范围。权利要求的项数应当适当，用阿拉伯数字连续编号，在说明发明的技术特征时，除非绝对必要，不得使用"如说明书第……部分所述"或者"如附图第……图所示"的用语；如果国际申请有附图，在权利要求描述的技术特征后面最好加上有关该特征的引用标记，请求保护的主题应当以发明的技术特征来确定。在适当的情况下，权利要求应包括前序部分和特征部分。

（4）附　图

对于理解发明必要时，国际申请应当包含附图。流程图和图表应当作为附图，化学式或数学式可以作为说明书、权利要求书的内容，也可以作为附图提交。除了在绝对必要时附图中可以包含少量文字注释之外，一般情况下附图中不应当有文字内容。附图中的文字应当与国际申请所使用的语言一致。

（5）摘　要

摘要应当是说明书、权利要求书及附图所包含的公开内容的概括。摘要应当在内容允许的情况下尽可能简明，用英文书写或译成英文时最好在50～150个词之间。

5.国家的指定和保护类型

申请一经提交，便具有自动指定在申请日时受条约约束的所有成员国的效力。但是应当注意，个别国家的国内法规定，指定该国并要求在该国有效的在先国家申请作为国际申请的优先权的，该国内在先申请效力终止，如日本、德国、韩国。因此，在以上述国家的在先申请为基础提出国际申请时，需要明确是否排除指定这些国家。申请人不能在提出申请时排除其他国家的指定，如果需要，可以在提出国际申请时或之后撤回指定。国际申请不能进入没有被指定的国家或者指定被撤回的国家。

申请一经提交，即自动享有各指定国所有保护类型的申请权利。提出国际申请时，申请人无需考虑欲在成员国寻求哪种类型的保护，该问题可以延迟到国际申请进入国家阶段时再予以明确。

PCT条约第2条（ii）对通过PCT途径可获得的保护类型作出了明确规定，PCT条约中所称的专利包括发明专利、发明人证书、实用证书、实用新型、增补专利或增补证书、增补发明人证书和增补实用证书。需注意，外观设计专有权不在上述范围内，即申请人不能通过PCT途径获得外观设计专有权保护。我国的发明专利和实用新型专利在上述范围之内，申请人在办理国际申请进入中国国家阶段手续时，必须明确要求获得的是发明专利还是实用新型专利，两者只能选择其一。

6.国际申请的提交方式及收到日的确定

国际申请应当以主管受理局接受的方式提交，以该局收到申请文件之日为收到日。

如果以纸件形式向国家知识产权局提交国际申请，有以下三种方式：

（1）面交。使用该种方式的，以申请文件到达国家知识产权局受理部门之日为收到日。

（2）邮寄。使用该种方式的，以申请文件到达国家知识产权局受理部门之日为收到日。

（3）传真。使用该种方式的，以国家知识产权局受理部门收到传真之日作为收到日，但申请人还必须在规定的期限内将传真文件的原件提交到受理部门。

如果以PCT-SAFE电子申请形式向国家知识产权局提交国际申请，有以下两种方式：

（1）在线提交。使用该种方式的，以国家知识产权局服务器收到电子形式的文件之日为收到日。

（2）物理载体。使用该种方式的，以申请文件到达国家知识产权局受理部门之日为收到日。

应当注意，国家知识产权局设立的地方代办处不能接收国际申请。

7. 国际阶段的费用

申请人在提交国际申请时应当缴纳的费用包括国际申请费（外加国际申请超出 30 页部分的附加费）、传送费、检索费。缴纳费用的期限为自受理局收到国际申请之日起 1 个月内。

此外，申请人还可能需要缴纳恢复优先权要求的费用、请求受理局准备和传送优先权文件的费用等。

关于国际申请费，根据情况，申请人可以享受以下减免：

（1）当国际申请的所有申请人都是自然人，并且都属于国民人均年收入低于 3 000 美元的国家的国民和居民，可以减免国际申请费（外加国际申请超出 30 页部分的附加费）的 90%。中国的国民和居民满足该项减免标准，即申请人为居住在中国大陆及香港、澳门、台湾地区的中国公民可以享受此项减免。

（2）如果申请人使用 PCT‐SAFE 软件提交申请，根据所提交申请格式的不同，国际申请费（外加国际申请超出 30 页部分的附加费）可以减免 100～300 瑞士法郎不等。

关于国际初步审查阶段的费用，请参见本节国际初步审查的相应内容。

8. 向国家知识产权局提出国际申请的其他规定

（1）中国单位或者个人向国家知识产权局提交国际申请时，可以自行办理，也可以委托依法设立的专利代理机构办理。

（2）根据中国《专利法》第 20 条第 1 款的规定，任何单位或者个人将在中国完成的发明或者实用新型向外国申请专利的，应当事先报经国家知识产权局进行保密审查。因此，如果申请人就其在中国完成的发明创造直接向国际局提交国际申请的，应当事先向国家知识产权局提出保密审查请求，并提交技术方案说明书。按照中国《专利法实施细则》第 8 条第 3 款的规定，申请人向国家知识产权局提交国际申请的，被视为同时提出了保密审查请求。

（二）国际申请日的确定

1. 确定国际申请日的条件

依据 PCT 条约第 11 条（1）规定，只要国际申请满足下列要求，受理局应当以收到该申请之日作为国际申请日：

（1）申请人并不因为居所或国籍的原因而明显缺乏向受理局提出国际申请的权利。向国家知识产权局提出国际申请的，申请人（或至少其中之一）的国籍为中国或者其营业所或居所在中国。

（2）国际申请使用规定的语言撰写。向国家知识产权局提出国际申请的，应当使用中文或英文撰写。

（3）国际申请至少包括下列项目：① 表明申请人提出国际申请的意愿；② 写明申请人的姓名，足以用来对申请人进行确认；③ 有一部分看起来像是说明书的部分；④ 有一部分看起来像是一项或几项权利要求的部分。

如果中国人向国家知识产权局提出国际申请且国际申请满足上述条件，国家知识产权局应当依据收到申请的日期确定国际申请日。

如果国际申请不满足上述条件，申请人应当在国家知识产权局发出改正通知之日起 2 个月内改正；如果未发出通知，申请人应当在国家知识产权局首次收到据称的国际申请之日起 2 个月内改正。在规定的期限内提交改正的，一般情况下，国家知识产权局将以收到改正之日为国际申请日。未在规定的期限内改正缺陷的，该申请将不作为国际申请。

在理解确定国际申请日的条件时，还应当注意以下两个方面的特殊规定。

第一，当国际申请缺少全部的说明书或全部的权利要求时，申请人可以通过援引在先申请中相应内容的方式加入遗漏的说明书或权利要求。符合援引加入规定的，视为在首次收到国际申请之日已经提交了说明书和权利要求，并据此确定国际申请日。国家知识产权局作为受理局允许申请人根据援引加入的规定补充遗漏的说明书和权利要求，但作为指定局对此作出了保留。

第二，当申请人因国籍和居所而不具有向国家知识产权局提交申请的权利，但其具有提出国际申请的权利；或者申请所使用的语言不是国家知识产权局接受的语言时，尽管国家知识产权局不能为其确定国际申请日，但是可以将该申请转交国际局，并向其指明该申请的收到日，国际局应当作为受理局将该收到日作为国际申请的收到日。

2. 国际申请日的效力

国际申请被给予国际申请日的，自国际申请日起在每个指定国具有正规的国家申请的效力。除特殊情形外，国际申请日应被认为是在每个指定国的实际申请日。

3. 国际申请中缺陷的改正

国际申请日确定之后，在随后的受理局审查过程中，某些缺陷的改正可能会导致国际申请日的推迟。因此，可以将申请人对申请中缺陷的改正分为可能影响国际申请日的改正和不影响国际申请日的改正。

（1）可能影响国际申请日的改正

国际申请遗漏了部分说明书、部分权利要求或者全部或部分附图的，申请人应当在受理局发出的改正通知之日起2个月内改正；如果未发出通知，申请人应当自受理局首次收到国际申请之日起2个月改正。

申请人可以根据具体情况选择如下方式进行改正：

第一，申请人在上述期限内补交遗漏部分。在此种情况下，受理局将以收到补交部分之日重新确定国际申请日，其后果是国际申请日有可能超出12个月的优先权期限。

第二，申请人可以通过援引在先申请中相应部分的方式加入遗漏的部分，这种改正不会影响国际申请日。

如果申请人未在规定的期限内改正，遗漏部分的内容将不予考虑，国际申请日保持不变。

（2）不影响国际申请日的改正

国际申请中存在其他缺陷的，申请人可以应受理局的要求进行改正，申请人也可以主动改正，这些改正不会对国际申请日造成影响。其他缺陷通常包括：① 摘要、附图中的文字语言与说明书、权利要求书所使用的语言不一致；② 优先权声明的信息不完整；③ 未缴纳或未缴足应缴纳的费用；④ 请求书缺少签字；⑤ 根据PCT实施细则4.17的声明存在缺陷；⑥ 申请文件中存在形式缺陷；⑦ 缺少发明名称；⑧ 缺少摘要。

（三）优先权

1. 优先权要求

申请人可以为其国际申请要求一个或者多个在《巴黎公约》成员国或者世界贸易组织成员提出的在先申请的优先权。在先申请的申请日应当在国际申请日之前12个月内。申请人应当在请求书中正确指明在先申请的申请日、申请号以及受理该在先申请的国家名称或者地区组织名称或者世界贸易组织成员名称。

当优先权要求不满足上述要求时，申请人应当在规定期限内根据受理局的要求进行改正；申请人在规定期限内也可以主动提出改正优先权要求或增加优先权要求。无论是应受理局的要求进行改正，还是申请人主动改正或增加优先权要求，其期限均为自优先权日起 16 个月（如果改正或者增加优先权导致优先权日发生变化，则以先到期的优先权日起 16 个月为准）或自国际申请日起 4 个月，以后届满的期限为准。如果申请人在规定的期限届满时仍然没有改正缺陷，相应的优先权视为未要求。但是，有三种例外情形，在国际阶段优先权不会被视为未要求，而是留待国家阶段处理：一是没有提供在先申请号；二是优先权要求的某项说明与优先权文件的记载不一致；三是国际申请日在优先权期限届满之后，但在届满之后 2 个月内。

国际申请日在优先权期限届满之后，但在届满之后 2 个月内的，PCT 实施细则规定申请人可以向受理局或者指定局请求恢复该优先权。国家知识产权局作为受理局允许申请人根据该规定请求恢复优先权，但作为指定局对此作出了保留。

2. 优先权文件的提交

要求优先权的，除以下两种情形外，申请人应当自优先权日起 16 个月内向国际局或受理局提交优先权文件：

（1）该优先权文件可以由国际局或受理局从电子图书馆获得，申请人可以不提交优先权文件。

（2）在先申请是在申请人提交国际申请的受理局提出的，申请人可以请求受理局准备优先权文件并将该文件传送到国际局。为此目的，受理局可以要求申请人缴纳费用。

如果申请人在国际阶段没有履行向国际局或受理局提交优先权文件的义务，在国家阶段，指定局在宣布优先权视为未要求前应当给予申请人补交优先权文件的机会。

二、国际检索

（一）国际检索的目的

国际检索的目的在于努力发现相关的现有技术，并在原始申请文件基础上提供关于新颖性、创造性及工业实用性的初步、无约束力的意见。

在国际检索阶段，国际检索单位将作出国际检索报告（或者宣布不作出国际检索报告）以及书面意见。应当注意的是，国际检索单位的检索结果以及关于可专利性的初步意见，对指定局没有约束力，仅起参考作用，而申请人可以参考国际检索报告及书面意见评估获得专利的可能性，决定是否进一步完善申请文件或者国际申请是否进入国家阶段。

（二）国际检索单位应当满足的条件

国际检索单位由联盟大会指定。符合下列条件的国家局或者政府间组织，可以被指定为国际检索单位：

（1）至少必须拥有 100 名具有足以胜任检索工作的技术资格的专职人员；

（2）必须拥有或能够利用 PCT 实施细则第 34 条规定的最低限度文献；

（3）必须拥有一批能够对所要求的技术领域进行检索，并且具有至少能够理解用来撰写或者翻译 PCT 实施细则第 34 条所述最低限度文献的语言的语言条件的工作人员；

（4）必须设置质量管理系统和内部复查措施以满足国际检索普通规则的要求；

（5）必须被指定为国际初步审查单位。

（三）主管国际检索单位

主管国际检索单位由受理局指定。受理局可以指定一个或多个国际检索单位负责对该局受理的国际申请进行国际检索，有多个单位时，申请人可作出选择。国家知识产权局作为受理局仅指定本局为主管国际检索单位。

如果国际申请是向作为受理局的国际局提出的，按照有权受理该国际申请的受理局所指定的主管国际检索单位来确定主管国际检索单位。中国的国民或居民向国际局提出的国际申请，其主管国际检索单位是国家知识产权局。

（四）国际检索的范围

1. 最低限度文献

国际检索至少应当检索 PCT 实施细则规定的最低限度文献。最低限度文献包括：（1）国家专利文献，自 1920 年之后颁发的法国、德国、俄罗斯（或者前苏联）、瑞士、英国、日本、韩国、美国专利及公布的申请，以及 1920 年以后在任何其他国家用英、法、德或西班牙语公布的专利申请或颁发的专利；（2）公布的国际申请、地区专利和申请、发明人证书申请和发明人证书；（3）经各国际检索单位和国际局同意的其他公布的非专利文献。

中国专利文献目前暂不属于最低限度文献，国家知识产权局作为国际检索单位进行国际检索时，除了检索最低限度文献外，还可以扩展检索中国专利文献及其他文献。

2. 国际检索的领域

国际检索应当覆盖可能包含与发明有关的所有技术领域，并应在所有检索文档的基础上进行。因此，不仅应检索发明所属分类的技术领域，还应检索与该发明类似的技术领域，而不管该类似的技术领域分类在哪个领域。在任何特定的申请中，对于什么领域应认为与发明类似，应根据看来是该发明的必要实质性功能或者用途来考虑，而不仅是根据该国际申请中明确写明的特定功能来考虑。国际检索应当包括通常被认为与要求保护的发明主题的全部或者部分特征等同的所有主题，即使在其细节方面国际申请所描述的发明与上述主题并不相同。

（五）国际检索单位的程序

1. 国际检索阶段的更正和改正

国际检索是一个相对封闭的程序，在国际检索报告完成前，通常情况下不允许申请人对国际申请进行修改，但在下列情形下，申请人可以对申请文件作出更正或者改正。

（1）明显错误更正

申请人在提交国际申请后，对于由国际单位或者申请人发现申请中的某些错误，在主管局看来除了提出更正的内容以外不可能是指其他内容，这些错误称为明显错误。对此，申请人可以提出明显错误更正请求。除请求书之外的国际申请中的明显错误可以向主管国际检索单位提出更正请求，申请人将收到国际检索单位作出的是否予以批准的决定。

（2）删除违反公共秩序或道德的内容以及贬低性陈述

受理局或者国际检索单位发现国际申请中存在违反公共秩序或道德的内容，以及贬低其他产品或者方法的内容，申请人将收到该单位发出的要求删除上述内容的相应通知。

（3）补交发明名称或摘要

申请人未提交发明名称或摘要的，在国际检索报告完成前可以补交。如果国际检索单位认为发明名称或者摘要不合格，例如发明名称不简洁、摘要未反映技术方案的要点等，可以重新确定发明名称或摘要。对国际检索单位自行制定的摘要，申请人可以自国际检索报告传送之日起 1 个月内提出意见。

2. 发明的单一性

一件国际申请应当只涉及一项发明或者由一个总的发明构思联系在一起的一组发明。如果国际检索单位认为国际申请缺乏单一性且要求申请人在规定期限内缴纳附加检索费，申请人可以根据申请的具体情况，在规定的期限内缴纳附加检索费，或者缴纳附加检索费的同时提出异议，并缴纳异议费，或者不缴纳附加检索费。

对于按照规定提出异议的，如果异议成立，附加检索费和异议费将被退回。

如果申请人未在规定的期限内缴纳附加检索费，国际检索单位仅需对首先提到的发明主题进行检索。

3. 不进行国际检索的情形

当国际申请存在下列情形时，国际检索单位将对部分权利要求或全部权利要求不进行国际检索。

（1）国际申请的主题涉及无须进行国际检索的主题，包括：第一，科学和数学理论；第二，植物或者动物品种，或者主要是用生物学方法生产植物或者动物的方法，但微生物学方法和由该方法获得的产品除外；第三，经营业务、纯粹智力行为或者游戏比赛的方案、规则或者方法；第四，处置人体或动物体的外科手术或治疗方法，以及诊断方法；第五，单纯的信息表达；第六，计算机程序，在国际检索单位不具备条件检索与该程序有关的现有技术的限度内。

上述规定与我国《专利法》第 25 条规定存在不同之处。例如，《专利法》第 25 条规定，用原子核变换方法获得的物质不授予专利权，但国家知识产权局作为国际检索单位进行国际检索时，仍然应当对该主题进行检索。

（2）对于涉及的权利要求无法进行有意义的检索

说明书、权利要求或者附图不清楚，或者权利要求未得到说明书的支持，其程度达到了不能进行任何有意义的检索，则国际检索单位可以对相关的权利要求不进行检索。

（3）对于涉及的核苷酸或氨基酸序列无法进行有意义的检索

申请人没有提供符合规定的核苷酸或氨基酸序列或者没有提供计算机可读形式的序列表以至于无法作出有意义的检索，则国际检索单位可以对相关的权利要求不进行检索。

（4）多项从属权利要求不符合规定

引用一项以上其他权利要求的从属权利要求（即多项从属权利要求）只能择一引用在前的权利要求。多项从属权利要求不得作为另一项多项从属权利要求的基础。多项从属权利要求引用多项从属权利要求可能会导致国际检索单位无法进行检索。

如果所有权利要求都存在上述情形，国际检索单位应当宣布不作出国际检索报告，但是该宣布并不影响国际申请的有效性。如果仅有部分权利要求存在上述情形，国际检索单位应当对其他权利要求作出国际检索报告。

4. 国际检索报告的内容及完成期限

国际检索报告的内容主要包括：（1）主题的国际分类号。（2）有关文件的引证。（3）检索的领域。（4）明显错误更正是否予以考虑的说明。（5）关于发明单一性的说明。如果申请人缴纳了附加检索费，国际检索报告应当对此作出说明。此外，如果国际检索仅是对主要发明或者不是针对所有的发明进行，国际检索报告应当说明哪些部分已经检索，哪些部分没有检索。（6）其他事项。

国际检索报告的完成期限为自国际检索单位收到检索本起 3 个月或自优先权日起 9 个月，以后届满的期限为准。

例如，某国际申请的国际申请日为 2009 年 10 月 26 日，该申请未要求优先权，国际检索单位收到检索本的日期为 2010 年 1 月 26 日，自收到检索本起 3 个月的日期为 2010 年 4 月 26 日，自优先权日起 9 个月的日期为 2010 年 7 月 26 日，则应在 2010 年 7 月 26 日前完成国际检索报告。

5.国际检索单位的书面意见

国际检索单位在作出国际检索报告（或宣布不作出国际检索报告）的同时，应当作出书面意见。国际检索单位书面意见的内容与国际初步审查报告基本类似，是对国际申请中请求保护的发明看来是否具备新颖性、创造性和工业实用性提供初步的、无约束力的意见。其内容包括：(1) 意见的基础。(2) 关于新颖性、创造性、实用性的说明以及支持这种说明的引证和解释。(3) 关于发明单一性的说明。(4) 某些引用的文件。(5) 国际申请中的某些缺陷。(6) 对国际申请的某些意见。(7) 其他事项。

应当注意的是，如果国际申请的申请人没有启动国际初步审查程序，国际局代表国际检索单位将书面意见转化为专利性国际初步报告（见 PCT 条约第一章规定），并按照规定传送给申请人和各指定局，供其参考；如果国际申请的申请人启动国际初步审查程序，国际检索单位的书面意见将被视为国际初步审查单位的首次书面意见，申请人应当在国际初步审查程序中就该意见向国际初步审查单位提交答复。

（六）权利要求的修改

1.目　的

申请人在收到国际检索报告之后，在国际公布之前，有一次修改权利要求的机会，即按照 PCT 条约第 19 条的修改。修改目的在于，国际公布在某些指定国产生临时保护的效力，申请人在收到国际检索报告以及国际检索单位的书面意见之后，可能有对国际申请的保护范围进行调整的需求，因此 PCT 条约给予申请人一次通过修改权利要求调整保护范围的机会。

2.期　限

按照 PCT 条约第 19 条对权利要求的修改应当在规定的期限内作出，规定的期限是自国际检索单位向申请人和国际局传送国际检索报告之日起 2 个月内，或者自优先权日起 16 个月内，以后届满的期限为准。规定期限的目的是为了尽可能将修改后的权利要求和原始提交的国际申请文件一起及时公布。

3.要　求

申请人在规定的期限内按照 PCT 条约第 19 条对权利要求提出修改时，应当满足下列要求：

(1) 提供替换页，并且应当是全部权利要求的替换页。

(2) 附有给国际局的信函。申请人向国际局提交修改时必须附有一封信函，说明替换页与被替换页之间的不同。

(3) 修改声明。申请人在提交对权利要求的修改的同时可以提交一份声明，声明的内容主要是对修改加以解释，并指明该修改对说明书和附图可能产生的影响。声明只有在申请人认为必要时才提出。声明随修改内容一起被公布。

(4) 修改不应超出原始提出的国际申请公开的范围。

(5) 按照 PCT 条约第 19 条对权利要求的修改必须提交到国际局。修改文件必须使用该国际申请国际公布的语言。

三、国际公布

（一）国际公布的期限

国际申请应当自优先权日起 18 个月届满后由国际局迅速进行国际公布。国际局通常在公布日前 15 天完成公布的技术准备工作，在国际公布的技术准备完成之前到达国际局的改正、更正、修改、变更等信息可以及时地包含在国际公布的内容中。

（二）国际公布的语言

国际公布语言有 10 种：中文、英文、法文、德文、日文、俄文、西班牙文、韩文、葡萄牙文、阿拉伯文。国际申请是以英文以外的语言进行国际公布的，某些内容还要以该种语言和英文两种语言进行公布，例如发明名称、摘要、摘要附图中的文字以及国际检索报告（或者宣布不作出国际检索报告）。

（三）国际公布的形式和内容

国际申请以国际公布文本和 PCT 公报两种形式公布。在国际公布时，如果国际局认为国际申请含有违反道德或公共秩序的词句或附图，或者含有贬低性的陈述，国际局可以删除这些内容。

国际公布文本在每周的特定日子出版，以电子形式公布。国际公布文本种类分为：

A1——国际申请和国际检索报告一同公布。

A2——国际公布中只有国际申请缺少国际检索报告，或者国际申请和根据条约第 17（2）（a）的宣布（即不作出国际检索报告的宣布）一同公布。

A3——稍后公布的国际检索报告和扉页。

A4——稍后公布的修改的权利要求和/或声明（PCT 条约第 19 条）和扉页。

A8——国际申请扉页有关著录项目信息的更正版。

A9——国际申请或国际检索报告的更正版、变更或补充文件。

国际公布文本扉页上将载明国际公布文本的种类标识。国际公布文本的内容包括扉页、说明书、权利要求书、附图（如果有的话）、说明书的序列表部分（如果有的话）、国际检索报告或者宣布不作出国际检索报告以及其他规定应当予以公布的内容，例如根据 PCT 条约第 19 条提出的修改和/或声明。

（四）不予公布和提前公布

国际申请不进行国际公布包括以下两种情形：第一，国际申请在国际公布的技术准备完成之前被撤回或被视为撤回；第二，国际申请的指定仅仅包括美国的情况（PCT 条约第 64 条（3））。

申请人可以选择有条件的撤回，即在不能确保撤回通告是否能及时到达国际局的情况下，可以在撤回通告上注明，只有在能避免国际公布的情况下才撤回申请。

申请人在自优先权日起 18 个月之内的任何时间，可以要求国际局进行提前公布。出于多次公布成本的考虑，如果申请人要求提前国际公布时国际局已经收到国际检索报告（或宣布不作出国际检索报告），则不收取任何费用；否则，国际局收取特别公布费。

（五）公布文件的传送

国际申请经国际公布后，国际局将国际公布的内容传送给每一个指定局和申请人。

（六）国际公布的效力

国际公布的效力主要是指在国际公布之后申请人在指定国可能享有临时保护的权利。但是，国际公布在指定国的这种效力从何时产生，PCT 条约第 29 条允许各国的本国法有以下几种不同的规定。

第一，公布语言的限制。如果国际公布的语言不是指定国国家公布使用的语言，则指定国可以要求只有在使用该国规定语言的译本按其本国法公布、公开展示或向实施其发明的使用人送达之后，国际公布在该指定国的效力才能产生。例如，《专利法实施细则》第 114 条第 2 款规定，要求获得发明专利的国际申请，由国际局以中文以外文字进行国际公布的，自我国国家公布之日

第九章

起申请人享有临时保护的权利。

第二，时间限制。如果根据申请人的要求对国际申请进行了提前公布，指定国可以规定只有自优先权日起 18 个月期限届满之后，国际公布在该指定国的效力才能产生。

第三，公布副本送达的限制。指定国可以规定只有在该国的国家局收到国际公布文本之后，国际公布在该指定国的效力才能产生。

四、国际初步审查

（一）国际初步审查的目的

国际初步审查的目的在于，对国际申请中请求保护的发明看来是否具备新颖性、创造性和工业实用性提供初步的、无约束力的意见。所谓"初步""无约束力"是指国际初步审查意见中不允许包含关于请求保护的发明按照某一国的本国法可否获得专利的说明，授予或不授予专利的结论只能由国家阶段的国家（或地区）局作出。

在国际初步审查阶段，国际初步审查单位将作出国际初步审查报告，该报告又被称作"专利性国际初步报告"（见 PCT 条约第二章规定）。不难发现，国际初步审查的目的与国际检索的目的出现了部分重合，即国际检索单位同样就国际申请是否具备新颖性、创造性和工业实用性提供初步的、无约束力的意见。但是，需要注意的是，国际检索阶段作出的意见是基于原始申请作出，而国际初步审查阶段作出的意见通常是基于申请人提出的修改或者答复的基础上作出。此外，国际检索单位在进行国际检索时，现有技术是指国际申请日前任何的书面公开、非书面公开以及抵触申请。而国际初步审查单位在进行国际初步审查时，现有技术是指在有关日期前任何的书面公开。有关日期是指国际申请日，或者当国际申请有效地要求了优先权时，则有关日期是指优先权日。

国际初步审查程序是一个可选择的程序，不具有强制性。申请人在收到国际检索报告和国际检索单位的书面意见之后，发现国际检索报告和国际检索单位的书面意见小利于该申请的后续程序，例如含有关于可专利性方面的负面评价，而申请人又期望通过国际初步审查程序在国际阶段获得一个更为满意的审查结果，则可以通过启动初步审查程序向国际初步审查单位提交修改和答复，从而可能达到目的。

（二）主管国际初步审查单位

主管国际初步审查单位由受理局指定。受理局可以指定一个或多个国际初步审查单位，有多个单位时，申请人可作出选择。国家知识产权局作为受理局仅指定本局为主管国际初步审查单位。

如果国际申请是向作为受理局的国际局提出，按照有权受理该国际申请的受理局所指定的主管国际初步审查单位来确定主管国际初步审查单位。中国的国民或居民向国际局提出的国际申请，其主管国际初步审查单位是国家知识产权局。

（三）国际初步审查要求的提出

1. 提出的时间

如果申请人要求进行国际初步审查，申请人应当自传送国际检索报告和书面意见之日起 3 个月内或自优先权日起 22 个月内（以后届满的期限为准）提出国际初步审查要求书，期限届满之后提出的要求书将被视为未提出。

2. 费用

提出国际初步审查要求应当缴纳初步审查费和手续费。申请人缴纳费用的期限为，自优先权日起 22 个月或自提出初步审查要求书之日起 1 个月，以后届满的期限为准。申请人未在上述期限内缴纳费用的，应当自国际初步审查单位通知之日起 1 个月内缴纳费用，并缴纳滞纳金，否则国际初步审查要求书将被视为未提出。

如果要求书中写明的申请人都是自然人，并且都属于人均国民收入低于 3 000 美元的国家的国民和居民，手续费减免 90％。该减免规定与国际申请费的减免规定相同。

3. 向谁提出

国际初步审查要求书应当向主管国际初步审查单位提出。如果错误地提交到其他国际单位，该要求书将被转送到或通过国际局转送到主管国际初步审查单位。

（四）国际初步审查的标准

1. 关于新颖性、创造性和工业实用性

如果请求保护的发明是现有技术中所没有的，应被认为具备新颖性。

如果按现有技术考虑，请求保护的发明在规定的有关日期对所属领域的技术人员不是显而易见的，应认为具备创造性。

如果根据请求保护的发明的性质，其可以在工业中制造或使用（从技术意义来说），应认为具有工业实用性。"工业"一词应如同在《巴黎公约》中那样作最广义的理解。

2. 现有技术

在国际初步审查阶段判断发明是否具备新颖性和创造性时，涉及现有技术。现有技术是指在有关日期前，在世界上任何地方公众通过书面公开（包括绘图和其他图解）可以得到的一切信息。有关日期是指国际申请日，或者当国际申请有效地要求了优先权时，则有关日期是指优先权日。

在初步审查中，非书面公开和抵触申请不被认为是现有技术。

（五）国际初步审查单位的程序

1. 国际初步审查的启动

一般情况下，当满足下列条件时，国际初步审查单位将启动国际初步审查程序：（1）收到国际初步审查要求书；（2）收到应当缴纳的全部费用；（3）收到国际检索报告或者宣布不作出国际检索报告，以及国际检索单位的书面意见。

2. 发明的单一性

如果国际初步审查单位认为国际申请缺乏单一性，且要求申请人在规定期限内缴纳初步审查附加费，申请人可以根据申请的具体情况，在规定的期限内缴纳初步审查附加费；或者缴纳初步审查附加费的同时提出异议，并缴纳异议费；或者不缴纳初步审查附加费；或者限制权利要求。

对于按照规定提出异议的，如果异议成立，初步审查附加费和异议费将被退回。

如果申请人未在规定的期限内缴纳初步审查附加费，国际初步审查单位仅需对申请中的主要发明部分作出国际初步审查报告。

3. 国际初步审查的书面意见

一般情况下国际检索单位作出的书面意见应当作为国际初步审查单位的首次书面意见。在收到申请人关于首次书面意见的答复或修改之后，认为国际申请中仍然存在缺陷的，可以再次发出书面意见。

申请人应当在规定的期限内答复书面意见，该答复可以包括修改或答辩。申请人也有权以口头形式（例如电话）与国际初步审查单位联系，或者要求个人会晤。但是申请人也可以对书面意见不作任何答复，不答复不会造成国际申请被视为撤回，答复与否完全由申请人自行决定。

应当注意，如果申请人启动了国际初步审查程序，但并未提交任何答复或者修改，则国际初步审查单位可能作出与国际检索单位书面意见内容相同的国际初步审查报告。

4. 国际初步审查阶段的修改

PCT 条约第 34 条规定："在国际初步审查报告作出之前，申请人有权依照规定的方式，并在规定的期限内修改权利要求、说明书或附图。"申请人按照条约第 34 条作出的修改最早可以随国际初步审查要求书一起提交，也可以在答复国际初步审查单位的书面意见时进行修改，还可以在国际初步审查启动之后、报告拟定之前的其他任何时候主动进行修改。如果国际初步审查单位已经开始起草国际初步审查报告后收到修改文件，该单位在国际初步审查报告中不必对修改加以考虑。

申请人修改申请文件不是强制性的，申请人可以自行决定是否需要进行修改。但是应当注意，这种修改不应超出国际申请提出时对发明公开的范围，否则国际初步审查单位可能不接受这种修改。

申请人按照 PCT 条约第 34 条提出修改时应当提交说明书、权利要求书或附图的替换页，并且附以说明替换页与被替换页间不同之处的信函，必要时还可以在信函中说明修改的理由；涉及权利要求修改的，需提交全部权利要求的替换页。

5. 国际初步审查报告的内容及完成期限

国际初步审查报告的内容主要包括：（1）报告的基础；（2）关于新颖性、创造性、实用性的说明以及支持这种说明的引证和解释；（3）关于发明单一性的说明；（4）某些引用的文件；（5）国际申请中的某些缺陷；（6）对国际申请的某些意见；（7）其他事项。

完成国际初步审查报告的期限是自优先权日起 28 个月或自启动审查之日起 6 个月内，以后届满的期限为准。

国际初步审查单位完成国际初步审查报告后，应迅速地分别将其传送给申请人和国际局，并且由国际局将报告的副本传送给所有的选定局。

五、其他程序

（一）变　更

申请人在国际阶段可以请求国际局对请求书或要求书中申请人、发明人、代理人以及共同代表的事项进行变更。

变更请求应当以书面方式提出，并且提交给国际局或受理局，变更请求必须在自优先权日起 30 个月届满之前到达国际局。如果变更请求在该期限届满之后到达国际局，该变更将不会被记录，申请人需向每一个有关的指定局或选定局提出变更请求。

符合规定的，国际局将通知申请人所要求的变更已被记录，如果在国际公布的技术准备工作完成前收到变更请求，则变更后的信息将被直接体现在国际公布信息中。

通常情况下在国际阶段不需要提交变更证明文件，仅当未被记录的申请人（变更后的申请人）提出变更请求时，才需提交相应的证明文件。当记录变更请求由原代理人提出时，如果该代理人还代表变更后的申请人，还必须同时提交由变更后申请人签字的代理委托书。

（二）撤　回

申请人可以自优先权日起 30 个月内撤回国际申请、指定、优先权、国际初步审查要求书或选定，期限届满之后提交的撤回请求将被视为未提出。撤回请求自提交至相应的国际单位时生效。

撤回请求应当由所有申请人签字。如果该申请委托了代理人，当提交了所有申请人签字的委托书后，代理人可以代表所有申请人在撤回请求上签字。

若撤回优先权引起优先权日的改变，则任何自原优先权日起计算尚未届满的期限，以改变后的优先权日重新计算。

第三节　国际申请进入中国国家阶段的特殊规定

申请人通过 PCT 途径提出国际申请后，希望获得中国的发明专利或者实用新型专利的，在完成国际阶段的程序后，应当根据《专利法实施细则》第 103 条、第 104 条的规定，向国家知识产权局办理进入中国国家阶段（以下简称"国家阶段"）的手续，从而启动国家阶段的程序，国家阶段的程序是国际阶段程序的延续。

针对国际申请，《专利法》第 20 条、《专利法实施细则》第十章、《专利审查指南 2010》第三部分作出了专门规定。对于进入国家阶段的国际申请，有特殊规定的，适用特殊规定；没有特殊规定的，适用《专利法》《专利法实施细则》以及《专利审查指南 2010》其他各章的有关规定。本节仅涉及进入国家阶段的国际申请主要的特殊规定。

一、进入国家阶段的国际申请审查流程概述

指定中国的国际申请进入国家阶段时，申请人可以要求获得发明专利或者实用新型专利，两者只能择其一。

要求获得发明专利的国际申请，申请人办理国际申请进入国家阶段的手续，国家知识产权局对进入国家阶段的手续进行审查。不符合规定的，该国际申请不能进入国家阶段；符合规定的，国家知识产权局将给予国家申请号，明确进入日，此后该申请进入初步审查程序。国家知识产权局对申请人提交的申请文件和其他文件进行审查，对于不符合规定的申请作出处理；符合规定的，国家知识产权局作出初步审查合格结论，满足公布条件的，对该申请进行国家公布。申请人可在自优先权日起 3 年内按照规定提出实质审查请求，申请进入实质审查程序。经过实质审查没有发现驳回理由的，国家知识产权局作出授权决定。申请人按照规定办理登记手续后，国家知识产权局对授予的专利权予以公告。如果申请经国家知识产权局的初步审查或者实质审查被驳回，申请人对该决定不服的，可以向国家知识产权局专利复审委员会提出复审请求。专利复审委员会依法审查后作出维持或者撤销驳回决定的复审决定。复审请求人对复审决定不服的，可以向人民法院提起诉讼。申请人或有关当事人对国家知识产权局作出的、除驳回专利申请或授予专利权以外的行政决定不服的，可以向国家知识产权局提出行政复议。任何人在申请授予专利权后，认为发明创造不应授予专利权的，可以向专利复审委员会提出专利权无效宣告请求。专利复审委员会依法对无效请求进行审查并作出决定。当事人对无效宣告决定不服的，可以向人民法院提起诉讼。

要求获得实用新型专利的国际申请与要求获得发明专利的国际申请的审查流程相比，区别在于没有国家公布和实质审查程序。

二、国际申请进入国家阶段的手续

国际申请希望在中国获得专利保护的，申请人应当按照规定办理进入国家阶段的手续，从而启动国家阶段的程序，国家知识产权局不会自行启动国家阶段的程序。国际申请在中国没有效力或者在中国的效力丧失的，不能进入国家阶段。

（一）办理进入国家阶段的手续应当满足的要求

申请人应当根据《专利法实施细则》第103条和第104条的规定办理进入国家阶段的手续，即在规定的期限内提交规定的文件和缴纳规定的费用。

1. 期　限

根据《专利法实施细则》第103条的规定，申请人应当自优先权日起30个月内，向国家知识产权局办理进入国家阶段的手续；申请人未在该期限内办理该手续的，在缴纳宽限费后，可以在自优先权日起32个月内办理进入国家阶段的手续。申请人未在自优先权日起32个月内办理该手续，或者办理进入国家阶段的手续，但自优先权日起32个月期限届满仍不符合《专利法实施细则》第104条第（一）至（三）项规定的最低要求，导致该国际申请在中国的效力终止的，不适用《专利法实施细则》第6条第2款有关恢复权利的规定。由于不可抗拒的事由导致进入国家阶段的期限延误的，可以根据《专利法实施细则》第6条第1款的规定请求恢复权利。

在计算进入国家阶段的期限时需注意，在以下两种特殊情形下该期限仍从原最早优先权日起计算：

（1）申请人在办理进入国家阶段手续时提出撤回优先权要求的；

（2）因中国对PCT条约及其实施细则的有关规定作出保留，而使国际申请的优先权在国家阶段不成立的。例如，国际申请在自优先权日起12个月之后但在14个月内提出，申请人在国际阶段请求恢复优先权，该项优先权在国际申请进入国家阶段后应当被视为未要求，但是办理进入国家阶段手续的期限仍从原最早优先权日起计算。

2. 文　件

申请人办理国际申请进入国家阶段手续时应当提交的文件包括：

（1）以中文提交进入国家阶段的书面声明（以下简称"进入声明"），写明国际申请号和要求获得的专利权类型。专利权类型可以是发明专利或者实用新型专利，两者只能择其一。需注意，申请人同日就同样的发明创造分别提交一件实用新型专利申请和一件国际申请不适用《专利法》第9条的例外规定。

（2）国际申请以外文提出的，提交原始国际申请的说明书和权利要求书的中文译文。译文应当完整，并忠实于原文，译文与原文明显不符的，视为未提交规定的译文。

（3）在进入声明中写明发明创造的名称，申请人姓名或者名称、地址和发明人的姓名，上述内容应当与国际局的记录一致；国际申请中未写明发明人的，在上述声明中写明发明人的姓名。

（4）国际申请以外文提出的，提交摘要的中文译文，有附图和摘要附图的，提交附图副本和摘要附图副本，附图中有文字的，将其替换为对应的中文文字；国际申请以中文提出的，提交国际公布文件中的摘要和摘要附图副本。

（5）在国际阶段已向国际局办理申请人变更手续的，提供变更后的申请人享有申请权的证明材料。如果国际局传送了记录变更通知书，应当认为申请人已向国家知识产权局提出了著录项目变更申报，即不需要就该项变更再提交著录项目变更申报书及缴纳变更手续费。国际申请进入国家阶段时，应当直接使用变更后的著录项目。国际局传送的记录变更通知书中指明变更的项目是申请人（指实体），应当提交相应的证明材料。如果指明变更的项目是申请人的姓名或名称、地址以及发明人姓名的，不需要提供任何证明材料，应当认为变更已经生效。

从上述要求可以看出，国际申请以中文提出的，申请人办理国际申请进入国家阶段手续时应当提交的文件包括：以中文提交进入声明，国际公布文件中的摘要和摘要附图副本，以及必要时提交变更后的申请人享有申请权的证明材料。

3. 费 用

申请人办理进入国家阶段手续时应当缴纳的费用包括申请费和公布印刷费（要求获得发明专利的），必要时，还包括缴纳宽限费、申请附加费。

由国家知识产权局作为受理局受理的国际申请在进入国家阶段时免缴申请费及申请附加费。

（二）获得国家申请号和确定进入日的条件

申请人办理进入国家阶段的手续符合下列要求（即进入国家阶段的最低要求）的，申请人将收到国际申请进入中国国家阶段通知书，其中载明了国家申请号以及国家知识产权局确定的进入日：

（1）自优先权日起 30 个月内，向国家知识产权局办理进入国家阶段的手续；未在该期限内办理的，在缴纳宽限费后，可以自优先权日起 32 个月内办理。

（2）以中文提交进入声明，写明国际申请号和要求获得的专利权类型。

（3）国际申请以外文提出的，提交原始国际申请的权利要求书和说明书的中文译文。

（4）缴纳申请费、公布印刷费（要求获得发明专利的），必要时，缴纳宽限费。由国家知识产权局作为受理局受理的国际申请，免缴申请费。

申请人在缴纳费用时需注意与国家申请的区别，国家申请是在确定申请日、获得国家申请号后才缴纳规定的费用，而进入国家阶段的国际申请是在规定的期限内提交了规定的文件以及缴纳了规定的费用后，才能确定进入日、获得国家申请号。在办理进入国家阶段手续时，申请人可以通过国际申请号缴纳相关费用。

上述满足要求的进入国家阶段手续是在同一日办理的，该日即为进入日。上述满足要求的进入国家阶段手续是在不同日办理的，即费用的缴纳日及文件提交日不在同一日，以进入国家阶段手续最后办理之日为进入日。例如，申请人于 2010 年 3 月 5 日提交规定的文件，并于 2010 年 3 月 10 日缴纳规定的费用，且两个日期均在规定的期限内，则进入日确定为 2010 年 3 月 10 日。

国家申请号的获得以及进入日的确定意味着该国际申请准予进入国家阶段，进入后续审查程序。但是需注意，进入日并不是国际申请在中国的申请日。根据《专利法实施细则》第 102 条的规定，国际申请日视为在中国的实际申请日（另有规定的除外）。专利权的保护期限从在中国的申请日起计算，而不从进入日起计算。

申请人办理的进入国家阶段的手续不满足上述要求的，该国际申请不能进入中国国家阶段。

（三）可以补正的进入国家阶段手续

除获得国家申请号和确定进入日的最低要求外，如果申请人办理的进入国家阶段手续不符合《专利法实施细则》的其他要求，不影响国家知识产权局对该申请给予申请号和确定进入日。申请人可以在国际申请进入国家阶段后在国家知识产权局指定的期限内补正；期满未补正的，其申请视为撤回。

例如，对于国际申请，在办理进入国家阶段手续时未提交附图副本的，申请人应当在国家知识产权局指定的期限内补交，补交后不影响申请日，也不影响进入日。这是因为，在国家阶段提交的是附图副本，附图在国际阶段已经提交。但逾期不提交的，该申请将被视为撤回。这一点与普通国家申请的程序不同。对于普通国家申请，申请人在规定的期限内补交附图的，国家知识产权局将重新确定申请日。

又如，对于国际申请，申请人在国际阶段向国际局已办理申请人变更手续，但在办理进入国家阶段手续时未提供变更后的申请人享有申请权证明材料的，申请人应当在国家知识产权局指定的期限内提交；期满未提交的，其申请视为撤回。而对于国家申请，申请人在办理著录项目变更

第九章

手续时未提交证明材料的，该著录项目变更被视为未提出。

（四）国际申请在中国效力终止的情形

申请人在办理进入国家阶段的手续时应当注意该申请在中国的效力是否已经终止。存在下述情形之一的，国际申请在中国效力终止：（1）国际申请在国际阶段被撤回或者被视为撤回，或者国际申请对中国的指定被撤回的；（2）申请人未自优先权日起 32 个月内办理进入国家阶段手续的；（3）申请人办理进入国家阶段的手续，但自优先权日起 32 个月期限届满仍不符合进入国家阶段最低要求的。

在第一种情形下，申请人不能请求恢复权利。在第二种或者第三种情形下，申请人仅能根据《专利法实施细则》第 6 条第 1 款而不能根据第 6 条第 2 款请求恢复权利，即如果延误进入国家阶段的期限是由于不可抗拒的事由造成的，申请人可以请求恢复权利。

（五）请求提前处理

申请人在自优先权日起 30 个月期限届满前办理了进入国家阶段的手续，并不意味着国家知识产权局即刻处理和审查该国际申请。如果申请人要求国家知识产权局提前处理和审查国际申请，除应当办理进入国家阶段手续外，还应当办理以下手续：（1）应当依照 PCT 条约第 23.2 条的规定提出提前处理请求。（2）国际局尚未向国家知识产权局传送国际申请的，申请人应当提交经确认的国际申请副本；或者要求国际局按照 PCT 实施细则第 47.4 条的规定向国家知识产权局传送国际申请副本；或者向国家知识产权局提出请求，由国家知识产权局要求国际局传送国际申请副本。

对于自优先权日起 30 个月期限届满前办理了进入国家阶段手续，但是没有办理上述手续的，自优先权日起 30 个月期限届满前国家知识产权局不对该申请进行处理。

申请人向国家知识产权局提出提前处理请求，只表明申请人希望启动对其申请的初步审查程序，而不表明依据该请求可以启动发明专利申请的实质审查程序。要求对该国际申请进行实质审查的，仍然需要提出实质审查请求。

（六）文件的提交和费用的缴纳

进入国家阶段的国际申请的文件提交地点和方式参照国家申请的相关规定。

进入国家阶段的国际申请的费用缴纳，除费用种类、缴纳期限、费用减缴等方面在《专利法实施细则》第十章以及《专利审查指南 2010》第三部分有特殊规定外，参照国家申请的相关规定。例如，由国家知识产权局作为受理局受理的国际申请在进入国家阶段时免缴申请费及申请附加费；对于由专利局作出国际检索报告及专利性国际初步报告的国际申请，在进入国家阶段并提出实质审查请求时，免缴实质审查费；由欧洲专利局、日本特许厅、瑞典专利局 3 个国际检索单位之一作出国际检索报告的国际申请，且专利局收到了该国际检索报告，在进入国家阶段并提出实质审查请求时，只需要缴纳 80% 的实质审查费。需注意，实质审查费不属于办理进入国家阶段手续时必须缴纳的费用，而是申请人请求进行实质审查时应当缴纳的费用。

三、申请文件

办理进入国家阶段手续的国际申请除了满足进入国家阶段的最低要求外，还应当满足《专利法》和《专利法实施细则》中规定的其他要求。

（一）进入声明

1. 国际申请日

进入声明中填写的国际申请日应当与国际公布文本扉页上的记载相同。

国际申请日是在国际阶段由受理局确定的。PCT 条约第 11 条规定，除另有规定外，国际申请日的确定即在每个指定国内自国际申请日起具有正规的国家申请的效力。国际申请日应认为是在每个指定国的实际申请日。

除因中国对 PCT 条约及其实施细则的有关规定作出保留而需要重新确定相对于中国的申请日外，由受理局确定的国际申请日被视为该申请在中国的实际申请日。

自 2007 年 4 月 1 日起生效的修订后的 PCT 实施细则增加了有关援引加入的规定。国家知识产权局作为指定局对其作出了保留，这意味着，对于在国际阶段含有援引加入内容的国际申请进入国家阶段的，国家知识产权局有可能会重新确定该国际申请相对于中国的申请日。国际申请提出时遗漏了某些项目或部分，申请人在国际阶段通过援引在先申请的方式加入遗漏项目或部分；对于申请文件中含有援引加入项目或部分的，如果申请人在办理进入国家阶段手续时在进入声明中予以指明并请求修改相对于中国的申请日，国家知识产权局应当重新确定该国际申请在中国的申请日。

2. 发明名称

进入声明中的发明名称应当与国际公布文本扉页中记载的一致。国际公布文本扉页上记载的发明名称一般来自于原始国际申请请求书，个别是由国际检索单位审查员确定的。对于经国际检索单位审查员确定的发明名称，进入声明中应当是该审查员确定的发明名称的译文。例如，如果首次公布的国际公布文本 A2 与稍后公布的国际公布文本 A3 中的发明名称不一致，A3 中的发明名称是经国际检索单位审查员确定的，则应当以 A3 中的为准。

国际申请以外文进行国际公布的，发明名称的译文除准确表达原意外，还应当使译文简短。在译文没有多余词汇的情况下，发明名称的字数可以超过 25 个字。

3. 发明人

除在国际阶段由国际局记录过变更的情况外，进入声明中填写的发明人应当是国际申请请求书中写明的针对中国的发明人，发明人应当是自然人。国际公布使用外文的，应当准确地将发明人的姓名译成中文，姓和名的先后顺序应当按照其所属国的习惯写法书写。

在国际阶段曾经由国际局传送过记录变更通知书，通报发明人或者发明人姓名变更的，在进入声明中直接填写变更以后的信息，申请人不需要再办理著录项目变更手续。

在国际公布文本中没有记载发明人姓名的，在进入国家阶段时应当在进入声明中补充写明发明人。针对中国的发明人经国际局登记已经死亡的，在进入国家阶段时，仍应作为发明人填写在进入声明中。

不符合上述规定的，申请人应当在国家知识产权局发出的补正通知书中指定的期限内补正；期满未补正的，其申请视为撤回。

申请人认为进入声明中填写的发明人译名不准确的，在国家知识产权局作好公布发明专利申请或者公告实用新型专利权的准备工作之前可以用主动补正的方式提出。在国家知识产权局作好准备工作之后要求改正发明人译名的，应当办理著录项目变更手续。

4. 申请人

除在国际阶段由国际局记录过变更的情况外，进入声明中填写的申请人应当是国际申请请求书中写明的对中国的申请人。国际公布使用外文的，应当准确地将申请人的姓名或名称、地址译成中文；申请人是企业或者其他组织的，其名称应当使用中文正式译文的全称。申请人为个人的，在进入声明中填写申请人译名时姓和名的先后顺序应当按照其所属国的习惯写法书写。

在国际阶段曾经由国际局传送过记录变更通知书，通报申请人变更或者申请人的姓名或名称、地址变更的，应当认为已向国家知识产权局申报，在进入声明中直接填写变更以后的信息。需注意，如果记录变更通知书中指明变更的项目是申请人（指实体），还应当补交申请人享有申请权的证明材料。

经国际局登记已经死亡的申请人，进入国家阶段时，不应写入进入声明中，已死亡申请人的继承人尚未确定的除外。

不符合上述规定的，申请人应当在国家知识产权局发出的补正通知书中指定的期限内补正；期满未补正的，其申请视为撤回。

进入国家阶段时的所有申请人都应当符合《专利法》第18条的规定。如果部分申请人不符合规定，应当删除没有资格的申请人，如果全部申请人不符合规定，该申请将被驳回。

申请人认为进入声明中填写的申请人译名不准确的，在国家知识产权局作好公布发明专利申请或者公告实用新型专利权的准备工作之前可以用主动补正的方式提出。申请人在国家知识产权局作好准备工作之后要求改正译名的，应当办理著录项目变更手续。

（二）说明书和权利要求书的译文

国际申请以外文提出的，在进入国家阶段时，需提交原始国际申请的说明书、权利要求书的译文，译文应当完整，与国际局传送的国际公布文本中说明书、权利要求书的内容相符。译文与原文明显不符的，该译文不作为确定进入日的基础。

说明书、权利要求书中不得含有违反道德或公共秩序的内容，或者其他贬低性的陈述。不符合规定的，申请人应当在国家知识产权局指定的期限内改正。

在国际阶段，国际申请说明书、权利要求书中包含有核苷酸和/或氨基酸序列表，并且序列表是作为说明书单独部分提交的，在提交译文时，也应当将其作为说明书单独部分，并且单独编写页码。申请人还应当提交与该序列表一致的计算机可读形式的副本。如果提交的计算机可读形式的副本中记载的序列表与说明书中的序列表不一致，以说明书中的序列表为准。未提交计算机可读形式的副本，或者所提交的副本与说明书中的序列表明显不一致的，申请人应当在国家知识产权局发出的补正通知书中指定的期限内补正；期满未补正的，该申请视为撤回。

在国际阶段，国际申请说明书中包含纸页在400页以上的核苷酸和/或氨基酸序列表部分的，在进入国家阶段时可以只提交符合规定的计算机可读形式的序列表。

（三）附 图

国际申请以外文提出的，有附图的应当提交附图副本。附图中有文字的，应当将其替换为对应的中文文字，并且重新绘制附图，以中文文字替换原文并标注在适当的位置上。重新绘制的附图应当与国际公布文本中的附图相同，同时要满足国家公布的格式要求。不符合上述规定的，申请人应当在国家知识产权局发出的补正通知书中指定的期限内补正；期满未补正的，该申请视为撤回。

附图中不得含有违反道德或公共秩序的内容，或者其他贬低性的陈述，不符合规定的，申请人应当在国家知识产权局指定的期限内改正。

进入国家阶段时未提交附图副本的，申请人可以在国家知识产权局指定的期限内补交，国家知识产权局不会以申请人补交附图副本之日重新确定该国际申请在中国的申请日或进入日。

（四）摘要译文和摘要附图

国际申请以外文提出的，申请人应当提交摘要的译文。摘要译文应当与国际公布文本扉页记载的摘要内容一致。国际检索单位的审查员对申请人提交的摘要作出过修改的，申请人应当提交修改后摘要的译文。译文在不改变原文内容的基础上应当简短，在没有多余词句的情况下，可以超出 300 个字。国际公布中没有摘要的，进入国家阶段时，申请人也应当提交国际申请原始摘要的译文。例如，在国际阶段，国际检索单位宣布不作出国际检索报告的，国际公布文本中将不含摘要。

国际申请有摘要附图的，应当提交摘要附图副本。摘要附图副本应当与国际公布时的摘要附图一致。附图中有文字的，应当将其替换为对应的中文。首次公布不包括检索报告，并且首次公布的国际公布文本 A2 与随后公布的国际公布文本 A3 中的摘要附图不一致的，应当以随后公布的摘要附图为准。

不符合上述规定的，申请人应当在国家知识产权局发出的补正通知书中指定的期限内补正；期满未补正的，该申请视为撤回。

（五）遗传资源来源披露登记表

国际申请涉及的发明创造的完成依赖于遗传资源的，申请人除应当在进入声明中予以说明外，还应当填写遗传资源来源披露登记表。不符合规定的，申请人应当在国家知识产权局发出的补正通知书中指定的期限内补正。期满未补正的，其申请视为撤回。补正后仍不符合规定的，其申请应当被驳回。

（六）审查基础文本声明及修改文件

1. 审查基础文本声明

申请人在国际阶段可能根据 PCT 条约第 19 条对权利要求书提出修改，如果进行了国际初步审查，在该程序中申请人可能根据 PCT 条约第 34 条对申请文件提出修改；国际申请进入国家阶段时，申请人还可能对申请文件提出修改。因此，除原始申请文件外，可能存在一份或几份修改文本，申请人应当在进入声明中审查基础一栏内指明在后续程序中应当依据的文本，即对审查基础文本作出声明。

在国际阶段及进入国家阶段后均没有对申请作出修改的，审查基础应当是原始申请。在国际阶段或者进入国家阶段时作出过修改并在审查基础文本声明中予以指明的，审查使用的文本应当是以修改文件替换原始申请相应部分之后的文本。国际阶段作出过修改但在审查基础文本声明中没有指明的，应当认为该修改已经放弃。

审查基础文本声明中提及的按照 PCT 条约第 19 条的修改，应当在国际公布文本中有相应内容；按照 PCT 条约第 34 条的修改，应当在专利性国际初步报告附件中有相应内容。如果审查基础文本声明中提及的国际阶段的修改在国际阶段实际不存在，申请人应当在国家知识产权局发出的补正通知书中指定的期限内改正审查基础文本声明。

2. 国际阶段的修改文件译文

在国际阶段作出过修改的，修改文件的译文并非都必须提交，只有要求其作为审查基础的才需提交。审查基础文本声明中提及国际阶段修改的，应当自进入日起 2 个月内提交该修改文件的译文。期限届满时仍未提交的，对声明中提及的修改将不予考虑，申请人将收到国家知识产权局发出的修改不予考虑通知书。

按照 PCT 条约第 19 条修改的权利要求书的译文应当与国际公布文本中记载的相应部分内容一致，且与原始申请译文中对应部分能够互相替换，此外还应当在修改的译文第一页上方注明是根据 PCT 条约第 19 条作出的修改。由于按照 PCT 条约第 19 条修改的权利要求书的译文与原始申请的权利要求书的译文一起公布，因此该译文应当满足公布的格式要求。

按照 PCT 条约第 34 条作出的修改的译文内容应当与国际初步审查单位作出的专利性国际初

步报告所附修改页的内容相符。修改部分的译文应当与原始申请译文中对应部分能够互相替换。修改的译文前应附有简短的修改说明。该译文在国家公布时不予公布。

修改文件的译文不符合规定的，申请人应当在国家知识产权局发出的修改文件缺陷通知书中指定的期限内改正；期满未改正的，修改不予考虑。

在进入国家阶段时未要求将国际阶段的修改文件译文作为审查基础，并且在进入国家阶段之后自进入日起2个月内提交该译文且要求作为审查基础的，应当附有补交修改文件的译文或修改文件表。在该表中应当表明将修改后的内容作为审查基础的意愿，因为该表是进入声明中审查基础文本声明的补充和修正。

3. 进入国家阶段后对申请文件的主动修改

根据《专利法实施细则》第112条的规定，申请人在办理进入国家阶段手续之后在规定的期限内可以对专利申请文件主动提出修改。要求获得实用新型专利权的国际申请，申请人可以自进入日起2个月内对专利申请文件主动提出修改；要求获得发明专利权的国际申请，可以在提出实质审查请求时以及收到国家知识产权局发出的发明专利申请进入实质审查阶段通知书之日起3个月内对申请文件主动提出修改。

此外，当国际申请进入国家阶段时，申请人明确要求以按照PCT条约第28条或第41条作出的修改为审查基础的，可以在提交原始申请译文的同时提交修改文件，该修改被视为按照《专利法实施细则》第112条的规定主动提出的修改。

需注意，对于进入国家阶段的国际申请，虽然申请人在国际阶段和国家阶段有多次修改机会，但是原始提交的国际申请文件具有法律效力，作为申请文件修改的法律依据，即《专利法》第33条所说的"原说明书和权利要求书是指原始提交的国际申请的说明书、权利要求书和附图"。

（七）改正译文错误

申请人发现提交的说明书、权利要求书或者附图中的文字的译文存在错误的，即译文文本与国际局传送的原文文本相比个别术语、个别句子或者个别段落遗漏或者不准确，可以依照该文本提出改正。译文文本与国际局传送的原文文本明显不符的情况不允许以改正译文错误的形式进行改正。

1. 主动提出改正译文错误的期限

申请人可以在下列期限内主动提出改正译文错误请求：（1）在国家知识产权局作好公布发明专利申请或者公告实用新型专利权的准备工作之前；（2）在收到国家知识产权局发出的发明专利申请进入实质审查阶段通知书之日起3个月内。

2. 应国家知识产权局的通知改正译文错误的期限

申请人按照国家知识产权局通知书的要求改正译文错误的，应当在指定期限内办理改正译文错误手续；期满未办理规定手续的，该申请视为撤回。

3. 改正译文错误手续

申请人改正译文错误的，应当提交书面改正译文错误请求、改正页，并缴纳规定的译文改正费。

四、其他相关法律手续

进入国家阶段的国际申请，在优先权事项、不丧失新颖性的公开以及生物材料样品保藏事项等方面都有不同于国家申请的特殊规定。

（一）要求优先权

1. 要求优先权声明

对于国家申请，申请人要求优先权的，应当在申请的时候提出书面声明。对于进入国家阶段的国际申请，申请人在国际阶段要求了一项或者多项优先权，而且在进入国家阶段时该优先权要求继续有效的，视为已经依照《专利法》第30条的规定提出了书面声明。国际局曾经发出撤回优先权要求通知书或优先权要求被认为未提出通知书的，其中所涉及的优先权要求应认为已经失去效力，不应写入进入声明中。不符合规定的，视为未要求该项优先权。

自2007年4月1日起生效的修订后的PCT实施细则增加了有关优先权恢复的规定，即申请人在自优先权日起12个月之后，但在14个月内提交了国际申请，可以请求恢复优先权。国家知识产权局作为指定局对该规定作出了保留，对国际申请在国际阶段恢复的优先权不予认可，相应的优先权要求在中国不发生效力，申请人将收到国家知识产权局发出的针对该项优先权的视为未要求优先权通知书。

申请人应当在进入声明中准确地写明其在先申请的申请日、申请号及原受理机构名称。写明的内容应当与国际公布文本扉页中的记载一致。不一致的，申请人将收到国家知识产权局依据国际公布文本上的记载依职权加以改正优先权声明的相应通知。

申请人在国际阶段没有提供在先申请的申请号的，应当在进入声明中写明。不符合规定的，申请人应当在国家知识产权局发出的办理手续补正通知书中指定的期限内补正，期满未答复或者补正后仍不符合规定的，视为未要求该项优先权。

申请人认为在国际阶段提出的优先权书面声明中某一事项有书写错误，可以在办理进入国家阶段手续的同时或者自进入日起2个月内提出改正请求。改正请求应当以书面形式提出，写明改正后的优先权事项。对于申请人未向国际局提交过在先申请文件副本的，在提出改正请求的同时还应当附上在先申请文件副本作为改正的依据。不符合规定的，视为未提出该改正请求。

需注意的是，进入国家阶段不允许提出新的优先权要求。

2. 在先申请文件副本

如果申请人在国际阶段根据PCT实施细则第17条的规定已经提交了在先申请文件副本或者向受理局提出制作在先申请文件副本的要求，申请人不必再向国家知识产权局提交在先申请文件副本，该在先申请文件副本由国家知识产权局请求国际局提供。必要时，国家知识产权局将核查在先申请文件副本。例如，在国际检索报告中相关文件一栏内标明"PX""PY"等类文件，或者国际检索单位审查员没有检索到，但是国家知识产权局负责实质审查的审查员在补充检索中检索到"PX""PY"等类文件的情况下，将有必要核实优先权。

在国际阶段没有按照规定提交在先申请文件副本的，申请人应当在国家知识产权局发出的办理手续补正通知书中指定的期限内补交；期满未提交的，相应的优先权视为未要求。此处需注意，同国家申请的区别，如果国家申请要求外国优先权，申请人应当自申请日起3个月内提交在先申请文件副本。

如果优先权声明与在先申请文件副本中记载的一项或者两项内容不一致，申请人应当在国家知识产权局发出的办理手续补正通知书中指定的期限内补正；期满未答复或者补正后仍不符合规定的，视为未要求该项优先权。

3. 提供享有优先权的证明文件

在先申请不是在中国提出的，如果在先申请的申请人与在后申请的申请人不一致，除申请人在国际阶段作出了有权要求该在先申请优先权的声明，并在国际公布文本中有相应的记载，而且国家知识产权局认为该声明真实可信，不需要提供优先权转让证明文件外，其他规定与国家申请相同。

对于在先申请是在中国提出的国家申请，要求优先权的在后申请的申请人与在先申请的申请人应当完全一致。不一致的，在后申请的申请人应当提交由在先申请的全体申请人签字或盖章的优先权转让证明文件。

不符合上述规定的，申请人应当在国家知识产权局发出的办理手续补正通知书中指定的期限内补正；期满未答复或者补正后仍不符合规定的，视为未要求该项优先权。

4. 优先权要求费

要求优先权的，申请人应当自进入日起 2 个月内缴纳优先权要求费；期满未缴纳或者未缴足的，视为未要求该项优先权。

5. 优先权要求的恢复

在国际阶段优先权要求的恢复与在国家阶段优先权要求的恢复完全不同。在国际阶段优先权要求的恢复是指申请人在提出国际申请时已经超出了自优先权日起 12 个月的期限但在 14 个月内，申请人可以请求恢复优先权。对于该项优先权，在国家阶段将被视为未要求，且不能恢复。但是在国际阶段被视为未要求的优先权或者在国家阶段被视为未要求的优先权，在满足规定的条件下，申请人可以请求恢复优先权。

(1) 请求恢复在国际阶段被视为未要求的优先权。国际申请在国际阶段由国际局或者受理局宣布过优先权要求视为未提出的，申请人在办理进入国家阶段手续的同时可以提出恢复优先权的请求，并且缴纳恢复费；对于申请人未向国际局提交过在先申请文件副本的，同时还应当附具在先申请文件副本作为恢复的依据，其条件是被视为未提出的优先权要求的有关信息连同国际申请一起公布过。进入国家阶段之后提出的恢复请求不予考虑。

(2) 请求恢复在国家阶段被视为未要求的优先权。国际申请在进入国家阶段后，由于下述情形之一导致视为未要求优先权的，可以根据《专利法实施细则》第 6 条的规定请求恢复优先权：

① 申请人在国际阶段没有提供在先申请的申请号，进入声明中仍未写明在先申请的申请号。

② 要求优先权声明填写符合规定，申请人未在规定期限内提交在先申请文件副本或者优先权转让证明。

③ 要求优先权声明中在先申请的申请日、申请号和原受理机构名称中的一项或者两项内容与在先申请文件副本中记载的不一致。

④ 要求优先权声明填写符合规定，但未在规定期限内缴纳或者缴足优先权要求费。

除以上情形外，其他原因造成被视为未要求优先权的，不予恢复。

6. 在先申请是在中国提出的国家申请

如果进入国家阶段的国际申请要求了优先权，且作为优先权基础的在先申请是在中国提出的国家申请，应当看作是要求本国优先权。在先申请主题属于下述情形之一的，不得作为要求本国优先权的基础，视为未要求该项优先权：(1) 已经要求外国优先权或者本国优先权的；(2) 已经被授予专利权的；(3) 属于按照规定提出的分案申请的。

需注意，对于国际申请，经审查其要求的本国优先权符合规定的，在初步审查阶段不对在先申请作视为撤回的处理。至于有可能造成在先与在后申请重复授权的问题，留待后续程序处理。

（二）不丧失新颖性的公开

根据《专利法实施细则》第 107 条的规定，国际申请涉及的发明创造有《专利法》第 24 条第（一）项或者第（二）项所述情形之一，并且在提出国际申请时作出过声明的，应当在进入声明中予以说明，并自进入日起 2 个月内提交《专利法实施细则》第 30 条第 3 款规定的有关证明文件；未予说明或者期满未提交证明文件的，不适用《专利法》第 24 条的规定。

申请人在进入声明中指明在国际申请提出时要求过不丧失新颖性宽限期的，国际公布文本扉页中应当有相应的记载。不符合规定的，视为未要求不丧失新颖性宽限期。

在国际公布文本中有记载而在进入声明中没有指明的，申请人可以自进入日起 2 个月内补正。

（三）生物材料样品保藏事项

1. 进入声明中的指明

申请人在国际阶段按照 PCT 条约的规定对生物材料样品的保藏单位名称和地址、保藏日期、保藏编号作出说明的，应当在进入声明中予以指明。该指明应当包括指出记载保藏事项的文件种类以及在该文件中的具体记载位置。

申请人在国际阶段已经按照 PCT 条约的规定对生物材料样品的保藏作出说明，但是没有在进入声明中予以指明或指明不准确的，可以自进入日起 4 个月内主动补正；期满未补正的，相应的生物材料样品应当视为未保藏。

在国际阶段申请人没有作出生物材料样品保藏说明，而在进入声明中声称该申请涉及生物材料样品保藏的，相应的生物材料样品应当视为未保藏。

2. 生物材料样品保藏说明

根据《专利法实施细则》第 108 条的规定，申请人按照 PCT 条约的规定对生物材料样品的保藏事项作出过说明的，应当视为符合《专利法实施细则》第 24 条第（三）项的规定。生物材料样品的保藏说明通常记载在说明书中，或者"关于微生物保藏的说明"（PCT/RO/134 表），或者以说明书以外的其他单独纸页中。

如果申请人在申请日时提交了生物材料样品的保藏证明，并且国际局将其作为国际申请的一部分包含在国际公布文本中，申请人可以以国际公布文本中的保藏证明为依据，请求对生物材料样品保藏说明中遗漏事项作出补充或改正。

如果生物材料样品保藏说明与保藏证明中记载的保藏事项的内容不一致，并且可以确定不一致是由于保藏说明中的书写错误造成的，申请人可以依据保藏证明改正保藏说明。未作改正的，申请人应当在国家知识产权局发出的办理手续补正通知书中指定的期限内补正；期满未补正的，相应的生物材料样品应当视为未保藏。

生物材料样品保藏说明是以"关于微生物保藏的说明"（PCT/RO/134 表）的形式或者以说明书以外的其他单独纸页形式提交的，进入国家阶段时应当译成中文。没有译成中文的，申请人应当在国家知识产权局发出的办理手续补正通知书中指定的期限内补正；期满未补正，相应的生物材料样品应当视为未保藏。

3. 生物材料样品保藏证明和存活证明

申请人应当自进入日起 4 个月内提交生物材料样品保藏证明和存活证明。关于保藏证明和存活证明的其他规定，与国家申请相同。

五、特殊法律手续

有关援引加入、请求复查以及缴纳单一性恢复费的法律手续是进入国家阶段的国际申请所特有的手续。

（一）援引加入

2007 年 4 月 1 日起生效的修订后的 PCT 实施细则中增加了援引加入的相关规定，即申请人在递交国际申请时遗漏了某些项目或部分，可以通过援引在先申请中相应部分的方式加入遗漏项目或部分，而保留原国际申请日。其中的"项目"是指全部说明书或者全部权利要求，"部分"是指部分说明书、部分权利要求或者全部或部分附图。

由于上述规定与《专利法》和《专利法实施细则》的相应规定不同，国家知识产权局作为指定局对其作出了保留。这意味着国际申请在进入国家阶段时，对于通过援引在先申请的方式加入遗漏项目或部分而保留原国际申请日的将不予认可。

对于申请文件中含有援引加入项目或部分的，如果申请人在办理进入国家阶段手续时在进入声明中予以指明并请求修改相对于中国的申请日，则允许申请文件中保留援引加入项目或部分。国家知识产权局应当以国际局传送的确认援引项目或部分决定的通知书中的记载为依据，重新确定该国际申请在中国的申请日，申请人将收到国家知识产权局发出的重新确定申请日通知书。因重新确定申请日而导致申请日超出自优先权日起 12 个月的，相应的优先权视为未要求。对于申请文件中含有援引加入项目或部分的，如果申请人在办理进入国家阶段手续时未予以指明或者未请求修改相对于中国的申请日，则不允许申请文件中保留援引加入项目或部分。申请人应当在国家知识产权局发出的补正通知书中指定的期限内删除援引加入项目或部分；期满未补正的，该申请视为撤回，申请人在后续程序中不能再通过请求修改相对于中国的申请日的方式保留援引加入项目或部分。

对于涉及援引加入项目或部分的国际申请，申请人只有一次选择机会，即在办理进入国家阶段手续时，选择保留援引加入项目或部分，请求修改申请日；或者是删除援引加入项目或部分，保留原国际申请日。在作出上述选择时，还需注意在进入声明中予以指明。如果申请人忽视或者错过该选择机会，最终结果只能是删除援引加入项目或部分。

（二）请求复查

国际申请在国际阶段被有关国际单位拒绝给予国际申请日或者宣布视为撤回的，申请人可以向国家知识产权局提出复查请求。该请求应当在收到上述通知之日起 2 个月内提出，请求中应当陈述要求复查的理由，同时附具要求进行复查处理决定的副本。申请人可以请求国际局将国际申请档案中任何文件的副本转交国家知识产权局，在提出复查请求的同时应当向国家知识产权局办理进入国家阶段的手续，并且在进入声明中标明已经提出复查请求的事实。国家知识产权局应当在接到国际局传送的文件后，对国际单位作出的决定是否正确进行复查。

（三）单一性

对于进入国家阶段的国际申请，国家知识产权局根据《专利法实施细则》第 115 条的规定处理进入国家阶段的国际申请的单一性问题，并根据《专利法》第 31 条第 1 款以及《专利法实施细则》第 34 条的规定判断要求保护的发明是否具备单一性。国际单位对单一性的意见对国家知识产权局无约束力。国际检索单位和国际初审单位在国际阶段未提出单一性问题的情况下，国际申请进入国家阶段后，国家知识产权局经独立审查，仍然可以提出其不满足单一性要求的问题。

1. 缴纳单一性恢复费的情形

如果申请人提出作为审查基础的申请文件中，要求保护的发明是缺乏单一性的多项发明，并且国家知识产权局经审查认定国际单位作出的缺乏单一性的结论正确，国际申请有如下情形之一的，申请人应当在国家知识产权局发出的缴纳单一性恢复费通知书中指定的期限内缴纳单一性恢复费：

（1）缺乏单一性的多项发明中包含了在国际阶段由于申请人没有应国际检索单位或国际初步审查单位的要求缴纳因缺乏单一性所需的附加检索费或附加审查费，而导致未进行国际检索或国际初步审查的发明；

（2）缺乏单一性的多项发明包含了申请人在国际阶段未缴纳附加检索费或附加审查费而表示放弃的发明（例如申请人在国际阶段选择对某些权利要求加以限制而舍弃的发明）。

2. 缴费或者不缴费的后续处理

如果申请人在规定的期限内缴纳了单一性恢复费，申请人通常还需要根据国家知识产权局的审查意见修改申请文件，删除不具备单一性的发明。对于删除的发明，申请人可以根据《专利法实施细则》第 115 条第 1 款和第 42 条第 1 款的规定，提出分案申请。缴纳单一性恢复费并不意味着申请文件克服了单一性缺陷，只是使不具备单一性的部分成为了国际申请的有效部分。

如果申请人在规定的期限内未缴纳或未缴足单一性恢复费，并且也没有删除缺乏单一性的发明，则国际申请中上述未经国际检索的部分将被视为撤回，申请人应当在国家知识产权局发出的审查意见通知书中指定的期限内提交删除该部分内容的修改文本。

需注意，对于因未缴纳单一性恢复费而删除的发明或实用新型，申请人不得提出分案申请。

六、国家公布

对于进入国家阶段的要求获得发明专利的国际申请，经初步审查合格后要以中文进行国家公布。

（一）公布的时间

进入国家阶段的国际申请经初步审查合格之后，国家知识产权局应当及时进行国家公布的准备工作，完成国家公布准备工作的时间一般不早于自该国际申请进入国家阶段之日起 2 个月。

（二）公布形式

国际公布是使用外文的国际申请，国家公布以在《发明专利公报》中的登载和出版发明专利申请单行本两种形式完成。

国际公布是使用中文的国际申请，国家公布以在《发明专利公报》中的登载形式完成。

（三）公布的效力

要求获得发明专利权的国际申请，由国际局以外文进行国际公布的，《专利法》第 13 条规定的要求临时保护的权利在完成国家公布之后产生；由国际局以中文进行国际公布的，要求临时保护的权利在完成国际公布之后产生。

练习题及其解析

第一节练习题

1. 通常情况下，PCT 申请在国际阶段必须经过下列哪些程序？

A. 受理　　　　　　　B. 国际公布

C. 国际检索　　　　　D. 国际初步审查

【解析】 受理、国际公布和国际检索是 PCT 条约第一章规定的程序，在申请程序不被终止（申请被视为撤回或者被撤回）的情况下，此 3 个程序应当是国际申请必经的程序，故 A、B、C 选项正确。而国际初步审查程序属于 PCT 条约第二章规定的程序，是申请人在收到国际检索报告和书面意见之后，申请人依情况选择的程序，是非必经程序，故 D 选项错误。综上，本题的正确选项为 A、B、C。

第二节练习题

2. 通过 PCT 途径，申请人可以在成员国获得以下哪些类型的工业产权保护？

A. 发明专利　　　　B. 实用新型

C. 商标　　　　　　D. 外观设计

【解析】PCT 条约第 2 条第 1 款 (i) 项规定："'申请'是指保护发明的申请；述及'申请'应解释为述及发明专利、发明人证书、实用证书、实用新型、增补专利或增补证书、增补发明人证书和增补实用证书的申请。"由此可知，通过 PCT 途径，申请人可以在成员国获得以上类型的工业产权保护，而选项 C、D 不符合上述规定。综上，本题的正确选项为 A、B。

3. 对于以中国国家知识产权局为受理局的 PCT 国际申请，下列哪些情形下的申请人可以享有国际申请费的减免？

A. 申请人为一个居住在美国的中国公民

B. 申请人为一个居住在香港的中国公民

C. 申请人为一个居住在中国的美国公民

D. 申请人使用 PCT - SAFE 软件成功提交国际申请

【解析】根据 PCT 实施细则第 96 条规定，当国际申请的所有申请人都是自然人，并且都属于人均国民年收入低于 3 000 美元的国家的国民和居民（依据联合国用于确定 1995 年、1996 年和 1997 年缴纳会费估算标准的人均国民收入数字），国际申请费减少 90%。应当注意，对于该项规定，不但要求所有申请人皆为自然人，还要求所有申请人的国籍所属国和居所所在国同时满足人均国民年收入低于 3 000 美元的国家的条件，美国明显不属于符合条件的国家，而居住在我国港、澳、台地区的中国公民与居住在大陆的中国公民一样符合条件，故 B 选项正确。根据 PCT 实施细则第 96 条规定，如果国际申请使用 PCT - SAFE 软件成功提交申请，根据提交申请的不同情形可享受不同程度的国际申请费减免。综上，本题的正确选项为 B、D。

4. 国家知识产权局收到的国际申请文件有下列哪些情形的，不能将申请收到之日作为国际申请日？

A. 申请中没有包含附图

B. 申请中未按规定方式写明申请人的姓名或者名称

C. 没有缴纳国际申请费和手续费

D. 国际申请没有用规定的语言撰写

【解析】PCT 条约第 11 条 (1) 规定，当符合下列条件时，受理局应当以收到国际申请之日作为国际申请日，但以该局在收到申请时认定该申请符合下列要求为限：(i) 申请人并不因为居所或国籍的原因而

明显缺乏向该受理局提出国际申请的权利；(ii) 国际申请使用规定的语言撰写；(iii) 国际申请至少包括下列项目：(a) 说明是作为国际申请提出的；(b) 按规定写明申请人的姓名或者名称；(c) 有一部分表面上看像是说明书的部分；(d) 有一部分表面上看像是一项或几项权利要求。而 A、C 选项所述情形不属于确定国际申请日的必备条件，因而不影响受理局以收到文件之日作为国际申请日。综上，正确选项应为 B、D。

5. 下列有关国际申请的说法哪些是正确的？

A. 国际检索不仅应检索发明所在类别的那部分技术，也应检索与该发明类似的技术，而不问其归属何类

B. 对于国际检索单位自行制定的摘要，申请人可以在规定期限内提出意见

C. 如果国际申请的主题仅涉及治疗人体或者动物体的外科手术方法，则国际检索单位无须对该国际申请进行检索

D. 如果国际检索仅是针对主要发明或者不是针对所有的发明进行，国际检索报告应说明国际申请中哪些部分已经检索，哪些部分没有检索

【解析】PCT 实施细则第 33.2 对国际检索应当覆盖的领域进行了规定。其中该条 (b) 规定，不仅应检索发明所属分类的技术领域，还应检索与该发明类似的技术领域，而不问其归属何类。故 A 选项正确。PCT 实施细则第 38.2 (b) 规定，申请人有权在国际检索报告传送之日起 1 个月内对国际检索单位作出的摘要提出意见。故 B 选项正确。PCT 实施细则第 39 条对国际检索单位无需对国际申请进行检索的情形进行了规定，其中该条 (iv) 项为，治疗人体或者动物体的外科手术方法或者治疗方法，以及诊断方法。故 C 选项正确。PCT 实施细则第 43.7 规定，如果国际检索仅是针对主要发明或者不是针对所有发明进行（PCT 条约第 17 条 (3) (a)），国际检索报告应说明国际申请中哪些部分已经检索，哪些部门没有检索。故 D 选项正确。综上，本题的正确选项为 A、B、C、D。

6. 根据《专利合作条约》第 19 条规定，申请人在收到国际检索报告后，有权享受一次修改的机会。以下有关该修改的说法哪些是正确的？

A. 可以对权利要求书提出修改

B. 可以对说明书提出修改

C. 修改的期限为 3 个月，自国际检索单位向申

请人送交国际检索报告之日起计算

D. 修改应直接向国际局提出

【解析】PCT 条约第 19 条第 (1) 规定，申请人在收到国际检索报告后有权享受一次机会，在规定的期限内对国际申请的权利要求向国际局提出修改。申请人可以按细则的规定同时提出一项简短声明解释上述修改并指出其对说明书和附图可能产生的影响。据此，A、D 选项正确，B 选项错误。PCT 实施细则第 46.1 规定，条约第 19 条所述的期限，自国际检索单位将国际检索报告向国际局和申请人送交之日起 2 个月内，或者自优先权日起 16 个月内，以后到期者为准，但国际局在适用的期限届满后收到按照条约第 19 条规定所作的修改的，如果该修改在国际公布的技术准备工作完成之前到达国际局，应认为国际局已在上述期限的最后一日收到该修改。据此，C 选项错误。综上，本题的正确选项为 A、D。

7. 一件国际申请的优先权日为 2005 年 12 月 26 日，申请日为 2006 年 12 月 26 日，国际检索报告的传送日为 2007 年 2 月 15 日，则申请人应当在下列哪个日期前提出国际初步审查要求书？

A. 2007 年 5 月 15 日　　B. 2007 年 10 月 26 日

C. 2007 年 7 月 26 日　　D. 2007 年 4 月 26 日

【解析】PCT 实施细则第 54 条之二 .1 规定，(a) 要求书可以在以下期限届满之前的任何时间提交，以后到期的为准：(i) 向申请人传送国际检索报告或条约第 17 条 (2) (a) 所述声明之日起 3 个月，和根据本细则 43 之二 .1 作出的书面意见；或 (ii) 自优先权日起 22 个月。(b) (a) 规定的期限到期之后所提交的要求书将被视为未提交，国际初步审查单位并应如此宣布。依据前述规定，如果申请人要求进行国际初步审查，申请人应当自传送国际检索报告和书面意见之日起 3 个月内或者自优先权日起 22 个月内提出国际初步审查要求书，以后届满的期限为准。据此计算，申请人应当在 2007 年 10 月 26 日前提出国际初步审查要求书。据此，本题的正确选项为 B。

第三节练习题

8. 下列关于办理国际申请进入国家阶段手续的说法哪些是正确的？

A. 申请人应当以中文提交进入中国国家阶段的书面声明，写明国际申请号和要求获得的专利权类型

B. 申请人应当缴纳申请费、公布印刷费，必要时缴纳宽限费、实质审查费。

C. 国际申请以中文以外的文字提出的，申请人应当提交原始国际申请的说明书、权利要求书的中文译文

D. 国际申请以中文提出的，申请人应当提交国际公布文件中的摘要和摘要附图副本

【解析】《专利法实施细则》第 104 条第 1 款规定了申请人办理进入国家阶段的手续应当满足的要求，其中包括：以中文提交进入中国国家阶段的书面声明，写明国际申请号和要求获得的专利权类型；缴纳申请费、公布印刷费，必要时缴纳宽限费和申请附加费；国际申请以外文提出的，提交原始国际申请的说明书和权利要求书的中文译文；国际申请以中文提出的，提交国际公布文件中的摘要和摘要附图副本等。故 A、C、D 选项正确，B 选项错误。综上，本题正确选项应为 A、C、D。

9. 一件国际申请的优先权日为 2004 年 8 月 5 日，该申请的申请人于 2007 年 4 月 5 日向国家知识产权局办理进入国家阶段手续时漏交了附图副本。下列说法哪些是正确的？

A. 申请人可以在指定期限内补交附图，以附图补交之日作为申请日

B. 由于申请人是在法定期限最后一日办理进入国家阶段的手续，因此缺少附图将导致该申请在中国的效力终止

C. 国家知识产权局应当通知申请人在指定期限内补正，期满未补正的，该申请视为撤回

D. 国家知识产权局应当通知申请人在指定期限内补正，期满未补正的，该申请将被驳回

【解析】PCT 条约第 11 条规定，除另有规定外，国际申请已被给予国际申请日的，在每个指定国内自国际申请日起具有正规的国家申请的效力。《专利法实施细则》第 102 条规定，按照 PCT 条约已确定国际申请日并指定中国的国际申请，视为向国家知识产权局提出的专利申请，该国际申请日视为《专利法》第 28 条所称的申请日。在本题中，申请人在办理进入国家阶段手续时漏交了附图副本，从"副本"二字可以解读出申请人在国际阶段提交了附图，由于该国际申请的国际申请日在国际阶段已经由受理局确定，因此该国际申请日视为在中国的申请日，故 A 选项错误。此处需注意，不要同国家申请遗漏附图的情形混淆。根据《专利法实施细则》第 105 条的规定，在办理进入国家阶段手续时漏交了附图副本，不属于效力终止的情形，故 B 选项错误。根据《专利法实施细则》第 104 条的规定，在办理进入国家阶段的手续时漏交了附图副本的，申请人应当在国家知识产权局的

指定期限内补交，期满未补正的，该申请视为撤回，故 D 选项错误，综上，本题的正确选项为 C。

10. 某国际申请的国际申请日为 2008 年 3 月 1 日，在国际阶段不存在援引加入的情况，进入中国国家阶段的日期是 2010 年 2 月 27 日，下面哪些说法是正确的？

  A. 该专利申请应当视为是于 2008 年 3 月 1 日向国家知识产权局提出的专利申请

  B. 该专利申请应当视为是于 2010 年 2 月 27 日向国家知识产权局提出的专利申请

  C. 如果该专利申请被授权，其保护期限自 2008 年 3 月 1 日起计算

  D. 如果该专利申请被授权，其保护期限自 2010 年 2 月 27 日起计算

【解析】《专利法》第 42 条规定："发明专利权的期限为 20 年，实用新型专利权和外观设计专利权的期限为 10 年，均自申请日起计算。"《专利法实施细则》第 102 条规定："按照 PCT 条约已确定国际申请日并指定中国的国际申请，视为向国家知识产权局提出的专利申请，该国际申请日视为专利法第 28 条所称的申请日。"在本题中，2008 年 3 月 1 日视为该申请在中国的实际申请日，故 A 选项正确，B 选项错误。如果该专利申请被授权，其保护期限自 2008 年 3 月 1 日起计算，故 C 选项正确，D 选项错误。综上，本题的正确选项为 A、C。

11. 下列有关国际申请进入中国国家阶段时所提交文件的说法哪些是正确的？

  A. 经国际局登记已经死亡的申请人，进入国家阶段时，不再写入进入声明中，已死亡申请人的继承人尚未确定的除外

  B. 国际申请中未指明发明人的，在进入中国国家阶段声明中应当指明发明人姓名

  C. 在国际阶段申请人进行过变更的，应提交变更后申请人享有申请权的证明材料

  D. 应当在进入国家阶段的书面声明中指明国际公布中对不同国家的不同申请人的姓名

【解析】《专利审查指南 2010》第三部分一章第 3.1.5.1 节规定，国际局登记已经死亡的申请人，进入国家阶段时，不应写入进入声明中，已死亡申请人的继承人尚未确定的除外。故 A 选项正确。《专利法实施细则》第 104 条第 1 款规定了申请人办理进入国家阶段手续时应当满足的要求，其中包括：国际申请中未写明发明人的，进入声明中写明发明人的姓名；在国际阶段已向国际局办理申请人变更手续的，提供

变更后的申请人享有申请权的证明材料等。据此，B、C 选项正确。审查指南第三部分第一章第 3.1.5.1 节规定，国际申请有多个申请人的，根据 PCT 条约的规定，对不同的指定国可以写明不同的申请人。进入声明中要求填写的是对中国的申请人。据此，D 选项错误。综上，本题的正确选项为 A、B、C。

12. 某国际申请的国际申请日为 2008 年 10 月 27 日，要求了两项优先权，在先申请的申请日分别为 2007 年 9 月 10 日和 2007 年 12 月 28 日，在国际阶段申请人未提交在先申请文件副本，请求恢复了其中的一项优先权要求，申请人按照规定办理了进入国家阶段的手续。下列说法哪些是正确的？

  A. 对于在国际阶段恢复的优先权，在国家阶段国家知识产权局应当予以认可

  B. 申请人应当自进入日起 3 个月内提交在先申请文件副本，期满未提交的，相应的优先权视为未要求。

  C. 申请人不能在该申请进入国家阶段后提出新的优先权要求

  D. 申请人应当自进入日起 2 个月内缴纳优先权要求费

【解析】《专利审查指南 2010》第三部分第一章第 5.2.1 节规定，因中国对 PCT 条约及其实施细则的有关规定作出保留，国家知识产权局对国际申请在国际阶段恢复的优先权（例如，国际申请日在该优先权日起 12 个月之后、14 个月之内）不予认可。"故 A 选项错误。《专利法实施细则》第 110 条第 3 款规定："申请人在国际阶段未提交在先申请文件副本的，国家知识产权局认为必要时，可以通知申请人在指定期限内补交；申请人期满未补交的，其优先权要求视为未提出。故 B 选项错误。审查指南第三部分第一章第 5.2.1 节规定，进入国家阶段不允许提出新的优先权要求。故 C 选项正确。《专利法实施细则》第 110 条第 2 款规定："申请人应当自进入日起 2 个月内缴纳优先权要求费；期满未缴纳或者未缴足的，视为未要求该优先权。"故 D 选项正确。综上，本题的正确选项为 C、D。

13. 涉及生物材料的国际申请进入中国国家阶段时，申请人应当在下列哪个期限内提交生物材料样品的保藏证明和存活证明？

  A. 进入实质审查程序之前

  B. 国家公布技术准备工作完成之前

  C. 自进入日起 6 个月内

  D. 自进入日起 4 个月内

【解析】《专利法实施细则》108 条第 3 款规定："申请人自进入日起 4 个月内向国家知识产权局提交生物材料样品保藏证明和存活证明的，视为在本细则第 24 条第（一）项规定的期限内提交。"据此，本题的正确选项为 D。

14. 申请人在美国专利商标局提交了一件要求优先权的国际申请，并在规定期限内办理了进入中国国家阶段的手续，指明要求获得发明专利权。国家知识产权局将在何时公布该国际申请的中文译文？

A. 完成进入中国国家阶段手续后及时公布

B. 自优先权日起满 18 个月公布

C. 初步审查合格后公布

D. 自完成进入中国国家阶段手续之日起满 18 个月公布

【解析】《专利法实施细则》第 114 条第 1 款规定："对要求获得发明专利权的国际申请，国家知识产权局经初步审查认为符合专利法及其实施细则有关规定的，应当在专利公报上予以公布；国际申请以中文以外的文字提出的，应当公布申请文件的中文译文。"据此，本题的正确选项为 C。

【练习题答案】

| 1. A B C | 2. A B | 3. B D | 4. B D | 5. A B C D | 6. A D | 7. B |
| 8. A C D | 9. C | 10. A C | 11. A B C | 12. C D | 13. D | 14. C |

第九章

第十章　专利权的实施与保护

[本章导读]

本章内容涵盖《考试大纲》第六章第一节和第二节的全部知识点。具体地说，主要包括专利权的生效及期限、专利权人享有的权利及应当承担的义务、专利侵权行为的判定、对于专利权的限制以及专利侵权的法律救济等。

本章内容涉及的法律、法规条款主要包括《专利法》第七章和《专利法实施细则》第七章的所有条款，以及最高人民法院针对上述法律规定颁布的 3 个司法解释：《关于对诉前停止侵犯专利权行为使用法律问题的若干规定》（法释〔2001〕20 号）《关于审理专利纠纷案件适用法律问题的若干规定》（法释〔2001〕21 号）和《关于审理侵犯专利权纠纷案件应用法律若干问题的解释》（法释〔2009〕21 号）。此外，本章内容还涉及《专利行政执法办法》《专利标记和专利号标注方式的规定》《专利实施许可合同备案办法》和《专利权质押登记办法》等法规、规章。

在专利侵权纠纷解决程序中涉及实用新型和外观设计专利权评价报告，关于专利权评价报告制度的有关规定，请参见本书第七章第九节。

关于与专利申请或专利相关的其他权利的保护，请参见本书第十一章。

权利人获得专利权最重要的目的之一就是要获得保护。专利权作为一种无形财产权，与有形财产权相比有其自身的特点。因此，专利权的保护除了适用一般民事权利保护的规则外，《专利法》第七章还规定了专利权保护的特殊规则。根据《专利法》的立法目的，一方面要为专利权提供有效的保护；另一方面，这种保护也应当是在合理程度内的，从而保证专利权人利益和公众利益的适当平衡，进而促进整个社会的科技进步和经济发展。

第一节　专利权的生效及期限

专利权作为一项法定的权利，其生效需要满足特定的条件，除了要通过国家知识产权局的审查外，还要申请人办理特定的手续。此外，专利权的保护是有一定期限的。由于发明创造在专利权生效后才能获得保护，为了弥补授权前提前公布发明专利申请给申请人可能带来的不利影响，《专利法》还对发明专利申请规定了临时保护制度。

一、专利权的生效

(一) 专利权生效的条件

根据《专利法》第 39 条和第 40 条的规定，发明专利申请经实质审查没有发现驳回理由的，实用新型和外观设计专利申请经初步审查没有发现驳回理由的，国家知识产权局将作出授予专利权的决定，发给相应的专利证书，同时予以登记和公告，专利权自公告之日起生效。

一件专利申请要想获得授权，其程序性条件是国家知识产权局对其进行初步审查（实用新型和外观设计）或者实质审查（发明）没有发现驳回理由。《专利法》采用"没有发现驳回理由"而没有采用"符合本法规定的授权条件"的表述方式，意指在已进行的审查工作的基础上认定专利申请不存在应当驳回的情形，并不意味着该申请实际上已符合所有授权条件。因为对发明专利申请而言，审查员不可能检索到所有的现有技术，尤其是以使用方式为公众所知的现有技术，因此无法确保所有发明专利权均符合新颖性、创造性等全部授权条件；而对于实用新型和外观设计专利申请而言，只进行初步审查，对其是否符合授予专利权的实质性条件，如创造性或者与现有设计有明显区别等并不进行审查，因此专利权被授予后，还有可能在后续程序中被宣告无效。

此外，经审查没有发现驳回理由的专利申请要想获得专利权，申请人还应当按照规定办理登记手续。根据《专利法实施细则》的规定，国家知识产权局发出授予专利权的通知后，申请人应当自收到通知之日起 2 个月内办理登记手续；期满未办理登记手续的，视为放弃取得专利权的权利。根据《专利审查指南 2010》的规定，前述登记手续包括缴纳专利登记费、授权当年的年费、公告印刷费以及专利证书印花税。

（二）专利权生效的时间

从理论上讲，专利权属于一种对世权。也就是说，一项发明创造被授予专利权后，就对公众设定了一项义务，即未经专利权人同意不得为生产经营目的实施该专利。专利权生效后，权利人就可以对他人主张自己的专利权，如要求实施其专利权的人支付使用费、控告他人侵权等。对于这样一种权利，必须让公众知道该权利的存在及其范围才能够要求公众不去侵犯该权利。因此，专利权应当以一定方式进行公示让公众知晓后才能生效，这种公示方式在专利制度中就是国家知识产权局的授权公告。根据《专利法》第 39 条和第 40 条规定，三种专利权均自公告之日起生效。

根据《专利法》及其实施细则的规定，申请人收到授权通知书后在规定的期限内办理登记手续的，国家知识产权局将颁发专利证书，同时予以登记和公告。从此规定来看，颁发专利证书、授权登记和授权公告是同时发生的。但立法上选择了对公众产生公示效力的授权公告这一事件来描述专利权的生效时间点，就是因为公告具有公示的效力。

专利法之所以规定颁发专利证书、授权登记和授权公告同时进行，是有所考虑的。专利证书是证明申请人的发明创造被授予专利权的文件；授权登记是指国家知识产权局在专利登记簿上记载该发明创造被授予专利权，而专利登记簿是专利权法律状态的法定证明文件；授权公告是以公示的形式告知社会公众该发明创造被授予了专利权。这 3 个行为实际上都是在描述一件事，即某项发明创造被授予了专利权，因此其时间应当是一致的。如果这 3 个日期不一致，实践中可能发生矛盾。例如，如果颁发专利证书的日期早于公告日，申请人可能误认为拿到专利证书就意味着自己已经获得了专利权，可以行使自己的权利了，但此时公众还不知道该项发明创造已被授予了专利权。

要将颁发专利证书的日期、授权登记的日期与授权公告日统一在一起，还需要作一些技术处理。因为专利公报是定期出版的，每周出版一期，日期相对固定，而颁发专利证书和授权登记可能每天都在发生。为了使上述 3 个日期使保持一致，国家知识产权局需要将在专利证书和授权登记簿上填写的日期和将来该专利权的公告日保持一致。

二、专利权的期限

为了激励发明人和专利权人的创新积极性，要给予专利权人一定期限的保护，使其能够收回前期投资，并获得合理回报。但专利法最终目的是促进科学技术的进步和经济社会的发展。所以专利权的保护期限也不宜过长，否则某一项发明创造长期被独占将会使公众无法尽快以相对低廉的价格享受该发明创造对社会生产、生活带来的便利。因此，这一期限的长短要综合考虑专利权人和社会公众利益的平衡。一方面要充分保障专利权人能够在这一期限内通过其独占权获得合理的经济回报；另一方面又要促进发明创造的广泛应用，以提高整个社会的科技水平，并促进经济社会的发展。

根据TRIPS协定规定，世贸组织成员规定的专利可享有的保护期间，自申请提交之日起计算20年期间届满以前不应终止❶，工业品外观设计的保护期限不应少于10年❷。目前，世界上绝大多数已建立专利制度的国家中，发明专利的期限都是20年，而对于外观设计，有一些国家规定的期限比10年更长。综合我国目前的科技、经济发展水平和国际条约的规定，我国《专利法》第42条规定，"发明专利权的期限为20年，实用新型专利权和外观设计专利权的期限为10年，均自申请日起计算。"

根据《专利法实施细则》第11条的规定，《专利法》第42条规定的申请日是指实际的申请日。因此，如果专利申请享有优先权，专利权期限的起点仍然以申请日而不是从优先权日为基础计算。例如，同样一项发明创造，在中国提出专利申请时要求了德国在先申请的优先权，将来在德国和在中国的专利都被授权后，两项专利权的期限的起算点并不相同，分别从各自专利申请的实际申请日起算，从而导致终止日期也不相同。目前，绝大多数国家规定的专利期限都是从申请日而不是优先权日起算的。如果该期限从优先权日起算的话，有时操作有困难。例如，一件专利要求了多项优先权，可能有多个优先权日，从优先权日起算就变得很复杂。

需要注意的是，《专利法》第42条规定的专利权的期限，并不是实际获得保护的期限。专利权是从授权公告日开始生效的，也就是说，发明创造从授权公告日起才开始获得保护。因此，专利实际获得保护的期限是从授权公告日开始，到从申请日起的第20年终止。TRIPS协定第33条也是这样的表述方式。从中可以看出，申请日仅是一个方便计算的起算点。专利权的实际保护期限因对每件专利申请进行审查所用时间的不同而不同。那么，从申请日到授权日这段期间，发明创造能否获得保护？除对发明专利申请在公布日到授权日的期间内有一个临时保护外，实用新型专利申请和外观设计专利申请从申请日到授权公告日期间、发明专利申请从申请日到公布日期间，发明创造不受任何保护。因此，申请人如果在申请日后将有关产品投放市场，则任何单位和个人在发明专利申请公布前或者实用新型、外观设计专利授权公告前所进行的仿制，均不构成侵权。

三、发明专利申请的临时保护

依照《专利法》第34条的规定，发明专利申请经国家知识产权局初步审查认为符合要求的，自申请日（有优先权的，指优先权日）起满18个月后即行公布，国家知识产权局也可根据申请人的请求提前公布其申请。

由于发明专利申请审查周期较长，在授权前提前公布有利于公众及时了解专利申请中的技术内容，避免重复研发。但有些人通过公布的申请文件了解发明内容后，可能会不经申请人许可实施该发明。由于发明专利权自国家知识产权局授权公告之日起才生效，在发明专利申请公布到授权公告这段期间内，该申请所公开的发明无法获得专利保护。因此，在授权前公布发明专利申请会给申请人造成不利影响，有可能导致申请人不愿公布其申请，进而影响其申请发明专利的积极性。为鼓励申请人申请发明专利，需要在发明专利申请公布到授权公告这段期间给予一定程度的

---

❶ TRIPS协定第33条。
❷ TRIPS协定第26条。

保护。为此，《专利法》第 13 条规定："在发明专利申请公布后，申请人可以要求实施其发明的单位或者个人支付适当的费用。"这在理论上称作对发明专利申请的临时保护。

需要注意的是，此条仅规定专利申请人可以要求实施人支付适当的费用，并没有规定实施人有支付适当费用的义务，而且使用的是"费用"也不是"许可使用费"。这是因为仍然处于专利申请阶段，申请人还没有获得专利权。发明专利申请的公布，只是表明该申请经初步审查符合《专利法》的有关规定，但还没有进行实质审查，不能确定该申请最终能否获得专利权。如果将支付使用费规定为实施者的义务，一旦将来该申请被驳回或者撤回，将损害实施者的权益。因此，法律上不能规定申请人在申请公布后有权禁止他人实施其发明。《专利法》第 68 条又规定："发明专利申请公布后至授权前使用该发明未支付费用的，专利权人要求实施者支付使用费的诉讼时效期间为 2 年，自专利权人得知或者应当得知他人使用其发明之日起计算，但是专利权人于专利权授予之日前即已得知或者应当得知的，自专利权授予之日起计算。"也就是说，一旦该发明专利申请被授予专利权，要求实施者支付使用费就变成专利权人的权利。如果实施者在该申请授权前拒绝支付适当费用，专利申请人可以在该申请被授权后，要求该实施者支付使用费。如果实施者在该申请被授予专利权之后仍然拒绝支付，专利权人可以请求地方管理专利工作的部门调解，也可以直接向人民法院起诉。

对发明专利申请的临时保护只适用于公布后的发明专利申请，对于实用新型和外观设计专利申请以及公布前的发明专利申请，则没有临时保护，因为正常情况下，该专利申请在公告或者公布之前公众无法获知其内容，申请人不会因为其申请专利而受到不利影响。

第二节　专利权人的权利和义务

从法律上讲，专利权是发明创造的所有人对其发明创造依法享有的独占权，属于一种财产所有权，但由于专利权属于无形财产权，其权利的内容有其自身的特点。该权利的核心内容是禁止任何单位或者个人未经过专利权人许可为生产经营目的实施其发明创造。此外，专利权人还享有对其专利进行处分的权利，例如进行实施许可、转让、质押、放弃等。专利权人在享有权利的同时还必须承担相应的义务，因为权利和义务是对等的。专利权人的主要义务是按照法律规定缴纳年费，以维持专利权有效。

一、专利权人的权利

（一）禁止他人未经许可实施其专利的权利

从事发明创造具有一定的风险，通常需要发明人先期投入大量的人力和物力，而且研发还有可能失败。为了激励专利权人从事发明创造的积极性，需要保障专利权人从其研发成果中获得充分的经济回报。专利制度通过赋予专利权人在一定期限内的独占权，使其在该期限内独占该发明创造的实施权，以此来帮助专利权人获得充分的经济回报。专利制度不同于直接给予发明创造的所有人以精神激励和物质奖励的科技奖励制度，而是赋予其独占实施该发明创造的权利，其他任何人实施该发明创造都必须获得权利人的许可，支付使用费，从而使专利权人能够获得经济回报。

专利权的核心内容就是权利人禁止他人为生产经营目的实施其发明创造的权利。根据《专利法》第 11 条的规定，专利权被授予后，除另有规定以外，任何单位或者个人未经专利权人许可，不得实施其专利。根据《专利法》第 12 条的规定，任何单位或者个人实施他人专利的，应当与专利权人订立实施许可合同，向专利权人支付专利使用费，而且被许可人无权允许合同规定以外的任何单位或者个人实施该专利。

需要注意的是，专利法上所称的"实施"是有其专门含义的，而且针对不同的专利类型，其含义也不同。根据《专利法》第 11 条的规定，对于发明和实用新型专利来讲，实施专利的行为是指为生产经营目的制造、使用、许诺销售、销售、进口其专利产品，或者使用其专利方法，以及使用、许诺销售、销售、进口依照该专利方法直接获得的产品；对于外观设计专利来讲，实施专利的行为是指为生产经营目的制造、许诺销售、销售、进口其外观设计专利产品。

《专利法》及其实施细则并没有对"为生产经营目的"给出明确定义，最高人民法院的司法解释中也没有对此进行进一步解释。一般理解[1]，所谓"为生产经营目的"是指为工农业生产或者为商业经营的目的，其范围十分广泛。"为生产经营目的"不能被理解为"以营利为目的"，后者的范围要狭窄得多，对专利权的保护不应施加如此严格的限制。某一行为是否属于为生产经营目的而进行的，通常可以从 3 个角度进行判断：一是行为方式或者类型，二是行为主体，三是行为的性质和范围。从行为方式上看，许诺销售和销售行为无论其行为主体是单位还是个人，一般都具有为生产经营目的的性质；而对于制造、使用和进口行为来说，则既可能是具有生产经营目的的行为，又可能是不具有生产经营目的的行为。从行为主体上看，企业和营利性单位的行为一般都属于具有为生产经营目的的行为；而国家机关、非营利性单位、社会团体的行为一般不属于为生产经营目的的行为。行为的性质和范围需要根据行为的实际情况作出具体判断。需要特别注意的是，一个单位的性质并不决定是否构成为生产经营目的的关键因素，国家机关、非营利性事业单位、社会团体的某些制造、使用和进口行为也可能具有为生产经营目的的性质，例如医院为治病而销售专利药品等。

如果行为人进行了制造、使用、进口受专利保护的技术方案的行为，但不是为了生产经营目的，就不构成实施专利的行为。例如为了个人消费的目的而制造、使用、进口有关专利产品，就不属于实施专利的行为，无需获得专利权人的许可。因为专利法主要保护专利权人对其发明创造在产业上利用的权利，单纯为个人消费目的的行为一般不会对专利权人的利益造成影响。

需要注意，专利权的核心权利是禁止他人未经许可实施专利权人的专利，但这不意味着专利权人自己就当然有权自行实施其专利，有时会受到一些限制。例如，获得专利权的是一种药品，专利权人必须按照国家有关法律法规获得药监部门的许可后才能生产、销售该药品。再如，专利权人获得专利保护的技术方案是在他人在先专利的基础上改进而来，而且该专利（一般称为在先专利的从属专利）的实施必须使用在先专利的技术，那么该专利权人实施其专利必须获得在先专利权人的许可，否则会构成侵权。因此，专利权人实施其专利还必须遵守有关法律法规的规定。

1. 发明和实用新型专利权人的禁止权

发明专利根据其技术方案载体的不同表现形式，可以分为产品专利和方法专利两大类。根据《专利法》第 2 条对实用新型的定义，实用新型专利只能是产品专利，而不能是方法专利。由于产品专利和方法专利所保护的技术方案的载体不同，因此实施专利的行为也表现为不同方式。

（1）实施产品专利的行为

根据《专利法》第 2 条的规定，产品专利既有可能是发明专利，也有可能是实用新型专利。根据《专利法》第 11 条的规定，无论是发明专利还是实用新型专利，实施产品专利的行为包括：为生产经营目的而制造、使用、许诺销售、销售、进口该专利产品。

---

[1] 国家知识产权局条法司. 新专利法详解 [M]. 北京：知识产权出版社，2001：64 - 65.

《专利法》及其实施细则没有直接对"专利产品"作出明确的定义。一般而言，《专利法》第11条所说的"专利产品"应当理解为"受专利权保护的产品"。某一产品是否属于受专利权保护的产品，需要根据专利权的保护范围来进行判断。确定发明或者实用新型专利权保护范围的法律依据是《专利法》第59条的规定，即"以其权利要求的内容为准，说明书和附图可以用于解释权利要求的内容"。简言之，专利产品就是落入专利权保护范围的产品，即有权利要求所记载的全部技术特征的产品。关于如何判断是否"落入专利权保护范围"，详见本章第四节。

"制造专利产品"是指通过机械或者手工方式作出的落入专利权保护范围的产品。在大批量制造这种产品的情况下，通常叫做生产。

"进口专利产品"是指将落入专利权保护范围的产品从境外越过边境运进国内。除了在本国生产这种方式外，使专利产品在专利权的有效地域内出现的另一条途径就是进口。因此，产品专利的专利权人是否有权制止未经其许可而进口其专利产品的行为，对于该专利权人来说是十分重要的。如果仅仅禁止未经许可而制造专利产品的行为，却不禁止未经许可而进口专利产品的行为，就会给产品专利的保护留下一个漏洞，专利权就无法得到有效的保护。由于进口行为与制造行为一样，都是使专利产品在专利权有效地域范围内出现的首要环节，因此判断进口行为是否构成侵权行为与判断制造行为是否构成侵权行为具有类似的特点，即不考虑行为人的主观过错，不论进口者是否实际知道其进口的产品为专利产品，只要未经专利权人许可，都要承担全部的侵权责任。详见本章第三节。

根据最高人民法院《关于审理专利纠纷案件适用法律问题的若干规定》（以下简称［2001］21号司法解释）第24条的规定，"许诺销售"是指以做广告、在商店橱窗中陈列或者在展销会上展出等方式作出销售商品的意思表示。因此，"许诺销售专利产品"是指行为人作出的销售落入专利权保护范围的产品的意思表示。在实践中，一些企业自己制造或者从他人那里购买侵犯专利权的产品后，为了销售这些产品，往往会采取在各种媒体上做广告或者在一些展览会或展销会上展出的促销行为。如果没有规定许诺销售权，即使专利权人发现了这些情况，也无权禁止这些行为，只有等到侵权人实际销售该侵权产品以后，才能主张其权利。这显然不利于及早制止侵权行为。为充分保护专利权人的利益，防止侵权产品的扩散，以避免给专利权人带来难以弥补的损失，因此《专利法》规定专利权人有权禁止他人未经许可"许诺销售"专利产品的行为。

从买卖合同的角度考虑，这种许诺销售的行为既包括了合同法意义上的要约行为，也包括了要约邀请的行为。因此，许诺销售行为既可能是面向特定对象的，也有可能是面向不特定对象的；既可能是口头形式，也可能是书面形式；既可能通过展示或者演示的途径，也可能通过电话、电传、报刊、网络或者其他途径。例如，将专利产品陈列在商店中，列入拍卖清单，在报纸、电视、网络上做广告等行为，都明确表明了销售该专利产品的意愿，都属于"许诺销售"行为。

"销售专利产品"就是把落入专利权保护范围的产品的所有权从一方（卖方）有偿转移给另一方（买方）。专利法意义上的销售并不要求有关产品已实际交付或者已产生所有权转移的法律效力，只要销售合同已经订立并生效，即使未交付产品或者支付价款，也构成专利法意义上的销售。

"使用专利产品"是指使用落入专利权保护范围的产品。一种产品可以有一种或者多种用途，不论是利用它的哪一种用途，也不论是反复连续使用还是只用了一次，只要是为了生产经营目的而使用，都应当获得专利权人的许可。当然，如果某项专利的保护对象不是某种产品而是某种产品的新用途，则只要没有将该产品用于专利的权利要求所要求保护的新用途，就不必获得专利权人的许可。

根据《最高人民法院关于审理侵犯专利权纠纷案件应用法律若干问题的解释》（以下简称 [2009] 21 号司法解释）第 12 条的规定，对于发明和实用新型专利，如果行为人将侵犯专利权的产品作为零部件制造另一产品，应当认定属于《专利法》第 11 条规定的使用专利产品的行为；销售该另一产品的，应当认定属于《专利法》第 11 条规定的销售专利产品的行为；如果被诉侵权人之间存在分工合作的，人民法院应当认定为共同侵权。根据这一规定，行为人使用侵犯专利权的产品 A 制造产品 B（不受专利保护），属于"使用"专利产品 A 的行为，不属于制造行为。区分这一点对行为人侵权责任的承担是有影响的，因为根据《专利法》第 70 条的规定，专利侵权产品的使用者在一定条件下可以不承担赔偿责任，而制造者则不能免除赔偿责任。从这一规定我们还可以得出结论，行为人销售的产品 B 中某一个零部件是产品 A，如果产品 A 属于侵权产品，则行为人的销售行为构成侵权；如果制造者与销售者之间存在分工合作，则构成共同侵权。

（2）实施方法专利的行为

根据《专利法》第 2 条的规定，方法专利只能是发明专利，而不可能是实用新型专利。与产品专利的实施行为相同，构成方法专利的实施行为也必须是为生产经营目的。与产品专利保护范围不同的是，产品制造方法专利不仅保护方法本身，而且还延及到依照该专利方法直接获得的产品。这是因为，相对于产品专利来讲，产品制造方法专利的保护有其先天不足，因为"使用方法"的行为往往是在工厂内部进行，而且可能只持续一段时间，专利权人要举证证明他人使用的方法落入其专利权的保护范围要比证明他人制造、销售、使用的某种产品落入其专利权的保护范围困难。因此，多数国家的专利法都将方法专利权的保护范围延及到依照该方法直接获得的产品，以使产品制造方法专利获得更有效的保护。但这里加了一个"直接获得的"限定词，以防止将延的范围不合理地扩大。需要注意，可获得专利的方法有很多种，例如制造加工方法、作业方法、物品的新用途等，但只有制造加工方法能够获得专利法意义上的"产品"，也只有此类方法专利能够将其保护范围延伸到依照该方法直接获得的产品。因此，构成实施产品制造方法专利的行为包括：为生产经营目的而使用该方法；为生产经营目的而使用、许诺销售、销售、进口依照该方法直接获得的产品。

《专利法》及其实施细则也没有对"专利方法"作出明确规定，此处的专利方法一般也理解为"受专利权保护的方法"，即落入方法专利权保护范围的方法。"使用专利方法"是指将落入专利权保护范围的方法在实践中加以使用。

根据最高人民法院 [2009] 21 号司法解释第 13 条的规定，对于使用专利方法获得的原始产品，应当认定为《专利法》第 11 条规定的依照专利方法直接获得的产品；对于将上述原始产品进一步加工、处理而获得后续产品的行为，应当认定属于《专利法》第 11 条规定的使用依照该专利方法直接获得的产品的行为。因此，依照专利方法直接获得的产品应当仅仅包括实施方法专利所获得的原始产品，不宜延及到后续产品。例如，某专利方法是制造一种耐磨性很好、主要用于制造轮胎的橡胶的方法，其权利要求写明的保护客体是一种制造所述橡胶的工艺方法。假设在未经专利权人许可的情况下，甲使用相同方法制造橡胶，乙将甲制造的橡胶销售给丙，丙采用乙售出的橡胶制造轮胎，丁用丙生产的轮胎制造汽车轮子。其中，甲未经许可而使用了专利方法，无疑构成了侵犯专利权的行为；乙和丙未经许可而销售、使用依照该专利方法所直接获得的产品，也构成了侵犯该专利权的行为。丁的行为是否也构成侵犯该专利权的行为？丁采用的原料是轮胎，所进行的行为是制造汽车轮子，与专利方法之间的关系已经相当"遥远"了。如果认定丁的行为也构成了侵权行为，则对该专利方法的延伸保护就可以没有限制的一路延伸开去，甚至扩大到采用该种轮子来制造汽车的行为。这样的结论显然是不合理的，会对后续产品的自由流通带来过多的妨碍，是不适当地扩展了专利权的效力，从而损害了公众的利益。❶

通过方法专利"延及"到产品的保护是有限的，这种保护只限于依照该方法直接获得的产品。如果他人是依照其他方法获得的该产品，则不属于侵犯该方法专利。产品专利则不然，它所提供的保护是绝对保护，只要产品相同，无论用任何方法制造都属于专利权的保护范围，都应当获得专利权人的许可。因此，如果一种制造方法所直接获得的产品是新产品，该产品符合授予专利权的条件，权利人最好对该产品直接申请产品专利，或者在申请方法专利的同时申请产品专利，不宜仅仅依靠方法专利来保护该产品，因为这种延伸保护不能最充分地保护申请人的利益。

2. 外观设计专利权人的禁止权

根据《专利法》第11条的规定，任何单位或者个人未经外观设计专利权人的许可，都不得实施其专利，即不得为生产经营目的制造、许诺销售、销售、进口其外观设计专利产品。因此，实施外观设计专利权的行为包括：为生产经营目的制造、许诺销售、销售、进口外观设计专利产品。为生产经营目的使用外观设计专利产品不属于实施外观设计专利权的行为。

对于"外观设计专利产品"的理解应当与发明和实用新型产品专利相同，一般认为是受外观设计专利保护的产品。某一产品是否属于受外观设计专利权保护的产品，需要根据外观设计专利权的保护范围来进行判断。确定外观设计专利权保护范围的法律依据是《专利法》第59条第2款的规定，即"外观设计专利权的保护范围以表示在图片或者照片中的该产品的外观设计为准，简要说明可以用于解释图片或者照片所表示的该产品的外观设计"。根据最高人民法院［2009］21号司法解释第8条的规定，在与外观设计专利产品相同或者相近种类产品上，采用与授权外观设计相同或者近似的外观设计的，人民法院应当认定被诉侵权设计落入《专利法》第59条第2款规定的外观设计专利权的保护范围。因此，如果某产品的外观设计与获得专利的外观设计相同或者相似，而且该产品与外观设计专利在被授权时指定使用的产品类别相同或者相类似的，应当被认为是受外观设计专利保护的产品。

如果某种产品使用了获得专利的外观设计，但该产品与该外观设计专利在被授权时指定的产品种类不相同而且不相近，该产品就不属于外观设计专利产品。同样，如果某种产品与外观设计专利指定的产品种类相同或者相近，但该产品的外观设计与获得专利的外观设计不同而且不近似，该产品也不属于外观设计专利产品。产品种类是否相同或者相近，主要根据外观设计产品的用途来判断。而产品的用途，可以参考外观设计的简要说明、国际外观设计分类表、产品的功能以及产品销售、实际使用的情况等因素来综合判断。❷

"为生产经营目的""制造""许诺销售""销售""进口"等词汇的含义与关于发明和实用新型专利权的效力的规定中同一用语的含义相同。需要注意的是，外观设计专利权的权利范围中，没有"使用"的规定，即他人未经外观设计专利权人许可，为生产经营目的使用外观设计专利产品的，不属于侵权行为。这一点不同于发明和实用新型专利权，因为外观设计在许多国家不是作为专利进行保护的。因此，TRIPS协定对外观设计的最低保护要求与专利不相同，没有规定他人使用外观设计产品的行为需要得到权利人的许可。❸ 这主要是因为，外观设计不同于发明和实用新型，不属于技术方案。技术方案的目的是为了解决技术问题，技术方案本身被使用的过程就

---

❶ 国家知识产权局条法司.新专利法详解［M］.北京：知识产权出版社，2001：76-77.
❷ 《最高人民法院关于审理侵犯专利权纠纷案件应用法律若干问题的解释》（法释［2009］21号）第9条。
❸ TRIPS协定第26条。

是解决技术问题的过程，技术方案的使用本身能够产生经济价值。而外观设计是一种富于美感的产品的外观设计，一般不具备功能性的特征❶，主要作用是在销售过程中靠其新颖美观的设计吸引消费者，制造、许诺销售、销售和进口行为都能够因为该外观设计给行为人带来经济价值，而单纯使用外观设计专利产品的人一般不会因为该外观设计而获得经济价值。例如，一种受外观设计专利权保护的计算机，某公司购买该计算机用于办公，该公司在使用过程中不会仅仅因为该外观设计而获得经济价值，相反，一种受发明专利权保护的节能计算机，该公司必然会在使用中获得经济价值。

根据〔2009〕21号司法解释的规定，将侵犯外观设计专利权的产品作为零部件，制造另一产品并销售的，应当认定为《专利法》第11条规定的销售行为。但是，如果将外观设计专利产品作为零部件制造另一产品，若该零部件在最终产品的正常使用中只具有技术功能，而不产生视觉效果，则上述行为不能认定为《专利法》第11条规定的销售行为。❷

还有一点需要注意，TRIPS协定第26条规定，受保护的工业品外观设计所有人，应当有权制止第三方未经许可而为商业目的制造、销售或者进口带有或者体现受保护的设计的复制品或者实质性的复制品。其中，并没有规定权利人有权禁止第三方的许诺销售行为。《专利法》第11条第2款中的"许诺销售"一词是在《专利法》第三次修改时增加的，目的是为了解决我国专利制度在实践中出现的问题，加强对外观设计专利权的保护。近年来，我国外观设计专利申请量和授权量增长迅速，在全国各地的展览会、展销会、交易会等活动中展出未经许可使用他人外观设计产品的现象较为突出。这种行为属于典型的许诺销售行为，如果外观设计专利权人无权禁止他人的许诺销售的行为，将导致对展会期间外观设计专利权的保护明显弱于对发明和实用新型专利权的保护，不仅影响了外观设计专利权人的合法权益，也严重扰乱了展会秩序。为了解决实践中出现的突出问题，更好地维护外观设计专利权人的合法权益，《专利法》在第三次修改时增加了他人未经专利权人同意不得为生产经营目的许诺销售其外观设计专利产品的规定。

（二）转让专利权的权利

1. 转让专利权的手续和法律效力

专利权人有权向他人转让其专利权，这是财产所有权中处分权的基本表现方式。

专利权是国家主管部门经过审查而授予的权利，其存在与否、期限长短、权利人是谁等法律状态是由国家知识产权局负责管理和监控，其转让不仅涉及当事人双方的利益，也涉及公众的利益和国家知识产权局的程序。由于专利权是一种无形财产，无法像动产那样被占有和交付，因此专利权的变更只能像不动产的变更那样采用登记的公示方法。专利权的转让在专利程序中表现为专利权主体的变更，而专利权的主体应当以国家知识产权局专利登记簿的记载为准。专利权转让的当事人应当通过著录项目变更程序申请将专利登记簿所记载的权利人进行变更。

由于专利申请也是申请人的一种财产，因此也可以进行转让。而专利申请是申请人提交给国家知识产权局的具有法律效力的文件，转让专利申请权也需要变更专利申请的著录项目中记载的申请人。

基于上述原因，《专利法》第10条第3款规定："转让专利申请权或者专利权的，当事人应当订立书面合同，并向国务院专利行政部门登记，由国务院专利行政部门予以公告。专利申请权

---

❶ 《专利审查指南2010》第一部分第三章第7.3节规定："富有美感，是指在判断是否属于外观设计专利权的保护客体时，关注的是产品的外观给人的视觉感受，而不是产品的功能特性或者技术效果。"

❷ 《最高人民法院关于审理侵犯专利权纠纷案件应用法律若干问题的解释》（法释〔2009〕21号）第12条。

或者专利权的转让自登记之日起生效。"那么，该条规定的"登记之日"具体是哪一天呢？根据《专利审查指南 2010》的规定，著录项目变更手续自国家知识产权局发出变更手续合格通知书之日起生效，因此"登记之日"就是手续合格通知书的发文日。❶

《专利法》和《合同法》都要求专利权转让合同应当采用书面形式。因为如果口头转让合同有效的话，则任何人都可以自称是受让人而要求国家知识产权局对登记簿记载的专利权人进行变更，这必然带来混乱，损害专利权人的合法权利。但应当注意，国家知识产权局予以登记和公告的事项是专利权的转让这一民事法律行为，而不是专利权转让合同。

应当注意，登记只是转让行为的生效要件，而不是转让合同的生效要件。如果当事人依法订立转让合同之后、登记之前，专利权人与第三人就同一专利权又订立转让合同，而且第三人将其转让合同进行了登记，则尽管后一转让合同成立在后，但由于已经登记，依然能够产生转让的效力；前一转让合同尽管成立在先，但因未登记，依然不产生转让的效力。这与房屋所有权等不动产物权的转让规则一样。

举个例子来说明：某项发明专利的专利权人甲于 2010 年 11 月 5 日和乙签订了专利权转让合同 A，但没有到国家知识产权局进行登记。而甲又于 2010 年 11 月 17 日与丙签订专利权转让合同 B，并于 2010 年 11 月 22 日向国家知识产权局提出登记请求，国家知识产权局于 2010 年 11 月 29 日发出变更手续合格通知书。则该专利权自 2010 年 11 月 29 日起发生转移，专利权人由甲变更为丙。

虽然合同 A 签订在先，但没有进行登记，因此专利权没有发生转移。虽然合同 B 签订在后，但按照规定进行了登记，专利权的转让自国家知识产权局对该转让登记之日起生效。因此，在这种情况下，丙应当成为新的专利权人，而乙并不是新的专利权人。当然，该乙与甲订立的转让合同仍然有效，其可以依据《合同法》要求专利权人承担违约责任。

2. 向外国人转让专利权的手续

《专利法》第 10 条第 2 款规定："中国单位或者个人向外国人、外国企业或者外国其他组织转让专利申请权或者专利权的，应当依照有关法律、行政法规的规定办理手续。"前述法律、行政法规主要是指《对外贸易法》和《技术进出口管理条例》。根据《技术进出口管理条例》的规定，如果专利申请权和专利权的转让人是中国单位或者个人，而受让人是外国人、外国企业或者外国其他组织的，属于一种技术出口行为，需要履行该条例规定的手续。根据该条例及有关规章的规定，在技术出口管理中，出口涉及的技术根据其种类采取不同的管理措施：对于禁止出口的技术，不得出口；对于限制出口的技术，实行许可证管理，未经许可，不得出口；对于自由出口的技术，实行合同登记管理。因此，专利权人向外国人、外国企业或者外国其他组织转让专利申请权和专利权的，应当依照《技术进出口管理条例》的有关规定办理相关手续。

根据《专利审查指南 2010》的规定，对于发明或者实用新型专利（或者专利申请），转让方是中国单位或者个人，受让方是外国人、外国企业或者外国其他组织的，应当出具国务院商务主管部门颁发的《技术出口许可证》或者《自由出口技术合同登记证书》，或者地方商务主管部门颁发的《自由出口技术合同登记证书》，以及双方签字或者盖章的转让合同。❷

由于外观设计不属于技术方案，因此中国人向外国人转让外观设计专利权（或者专利申请）的行为不属于技术出口行为，因此也就不需要办理《技术进出口管理条例》规定的技术出口许可

---

❶ 《专利审查指南 2010》第一部分第一章第 6.7.4 节。

❷ 《专利审查指南 2010》第一部分第一章第 6.7.2 节。

或者技术出口登记手续，但需要办理《专利法》第 10 条规定的专利权转让登记手续。

应当注意的是，《专利法》第 10 条第 2 款在第三次修改前的规定为"中国单位或者个人向外国人转让专利申请权或者专利权的，必须经国务院有关主管部门批准"。因此，依据第三次修改前的《专利法》，中国人向外国人转让外观设计专利权的，也需要办理技术出口许可或者登记手续，而第三次修改后的专利法实施后无需再办理该手续。

（三）许可他人实施专利的权利

专利权人享有许可他人实施其专利的权利。专利实施许可的实质就是专利权人将实施专利的权利授予被许可人。专利实施许可类似于有形财产的出租，但是专利实施许可与有形财产的出租又有很大的区别：有形财产在同一时刻只能出租给一个承租人，而且出租人自己都没有办法再占有和使用该财产了，而专利权可以在同一时刻许可若干人实施，而且专利权人自己仍然可以实施该专利。

对于专利权人来讲，许可他人实施其专利，是其行使专利权的方式之一；对于被许可人来讲，专利实施许可是被许可人实施他人专利的必要前提。但被许可人对该专利仅仅享有实施权，不享有所有权。所以，被许可人无权允许合同约定以外的任何单位或者个人实施该项专利。当然，如果专利权人在合同中约定被许可人可以许可他人实施，则被许可人有权在合同约定范围内许可他人实施。

在法律上，专利权人可以允许被许可人在专利权有效期限内，在专利权效力所及的全部地域，从事各种实施专利的行为（制造、使用、许诺销售、销售、进口等）。专利权人由于签订许可合同而与被许可人分享专利权带来的利益，放弃他在市场上的部分独占地位，但是他得到了使用费。被许可人付出了许可使用费，得到了实施专利的权利。此外，专利权人还可以利用专利实施许可，扩大其专利技术的市场占有率，使其变为主流技术，从而增强专利产品的竞争力。

当然，专利权人也可以对被许可人的实施行为施加一定限制。例如，实施的行为可以仅仅是制造或者销售，而不一定包括所有类型的实施行为；实施的期限可以是一定期限，而不一定是专利权的全部期限；在被许可人超越这些限制的情况下，专利权人保留以侵权诉讼控告被许可人的权利。但是，专利权人对被许可人施加的一些不当限制，例如限定被许可人的产品的售价，要求被许可人将其改进技术独占许可给自己，则可能违反《反垄断法》的规定。

专利权是一种财产权，所以，任何人要实施专利，就应当向专利权人支付许可使用费。当然，在实践中，专利权人通过与他人进行交叉许可而不收取使用费的情况也是存在的。

按照被许可人取得的实施权的范围，专利实施许可有以下几种类型：

1. 独占实施许可

简称"独占许可"，是指在一定时间内，在专利权的有效地域范围内，专利权人只许可一个被许可人实施其专利，而且专利权人自己也不得实施该专利。

2. 排他实施许可

简称"排他许可"，也称独家许可，是指在一定时间内，在专利权的有效地域范围内，专利权人只许可一个被许可人实施其专利，但专利权人自己有权实施该专利。排他许可与独占许可的区别就在于排他许可中的专利权人自己享有实施该专利的权利，而独占许可中的专利权人自己也不能实施该专利。

3. 普通实施许可

简称"普通许可"，是指在一定时间内，专利权人许可他人实施其专利，同时保留许可第三人实施该专利的权利。这样，在同一地域内，被许可人同时可能有若干家，专利权人自己也仍可以实施。普通许可是专利实施许可中最常见的一种类型。

4. 交叉实施许可

简称"交叉许可"，也称作互换实施许可，是指两个专利权人互相许可对方实施自己的专利。这种许可，一般情况下两个专利的价值大体是相等的，所以是可以免交使用费的，但如果二者的技术效果或者经济效益差距较大，也可以约定由一方给予另一方以适当的补偿。

5. 分实施许可

简称"分许可"，是针对基本许可而言的，即被许可人依照与专利权人的协议，再许可第三人实施同一专利，被许可人与第三人之间的实施许可就是分许可。被许可人签订这种分许可合同必须得到专利权人的同意。

根据《专利法》第15条的规定，如果是以共有的专利权订立实施许可合同的，除共有人另有约定的外，共有权利人之一可以以普通许可方式许可他人实施该专利，不需获得其他共有人的一致同意；共有人要以独占或者排他的方式许可他人实施共有专利的，则除共有人另有约定外，应当获得全体共有人同意。

关于专利实施许可合同的形式，应当根据合同法的规定执行。《合同法》第10条规定一般合同的形式包括了"书面形式、口头形式和其他形式"。根据《合同法》第342条第2款规定，专利实施许可合同"应当采用书面形式"，这是一个一般性的规定。而《合同法》第36条还规定："法律、行政法规规定或者当事人约定采用书面形式订立合同，当事人未采用书面形式但一方已经履行主要义务，对方接受的，合同仍然成立。"综合《合同法》的上述规定来看，专利实施许可合同一般应当是书面形式，但特殊情况下可能也存在口头形式或者其他形式的专利实施许可合同。

根据《专利法实施细则》第14条第2款的规定，专利权人与他人订立的专利实施许可合同，应当自合同生效之日起3个月内向国家知识产权局备案。如果要办理备案，则专利实施许可合同必须是书面形式的，口头形式或者其他形式的许可合同不能作为备案的依据。

当事人申请专利实施许可合同备案的，应当提交：许可人或者其委托的专利代理机构签字或者盖章的专利实施许可合同备案申请表；专利实施许可合同；双方当事人的身份证明等文件。委托专利代理机构办理的，还要提交注明委托权限的委托书。除身份证明外，当事人提交的其他各种文件应当使用中文。如果身份证明是外文的，当事人还应当附送中文译文；未附送中文译文的，视为未提交身份证明。要想获得备案，申请人提供的专利实施许可合同至少应当记载下列事项：合同当事人的姓名或者名称、地址；进行许可的专利权项数以及每项专利权的名称、专利号、申请日、授权公告日；实施许可的种类、期限。

对于许可合同备案申请，国家知识产权局只作形式审查，自收到备案申请文件之日起7个工作日内就可作出是否予以备案的决定。如果备案申请经审查符合规定，国家知识产权局会向当事人颁发《专利实施许可合同备案证明》。对于已备案的专利实施许可合同，国家知识产权局将在专利登记簿上登记，并在专利公报上公告。公告的内容包括：专利实施许可的许可人、被许可人；所涉及专利权的主分类号、专利号、专利申请日、授权公告日；实施许可的种类及期限、备案日期。专利实施许可合同备案后发生变更、注销以及撤销的，国家知识产权局将予以相应登记和公告。

备案申请有下列情形之一的，国家知识产权局将作出不予备案的决定，并向当事人发送《专利实施许可合同不予备案通知书》：（1）专利权已终止或者被宣告无效的；（2）许可人不是专利登记簿记载的专利权人或者有权授予许可的其他权利人的；（3）专利实施许可合同缺少必要内容的；（4）专利实施许可期限超过专利权有效期的；（5）共有专利权人违反法律规定或者约定订立专利实施许可合同的；（6）专利权处于年费缴纳滞纳期的；（7）因专利权的归属发生纠纷或者人民法院裁定对专利权采取保全措施，专利权的有关程序被中止的；（8）同一专利实施许可合同重复申请备案的；（9）专利权被质押的，但经质权人同意的除外；（10）与已经备案的专利实施许可合同冲突的。如果是在备案期间发生上述情形之一的，国家知识产权局将撤销专利实施许可合同备案，并向当事人发出《撤销专利实施许可合同备案通知书》。

对于已经备案的专利实施许可合同，国家知识产权局设立了专门的数据库，并允许公众查询专利实施许可合同备案的法律状态，方便公众及时了解专利实施许可合同备案的法律状态。

对于已经备案的专利实施许可合同，合同的内容发生变更的，当事人应当持变更协议、备案证明和其他有关文件向国家知识产权局办理备案变更手续。如果当事人在备案期间延长了实施许可的期限的，应当在原实施许可的期限届满前2个月内到国家知识产权局办理变更手续。

专利实施许可的期限届满或者提前解除专利实施许可合同的，当事人应当在期限届满或者订立解除协议后30日内持备案证明、协议和其他有关文件向国家知识产权局办理备案注销手续。在备案期间专利实施许可合同涉及的专利权被宣告无效或者在期限届满前终止的，当事人应当及时办理备案注销手续。

在实践中，也存在针对专利申请权颁发实施许可的情形。对于专利申请的实施许可合同，当事人也可以申请进行备案，其备案程序参照专利实施许可合同的备案程序。如果将来专利申请被批准授予专利权的，当事人应当及时将专利申请实施许可合同名称及有关条款变更为专利实施许可合同。在专利申请实施许可合同备案期间，如果所涉及的专利申请被驳回、撤回或者视为撤回的，当事人应当及时办理备案注销手续。

（四）放弃专利权的权利

为了维持专利权有效，专利权人必须在专利有效期内按照法律规定缴纳年费。如果一项专利已经没有经济效益，专利权人可以在专利期限届满前放弃其专利权。专利权人放弃专利权的方式有两种：一种是主动声明放弃其专利权；另一种是不缴纳年费而导致专利权终止。放弃专利权也是专利权人对自己财产的一种处分行为，专利权人行使这一权利时不能妨害其他人的合法权利。例如，专利权为两个以上的人共有，除共有人另有约定外，放弃专利权的决定必须经全体共有人同意；专利权出质后，未经质权人同意，专利权人不得放弃其专利权。

（五）标明专利标识的权利

《专利法》第17条第2款规定："专利权人有权在其专利产品或者该产品的包装上标明专利标识。"从这一规定来看，在专利产品上标注专利标识是专利权人的权利，而不是专利权人的义务，也就是说，专利权人不在专利产品上标注专利标识并不影响其专利权的保护。但标注专利标识无论对专利权人还是对公众都是有积极意义的。专利标识可以向公众表明有关产品属于专利产品或者受到专利保护，未经许可不得擅自仿制。在产品上标明标识，也可以作为他人应当得知该产品受到专利保护的证明。标明专利标识，也便于公众查阅利用专利文献。此外，标明专利标识也在一定程度上可以增加该产品对消费者的吸引力。

《专利法实施细则》第83条第1款规定："专利权人依照专利法第17条的规定，在其专利产品或者该产品的包装上标明专利标识的，应当按照国家知识产权局规定的方式予以标明。因此，如果专利权人行使其标注权的，还必须遵守有关规定，不能随意标注、误导公众。"

2003年5月30日国家知识产权局颁布的《专利标记和专利号标注方式的规定》对专利标识的标注方式作出了规定。根据该规定，只有专利权人或者经其许可的被许可人才有权标注专利标识。具体的专利标识由以下几部分组成：首先要采用中文标注专利权的类别，例如中国发明专利、中国实用新型专利、中国外观设计专利；其次标明完整的专利号，其中"ZL"表示"专利"，前4位数字表示该专利申请受理的年份，第五位数字表示专利类别，第五位以后为流水号和计算机校验位。❶ 除上述内容之外，标注者可以附加其他文字、图形标记，但附加的文字、图形标记，其标注方式不得误导公众。在依照专利方法直接获得的产品或者该产品的包装上标明专利标记和专利号的，应当采用中文注明该产品系依照专利方法所获得的产品。在实践中，许多专利权人没有标明专利的种类，也往往没有标明专利号，而是仅仅写上"专利产品，仿制必究"的字样。这种做法是不符合规定的，将被依法责令改正。

标记权是专利权人在专利产品上标注专利标识的权利，因此任何人包括专利权人均不得在非专利产品或者其包装上标注专利标识，否则可能构成假冒专利的行为。

（六）专利权的质押

专利权作为一种无形资产，专利权人还可以将其出质，为其债务提供担保。专利权质押对于有效解决专利权人融资、推动专利权运用具有重要意义。

《物权法》第 223 条第（五）项规定："可以转让的注册商标专用权、专利权、著作权等知识产权中的财产权可以出质。"同时，该法第 227 条第 1 款规定："以注册商标专用权、专利权、著作权等知识产权中的财产权出质的，当事人应当订立书面合同。质权自有关主管部门办理出质登记时设立。"根据这一规定，专利权出质后，就在该专利权上设定了一项担保物权，质权人对该专利权享有优先受偿的权利。例如，专利权人为了获得银行的贷款，将自己的专利权出质给银行作为担保，当专利权人无力偿还贷款时，银行可以与专利权人协议以该专利权折价，或者将该专利权拍卖、变卖，并从所得价款中优先受偿。此案例中，专利权人称为出质人，银行称为质权人。由此可以看出，出质登记是对专利权的处分行为，同时也是设立质权的法律行为。因此，专利权的出质登记对专利权人和质权人的利益影响都很大，为了保护双方当事人的合法权益，根据《专利法实施细则》第 14 条第 3 款规定，办理专利权出质登记的，应当由出质人和质权人共同向国家知识产权局办理。

2010 年 8 月 26 日，国家知识产权局颁布了重新修订的《专利权质押登记办法》。该办法第 7 条规定，申请专利权质押登记的，当事人应当向国家知识产权局提交下列文件：出质人和质权人共同签字或者盖章的专利权质押登记申请表；专利权质押合同；双方当事人的身份证明。委托代理的，还应当提交注明委托权限的委托书。

专利权质押合同可以是单独订立的合同，也可以是主合同中的担保条款。要获得登记，专利权质押合同中至少应当包含下列信息：当事人的姓名或者名称、地址；被担保债权的种类和数额；债务人履行债务的期限；专利权项数以及每项专利权的名称、专利号、申请日、授权公告日；质押担保的范围。如果出质的专利权属于多个权利人共有的，除全体共有人另有约定的以外，出质行为应当取得其他共有人的同意。

国家知识产权局将在收到专利权质押登记申请文件之日起 7 个工作日内进行审查并决定是否予以登记。专利权质押登记申请经审查合格的，国家知识产权局将在专利登记簿上予以登记，并向当事人颁发《专利权质押登记通知书》，质权自国家知识产权局登记时设立。因为质权涉及质权人将来优先受偿的权利，也必须以登记为其要件。在专利质押登记后，国家知识产权局将在专

---

❶ 2003 年 10 月 1 日《专利申请号标准》（ZC 0006—2003）施行前，专利号是 8 位数字（不包括校验位），其中第一、第二位数字代表该专利申请受理的年份，第三位数字表示专利的类别，第四位以后的数字为流水号。

利公报上予以公告。公告的内容包括：出质人、质权人、主分类号、专利号、授权公告日、质押登记日等。

专利权质押是以专利权的经济价值来作为担保的，如果在出质期间专利的价值有所减损将会影响到质权的实现。因此，专利权人在质押期间不得通过自己的行为减损专利权的价值。依照《物权法》的规定，在专利权质押期间，专利权人未经质权人同意不得转让或者许可他人使用该专利权，也不得放弃出质的专利权。据此，《专利权质押登记办法》规定："专利权质押期间，出质人未提交质权人同意其放弃该专利权的证明材料的，国家知识产权局不予办理专利权放弃手续；出质人未提交质权人同意转让或者许可实施该专利权的证明材料的，国家知识产权局不予办理专利权转让登记手续或者专利实施合同备案手续。出质人经质权人同意转让或者许可他人实施出质的专利权的，出质人所得的转让费、许可费应当向质权人提前清偿债务或者提存。专利权在质押期间被宣告无效或者终止的，国家知识产权局应当通知质权人。专利权人没有按照规定缴纳已经质押的专利权的年费的，国家知识产权局应当在向专利权人发出缴费通知书的同时通知质权人。"

如果在专利质押期间出现质权消灭的情形的，例如债务人已经履行债务或者出质人提前清偿所担保的债务，质权人放弃质权，或者因主合同无效、被撤销而致使质押合同无效、被撤销的，当事人应当持《专利权质押登记通知书》以及相关证明文件，向国家知识产权局办理质押登记注销手续。国家知识产权局在收到注销登记申请后，经审核，向当事人发出《专利权质押登记注销通知书》，专利权质押登记的效力自注销之日起终止。

二、专利权人的义务

专利权人在享有专利权的同时也要承担法定的义务，不履行法定义务会给自己带来不利的后果。其义务主要是按时缴纳专利年费，以维持其专利权有效。因此，在某些国家年费被称为维持费或续展费。

要求专利权人按时缴纳年费，一方面是因为法律在专利授权后一直为专利权人提供保护，按照"谁受益，谁付费"的原则，这部分费用应当由专利权人来支付。根据权利和义务对等的法理，这也是发明人获得权利时应当承担的法定义务。另一方面，年费可以起到经济杠杆的作用❶，可以促使专利权人每年都要认真考虑一下，维持该专利能否给他带来经济上的收益。这样就可以淘汰已经变得价值不大或者经济收益不大的专利，提供给社会公众自由使用。各国专利法都是通过缴纳费用的方法进行调控，促使那些没有经济效益的发明创造尽快进入公有领域。

第三节　专利侵权行为的构成

根据《专利法》第 60 条的规定，未经专利权人许可实施其专利的行为构成专利侵权行为。所谓"实施专利的行为"，根据《专利法》第 11 条的规定，对于发明和实用新型专利权人而言，是指为生产经营目的而制造、使用、许诺销售、销售、进口其专利产品，或者使用其专利方法以及使用、许诺销售、销售、进口依照该专利方法直接获得的产品；对于外观设计专利权人而言，是指为生产经营目的制造、许诺销售、销售、进口其外观设计专利产品。

需要注意，本节所要介绍的专利侵权行为是指《专利法》第 60 条所规定的专利侵权行为。

---

❶　汤宗舜 . 专利法解说［M］. 2 版 . 北京：知识产权出版社，2002：282.

还有一些行为，例如《专利法》第 63 条规定的假冒专利行为，广义上讲也是侵犯专利权的行为，但并没有包括在《专利法》第 60 条规定的专利侵权行为范围内，原因是假冒专利行为同时还侵犯了公共利益和公共秩序，其构成要件、判定规则、法律责任都与《专利法》第 60 条规定的专利侵权行为有一定区别。

从《专利法》第 60 条的规定可知，判断是否构成专利侵权行为，必须考虑如下要件。

一、专利权有效

专利侵权行为侵犯的对象必须是受《专利法》保护的有效专利权，包括发明专利、实用新型专利和外观设计专利。对于专利期限已经届满、已被宣告无效或者已放弃的专利，他人的实施行为不构成侵犯专利权。正因为如此，在专利侵权诉讼或者行政处理程序中被控侵权人往往以请求宣告专利权无效作为抗辩手段。如果专利权被宣告无效，则专利侵权当然不成立。

二、存在实施专利的行为

被控侵权人必须有实施专利的行为。根据《专利法》第 11 条的规定，实施专利是指下列行为：对于发明和实用新型专利而言，是指为生产经营目的制造、使用、许诺销售、销售、进口专利产品，或者使用专利方法及使用、许诺销售、销售、进口依照该专利方法直接获得的产品；对于外观设计专利而言，是指为生产经营目的制造、许诺销售、销售、进口外观设计专利产品。关于各种行为的具体含义和认定标准，参见本章第二节。

三、未经专利权人许可

根据《专利法》第 11 条和第 60 条的规定，只有未经专利权人许可的实施行为才可能构成侵权。许可的形式有多种，通常的方式就是签订实施许可合同。根据《合同法》第 10 条的规定，合同可以有书面形式、口头形式和其他形式。虽然根据《合同法》第 342 条第 2 款的规定，专利许可合同应当采用书面形式，但该法第 36 条规定，法律、行政法规规定或者当事人约定采用书面形式订立合同，当事人未采用书面形式但一方已经履行主要义务，对方接受的，合同仍然成立。综合《合同法》的上述规定来看，专利实施许可合同可以有书面、口头以及其他形式，例如通过合同书形式的许可、口头许可、默示许可等。

但是未经专利权人许可的实施行为是否都构成侵权呢？答案是否定的。例如，专利权人甲将其专利产品制造出来后销售乙，乙又将该专利产品销售给丙，丙为生产经营目的使用该产品。根据《专利法》第 69 条规定，乙和丙的行为不需获得专利权人的许可，也不视为侵权行为。具体分析见本章第五节。

此外，如果实施专利的行为人获得了国家知识产权局颁发的强制许可或者根据政府颁发的针对某一项专利的强制推广应用的决定，也可以不经专利权人许可而实施其专利。关于专利实施的强制许可和强制推广应用，请参见第十一章第四节和第五节的内容。

四、为生产经营的目的

只有为生产经营目的的制造、使用、许诺销售、销售、进口等行为才属于《专利法》第 60 条规定的专利侵权行为。如果不是为生产经营目的，则不构成侵犯专利权的行为。

之所以作如此限定，是因为专利法主要保护专利权人对其发明创造在产业上利用的独占权，保证专利权人独占该发明创造的市场。因此，即使进行了制造、使用、进口行为，如果不是为了生产经营目的，应当不会对专利权人利益的实现产生太大影响。例如，为了个人使用的目的而制造某专利产品，就不属于侵犯专利权的行为，无需获得专利权人的许可。再如，为了科学实验目的使用有关专利，也不属于为生产经营目的的行为。❶ 有关"生产经营目的"的具体分析，请参见本章第二节第一部分的内容。

五、实施行为的客体落入专利保护的范围

被控侵权人制造、使用、销售等行为的对象必须是受专利权保护的技术方案或者设计方案，才构成侵犯专利权。其判断方法就是看被控侵权人实施的技术方案或者设计方案是否落入了专利权的保护范围。因此确定专利权的保护范围成为关键因素，也是专利侵权判定中最复杂、最"技术"的部分。本章第四节将详细分析确定专利权保护范围的规则。

需要注意，判定是否落入专利权保护范围，对比对象是被控侵权的产品或者方法所体现的技术方案或者设计方案与专利权利要求记载的技术方案或者图片、照片中的设计方案，而不是拿被控侵权的产品与专利权人生产的专利产品对比。

除了上述构成要件外，还有一方面的因素需要讨论，就是行为人的主观因素。因为根据《民法通则》和《侵权责任法》的规定，一般民事侵权行为只有在行为人主观上存在过错的情况下才承担侵权责任。

《侵权责任法》规定，侵权行为是指行为人侵害他人民事权益，依法应当承担民事责任的行为；专利权属于该法所称的民事权益。根据《侵权责任法》第2条、第6条、第7条的规定，侵权责任有为两种归责原则，即过错责任原则和无过错责任原则。一般情况下，行为人由于过错侵害他人民事权益的才承担侵权责任，称为过错责任原则；但有一些特殊情形，行为人只要损害了他人民事权益，不论其主观上是否有过错，法律规定其应当承担侵权责任的，行为人也要依法承担侵权责任，称为无过错责任原则。

《专利法》第60条规定："未经专利权人许可，实施其专利，即侵犯其专利权……。"可见，行为人主观上是否有过错并不是构成专利侵权行为的法定要件，因此专利侵权责任应当属于无过错责任原则。一个明显的例子是，如果有人在一项发明专利申请的申请日之后、公布日之前独立地研究开发出相同的发明，在授予专利权之后，除非获得专利权人的许可，该人也不得为生产经营目的实施该发明，否则就构成了侵犯专利权的行为。在这种情况下，很明显行为人主观上并不存在过错，但是依照《专利法》的前述规定，仍然要承担侵权责任。

也有一些观点认为，专利侵权行为应当适用推定过错责任原则（一种特殊的过错责任原则）。这种理论认为，专利权公告后就为公众设定了一项义务，即不得未经许可实施专利权人的专利，被控侵权人如果未经许可实施别人的专利，应当推定其主观上有过失。❷ 一些国家的专利法明确规定，侵犯他人专利权的人视为对其侵权行为有疏忽。❸ 无论依据何种理论，专利权人在侵权诉讼或者行政处理程序中都不必对侵权行为人主观上是否存在过错承担举证责任。

《专利法》第70条规定："为生产经营目的使用、许诺销售或者销售不知道是未经专利权人许可而制造并售出的专利侵权产品，能证明该产品合法来源的，不承担赔偿责任。"本条规定表明，对于未经专利权人许可制造、进口侵权产品的行为，无论行为人是否知道该产品为侵权产

---

❶　具体内容参见本章第五节第一部分。

❷　程永顺. 中国专利诉讼［M］. 北京：知识产权出版社，2005：207.

❸　《日本特许法》第103条。

品，均不能免除赔偿责任；对于使用、许诺销售或者销售侵权产品的行为，如果行为人能够证明自己不知道该产品为侵权产品，且能够提供该产品的合法来源的，则免除其赔偿责任，但仍然需要承担停止侵权的责任。因此，《专利法》对于专利侵权行为总体上实行的是无过错责任原则。

第四节 专利侵权判定

根据《专利法》第 11 条和第 60 条的规定，专利侵权行为是未经许可实施受专利权保护的发明创造的行为。确定被控侵权人实施的技术方案或者设计是否属于"受专利权保护的发明创造"，是判定专利侵权行为的核心。判定是否构成专利侵权行为通常需要两个步骤：首先，要确定专利权的保护范围；其次，要判定被控侵权行为实施的发明创造是否落入专利权的保护范围。

作为无形财产，专利权保护范围的确定相对有形财产要复杂得多。因为有形财产是"看得见、摸得着"的，其保护范围相对容易确定，而发明创造是抽象的技术方案或者设计方案，需要在法律上规定确定其保护范围的规则。在确定该规则时，应当确保专利权的保护范围只包含了申请人作出并已在申请中公开和要求保护的发明创造，不应包含不属于其发明创造的内容。如果将不属于其发明创造的技术方案或者设计方案纳入保护范围，就损害了公众的利益。经过长期实践和探索，专利制度基本上形成了一套较为完备的确定专利权保护范围的规则。

对于发明或者实用新型专利来讲，《专利法》要求申请人在申请专利时提交一份详细的说明书，将自己的发明创造叙述清楚，使所属技术领域的技术人员能够实现，并要求申请人撰写权利要求书，用清楚、简要的语言从说明书中概括出其要求保护的技术方案。《专利法》第 26 条规定："权利要求书应当以说明书为依据，清楚、简要地限定要求专利保护的范围。"专利经过审查授权后，该范围就成为确定专利权保护范围的基础。

对于外观设计专利来讲，由于其保护的不是技术方案，而是由形状、图案、色彩等要素构成的产品外观，很难用文字准确描述其特征，只能通过图片或者照片来显示。因此，根据《专利法》第 27 条规定，申请外观设计专利的，应当提交能够清楚地显示要求专利保护的产品的外观设计的图片或者照片以及简要说明，而不需要提交权利要求书。外观设计专利申请经过审查授权后，该图片或者照片就成为确定保护范围的基础。

不仅发明或者实用新型专利与外观设计专利确定保护范围的规则不同，而且侵权判定规则也相差很大。对于发明和实用新型专利来讲，要拿被控侵权产品或方法的技术方案与专利的权利要求作对比，主要是看被控侵权的技术方案是否"覆盖"了权利要求所记载的全部技术特征。对于外观设计来讲，首先要对比被控侵权的外观设计所用于的产品与外观设计专利产品进行比较，在产品相同或者相近的情况下，再将被控侵权的外观设计与专利图片或者照片中的外观设计相对比，看是否相同或者相似。

一、发明和实用新型专利的侵权判定

（一）发明和实用新型专利的保护范围

《专利法》第 59 条第 1 款规定："发明或者实用新型专利权的保护范围以其权利要求的内容为准，说明书及附图可以用于解释权利要求的内容。"因此，权利要求书是确定发明和实用新型专利保护范围的法律文件，说明书及附图能够在此过程中起到帮助作用。

1. 以权利要求内容为准

一项权利要求记载的全部技术特征就是来限定保护范围的，每一个技术特征都对权利要求的

保护范围产生一定的限定作用，这些技术特征的总和构成了该权利要求所要求保护的技术方案。在判定被控侵权的技术方案是否落入专利权的保护范围时，应当考虑权利要求所记载的全部技术特征。

通过本书前面关于权利要求的讲解，我们知道，一项权利要求记载的技术特征数目越少，表达这些技术特征所采用的术语越上位和抽象，该权利要求的保护范围就越大；反之，技术特征数目越多，所用术语越下位和具体，其保护范围就越小。根据《专利法实施细则》的规定，权利要求书可以包括独立权利要求和从属权利要求两种。独立权利要求应当从整体上反映发明或者实用新型的技术方案，记载解决技术问题的必要技术特征。从属权利要求应当用附加的技术特征，对引用的权利要求作进一步限定。也就是说，对于从属权利要求来说，确定其保护范围的不仅包括其引用的权利要求的全部技术特征，还包括其记载的附加技术特征。由此可知，独立权利要求确定的保护范围最大，从属权利要求所确定的保护范围必然落入其引用的权利要求所确定的保护范围之内。在判断是否构成侵权时，只要认定被控技术方案落入了专利的任何一项权利要求所确定的保护范围之内，就可以认定构成侵权。由于独立权利要求所确定的保护范围大于从属权利要求所确定的保护范围，因此侵犯一项从属权利要求必然会侵犯它所从属的那项独立权利要求，反之则不然。

在一项专利权有多项权利要求的情况下，专利权人在侵权诉讼或者侵权纠纷处理中，就面临以哪项或者哪些权利要求主张权利的问题。根据［2009］第 21 号司法解释的规定，人民法院应当根据权利人主张的权利要求，依据《专利法》第 59 条第 1 款的规定确定专利权的保护范围；权利人在一审法庭辩论终结前变更其主张的权利要求的，人民法院应当准许。因此，在向法院提出的侵权诉讼中，权利人为了更为直接地判定侵权或者避免被宣告无效，可以主张以从属权利要求来确定专利权的保护范围。❶ 此时，人民法院就应当以该从属权利要求记载的附加技术特征及其引用的权利要求记载的技术特征，来确定专利权的保护范围。

既然技术特征越少，记载技术特征所使用的术语越上位或者抽象，权利要求的保护范围就越大，申请人在撰写权利要求时是否可以尽可能地少写技术特征并采用上位、抽象概念获得更大的保护范围呢？答案并不是肯定的，因为虽然从保护范围大小的角度是如此，但从是否应当授予专利权的审查角度，则相反。因为发明或者实用新型要获得专利权，必须符合新颖性、创造性、实用性等授权条件。权利要求书不仅确定了专利保护的范围，也为衡量其要求保护的技术方案是否具备新颖性和创造性提供了基础。如前所述，要获得尽可能大的保护范围，在权利要求中限定的技术特征越少越好，但是技术特征越少，就越容易与现有技术相同或相似，从而不符合新颖性、创造性或者"权利要求得到说明书的支持"等授权条件。这样的权利要求或者不能被授予专利权，或者是即使被授予了专利权将来也有可能被宣告无效；反之，权利要求的技术特征越多，技术特征的表述越具体，就越可能区别于现有技术，满足《专利法》规定的各项授权条件，申请人获得专利权的可能性越大，但是专利的保护范围就越小。

《专利法》一方面规定授予专利权的发明和实用新型必须满足新颖性和创造性，权利要求要得到说明书的支持等授权条件；另一方面规定专利权的保护范围以权利要求的内容为准，就要求专利权人在两者之间谋求一种最佳平衡，从而兼顾专利权人和社会公众的利益。在这个平衡过程中，往往是专利代理人代表申请人的利益，谋求尽可能大的保护范围；而专利局则应当代表公众的利益，确保被纳入保护范围的技术方案只能是发明人或者设计人的发明创造，而不能包括不属

---

❶ 《最高人民法院关于审理侵犯专利权纠纷案件应用法律若干问题的解释》（法释［2009］21 号）第 1 条。

于其发明创造的内容。因此，对于专利代理人而言，在代为申请人撰写权利要求书时，核心规则就是保证符合授权条件的前提下，尽可能地获得更大的保护范围。

2. 权利要求的解释

（1）说明书及其附图的解释作用

由上述分析可知，权利要求书是确定发明和实用新型专利保护范围的法律文件。《专利法》第26条明确要求"权利要求应当清楚、简要地限定要求专利保护的范围"。《专利审查指南2010》中也规定，"每项权利要求所确定的保护范围应当清楚"。权利要求的保护范围应当根据其所用词语的含义来理解，一般情况下，权利要求中的用词应当理解为相关技术领域通常具有的含义。在特定情况下，如果说明书中指明了某词具有特定的含义，并且使用了该词的权利要求的保护范围由于说明书中对该词的说明而被限定得足够清楚，这种情况也是允许的。但此时也应要求申请人尽可能修改权利要求，使得根据权利要求的表述即可明确其含义。❶

虽然有上述严格的限定，但权利要求仅包括发明创造的必要技术特征，而且要求文字简要。越是简单的用语其表达的含义越容易有模糊之处，不同人对同一术语、概念的具体所指可能有不同理解，专利侵权诉讼中利益对立的双方当事人就更容易产生分歧。因此，有时要具体明确权利要求某个用语的准确含义，必须对这些用语进行解释。既然权利要求是从说明书中概括出来的，当对权利要求用语的含义有不同理解时，最直接最有效的就是回到说明书中确定其具体含义。因此，根据最高人民法院［2009］21号司法解释，人民法院应当根据权利要求的记载，结合本领域普通技术人员阅读说明书及附图后对权利要求的理解，确定权利要求的内容。

根据最高人民法院［2009］21号司法解释，对于权利要求，可以运用说明书及附图、权利要求书中的相关权利要求、专利审查档案进行解释；说明书对权利要求用语有特别界定的，按照该特别界定来解释。❷不过，说明书的内容也是有限的，而且是由申请人撰写的，某些表述可能不够客观或者准确。因此，［2009］21号司法解释还规定，依照前述方法仍然不足以确定权利要求某些用语的含义的，还可以结合工具书、教科书等公知文献以及本领域普通技术人员的通常理解进行解释。❸这一解释规则也呼应了《专利审查指南2010》中有关权利要求中的词语应当具有相关技术领域通常含义的要求。

（2）功能性限定特征的解释

一般来讲，权利要求记载的应当是要求保护的技术方案，而不是该技术方案要实现的目的和效果。因此，权利要求应当用结构特征或者方法步骤来限定一项技术方案。但有些特殊情况下，也允许采用零部件或者步骤在发明中所起的作用、功能或者所产生的效果来限定一项技术方案，这种技术特征一般称为功能性限定特征。《专利审查指南2010》规定，对产品权利要求来说，应当尽量避免使用功能或者效果特征来限定发明；只有在某一技术特征无法用结构特征或者步骤特征来限定，或者用结构特征或者步骤特征不如用功能或效果特征来限定更为恰当，而且该功能或者效果能通过说明书中规定的实验或者操作或者所属技术领域的惯用手段直接和肯定地验证的情况下，使用功能或者效果特征来限定发明才可能是允许的。从《专利审查指南2010》的规定来看，并不提倡使用功能性限定特征来描述一项技术方案，只有在特殊情况下这种方式才是被允许的。

由于采用功能性限定方式的权利要求不同于通常形式的权利要求，如果严格按照字面意思理

---

❶ 《专利审查指南2010》第二部分第二章第3.2.2节。

❷❸ 《最高人民法院关于审理侵犯专利权纠纷案件应用法律若干问题的解释》（法释［2009］21号）第3条。

解，容易认为其保护范围涵盖了能够实现该功能的所有方式。最高人民法院［2009］21 号司法解释对这种特殊方式的权利要求的解释作了规定，对于权利要求中以功能或者效果表述的技术特征，人民法院应当结合说明书和附图描述的该功能或者效果的具体实施方式及其等同的实施方式，确定该技术特征的内容。❶ 这样，功能性限定特征所涵盖的范围并不是按照其字面意思去理解，而是要结合说明书中专利权人披露的实现该功能或者效果的具体方式。这样的规则也是"权利要求应当得到说明书的支持"在权利要求解释中的体现。

需要注意的是，《专利审查指南 2010》中规定，在专利审查过程中，对于权利要求中所包含的功能性限定的技术特征，应当理解为覆盖了所有能够实现所述功能的实施方式。❷ 也就是说，这样的特征不仅覆盖了其说明书中记载的具体实施方式，而且覆盖了能够实现该功能的任何其他方式。因此，在专利审查中只要找到一篇记载该功能实现方式的对比文献就可能影响该技术方案被授予专利权。而且这样的权利要求很容易在"得到说明书支持"上遇到问题。

从以上分析可以看出，对于功能性限定特征，在专利申请的审查程序和专利侵权诉讼程序中的解释规则是不同的：在审查过程中采用宽范围解释，授权难度很大；而在侵权纠纷中采用限制性解释，保护范围比字面理解的范围要窄。这看似不合理，但实际上符合专利制度"公开什么保护什么"的原则。既然申请人在说明书中仅仅公开了实现某种功能的具体实施方式，而没有公开实现该功能的所有方式，就表明该申请人没有发明实现该功能的其他方式，原则上不应当允许在权利要求书中采用功能性限定特征。因此，申请人最好按照《专利审查指南 2010》的要求，只有在某一技术特征无法用结构特征或者步骤特征来限定，或者技术特征用结构特征限定不如用功能或效果特征来限定更为恰当的情况下，再考虑功采用能性限定特征的撰写方式。

（3）国际申请不正确译文的解释原则

《专利法实施细则》第 102 条规定，对于进入中国国家阶段的专利国际申请，其国际申请日视为《专利法》第 28 条规定的申请日。要想享有这样的待遇，必须要保证进入中国国家阶段的国际申请与该原国际申请是同一个申请。如果该专利国际申请是以外文提出的，则应当保证其进入中国国家阶段的国际申请的译文与其原始的外文申请准确对应。如果由于译文有误而导致基于国际申请授权的专利的保护范围与国际申请原文不一致的，《专利法实施细则》第 117 条规定了解释原则：基于国际申请授予的专利权，由于译文错误，致使依照《专利法》第 59 条规定确定的保护范围超出国际申请的原文所表达的范围的，以依据原文限制后的保护范围为准；致使保护范围小于国际申请的原文所表达的范围的，以授权时的保护范围为准。可以看出，这种解释原则是保护社会公众的利益而限制专利权人的利益的，原因是这种错误是由专利申请人自己造成的，而且《专利法实施细则》第 113 条还规定了在国际专利申请审查过程中申请人改正译文错误的机会。这种解释规则也是 PCT 条约所允许的，该条约第 46 条规定："如果由于国际申请的不正确译文致使根据该国际申请授予的专利的保护范围超出了原文所表示的国际申请的保护范围，有关缔约国的主管当局可以相应地限制该专利的范围。"

（二）发明和实用新型专利的侵权判定原则

1. 全面覆盖原则

对发明和实用新型专利来讲，在判定被控侵权的技术方案是否落入专利权的保护范围时，应当考虑权利要求所记载的全部技术特征。前面已经介绍，如果被控侵权的技术方案包含了权利要

---

❶ 《最高人民法院关于审理侵犯专利权纠纷案件应用法律若干问题的解释》（法释［2009］21 号）第 4 条。
❷ 《专利审查指南 2010》第二部分第二章第 3.2.1 节。

求中记载的全部技术特征，就落入了该专利权的保护范围。即使被控技术方案除了包含权利要求中的全部技术特征以外，还包括一个或者多个该权利要求没有记载的技术特征，该技术方案仍然落入了权利要求的保护范围。但是，如果被控侵权产品或方法的技术方案仅包含权利要求记载的部分技术特征，缺少其中一个或者多个技术特征的，或者有一个以上技术特征不相同也不等同的，则该技术方案没有落入权利要求的保护范围。也就是说，在判定被控侵权的技术方案是否落入专利权的保护范围时，主要考虑该被控技侵权的术方案是否"覆盖"了权利要求中记载的全部技术特征。例如，专利权利要求包括 A、B、C 3 个技术特征，被控侵权人对专利技术方案作了进一步改进，增加了一个技术特征 D，获得了更好的技术效果，那么被控侵权的技术方案就包括 A、B、C、D 4 个技术特征，但是被控侵权人在实施其改进的技术方案时，仍然需要重复再现专利权利要求的全部技术特征 A、B、C，因此，同样认为被控侵权人实施了受专利权保护的技术方案，即被控技术方案落入了专利权的保护范围。这种判定规则在理论上称为"全面覆盖原则"。

根据这一规则，在判定侵权时权利要求记载的全部技术特征都要考虑在内。在专利侵权判定理论中，有一种存有争议的"多余指定"原则，简单讲就是，在侵权判定中可以忽略权利要求中个别技术特征，理由是该技术特征不属于解决发明创造所要解决的技术问题的必要技术特征，是由于申请人撰写权利要求时的明显疏忽而加入权利要求中的。也就是说，该技术特征对于实现发明目的来讲是多余的，在确定权利要求的保护范围时可以忽略该技术特征。这种做法固然能够解决申请人撰写申请文件的一些后顾之忧，避免因为撰写问题而影响专利权的保护，但这种做法也违反了全面覆盖原则，影响了权利要求的法律确定性，社会公众会因权利要求内容不可预见的变动而无所适从。而且这种过于宽泛的解释也不利于申请文件撰写质量的提高。这种规则作为一种普遍适用的原则将产生很多问题。因此，最高人民法院［2009］21 号司法解释中明确规定："人民法院判定被诉侵权技术方案是否落入专利权的保护范围，应当审查权利人主张的权利要求所记载的全部技术特征。"❶ 从而排除了这种规则的适用。

2. 等同原则

在实践中，经常会出现一种情况，就是侵权人确实是实施了受专利保护的技术方案，但为了逃避侵权指控而对权利要求的某些技术特征稍作改动，以便从字面上绕过专利的保护范围。虽然申请人在撰写权利要求时尽可能地争取获得较宽保护范围，但是却不可能预见到侵权人以后有可能采用的所有侵权方式，而且侵权人往往是在专利授权公告后，针对权利要求记载的内容作出某种非实质性变动。这种变动使其实施的技术方案与权利要求的文字内容相比有所不同，但实质上却是利用了专利技术，有人形象地称其为"乔装打扮"的侵权。在这样的情况下，如果仅仅因为存在一些细小不同，就认定不侵犯专利权，势必不能使专利权获得有效保护，从而影响整个专利制度的作用。为了使专利权得到合理有效的保护，阻止上述"搭便车"的行为，需要建立一种能够对权利要求的文字所表达的保护范围作出合理扩张解释的规则。因此，很多国家在专利侵权审判实践中采用了"等同原则"，对权利要求的文字所表达的保护范围做扩大性解释。

权利要求书是确定专利权保护范围的法律文件，应当有一定的确定性，使公众能够清楚地知道何种技术方案是受专利权保护的。因此，等同原则的适用应当遵循一定的规则，不能随意地解释权利要求。在利用等同原则解释权利要求的保护范围时，也要考虑社会公众的利益，要确保公众享有实施公有技术的自由。

根据最高人民法院［2001］21 号司法解释的规定，"发明或者实用新型专利权的保护范围以

---

❶ 《最高人民法院关于审理侵犯专利权纠纷案件应用法律若干问题的解释》（法释［2009］21 号）第 7 条第 1 款。

其权利要求的内容为准",是指专利权的保护范围应当以权利要求书中明确记载的必要技术特征所确定的范围为准,也包括与该必要技术特征相等同的特征所确定的范围。所谓等同特征是指,与所记载的技术特征以基本相同的手段,实现基本相同的功能,达到基本相同的效果,并且本领域的普通技术人员无需经过创造性劳动就能够联想到的特征。❶ 为了防止不合理地扩大专利权的保护范围,根据最高人民法院的司法解释规定,"等同原则"中的"等同"是指技术方案中具体技术特征的等同,而不是"整体技术方案的等同"。

3. 禁止反悔原则

申请人在获取专利权的程序中总是希望获得尽可能宽泛的保护范围,但是过宽的保护范围容易属于现有技术而不被授权。因此,在专利审查程序中或者在授权后的无效程序中,申请人或者专利权人为了获得授权或者维持专利权有效,不得不对权利要求或者说明书中一些表述模糊的技术特征作出限定性说明或者修改,从而放弃部分技术方案。这些限制性修改或者说明会对授权后专利权的保护范围产生一定的限制作用,即专利权人不得再要求保护已经放弃的技术方案,这就是所谓的"禁止反悔原则"。这一原则不允许专利权人将他在审批或者无效过程中通过修改或者意见陈述所明确放弃的内容重新囊括到其保护范围之中。"禁止反悔原则"旨在防止专利权人采用出尔反尔的策略,即在专利审批或者无效过程中为了获得专利权而承诺对其保护范围进行限制,或者强调权利要求中某个技术特征对于确定其新颖性、创造性如何重要;到了侵权诉讼时又试图取消所作的限制,或者强调该技术特征可有可无,以此来扩大其保护范围,从而"两头得利"。禁止反悔原则也是"专利权的保护范围以其权利要求的内容为准"的原则的一种具体化。最高人民法院的〔2009〕21 号司法解释规定,专利申请人、专利权人在专利授权或者无效宣告程序中,通过对权利要求、说明书的修改或者意见陈述而放弃的技术方案,权利人在侵犯专利权纠纷案件中又将其纳入专利权保护范围的,人民法院不予支持。❷

"禁止反悔原则"与"等同原则"一样也是用于解释权利要求的,更具体地说,是用于对权利要求的文字所表达的保护范围作限制性解释。因此,在专利授权或者无效宣告程序中,专利申请人、专利权人通过对权利要求、说明书的修改或者意见陈述主张其权利要求的某个技术特征与另一技术特征不等同的,则人民法院不能在侵权判断中要求适用等同原则,认为该另一技术特征与该某个技术特征等同。

4. 捐献原则

所谓"捐献原则",是指对于仅在说明书或者附图中描述而在权利要求中未记载的技术方案,权利人在侵犯专利权纠纷案件中不得再将其纳入专利权的保护范围内。捐献原则与禁止反悔原则所基于的理由是一致的,防止专利权人通过提交范围狭窄的权利要求的方式顺利通过授权审查,而在授予专利权之后再以说明书中披露了该技术方案为理由重新将其纳入保护范围之内。如果允许这种做法,就等于鼓励申请人在专利要求中撰写一个较小的保护范围以顺利通过专利审查,在获得授权后再主张根据说明书要求更大的保护范围。最高人民法院〔2009〕21 号司法解释规定,对于仅在说明书或者附图中描述而在权利要求中未记载的技术方案,权利人在侵犯专利权纠纷案件中将其纳入专利权保护范围的,人民法院不予支持。❸

这一原则要求申请人在撰写权利要求书时要尽可能地将说明书中披露的所有实现其发明构思

---

❶ 《最高人民法院关于审理专利纠纷案件适用法律问题的若干规定》(法释〔2001〕21 号)第 17 条第 1 款。
❷ 《最高人民法院关于审理侵犯专利权纠纷案件应用法律若干问题的解释》(法释〔2009〕21 号)第 6 条。
❸ 《最高人民法院关于审理侵犯专利权纠纷案件应用法律若干问题的解释》(法释〔2009〕21 号)第 5 条。

的实施方案都写入权利要求书之中，否则在专利侵权纠纷中将不可能依靠扩张解释将其纳入保护范围之中。"捐献原则"与"禁止反悔原则"一样也是对"等同原则"的一个限制，申请人仅在说明书或者附图中描述而在权利要求中未记载的技术方案，权利人在专利侵权纠纷案件中不能要求适用"等同原则"将其再纳入到保护范围之内。

二、外观设计专利的侵权判定

（一）外观设计专利权的保护范围

1. 以表示在图片或者照片中的该产品的外观设计为准

由于外观设计是由产品的形状、图案和色彩等要素或者其组合来表现的，这些要素本身很难用文字准确描述，比较适合通过视觉进行直观的判断。因此，《专利法》第 27 条规定："申请外观设计专利应当提交图片或者照片以及对该外观设计的简要说明，申请人提交的有关图片或者照片应当清楚地显示要求专利保护的产品的外观设计。"

根据《专利法》第 59 条规定，外观设计专利权的保护范围以表示在图片或者照片中的该产品的外观设计为准，简要说明可以用于解释图片或者照片所表示的该产品的外观设计。因此，在侵权判断中，外观设计专利的图片或者照片起到了类似权利要求书的作用，而简要说明在一定程度上起到了类似说明书的作用。

在判定被控侵权产品的外观设计是否落入某外观设计专利的保护范围时，要将被控侵权的产品的外观设计与表示在图片或者照片中的产品的外观设计进行观察比较。由于外观设计是对产品的形状、图案或者其结合以及色彩与形状、图案的结合所作出的富有美感并适于工业应用的新设计，因此外观设计专利保护的客体不是产品本身，而是由产品的形状、图案、色彩等设计要素构成的该产品的外观设计。产品是外观设计的载体，外观设计与应用该外观设计的产品是不可分的，不能将外观设计抽象出来，使之脱离产品单独予以保护。因此，外观设计专利的保护范围"以该产品的外观设计为准"，而不是"以外观设计为准"。最高人民法院的［2009］21 号司法解释进一步规定："在与外观设计专利产品相同或者相近种类产品上，采用与授权外观设计相同或者近似的外观设计的，人民法院应当认定被诉侵权设计落入《专利法》第 59 条第 2 款规定的外观设计专利权的保护范围。"❶ 因此，在确定外观设计专利权的保护范围时，仅仅是被控侵权的外观设计与外观设计专利图片或者照片中表示的外观设计相同或者相似，还不能判定落入了专利权的保护范围，还必须同时对比被控侵权的产品与外观设计专利产品是否相同或者相近。因此，如果被控侵权的产品与外观设计专利产品既不相同也不相近，则不会被认定为侵权。

2. 简要说明的解释作用

仅仅依靠图片或者照片，有时不能准确地限定外观设计专利的保护范围。因为图片有时不能显示使用外观设计的产品的名称、用途、设计要点等信息。例如，一项外观设计专利权要求保护的是一种玩具汽车的外观设计，但是仅从图片或者照片难于区分要求保护的是玩具汽车还是作为交通工具的汽车的外观设计，仅仅以图片或者照片为准来确定保护范围，容易导致将其扩大到包含作为交通工具的汽车。此外，图片或者照片往往反映了产品外观的几乎所有细节，如果要求被控侵权产品必须再现照片中表示的产品外观的所有细节才能认定落入其保护范围，则过于严格，仿制者在某一细节上略作改变，就可能被认为没有落入其保护范围，这不利于有效保护外观设计专利权人的正当利益。反之，如果允许忽略其中一些细节，则需要对允许忽略哪些细节建立必要

---

❶ 《最高人民法院关于审理侵犯专利权纠纷案件应用法律若干问题的解释》（法释［2009］21 号）第 8 条。

的规则，否则将会导致判断结果过于主观随意，不利于保障外观设计专利权保护范围的法律确定性。为了更准确地判断外观设计是否符合授权条件以及确定其保护范围，《专利法》第27条要求外观设计专利申请人应当提交简要说明。简要说明的内容包括：外观设计产品的名称、用途、外观设计的设计要点、色彩等要素，省略视图或者请求保护色彩的，应当在简要说明中写明。这些文字的说明可以帮助人们理解图片或者照片中的设计方案，更准确地确定外观设计专利权的保护范围。

应当注意的是，通过简要说明进行解释，既有可能扩大图片或者照片所表示的保护范围，也有可能缩小图片或者照片所表示的保护范围，而不是仅仅只能起到其中一种作用。这与用说明书及其附图对发明和实用新型专利权的权利要求的内容进行解释所能产生的作用是类似的。因此，申请人在撰写简要说明时应当尽可能准确地描述外观设计产品的名称、用途，外观设计的设计要点等。

（二）外观设计专利的侵权判定原则

判定被控侵权产品的外观设计是否落入外观设计专利的保护范围，首先需要确定被控侵权产品是否与外观设计专利产品相同或者相近。在确定属于相同或者相近产品的基础上，再判断是否使用了相同或者相似的外观设计。如果被控侵权人在与外观设计专利产品相同或者相近种类产品上，采用与授权外观设计相同或者近似的外观设计的，就被认为落入外观设计专利的保护范围。

判断外观设计产品的种类是否相同或者相近时，应当根据外观设计产品的用途确定；在确定产品的用途时，可以参考外观设计的简要说明、国际外观设计分类表、产品的功能以及产品销售、实际使用的情况等因素。[1] 在外观设计专利审查和无效宣告程序中也是采用同样的标准，以产品的用途作为判定产品是否相同或者相近的依据，产品的名称、国际分类和销售时的分类等可以起到参考作用。[2] 对于判断外观设计产品的种类是否相同或者相近，确权程序和侵权程序采用同样的判定标准，有利于维护专利权人和社会公众之间利益的平衡。

根据最高人民法院〔2009〕21号司法解释的规定，人民法院在侵权诉讼进行外观设计是否相同及相似的判断时，应当基于一般消费者的知识水平和认知能力，根据授权外观设计、被诉侵权设计的设计特征，以外观设计的整体视觉效果进行综合判断。所谓以"整体视觉效果进行综合判断"，即在对被控侵权产品的外观设计和外观设计专利进行对比时，其全部设计特征都应予以考虑，不能仅对比其中的某一部分进行对比。下列情形，通常对外观设计的整体视觉效果更具有影响：（1）产品正常使用时容易被直接观察到的部位相对于其他部位；（2）授权外观设计区别于现有设计的设计特征相对于授权外观设计的其他设计特征。如果被控侵权产品的外观设计与授权外观设计在整体视觉效果上无差异的，应当被认定两者相同；如果被控侵权产品的外观设计与授权外观设计在整体视觉效果上无实质性差异的，应当认定两者近似。但因外观设计专利保护的是外观，故对于主要由技术功能决定的设计特征以及对整体视觉效果不产生影响的产品的材料、内部结构等特征应当排除在外。[3]

第五节　专利侵权的例外

专利制度的目的是通过保护专利权来激励发明创造，促进技术的推广应用，最终促进整个社

---

[1] 《最高人民法院关于审理侵犯专利权纠纷案件应用法律若干问题的解释》（法释〔2009〕21号）第9条。

[2] 《专利审查指南2010》第四部分第五章第5.1节。

[3] 《最高人民法院关于审理侵犯专利权纠纷案件应用法律若干问题的解释》（法释〔2009〕21号）第11条。

会的科技进步和经济社会发展。专利权是一种独占权，具有排他性，能够帮助专利权人合法"垄断"该发明创造的市场。对于这种垄断性的权利，有时会被专利权人滥用，妨碍他人使用技术的自由，妨碍社会正常的生产、生活秩序。因此，专利制度在为专利权人提供保护的同时还需要兼顾专利技术使用者和社会公众的利益，以求使专利制度达到最佳的社会效益。为此，《专利法》对专利权的行使作出了一定限制。《专利法》第 69 条规定了 5 种不视为侵权的行为，第 70 条规定了善意侵权行为的部分免责，第 62 条规定了现有技术和现有设计抗辩原则。本节对这些规定进行具体讲解。

一、不视为侵犯专利权的行为

《专利法》第 69 条规定了不视为侵犯专利权的几种情况，包括专利权用尽、在先使用、临时过境的外国交通工具的使用、为科学研究和试验目的的使用以及药品和医疗器械的实验例外（Bolar 例外）。《专利法》第 11 条规定："发明和实用新型专利权被授予后，除本法另有规定的以外，任何单位或者个人未经专利权人许可，都不得实施其专利。"《专利法》第 69 条第 1 款的规定即属于前述"另有规定"之一。

（一）专利权用尽

根据《专利法》第 69 条第（一）项的规定，专利产品或者依照专利方法直接获得的产品，由专利权人或者经其许可的单位、个人售出后，他人再使用、许诺销售、销售、进口该产品的，不视为侵权行为。这一规定在理论上一般称为"专利权用尽原则"。这样规定的原因在于：首先，专利权人通过自己制造、进口或者通过许可他人制造、进口专利产品，并予以销售，就可以从中获利，权利人的权利已经实现，权利人不应当就同一产品重复获利；其次，专利产品在合法制造、进口并予以售出之后，如果权利人还可以对该产品行使权利，则该产品以后的每一个流通环节都必须获得专利权人的许可，有时一件产品可能包含成千上万项专利权，必将给商品的正常流通造成难以想象的困难。此外，从物权法的角度，他人从专利权人或者其许可的单位或者个人那里购买专利产品后，就享有完整的物权，有权占有、使用、收益、处分该产品，如果要再次获得专利权人的许可，则无疑构成对该物权的限制。为了保障专利产品的正常流通和利用，《专利法》规定了权利用尽原则，对专利权进行适当的限制。

在理解专利权用尽原则时，应当注意以下两点：

第一，专利权用尽是相对于每一件投放市场的专利产品而言的。所谓"权利用尽"，是指专利权人对经其同意而售出的每一件专利产品的处置不再拥有控制权，无论购买者随后以何种方式使用或者销售该产品，专利权人都无权干预；而不是指该专利权的整个权利从此就终结了。

第二，"专利权用尽"的前提条件是专利产品或者依照专利方法直接获得的产品是被合法地投放市场的。专利权人或者被许可人制造并销售出去的产品应当属于合法投放市场的产品。此外，对于《专利法》第 14 条规定的"经国务院批准指定的单位生产出并售出的产品，或者依据国家知识产权局给予的强制许可决定而生产并售出产品"，由于实施专利技术的行为是合法的，因而可以认为将所获得的专利产品投放市场的行为也是合法的。而且，《专利法》规定在推广应用和强制许可的情况下实施的单位或者个人必须向专利权人支付合理的使用费，因此专利权人的利益也得到了一定的补偿。

第三，此处规定的单位、个人，既可以是中国单位或者个人，也可以是外国单位或者个人，只要其获得了专利权人的许可；

第四，对专利产品或者依照专利方法直接获得的产品的"售出"行为，不仅包括专利权人或者经其许可的单位或者个人在我国境内的销售行为，也包括专利权人或者经其许可的单位或者个人在我国境外的销售行为，即此处的所述"售出"行为的范围不限于我国而覆盖全球范围。根据此规定，专利权人或者经其许可的单位或者个人在国外销售专利产品或者依照专利方法直接获得的产品，任何人向我国进口（即理论上所称"平行进口"）其购买的该产品，以及进口者和他人在该产品进口之后在我国销售、许诺销售、使用该产品的行为都不视为侵犯专利权。

（二）先用权

根据《专利法》第 69 条第（二）项的规定，在专利申请日前已经制造相同产品、使用相同方法或者已经作好制造、使用的必要准备，并且仅在原有范围内继续制造、使用的，不构成专利侵权行为。由于我国实行的是先申请制，申请并获得专利权的人不一定是首先作出发明创造的人，也不一定是首先实施该发明创造的人。在专利权人提出其专利申请之前，可能有人已经研究开发出同样的发明创造，并且已经实施或者准备实施，这样的人被称为"先用者"。先用者可能由于某种原因提出专利申请晚了或者没有提出专利申请。在这种情况下，如果在授予专利权后禁止先用者继续实施其发明创造，显然有失公平，而且会造成社会资源的浪费。为了纠正这种可能的不公平，实行先申请制的国家一般都引入"先用权"制度，允许先用者在原有范围内继续使用其发明创造，专利权人如果控告其侵权的，可以主张先用权抗辩。

要想享受先用权，需要符合以下条件：

第一，必须有实施或者准备实施与专利技术相同的技术方案的行为。在先使用人必须已经开始制造相同的产品、使用相同的方法，或者为制造相同的产品、使用相同的方法做好了必要的准备。这里所说的实施行为只能是制造相同的产品或者使用相同的方法的行为，不包括进口、许诺销售、销售、使用相同的产品或者依照相同方法直接获得的产品的行为。相同的产品和相同的方法是指与已经申请并获得专利权的专利产品、专利方法相同的产品、方法。至于"为制造相同的产品、使用相同的方法做好了必要的准备"，根据最高人民法院［2009］21 号司法解释，如果先用者已经完成实施发明创造所必需的主要技术图纸或者工艺文件，或者已经制造或者购买实施发明创造所必需的主要设备或者原材料的，应当认定属于《专利法》第 69 条第（二）项规定的已经作好制造、使用的必要准备。❶

第二，制造、使用行为或者为制造、使用所做的准备工作必须在专利申请日前已经进行。如果专利申请要求了优先权，则上述行为必须在优先权日前已经进行。如果上述行为是在申请日后进行的，则不享有先用权。

第三，在先使用行为必须是"善意"的。这就是说，先用者制造相同产品、使用相同方法或者为此而进行的准备，必须是根据申请日之前自己研究开发的技术或者通过合法途径所获得的信息而进行的。所谓合法途径，包括，在申请日前合法受让的发明创造，或者是从专利权人那里合法地获得有关技术信息。例如，专利权人在申请专利之前的 6 个月内在中国政府承认的国际展览会上展出其发明创造，根据《专利法》的规定，展出行为不影响其随后提出的专利申请的新颖性。在展出日到申请日之间的期间内，如果有人根据展出的发明创造，制造相同的产品或者使用相同的方法，或者为之作好必要的准备，则是完全合法的行为。因此，在这种情况下，先用权是成立的。但是，如果他人的制造、使用行为是违背与申请人之间的信任关系或者侵犯其权利的结果，例如通过贿赂申请人的雇员而获得信息，则该人的制造、使用行为是违法的，不能享受先用权。因此，最高人民法院的［2009］21 号司法解释明确规定，被诉侵权人以非法获得的技术或

---

❶ 《最高人民法院关于审理侵犯专利权纠纷案件应用法律若干问题的解释》（法释［2009］21 号）第 15 条第 2 款。

者设计主张先用权抗辩的，人民法院不予支持。❶

第四，先用者的实施应当限于原来的规模。先用者获得保护的范围，是在原有的范围内继续制造、使用。原有的范围内应当包括专利申请日前已有的生产规模以及利用已有的生产设备或者根据已有的生产准备可以达到的生产规模。❷

很多人往往不理解先用权制度，认为先用权制度似乎与授予专利权的新颖性条件是矛盾的。因为既然先用者在申请日前已经制造相同产品或者使用相同方法，就表明专利权人的发明创造缺乏新颖性。实际上，先用权人在申请日前制造相同产品或者使用相同方法的行为尚未使有关技术内容为公众所知，未构成破坏专利新颖性的现有技术。如果先用者是在专利权人的申请日前公开制造相同产品或者使用相同方法并予以销售，则先用者就不用主张先用权了，可以不具备新颖性为理由请求宣告专利权无效。

先用权的移转（包括转让、继承等）或者许可是受到限制的。根据最高人民法院〔2009〕21号司法解释的规定，先用权人在专利申请日后将其已经实施或作好实施必要准备的技术或设计转让或者许可他人实施，被诉侵权人主张该实施行为属于在原有范围内继续实施的，人民法院不予支持，但该技术或设计与原有企业一并转让或者承继的除外。❸ 因为要求先用者必须是在申请日前合法获得该发明创造，因此行为人在申请日前合法转让或许可其技术或者设计是允许的。如果是在申请日后转让的，它只能随同制造相同产品、使用相同方法的企业或者企业中制造相同产品、使用相同方法的一部分一起移转，否则受让人或者被许可人不能享有先用权。

应当指出的是，先用权并不是一种独立存在的权利，而仅仅是一种对抗专利侵权指控的抗辩权。

（三）临时过境的外国运输工具上使用专利的行为

根据《专利法》第69条第（三）项的规定，临时通过中国领陆、领水、领空的外国运输工具，依照其所属国同中国签订的协议或者共同参加的国际条约，或者依照互惠原则，为运输工具自身需要而在其装置和设备中使用有关专利的，不视为侵犯专利权。

这样规定的原因是，专利权是有地域性的，而运输工具处于不断运动的过程中，对临时过境的运输工具主张专利权，会限制境外合法的运输工具进入我国，影响国际交通运输的正常秩序。

享有前述例外需符合以下条件：

第一，享有这种例外的对象是临时进入中国领土的外国运输工具。临时进入是非长期在中国国内运营。外国运输工具，指在中国以外的其他国家或者地区登记注册的运输工具，包括船舶、航空器和陆地运输车辆等。

第二，享有这种例外的范围是运输工具为自身需要在其装置和设备中使用有关专利的行为。立法上赋予本例外的目的在于维护国际间运输的自由，因此，对有关专利的使用权限于运输工具本身的需要，即为构成运输工具本身的功能所必要的。这里的使用专利，指使用专利产品或者专利方法，不包括制造、许诺销售、销售和进口专利产品或者依照专利方法直接获得的产品的行为。

第三，享有这种例外的前提条件是运输工具所属国与我国有协议、条约规定或者实施互惠原则。对临时过境的外国运输工具给予保护并不是自动产生的，需要通过国家间签订的协议或者共

---

❶ 《最高人民法院关于审理侵犯专利权纠纷案件应用法律若干问题的解释》（法释〔2009〕21号）第15条第1款。
❷ 《最高人民法院关于审理侵犯专利权纠纷案件应用法律若干问题的解释》（法释〔2009〕21号）第15条第3款。
❸ 《最高人民法院关于审理侵犯专利权纠纷案件应用法律若干问题的解释》（法释〔2009〕21号）第15条第4款。

同参加的国际条约规定，如我国参加的《巴黎公约》和 TRIPS 协定都有关于临时过境的运输工具的保护。❶

（四）专为科学研究和实验目的而使用专利的行为

根据《专利法》第 69 条第（四）项的规定，专为科学研究和实验使用有关专利行为不视为侵犯专利权，无须得到专利权人的许可。本项规定的原因是，科技创新总是需要在原有的技术基础上进行，如果为科学研究和实验的目的而使用有关专利都需要征得专利权人的许可，可能会妨碍他人进行研究开发，不利于科学技术的进步，从而有悖于专利法的立法宗旨。为科学研究或者实验的目的使用有关专利，不是为了生产经营，不会影响专利权人独占该项发明创造的市场，根据《专利法》第 11 条的规定也不需要获得专利权人的许可。

本项规定"专为科学研究和实验而使用有关专利"，其中所说的"科学研究和实验"，是指专门针对专利技术本身进行的科学研究和实验，目的在于考察专利技术本身的技术特性或者技术效果，或者对该专利技术本身作进一步的改进，而不是泛指与专利技术无关的科学研究和实验；所说的"使用有关专利"，指为上述目的按照专利文件制造专利产品或者使用专利方法，对专利技术进行分析、考察，以及研究如何改进，而不是利用专利产品或者依照专利方法直接获得作为实验或者研究工具进行其他的科学研究和实验项目，不包括许诺销售、销售、进口专利产品或者依照专利方法直接获得的产品。

判断是否属于本项规定的范围，与一个单位的性质无关。即使是一个典型的生产经营单位，例如公司或者企业，如果它所进行的行为仅仅是对某项专利技术本身进行研究和实验，则属于本项规定的范围，不视为侵犯专利权；即使是一个纯粹的科研单位，如果它为生产经营目的利用某项专利产品或者依照专利方法直接获得的产品作为工具进行其他的科研项目，则不属于本项规定的范围，构成了侵犯专利权的行为。

（五）涉及药品和医疗器械的例外

涉及药品和医疗器械的例外是最先在美国产生的一种法律制度（即 Bolar 例外），目的是克服药品和医疗器械上市审批制度在专利权期限届满后对仿制药品和仿制医疗器械上市带来的迟延。这是因为：在药品或者医疗器械专利权的保护期届满后，即使其他公司仿制该药品或者医疗器械，按照药品和医疗器械上市审批制度，仍然必须提供其药品或者医疗器械的各种实验资料和数据，证明其产品符合安全性、有效性等要求，才能获得上市许可。因此，如果只有在专利权保护期限届满之后才允许其他公司开始进行相关实验，以获取药品和医疗器械行政管理部门颁发上市许可所需的资料和数据，就会大大延迟仿制药品和仿制医疗器械的上市时间，导致公众难以在专利权保护期限届满后尽快获得价格较为低廉的仿制药品和仿制医疗器械，这在客观起到了延长专利权保护期限的效果。为了解决这一问题，美国、加拿大、澳大利亚等国均在其专利法中明确规定了 Bolar 例外，即仿制药或者仿制医疗器械生产者为了提供行政管理部门颁发上市许可所需的资料和数据，而在该药品专利或者医疗器械专利期限届满前而制造、使用或者进口该专利产品的，不视为专利侵权行为。

我国在《专利法》中增加有关 Bolar 例外的规定，可使公众在药品和医疗器械专利权保护期限届满之后尽快获得价格较为低廉的仿制药品和仿制医疗器械，这对我国解决公共健康问题具有重要意义。因此，《专利法》第 69 条第（五）项规定："为提供行政审批所需要的信息，制造、使用、进口专利药品或者专利医疗器械的，以及专门为其制造、进口专利药品或者专利医疗器械的，不

---

❶ 《巴黎公约》第 5 条之三和 TRIPS 协定第 2 条。

视为侵犯专利权。"根据这一规定，不仅药品生产者或者研发机构为提供行政审批所需要的信息而制造、使用、进口专利药品或者专利医疗器械的，不视为侵犯专利权，而且他人专门为药品生产者或者研发机构提供行政审批所需要的信息而制造、进口专利药品或者专利医疗器械并将其提供给药品生产者或者研发机构的行为也不视为侵犯专利权。

对于《专利法》中规定的药品是否除了人用药品外，还包括动物用药或者植物用药，《专利法》及其实施细则以及相关司法解释未作任何限定，有待将来通过司法实践或者司法解释予以明确。

二、现有技术或者现有设计抗辩

《专利法》第62条规定："在专利侵权纠纷中，被控侵权人有证据证明其实施的技术或者设计属于现有技术或者现有设计的，不构成侵犯专利权。"这一规定理论上称为"现有技术和现有设计抗辩"原则。所谓"现有技术"或者"现有设计"应当根据《专利法》第22条、第23条的规定理解，即现有技术是指申请日以前在国内外为公众所知的技术；现有设计是指申请日以前在国内外为公众所知的设计。

一件专利申请被授予专利权并不意味着其符合了授予专利权的所有法定条件。因为，一方面，我国对实用新型和外观设计专利申请只进行初步审查，授予专利权的实用新型和外观设计专利没有经过关于是否属于现有技术或者现有设计的检索、审查，难于确保其符合法定授权条件；另一方面，发明专利申请虽然经过实质审查，但由于客观条件的限制，审查员能够检索到的只是书面公开的文献，其中又主要是各国公开的专利文献，很难发现通过使用公开等方式为公众所知的技术或者设计，因此也难于确保授予专利权的发明都符合法定授权条件。

在专利侵权诉讼或者侵权行政处理程序中，被控侵权人经常以专利权应当被宣告无效为抗辩理由。按照《专利法》第45条的规定，被控侵权人认为该专利权应被宣告无效的，应当向专利复审委员会提出无效宣告请求。一般情况下，受案法院或者管理专利工作的部门为了防止判定侵权后相关专利权被宣告无效，需要中止侵权诉讼或者处理程序，等待宣告专利权无效或者维持专利权有效的决定生效之后，再继续原来的侵权审理或者处理程序，认定被控行为是否构成侵权行为。但是，当被控侵权人实施的技术或者设计属于该项专利申请日以前的现有技术或者现有设计时，这种做法不仅在程序上对被控侵权人不公平，而且在实体上没有任何意义。因为根据《专利法》的规定，现有技术或者现有设计本来就不应被其后的专利权再纳入到保护范围之中，侵权指控当然也就不成立。为此，《专利法》第三次修改时增加了现有技术或者现有设计抗辩的规定，目的就是为了缩短侵权纠纷审理或者处理程序，尽快解决纠纷。因此，若专利侵权纠纷中的被控侵权人能够举出证据证明被控侵权的技术是现有技术或者现有设计的，人民法院或者管理专利工作的部门就可以直接认定侵权指控不成立，而不必等到被控侵权人向专利复审委员会请求宣告该专利权无效后再作判定。

根据《专利法》第22条和第23条的规定，某项专利权的现有设计或者现有设计既可能是其申请日以前公开的不受任何限制、公众可以自由使用的技术或者设计，也有可能是其申请日前公布或者授权公告的受另外一项专利权保护的技术或者设计。例如，A的专利权的授权公告日为2010年1月5日，B的专利权的申请日为2010年2月5日，如果B起诉他人侵权，被控侵权人可以以其实施的是A的专利权为由进行抗辩。如果法院或者管理专利工作的部门认定被控侵权人实施的是A的专利权，则抗辩成立，不构成对B的专利权的侵犯，即使被控侵权人的实施的技术或者设计落入B的专利权的保护范围（这种情况实际上是B的专利权不具备新颖性）。

关于现有技术和现有设计抗辩原则，应当注意以下几点：

第一，这一规定只是一种抗辩制度，而不是规定人民法院或者管理专利工作的部门负有主动查明被控侵权人实施的是否是现有技术或者现有设计的职责。因此，本条的适用既需要被控侵权人自己提出抗辩主张，同时也需要其提供支持其抗辩主张的证据。人民法院或者管理专利工作的部门应当在被控侵权人提供的证据基础上判断其抗辩主张是否成立，但不能代替被控侵权人主动去检索现有技术或者现有设计。

第二，被控侵权人只能以其实施的技术或者设计是现有技术或者现有设计为由进行抗辩，不能依据其他法定的能够宣告专利权无效的理由进行抗辩，例如原告的专利说明书公开不充分、权利要求得不到说明书的支持、修改超出原申请文件记载的范围等。此外，被控侵权人也不能以自己实施的是抵触申请中的技术或者设计为理由进行抗辩。其原因在于：在判断现有技术抗辩是否成立时，法院或者管理专利工作的部门只需判断被控侵权的技术或者设计是否属于现有技术或者现有设计，无需判断被授予专利权的发明创造的新颖性；如果将抵触申请作为抗辩理由，则需要将专利技术或者专利设计与被控侵权人进行抗辩所提出的在先申请进行对比并判断是否构成抵触，其性质属于对授予专利权的发明创造是否具备新颖性进行判断，这有悖于专利法规定的专利权有效性问题只能通过专门的无效宣告程序解决，不能由审理或者处理专利侵权纠纷的人民法院或者管理专利工作的部门在审理或者处理过程中一并予以认定的基本制度安排。

第三，在被控侵权人提出现有技术或者现有设计抗辩主张，并举证有关证据的情况下，受案人民法院或者管理专利工作的部门应当首先判断抗辩能否成立。一旦认定抗辩成立，就可作出认定不侵权的判决或者决定，无须就被控侵权技术或者设计是否落入专利权保护范围进行判断。只有在抗辩不成立的情况下，才需要继续判断被控侵权的技术或者设计是否落入专利权的保护范围。也就是说，在适用现有技术或者现有设计抗辩原则时，人民法院或者管理专利工作的部门只是将被控侵权的技术或者设计与现有技术或者设计作对比分析就可以了，而不必将被控侵权的技术或者设计与专利技术或者专利设计进行对比。

第四，宣告专利权无效并已生效的决定不仅排除了原专利权人针对他人实施原专利的行为提出专利侵权指控的权利，而且具有溯及既往的法律效力，即被宣告无效的专利权视为自始既不存在。与之相比，法院或者管理专利工作的部门认定现有技术抗辩成立，进而认定不构成侵权的结论仅仅适用于该具体案件。在针对其他被控侵权人或者针对同一被控侵权人的其他实施行为的专利侵权纠纷案件中，被控侵权人提出现有技术或者现有设计抗辩主张的，需要个案判断，不能适用已经作出并已生效的判决或者处理决定。

最高人民法院［2009］21号司法解释规定，被诉落入专利权保护范围的全部技术特征，与一项现有技术方案中的相应技术特征相同或者无实质性差异的，人民法院应当认定被诉侵权人实施的技术属于《专利法》第62条规定的现有技术；被诉侵权设计与一个现有设计相同或者无实质性差异的，人民法院应当认定被诉侵权人实施的设计属于专利法第六十二条规定的现有设计。[❶]因此，适用现有技术或者现有设计抗辩原则时，被控侵权人只能将其被控侵权的技术或者设计以一项现有技术方案或者一项现有设计对比，而不能与两件记载现有技术或者现有设计的文献的组合进行对比。此外，在适用现有技术抗辩原则时，是将被诉落入专利权保护范围的全部技术特征与某一项现有技术对比，而非将被控侵权人所实施技术的全部技术特征进行对比。例如，被控侵权人实施的技术方案包含了 A、B、C、D 4 个技术特征，而仅 A、B、C 3 个技术特征组

---

❶ 《最高人民法院关于审理侵犯专利权纠纷案件应用法律若干问题的解释》（法释［2009］21 号）第 14 条。

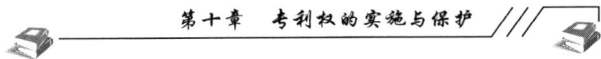

成的技术方案被控落入了某专利权的保护范围。在适用现有技术抗辩原则时，只能将 A、B、C 3 个技术特征组成的技术方案作为与现有技术对比的对象，而不能拿 A、B、C、D 4 个技术特征组成的技术方案作为对比对象。

第六节　专利侵权纠纷的法律救济

通过前面 3 节内容的介绍，我们了解了专利侵权的判定标准。本节将介绍专利侵权纠纷的救济途径、专利侵权的法律责任，即专利权人遇到专利侵权纠纷后有哪些途径可以解决纠纷，如果判定侵权成立后，专利权人可以获得哪些救济，例如要求对方赔偿损失、停止侵权。因此，本节内容主要是程序性的规定。

一、专利侵权纠纷的救济途径

专利权人发现他人侵犯其专利权的，可以通过以下 4 种解决途径解决：第一，协商，即专利侵权纠纷可以由双方当事人协商解决；第二，行政调解，即权利人与被控侵权人共同请求管理专利工作的部门进行调解；第三，行政处理，即专利权人或者利害关系人请求管理专利工作的部门处理，要求责令停止侵权行为。此处理过程中，双方当事人也可以就赔偿额请求管理专利工作的部门调解。第四，司法救济，即专利权人或者利害关系人可以向人民法院提起民事诉讼。

下面分别介绍这 4 种纠纷解决途径。

（一）协　商

专利权是一种民事财产权，侵犯专利权的纠纷是民事纠纷，当事人当然可以通过协商来解决纠纷。建立专利制度的目的，也是为了在全社会范围内建立一种正常的行为规范，树立自觉尊重他人专利权的社会风尚。如果侵权人经过协商认识到自己的违法行为并自愿改正，同样可以起到维护法律秩序的作用。而且，在 4 种解决途径中，协商解决专利纠纷应当是权利人优先考虑选择的途径，利用这种方式解决纠纷不仅简便易行，成本较低，而且不伤和气，还可以使原来的竞争对手变为合作伙伴。因此，专利权人发现侵权行为后应当首先努力通过协商来解决纠纷，协商不成的再寻求其他途径解决纠纷。

通过协商解决侵权纠纷，对侵权行为人来说也有好处。不仅可以及时纠正侵权行为，而且还可以避免因对簿公堂带来的不利影响。因此，侵权行为人，尤其是非故意侵权人，一旦认识到自己的行为确属侵权行为，应当自觉地予以纠正，通过与专利权人进行协商，以合理的方式解决纠纷。

但协商是一种自力救济方式，应当完全遵循自愿的原则，不能强迫对方。协商不成或者对方不愿意协商的，权利人只能寻求公力救济，即请求行政机关主持调解、到人民法院起诉或者请求管理专利工作的部门处理。

（二）请求管理专利工作的部门调解

《专利法》虽然规定了专利权人或者利害关系人可以就侵权纠纷请求管理专利工作的部门处理，在处理过程中可以请求管理专利工作的部门就赔偿额进行调解，但没有规定专利权人或者利害关系人可以就专利侵权纠纷直接请求管理专利工作的部门调解。2010 年修改后的《专利法实施细则》第 85 条规定了管理专利工作的部门应当事人的请求可以就"其他专利纠纷"进行调解。这里的"其他专利纠纷"就包括专利侵权纠纷。这是为解决社会矛盾提供更多的渠道从而更好地构建和谐社会。当然，请求管理专利工作的部门调解侵权纠纷，必须符合自愿、合法的基本原则。

（三）请求管理专利工作的部门处理

请求管理专利工作的部门处理侵权纠纷，是我国特有的专利侵权纠纷的救济方式。我国在建立专利制度的时候，考虑到当时的我国的民事法律制度还不够完善，专利审判力量还比较薄弱，大量专利侵权案件全部由法院处理有一定困难；专利侵权案件的处理需要一定的技术背景，由专利管理机关处理比较合适；行政处理可以迅速解决一些简单的专利侵权案件，使当事人免于诉累。因此，在1984年建立专利制度之初，《专利法》就规定，"对未经专利权人许可，实施其专利的侵权行为，专利权人或者利害关系人可以请求专利管理机关进行处理，也可以直接向人民法院起诉。"1984年8月23日，原国家经委、国家科委、劳动人事部、中国专利局联合发布了《关于在全国设置专利工作机构的通知》，要求国务院部委、地方人民政府等设立专利管理机关，明确专利管理机关依法拥有执法和管理的双重职能。这样，就在我国建立起了专利行政执法和司法审判协调运作的专利保护途径，即所谓"双轨制"。

对专利侵权纠纷规定行政处理的救济方式，也是在我国现阶段针对无形财产保护的一种特殊安排。因为无形财产具有其特殊性。一般的有形财产只能为特定的人占有，非甲即乙，不可能同时为许多人占有。因此，非法侵占他人私人财产的民事纠纷一般只涉及当事人之间的利益，不会涉及社会公众的利益。而专利权的保护客体是技术方案，具有无形性的特点，从理论上说可以为无数人同时使用，相互之间不会影响，其应用范围远比上述一般有形财产更为广泛。由于我国建立专利制度的时间还很短，公众尊重他人专利权的意识还较为薄弱，侵犯专利权的现象还相当严重，特别是一些故意侵权、重复侵权、群体性侵权屡屡发生。这不仅损害了权利人的利益，同时也影响了国家的正常社会秩序和经济秩序，损害了公平竞争的法律环境，专利制度激励创新的作用也受到了影响。在这样的情况下，仅仅依靠司法机关对专利侵权纠纷以民事案件方式进行审理，还不足以有效地保护专利权人的利益。从维护国家和公众利益的角度出发，有必要发挥行政执法的作用。因此，专利行政保护是符合我国基本国情的制度安排。

《专利法》第60条规定了管理专利工作的部门处理专利侵权纠纷的职权和程序，该条规定专利权人或者利害关系人在遇到侵权纠纷时可以向人民法院起诉，也可以请求管理专利工作的部门处理。管理专利工作的部门处理时，认定侵权行为成立的，可以责令侵权人立即停止侵权行为，当事人不服的，可以自收到处理通知之日起15日内依照《行政诉讼法》向人民法院起诉；侵权人期满不起诉又不停止侵权行为的，管理专利工作的部门可以申请人民法院强制执行。进行处理的管理专利工作的部门应当事人的请求，可以就侵犯专利权的赔偿数额进行调解；调解不成的，当事人可以依照《民事诉讼法》向人民法院起诉。

根据这一规定，管理专利工作的部门对专利侵权纠纷的处理包括以下职能：一是应当事人的请求，对专利侵权纠纷进行处理，认定侵权行为成立的，责令侵权人立即停止侵权行为。这是具体行政行为，当事人不服的，可以依法提起行政诉讼。侵权人期满不起诉又不停止侵权行为的，管理专利工作的部门可以申请人民法院强制执行。二是在行政处理的过程中，应当事人的请求，就专利侵权的赔偿额进行调解。这是行政调解行为，是一种居间行为，应当遵循当事人自愿的原则，调解不成的，当事人可以依法提起民事诉讼。虽然前述行政处理行为和行政调解行为都是依申请的行为，但性质上存在差别。行政机关受理专利侵权纠纷后，不管对方当事人是否同意，行政机关都有权进行处理，而且在处理过程中根据需要可以依职权去调查收集证据；行政调解行为应当完全遵循自愿的原则，如果有一方当事人不同意进行调解的，则行政机关不能进行调解。

《专利法》第60条所述的管理专利工作的部门，是指一定级别的地方人民政府设立的管理专利工作的部门。考虑到专利违法行为比较复杂，既涉及法律问题，又涉及技术问题，要求专利行政执法队伍具有较高的业务水平和较强的执法能力。为了保证专利行政执法的质量，《专利法实施细则》第 79 条规定："专利法和本细则所称管理专利工作的部门，是指由省、自治区、直辖市人民政府以及专利管理工作量大、又有实际处理能力的设区的市人民政府设立的管理专利工作的部门。"除此之外的地方人民政府也有可能设立有管理专利工作的机构，这些机构就不具备《专利法》第 60 条规定的处理侵权纠纷的职能，但可以履行其他的专利管理职能。

下面再简单介绍一下管理专利工作的部门处理专利侵权纠纷的程序。

1. 有资格提出请求的主体

根据《专利行政执法办法》（国家知识产权局令第 60 号）第 8 条规定，有权向管理专利工作的部门提出专利侵权纠纷处理请求的限于专利权人或者利害关系人。其中，利害关系人主要是指专利实施许可的被许可人、专利权人的合法继承人。专利实施许可合同的被许可人，并不是在任何情况下都具有请求权。如果专利权人提出请求的，被许可人可以作为共同请求人。如果专利权人没有提出请求，被许可人的是否有权单独有权提出请求，视情况而定。其中独占实施许可合同的被许可人可以单独提出请求；排他实施许可合同的被许可人在专利权人不请求的情况下，才可以单独提出请求；而普通实施许可合同的被许可人只有在专利权人明确授权的情况下才有权单独提出请求。

2. 侵权纠纷处理请求的受理

根据《专利行政执法办法》第 8 条规定，专利权人或者利害关系人向管理专利工作的部门提出专利侵权纠纷处理请求的，应当符合下列条件：请求人应当是专利权人或者利害关系人；应当有明确的被请求人；有明确的请求事项和具体事实、理由；属于受案管理专利工作的部门的受案范围和管辖范围；当事人没有就该专利侵权纠纷向人民法院起诉。

请求人应当提交请求书以及有关证明材料，且按照被请求人的数量提供请求书副本及有关证明材料。证明材料包括请求人主体资格证明和专利权有效的证明。

请求书包括以下内容：请求人的姓名或者名称、地址，法定代表人或者主要负责人的姓名、职务；被请求人的姓名或者名称、地址；请求处理的事项以及事实和理由；委托代理人办理的，要填写代理人的姓名和代理机构的名称、地址。请求书应当由请求人签字或者盖章。

主体资格证明是指：如果请求人是个人的，其居民身份证或者其他有效身份证件；如果请求人是单位的，其有效营业执照或者其他主体资格证明文件副本及法定代表人或者主要负责人的身份证明。

专利权有效证明是指：专利登记簿副本或者专利证书再加上当年缴纳专利年费的收据。需要注意的是，专利登记簿是专利权法律状态的法定证明，而专利证书加上当年缴纳专利年费的收据仅仅是专利权有效的初步证据，并不准确。例如，专利权在缴纳年费后仍然有可能因为被宣告无效而终止。《专利行政执法办法》之所以这样规定，主要是为了方便请求人提出请求，因为申请并获得专利登记簿副本需要一定的时间，有时面对比较紧急的情况，请求人可能来不及。被请求人如果对专利权是否有效有疑问，也可以举出证据证明。

如果请求处理的侵权纠纷涉及实用新型或者外观设计专利的，管理专利工作的部门可以要求请求人出具由国家知识产权局作出的专利权评价报告（或者实用新型专利检索报告）。根据《施行修改后的专利法的过渡办法》（国家知识产权局令第 53 号）第 2 条的规定，修改前《专利法》的规定适用于申请日在 2009 年 10 月 1 日前（不含该日）的专利申请以及根据该专利申请授予的专利权；修改后《专利法》的规定适用于申请日在 2009 年 10 月 1 日以后（含该日）的专利申请以及根据该专利申请授予的专利权。因此，如果请求处理的侵权纠纷所涉及的实用新型专利的申请日在 2009 年 10 月 1 日以前，应当提交按照修改前的《专利法》作出的实用新型专利检索报告；如果所涉及的外观设计专利的申请日在 2009 年 10 月 1 日以前，则根据修改前的《专利法》没有检索报告制度；如果请求处理的侵权纠纷所涉及的实用新型专利或者外观设计专利的申请日在 2009 年 10 月 1 日以后，应当提交按照修改后的《专利法》作出的该专利的评价报告。

侵权纠纷处理请求符合上述条件的，管理专利工作的部门应当在收到请求书之日起 5 个工作日内受理立案并通知请求人，同时要指定 3 名或 3 名以上单数承办人员处理该专利侵权纠纷；如果请求不符合规定条件的，管理专利工作的部门应当在收到请求书之日起 5 个工作日内通知请求人不予受理，并说明理由。

3. 对专利侵权纠纷的处理

首先，管理专利工作的部门应在立案之日起 5 个工作日内将请求人的请求书及其附件的副本通过邮寄、直接送交或者其他方式送达被请求人，要求其在收到之日起 15 日内提交答辩书一式两份。被请求人逾期不提交答辩书的，不影响管理专利工作的部门进行处理。对于被请求人提交的答辩书，管理专利工作的部门应当在 5 个工作日将其副本送达给请求人。对案件事实的审查可以以书面方式进行，也可以根据需要以口头审理的方式进行，根据具体案情由管理专利工作的部门决定。管理专利工作的部门决定进行口头审理的，应当至少在口头审理 3 个工作日前将口审的时间、地点通知当事人。由于专利侵权纠纷的处理是依申请的行政行为，因此，如果请求人无正当理由拒不参加口头审理或者未经允许中途退出的，将按撤回请求处理。但被请求人不同意处理的，管理专利工作的部门可以依职权继续处理。如果被请求人无正当理由拒不参加口头审理或者未经允许中途退出的，不影响处理程序，行政机关可以缺席处理。

管理专利工作的部门在应请求处理专利侵权纠纷时，也可以通过调解的方式使双方当事人自愿达成和解。调解不成的应当依法进行处理。行政处理完成后应当制作处理决定书。行政处理决定书的内容包括：当事人的姓名或名称、地址；当事人陈述的事实和理由；认定侵权行为是否成立的理由和依据；处理决定认定侵权行为成立并需要责令被侵权人立即停止侵权行为的，应当明确写明责令被请求人立即停止的侵权行为的类型、对象和范围；处理决定认定侵权行为不成立的，应当驳回请求人的请求；不服处理决定提起行政诉讼的途径和期限。侵权纠纷处理决定书应当由案件承办人员署名，并加盖管理专利工作的部门的公章。

相比司法机关审理专利侵权纠纷，行政机关处理专利侵权纠纷具有便捷、高效的特点。例如，对于重复侵权行为的处理，就可以明显看出这一特点。根据《专利行政执法办法》第 18 条规定，管理专利工作的部门或者人民法院作出认定侵权成立的处理决定或者判决之后，被请求人就同一专利权再次作出相同类型的侵权行为，专利权人或者利害关系人请求处理的，管理专利工作的部门可以直接作出责令立即停止侵权行为的处理决定。管理专利工作的部门立案处理的专利侵权纠纷案件，应当在 4 个月内结案。案件特别复杂需要延长期限的，应当由管理专利工作的部门负责人批准。经批准延长的期限，最多不超过 1 个月。案件处理过程中的公告、鉴定、中止等时间不计入前款所述案件办理期限。这一期限也短于人民法院对专利侵权纠纷案件的法定审理期限。

4. 调查取证

根据《专利行政执法办法》第 35 条，在专利侵权纠纷处理过程中，当事人因客观原因不能自行收集部分证据的，可以书面请求管理专利工作的部门调查取证。管理专利工作的部门将根据情况决定是否调查收集有关证据。在处理专利侵权纠纷过程中，管理专利工作的部门也可以根据需要依职权调查收集有关证据。

根据《专利行政执法办法》第 36 条，管理专利工作的部门调查收集证据可以查阅、复制与案件有关的合同、账册等有关文件；询问当事人和证人；采用测量、拍照、摄像等方式进行现场勘验。涉嫌侵犯制造方法专利权的，管理专利工作的部门可以要求被调查人进行现场演示。管理专利工作的部门调查收集证据应当制作笔录。笔录应当由案件承办人员、被调查的单位或者个人签名或者盖章。被调查的单位或者个人拒绝签名或者盖章的，案件承办人员应当在笔录上注明。

根据《专利行政执法办法》第 37 条，对于成批的物证，管理专利工作的部门也可以采取抽样取证的方式调查收集证据。如果专利侵权纠纷涉及产品专利的，可以从涉嫌侵权的产品中抽取一部分作为样品；如果涉及方法专利的，可以从涉嫌依照该方法直接获得的产品中抽取一部分作为样品。被抽取样品的数量应当以能够证明事实为限。管理专利工作的部门进行抽样取证应当制作笔录和清单，写明被抽取样品的名称、特征、数量以及保存地点，由案件承办人员、被调查的单位或者个人签字或者盖章。被调查的单位或者个人拒绝签名或者盖章的，案件承办人员应当在笔录上注明。管理专利工作的部门应当将清单交给被调查人一份。

根据《专利行政执法办法》第 38 条，如果被调查收集的证据存在可能灭失或者以后难以取得，又无法进行抽样取证的情形，管理专利工作的部门可以对这些证据进行登记保存。对于经登记保存的证据，被调查的单位或者个人不得销毁或者转移。管理专利工作的部门进行登记保存应当制作笔录和清单，写明被登记保存证据的名称、特征、数量以及保存地点，由案件承办人员、被调查的单位或者个人签名或者盖章。被调查的单位或者个人拒绝签名或者盖章的，案件承办人员应当在笔录上注明。管理专利工作的部门应当将清单交给被调查人一份。

必要时，管理专利工作的部门还可以委托其他管理专利工作的部门协助调查收集证据。

5. 对处理决定不服的救济

按照《行政诉讼法》的规定，公民、法人或者其他组织对行政机关的具体行政行为不服，向人民法院提起行政诉讼的，应当在知道作出具体行政行为之日起的 3 个月内提出。而《专利法》第 60 条规定："当事人对责令立即停止侵权行为的行政处理不服的，可以自收到处理通知之日起 15 日内向人民法院起诉。"这是对行政诉讼的诉讼时效的一个特殊规定，其原因在于：许多人认为 3 个月的起诉期限对于专利保护来说显得太长，一些侵权者往往利用这段时间转移侵权产品或者其制造设备，为以后执行法院的判决带来困难，不利于有效保护专利权人的合法权利。

为便于当事人依法寻求救济，管理专利工作的部门应当在专利侵权纠纷处理决定中告知当事人不服处理决定的救济途径和起诉期限。

（四）向人民法院起诉

专利侵权纠纷作为一种民事纠纷，专利权人或者利害关系人当然可以依据《民事诉讼法》向人民法院起诉。

1. 诉讼管辖

（1）级别管辖

级别管辖是指不同级别的人民法院在受理第一审民事纠纷案件上的权限分工，它解决的是案件由哪一级人民法院审理的问题。根据《民事诉讼法》的规定，普通的民事纠纷案件一般由基层人民法院管辖。但由于专利侵权纠纷不仅涉及法律问题，还涉及复杂的技术问题，专业性较强，为了保证案件审理的质量，专利侵权纠纷案件的级别管辖有特殊规定。最高人民法院关于《民事诉讼法》的司法解释以及关于专利纠纷的司法解释都规定，专利侵权纠纷由最高人民法院确定的中级人民法院管辖。即专利纠纷案件的第一审受案法院应当是中级人民法院，而且并不是所有的中级人民法院都有权管辖专利侵权纠纷案件，必须是最高人民法院确定的中级人民法院。最高人民法院［2001］21 号司法解释第 2 条规定："专利纠纷第一审案件，由各省、自治区、直辖市人民政府所在地的中级人民法院和最高人民法院指定的中级人民法院管辖。"截至 2010 年底全国共有 76 个中级人民法院有权管辖专利侵权纠纷案件。包括：各省、自治区、直辖市人民政府所在地的中级人民法院；经济特区的中级人民法院，例如，深圳市中级人民法院、珠海市中级人民法院等；最高人民法院指定其他较大城市，例如大连市、烟台市、温州市、佛山市、青岛市等的中级人民法院。

(2) 地域管辖

地域管辖，是指同级人民法院之间在受理第一审民事纠纷案件的分工和权限，它解决的是在同一级法院之间案件由哪一个人民法院管辖的问题。对于民事诉讼，一般地域管辖实行"原告就被告"的原则，即案件由被告住所地的人民法院管辖。对于民事侵权诉讼，还有其特殊的管辖原则，即因侵权行为提起的诉讼，由侵权行为地或者被告住所地人民法院管辖。❶《最高人民法院关于适用〈民事诉讼法〉若干意见》第 28 条和［2001］21 号司法解释第 5 条都规定，侵权行为地包括侵权行为实施地和侵权行为结果发生地。因此，对因专利侵权行为提起的诉讼，有管辖权的法院包括：侵犯专利权行为实施地的人民法院、侵犯专利权行为的结果发生地的人民法院以及被告住所地的人民法院。最高人民法院［2001］21 号司法解释第 5 条明确列举的侵权行为地包括：被控侵犯发明、实用新型专利权的产品的制造、使用、许诺销售、销售、进口等行为的实施地；专利方法使用行为的实施地，依照该专利方法直接获得的产品的使用、许诺销售、销售、进口等行为的实施地；外观设计专利产品的制造、销售、进口等行为的实施地；假冒他人专利❷的行为实施地；以及，上述侵权行为的侵权结果发生地。

此外，前述司法解释还明确规定，如果原告仅对侵权产品制造者提起诉讼，未起诉销售者，侵权产品制造地与销售地不一致的，制造地人民法院有管辖权。也就是说，如果专利权人或者利害关系人在侵权产品销售地起诉制造者而不起诉销售者，销售地人民法院没有管辖权。由于被控侵权的制造行为不一定与销售行为有直接的因果关系，因此，不能简单地认为销售地是被控侵权的制造行为的侵权结果发生地。另外，前述司法解释还规定，如果侵权产品制造地与销售地不一致，专利权人以制造者和销售者为共同被告起诉的，销售地人民法院有管辖权；如果销售者是制造者分支机构的，原告在销售地起诉侵权产品制造者制造、销售行为的，销售地人民法院有管辖权。

2. 诉前临时措施

及时制止侵权行为，防止侵权后果的扩大，才能保护专利权人的合法权益。对于专利侵权行为来说，从专利权人或者利害关系人发现侵权行为到收集相关证据，再到向有管辖权的人民法院提起诉讼需要一段时间。在此期间，如果不及时采取措施制止侵权行为，任凭侵权行为发生或者继续进行，将使权利人的损失不断扩大，有时可能使权利人遭受无法弥补的损失。有些专利，主要是实用新型和外观设计专利，由于市场周期较短，有可能随着时间的消逝而迅速丧失其市场价值。此外，侵权人还可能转移侵权设备、侵权产品，隐匿财产，导致证据灭失，使专利权人得不到应有的赔偿。因此，《专利法》第 66 条和第 67 条规定了诉前临时措施，即：专利权人或者利害关系人在可能造成难以弥补的损害的情况下，可以在提起侵权诉讼前，请求人民法院责令行为

---

❶ 《民事诉讼法》第 29 条。
❷ 根据第三次修改后的《专利法》，已经没有"假冒他人专利"的概念，对应的应当是"假冒专利"的概念。

人停止涉嫌侵权的行为或者采取证据保全措施。此外，权利人还可以根据我国《民事诉讼法》有关规定，申请诉前财产保全措施。❶

（1）请求的主体

根据最高人民法院［2001］20 号司法解释，提出诉前临时措施申请的主体为专利权人或者利害关系人。其中，利害关系人包括专利实施许可合同的被许可人和专利财产权利的合法继承人等。专利实施许可合同的被许可人中，独占实施许可合同的被许可人可以单独向人民法院提出申请；排他实施许可合同的被许可人在专利权人不申请的情况下可以单独提出申请。实际上，这一规定排除了普通专利实施许可合同的被许可人提出诉前临时措施的资格，因为一般来讲普通许可的被许可人的使用权不具有排他性，效力较低，而诉前临时措施请求的内容正是要求人民法院责令对方停止某种行为，因此司法解释认为普通许可的被许可人没有这样的权利，他只能要求专利权人去人民法院提出请求。

（2）法院管辖

最高人民法院［2001］20 号司法解释第 2 条规定："诉前责令停止侵犯专利权行为的请求应当向有专利侵权诉讼管辖权的人民法院提出。"《专利法》第 66 条第 4 款规定："申请人应当自人民法院采取责令停止有关行为的措施之日起 15 日内起诉对方侵权，否则，人民法院将解除该措施。"由于诉前临时措施的请求和专利侵权诉讼有紧密关系，人民法院对双方当事人资格、涉及的专利权、涉嫌侵犯专利权的行为的审理等都是一样的。而且如果申请人要求被申请人停止有关行为的主张没有得到在后的侵权诉讼判决的支持，被申请人也可以在后来的侵权诉讼中要求申请人赔偿因停止有关行为造成的损失。为了避免了无谓的重复劳动，提高执法效率，最高人民法院的两个相关司法解释对这两类案件规定了相同的管辖法院。

（3）申请文件

最高人民法院［2001］20 号司法解释规定，专利权人或者利害关系人向人民法院提出申请的，应当递交书面申请状；申请状应当载明当事人及其基本情况、申请的具体内容、范围和理由等事项。申请的理由包括有关行为如不及时制止会使申请人合法权益受到难以弥补的损害的具体说明。❷ 为了便于人民法院迅速采取措施，前述司法解释规定申请人应当提供如下证据：专利权人应当提交证明其专利权真实有效的文件，包括专利证书、权利要求书、说明书、专利年费缴纳凭证。❸ 由于实用新型专利没有经过实质审查，权利的稳定性较差，为避免因申请人所依据的专利权不稳定而给被申请人造成损害，人民法院可以求申请人提交国家知识产权局出具的检索报告（这是针对申请日为 2009 年 10 月 1 日前的实用新型专利权而言），依此对其专利权利的稳定性有一个初步判断。第三次修改后的《专利法》将实用新型检索报告改为了实用新型专利权评价报告，并且增加了外观设计专利权评价报告。因此，人民法院对于申请日在 2009 年 10 月 1 日以后的实用新型和外观设计专利应当要求申请人提交该专利权的评价报告，但目前前述司法解释还未作相应的修改。

如果申请人是利害关系人的，还应当提供有关专利实施许可合同及其在国家知识产权局备案的证明材料，未经备案的应当提交专利权人的证明，或者证明其享有权利的其他证据。排他实施

---

❶ 《民事诉讼法》第 93 条规定："利害关系人因情况紧急，不立即申请财产保全将会使其合法权益受到难以弥补的损害的，可以在起诉前向人民法院申请采取财产保全措施。"

❷ 《关于对诉前停止侵犯专利权行为使用法律问题的若干规定》（法释［2001］20 号）第 3 条。

❸ 《关于对诉前停止侵犯专利权行为使用法律问题的若干规定》（法释［2001］20 号）第 4 条。

许可合同的被许可人单独提出申请的，应当提交专利权人放弃申请的证明材料。专利财产权利的继承人应当提交已经继承或者正在继承的证据材料。

前述司法解释还规定，人民法院作出诉前停止侵犯专利权行为的裁定事项，应当限于专利权人或者利害关系人申请的范围。

申请人提出申请时，应当提供担保；不提供担保的，驳回申请。因为申请人请求采取临时措施时，人民法院还没有对专利侵权诉讼进行审理，因此这种临时措施的"准确率"很难保障。为了充分保障被请求人的合法权益，请求人必须提供担保。在确定担保的范围和金额时，人民法院应当考虑责令停止有关行为所涉及产品的销售收入，以及合理的仓储、保管费用；被申请人停止有关行为可能造成的损失，以及人员工资等合理费用支出等因素。对于担保的方式，一般情况下，申请人可以将担保所需金额存入银行，然后将存单递交人民法院收存。这种担保方式简便易行，非常便于查实其有效性，方便法院及时作出裁定。对于其他的担保方式，例如保证、抵押等形式的担保，只要经审查合理、有效的，人民法院应当准予。此外，在执行停止有关行为裁定过程中，被申请人可能因采取该项措施造成更大损失的，人民法院可以责令申请人追加相应的担保。申请人不追加担保的，人民法院将解除有关临时措施。

（4）诉前临时措施裁定程序

根据《专利法》第66条的规定，对诉前停止有关行为的申请，人民法院应当在48小时内作出裁定；有特殊情况需要延长的，可以延长48小时。因为要求诉前停止被控侵权行为的前提是"如不及时制止将会使其合法权益受到难以弥补的损害"，因此必须尽快作出裁定。但是，由于涉及较为复杂的侵权判断，其适用对当事人带来的影响比诉前财产保全更大，适用也应更加慎重，法院有时难以在48小时内作出裁定，因此《专利法》规定，"有特殊情况需要延长的，可以延长48小时"。

人民法院作出责令被申请人停止侵犯专利权行为的裁定的，应当立即开始执行，并且应当及时通知被申请人，至迟不得超过5日。也就是说，只要人民法院在作出裁定之日起5日内通知被申请人就符合了法律的规定。这一规定表明，人民法院在作出裁定前可以不通知被申请人，而在作出裁定后再通知被申请人。

此外，前述司法解释还规定，停止侵犯专利权行为裁定所采取的措施，不因被申请人提出反担保而解除。根据《民事诉讼法》规定，在一方当事人提供担保请求人民法院对被申请人的财产采取保全措施的情况下，如果被申请人提供反担保的，人民法院应当解除财产保全措施。❶ 但这种规定不适用于针对专利侵权行为的诉前临时措施，因为《专利法》规定的诉前停止有关行为的措施与财产保全措施的内容和适用条件都不同，其针对的情形是"不采取停止有关行为的措施将会造成难以弥补的损害"，那么这种损害当然不是"反担保"所能弥补的，只有对方停止有关行为才可以避免这种损害的发生。因此，诉前停止有关行为的裁定不能因被申请人的反担保而解除，否则，这项措施就失去了意义。

当事人对停止有关行为的裁定不服的，可以在收到裁定之日起10日内申请复议一次。此处规定的复议，是指人民法院对自己已经作出的裁定进行再次审查，给予被申请人一个救济途径，提高裁定的准确性。人民法院对当事人提出的复议申请应当从以下方面进行审查：被申请人正在实施或即将实施的行为是否构成侵犯专利权；不采取有关措施，是否会给申请人合法权益造成难以弥补的损害；申请人提供担保的情况；责令被申请人停止有关行为是否损害社会公共利益。但

---

❶ 《民事诉讼法》第95条。

是，复议期间不停止原裁定的执行。[1]

根据《专利法》第 67 条规定，申请人自人民法院采取责令停止有关行为的措施之日起 15 日内不起诉的，人民法院应当解除该措施。对于由此造成的损害，被申请人可以向人民法院起诉请求申请人赔偿。

前述司法解释规定，停止侵犯专利权行为裁定的效力一般应维持到生效的法律文书执行时止。但由于专利侵权纠纷案件比较复杂，审理周期往往较长，而且在诉讼中被告往往会对原告专利权请求宣告无效。因此，对于涉及专利的诉前临时措施，司法解释允许人民法院根据案情确定实施临时措施的具体期限。对于确定一定期限的，在期限届满时，人民法院根据当事人的请求，还可以作出是否继续采取停止有关行为的裁定。

（5）与诉前临时措施相关的赔偿责任

诉前临时措施是一项非常严厉的措施，其结果往往会造成被申请人停产、停业，对被申请人的生产经营和经济利益将产生重大影响。但是，责令停止有关行为的裁定是在没有经过实体审理的基础上作出的，因此裁定停止的行为是否属于侵权行为还需要通过后续的侵权诉讼最终判决来确认。侵权诉讼不外乎两种结果：侵权成立或不成立。如果经审理侵权不成立，则诉前临时措施的裁定必然损害了被申请人的合法利益。从平等保护双方当事人利益出发，前述司法解释规定，申请人不起诉或者申请错误造成被申请人损失的，被申请人可以向有管辖权的人民法院起诉请求申请人赔偿，也可以在专利权人或者利害关系人提起的专利权侵权诉讼中提出损害赔偿的请求，人民法院可以一并处理。申请人承担赔偿责任的法律理由是基于其实质上属于滥用权利，损害了对方当事人的合法权益。

对于因采取临时措施而申请人不起诉或者申请错误造成被申请人损失的赔偿问题，应依照一般民事侵权赔偿责任来确定，即申请人应赔偿被申请人停止有关行为受到的损失。

3. 诉前证据保全

诉前证据保全是指，人民法院依当事人的申请对有可能灭失或者以后难以取得的证据，在当事人起诉前加以固定和保护的制度。对于证据保全措施，《民事诉讼法》只规定了起诉后的证据保全措施，但未规定起诉前的证据保全措施。[2] 在专利侵权纠纷案件中，往往会出现如不在起诉前进行证据保全，证据就有可能灭失或者难以取得的情况，例如被控侵权人销毁制造侵权产品的模具、转移侵权产品等。为解决这一问题，最高人民法院在 2001 年颁布的《关于对诉前停止侵犯专利权行为适用法律问题的若干规定》中规定，人民法院执行诉前停止侵犯专利权行为的措施时，可以根据当事人的申请，参照《民事诉讼法》第 74 条的规定，同时进行证据保全。为完善专利诉讼制度，更为有效地保护专利权人的合法利益，《专利法》第三次修改时对《民事诉讼法》的证据保全措施进行了补充完善，增加了诉前证据保全措施。《专利法》第 67 条规定："为了制止专利侵权行为，在证据可能灭失或者以后难以取得的情况下，专利权人或者利害关系人可以在起诉前向人民法院申请保全证据。人民法院采取保全措施，可以责令申请人提供担保；申请人不提供担保的，驳回申请。人民法院应当自接受申请之时起 48 小时内作出裁定；裁定采取保全措施的，应当立即执行。申请人自人民法院采取保全措施之日起 15 日内不起诉的，人民法院应当解除该措施。"

申请诉前证据保全措施的主体、申请的提出、人民法院裁定的程序与诉前停止有关行为的规

---

[1] 《最高人民法院关于对诉前停止侵犯专利权行为适用法律问题的若干规定》（法释［2001］20 号）第 11 条。

[2] 《民事诉讼法》第 74 条。

定基本相同，具体可参见本节关于诉前临时措施部分的内容。需要注意的是，与申请诉前停止侵权行为必须提供担保不同，对于诉前证据保全，申请人是否需要提供担保问题由法院决定。也就是说，仅仅要求保全广告、合同、发票、账册以及价值不大的样品等证据的，法院根据案情可以不要求申请人提供担保。此外，对于诉前证据保全，由于其不涉及是否侵权的判断，因此人民法院作出裁定的期限仅为 48 小时。另外，《专利法》明确规定了诉前停止侵权的申请有错误的，申请人应当赔偿被申请人的损失，而对诉前证据保护的申请，却没有明确规定"有错误的，应当对被申请人赔偿损失"，主要是因为诉前证据保护涉及的仅仅是证据，对被申请人的生产经营不会产生实质性不利影响，而停止侵权行为的措施却会直接导致被申请人停产、停业，对被申请人的权益造成很大不利影响。

4. 诉前的财产保全

专利权人或者利害关系人除了依法申请上述两项诉前临时措施外，还可以依据《民事诉讼法》第 93 条的规定，向人民法院申请诉前财产保全措施。实际上，第三次修改前的《专利法》专门规定了诉前财产保全。之所以第三次修改后的《专利法》没有对诉前的财产保全措施作出规定，是因为对于专利侵权的诉前财产保全措施完全可以适用《民事诉讼法》第 93～96 条的规定，没有必要作特殊规定。根据《民事诉讼法》第 93 条规定，利害关系人因情况紧急，不立即申请财产保全将会使其合法权益受到难以弥补的损害的，可以在起诉前向人民法院申请采取财产保全措施。申请人应当提供担保，不提供担保的，驳回申请。人民法院接受申请后，必须在 48 小时内作出裁定；裁定采取财产保全措施的，应当立即开始执行。申请人在人民法院采取保全措施后 15 日内不起诉的，人民法院应当解除财产保全。

此外，专利侵权诉讼的原告除了在起诉之前向人民法院申请临时措施外，还可以在诉讼过程中依据《民事诉讼法》的规定申请财产保全或者证据保全措施。

5. 诉讼时效

诉讼时效制度是民事法律的重要制度之一，是指权利人知道自己民事权利受到侵害却在法定时效期间内不主张权利，当时效期间届满时，人民法院对权利人的权利不再进行保护的制度。因为权利人怠于行使自己的权利会产生如下不利影响：一是会造成某种不正确的法律关系长期存在，如果允许权利人在任何时间"倒后账"，会影响交易安全和社会秩序；二是如果权利人经过很长时间后再去"倒后账"，当事人和法院在收集和认定证据上会存在很多困难；三是权利人在知道自己的权利遭受侵害的情况下怠于行使自己的权利，属于"权利上之睡眠者"❶，有违诚信原则。

诉讼时效期间是权利人请求法院依法保护其权利的法定期限。在此期间内，权利人可以依照诉讼程序请求法院强制义务人履行义务。《民法通则》第 135 条规定："向人民法院请求保护民事权利的诉讼时效期间为 2 年，法律另有规定的除外。"

要理解诉讼时效制度，需要注意以下几点：

第一，诉讼时效期间从权利人知道或者应当知道自己的权利被侵害起算❷，并不是从侵害行为发生之日起计算。即使侵害行为已经发生很长时间，但权利人不知道也没有合理的理由应当知道自己的权利受到侵害的，诉讼时效期间并不开始计算。

第二，在诉讼时效期间的最后 6 个月内，因为客观障碍导致权利人不能行使自己的权利的，

---

❶ 王泽鉴. 民法总则 [M]. 北京：中国政法大学出版社，2001：517.

❷ 《民法通则》第 137 条规定："诉讼时效期间从知道或者应当知道权利被侵害时起计算。"

诉讼时效期间要暂停计算，等待障碍消除后继续计算。❶ 这被称为"时效中止"。

第三，在诉讼时效期间内，如果权利人主张了自己的请求权，无论是向对方当事人主张或者向法院起诉，或者对方当事人同意履行义务的，诉讼时效期间中断，此前经过的期间归零，下一个诉讼时效期间将重新开始计算，❷ 这被称为"时效中断"。

第四，诉讼时效期间届满，权利人将丧失请求法院保护其民事权利的权利，理论上称为"胜诉权消灭"。但其实体权利和起诉权并没有消灭。也就是说，权利人超过诉讼时效期间向人民法院起诉的，人民法院应当受理。如果对方当事人以超过诉讼时效抗辩的，人民法院将驳回权利人的起诉。在诉讼中如果当事人没有提出诉讼时效抗辩的，人民法院不得主动适用诉讼时效的规定，也不应提醒当事人适用诉讼时效抗辩。❸ 诉讼时效期间届满，当事人一方向对方当事人作出同意履行义务的意思表示或者自愿履行义务后，又以诉讼时效期间届满为由进行抗辩的，人民法院不予支持。❹

（1）专利侵权纠纷的诉讼时效

《专利法》第 68 条第 1 款规定："侵犯专利权的诉讼时效为 2 年，自专利权人或者利害关系人得知或者应当得知侵权行为之日起计算。"

所谓"得知"是指权利人发现侵权行为的确切事实，包括侵权行为人和侵权行为。例如，权利人发现某家企业未经许可正在生产其专利产品，或者发现市场上有未经许可生产的专利产品出售等。有时，权利人是先发现存在侵权行为，再去查证侵权行为人。在这种情况下，如果以权利人发现侵权行为开始计算时效，则显然对权利人不利，因为在查清侵权行为人前没有办法主张自己的权利，因此应当以权利人发现侵权行为的确切事实，并已发现侵权行为人，可以行使诉讼权利起开始计算时效期间。

"应当得知"是指按照具体情况，法院在处理案件时推定权利人作为一般人应当知道侵权行为存在。要以一定的事实为基础。依据该事实，如果一般人都能够知道，就可以推定权利人也应该知道。例如侵权产品已经在市场上大规模销售、侵权人利用媒体为侵权产品作了较为广泛的广告宣传等，都可以认为权利人应当得知侵权行为发生。与"得知"一样，"应当得知"包括权利人同时应当得知侵权行为人，如果根据具体情况权利人不可能得知侵权行为人，仅仅应当得知侵权行为的存在，则诉讼时效尚不能开始计算。

在实践中，侵犯专利权的行为有的是连续不断的，有的是断断续续的，此类案件的诉讼时效如何计算？最高人民法院［2001］21 号司法解释规定，侵犯专利权的诉讼时效为 2 年，自专利权人或者利害关系人知道或者应当知道侵权行为之日起计算。权利人超过 2 年起诉的，如果侵权行为在起诉时仍在继续，在该项专利权有效期内，人民法院应当判决被告停止侵权行为，侵权损害赔偿数额应当自权利人向人民法院起诉之日起向前推算 2 年计算。这表明，在专利侵权的法律救济中，停止侵权行为属于物权法上的救济，而损害赔偿属于债权法上的救济。因此，要求停止侵权行为这种具有"物上请求权"性质的请求不应受到诉讼时效的限制，只要侵权行为在起诉时

---

❶ 《民法通则》第 139 条规定："在诉讼时效期间的最后六个月内，因不可抗力或者其他障碍不能行使请求权的，诉讼时效中止。从中止时效的原因消除之日起，诉讼时效期间继续计算。"这在理论上称为"诉讼时效的中止"。

❷ 《民法通则》第 140 条规定："诉讼时效因提起诉讼、当事人一方提出要求或者同意履行义务而中断。从中断时起，诉讼时效期间重新计算。"这在理论上称为"诉讼时效的中断"。

❸ 《最高人民法院关于审理民事案件适用诉讼时效制度若干问题的规定》（法释［2008］11 号）第 3 条规定："当事人未提出诉讼时效抗辩，人民法院不应对诉讼时效问题进行释明及主动适用诉讼时效的规定进行裁判。"

❹ 《最高人民法院关于审理民事案件适用诉讼时效制度若干问题的规定》（法释［2008］11 号）第 22 条。

仍在继续，而且在判决时尚未停止，法院均应当判决被告停止侵权行为，而损害赔偿请求则要受到诉讼时效的限制，如果权利人知道或者应当知道侵权行为之日到起诉之日超过 2 年的，则只能获得起诉之日向前推算 2 年的赔偿额。❶

（2）发明专利临时保护期间使用费纠纷的诉讼时效

《专利法》第 13 条规定："发明专利申请公布后，申请人可以要求实施其发明的单位或者个人支付适当的费用。"《专利法实施细则》第 85 条第 2 款规定，对于在发明专利申请公布后，专利权授予前使用发明而未支付适当费用的纠纷，当事人应当在专利权被授予后，请求管理专利工作的部门调解。虽然《专利法实施细则》的上述规定没有涉及向人民法院起诉的问题，但是应当理解为只有在发明专利申请被授予专利权之后，才能够就合理使用费的纠纷向人民法院起诉。依据上述规定，发明专利的申请人有权要求在发明专利申请公布后至专利权授予前使用该发明的单位或者个人支付适当使用费，但是如果使用单位或者个人拒绝支付，该申请人就只有等到授予专利权之后才能向法院提起诉讼或者请求管理专利工作的部门予以调解。

根据《专利法》第 68 条第 2 款的规定，发明专利临时保护期间使用费纠纷的诉讼时效期间也是 2 年，计算方法有两种：一般情况下，时效的计算与专利侵权诉讼时效的计算方法相同，即从专利权人得知或者应当得知他人使用其发明之日起计算；特定情况下，即专利权人在专利权授予之前已得知或者应当得知他人使用其发明的，则时效从专利权授予之日起计算。

之所以对要求支付发明专利使用费的诉讼时效的计算方法作出特别的规定，是因为这样的诉讼只能在发明专利权授予之后提出，而发明专利从公布申请到授予专利权需要一段时间，对于在此期间使用发明而未支付使用费的行为，如果按照一般情况那样规定以专利权人得知或者应当得知行为之日起计算时效，则在授权之前申请人已经知道他人的使用行为的情况下，授权之后起诉有可能超过了 2 年的诉讼时效，就会使临时保护制度落空，显然不利于有效保护专利权人的权利。为此，《专利法》第 68 条第 2 款规定了可以从专利权授予之日起计算时效。但是，如果专利权人实际上是在授予专利权之后过了一段时间才得知或者应当得知有人在临时保护期内使用了其发明，则依然以其得知或者应当得知之日来计算诉讼时效。因此，《专利法》该款规定的两种诉讼时效计算方法实质上表达了授权之日和得知（或者应当得知）之日中在后者为准的含义。

6. 专利侵权纠纷的审理

（1）举证责任

《民事诉讼法》第 64 条第 1 款规定："当事人对自己提出的主张，有责任提供证据。"《最高人民法院关于民事诉讼证据的若干规定》（法释〔2001〕33 号）第 2 条规定："没有证据或者证据不足以证明当事人的事实主张的，由负有举证责任的当事人承担不利后果。"从这些规定可以看出，在民事诉讼中，实行的是"谁主张，谁举证"的原则。负有举证责任的一方当事人没有证据或者证据不足的，要承担不利的法律后果。因此，在民事诉讼过程中，原告和被告都对自己的主张负有举证责任。在专利侵权诉讼中，也是基本遵循这一原则的。也就是说，在专利侵权诉讼中，提出侵权指控的专利权人或者利害关系人应当首先承担举证责任，提供证据证明自己拥有什么样的专利权以及该专利权的权利状况，还要证明被告未经许可实施了受其专利权保护的发明创造。

但是，当专利侵权纠纷涉及一项产品制造方法专利时，由于制造方法只有在产品的制造过程中使用，专利权人或者利害关系人要证明被告实施的是何种技术方案，需要进入生产现场进行调查，在实践中这种调查取证是比较困难甚至是无法实现的。为了更为有效地保护专利权，《专利

❶ 国家知识产权局条法司. 新专利法详解［M］. 北京：知识产权出版社，2001：351.

法》第 61 条对新产品制造方法的发明专利作出了"举证责任倒置"的规定。当专利侵权纠纷涉及新产品制造方法的发明专利时，制造同样产品的单位或者个人应当提供其产品制造方法不同于专利方法的证明。因此，在诉讼中，原告只要举出证据证明被告制造、许诺销售、销售、使用或进口的产品与采用专利方法所直接获得的产品相同，同时证明这种产品是《专利法》第 61 条规定的新产品就可以了。此时举证责任转移到被告一方，由被告举证证明其使用的产品制造方法不同于专利方法，否则就推定其使用了专利方法。

何为《专利法》第 61 条规定的"新产品"呢？最高人民法院［2009］21 号司法解释第 17 条规定："产品或者制造产品的技术方案在专利申请日以前为国内外公众所知的，人民法院应当认定该产品不属于《专利法》第 61 条第 1 款规定的新产品。"由此推论可知，只有在专利申请日前该产品以及该产品的制造方法不为国内外公众所知的，该产品才能属于"新产品"。这一点要由原告来举证。

涉及新产品制造方法的专利纠纷之所以可以实行"举证责任倒置"是因为只有当产品是新产品时，才能在没有相反证据的情况下推定这种新产品的制造方法是世界上唯一的，才可能将举证责任转移到被告一方，由其证明自己使用的不是专利方法。因此，对于其他的方法专利不能实行举证责任倒置。

（2）诉讼中止

在专利侵权诉讼中，被告为了证明原告的侵权主张不成立，往往会以原告主张的专利权应当被宣告无效抗辩。根据《专利法》的规定，被告的无效宣告请求必须向专利复审委员会提出，不能向审理侵权诉讼的人民法院提出。对于专利复审委员会作出的无效审查决定不服的，当事人可以在法定期限内向人民法院起诉，该诉讼是一个行政诉讼，审理法院是被告即专利复审委员会住所地的北京市第一中级人民法院。这样，专利侵权诉讼和专利无效宣告诉讼将平行进行，而且绝大多数情况下不是由同一个人民法院审理。但这两个诉讼的结果是相互关联的，如果最终专利权被认定为无效，则专利权人的主张就不成立。

根据《民事诉讼法》第 136 条规定，如果出现案件的审理必须以另一案件的审理结果为依据，而另一案件尚未审结的情形时，人民法院可以中止对该案件的审理。因此，当专利侵权诉讼的被告在诉讼进行过程中向专利复审委员会提出无效宣告请求时，人民法院将面临上述情形。但专利无效纠纷解决程序要经过专利复审委员会、北京市第一中级人民法院、北京市高级人民法院三个阶段，因此专利侵权诉讼可能要中止等待一两年甚至更长的时间。实践中很多专利侵权诉讼的被告为了规避侵权责任，往往会利用无效宣告程序拖延侵权诉讼的审理。为了兼顾公平和效率，最高人民法院［2001］21 号司法解释规定，被告在答辩期间内请求宣告该项专利权无效的，对于涉及发明专利的侵权诉讼案件，人民法院可以不中止诉讼，而对于涉及实用新型、外观设计专利权纠纷案件，人民法院应当中止诉讼，但在特殊情况下，可以不中止诉讼。❶ 可见，对于发明专利侵权诉讼案件，不中止诉讼是原则，中止是例外，而对于实用新型、外观设计专利侵权纠纷案件，中止诉讼是一个原则，不中止是例外。原因是实用新型和外观设计专利只经过初步审查就获得了授权，没有经过实质审查，权利的稳定性相对发明专利要差一些，为了避免造成两个诉讼结果的冲突，一般要等待专利无效纠纷的最终结果。在以下特殊情况下，人民法院可以不中止侵权诉讼：

第一，原告出具的检索报告未发现导致实用新型专利丧失新颖性、创造性的技术文献的。这

---

❶ 《关于审理专利纠纷案件适用法律问题的若干规定》（法释［2001］21 号）第 9 条，第 11 条。

表明人民法院可以从检索报告初步判定该实用新型专利是稳定的，如果推定其有效继续审理，将来与无效审理结果相冲突的几率较小。从这一规定我们也可以看出，当时对实用新型专利设置检索报告制度的目的。不过第三次修改后的《专利法》已经将实用新型专利检索报告改为实用新型专利权评价报告，同时对外观设计也设立了评价报告制度，司法解释还没有进行相应的修改。修改后的《专利法》第 61 条第 2 款已经明确，专利权评价报告的性质是人民法院或者管理专利工作的部门审理、处理专利侵权纠纷的证据，即决定是否中止侵权纠纷审理或者处理程序的证据。因此，对于申请日在 2009 年 10 月 1 日以后的实用新型或外观设计专利，在侵权诉讼中人民法院可以要求原告提交专利权评价报告作为决定是否中止诉讼的证据。如果该报告没有发现实用新型或者外观设计专利权不符合授权条件的，人民法院可以不中止诉讼。

第二，被告提供的证据足以证明其使用的技术或者设计属于现有技术或者现有设计的。这一规定一般称为"现有技术抗辩"或者"公知技术抗辩"，❶ 即如果被告能够证明其被诉的行为属于使用申请日以前现有技术或者现有设计的行为，人民法院可以直接判定被告不侵权。

第三，被告请求宣告该项专利权无效所提供的证据或者依据的理由明显不充分的。如果人民法院经过对被告提出的宣告实用新型、外观设计专利权无效的证据及其依据的理由进行审查，认为被告提供的证据及其依据的理由根本不可能将专利权人的专利权宣告无效，人民法院也可以不中止专利侵权的诉讼。❷

第四，经专利复审委员会审查维持专利权的侵犯实用新型、外观设计专利权纠纷案件。❸ 由于经过专利复审委员会审查维持专利权的实用新型、外观设计专利，其法律稳定性比较高，人民法院不中止侵权诉讼，将来和无效诉讼结果相冲突的可能性较小。

此外，司法解释还作了一个开放性的规定，即人民法院认为不应当中止诉讼的其他情形。目的是为了应对实践中可能出现的其他不需要中止的情形，由法官自由裁量。

二、专利侵权行为的法律责任

《民法通则》第 118 条规定："公民、法人的著作权（版权）、专利权、商标专用权、发现权、发明权和其他科技成果权受到剽窃、篡改、假冒等侵害的，有权要求停止侵害，消除影响，赔偿损失。"但《专利法》中对于专利侵权行为的责任承担方式只是规定了停止侵权和赔偿损失两种，没有规定消除影响的方式。这是因为，专利侵权行为一般只是给权利人造成经济上的损害，对其名誉上的影响较小，因此实践中消除影响的责任用得比较少。以上两种种承担专利侵权责任的方式，可以单独适用，也可以合并适用。

（一）停止侵权

停止侵权是侵权人应承担的主要法律责任之一，也是保护专利权最有效、最直接的救济方式。根据《专利法》第 60 条规定，判定侵权行为成立的，应当责令侵权人停止侵权行为。所谓停止侵权行为，对于发明和实用新型专利权来讲，是指侵权人停止被认定为侵权的制造、使用、许诺销售、销售、进口专利产品或者使用专利方法，以及使用、许诺销售、销售、进口依照该专利方法直接获得的产品的行为；对于外观设计专利权来讲，是指停止被认定为侵权的制造、许诺销售、销售、进口外观设计专利产品的行为。但停止侵权行为不仅包括绝对意义上的停止侵权，

---

❶ 最高人民法院民事审判第三庭 . 新专利法司法解释精解［M］. 北京：人民法院出版社，2002：72.
❷ 最高人民法院民事审判第三庭 . 新专利法司法解释精解［M］. 北京：人民法院出版社，2002：73.
❸ 《关于审理专利纠纷案件适用法律问题的若干规定》（法释［2001］21 号）第 11 条。

例如停产、停业等；还包括相对意义上的停止侵权，如行为人通过协商获得专利权人的许可，从而合法地继续实施其专利。

（二）赔偿损失

赔偿损失是认定构成侵权行为后侵权人承担民事责任最普通、最基本、使用最广的方式，也是对被侵害的专利权的一种重要的补救措施。❶ 赔偿损失涉及侵权赔偿额的计算问题。在民事侵权案件中，侵权赔偿额一般根据侵权行为给权利人造成的损失确定。在专利侵权纠纷中，由于专利权是一种无形财产权，侵犯专利权造成的损失不易判定，因而确定侵权赔偿额也较有形财产复杂。

《专利法》第65条规定了侵权赔偿额的计算方法，侵犯专利权的赔偿数额按照权利人因被侵权所受到的实际损失确定；实际损失难以确定的，可以按照侵权人因侵权所获得的利益确定。权利人的损失或者侵权人获得的利益难以确定的，参照该专利许可使用费的倍数合理确定。赔偿数额还应当包括权利人为制止侵权行为所支付的合理开支。权利人的损失、侵权人获得的利益和专利许可使用费均难以确定的，人民法院可以根据专利权的类型、侵权行为的性质和情节等因素，确定给予1万元以上100万元以下的赔偿。

我国民事侵权赔偿一般遵循"填平原则"，即侵权人给被侵权人造成了多少损失就赔偿多少。在《专利法》第65条规定的计算方法中，第一种应当最能体现填平原则的精神，即侵犯专利权的赔偿数额按照权利人因被侵权所受到的实际损失确定。因此，在第三次修改《专利法》时根据这一原理，规定了专利侵权赔偿额的计算方法的顺序，专利侵权赔偿额应当优先适用权利人受到的实际损失的计算方式来确定，只有实际损失难以确定的情况下，才按照侵权人获得的利益确定。权利人的损失或者侵权人获得的利益难以确定的，才可参照该专利许可使用费的倍数合理确定。只有在上述三种计算方法都不能确定赔偿额的情况下，才可适用法定赔偿标准。❷ 因此，权利人要想直接适用侵权人获利来确定赔偿数额，应当证明权利人的实际损失难以确定。

权利人因被侵权所受到的损失是指因为侵权行为，权利人的专利产品或者依照专利方法生产的产品在市场的销售量下降，导致权利人获利减少的数额。前述司法解释规定，权利人因被侵权所受到的损失可以根据专利权人的专利产品因侵权所造成销售量减少的总数乘以每件专利产品的合理利润所得之积计算。权利人销售量减少的总数难以确定的，侵权产品在市场上销售的总数乘以每件专利产品的合理利润所得之积可以视为权利人因被侵权所受到的损失。❸

侵权人因侵权所获得的利益是指侵权人生产、进口、销售侵权产品所获得利润的数额。前述司法解释规定，侵权人因侵权所获得的利益可以根据该侵权产品在市场上销售的总数乘以每件侵权产品的合理利润所得之积计算。侵权人因侵权所获得的利益一般按照侵权人的营业利润计算，对于完全以侵权为业的侵权人，可以按照销售利润计算。❹

在无法依据上述方式确定专利侵权赔偿额时，有专利许可使用费可以参照的，应当参照该专利许可使用费的倍数合理确定。前述司法解释规定，人民法院可以根据专利权的类别、侵权人侵权的性质和情节、专利许可使用费的数额、该专利许可的性质、范围、时间等因素，参照该专利

---

❶ 程永顺．中国专利诉讼［M］．北京：知识产权出版社，2005：289．

❷ 需要注意的是，最高人民法院2001年颁布的《关于审理专利纠纷案件适用法律问题的若干规定》（法释字［2001］第21号）还没有根据第三次修改后的《专利法》进行修改，因此在侵权赔偿额的计算方法以及法定赔偿标准方面有不一致的地方。对于不一致的地方，应当以现行《专利法》的规定为准。

❸ 《关于审理专利纠纷案件适用法律问题的若干规定》（法释字［2001］第21号）第20条第2款。

❹ 《关于审理专利纠纷案件适用法律问题的若干规定》（法释字［2001］第21号）第20条第3款。

许可使用费的 1～3 倍合理确定赔偿数额。❶

在司法实践中，经常会出现法院既难以确定权利人的实际损失和侵权人的非法获利，也没有许可使用费可参照的情况。为解决此问题，最高人民法院［2001］21 号司法解释第 21 条规定："没有专利许可使用费可以参照或者专利许可使用费明显不合理的，法院可以根据专利权的类别、侵权人侵权的性质和情节等因素，一般在人民币 5 000 元以上 30 万元以下确定赔偿数额，最多不得超过人民币 50 万元"。以这种方式确定的损失赔偿被称为"法定赔偿"。TRIPS 协定第 45 条也规定"各成员可以授权司法当局责令侵权人支付法定赔偿额"。这种规定，为审判实践中更好地解决损害赔偿问题提供了有力的依据并发挥了良好的作用。有鉴于此，第三次修改后的《专利法》第 65 条第 2 款将司法解释的规定作必要调整后上升为法律，规定："权利人的损失、侵权人获得的利益和专利许可使用费均难以确定的，人民法院可以根据专利权的类型、侵权行为的性质和情节等因素，确定给予 1 万元以上 100 万元以下的赔偿。"之所以提高法定赔偿额的上限和下限，主要是考虑到随着我国科学技术水平提高，具有较高经济价值的发明创造越来越多，同时随着经济社会的发展，研发成本和维权成本也在逐步提高，只有适当提高法定赔偿的上限，才能真正有效保护专利权人的正当权益。需要注意的是，只能在确已查明构成侵权并造成权利人损害，而权利人的损失、侵权人获得的利益和专利许可使用费均难以确定的情况下，才可以适用法定赔偿。

适用法定赔偿，当事人可以在诉讼中提出请求，法官也可以在案件的审理中依职权决定适用。在确定具体案件的赔偿数额时，要考虑以下酌定因素：专利权的类型、侵权行为的性质和情节等。例如，被侵犯的专利权是发明专利还是实用新型专利、外观设计专利，是仅仅进行了制造、销售、许诺销售、使用行为、进口行为中的一种行为还是几种行为都存在，侵权人是故意还是过失，侵权行为持续的时间、范围、后果等。

此外，根据《专利法》第 65 条第 1 款规定，赔偿数额还应当包括权利人为制止侵权行为所支付的合理开支。一般认为，制止侵权行为所支付的合理开支主要包括两部分，一是调查取证费用，二是合理的律师费。调查取证费用主要包括符合国家规定标准的差旅费、公证费、申请证据保全的费用、误工费等。能够纳入赔偿范围的律师费并不是权利人实际支付的全部律师费，而应当是符合司法行政部门或者律师协会制定的指导性标准的律师费。

有一点需要明确，在以权利人的损失、侵权人的获利或者使用费的合理倍数确定赔偿额的情况下，最后确定的赔偿额还应当附加为制止侵权行为所支付的合理开支。但是，如果法院以法定赔偿的方式确定赔偿额，则不能在已经确定的法定赔偿之外另行附加所支付的合理开支，因为法定赔偿是法院确定的赔偿总额，其中应当已经包含了为制止侵权行为所支付的合理开支。

还应当注意的是，并非所有的侵权行为均需要承担赔偿责任。在特定情况下，可以免除善意侵权人的赔偿责任。详见本章第六节第二部分。

（三）善意侵权行为的部分免责

《专利法》第 70 条规定："为生产经营目的使用、许诺销售或者销售不知道是未经专利权人许可而制造、并售出的专利侵权产品，能证明该产品合法来源的，不承担赔偿责任。"这一般称为"善意侵权行为的部分免责"。

这一规定的法理基础是民法中的保护善意第三人的理论，其目的是为了维护商品的正常流通秩序。按照民法中保护善意第三人的理论，如果行为人在进行民事行为时主观上出于善意，并付

---

❶ 《关于审理专利纠纷案件适用法律问题的若干规定》（法释字［2001］第 21 号）第 21 条。

出了相当的代价，只是因为其他原因而使行为具有违法性，则根据公平原则，该善意行为人的权利应当得到合理保护。因此，为生产经营目的使用、许诺销售或者销售不知道是未经专利权人许可而制造并售出的专利产品或者依照专利方法直接获得的产品，能证明其产品合法来源的人即为善意第三人，不承担赔偿责任。此外，获得专利保护的有可能是整个产品，也有可能仅仅是产品的某个零件、部件、电路等，使用者、销售者有可能根本不了解其产品的内部结构，更无从去了解他们是否侵犯了他人的专利权。如果不论销售和使用侵权产品的人是否有过错都应当承担赔偿损失的侵权责任，则销售商和购买者就必须事先一一查明其销售或者使用的所有产品及其所有零部件是否侵犯他人专利权，这将给销售者和使用者带来过于沉重的负担，必然严重妨碍商品的正常流通。

要理解这一规定，需要注意以下几个方面：

第一，善意行为人为生产经营目的使用、许诺销售或者销售不知道是未经专利权人许可而制造并售出的专利侵权产品的行为，仍然属于侵权行为。在证明其产品的合法来源后仅免除其赔偿责任，并不能免除停止侵权的责任。因此，行为人被告知该产品为侵权产品后，不得再继续为生产经营目的销售或者使用该产品。

第二，能够部分免责的行为仅限于使用、许诺销售或者销售行为，不包括制造和进口的行为。《专利法》对专利产品的制造提供的保护是一种"绝对保护"，因为这种制造或者进口行为是侵权产品产生的源头，如果行为人的制造或者进口行为再享有免除赔偿的责任，则专利权将得不到有效保护。因此，制造者、进口者不能以不知道其制造、进口的产品是他人受保护的专利产品为理由，请求免除其赔偿责任。对于实际销售行为发生以前的许诺销售行为，一般来讲，不会对专利权人造成实际损害，所以不必要考虑承担赔偿损失的责任的问题。但是有些情况下，侵权人虽然没有因许诺销售行为实际获利，专利权人却可能因违法许诺销售行为而受到实际损害。因此，在某些情况下许诺销售侵权产品的行为人也需要承担赔偿责任。为此，出于保护善意第三人利益目的，《专利法》规定善意的许诺销售行为也可以免除赔偿责任。

第三，善意侵权行为的对象不仅包括未经许可生产、销售的专利产品，还包括未经许可生产、销售的依照专利方法所直接获得的产品。根据《专利法》第11条的规定，方法专利的保护不仅包括该方法的使用，而且包括使用、许诺销售、销售或者进口由该方法所直接获得的产品。如果专利权人对他人使用、许诺销售或者销售依照其专利方法直接获得产品的行为指控，被控侵权人也可以主张善意侵权行为的部分免责。

第四，免除被控侵权人赔偿责任的前提是其主观上是善意的、并且能够证明其产品的合法来源。如果行为人主观上"知道"其使用、许诺销售或者销售的是专利侵权产品，就不能主张免除赔偿责任。同时，行为人仅仅以"不知道"为理由也不能够以免除其赔偿责任，还必须证明其产品有合法来源。这样的要求一方面可以保证对专利权的保护，因为专利权人能够借助该信息找到侵权产品的源头；另一方面也能防止侵权人表面上以"不知道"为理由推卸其侵权责任，而暗地里却与侵权产品的制造者或者进口者串通一气、"分工合作"，以逃避侵权责任。

三、确认不侵权诉讼

实践中，专利权人发现侵权行为后，往往先寻求自力救济，向侵权人发出警告函或者律师函或者声明，要求对方停止侵权行为、赔偿损失。这本来是专利权人维护其合法权益的正当行为。但如果专利权人（有些情况下可能不是专利权人）没有确切依据滥发侵权警告或者律师声明，但又不积极与被警告人协商解决纠纷，也会损害被警告人的合法权益。例如，可能会导致被警告人丢掉市场、丧失客户、声誉受到影响。在这种情况下被警告人也可以利用确认不侵权诉讼制度制止专利权人滥用权利的行为，维护自己的合法权益。

最高人民法院〔2009〕21号司法解释规定："权利人向他人发出侵犯专利权的警告，被警告人或者利害关系人经书面催告权利人行使诉权，自权利人收到该书面催告之日起1个月内或者自书面催告发出之日起2个月内，权利人不撤回警告也不提起诉讼，被警告人或者利害关系人向人民法院提起请求确认其行为不侵犯专利权的诉讼的，人民法院应当受理。"

从上述规定可以得出，被警告人要提起确认不侵权诉讼，除了要满足《民事诉讼法》第108条规定的起诉条件外，还要符合以下条件：

第一，专利权人向其发出了侵权警告。表明被警告人的利益受到了危害，这一条件也是为了证明被警告人属于与本案有利害关系；

第二，被警告人已经采取了合理的自力救济，即向警告人发出了书面催告，并且经过了合理长的时间没有得到回应。实践中一些侵权人恶意利用不侵权诉讼制度，在专利权人主动与其协商解决侵权纠纷时，动辄提起确认不侵权之诉。这一条件的目的是要限制被警告人滥用不侵权诉讼制度；

第三，专利权人没有在收到书面催告之日起1个月内或者书面催告发出之日起2个月内撤回警告或者提起诉讼。如果专利权人按期起诉或者撤回了警告，则被警告人无权提起确认不侵权诉讼。

练习题及其解析

第一节练习题

1. 国家知识产权局于2010年10月20日向王某发出了授予专利权通知书，王某于2010年12月13日到国家知识产权局办理了登记手续，当日国家知识产权局对其专利权进行了登记，并于2010年12月17日进行了公告，2010年12月26日王某收到了国家知识产权局颁发的专利证书。王某的专利权应当自何时生效？

A. 2010年10月20日

B. 2010年12月13日

C. 2010年12月17日

D. 2010年12月26日

【解析】专利权自授权公告之日起生效。国家知识产权局发出授予专利权的通知书并不是专利权生效的时间点，申请人办理完登记手续专利权仍然没有生效，一直需要等到授权公告日，因为授权公告产生一种公示的效力，此时专利权才正式生效。

2. 以下有关专利权期限的说法哪些是正确的？

A. 专利权的期限自办理登记日起计算

B. 专利权的期限自授权公告日起计算

C. 专利权的期限自优先权日起计算

D. 专利权的期限自申请日起计算

【解析】发明专利权的期限为20年，实用新型专利权和外观设计专利权的期限为10年，均自申请日起计算。

第二节练习题

3. 在办理专利申请权或专利权的转让手续时，下列哪些情形应当出具商务主管部门颁发的《技术出口许可证》或者《技术出口合同登记证书》？

A. 广州市市民王某向国家知识产权局提交了一件外观设计专利申请并获得专利权，之后将该专利权转让给一家日本的企业

B. 北京市的一所大学与美国的一所大学共同向国家知识产权局提交了一件发明专利申请，之后将该专利申请权转让给一家韩国的企业

C. 上海市市民刘某向国家知识产权局提交了一件发明专利申请，之后刘某在美国做访问学者期间，将其专利申请权转让给一家美国的企业

D. 天津市的一家民营企业向国家知识产权局提交了一件发明专利申请并获得了专利权，之后将专利权转让给在中国内地注册的一家外资企业

【解析】根据《专利法》第10条第2款规定，中国单位或者个人向外国人、外国企业或者外国其他

组织转让专利申请权或者专利权的，应当依照有关法律、行政法规的规定办理手续。《专利审查指南2010》规定，中国单位或者个人向外国人、外国企业或者外国其他组织转让发明和实用新型专利申请或者专利权的，需要出具商务主管部门颁发的《技术出口许可证》或者《自由出口技术合同登记证书》。A选项中涉及外观设计专利权，不属于技术出口，而D选项中转让方和受让方都是中国单位，也不属于技术出口行为。需要说明的是，在《专利法》第三次修改前，A选项是正确的。

4. 甲公司就其所拥有的一项发明专利与乙公司签订了独占实施许可合同。下列说法哪些是正确的？

　　A. 当事人应当自合同生效之日起3个月内向国家知识产权局备案

　　B. 该独占实施许可合同未经国家知识产权局备案的，不产生法律效力

　　C. 由于甲乙之间签订的是独占实施许可合同，因此乙公司有权允许第三人实施该专利

　　D. 由于甲乙之间签订的是独占实施许可合同，因此甲公司有权自己实施该专利

【解析】　根据《专利法实施细则》第14条第2款的规定，专利权人与他人订立的专利实施许可合同，应当自合同生效之日起3个月内向国家知识产权局备案。但备案并不是专利实施许可的法定生效要件。因此，A选项正确，B选项错误。独占实施许可合同就是专利权人只许可一个被许可人实施其专利，而且专利权人自己也不得实施该专利，因此D选项是错误的。根据《专利法》第12条的规定，被许可人无权允许合同规定以外的单位或者个人实施。因此，对于乙是否有权许可第三人实施该专利的问题，取决于其与甲订立的独占实施许可合同是否有约定，如没有明确约定，则尽管该合同是独占实施许可合同，乙也无权允许第三人实施。

第三节练习题

5. 下列关于专利侵权行为的说法哪些是正确的？

　　A. 专利侵权行为侵犯的对象必须是受我国专利法保护的有效专利权

　　B. 被控侵权人必须是为生产经营目的实施专利的行为才有可能构成专利侵权行为

　　C. 被控侵权人主观上必须存在过错才有可能构成专利侵权行为

　　D. 被控侵权人实施的技术方案或者设计方案落入了专利权的保护范围才有可能构成专利侵权行为

【解析】《专利法》第60条的规定："未经专利权人许可，实施其专利，即侵犯其专利权……"据此可以得出，专利权人指控他人侵犯专利权，必须依据一项有效的专利。因此，所主张的专利权有效，是判定专利侵权行为的前提和基础。故A选项正确。《专利法》第11条规定："任何单位或者个人未经专利权人许可，不得实施其专利，即不得为生产经营目的的进行制造专利产品或者使用专利技术等行为。"因此，只有为生产经营目的使用某一项专利才可能构成侵权。例如，根据《专利法》第69条的规定，专为科学研究和实验而使用有关专利的，不视为专利侵权。故B选项正确。《专利法》第60条规定："未经专利权人许可，实施其专利，即侵犯其专利权……"可见，行为人主观上是否有过错并不是构成专利侵权行为的法定要件，故C选项错误。结合《专利法》第60条和第11条可以得出，被控侵权人制造、销售、进口等行为的对象必须是专利产品或者专利方法才会构成专利侵权行为，即被控侵权人实施的技术方案或者设计方案落入了专利权的保护范围才有可能构成专利侵权行为。故D选项正确。

第四节练习题

6. 某项实用新型专利权的权利要求所保护的技术方案由W、X、Y、Z 4个技术特征构成。下列哪些说法是正确的？

　　A. 某产品含有V、W、X、Y、Z 5个技术特征，则该产品的技术方案没有落入权利要求的保护范围

　　B. 某产品含有Q、X、Y、Z 4个技术特征，则该产品的技术方案没有落入权利要求的保护范围

　　C. 某产品含有W、X、Y 3个技术特征，则该产品的技术方案没有落入权利要求的保护范围

　　D. 某产品含有W、X、Y'、Z 4个技术特征，且Y'为Y的等同特征，则该产品的技术方案落入了权利要求的保护范围

【解析】　最高人民法院［2009］21号司法解释第7条规定："被诉侵权技术方案包含与权利要求记载的全部技术特征相同或者等同的技术特征的，人民法院应当认定其落入专利权的保护范围；被诉侵权技术方案的技术特征与权利要求记载的全部技术特征相比，缺少权利要求记载的一个以上的技术特征，或者有一个以上技术特征不相同也不等同的，人民法院应当认定其没有落入专利权的保护范围。"A选项中的产品含有专利权保护的技术方案的全部技术特征，因此落

入专利权的保护范围，故 A 选项错误。与专利权的全部技术特征相比，B 选项中的技术方案含有一个与专利权中的 W 特征既不相同也不等同的特征，因此没有落入专利权的保护范围，故 B 选项正确。C 选项中缺少技术特征 Z，因此未落入专利权的保护范围。D 选项的技术方案按照等同原则落入专利权的保护范围。

7. 下列哪些关于外观设计专利保护范围的说法是正确的？

A. 外观设计专利权的保护范围以专利权人生产的外观设计专利产品为准

B. 外观设计专利权的保护范围以表示在图片或者照片中的该产品的外观设计为准

C. 外观设计的简要说明可以用于解释该外观设计的保护范围

D. 外观设计专利权的保护范围以专利权人生产的外观设计专利产品的图片和照片为准

【解析】 根据《专利法》第 59 条第 2 款的规定，外观设计专利权的保护范围以表示在图片或者照片中的该产品的外观设计为准，简要说明可以用于解释图片或者照片所表示的该产品的外观设计。因此 B、C 选项正确，其余选项错误。

第五节练习题

8. 下列哪些行为不视为侵犯专利权？

A. 美国某架临时通过中国领空的飞机为飞行需要而在其装置中使用了某项中国专利技术

B. 某人在从厂家批发了一项该厂家享有专利权的产品后又转卖给他人

C. 某厂家在一大型的贸易洽谈会上订购了一批侵权的专利设备用于自己生产

D. 某厂家将自行开发的技术应用于生产，但同样的技术在该厂家开发前若干年已经由一外国公司在我国获得了专利权

【解析】 A 选项所列行为属于《专利法》第 69 条第（三）项规定的临时过境的交通工具为自身所需要使用专利技术的情形，不视为侵犯专利权的行为。B 选项所列行为属于《专利法》第 69 条第（一）项规定的权利用尽的情形，不视为侵犯专利权的行为。C 选项中行为人订购的属于侵权产品，不属于权利用尽的情形，应当属于《专利法》第 11 条规定的未经许可为生产经营目的使用专利产品的行为，属于侵权行为。D 选中行为人完成该技术的日期在专利申请日之后，不能享有先用权，应当认定为侵权行为。

9. 在某外国企业获得一项产品发明的中国专利后，国内某厂的下列哪些行为构成专利侵权行为？

A. 在研制与专利产品不同种类的新产品过程中使用自行仿制的该专利产品作为工具

B. 在研制该专利产品的替代产品过程中仿制该专利产品并对其进行实验和研究

C. 为满足某大学对该专利产品进行科学研究的需要而仿制该专利产品并免费赠送给该大学

D. 为满足某大学对该专利产品进行科学研究的需要而仿制该专利产品并出售给该大学

【解析】 4 个选项都是要判断行为人的实施该专利的行为是否属于《专利法》第 69 条第（四）项规定的为科学研究和实验目的的使用行为。A 选项的目的并不是研究专利技术本身，而是利用专利产品作为工具研究另一种类的产品，不属于实验例外的情形，应当认定为侵权行为。B 选项是对专利产品本身进行实验和研究，从而研发其替代产品，应当属于第 69 条规定的实验例外的情形，不视为侵权行为。C、D 选项中行为人无论是将仿制品赠送还是出售给该大学，其制造专利产品的目的都不是为了实验目的，而是为了生产经营目的（不以是否盈利为限），应当认定为侵权行为。

10. 行为人在不知情且能证明产品合法来源的情况下，为生产经营目的对某专利侵权产品的实施了下列哪些行为，可以不承担赔偿责任？

A. 制造

B. 使用

C. 许诺销售

D. 销售

【解析】 根据《专利法》第 70 条的规定，对于使用、许诺销售、销售的行为人善意侵权行为，如果行为人能够证明其侵权产品的合法来源的，可以免除其赔偿责任。但对于善意的制造和进口行为，《专利法》没有免除赔偿责任的规定。

第六节练习题

11. 专利权人可以通过下列哪些方式解决专利侵权纠纷？

A. 与侵权人协商

B. 请求侵权人所在地的省级人民政府管理专利工作的部门处理

C. 请求侵权人所在地的县工商行政管理部门处罚

D. 向侵权人所在地的县人民法院提起民事诉讼

【解析】《专利法》第 60 条规定，未经专利权人许可，实施其专利即侵犯其专利权，引起纠纷的，由

当事人协商解决；不愿协商或者协商不成的，专利权人或者利害关系人可以向人民法院起诉，也可以请求管理专利工作的部门处理。由此可知，专利权人可以通过与侵权人协商、请求管理专利工作的部门处理和向人民法院提起诉讼这三种方式解决专利侵权纠纷。因此，A选项正确，C选项错误。《专利法实施细则》第81条规定，当事人请求处理专利侵权纠纷或者调解专利纠纷的，由被请求人所在地或者侵权行为地的管理专利工作的部门管辖。故B选项正确。根据最高人民法院［2001］21号司法解释第2条的规定，专利纠纷第一审案件，由各省、自治区、直辖市人民政府所在地的中级人民法院和最高人民法院指定的中级人民法院管辖。由此可知，侵权人所在地的县人民法院无权管辖专利纠纷案件，D选项错误。

12. 甲公司就乙公司侵犯其专利权的行为请求某省知识产权局处理，下列哪些说法是正确的？

　　A. 该知识产权局认定乙公司的行为构成侵权，可以责令乙公司立即停止侵权行为

　　B. 该知识产权局在认定乙公司的行为构成侵权后，应当主动就侵权的赔偿数额进行调解，如调解不成，甲公司和乙公司可以向人民法院起诉

　　C. 如果乙公司向专利复审委员会提出了宣告甲公司专利无效的请求，且该请求被专利复审委员会受理，则该知识产权局依乙公司的请求可以中止侵权案件的处理

　　D. 乙公司在收到该知识产权局作出的责令其立即停止侵权行为的处理通知后，15日内未起诉，也未停止侵权行为，该知识产权局可以申请人民法院强制执行

【解析】《专利法》第60条规定，管理专利工作的部门处理专利侵权纠纷时，认定侵权行为成立的，可以责令侵权人立即停止侵权行为，当事人不服的，可以自收到处理通知之日起15日内向人民法院起诉；侵权人期满不起诉又不停止侵权行为的，管理专利工作的部门可以申请人民法院强制执行。据此，A、D选项正确。进行处理的管理专利工作的部门应当事人的请求，可以就侵犯专利权的赔偿数额进行调解，而不能依职权对赔偿数额纠纷进行调解，因此B选项错误。《专利法实施细则》第82条规定，在处理专利侵权纠纷过程中，被请求人提出无效宣告请求并被专利复审委员会受理的，可以请求管理专利工作的部门中止处理。因此，C选项正确。

13. 专利权人罗某认为何某侵犯了其发明专利权，

向人民法院提出诉前责令停止侵犯专利权行为的申请。下列说法哪些是正确的？

　　A. 罗某在提出申请时，应当提交专利证书、专利年费缴纳凭证、权利要求书和说明书

　　B. 罗某在提出申请时，应当提供担保，否则其申请将被驳回

　　C. 人民法院作出诉前停止侵犯专利权行为的裁定事项，应当限于罗某的请求范围

　　D. 如果何某提出反担保，则应当解除停止侵犯专利权行为裁定所采取的措施

【解析】根据最高人民法院《关于对诉前停止侵犯专利权行为适用法律问题的若干规定》第4条的规定，专利权人在向人民法院提出诉前责令停止侵犯专利权行为申请时，应当提交证明其专利权真实有效的文件，包括专利证书、权利要求书、说明书、专利年费缴纳凭证。因此，A选项正确。该司法解释的第6条规定，申请人提出申请时应当提供担保，申请人不提供担保的，驳回申请。因此，B选项正确。该司法解释第5条规定，人民法院作出诉前停止侵犯专利权行为的裁定事项，应当限于专利权人或者利害关系人申请的范围。因此，C选项正确。该司法解释第8条规定，停止侵犯专利权行为裁定所采取的措施，不因被申请人提出反担保而解除。因此，D选项是错误的。

14. 北京市的专利权人甲到四川出差，偶然发现乙公司在成都销售侵犯其专利权的产品。经调查，这些产品都是由深圳市的丙厂所生产。以下有关人民法院管辖权的说法哪些是正确的？

　　A. 无论甲仅对乙公司提起诉讼，还是仅对丙厂提起诉讼，或是以乙公司和丙厂作为共同被告起诉，北京市第一中级人民法院都有管辖权

　　B. 甲以乙公司和丙厂作为共同被告提起诉讼，成都市中级人民法院有管辖权

　　C. 甲仅对丙厂提起诉讼，而未对乙公司提起诉讼，则深圳市中级人民法院有管辖权

　　D. 甲仅对乙公司提起诉讼，而未对丙厂提起诉讼，则成都市中级人民法院有管辖权

【解析】根据最高人民法院［2001］21号司法解释第5条的规定，因侵犯专利权行为提起的诉讼，由侵权行为地或者被告住所地人民法院管辖。第6条规定，原告仅对侵权产品制造者提起诉讼，未起诉销售者，侵权产品制造地与销售地不一致的，制造地人民法院有管辖权；以制造者与销售者为共同被告起诉

的，销售地人民法院有管辖权。在本题中，由于成都是销售地，深圳是制造地，因此，如果甲仅起诉丙厂，未起诉乙公司，则深圳市中级人民法院有管辖权；如果甲以乙公司和丙厂为共同被告提起诉讼，则成都市中级人民法院有管辖权；如果甲仅起诉乙公司，则成都市中级人民法院有管辖权。故 B、C、D 选项正确。就本题而言，专利权人所在地的北京市第一中级人民法院对此案不享有管辖权，故 A 选项错误。

15. 下列关于侵犯专利权案件中赔偿数额的计算方法的说法哪些是正确的？

A. 权利人因被侵权所受到的损失可以根据专利权人的专利产品因侵权所造成销售量减少的总数乘以每件专利产品的合理利润所得之积计算

B. 有专利许可使用费可以参照的，人民法院可以根据相关因素，参照该专利许可使用费的 2～5 倍合理确定赔偿数额

C. 侵权人因侵权所获得的利益可以根据该侵权产品在市场上销售的总数乘以每件专利产品的合理利润所得之积计算

D. 人民法院可以根据专利权的类别、侵权人侵权的性质和情节等因素，在人民币 1 万元以上 100 万元以下确定赔偿数额

【解析】《专利法》第 65 条规定，侵犯专利权的赔偿数额按照权利人因被侵权所受到的实际损失确定；实际损失难以确定的，可以按照侵权人因侵权所获得的利益确定。权利人的损失或者侵权人获得的利益难以确定的，参照该专利许可使用费的倍数合理确定。赔偿数额还应当包括权利人为制止侵权行为所支付的合理开支。权利人的损失、侵权人获得的利益和专利许可使用费均难以确定的，人民法院可以根据专利权的类型、侵权行为的性质和情节等因素，确定给予 1 万元以上 100 万元以下的赔偿。因此 D 选项是正确的。同时，最高人民法院〔2001〕21 号司法解释第 20 条第 2 款和第 21 条对侵权赔偿数额的计算进行了详细的规定。权利人因被侵权所受到的损失可以根据专利权人的专利产品因侵权所造成销售量减少的总数乘以每件专利产品的合理利润所得之积计算。因此 A 选项正确。侵权人因侵权所获得的利益可以根据该侵权产品在市场上销售的总数乘以每件侵权产品的合理利润所得之积计算，因此 C 选项错误。有专利许可使用费可以参照的，人民法院可以根据专利权的类别、侵权人侵权的性质和情节、专利许可使用费的数额、该专利许可的性质、范围、时间等因素，参照该专利许可使用费的 1～3 倍合理确定赔偿数额，因此 B 选项错误。

【练习题答案】

1. C	2. D	3. BC	4. A	5. ABD	6. BCD	7. BC
8. AB	9. ACD	10. BCD	11. AB	12. ACD	13. ABC	14. BCD
15. AD						

第十一章　与专利相关的其他权利的保护

第十一章

[本章导读]

本章内容涵盖《考试大纲》第六章第三节和第四节的所有知识点，主要涉及专利侵权纠纷以外的其他专利纠纷及其法律救济。具体地说，包括假冒专利纠纷、专利申请权或专利权归属纠纷、发明人或设计人资格纠纷、职务发明创造的发明人、设计人的奖酬纠纷、发明专利临时保护的使用费纠纷等，还包括其他违反专利法的行为及其法律责任。此外，专利实施的强制许可和发明专利的推广应用也在本章讲解。

本章内容涉及的法律、法规条款主要包括《专利法》第六章、第七章以及《专利法实施细则》第五章至第七章的相关条款。此外，还涉及《专利行政执法办法》《专利实施强制许可办法》《涉及公共健康问题的专利实施强制许可办法》。

关于专利权本身的保护，请参见本书第十章。

除《专利法》第60条规定的专利侵权纠纷外，实践中还存在其他专利纠纷。例如，假冒专利的纠纷、专利申请权或专利权权属纠纷、奖酬纠纷、发明人资格纠纷等。除此之外，《专利法》还规定了其他一些违法行为的法律责任，包括违反《专利法》第20条规定向外国申请专利的行为、专利行政部门人员渎职行为，管理专利工作的部门参与经营活动等。《专利法》还规定了专利实施的强制许可和对发明专利的推广应用，这些其实是对专利权行使的一种限制，目的是为了保护公众利益，防止专利权人滥用权利。

第一节　假冒专利的行为

虽然从宽泛的意义上讲，假冒专利的行为一般也属于侵犯专利权的行为，但严格地说，只有《专利法》第60条规定的行为属于专利侵权行为。而且有些时候行为人的行为没有侵犯任何人的专利权，例如行为人在其产品上标注了一个实际上并不存在的专利号，仍然构成假冒专利的行为。假冒专利的行为是一种误导公众、扰乱市场经济秩序的行为，不仅侵害专利权人的民事权利，而且还侵害专利管理秩序，具有更大的社会危害性。因此，行为人承担民事责任之外，还要承担行政责任，构成犯罪的还要承担刑事责任。

一、假冒专利行为的构成

根据《专利法实施细则》第84条第1款的规定，假冒专利的行为包括以下几种：（1）在未被授予专利权的产品或者其包装上标注专利标识，专利权被宣告无效后或者终止后继续在产品或者其包装上标注专利标识，或者未经许可在产品或者产品包装上标注他人的专利号；（2）销售上述产品；（3）在产品说明书等材料中将未被授予专利权的技术或者设计称为专利技术或者专利设计，将专利申请称为专利，或者未经许可使用他人的专利号，使公众将所涉及的技术或者设计误认为是专利技术或者专利设计；（4）伪造或者变造专利证书、专利文件或者专利申请文件；（5）其他使公众造成混淆，将未被授予专利权的技术或者设计误认为是专利技术或者专利设计的行为。

从上述规定可以归纳出构成假冒专利的行为需要具备以下构成要件：

第一，无论被假冒的专利是否真实存在都构成假冒专利。如果被假冒的专利是真实存在的而且是他人的专利，则行为人既需要承担行政违法责任，也需要向被假冒的专利权人承担民事侵权责任。

第二，假冒专利的行为并不一定构成《专利法》第60条规定的侵权行为。标注专利标识的产品背后的技术方案是否落入他人专利权的保护范围，并不是判定是否构成假冒专利行为要考虑的因素。例如，对于未经许可在产品或者产品包装上标注他人的专利号的，无论该产品的技术方案是否落入他人专利权的保护范围之内，都属于假冒专利的行为，应当受到法律的制裁。

根据《专利法实施细则》第84条第1款的规定，专利权终止后继续在产品或者其包装上标注专利标识的行为属于假冒专利的行为，销售该产品的也属于假冒专利的行为，但在专利权终止前依法在专利产品、依照专利方法直接获得的产品或者其包装上标注专利标识，在专利权终止后许诺销售、销售该产品的，不属于假冒专利行为。❶ 对于被宣告无效的专利，即使是在被宣告无效前标注的专利标识，在专利权被宣告无效后也不能在未消除专利标识的情况下销售该产品，因为被宣告无效的效力使该专利自始既不存在，这点与专利权终止的效力不同。

《专利法实施细则》第84条第3款规定："销售不知道是假冒专利的产品，并且能够证明该产品合法来源的，由管理专利工作的部门责令停止销售，但免除罚款的处罚。"由于在现实生活中，销售者难以对其销售的商品是否为专利产品进行一一核查，因此本条规定对不知情而又能证明合法来源的善意销售者免除了罚款的处罚。但是，由于其销售行为性质上仍属于假冒专利，有关产品仍然是假冒专利的产品，故仍应当停止销售。只有在销售者消除假冒的标识后，才可以销售该产品。

二、假冒专利行为的法律责任

假冒专利行为具有欺骗公众的性质，损害了公众的利益，扰乱了正常的市场秩序，具有社会危害性。因此有必要对其进行行政处罚，以维护公众利益。对于假冒他人专利的，行为人还需要对被假冒的专利权人承担民事责任，情节严重的，还应当根据《刑法》追究其刑事责任。

（一）民事责任

如果假冒专利行为所假冒的专利权真实存在，则构成对他人专利权的侵犯，属于一种民事侵权行为，应当承担民事责任。

未经许可在产品上标注他人专利标记和专利号，直接侵害了专利权人拥有的专利权中的标注权。即使假冒专利的产品实际上并没有使用他人的专利技术、不具备专利产品应有的功能，这样的产品在市场上出售，也必然会影响专利产品的声誉，损害专利权人通过制造、销售专利产品获益的权利。其承担民事责任的方式根据《民法通则》第118条的规定来确定。❷

如果假冒专利的行为人同时还使用了他人的专利技术，则构成了《专利法》第60条规定的侵犯他人专利的行为，除了承担上述所述的民事责任之外，还应当根据《专利法》第60条的规定承担民事责任。

如果假冒专利行为所假冒的专利权根本不存在则无须承担民事责任，因为没有权利人向其主张民事侵权责任。

---

❶ 《专利法实施细则》第84条第2款。
❷ 《民法通则》第118条规定："公民、法人的著作权（版权）、专利权、商标专用权、发现权、发明权和其他科技成果权受到剽窃、篡改、假冒等侵害的，有权要求停止侵害，消除影响，赔偿损失。"

（二）行政责任

假冒专利行为属于一种行政违法行为，应当承担行政责任。一方面，假冒专利的行为以假乱真，欺骗消费者，损害了广大消费者的利益；另一方面，假冒专利的行为损害了专利产品的形象，损害了公众对专利制度的信心，破坏了专利行政管理秩序，因此需要承担相应的行政责任。所述行政责任包括由地方专利管理机关责令改正并予以公告，没收违法所得，同时可以并处违法所得 4 倍以下的罚款，没有违法所得的，可以处 20 万元以下的罚款。

管理专利工作的部门一般按照如下方式确定行为人的违法所得：对于销售假冒专利的产品的行为，以产品销售价格乘以所销售产品的数量作为其违法所得；对于订立假冒专利的合同的，以收取的费用作为其违法所得。

（三）刑事责任

《刑法》第 216 条规定："假冒他人专利，情节严重的，处 3 年以下有期徒刑或者拘役，并处或者单处罚金。"假冒他人专利的行为，不但侵犯了专利权人的利益，而且侵犯了公众利益，破坏社会经济秩序，具有社会危害性。如果情节严重构成犯罪，其行为人应当承担刑事责任。最高人民法院和最高人民检察院于 2004 年 11 月发布的《关于办理侵犯知识产权刑事案件具体应用法律若干问题的解释》第 4 条规定，假冒他人专利，具有下列情形之一的，属于《刑法》第 216 条规定的"情节严重"：一是，非法经营数额在 20 万元以上或者违法所得数额在 10 万元以上的；二是，给专利权人造成直接经济损失 50 万元以上的；三是，假冒两项以上他人专利，非法经营数额在 10 万元以上或者违法所得数额在 5 万元以上的。对于行为人的上述行为，应当以假冒专利罪判处 3 年以下有期徒刑或者拘役，并处或者单处罚金。

三、对假冒专利行为的查处

根据《专利法》第 64 条的规定，管理专利工作的部门根据已经取得的证据，对涉嫌假冒专利行为进行查处时，可以询问有关当事人，调查与涉嫌违法行为有关的情况；对当事人涉嫌违法行为的场所实施现场检查；查阅、复制与涉嫌违法行为有关的合同、发票、账簿以及其他有关资料；检查与涉嫌违法行为有关的产品，对有证据证明是假冒专利的产品，可以查封或者扣押。管理专利工作的部门依法行使前款规定的职权时，当事人应当予以协助、配合，不得拒绝、阻挠。

根据《专利行政执法办法》规定，查处假冒专利行为由行为发生地的管理专利工作的部门管辖。管理专利工作的部门发现或者接受举报发现假冒专利行为的，应当及时立案，并指定两名或者两名以上案件承办人员进行调查。由于查封扣押的强制措施对当事人影响较大，因此管理专利工作的部门查封、扣押假冒专利的产品的，需要经其负责人批准。查封、扣押时，应当向当事人出具有关通知书。查封、扣押当事人涉嫌假冒专利产品的，应当当场清点，制作笔录和清单，由当事人和案件承办人员签名或者盖章，并将该清单交由当事人留存一份。如果当事人拒绝签名或者盖章的，案件承办人员要在笔录上注明。

管理专利工作的部门在对涉嫌假冒专利的案件进行调查后，如果假冒专利行为成立的，应当决定给予行政处罚；如果涉嫌构成犯罪的应当移送公安机关；如果假冒专利行为轻微并已及时改正的，免予处罚；假冒专利行为不成立的，应当依法撤销案件。管理专利工作的部门作出行政处罚决定前，应当告知当事人作出处罚决定的事实、理由和依据，并告知当事人依法享有的权利。管理专利工作的部门拟作出较大数额罚款的决定之前，应当告知当事人有要求举行听证的权利。当事人提出听证要求的，应当依法进行听证程序。在查处过程中，为保障当事人进行陈述和申辩的权利，《专利行政执法办法》还规定，管理专利工作的部门不得因当事人申辩而加重行政处罚。

对于当事人提出的事实、理由和证据，管理专利工作的部门应当进行核实，事实属实、理由成立的，应当予以采纳。

需要注意的是，《专利法》第 64 条规定的行政执法手段仅适用于对假冒专利行为的查处。管理专利工作的部门依照《专利法》第 60 条的规定应权利人的请求对侵犯专利权的纠纷进行处理，不能适用本条规定。

管理专利工作的部门认定假冒专利行为成立的，应当根据不同的假冒行为责令行为人分别采取下列改正措施：

第一，对于在未被授予专利权的产品或者其包装上标注专利标识、专利权被宣告无效后或者终止后继续在产品或者其包装上标注专利标识或者未经许可在产品或者产品包装上标注他人的专利号的假冒行为，责令行为人立即停止标注行为，消除尚未售出的产品或者其包装上的专利标识；如果产品上的专利标识难以消除的，应当销毁该产品或者包装。

第二，对于销售前述产品的假冒行为，应当责令行为人立即停止销售行为。

第三，对于在产品说明书等材料中将未被授予专利权的技术或者设计称为专利技术或者专利设计，将专利申请称为专利，或者未经许可使用他人的专利号，使公众将所涉及的技术或者设计误认为是他人的专利技术或者专利设计的假冒行为，应当责令行为人立即停止发放该材料，销毁尚未发出的材料，并消除影响。

第四，对于伪造或者变造专利证书、专利文件或者专利申请文件的假冒行为，应当责令行为人立即停止伪造或者变造行为，销毁伪造或者变造的专利证书、专利文件或者专利申请文件，并消除影响。

根据《专利行政执法办法》规定，假冒专利行为的行为人应当自收到管理专利工作的部门作出的处罚决定书之日起 15 日内，到指定的银行缴纳处罚决定书写明的罚款；到期不缴纳的，每日按罚款数额的 3‰加处罚款。行为人对于处罚决定不服的，可以依据《行政复议法》申请行政复议，或者根据《行政诉讼法》直接向人民法院起诉。但在行政复议或者诉讼期间不停止决定的执行。

第二节　其他专利纠纷及其解决途径

本节主要介绍专利申请权和专利权归属纠纷、发明人、设计人资格纠纷、职务发明创造的发明人、设计人的奖励和报酬纠纷、发明专利临时保护使用费纠纷，以及这些纠纷的解决途径。

一、其他专利纠纷

（一）专利申请权归属纠纷

专利申请权归属纠纷，是指一项发明创造在申请专利之后授予专利权以前，当事人之间就专利申请权的归属产生的纠纷，主要包括：发明人或设计人与其单位因发明创造是否属于职务发明创造而产生的专利申请权的归属纠纷；关于合作完成或委托完成的发明创造的专利申请权的归属纠纷；因专利申请权转让产生的权属纠纷；因专利申请权继承产生的归属纠纷等。

（二）专利权归属纠纷

专利权归属纠纷，是指一项发明创造被授予专利权之后，当事人之间就该专利权的归属产生的纠纷，专利权归属纠纷产生的原因与专利申请权归属纠纷相同。专利权归属纠纷的当事人应当和专利申请权归属纠纷的当事人一样，如果当事人没有在专利申请阶段产生纠纷，而是在专利授权后产生纠纷的，就成为了专利权归属纠纷。

（三）发明人、设计人资格纠纷

发明人、设计人资格纠纷，是指在确定谁是发明创造的发明人或者设计人时产生的纠纷。《专利法实施细则》第13条规定，发明创造的发明人或者设计人，是指对发明创造的实质性特点作出创造性贡献的人。在完成发明创造过程中，只负责组织工作的人、为物质技术条件的利用提供方便的人或者从事其他辅助工作的人，不是发明人或者设计人。当事人之间就谁属于某项发明创造的发明人或者设计人产生纠纷的，将根据这一条规定的条件来认定。

（四）职务发明创造的发明人、设计人的奖励和报酬纠纷

《专利法》第16条规定："被授予专利权的单位应当对职务发明创造的发明人或者设计人给予奖励；发明创造专利实施后，根据其推广应用的范围和取得的经济效益，对发明人或者设计人给予合理的报酬。"《专利法实施细则》第六章规定了给予奖酬的方式和标准。职务发明创造的发明人或者设计人与其所在单位就职务发明创造的奖酬的方式和数额产生的纠纷，属于职务发明创造的发明人、设计人的奖励和报酬纠纷。

（五）发明专利临时保护使用费纠纷

《专利法》第13条第1款规定："在发明专利申请公布后，申请人可以要求实施其发明的单位或者个人支付适当的费用。"如果实施者在该申请授权前拒绝支付适当费用的，专利申请人可以在该申请被授权后，要求该实施者支付使用费。在发明专利申请被授予专利权之前，专利申请人无权就该费用纠纷寻求公力救济。但实施者在该申请被授予专利权之后仍然拒绝支付，专利权人就可以就此纠纷请求地方管理专利工作的部门调解，也可以直接向人民法院起诉。因此，我们此处所讲的发明专利临时保护使用费的纠纷，是指发明专利申请被授予专利权后的纠纷。

二、纠纷的解决途径

《专利法实施细则》第85条规定，管理专利工作的部门应当事人请求，可以对于上述专利纠纷进行调解。因此，当事人遇到上述纠纷后可以依据该条规定，请求地方管理专利工作的部门调解，也可以根据《专利法》和《民事诉讼法》的规定，向人民法院起诉。

（一）请求行政机关调解

请求管理专利工作的部门调解专利纠纷的，当事人应当提交请求书。请求书应当记载以下内容：请求人的姓名或者名称、地址，法定代表人或主要负责人的姓名、职务，被请求人的姓名或名称、地址；请求调解的具体事项和理由；委托代理人的，要填写代理人的姓名和代理机构的名称、地址。

管理专利工作的部门收到调解请求书后，经审查符合受理条件的，应当及时将请求书副本通过寄交、直接送交或者其他方式送达被请求人，要求其在收到之日起15日内提交意见陈述书。调解应当完全遵循自愿的原则，如果被请求人提交意见陈述书并同意进行调解的，管理专利工作的部门应当及时立案，并通知请求人和被请求人进行调解的时间和地点；如果被请求人逾期未提交意见陈述书，或者在意见陈述书中表示不接受调解的，不能进行调解，管理专利工作的部门应当不予立案，并通知请求人。

管理专利工作的部门调解专利纠纷可以邀请有关单位或者个人协助，被邀请的单位或者个人应当协助进行调解。

当事人经调解达成协议的，管理专利工作的部门应当制作调解协议书，加盖其公章，并由双

方当事人签名或者盖章；未能达成协议的，管理专利工作的部门以撤销案件的方式结案，并通知双方当事人。

对于因专利申请权或专利权的归属纠纷请求调解的，为了防止对方当事人恶意放弃或者转让专利申请权或者专利权，当事人可以持管理专利工作的部门的受理通知书请求国家知识产权局中止该专利申请或专利权的有关程序。经调解达成协议后，当事人应当持调解协议书向国家知识产权局办理恢复手续；达不成协议的，当事人应当持管理专利工作的部门出具的撤销案件通知书向国家知识产权局办理恢复手续。自请求中止之日起满 1 年未请求延长中止的，国家知识产权局将自行恢复有关程序。

（二）向人民法院起诉

当事人也可以根据最高人民法院司法解释的规定，通过向人民法院起诉解决上述专利纠纷。根据最高人民法院［2009］21 号司法解释的规定，上述专利纠纷案件的级别管辖规则与专利侵权纠纷的级别管辖规则相同，一审案件由各省、自治区、直辖市人民政府所在地的中级人民法院和最高人民法院指定的中级人民法院管辖。❶

第三节　其他违反专利法的行为及其法律责任

《专利法》第 71 条、第 72 条、第 73 和第 74 条还规定了 4 种违反专利法的行为及其法律责任。行为人主要涉及专利申请人或者专利权人，或者是国家机关工作人员。

一、擅自向外国申请专利泄露国家秘密及其法律责任

根据《专利法》第 20 条第 1 款规定，任何单位或者个人将在中国完成的发明或者实用新型向外国申请专利的，应当事先报经国务院专利行政部门进行保密审查。如果申请人违反向外申请前保密审查的规定向外申请的，无论该行为是否泄露国家秘密，只要该发明或者实用新型也在中国申请专利的，有关申请将被驳回，如果已被授权的将被宣告无效。

根据《专利法》第 71 条的规定，没有经过保密审查而向外国申请专利泄露国家秘密的，由所在单位或者上级主管机关给予行政处分；构成犯罪的，依法追究刑事责任。

我国《刑法》第 398 条规定："国家机关工作人员违反国家保守秘密法的规定，故意或者过失泄露国家秘密，情节严重的，处 3 年以下有期徒刑或者拘役；情节特别严重的，处 3 年以上 7 年以下有期徒刑。非国家机关工作人员犯前款罪的，依照前款的规定酌情处理。"因此，违反《专利法》第 20 条的规定向外国申请专利，泄露国家秘密，情节严重的，可构成上述《刑法》规定的泄露国家机密罪，应当依法承担刑事责任。《刑法》第 398 条的规定包含两种情况，一种是国家机关工作人员泄露国家秘密，是针对负有保密义务的国家机关工作人员所作的规定；一种是非国家机关工作人员泄露国家秘密，适用于所有的人。《专利法》第 71 条规定的违法向外国申请专利，泄露国家秘密构成犯罪，属于后一种情况，应当依照关于非国家机关工作人员泄露国家秘密罪的规定酌情处理。

二、侵夺发明人、设计人权益的行为及其法律责任

所谓侵夺发明人、设计人权益的行为，主要是指行为人违反《专利法》相关规定，侵犯了发

---

❶　《关于审理专利纠纷案件适用法律问题的若干规定》（法释字［2001］第 21 号）第 2 条。

明人或者设计人的合法权益的行为。发明人或者设计人所享有的合法权益包括：根据《专利法》第6条享有的对非职务发明创造申请专利的权利；根据《专利法》第16条享有对其职务发明创造获得奖励、报酬的权利；根据《专利法》第17条享有有在专利文件中写明自己是发明人或者设计人的权利。如果行为人违反了《专利法》的上述规定，侵夺了发明人或者设计人的合法权益，就属于侵夺发明人、设计人权益的行为。根据《专利法》第72条的规定，侵夺发明人或者设计人的非职务发明创造专利申请权和本法规定的其他权益的，由所在单位或者上级主管机关给予行政处分。由于这一规定在1984年《专利法》制定时就有了，一直没有变化，还带有计划经济时代的烙印。随着社会的发展，因上述行为产生的纠纷实质上就是专利申请权或者专利权归属纠纷、职务发明创造的奖励、报酬纠纷、发明人或者设计人资格纠纷，当事人可以请求管理专利工作的部门调解，也可以直接向有管辖权的人民法院起诉。

三、管理专利工作的部门参与经营活动及其法律责任

根据《专利法》第73条的规定，管理专利工作的部门不得参与向社会推荐专利产品等经营活动。管理专利工作的部门违反这一规定的，由其上级机关或者监察机关责令改正，消除影响，有违法收入的予以没收；情节严重的，对直接负责的主管人员和其他直接责任人员依法给予行政处分。

这一规定是针对一些行政机关，包括个别管理专利工作的部门超越职能、参与经营活动、非法谋取利益的行为作出的规定。

该条所称"管理专利工作的部门"是各级人民政府设立的，负责管理专利工作的行政机关。向社会推荐专利产品，是指为了自身的利益，利用社会对政府行政机关的信任，向社会介绍专利产品，鼓励公众购买、使用专利产品。参与专利产品的经营活动，指以获取经济利益为目的，参与专利产品的生产、销售活动。管理专利工作的部门应当依法在规定的职能范围内行使职权，履行职能。管理专利工作的部门向社会推荐专利产品，参与专利产品经营活动，会干扰正常的社会经济秩序，损害政府的形象，应当承担相应的法律责任，包括：由上级机关或者监察机关责令改正，消除影响，没收违法所得；情节严重的，对直接负责的主管人员和其他直接责任人员依法给予行政处分。直接负责的主管人员指作出推荐专利产品或者参与专利产品经营活动的决定的人员；其他直接责任人员指直接参与推荐专利产品或者其他经营活动，具体执行任务的人员。

四、专利行政部门人员渎职行为及其法律责任

根据《专利法》第74条的规定，从事专利管理工作的国家机关工作人员以及其他有关国家机关工作人员玩忽职守、滥用职权、徇私舞弊，构成犯罪的，依法追究刑事责任；尚不构成犯罪的，依法给予行政处分。该条规定的法律责任有两种情况：一是如果上述行为情节严重，按照《刑法》的规定构成犯罪的，需要承担刑事责任；二是如果上述行为情节较轻，尚不构成犯罪的，依法给予行政处分。

第四节　专利实施的强制许可

专利权是一种独占权，具有排他性，专利权人有权禁止他人未经其许可实施其专利。因此，专利权相对于其他权利更容易被滥用。为了防止专利权人滥用其专利权，《巴黎公约》很早就规定，各成员国都应有权采取立法措施规定授予强制许可，以防止由于行使专利所赋予的专有权而

可能产生的滥用，例如专利权人不实施其专利。❶ TRIPS 协定也规定，各成员的法律可以授权，在未经专利权人许可的情况下，由政府使用或者政府许可第三方使用专利技术。❷ 强制许可的理念就是防止专利权人滥用其权利，保证公众的利益与专利权人利益的适当平衡。根据《专利法》的规定，任何单位和个人为生产经营目的实施他人专利的，都必须得到专利权人的同意，并与专利权人签订实施许可合同。如果专利权人不同意给予实施许可，任何单位或者个人的实施行为就有可能构成侵犯专利权的行为。为了防止专利权人滥用权利并维护公共利益，《专利法》在赋予专利权人上述权利的同时，也规定了专利实施的强制许可制度。

《专利法》规定的强制许可制度只适用于发明和实用新型专利，而不适用于外观设计专利。这是因为发明或者实用新型专利的保护客体是解决某种技术问题技术方案，一般不容易寻找到替代的技术方案，在专利权人不愿意订立实施许可合同的情况下，如果不允许请求强制许可，有可能会影响技术的推广应用，不利于科技进步和创新。而外观设计专利的保护客体是工业品外表的形状、图案、色彩的新颖设计，专利权人不愿意订立许可合同时，其他人可以设计出别的式样，所以没有必要给予强制许可。

一、强制许可的类型

《专利法》规定的强制许可可以分为以下几种类型：因专利权人不实施或者未充分实施专利而给予的强制许可、为消除或者减少垄断行为对竞争产生的不利影响而给予的强制许可、为公共利益目的而给予的强制许可、为公共健康目的而给予的强制许可以及为从属专利目的的强制许可。

（一）因专利权人未实施或者未充分实施专利而给予的强制许可

《专利法》第 48 条第（一）项规定："专利权人自专利权被授予之日起满 3 年，且自提出专利申请之日起满 4 年，无正当理由未实施或者未充分实施其专利，国家知识产权局根据具备实施条件的单位或者个人的申请，可以给予实施该发明或者实用新型专利的强制许可。"此外，《专利法》第 54 条规定："依照第 48 条第（一）项规定申请强制许可的单位或者个人还应当提供证据，证明其以合理的条件要求专利权人授予实施专利的许可，未能在合理的时间内获得许可。"也就是说，申请人并不能直接请求给予强制许可，申请强制许可前，申请人应当先就授予实施该专利的许可以合理的条件与专利权人商谈，如果在合理长的时间内没有能够获得专利权人的许可，才可以申请给予实施该专利的强制许可。以此作为授予强制许可的条件之一的目的在于，促使双方通过协商订立实施专利的许可合同，促进被许可人与专利权人的合作，有利于专利技术的更好实施。

专利制度的宗旨之一就是要推动发明创造的运用。如果专利权人在法定期限届满后没有正当理由仍未实施或者未充分实施其专利，就不能拒绝他人合理的许可请求，否则就妨碍了专利技术的推广应用，违背了专利制度的宗旨。因专利权人无正当理由未实施或者未充分实施专利而给予强制许可，对于推动发明创造的应用，保证专利制度的正常运作是必要的。

以未实施或者未充分实施为理由请求给予强制许可的，在时间上应当有一个限制，即需要给专利权人实施其专利以合理的准备时间。根据《专利法》第 48 条第（一）项的规定，强制许可请求人提出强制许可请求应当在专利权被授予之日起满 3 年，并且自专利申请日起已满 4 年后，

---

❶ 《巴黎公约》第 5 条。
❷ TRIPS 协定第 31 条。

两个期限必须同时满足。

以此理由给予强制许可的，还必须是专利权人没有正当理由未实施或者未充分实施其专利。如果专利权人能够证明其没有实施该专利是具有正当理由的，例如不具备实施该专利的客观条件等，则不能给予请求人实施该专利的强制许可。

所谓"未实施"的含义比较好理解，指专利权人或者其被许可人没有实施《专利法》第11条规定的任何行为。根据《专利法实施细则》第73条的规定，所谓未充分实施其专利，是指专利权人及其被许可人实施其专利的方式或者规模不能满足国内对该专利产品或者该专利方法的需求。

根据这一规定，请求强制许可的主体应当是具备实施发明或者实用新型专利的条件的单位或者个人。所谓"实施条件"，一般是指请求强制许可的单位或者个人在资金和技术方面确有实施发明或者实用新型的实力和能力。为了向国家知识产权局表明其具备实施条件，请求强制许可的单位或者个人应当提供必要的证明材料。

（二）为消除或者减少垄断行为对竞争产生的不利影响而给予的强制许可

TRIPS协定第8条规定，允许各成员采取适当措施防止权利人滥用知识产权或者采取不合理的限制贸易的做法；该协定第40条规定，该协定的任何规定并不阻止成员在其立法采取措施阻止或控制一些限制竞争的有关知识产权的许可做法或条件；同时，该协定第31条规定了给予和实施强制许可的限制性要求，明确规定为了对经过司法或者行政程序确定为反竞争行为给予补救而颁发的强制许可的，可以豁免"合理期限内未能以合理条件获得许可"和"主要供应国内市场"这两项条件限制性要求。这些规定表明，"经过司法或者行政程序确定为反竞争行为而给予补救"是给予强制许可的理由之一。对专利权人滥用专利权构成垄断行为的，该协定允许成员通过授予强制许可予以纠正，以维护公平的竞争秩序，保障公众的合理利益。

我国《反垄断法》第55条规定，经营者依照有关知识产权的法律、行政法规规定行使知识产权的行为，不适用该法的规定；但是，经营者滥用知识产权，排除、限制竞争的行为，适用该法的规定。因此，如果专利权人滥用知识产权的行为被反垄断执法机构认定为构成《反垄断法》规定的垄断行为之一的，应当按照《反垄断法》的规定，承担停止违法行为、没收违法所得、缴纳罚款等行政违法责任以及赔偿损失的民事责任。在专利权人行使其专利权的行为被依法认定为垄断行为后，具备实施条件的单位或者个人就可根据《专利法》第48条第（二）项的规定请求国家知识产权局针对该专利授予强制许可，以消除其垄断行为的不利影响。以此为理由请求给予强制许可的，请求人不必再提交证据证明以合理的条件要求专利权人授予实施专利的许可而未能在合理的时间内获得许可。此外，根据《专利法》第53条的规定，以此为理由给予的强制许可，也不受"其实施主要为供应国内市场"的限制。

（三）为公共利益目的而给予的强制许可

专利权人的独占权并不是绝对的，在特定情况下会因公共利益而受到限制。《专利法》第49条规定："在国家出现紧急状态或者非常情况时，或者为了公共利益的目的，国家知识产权局可以给予实施发明专利或者实用新型专利的强制许可。"

根据《专利法》第49条的规定，国家知识产权局给予专利实施强制许可的情况有两种：一是在国家出现紧急状态或者非常情况时，例如战争或危及国家安全的紧急状态，或者出现自然灾害或疾病流行的非常情况；二是为了公共利益的目的，这主要是指为了国民经济以及公共卫生、人民健康等情况需要授予强制许可，例如某项专利技术对治理某种类型的环境污染具有重要意义，而这种污染在我国较为严重，直接危害到人民的身体健康。

（四）为公共健康目的而给予的出口专利药品的强制许可

《专利法》第 50 条规定："为了公共健康目的，对取得专利权的药品，国家知识产权局可以给予制造并将其出口到符合参加的有关国际条约规定的国家或者地区的强制许可。"此条规定的是一种为了公共健康目的而颁发的出口专利药品的强制许可，主要是为了帮助其他国家或者地区解决其面临的公共健康问题。

为了解决不具有制药能力或者能力不足的国家或者地区面临的公共健康问题，世界贸易组织总理事会于 2003 年 8 月 30 日通过了《关于实施 TRIPS 协定与公共健康宣言第 6 段的决议》，允许其成员为解决缺乏制药能力或者能力不足的其他成员面临的公共健康问题而颁发强制许可，制造有关药品并将其出口到这些成员，从而突破了现行 TRIPS 协定第 31 条（f）的关于强制许可应当主要为了供应国内市场的限制。2005 年 12 月 6 日，世界贸易组织总理事会通过了《关于修改 TRIPS 协定的议定书》，将前述决议的实质性内容纳入 TRIPS 协定。全国人大常委会于 2007 年 10 月 28 日批准接受了该议定书。为了落实全国人大常委会作出的决定，更好地行使议定书规定的权利并承担议定书规定的义务，《专利法》针对此种情况下的强制许可作了规定，授权国家知识产权局在符合规定条件的情况下给予强制许可，允许我国企业制造有关专利药品并将其出口到符合我国参加的有关国际条约规定的国家或者地区，帮助解决其面临的公共健康问题。

"我国参加的有关国际条约"，现阶段是指 TRIPS 协定及其议定书；"符合我国参加的有关国际条约规定的国家或者地区"既包括按照议定书的明文规定有权作为进口方的世界贸易组织的成员（包括所有最不发达成员以及缺乏有关药品的制造能力或者能力不足并依照 TRIPS 协定规定已履行了相关手续的发展中或者发达成员），也包括目前还不是世界贸易组织成员的最不发达国家。❶"取得专利权的药品"，是指解决公共健康问题所需的医药领域中的任何专利产品或者依照专利方法直接获得的产品，包括取得专利权的制造该产品所需的活性成分以及使用该产品所需的诊断用品。

（五）为从属专利目的的强制许可

从属专利是相对于在先的基础专利而言的，这两种专利的关系是：前后两个专利之间在技术上存在从属关系，在后专利（从属专利）的权利要求所要求保护的技术方案落入在先专利（基础专利）的保护范围之内。在这样的情况下，从属专利的专利权人虽然获得了专利权，但是却不能随意实施其专利技术，因为该技术处于基础专利的保护范围之内，要实施就必须获得基础专利的专利权人的许可。另一方面，由于从属专利一般是在技术上的进一步改进，比在先专利在技术上先进，因此基础专利的专利权人往往也希望能够实施从属专利。然而，尽管从属专利的技术方案落入基础专利的保护范围之内，基础专利的专利权人也不能自由予以实施，因为这种特定的技术方案已经由他人申请并获得了专利保护，要实施就必须获得从属专利的专利权人的许可。这就是说，对于上述两个专利的技术方案来说，无论是从属专利的专利权人还是基础专利的专利权人，不经过对方的同意，都不能实施对方的专利。这是专利制度下产生的一种特殊现象。实践中，通常的做法是订立一种被称为"交叉许可"的许可合同，相互给予方便，让双方都能实施经过改进的技术。

但是，由于竞争等方面的原因，基础专利的专利权人可能不情愿由从属专利权人实施其专利，从而阻碍了后一个专利所保护的发明或者实用新型的实施。如果后一项发明或者实用新型比前一项在技术上先进，基础专利的专利权人不许从属专利的专利权人实施其专利，就会阻碍先进

---

❶ 《涉及公共健康问题的专利实施强制许可办法》（国家知识产权局令第 37 号）第 9 条。

技术的推广应用，不利于促进科学技术进步。为了防止出现这样的情况，有必要在某些情况下批准给予强制许可，即依法强制基础专利的专利权人许可从属专利的专利权人实施其专利。

《专利法》第51条规定了为从属专利目的给予强制许可的两个条件：一是有两个发明或者实用新型，后一项发明或者实用新型的实施有赖于前一项发明或者实用新型的实施；二是后一项发明或者实用新型比前一项具有显著经济意义的重大技术进步，即在技术上有较突出的贡献，并且能够产生巨大的经济意义。

如前所述，基础专利的专利权人也可能希望能够实施从属专利的技术。考虑到在先专利的专利权人的利益，该条第2款规定，如果从属专利的专利权人取得了实施基础专利的强制许可的，国家知识产权局依照基础专利权人的申请，也应当给予实施从属专利的强制许可。这是为了保持先后两个专利权人利益平衡所必需的。

根据《专利法》第53条的规定，以从属专利目的请求强制许可的，请求人还应当提供"合理期限内未能以合理条件获得许可"的证据，而且应当受"主要为供应国内市场"的限制。

二、强制许可的申请和审批程序

（一）申请强制许可的主体

依据《专利法》第48条申请强制许可的，申请的单位或者个人应当具备实施该发明或者实用新型的条件，并且曾以合理条件请求专利权人许可实施其专利，而未能在合理长的时间内获得许可。具备实施条件是指在经济上和技术上有能力实施有关发明或实用新型。

根据《专利实施强制许可办法》（国家知识产权局令第31号）的规定，在国家出现紧急状态或者非常情况时，或者为了公共利益的目的，国务院有关主管部门有权根据《专利法》第49条的规定请求给予实施某项专利的强制许可。因为国务院有关主管部门有能力认定何种状况属于国家紧急状态、非常情况或者公共利益。此外，在根据本条授予强制许可时，必须指定具有实施条件的单位实施有关专利技术，这点也与其他类型的强制许可不同。

根据《涉及公共健康问题的专利实施强制许可办法》（国家知识产权局令第37号）的规定，为公共健康目的而申请出口专利药品的强制许可，只能由国务院有关主管部门提出申请。

为从属专利目的的强制许可，申请人必须是后一专利的专利权人。在后一专利权人获得实施前一专利的强制许可后，有资格申请实施后一专利的强制许可的人，必须是前一专利的专利权人。

（二）申请强制许可的条件

根据《专利法》第54条的规定，因专利权人未实施或者未充分实施申请强制许可或者申请从属专利的强制许可，申请的单位或者个人应当举出证据，证明其以合理的条件请求专利权人许可其实施专利，但未能在合理的时间内获得许可。因专利权人滥用专利权构成垄断而申请强制许可、为公共利益目的申请强制许可以及为公共健康目的申请给予出口专利药品强制许可，均无需提交前述证据。

根据《专利法》第54条规定，因专利权人不实施或者未充分实施专利而给予的强制许可以及为从属专利目的给予的强制许可，申请强制许可的单位或者个人应当提供证据，证明其以合理的条件要求专利权人授予实施专利的许可，未能在合理的时间内获得许可。

根据《专利实施强制许可办法》的规定，请求给予强制许可的，请求人应当向国家知识产权局提交强制许可请求书。请求书应当写明下列内容：请求人的姓名或者名称、地址；请求人的国籍或者其总部所在的国家；被请求强制许可的发明专利或实用新型专利的名称、专利号、申请日及授权公告日；被请求强制许可的发明专利或实用新型专利的专利权人姓名或者名称；请求给予强制许可的理由和事实；其联系人的姓名、地址、邮政编码及联系电话；附加文件清单。请求书应当由请求人签字或者盖章。请求书及其附加文件应当一式两份。请求人有两个以上且未委托专利代理机构的，除请求书中另有声明外，以请求书中指明的第一请求人为代表人。如果强制许可请求涉及两个或者两个以上的专利权人，请求人应当按不同专利权人分别提交请求书。如果请求人委托专利代理机构提出强制许可请求的，还应当提交委托书，写明委托权限，请求书还应当由该专利代理机构盖章。

如果请求文件不符合上述规定的，国家知识产权局将通知申请人补正。请求人应当在收到通知之日起 15 日内进行补正；期满未补正的，该请求将被视为未提出。

如果在强制许可请求书中，被请求强制许可的发明专利或者实用新型专利的专利号不明确或者难以确定，或者请求文件未使用中文，或者明显不具备请求强制许可的理由的，国家知识产权局将不予受理，并通知请求人。

根据 2010 年修改后的《专利法实施细则》第 93 条的规定，申请人请求国家知识产权局给予专利实施强制许可的，不再需要缴纳强制许可请求费。

请求人可以随时撤回其强制许可请求。请求人在国家知识产权局作出决定前撤回其请求的，强制许可请求的审查程序终止。在国家知识产权局作出决定前，请求人与专利权人订立了专利实施许可合同的，应当及时通知国家知识产权局，并撤回其强制许可请求。

（三）申请强制许可的时间

因专利权人未实施或者未允分实施而申请强制许可的，只能在自专利权被授予之日起满 3 年后且自提出专利申请日起满 4 年提出申请。由于这种强制许可是针对专利权人不实施专利权而给予的，所以应当给专利权人以合理长的时间进行实施专利的准备。

以其他理由申请强制许可的，没有时间上的限制。

（四）强制许可申请的审批

国家知识产权局收到实施专利的强制许可申请后，应当将强制许可请求书的副本送交专利权人，要求专利权人在指定期限内陈述意见。如果专利权人期满未答复，不影响国家知识产权局作出决定。

请求人或者专利权人要求听证的，由国家知识产权局组织听证。国家知识产权局应当在举行听证 7 日前通知请求人、专利权人和其他利害关系人。除涉及国家秘密、商业秘密或者个人隐私外，听证公开进行。国家知识产权局举行听证时，请求人、专利权人和其他利害关系人可以进行申辩和质证。举行听证时应当制作听证笔录，交听证参加人员确认无误后签字或者盖章。根据《专利法》第 49 条和第 50 条规定请求给予强制许可的，不适用听证程序。

如果请求人的主体资格不符合规定，或者请求强制许可的理由不符合法定条件的，国家知识产权局将驳回强制许可请求，并通知请求人。

强制许可请求经审查没有发现驳回理由的，国家知识产权局将作出给予强制许可的决定。国家知识产权局作出的给予实施强制许可决定的，应当及时通知专利权人，并予以登记和公告。上述决定应当包括以下内容：取得实施强制许可的个人或者单位的姓名或者名称、地址；被强制许可的发明专利或实用新型专利的名称、专利号、申请日及授权公告日；给予强制许可的范围、规模和期限；决定的理由、事实和法律依据；国家知识产权局的印章及负责人签字；决定的日期。

当事人对于驳回强制许可请求的决定或者给予强制许可的决定不服的，可以自收到决定通知之日起 3 个月内向人民法院起诉。

（五）强制许可的范围和期限

根据《专利法》的规定，除因专利权人滥用专利权构成垄断而给予的强制许可或者为了公共健康的目的给予的出口专利药品的强制许可外，国家知识产权局作出的给予实施强制许可的决定，应当限定强制许可实施主要是为供应国内市场的需要；强制许可涉及的发明创造是半导体技术的，强制许可实施仅限于为公共利益的目的的使用，或者经司法程序或者行政程序确定为垄断行为而给予救济的使用。

根据《专利法》的规定，国家知识产权局在批准强制许可时，不仅要考虑强制许可的给予是否符合《专利法》规定的条件，还需要根据请求强制许可的理由，对强制许可的范围和时间期限作出明确的规定。所述范围可以包括对被许可人制造、销售或者进口专利产品、数量的限定，对使用、销售专利产品的地域范围的限定等。强制许可的时间，对于为从属专利目的给予的强制许可来说应当在基础利的有效期限内。当以国家出现紧急状态或者非常情况为理由批准强制许可时，规定的强制许可时间期限不应当超过紧急状态或者非常情况持续的时间。

如果在强制许可的期限内，专利权人认为强制许可理由已经消除并且不再发生时，可以向国家知识产权局请求终止强制许可，国家知识产权局经审查同意后，即可决定终止强制许可的实施。

三、强制许可被许可人的义务

（一）支付合理使用费

强制许可只是赋予被许可人可以未经专利权人许可实施其专利的权利，但被许可人应当尊重专利权人的其他权利。《专利法》第57条规定："取得强制许可的单位或者个人应当付给专利权人合理的使用费，其数额由双方协商；或者依照我国参加的有关国际条约的规定处理使用费问题。双方不能达成协议的，由国家知识产权局裁决。"

（二）非独占实施

取得实施强制许可的单位或者个人不享有独占的实施权。强制许可的目的只是赋予取得强制许可的单位或者个人实施专利的权利，并未剥夺专利权人自己实施和许可他人实施其专利的权利。此外，国家知识产权局还可以继续就该专利授予强制许可。

（三）无权许可他人使用

《专利法》第56条规定："取得实施强制许可的单位或者个人无权允许他人实施。"如果允许强制许可的被许可人许可他人实施该专利，即进行分许可，则法律规定的授予强制许可的严格程序就可以由此方式绕过，因此，在法律上不允许发生这种情况。

四、强制许可使用费的裁决

当事人请求国家知识产权局裁决强制许可使用费的，应当提交强制许可使用费裁决请求书。请求书应当写明下列内容：请求人的姓名或者名称、地址；请求人的国籍或者请求人总部所在的国家；给予强制许可的决定的文号；被请求人的姓名或者名称、地址；请求裁决强制许可使用费的理由；其联系人的姓名、地址、邮政编码及联系电话；附加文件清单。请求书应当由请求人签字或者盖章。请求书及其附加文件应当一式两份。如果请求人委托专利代理机构提出强制许可请求的，还应当提交委托书，写明委托权限，请求书还应当由该专利代理机构盖章。请求文件不符合上述规定的，国家知识产权局将通知申请人补正，申请人应当在收到通知之日起15日内进行补正；期满未补正的，该请求将被视为未提出。

如果强制许可使用费裁决请求所涉及的给予强制许可的决定不明确或者尚未公告的，或者请求文件未使用中文的，或者明显不具备请求裁决强制许可使用费的理由的，国家知识产权局不予受理，并通知请求人。

根据《专利法实施细则》第93条的规定，申请人请求国家知识产权局对强制许可使用费进行裁决的，不需要缴纳任何费用。

国家知识产权局受理强制许可使用费裁决请求后，应当将请求书副本送交对方当事人，对方当事人应当在指定期限内陈述意见；期满未答复的，不影响国家知识产权局作出决定。强制许可使用费裁决过程中，当事人双方可以提交书面意见。国家知识产权局可以根据案情需要听取当事人双方的口头意见。

请求人可以随时撤回其强制许可使用费裁决请求。请求人在国家知识产权局作出决定前撤回其裁决请求的，裁决程序终止。

国家知识产权局应当在自收到请求书之日起3个月内作出强制许可使用费的裁决决定并通知当事人。专利权人和取得实施强制许可的单位或者个人对强制许可使用费的裁决决定不服的，可以自收到通知之日起3个月内向人民法院起诉。

五、强制许可的终止

给予强制许可的决定规定的强制许可期限届满时，强制许可自动终止。根据《专利实施强制许可办法》的规定，强制许可自动终止的，国家知识产权局将在专利登记簿上登记并在国家《知识产权局专利公报》、政府网站和《中国知识产权报》上予以公告。

给予强制许可的决定规定的强制许可期限届满前，强制许可的理由消除并不再发生的，专利权人也可以请求国家知识产权局作出终止强制许可的决定。

请求终止强制许可的，应当提交终止强制许可请求书。请求书应当写明下列内容：专利权人的姓名或者名称、地址；专利权人的国籍或者其总部所在的国家；被请求终止的给予强制许可的决定的文号；请求终止强制许可的理由和事实；其联系人的姓名、地址、邮政编码及联系电话；专利权人的签字或者盖章；附加文件清单。专利权人应当提交请求书及其附加文件一式两份。请求人委托专利代理机构提出请求的，应当在请求书中注明，并提交委托书，写明委托权限。请求书还应当由该专利代理机构盖章。

请求文件不符合上述规定的，国家知识产权局应当通知申请人补正，申请人应当在收到通知之日起15日内进行补正；期满未补正的，该请求将被视为未提出。

如果强制许可终止请求人不是被强制许可的发明专利或者实用新型专利的权利人的，或者请求书未写明请求终止的给予强制许可的决定的文号的，或者请求文件未使用中文的，或者明显不具备终止强制许可的理由的，国家知识产权局将不予受理，并通知请求人。

国家知识产权局受理终止强制许可请求后，应当将请求书副本送交取得实施强制许可的单位或者个人。取得实施强制许可的单位或者个人应当在指定期限内陈述意见；期满未答复的，不影响国家知识产权局作出决定。

国家知识产权局应当对专利权人陈述的理由和提交的有关证明文件进行审查。需要实地核查的，国家知识产权局应当指派两名以上工作人员实地核查。专利权人陈述的理由和提交的有关证明文件不充分或不真实的，国家知识产权局在作出决定前应当通知专利权人，给予其陈述意见的机会。

专利权人可以随时撤回其终止强制许可请求。专利权人在国家知识产权局作出决定前撤回其请求的，相关程序终止。

经审查认为请求终止强制许可的理由不成立的，国家知识产权局应当作出驳回终止强制许可请求的决定。专利权人对驳回终止强制许可请求的决定不服的，可以自收到通知之日起 3 个月内向人民法院起诉。

对于终止强制许可的请求经审查没有发现驳回理由的，国家知识产权局应当作出终止强制许可的决定，并及时通知专利权人和取得实施强制许可的单位或者个人。取得实施强制许可的单位或者个人对终止强制许可的决定不服的，可以自收到通知之日起 3 个月内向人民法院起诉。

国家知识产权局将在专利登记簿上登记已生效的终止强制许可的决定，并在《国家知识产权局专利公报》、政府网站和《中国知识产权报》上予以公告。

第五节　发明专利的推广应用

发明创造的实施不仅与专利权人的利益相关，在某些情况下也与国家利益或者公共利益密切相关。因此，《专利法》第 14 条规定："国有企业事业单位的发明专利，对国家利益或者公共利益具有重大意义的，国务院有关主管部门和省、自治区、直辖市人民政府报经国务院批准，可以决定在批准的范围内推广应用，允许指定的单位实施，由实施单位按照国家规定向专利权人支付使用费。"本条规定的制度可被称为"发明专利的推广应用"。

应当注意的是，予以推广应用的对象仅限于发明专利，不包括实用新型和外观设计专利。而且予以推广应用的发明专利仅限于对国家利益或者公共利益具有重大意义的发明专利。所谓"对国家利益或者公共利益具有重大意义"，是指对经济建设、科技进步、国家安全、环境保护等具有重要意义，需要推广应用。另外，推广应用的对象仅限于国有企业事业单位拥有的专利，不包括其他所有制单位的专利。

在程序上，《专利法》规定，对于需要予以推广应用的发明专利，国务院有关主管部门和省、自治区、直辖市人民政府报经国务院批准，可以决定在批准的范围内推广应用，允许指定的单位实施，并且实施单位必须按照国家规定向专利权人支付使用费。因此，未经国务院批准，不得进行推广。这一严格的程序主要是为了保障专利权人的利益，防止有关机关滥用推广权，损害专利权人的利益。

推广应用制度与《专利法》第 49 条规定的为了公共利益目的而给予的强制许可有些近似。但是，二者在适用的专利类型、主体范围、条件、作出决定的机关、程序等方面都有区别。在专利类型上，前者仅适用于发明专利，而后者对发明专利和实用新型专利都适用；在主体上，前者仅限于国有企事业单位，而后者不仅包括国有企事业单位，也包括其他所有制的企业和个人；在条件上，前者是对国家利益或者公共利益具有重大意义，而后者是国家出现紧急情况、非常情况时或者为了公共利益的需要；在程序上，前者需经国务院批准，后者由国家知识产权局决定即可；在许可实施的范围上，前者是在批准的范围内，可以指定多个单位实施，后者被许可人只能是强制许可的申请人，其他人要针对同一专利重新申请并获得强制许可，必须另外提出申请。

练习题及其解析

第一节练习题

1. 管理专利工作的部门根据已经取得的证据，对涉嫌假冒专利行为进行查处时，可以采取下列哪些执法手段？

A. 询问有关当事人，调查与涉嫌违法行为有关的情况

B. 对当事人涉嫌违法行为的场所实施现场检查

C. 查阅、复制与涉嫌违法行为有关的合同、发票、账簿

D. 对有证据证明是假冒专利的产品予以查封或者扣押

【解析】 根据《专利法》第64条规定，管理专利工作的部门根据已经取得的证据，对涉嫌假冒专利行为进行查处时，可以询问有关当事人，调查与涉嫌违法行为有关的情况；对当事人涉嫌违法行为的场所实施现场检查；查阅、复制与涉嫌违法行为有关的合同、发票、账簿以及其他有关资料；检查与涉嫌违法行为有关的产品，对有证据证明是假冒专利的产品，可以查封或者扣押。因此，这一题的答案非常明显，A、B、C、D 4个选项都是正确的。

2. 甲公司某项专利的申请日为2008年4月7日，授权公告日为2010年6月18日。乙公司自2010年4月7日起制造与甲公司专利申请相同的产品，并将甲公司的专利申请号前加"ZL"字样标注于产品的包装上。丙公司销售乙公司的上述产品。乙公司和丙公司的行为一直持续到甲公司的专利授权后。就乙公司和丙公司的行为，下列说法哪些是正确的？

A. 乙公司在2010年6月18日后的生产行为是假冒专利行为

B. 乙公司在2010年6月18日后的生产行为是冒充专利行为

C. 丙公司在2010年6月18日后的销售行为是假冒专利行为

D. 丙公司在2010年6月18日前的销售行为不是专利侵权行为

【解析】 根据《专利法》第64条规定，未经许可在产品或者产品包装上标注他人的专利号的行为属于假冒专利的行为，故A选项的说法是正确的。根据2008年修改后的《专利法》，没有所谓"冒充专利行为"，故B选项的说法是不正确的。根据《专利法》第48条第（2）项的规定，如果有人销售未经许可在产品或者产品包装上标注他人的专利号的产品的，属于假冒专利的行为，故C选项的说法是正确的。由于在2010年6月18日前甲公司的该专利尚未被授予专利权，因此在2010年6月18日前也就不可能侵犯该专利权，故D选项的说法是正确的。

3. 甲公司在其制造的玩具手机上标注了乙公司的一项手机外观设计专利的专利号，进行销售后获利1

万元。下列哪些说法是正确的？

A. 甲公司的行为构成了假冒专利行为

B. 乙公司可以请求国家知识产权局对甲公司的行为进行处理

C. 乙公司可以向人民法院提起诉讼，要求甲公司赔偿损失

D. 管理专利工作的部门可以没收甲公司的违法所得，并处4万元罚款

【解析】 根据《专利法实施细则》第84条的规定，未经许可，在其制造或者销售的产品、产品的包装上标注他人的专利号属于假冒专利的行为，因此A选项正确。根据《专利法》第63条规定，假冒专利的，除依法承担民事责任外，由管理专利工作的部门责令改正并予公告，没收违法所得，可以并处违法所得四倍以下的罚款；没有违法所得的，可以处20万元以下的罚款；构成犯罪的，依法追究刑事责任。D选项的罚款数额是违法所得4倍，因此是正确的。此外，最高人民法院［2001］21号司法解释第1条规定，针对甲公司假冒乙公司专利的行为，乙公司可以向人民法院起诉，要求追究甲公司的民事责任，也可以请求管理专利工作的部门处理，但乙公司不能请求国家知识产权局进行处理。故B选项错误，C选项正确。

第二节 练习题

4. 甲公司发现其员工乙擅自将其职务发明创造向国家知识产权局提出发明专利申请，甲公司可以通过下列哪些途径保护其合法权益？

A. 直接向国家知识产权局申请将专利申请人变更为甲公司

B. 请求管理专利工作的部门就专利申请权归属纠纷进行调解

C. 请求管理专利工作的部门对乙依法给予行政处罚

D. 向人民法院提起专利申请权归属纠纷民事诉讼

【解析】 根据《专利法实施细则》第85条的规定，管理专利工作的部门应当事人请求，可以对专利申请权和专利权归属纠纷进行调解。根据最高人民法院［2001］21号司法解释第1条的规定，人民法院受理的专利纠纷案件包括专利申请权纠纷案件和专利权权属纠纷案件。根据《专利法实施细则》第86条的规定，当事人因专利申请权或者专利权的归属发生纠纷，已请求管理专利工作的部门处理或者向人民法院起诉的，可以请求国务院专利行政部门中止有关程

序。因此，当事人对专利申请权归属发生纠纷的，只能在请求管理专利工作的部门调解或者向法院起诉的情况下，请求国家知识产权局中止该专利申请的有关程序，并依据有关生效的调解书或者判决作变更，而不能直接请求国家知识产权局对专利申请人进行变更，更不能请求管理专利工作的部门给予行政处罚。故 B、D 选项正确。

第三节练习题

5.下列说法哪些是正确的？

A. 在中国完成的发明或者实用新型，未经保密审查向外国申请专利，泄露国家秘密的，由所在单位或者上级主管机关给予行政处分；构成犯罪的，依法追究刑事责任

B. 在中国完成的发明或者实用新型，未经保密审查向外国申请专利的，其就该发明或者实用新型在中国提出的专利申请不授予专利权

C. 管理专利工作的部门不得参与向社会推荐专利产品等经营活动

D. 从事专利管理工作的国家机关工作人员玩忽职守，构成犯罪的，依法追究刑事责任

【解析】 根据《专利法》第 71 条的规定，就在中国完成的发明或者使用新型向外国申请专利，泄露国家秘密的，由所在单位或者上级主管机关给予行政处分；构成犯罪的，依法追究刑事责任，这是依据《保守国家秘密法》应当承担的法律责任。如果申请人就该发明或者使用新型也在中国提出专利申请的，根据《专利法》第 20 条的规定，该申请不应当被授予专利权，这是依据《专利法》应当承担的法律责任。故 A、B 选项是正确的。根据《专利法》第 73 条的规定，管理专利工作的部门不得参与向社会推荐专利产品等经营活动。对于违反此规定的，由其上级机关或者监察机关责令改正，消除影响，有违法收入的予以没收；情节严重的，对直接负责的主管人员和其他直接责任人员依法给予行政处分，故 C 选项正确。根据《专利法》第 74 条规定，从事专利管理工作的国家机关工作人员以及其他有关工作人员玩忽职守、滥用职权、徇私舞弊，构成犯罪的，依法追究刑事责任；尚不构成犯罪的，依法给予行政处分，故 D 选项正确。

第四节练习题

6.下列有关实施专利强制许可的说法哪些是正确的？

A. 只能对国有单位的专利给予实施强制许可

B. 在国家出现紧急状态或者非常情况时，国家知识产权局可以给予实施外观设计专利的强制许可

C. 取得实施强制许可的单位或者个人不享有独占的实施权，并且无权允许他人实施

D. 取得实施强制许可的单位或者个人与专利权人就使用费不能达成协议的，可以直接向人民法院起诉

【解析】 根据《专利法》第六章的规定，实施强制许可的专利并不仅仅限于国有单位所拥有的专利，而应该涵盖所有单位或者个人在我国拥有的发明专利或者实用新型专利，故 A、B 选项错误。《专利法》第 56 条规定："取得实施强制许可的单位或者个人不享有独占的实施权，并且无权允许他人实施。"故 C 选项正确。《专利法》第 57 条规定："取得实施强制许可的单位或者个人应当付给专利权人合理的使用费，其数额由双方协商；双方不能达成协议的，由国务院专利行政部门裁决。因此，当事人不能直接向人民法院起诉。"故 D 选项错误。

7. 甲公司拥有一项治疗某种流行疾病特效药物的发明专利，乙公司具备实施该发明专利的条件。下列哪些情形下国家知识产权局可以根据乙公司提出的申请给予其实施甲公司发明专利的强制许可？

A. 甲公司自专利权被授予之日起满 3 年，且自提出专利申请之日起满 4 年，无正当理由未实施其专利，乙公司以合理的条件要求甲公司授予实施该专利的许可，未能在合理的时间内获得许可

B. 乙公司认为甲公司享有该专利权导致其生产经营困难

C. 乙公司为开拓海外市场，打算制造该药物，专门出口到甲公司不享有专利权的国家

D. 乙公司拥有一项药物发明专利权，其实施依赖于甲公司发明的实施，乙公司的药物与甲公司的药物相比具有显著经济意义的重大技术进步，乙公司以合理的条件要求甲公司授予实施该专利的许可，未能在合理的时间内获得许可

【解析】 根据《专利法》第 48 条和第 54 条的规定，A 选项所述情形满足了根据第 48 条第（一）项给予强制许可的条件，因此 A 选项正确。根据《专利法》第 51 条和第 54 条的规定，D 选项所述情形满足了根据第 51 条给予强制许可的条件，因此 D 选项正确。B 和 C 选项所述的情形不是给予强制许可的理由。

第五节练习题

8. 下列有关专利推广应用的说法哪些是正确的？

A. 只有发明专利才能由根据专利法进行推广应用

B. 推广应用必须由国务院有关主管部门或者省级人民政府批准

C. 推广应用的对象仅限于国有企业事业单位拥有的专利，不包括其他所有制单位的专利

D. 推广应用的实施单位必须按照国家规定向专利权人支付使用费

【解析】《专利法》第 14 条规定："国有企业事业单位的发明专利，对国家利益或者公共利益具有重大意义的，国务院有关主管部门和省、自治区、直辖市人民政府报经国务院批准，可以决定在批准的范围内推广应用，允许指定的单位实施，由实施单位按照国家规定向专利权人支付使用费。"因此，推广应用的对象仅限于国有企业事业单位拥有的发明专利，故 A、C 选项是正确的。推广应用必须由国务院有关主管部门或者省、自治区、直辖市人民政府报经国务院批准，故 B 选项错误。推广应用仅仅是允许实施单位可以不经专利权人许可实施某一发明专利，但实施单位应当按照国家规定向专利权人支付使用费，只不过支付使用费并不是作出推广应用决定的前提条件，故 D 选项正确。

【练习题答案】

1. ABCD　　2. ACD　　3. AC　　4. BD　　5. ABCD　　6. C　　7. AD

8. ACD

第十二章　专利文献与国际专利分类

第
十
二
章

[本章导读]

　　本章涵盖《考试大纲》第八章的全部知识点，内容主要包括专利文献的基本知识、中国专利文献、国际专利分类和专利信息检索等。此外，本章还涉及《考试大纲》第七章第三节中有关《斯特拉斯堡协定》的知识点。

　　本章涉及的法律条款主要包括《专利法》第21条第2款、《专利法实施细则》第90条。

　　读者在学习本章有关中国专利文献，特别是专利公报和单行本的编辑时，可以参阅《专利审查指南2010》第五部分第八章。

　　关于专利实质审查程序中的检索，请参见本书第五章第六节。

　　关于《洛迦诺协定》以及有关外观设计国际分类的具体规则，请参见本书第六章第六节。

　　专利文献是专利制度贡献给人类社会最宝贵的财富之一，近400年来，特别是近1个世纪，世界各国公布或公告的专利文献总量已逾5 000万份。毫不夸张地说，这些专利文献是对全世界近现代自然科学发展最完整和最真实记录的宝库。专利文献以其蕴含的丰富技术信息、法律信息和经济信息而受到越来越强的重视。为了有效地使用浩如烟海的专利文献，在几十年前，国际社会还创造了国际专利分类法。与此同时，关于专利文献的检索技术也不断发展，极大地提高了专利文献对于经济社会的贡献和作用。

第一节　专利文献基本知识

　　专利文献主要是指各工业产权局（包括专利局、知识产权局及相关国际或地区组织）在受理、审批、注册专利过程中产生的记述发明创造技术及权利等内容的官方文件及其出版物的总称。专利文献既是专利制度的产物，又是专利制度的坚实基础。

　　一、专利文献概述

　　（一）专利文献概念

　　专利文献主要是指各工业产权局（包括专利局、知识产权局及相关国际或地区组织）在受理、审批、注册专利过程中产生的记述发明创造技术及权利等内容的官方文件及其出版物的总称。

　　作为公开出版物的专利文献应包括各工业产权局以单行本方式公开出版的描述发明创造内容和限定专利保护范围的专利文件，如：专利申请单行本、专利单行本、实用新型单行本、外观设计单行本等；和各工业产权局以公报方式出版的公告性定期连续出版物，如专利公报；以及上述文献的电子形式出版物。

　　（二）专利文献特点

　　专利文献具有数量巨大，定期连续公布；覆盖面广，传播最新科技信息；内容详尽，集多种信息于一体；形式统一，数据规范，便于检索的特点。

　　（三）专利文献作用

　　专利文献具有传播技术信息、法律信息和提供竞争情报的作用：传播技术信息表现在专利文献可提供技术参考，避免重复研究，启迪创新思路。传播法律信息表现在专利文献可警示竞争对手，防止侵权纠纷。提供竞争情报表现在利用专利文献可了解竞争对手，分析市场动态，提供决策依据。

（四）专利文献的出版及载体

专利文献是一种标准化连续出版物，它的出版形式和出版规律通常由相应的专利法规确定。从 19 世纪中叶正式出版专利文献以来，专利信息传播媒介长期使用印刷品作为专利文献的基本载体。20 世纪 70 年代，以缩微胶卷、胶片为载体的缩微品专利文献登上了历史舞台。到了 20 世纪 90 年代初，以磁介质为载体的各种电子数据库，特别是以光盘为载体的光盘专利文献迅速崛起。20 世纪末，以因特网为代表的信息技术革命给专利文献的出版、管理和传播带来了革命性的变革。自 2001 年 11 月起，国家知识产权局将最新专利公报和专利说明书上网公布，实现了专利文献的电子发布。

二、专利单行本组成部分

专利单行本，也被统称为专利说明书，是用以描述发明创造内容和限定专利保护范围的一种官方文件或其出版物。

目前，各工业产权局出版的每一件专利单行本基本包括以下组成部分：扉页、权利要求书、说明书、附图（如果有的话），有些工业产权局出版的专利单行本还附有检索报告。

扉页是揭示每件专利的基本信息的文件部分。扉页揭示的基本专利信息包括：专利申请的时间、申请的号码、申请人或专利权人、发明人、发明创造名称、发明创造简要介绍及摘要附图（机械图、电路图、化学结构式等——如果有的话）、发明所属技术领域分类号、公布或授权的时间、文献号、出版专利文件的国家机构等。在专利单行本扉页上，专利的基本信息是以专利文献著录项目形式来表达的。

权利要求书是专利单行本中限定专利保护范围的文件部分。

说明书是清楚完整地描述发明创造的技术内容的文件部分，而附图用于补充说明书文字部分的描述。

检索报告是专利审查员通过对专利申请所涉及的发明创造进行现有技术检索，找到可进行专利新颖性或创造性对比的文件，向专利申请人及公众展示检索结果的一种文件。

出版附有检索报告的专利单行本的国家或组织有：欧洲专利局，世界知识产权组织国际局，英国专利局，法国工业产权局等。附有检索报告的专利单行本均为申请公布单行本，即未经审查尚未授予专利权的专利文件。

检索报告有两种出版方式，即附在公开出版的专利单行本中，或单独出版。

专利单行本中的检索报告以表格式报告书的形式出版。

三、专利文献种类

专利文献种类繁多，有的被称为发明说明书或单行本，有的被称为实用新型说明书或单行本；有的经过审查，有的未经过审查；有的没有授予专利权，有的授予了专利权，而不同种类的单行本表示了不同的法律信息。

（一）各种专利单行本的由来

法律规定的专利保护客体和专利申请的审查制度及审批程序是这些种类的单行本产生的根源。

1. 不同专利保护类型产生不同种类的专利文献

发明专利包括发明专利申请单行本（中国），欧洲专利申请说明书，专利申请公开说明书（日本），美国专利说明书；实用新型包括实用新型专利单行本（中国），注册实用新型说明书（日本），实用新型说明书（德国）；外观设计包括外观设计专利单行本（中国），美国外观设计说明书；植物专利包括美国植物专利申请公布说明书，美国植物专利说明书。

2. 专利审查制度及审批程序也导致产生不同种类的专利文献

（1）登记制

登记制通常为一级公布，即注册时公布专利文件，该文件属于"未经实质审查注册"的专利文件。

（2）初步审查制

初步审查制有两种情况，即一级公布和两级公布。

一级公布为授权时公布专利文件，该文件属于"未经实质审查授予专利权"的专利文件。

两级公布为申请公告时公布专利文件，该文件属于"未经实质审查尚未授予专利权"的专利申请文件；授权时只进行公告，不再公布专利文件。

（3）半审查制（也称文献报告制）

半审查制通常为两级公布，即申请公开时公布专利文件，该文件属于"未经实质审查尚未授予专利权"的专利申请文件；授权时也公布专利文件，该文件属于"经文献检索授予专利权"的专利文件。

（4）完全审查制

完全审查制通常为一级公布，即授权时公布专利文件，该文件属于"经实质审查授予专利权"的专利文件。

（5）早期公开、延迟审查制

"早期公开、延迟审查制"有两种情况，即两级公布和三级公布。

两级公布为申请公开时公布专利文件，该文件属于"未经实质审查尚未授予专利权"的专利申请文件；授权时再次公布专利文件，该文件属于"经实质审查授予专利权"的专利文件。

三级公布为申请公开时公布专利文件，该文件属于"未经实质审查尚未授予专利权"的专利申请文件；审查公告时再次公布专利文件，该文件属于"经实质审查尚未授予专利权"的专利申请文件；授权时如果还公布专利文件，该文件属于"经实质审查授予专利权"的专利文件。

（二）专利文献种类相关国际标准

为协调各局工业产权信息活动，同时规范化标识各工业产权局不同种类的专利文献，世界知识产权组织（WIPO）制定了《ST.16 用于标识不同种类专利文献的推荐标准代码》标准。该标准规定了几组字母代码，用它们简化标识各工业产权局公布的不同种类的专利文献。

1. ST.16 的主要内容

第1组：用于在发明专利申请基础上形成的并作为基本或主要编号序列的文献

A——第一公布级，表示在公开阶段产生的发明专利申请说明书，它只受临时的法律保护；

B——第二公布级，表示已经过实质审查尚未授予专利权的发明专利文件；

C——第三公布级，表示已经过实质审查并授予专利权的发明专利文件。

第2组：用于编号序列不同于第1组的实用新型文献

U——第一公布级，表示未经实质审查尚未授予专利权的实用新型文件；

Y——第二公布级，表示未经实质审查授予专利权的实用新型文件；

Z——第三公布级，表示已经过实质审查并授予专利权的实用新型文件。

第3组：用于特殊系列的专利文献

M——药物专利文献；

P——植物专利文献；

S——外观设计文献。

第4组：用于未被1～3组所涵盖的，或由专利申请衍生或与之相关的特殊类型文献

R——单独公布的检索报告；

T——对其他工业产权局或机构已经公布的专利文献的全文或部分译文公布。

第5～7组：……

2. 阿拉伯数字在代码中的应用

在各工业产权局出版的专利文献中，在字母标识代码之后常辅以一位阿拉伯数字作为补充信息。

0——为一些工业产权局的内部用法；

1～7——使用范围及含义由各工业产权局视其需要自行决定；

8——表示在专利文献扉页以及再版扉页上的著录项目、文中的某一部分、附图或化学式有更正；

9——表示在专利文献任意一部分有更正，这种更正导致该文献部分或完全再版。

3. 各国具体做法

（1）美国专利商标局

A1——专利申请公布单行本，未经实质审查尚未授予专利权；

B2——美国专利单行本，经实质审查授予专利权，有在先申请公布。

（2）欧洲专利局

A1——带有检索报告的欧洲专利申请单行本，未经实质审查尚未授予专利权；

A2——不带检索报告的欧洲专利申请单行本，同上；

A3——单独出版的检索报告；

A4——对国际申请检索报告所做的补充检索报告；

B1——欧洲专利申请单行本，经实质审查授予专利权。

（三）国别代码相关国际标准

为便于各局工业产权以编码形式标识国家、其他实体及政府间组织时使用，WIPO 制定了《ST.3 用双字母代码表示国家、其他实体及政府间组织的推荐标准》。

表 12-1 主要国家、地区及组织代码

代码	名　　称	代码	名　　称
AP	非洲地区知识产权组织（讲英语国家）	HK	中国香港特别行政区
AT	奥地利	JP	日本
AU	澳大利亚	KR	韩国
CA	加拿大	MO	中国澳门特别行政区
CN	中国	OA	非洲知识产权组织（讲法语国家）
DE	德国	RU	俄罗斯

代码	名　称	代码	名　称
EP	欧洲专利局	SU	前苏联
ES	西班牙	TW	中国台湾省
FR	法国	US	美国
GB	英国	WO	世界知识产权组织

四、专利文献编号

（一）专利编号种类

专利编号包括申请号和文献号。

1. 申请号

申请号是各工业产权局在受理专利（注册证书）申请时为每件申请编制的序号，它通常用于各工业产权局内部各类申请和审批流程中的文档管理，也是申请人与其进行有关专利事务联系的依据。

申请号包括：申请号、临时申请号、优先申请号、分案申请号、继续或部分继续申请号、增补或再公告专利申请号以及复审或再审查请求号。

2. 文献号

文献号是各工业产权局在公布专利文献（包括公开出版和仅提供阅览复制）或授权、注册、登记时为每件专利文件编制的序号。它是对公布的专利文献进行管理的方式之一。

文献号包括公开号、申请公开号、申请公布号；申请公告号；展出号、审定公告号；授权公告号、专利号、注册号、登记号。

（二）申请号编号相关国际标准

1. WIPO 标准

WIPO 为使各工业产权局在制定自己的申请号体系时采取统一标准，特制定《ST.13 专利、补充保护证书、工业设计及集成电路布图申请的编号建议》的标准。标准基本内容如 4.（A）～（E）：

（A）申请号应包括以下表示申请号最低限度含义内容的两个元素：一是年代指示，是 4 位数字组合，按照公历指示提出申请之年；二是识别每个申请的顺序号，除下述（C）的规定应遵守外，编号序列中顺序号数字的位数由各工业产权局视其需求确定，为使顺序号具有规定的长度，必要时可在数字前方补"0"；

（B）希望在申请号组成中指示工业产权类型的各工业产权局，应当使用下列字母代码，并置于年代指示之前：

（i）"a"用于发明专利申请；

（ii）"v"用于植物专利申请；

（iii）"s"用于外观设计专利申请；

（iv）"u"用于实用新型申请；

（v）"c"用于补充保护证书申请；

（vi）"f"用于工业设计申请；

（vii）"q"用于与工业设计申请不同编号系列的工业模型申请；

（viii）"t"用于集成电路布图设计申请。

（C）～（E）……

2. 各国基本做法

（1）按年编号

即申请号由年代和当年申请序号组成。表示年代的方式又分为公元年、本国纪年以及用某一特定数字表示。

公元年表示如 2003 年以前的中国，例如 85100463；

本国纪年表示如 2000 年以前的日本，例如特愿昭 57 - 183216；

用某一特定数字表示如 1995 年以前的德国，例如 P2514787.9 - 41。

（2）连续编号

即申请号的组成仅为连续编排的序号，包括按总顺序编号和多年循环编号。

按总顺序编号如前苏联，例如 3276099/29 - 12；

多年循环编号如美国，例如 06/463217。

（三）文献号编号相关国际标准

1. WIPO 标准

WIPO 为使各国在制定本国专利文献号体系时采取统一标准，特制定《ST.6 对公布的专利文献编号的建议》标准。标准基本内容如 13～14：

"13. 下列建议用于向希望修改现有编号体系或启用新的公布专利文献编号体系的工业产权局提供指导：

（a）公布号应当仅由数字组成；

（b）数字总数量最多不超过 13 个，由各工业产权局根据需要确定；满足这些需求的数字位应尽可能短；

（c）赋予公布的专利文献号码（根据 WIPO 标准 ST.16 的第一公布级），至少在 1 年或更长的时间内应按数字顺序递增；

（d）赋予源自一件申请的第二次或其后公布的专利文献的号码，应与源自该申请第一次公布专利文献时所赋予的号码相同。例如，1/2002/000002 应当被用于第一公布级（即一件申请满 18 个月公布），授权专利的公布，以及源自同一件专利申请的任何修正文献的公布。要完整识别一件专利文献，参见 WIPO 标准 ST.1；

（e）该号码应当仅用于源自同一件申请的专利文献。例如，当相同的编号序列被用于一种以上的工业产权种类（如发明专利和实用新型），或者一个国家或组织内的一个以上地区局时，相同的公布编号只能使用一次；

（i）为创建满足唯一性要求的文献号码，各局可能会使用一位或两位数字的附加标识符，例如，如果需要，用于指示工业产权的种类或地区局。任何附加标识符都必须在上述 13（b）段要求的最大数字位之内。WIPO 标准 ST.16 代码，在按照 WIPO 标准 ST.1 建议使用时，应遵照所建议的方式提供公布级信息。WIPO 标准 ST.16 还提供了仅与专利文献有关的工业产权种类信息；

（ii）当一件申请衍生出若干附加申请时（如一件要求了国内优先权的申请，一件在先申请的继续申请，一件分案申请等），这些附加申请应被考虑为独立申请，因此应被赋予不同的公布号；

（f）如果认为适合，专利文献的公布年可以作为公布号的一部分；在这种情况下，该公布号可以由年、流水号和上述（e）段所说的附加标识符（如有必要）组成；

（i）关于年，年应当按照公历用 4 位数字表示并位于流水号之前；

（ii）关于流水号，按照上述（e）段的含义，用于所有专利文献公布的最大 7 位流水号应是唯一的；

（iii）各部分的构成顺序应为：

a 标识符（如需要）；

b 年（如认为适合）；

c 流水号；

（g）当公布号以可视形式表达时，为了提高易读性：

（i）标识符、年代指示和流水号可以用斜线或破折号相互分开；

（ii）流水号可以通过逗号、圆点、空格归并成数字组。

按照本建议，公布号的表达示例：

2001－12345　　2001/12345

2001/1234567　　2001/1，234，567　　2001/1.234.567　　2001/1 234 567

1234567890　　1，234，567，890　　1.234.567.890　　1 234 567 890

如果不同种类的工业产权共用一个号码序列：

2003/123456　一件发明专利

2003/123457　一件实用新型公布

2003/123458　一件外观设计专利，等

或者，不同种类的工业产权之间的号码序列有交叠时，使用附加标识符进行识别（例如，10 表示发明专利，20 表示实用新型，30 表示外观设计专利）：

10/2003/123456　一件发明专利

20/2003/123456　一件实用新型公布

30/2003/123456　一件设计专利，等

或者，在一个国家或组织内的不同地区局之间号码序列有交叠时，并使用附加标识符以创建唯一性时：

1/2003/1234567　一件使用 1 作为标识符的 A 地区发明专利

2/2003/1234567　一件使用 2 作为标识符的 B 地区发明专利

14. 值得注意的是，关于 WIPO 标准 ST.3 的双字母代码和 WIPO 标准 ST.16 的专利文献种类代码都不是公布号的组成部分。然而，这两种代码连同文献出版日期（INID 代码（40）至（48），如果适用）一起与公布号组合，可以构成一个专利文献的完整标识。在这种情况下，应遵照 WIPO 标准 ST.10/B 的规则。"

2. 各国基本做法

（1）连续编号

美国从 1836 年第 1 号排起，例如 US6674332 B1；欧洲，例如 EP1123452 A1；

（2）按年编号

日本特许公开每年从第 1 号排起，例如 JP2004－103245 A；

（3）沿用申请号

1989 年前的中国，例如申请号为 85100001，公开号为 CN85100001 A；德国，例如申请号为 102005041711.6，公开号为 DE102005041711 A1。

五、专利文献著录项目

为了从不同角度揭示专利文献中载有的发明创造技术信息、向公众展示各种与专利有关的法律信息，各工业产权局对专利文献中的一些信息进行归纳提取，以专利文献著录项目的形式，记录在各种专利单行本扉页、专利公报中。简单地说，专利文献的著录项目就是表示各种专利信息特征的项目。

（一）发明和实用新型专利文献著录项目相关国际标准

为了消除了专利文献用户在浏览各国专利文献时的语言困惑，WIPO 制定了《ST.9 关于专利及补充保护证书著录项目数据的建议》标准，规定了专利文献著录项目识别代码，即 INID 码。该标准包括以下八大方面内容：

（10）专利、补充保护证书或专利文献的标识；

（20）专利或补充保护证书申请数据；

（30）《巴黎公约》优先权数据；

（40）使公众获悉的日期；

（50）技术信息；

（60）与国内或前国内专利文献（包括其未公布的申请）有关的其他法律或程序参引；

（70）与专利或补充保护证书有关的当事人标识；

（80）（90）国际公约（不包括《巴黎公约》）的数据识别，以及补充保护证书法律事项的数据标识（参见附件 1）。

（二）外观设计专利文献著录项目相关国际标准

为了标识外观设计专利文献著录项目，WIPO 还制定了《ST.80 工业品外观设计著录数据推荐标准》，同样包括八大方面内容，用 INID 码表示有关著录项目。主要内容如下：

（10）注册/续展数据；

（20）申请数据；

（30）《巴黎公约》优先权数据；

（40）公众可获得信息的日期；

（50）其他信息；

（60）有法律关系的其他申请和注册参引；

（70）与申请或注册有关的当事人的标识；

（80）按照《关于工业设计国际注册海牙协定》进行国际注册的工业设计的数据及与其他国际公约有关的数据标识（参见附件 2）。

六、同族专利

（一）基本概念

由于专利保护的地域性，相同的发明创造专利申请需由不同的工业产权局批准才能在不同地域获得保护，以及由于各工业产权局的专利审批制度不同，形成专利多级公布，从而出现一组组有着类似于家族的特殊关系的专利文献。

由至少一个共同优先权联系的一组专利文献，称一个专利族（Patent Family）。该定义中包含两个要素：一是专利族的对象，二是专利族成员之间的联系要素。专利族的对象是专利文献，而专利族成员之间的联系要素则是优先权。

在同一专利族中每件专利文献被称作专利族成员（Patent Family Members），同一专利族中每件专利互为同族专利。

在同一专利族中，由其他成员共享优先权的最早专利申请的专利文献称基本专利。

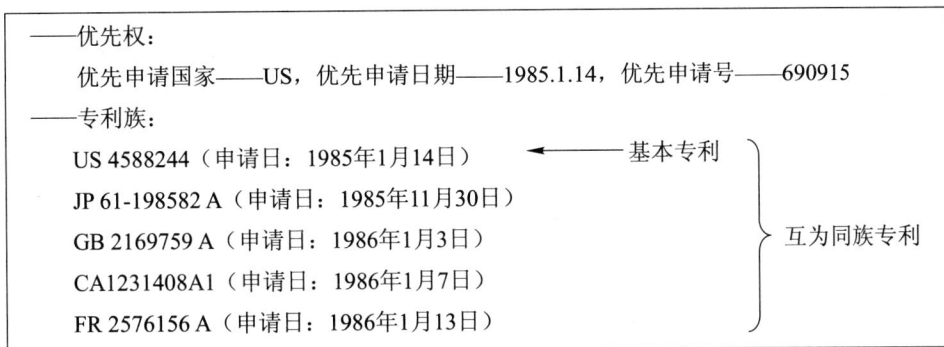

```
——优先权：
    优先申请国家——US，优先申请日期——1985.1.14，优先申请号——690915
——专利族：
    US 4588244（申请日：1985年1月14日）  ←——— 基本专利  ⎫
    JP 61-198582 A（申请日：1985年11月30日）              ⎪
    GB 2169759 A（申请日：1986年1月3日）                   ⎬ 互为同族专利
    CA1231408A1（申请日：1986年1月7日）                    ⎪
    FR 2576156 A（申请日：1986年1月13日）                  ⎭
```

图 12 - 1　同族专利例图

（二）专利族种类

WIPO《工业产权信息与文献手册》将专利族分为 6 种。

在同一个专利族中，专利族成员以共同的一个或共同的几个专利申请为优先权，这样的专利族为简单专利族（Simple patent family）。

在同一个专利族中，专利族成员至少以一个共同的专利申请为优先权，这样的专利族为复杂专利族（Complex patent family）。

在同一个专利族中，每个专利族成员与该组中的至少一个其他专利族成员至少共同以一个专利申请为优先权，他们所构成的专利族为扩展专利族（Extended patent family）。

本国专利族（National patent family）是指在同一个专利族中，每个专利族成员均为同一工业产权局的专利文献，这些专利文献属于同一原始申请的增补专利、继续申请、部分继续申请、分案申请等，但不包括同一专利申请在不同审批阶段出版的专利文献。

内部专利族（Domestic patent family）指仅由一个工业产权局在不同审批程序中对同一原始申请出版的一组专利文献所构成的专利族。

人工专利族（Artificial Patent Family）也称智能专利族、非常规专利族，即内容基本相同，但并非以共同的一个或几个专利申请为优先权，而是根据专利文献的技术内容，人为地进行归类，组成的一组由不同工业产权局出版的专利文献构成的专利族，但实际上在这些专利文献之间没有任何优先权联系。

（三）同族专利的作用

同族专利文献的分布状况，反映了该发明创造潜在的国际技术市场和该企业在全球的经济势力范围。分析同一发明所拥有的同族专利数量，有助于评价一项发明的重要性。利用同族专利可以帮助阅读者克服语言障碍，可以解决专利文献的资源不足问题，可以提供有关该相同发明技术主题的最新技术进展、法律状态和经济情报，还可以为各工业产权局审批专利提供参考。

第二节　中国专利文献

中国的专利文献是由国家知识产权局公开和公告的有关专利的官方出版物。中国专利文献主要包括各类中国专利单行本及专利公报。

一、中国专利文献种类及其代码

（一）发明专利申请公布文件

1985～2006 年称发明专利申请公开说明书，2007～2010 年称发明专利申请公布说明书，2010 年以后称发明专利申请（单行本），属于未经审查尚未授予专利权的文件，文献种类代码为 A。

（二）发明专利申请审定公告文件

发明专利申请审定说明书，仅于 1985～1992 年出版，属于经审查尚未授予专利权的文件，文献种类代码为 B。

（三）发明专利授权公告文件

自 1993 年起出版，1993～2010 年称发明专利说明书，2010 年以后称发明专利（单行本），属于经审查授予专利权的文件，文献种类代码 1993～2010 年为 C，2010 年以后为 B。

（四）实用新型专利申请公布文件

实用新型专利申请说明书，仅于 1985～1992 年出版，属于未经审查尚未授予专利权的文件，文献种类代码为 U。

（五）实用新型专利授权公告文件

自 1993 年起出版，1993～2010 年称实用新型专利说明书，2010 年以后称实用新型专利（单行本），属于未经审查授予专利权的文件，文献种类代码 1993～2010 年为 Y，2010 年以后为 U。

（六）外观设计专利申请公布文件

外观设计专利申请公告，仅于 1985～1992 年在专利公报中全文公告，属于未经审查尚未授予专利权的文件，文献种类代码为 S。

（七）外观设计专利授权公告文件

外观设计授权公告，1993 年以后在专利公报中全文公告，2006 年以后出版外观设计专利（单行本），属于未经审查授予专利权的文件，文献种类代码 1993～2010 年为 D，2010 年以后为 S。

二、中国专利编号

（一）申请号

申请号编号方式为申请年代＋申请种类＋申请序号＋小数点＋校验位。

申请年代 1985.4.1～2003.9.30 由公元年后两位表示；2003.10.1 以后由 4 位完整的公元年表示。

申请种类中 1 表示发明专利申请；2 表示实用新型专利申请；3 表示外观设计专利申请；8 表示进入中国国家阶段的 PCT 发明专利申请；9 表示进入中国国家阶段的 PCT 实用新型专利申请。

申请序号为按年编号，1985.4.1～2003.9.30 为 5 位数字；2003.10.1 以后为 7 位数字。

校验位为 1 位数字或字母 X，1989 年之前公布的专利文献上不标注校验位。

例如 88100001，98900001.X，200480000001.0。

（二）文献号

1. 1985.9.10～1988.12.31 文献号

包括发明专利申请公开号，发明专利申请审定公告号，实用新型专利申请公告号和外观设计专利申请公告号，其编号方式为国别代码＋申请号＋文献种类代码。

国别代码为 CN。

文献号沿用申请号，只含申请年代、申请种类、申请序号，不含小数点和校验位。

文献种类代码中 A 表示发明专利申请公开；B 表示发明专利申请审定；U 表示实用新型专利申请公告；S 表示外观设计专利申请公告。

例如：CN85100001A，CN85100001B，CN85201109U，CN86399425S。

2. 1989.1.1 以后发明专利申请公开/公布号

其编号方式为国别代码＋申请种类＋公开序号＋文献种类代码。

申请种类为 1。

公开序号为独立连续编号，1989.1.1～2007.7.11 为 6 位数字；2007.7.18 之后为 8 位数字。

文献种类代码为 A。

例如：CN1998274A，CN100998275A。

3. 1989.1.1～1992.12.31 发明专利申请审定公告号

其编号方式为国别代码＋申请种类＋审定公告序号＋文献种类代码。

申请种类为 1。

审定公告序号为独立连续编号，6 位数字。

文献种类代码为 B。

例如：CN1014821B。

4. 1993.1.1～2010.3.31 发明专利授权公告号

其编号方式为国别代码＋申请种类＋授权公告序号＋文献种类代码。

申请种类为 1。

授权公告序号接审定公告序号连续编号，1993.1.1～2007.8.22 为 6 位数字；2007.8.29 之后为 8 位数字。

文献种类代码为 C。

例如：CN1333627C，CN100333628C。

5. 2010.4.7 以后发明专利授权公告号

其编号方式为国别代码＋申请种类＋申请公布序号＋文献种类代码。

申请公布序号改用原申请公布序号，同原申请公布号位数长度。

文献种类代码为 B。

例如：CN1781298B（原申请公开号 CN1781298A），CN101207268B（原申请公开号CN101207268A）。

6. 1989.1.1～1992.12.31 实用新型专利申请公告号

其编号方式为国别代码＋申请种类＋申请公告序号＋文献种类代码。

申请种类为 2。

申请公告序号为独立连续编号，6 位数字。

文献种类代码为 U。

例如：CN2043111U。

7. 1993.1.1 以后实用新型专利授权公告号

其编号方式为国别代码＋申请种类＋授权公告序号＋文献种类代码。

申请种类为 2。

授权公告序号接申请公告序号连续编号，1993.1.1～2007.8.22 为 6 位数字；2007.8.29 之后为 8 位数字。

文献种类代码 1993.1.1～2010.3.31 为 Y，2010.4.7 以后为 U。

例如：CN1938734Y，CN200938735Y，CN201435998U。

8. 1989.1.1～1992.12.31 外观设计专利申请公告号

其编号方式为国别代码＋申请种类＋申请公告序号＋文献种类代码。

申请种类为 3。

申请公告序号为独立连续编号，6 位数字。

文献种类代码为 S。

例如：CN3005104S。

9. 1993.1.1 外观设计专利授权公告号

其编号方式为国别代码＋申请种类＋授权公告序号＋文献种类代码。

申请种类为 3。

授权公告序号接申请公告序号连续编号，1993.1.1～2007.8.22 为 6 位数字；2007.8.29 之后为 8 位数字。

文献种类代码 1993.1.1～2010.3.31 为 D，2010.4.7 以后为 S。

例如：CN1683008D，CN300683009D，CN301168542S。

（三）专利号

专利号编号方式为专利标识代码＋申请号。

专利标识代码是专利一词的汉语拼音缩写"ZL"。

例如：ZL85100001，ZL02160832.6，ZL200620075737.0，ZL200530087767.4。

（四）例 表

1. 1985～1988 年编号系统

种 类	申请号	申请公开号	申请公告号	审定公告号	专利号
发明专利	85100001	CN85100001 A		CN85100001 B	ZL85100001
实用新型专利	85201109		CN85201109 U		ZL85201109
外观设计专利	86399425		CN86399425 S		ZL86399425

2. 1989～1992 年编号系统

种 类	申请号	申请公开号	申请公告号	审定公告号	专利号
发明专利	89100002.X	CN1044155 A		CN1014821 B	ZL89100002.X
实用新型专利	89200001.5		CN2043111 U		ZL89200001.5
外观设计专利	89300001.9		CN3005104 S		ZL89300001.9

3. 1993 年～2010 年的编号系统

种 类	申请号	申请公开号	授权公告号	专利号
发明专利	93100001.7 200710055212.X	CN1089067 A CN100998275 A	CN1033297 C CN100569061 C	ZL93100001.7 ZL200710055212.X

续表

种　类	申请号	申请公开号	授权公告号	专利号
进入中国国家阶段的 PCT 发明专利	94190008.8 96180555.2 98805245.8 200780000001.4	CN1101484 A CN1242105 A CN1258422 A CN101213848 A	CN1044447 C CN1143371 C CN100440991 C	ZL94190008.8 ZL96180555.2 ZL98805245.8
实用新型专利	93200001.0 200620075737.0		CN2144896 Y CN200938735 Y	ZL93200001.0 ZL200620075737.0
进入中国国家阶段的 PCT 实用新型专利	94290001.4 98900001.X 200790000002.4		CN2402101 Y CN2437102 Y CN201201653 Y	ZL94290001.4 ZL98900001.X ZL200790000002.4
外观设计专利	93300001.0 200630128826.1		CN3021827 D CN300683009 D	ZL93300001.4 ZL200630128826.1

4. 2010 年以后的编号系统

种　类	申请号	申请公布号	授权公告号	专利号
发明专利	200710195983.9	CN101207268 A	CN101207268 B	ZL200710195983.9
进入中国国家阶段的 PCT 发明专利	200680012968.X	CN101164163 A	CN101164163 B	ZL200680012968.X
实用新型专利	200920059558.1		CN201435998 U	ZL200920059558.1
进入中国国家阶段的 PCT 实用新型专利	200790000064.5		CN201436162 U	ZL200790000064.5
外观设计专利	200930140521.7		CN301168542 S	ZL200930140521.7

三、中国专利文献著录项目

国家知识产权局依据 WIPO ST.9 和 ST.80 推荐标准，制定出适用于我国各种专利单行本扉页上专利文献著录项目的行业标准 ZC 0009—2006，以规范中国各种专利单行本扉页上专利信息的表达。

在专利文献著录项目中：有些属于通用项目，无论在哪种专利单行本扉页上使用时其 INID 代码和名称完全相同；有些属于专用项目，有专用 INID 代码和名称，仅在特定专利单行本上使用；有些项目在不同专利单行本上使用时 INID 代码相同，而名称不同。

INID 代码和名称完全相同的专利文献著录项目有：表示出版专利文献机构的著录项目——(19) 中华人民共和国国家知识产权局，(21) 申请号，(22) 申请日，(30) 优先权数据等。

INID 代码相同、而名称不同的专利文献著录项目有：(51)，在发明和实用新型专利单行本扉页上的名称为"Int. Cl."，在外观设计专利单行本扉页上的名称为"LOC Cl."；(54)，在发明专利单行本扉页上的名称为"发明名称"，在实用新型专利单行本扉页上的名称为"实用新型名称"，在外观设计专利单行本扉页上的名称为"使用外观设计的产品名称"；(57)，在发明和实用新型专利单行本扉页上的名称为"摘要"，在外观设计专利单行本扉页上的名称为"简要说明"；(72)，在发明和实用新型专利单行本扉页上的名称为"发明人"，在外观设计专利单行本扉页上的名称为"设计人"。

（一）中国发明专利申请单行本扉页上的著录项目

1. 专用 INID 代码及名称

发明专利申请单行本属于未经审查尚未授予专利权的文件，因此其扉页上需是用能够体现相应信息的专利文献著录项目。

如：文献出版的日期著录项目，使用专门表示未经审查尚未授予专利权的文件出版日期的专用 INID 代码及名称，(43) 申请公布日；专利申请的权利人著录项目，使用授权前的权利人称呼的专用 INID 代码及名称，(71) 申请人。

2. INID 代码相同名称不同

如：专利文献名称著录项目虽使用通用 INID 代码（12），但著录项目名称却使用专用名称"发明专利申请"，曾用"发明专利申请公开说明书"和"发明专利申请公布说明书"；文献号著录项目虽使用通用 INID 代码（10），曾用（11），但著录项目名称却使用专用名称"申请公布号"，曾用"公开号"（见图 12-2　中国发明专利申请单行本扉页样页）。

(19) 中华人民共和国国家知识产权局

(12) 发明专利申请

(10) 申请公布号 CN 101692094 A
(43) 申请公布日 2010.04.07

(21) 申请号 200910162680.6

(22) 申请日 2009.08.18

(71) 申请人 刘维甲
地址 102218 北京市昌平区天通苑东一区
57 号楼 1804 室
申请人 王新华

(72) 发明人 刘维甲　工新华

(74) 专利代理机构 北京方昭法业专利代理事务
所 11303
代理人 岳亚

(51) Int.Cl.
G01N 37/00 (2006.01)

权利要求书 1 页　说明书 4 页　附图 1 页

(54) 发明名称
一种物质分析方法和仪器系统

(57) 摘要

本发明公开了一种物质分析方法和仪器系统，前端设备对被检测物质进行采样，取得被检测物质的物理化学数据、曲线或者图象；前端设备将物理化学数据、曲线或名图象进行数字化并压缩；前端设备将数字化的物理化学数据、曲线或者图象通过网络传输给网络中心服务器；网络中心服务器对数字化的物理化学数据、曲线或者图象进行分析，获得分析结果；然后网络中心服务器将分析结果通过网络传输给前端设备；前端设备显示或者发表分析结果。采用本发明的技术方案，能够提高物质分析仪器的分析处理水平和能力，降低每台物质分析仪器的成本，而且分析仪器的操作极为简单。

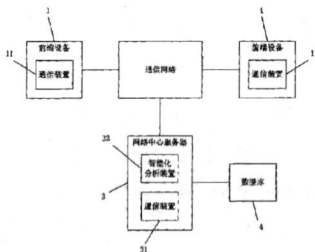

CN 101692094 A

图 12-2　中国发明专利申请单行本扉页

（二）中国发明专利单行本扉页上的著录项目

1. 专用 INID 代码及名称

中国发明专利单行本属于经审查授予专利权的文件，因此其扉页上也需使用能够体现相应信息的专利文献著录项目。

如：文献出版的日期著录项目，使用专门表示授予专利权的文件用出版日期的专用 INID 代码及名称，（45）授权公告日；专利的权利人著录项目，使用授权后的权利人称呼的专用 INID 代码及名称，（73）专利权人；还有专供披露专利审查员在审批专利过程中检索到的审查对比用文件的著录项目的专用 INID 代码及名称，（56）对比文件。

2. INID 代码相同名称不同

此外，专利文献名称著录项目虽使用通用 INID 代码（12），但著录项目名称却使用专用名称"发明专利"，曾用"发明专利说明书"；文献号著录项目虽使用通用 INID 代码（10），曾用（11），但著录项目名称却使用专用名称"授权公告号"（见图 12-3 中国发明专利单行本扉页样页）。

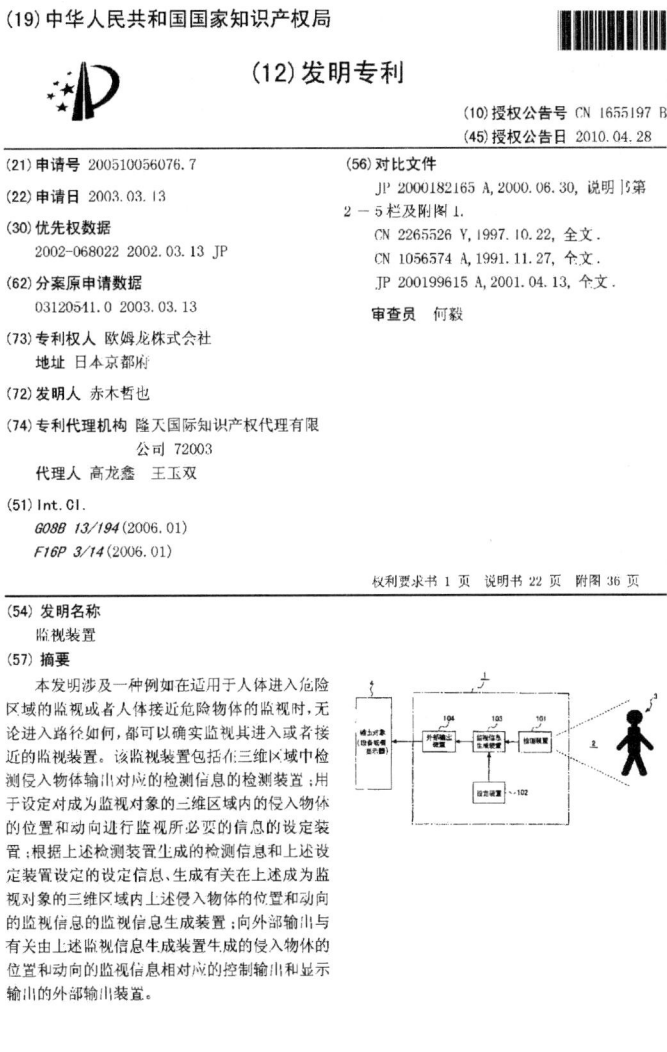

图 12-3 中国发明专利单行本扉页

（三）中国实用新型专利单行本扉页上的著录项目

1. 专用 INID 代码及名称

中国实用新型专利单行本属于未经审查授予专利权的文件，因此其扉页上也需标注出体现相应信息的专利文献著录项目。

如：文献出版的日期著录项目，使用专门表示授予专利权的文件用出版日期的专用 INID 代码及名称：（45）授权公告日；专利的权利人著录项目，使用授权后的权利人称呼的专用 INID 代码及名称：（73）专利权人。

2. INID 代码相同名称不同

如：专利文献名称著录项目虽使用通用 INID 代码（12），但著录项目名称却使用专用名称"实用新型专利"，曾用"实用新型专利说明书"；文献号著录项目虽使用通用 INID 代码（10），曾用（11），但著录项目名称却使用专用名称"授权公告号"（见图 12－4 中国实用新型专利单行本扉页样页）。

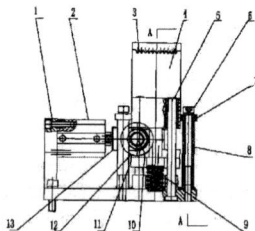

(19) 中华人民共和国国家知识产权局

(12) 实用新型专利

(10) 授权公告号 CN 201442161 U
(45) 授权公告日 2010.04.28

(21) 申请号 200920016912.2

(22) 申请日 2009.08.25

(73) 专利权人 沈阳元生电气有限公司
地址 110144 辽宁省沈阳市于洪区沙岭街道沙河路Ⅱ区1号

(72) 发明人 李兴云 李富仕

(74) 专利代理机构 沈阳科威专利代理有限责任公司 21101
代理人 张述学

(51) Int. CI.
B23K 37/04(2006.01)
B23K 37/00(2006.01)
B23K 37/047(2006.01)
B23K 26/42(2006.01)

权利要求书 1 页 说明书 5 页 附图 20 页

(54) 实用新型名称
连续焊上料侧齿条机构

(57) 摘要
一种连续焊上料侧齿条机构，它包括底座、超薄气缸，其特征是：底座上固定连接导柱，在导柱上滑动组装带内齿条的齿条滑动座，齿条滑动座设置作用底板，在作用底板的上表面设置作用斜面，在作用斜面的上方留有作用轴承运行空间，超薄气缸的活塞杆连接吊耳，在吊耳上通过连接轴连接作用轴承，在齿条滑动座的下面组装顶起弹簧。本实用新型能实现对不等厚两块短板、多组进行输送定位，也能对板长超过 3.5M 的不等厚两块钢板实施连续输送定位，从而满足精密导轨输送定位机的使用要求。

图 12－4 中国实用新型专利单行本扉页

（四）中国外观设计专利单行本扉页上的著录项目

1. 专用 INID 代码及名称

中国外观设计专利单行本也属于未经审查授予专利权的文件，因此其扉页上也需使用能够体现相应信息的专利文献著录项目。

如：文献出版的日期著录项目，使用专门表示授予专利权的文件用出版日期的专用 INID 代码及名称：（45）授权公告日；再如专利的权利人著录项目，使用授权后的权利人称呼的专用 INID 代码及名称：（73）专利权人。

2. INID 代码相同名称不同

如：专利文献名称著录项目虽使用通用 INID 代码（12），但著录项目名称却使用专用名称"外观设计专利"；文献号著录项目虽使用通用 INID 代码（10），曾用（11），但著录项目名称却使用专用名称"授权公告号"（见图 12-5 中国外观设计专利单行本扉页样页）。

（19）中华人民共和国国家知识产权局

（12）外观设计专利

（10）授权公告号 CN 301266846 S
（45）授权公告日 2010.06.23

（21）申请号 200930296386.5

（22）申请日 2009.10.26

（73）专利权人 江苏陈老六服饰有限公司
　　地址 215500 江苏省常熟市南三环路（立交桥堍）

（72）设计人 陈均票

（74）专利代理机构 常熟市常新专利商标事务所
　　　　　　　　32113
　　代理人 朱伟军 何艳

（51）LOC（8）Cl.
　　02-02

图片或照片 2 幅　简要说明 1 页

（54）使用外观设计的产品名称
　　裤子（1）

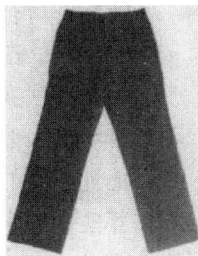

主视图

CN 301266846 S

图 12-5　中国外观设计专利单行本扉页

四、中国专利公报

中国专利公报分《发明专利公报》、《实用新型专利公报》和《外观设计专利公报》三种，1985 年 9 月创刊，月刊；自 1990 年起，三种公报均改为周刊。

（一）《发明专利公报》

《发明专利公报》报道如下内容：

> 发明专利申请公布
>
> 国际专利申请公布
>
> 发明专利权授予
>
> 宣告专利权部分无效审查结论公告
>
> 发明保密专利
>
>   1. 保密专利专利权授予
>
>   2. 保密专利的解密
>
> 发明专利事务
>
>   1. 实质审查的生效
>
>   2. 专利局对专利申请实质审查的决定
>
>   3. 发明专利申请公布后的驳回
>
>   4. 发明专利申请公布后的撤回
>
>   5. 发明专利申请公布后的视为撤回
>
>   6. 专利权的视为放弃
>
>   7. 专利权的无效宣告
>
>   8. 专利权的终止
>
>   9. 专利申请或者专利权的恢复
>
>   10. 专利申请权、专利权的转移
>
>   11. 专利实施的强制许可
>
>   12. 实施许可合同的备案
>
>   13. 专利权、申请权的质押、保全及解除
>
>   14. 著录事项变更
>
>   15. 专利权人的姓名或者名称、地址的变更
>
>   16. 地址不明的通知
>
>   17. 其他有关事项
>
> 申请公布索引
>
> 授权公告索引
>
> 更正

其中，发明专利申请公布与国际专利申请公布两部分以文摘形式报道。

（二）《实用新型专利公报》

《实用新型专利公报》报道如下内容：

实用新型专利权授予

宣告专利权部分无效审查结论公告

实用新型专利事务

    1. 专利申请权、专利权的转移

    2. 专利权的无效、部分无效宣告

    3. 专利权的终止

    4. 专利权的主动放弃

    5. 权利的恢复

    6. 著录事项变更

    7. 专利权人的姓名或者名称、地址的变更

    8. 地址不明的通知

    9. 专利实施的强制许可

    10. 实施许可合同的备案

    11. 专利权、申请权的质押、保全及解除

    12. 其他有关事项

授权公告索引

更正

1993 年以前还有实用新型专利申请。其中，实用新型专利申请（1993 年以前）和实用新型专利权授予（1993 年以后）以文摘形式报道。

（三）《外观设计专利公报》

《外观设计专利公报》报道如下内容：

外观设计专利权授予

宣告专利权部分无效审查结论公告

外观设计专利事务

    1. 专利申请权、专利权的转移

    2. 专利权的无效、部分无效宣告

    3. 专利权的终止

    4. 专利权的主动放弃

    5. 权利的恢复

    6. 著录事项变更

    7. 专利权人的姓名或者名称、地址的变更

    8. 地址不明的通知

    9. 专利实施的强制许可

    10. 实施许可合同的备案

    11. 专利权、申请权的质押、保全及解除

    12. 其他有关事项

授权公告索引

1993 年以前还有外观设计专利申请。其中，外观设计专利申请（1993 年以前）和外观设计专利权授予（1993 年以后）以全文（全部照片或图片）公告形式报道。

附件一：《ST. 9 关于专利及补充保护证书著录项目数据的建议》（2004 年 2 月版）

（10）专利、补充保护证书或专利文献标识

（11）补充保护证书或专利文献号

（12）文献种类文字释义

（13）WIPO 标准 ST. 16 规定的文献种类代码

（15）专利修正信息

（19）WIPO 标准 ST. 3 规定的代码，或公布文献的局或组织的其他标识

（20）专利或补充保护证书申请数据

（21）申请号

（22）申请日期

（23）其他日期，包括临时说明书提出之后完整说明书受理日期和展览日期

（24）工业产权权利生效日期

（25）原始申请公布的语种

（26）申请公布的语种

（30）《巴黎公约》优先权数据

（31）优先权号

（32）优先权日期

（33）WIPO 标准 ST. 3 的代码，标识给出优先权号的工业产权局，或给出地区优先权号的组织；对于按照 PCT 程序受理的国际申请，应使用代码"WO"。

（34）对于依地区或国际协定提交的优先权，用 WIPO 标准 ST. 3 代码标识至少一个受理地区或国际申请的《巴黎公约》成员国的代码。

（40）使公众获悉的日期

（41）未经审查的专利文献，对于该专利申请在此日或日前尚未授权，通过提供阅览或经请求提供复制的方式使公众获悉的日期

（42）经过审查的专利文献，对于该专利申请在此日或日前尚未授权，通过提供阅览或经请求提供复制的方式使公众获悉的日期

（43）未经审查的专利文献，对于该专利申请在此日或日前尚未授权，通过印刷或类似方法使公众获悉的日期

（44）经过审查的专利文献，对于该专利申请在此日或日前尚未授权或仅为临时授权，通过印刷或类似方法使公众获悉的日期

（45）此日或日前已经授权的专利文献，通过印刷或类似方法使公众获悉的日期

（46）仅使公众获悉专利文献权利要求的日期

（47）此日或日前已经授权的专利文献，通过提供阅览、或经请求提供复制的方式使公众获悉的日期

（48）修正的专利文献出版日期

（50）技术信息

（51）国际专利分类，对于工业品外观设计专利而言为工业品外观设计国际分类

（52）内部分类或国家分类

（54）发明名称

（56）单独列出的现有技术文献清单

（57）文摘或权利要求

（58）检索领域

（60）与国内或前国内专利文献（包括其未公布的申请）有关的其他法律或程序参引

（61）较早申请的申请号和申请日（如果可能的话）、或较早公布的文献号、或较早授权的专利号、发明人证书号、实用新型或类似文献号，当前的专利文献为其增补申请

（62）较早申请的申请号及申请日（如果可能的话），当前的专利文献为其分案申请

（63）较早申请的申请号及申请日，当前的专利文献为其继续申请

（64）较早公布的文献号，该文献是其再版

（65）与同一申请有关的在先公布的专利文献号

（66）由当前的专利文献所取代的较早申请的申请日及申请号，既就同一发明而言，在放弃较早的申请之后，提出的新申请

（67）专利申请号及申请日，或授权专利号，当前的实用新型申请或登记（或一种类似的工业产权，诸如实用证书或实用创新）以此为基础提交

（68）就补充保护证书而言，基本专利号和/或专利文献公布号

（70）与专利或补充保护证书有关的当事人标识

（71）申请人名称或姓名

（72）发明人姓名，如果是已知的

（73）权利人、持有者、受让人或权利所有人名称或姓名

（74）律师或代理人姓名

（75）发明人兼申请人姓名

（76）发明人兼申请人和权利人姓名

（80）（90）国际公约（《巴黎公约》除外）的数据，以及补充保护证书法律事项的数据标识

（81）依据《专利合作条约》的指定国

（83）微生物保存信息，例如根据《布达佩斯条约》

（84）依据地区专利条约的缔约国

（85）按照PCT第23条（1）或第40条（1）进入国家阶段的日期

（86）PCT国际申请的申请数据，即国际申请日、国际申请号，以及如果需要，还包括最初受理的国际申请的公布语言；或者对于工业品外观设计专利而言，海牙协定下的国际申请注册数据，即国际注册数据和国际注册号

（87）PCT国际申请公布数据，即国际公布日期，国际公布号，及国际申请公布语言

（88）检索报告的延迟公布日期

（91）根据PCT提出的国际申请，在该日期由于未进入国家或地区阶段而在一个或几个指定国或选定国失效，或者已经确定该申请不能进入国家或地区阶段的日期

（92）就一件补充保护证书而言，第一次国家批准以药品形式将产品投放市场的日期及号码

（93）就一件补充保护证书而言，第一次批准以药品形式将产品投放地区经济共同体市场的号码、日期，以及如果需要，还包括原产国

（94）补充保护证书的届满计算日期，或者补充保护证书的有效期

（95）受基本专利保护并申请了补充保护证书，或已授予补充保护证书的产品名称

（96）地区申请数据，即申请日、申请号，还可以包括提交的原始申请公布的语种

（97）地区申请（或已经授权的地区专利）的公布数据，即公布日、公布号、还可包括申请（或专利）的公布语种

附件二：《ST.80 工业品外观设计著录数据推荐标准》（2004 年 2 月版）

（10）注册/续展数据

（11）注册序号和/或设计文献号

（12）公布的文献种类名称

（14）与初始注册号不同的续展号

（15）注册日/续展日

（17）注册/续展的预计期限

（18）注册/续展的预计终止日

（19）公布或注册该工业设计的机构标识，WIPO标准ST.3规定的双字母代码

（20）申请数据

（21）申请号

（22）申请日

（23）展览名称和地点，以及该工业设计首次展出的日期（展览优先权日期）

（24）工业设计权利生效日

（27）申请或保存种类（开放/密封）

（28）包含在申请中的工业设计号

（29）工业设计申请提交形式的指示，例如，以工业设计的复制品或者以其样品

（30）巴黎公约优先权数据

（31）优先权号

（32）优先权日

（33）WIPO 标准 ST.3 规定的双字母代码，标识该优先权提出的机构

（40）公众可获得信息的日期

（43）审查之前以印刷或类似方法，以及任何其他可使公众获悉的方法公布该工业设计的日期

（44）审查之后注册之前以印刷或类似方法，以及任何其他可使公众获悉的方法公布该工业设计的日期

（45）以印刷或类似方法，以及任何其他可使公众获悉的方法公布该注册工业设计的日期

（46）期限延长的届满日期

（50）其他信息

（51）工业设计的国际分类

（52）国家分类

（53）包含在一项组合（成套）申请或注册里的工业设计标识，该组合申请或注册受一项特定和解协议的影响，但不是所有情况都如此

（54）工业设计所涵盖的物品或产品的名称，或者工业设计名称

（55）工业设计的再现（例如，图片、照片）和与再现相关的解释

（56）现有技术文献目录，如果能够从描述正文中分离

（57）包含色彩指示的工业设计实质特征的描述

（58）在注册簿中的任何修改的日期记录（例如，权利人变更、名称或地址变更，国际保存放弃、保护期届满）

（60）有法律关系的其他申请和注册参引

（62）与分案有关的申请号和申请日（如可以获得的话），或文献的注册信息

（66）由本工业设计申请派生的设计申请号或注册号

（68）转让部分的注册号

（69）因（企业）合并产生的注册号

（70）与申请或注册有关的当事人的标识

（71）申请人的姓名和地址

（72）设计人的姓名，如果是已知的

（73）权利人的名称和地址

（74）代表人的名称和地址

（78）当权利人变更时，新权利人的名称和地址

（80）按照《关于工业设计国际注册海牙协定》进行国际注册的工业设计的数据及与其他国际公约有关的数据标识
关于指定签约方/相关文本签约方的信息

（81）相关文本签约方

Ⅰ 按照 1934 年文本指定的签约方

Ⅱ 按照 1960 年文本指定的签约方

Ⅲ 按照 1999 年文本指定的签约方

（82）包含于国际申请中的声明

（83）关于是否有复议或上诉的标识

（84）按照地区性公约指定的缔约国

关于权利人信息

（85）权利人经常居住地

（86）权利人国籍

（87）权利人住所

（88）权利人拥有真实有效的工业或商业场所的所在国

（89）申请人所属的签约方

第三节　国际专利分类

为便于管理和利用专利文献，一些国家建立起自己的专利分类体系，如美国、日本等。为了解决各国分类思想的差异而造成的专利文献使用困难，又诞生了国际统一通用的专利分类体系。对于发明专利和实用新型申请（包括发明专利单行本、发明人证书、实用新型单行本和实用新型证书等），大多数工业产权局采用国际专利分类。对于工业品外观设计申请，大多数工业产权局采用工业品外观设计国际分类（也称"洛迦诺分类"），工业品外观设计国际分类的相关信息参见本书第六章第六节内容。

一、专利分类概述

由于各工业产权局每年要受理数目可观的专利申请和出版大量的专利文献，为了管理和再次利用这些专利文献，需要制定一种专利文献的管理办法，即按规定的方案将文献进行归档，以后又采用一个合理的程序将它们查找出来，这方案就是专利文献的分类系统。

对于发明专利和实用新型申请（包括发明专利单行本、发明人证书、实用新型单行本和实用新型证书等），大多数工业产权局采用国际专利分类，而美国、日本、欧洲等局同时在其文献标有其各自的专利分类号。

对于工业品外观设计申请，大多数工业产权局采用洛迦诺分类，一些工业产权局则采用自己的外观设计分类体系，同时标注工业品外观设计国际分类，如日本、美国等，工业品外观设计国际分类的相关信息参见本书第六章第六节内容。

二、《国际专利分类表》（IPC）的建立与版次

（一）IPC 的建立

1954 年 12 月 19 日，欧洲理事会主要国家：法国、德国、英国、意大利、瑞士、荷兰、瑞典等签订了《关于发明专利国际分类法欧洲公约》，根据该公约制定了《发明的国际（欧洲）分类表》，并于 1968 年 9 月 1 日出版生效。1971 年 3 月 24 日《巴黎公约》联盟成员国在法国斯特拉斯堡召开全体会议，通过了《斯特拉斯堡协定》，于 1975 年 7 月 10 日正式生效。国际专利分类法应用英语和法语制定，两种文本均为同等的正本。截止 2009 年 10 月，该协定已有 57 个成员国。中国 1997 年 6 月 19 日正式成为其成员国。该协定的各成员国代表组成专家委员会，专家委员会负责修订本分类法，以及提出旨在便利本分类法的使用和促进本分类法的统一应用的建议等。

《国际专利分类表》的建立使各工业产权局获得了统一的分类，以便于按照相同的原则编排各自出版的专利文献，从而实现对专利信息的高效传播利用。

（二）IPC 的版次

从建立至今，《国际专利分类表》各版次使用时间为：

第 1 版：1968 年 9 月 1 日至 1974 年 6 月 30 日；

第 2 版：1974 年 7 月 1 日至 1979 年 12 月 31 日；

第 3 版：1980 年 1 月 1 日至 1984 年 12 月 31 日；

第 4 版：1985 年 1 月 1 日至 1989 年 12 月 31 日；

第 5 版：1990 年 1 月 1 日至 1994 年 12 月 31 日；

第 6 版：1995 年 1 月 1 日至 1999 年 12 月 31 日；

第 7 版：2000 年 1 月 1 日至 2005 年 12 月 31 日。

第 8 版基础版：3 年修订一次：

  IPC-2006：2006 年 1 月 1 日至 2008 年 12 月 31 日；

  IPC-2009：2009 年 1 月 1 日起。

第 8 版高级版：随时修订：

  2006.01：2006 年 1 月 1 日至 2006 年 12 月 31 日；

  2007.01：2007 年 1 月 1 日至 2007 年 9 月 30 日；

  2007.10：2007 年 10 月 1 日至 2007 年 12 月 31 日；

  2008.01：2008 年 1 月 1 日至 2008 年 3 月 31 日；

  2008.04：2008 年 4 月 1 日至 2008 年 12 月 31 日；

  2009.01：2009 年 1 月 1 日至 2009 年 12 月 31 日；

  2010.01：2010 年 1 月 1 日至 2010 年 12 月 31 日；

  2011.01：2011 年 1 月 1 日至当前。

《国际专利分类表》IPC-2006 版将与发明创造有关的全部技术领域概括成 8 个部，129 个大类，739 个小类，约 70 000 个组。

三、分类号的编排

《国际专利分类表》由高至低依次排列分类号，设置的顺序是部，分部，大类，小类，大组，小组。

（一）部

部是分类表等级结构的最高级别。用大写英文字母 A～H 表示 8 个部的类号，每个部有部的类名，如：

A：人类生活必需。

B：作业；运输。

C：化学；冶金。

D：纺织；造纸。

E：固定建筑物。

F：机械工程；照明；加热；武器；爆破。

G：物理。

H：电学。

部内有由信息性标题构成的分部，分部有类名，没有类号。

例如 C 部设 3 个分部，分部：化学；分部：冶金；分部：组合技术。

（二）大　类

每个部都被细分成若干大类，大类是分类表的第二等级。每个大类的类号由部的类号及其后的两位数字组成。每个大类的类名表明该大类包括的内容。

例如：A44 服饰缝纫用品；珠宝。

某些大类带有一个索引，该索引是对该大类内容的总括信息性概要。

（三）小　类

每个大类都包括一个以上小类，小类是分类表的第三等级。每个小类类号是由大类类号加上一个大写字母组成。

例如：A21B 食品烤炉；焙烤用机械或设备。

小类的类名尽可能确切地表明该小类的内容。大多数小类都有一个索引，该索引是对该小类内容的总括信息性概要。

在小类中大部分涉及共同技术主题的位置设置了指示该技术主题的导引标题。

（四）组

每一个小类被细分成若干组，可以是大组（分类表的第四等级），也可以是小组（依赖于分类表大组等级的更低等级）。每个组的类号由小类类号加上用斜线分开的两个数组成。

1. 大　组

每个大组的类号由小类类号、1 位到 3 位数字、斜线及 00 组成。大组类名在其小类范围以内确切限定了某一技术主题领域。大组的类号和类名在分类表中用黑体字印刷。

例如：A43B 5/00 运动鞋。

2. 小　组

小组是大组的细分类。每个小组的类号由其小类类号、大组类号的 1 位到 3 位数字、斜线及除 00 以外的至少两位数字组成。任何斜线后面的第 3 位或随后数字应该理解为其前面数字的十进位细分数字。小组类名在其大组范围之内确切限定了某一技术主题领域。该类名前加一个或几个圆点指明该小组的等级位置，即指明每一个小组是它上面离它最近的又比它少一个圆点的小组的细分类。

例如：E21B 43/11　　·射孔器；渗透器

　　　　E21B 43/112　··带可伸长射孔件的射孔器，例如，液体驱动的

解读时，小组类名必须依赖并且受限于其所缩排的上位组的类名。

例如：H01S 3/00 激光器

　　　　H01S 3/14·按所用激活介质的材料区分的

　　　　H01S 3/14 的类名读作按所用激活介质的材料区分的激光器。

（五）完整的分类号

一个完整的分类号由代表部、大类、小类、大组或小组的类符号结合构成。例如：A01B 33/00，A01B 33/08。

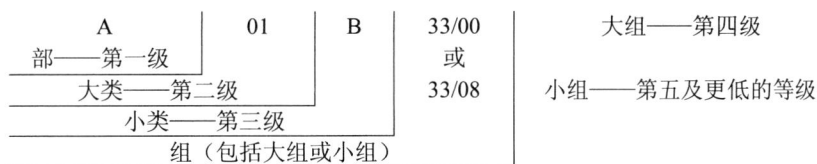

```
         A        01    B    33/00        大组——第四级
      部——第一级                或
         大类——第二级             33/08     小组——第五及更低的等级
            小类——第三级
               组（包括大组或小组）
```

四、分类表的等级结构

国际专利分类表是一种等级分类系统。较低等级的内容是其所属较高等级内容的细分。

国际专利分类表按部、大类、小类、大组、小组由大到小的递降次序排列类目。但在小组间的等级结构是由各小组类名之前的圆点数来确定的，而不是根据小组的编号确定。根据此等级原则，小组的技术主题范围是由它前面级别比它

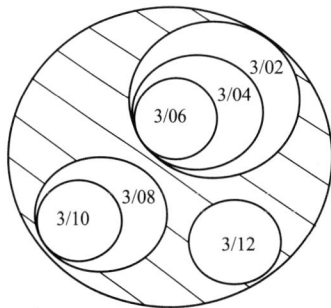

高的组共同确定的。

例如：（用 T～T⁶ 代表各组的类名）

3/00　T（大组）

3/02　·T¹（一点组）

3/04　··T²（二点组）

3/06　···T³（三点组）

3/08　·T⁴（一点组）

3/10　··T⁵（二点组）

3/12　·T⁶（一点组）

上述例中，小组 3/06 的技术范围是由等级较高的组 3/00、3/02、3/04 确定的；小组 3/10 是由 3/00、3/08 确定的。

上面图形还表示：当一个技术主题没有包括在 3/02 至 3/12 任何一个组中，或者 3/02、3/08、3/12（一点组）之一的组都包括不了时，该主题应分入 3/00 大组；对一点组也一样，例如，如果一个技术主题内容没有在 3/04 或 3/06 中被说明，或 3/04 或 3/06 包括不了时，则应分入 3/02 组中；对其他二点组、三点组技术主题等级结构的理解也一样。

在分类表的设置中，为了避免小组类名的重复，圆点也用来替代那些等级直接比它高一级的组的类名。

例如：

A47B 13/00　桌子或写字台的零件（抽屉入 A47B 88/00；一般家具的腿入 A47B 91/00）

A47B 13/02　·底架

A47B 13/04　··木制的

A47B 13/06　··金属制的

A47B 13/08　·桌面，其桌边（不限定于桌面的入 A47B 95/04）

A47B 13/10　··除圆形或四边形外的其他形状的桌面

A47B 13/12　··透明的桌面

A47B 13/14　··可拆卸的服务桌

A47B 13/16　··成为桌子部件的玻璃板、烟灰缸、灯、蜡烛等物的支座

五、发明技术主题的分类

分类的主要目的是便于技术主题的检索。同一的技术主题都分到同一分类位置上，从而应能从同一的分类位置检索到，这个位置是检索该技术主题最相关的。

（一）发明信息与附加信息

专利文献中可以找到两种类型的信息。它们是"发明信息"和"附加信息"。分类号的选择规则对两种类型的信息是相同的。

发明信息是某专利文献全部公开文本（例如，说明书、附图、权利要求书）中代表对现有技术的贡献的技术信息。就现有技术背景而言，发明信息是利用专利文献的权利要求所提供的指引来确定，并且应当关注说明书和附图。"对现有技术的贡献"是指专利文献中明确披露的所有新颖的和非显而易见的技术主题，该技术主题不代表现有技术的那部分，即专利文献中的技术主题与已经公知的所有技术主题集合之间的差异。

附加信息是非微不足道的技术信息，它本身不代表对现有技术的贡献，但对检索者而言却有

可能构成有用的信息。附加信息通过确定，例如，组合物或混合物的构成部分、或者方法或结构的要素或组成部分、或者已经分类的技术主题的用途或应用，来补充发明信息。

（二）发明的技术主题

发明的技术主题可以指方法、产品、设备或材料（或它们的使用方法或应用方式）。

1．方　法

包括聚合、发酵、分离、成形、运送、纺织品处理、能量传递和转换、建筑、食品制备、试验、操作机器的方法及其作用方式、信息处理和传输。

2．产　品

包括化合物、组合物、织物、制造的物品。

3．设　备

包括化学或物理工艺设备、各种工具、各种器具、各种机器、各种执行操作的设备。

4．材　料

包括混合物的组分。

应当注意的是，一个设备，由于它是通过一种方法来制造的，可以看作是一件产品。但术语"产品"只是用来表示某一方法的结果，而不管该产品（例如某化学或制造方法的最终产品）其后的功能如何，而术语"设备"是与其某种预期的用途或目的联系在一起的。例如，用于产生气体的设备、用于切割的设备。材料本身就可以构成产品。

（三）专利文献中分类号的表示

分类号表示的顺序如下：

首先代表发明信息的分类号，将其中那个最充分代表该发明的分类号列于首位。

其次代表附加信息的分类号。

第三引得码。

将分类号和引得码以一列或更多列的表格形式表示，而一列的各行只有一个分类号或引得码。

当使用 IPC-2006 版以后版本的高级版分类表对同一篇文献进行分类时，IPC 分类号和版本号表示的示例如下：

Int. Cl.

B*60*K *5/00*（2006.01）（斜体表示高级版，黑体表示发明信息）；

B*60*K *6/20*（2007.10）（斜体表示高级版，黑体表示发明信息）；

H*04*H *20/48*（2008.01）（斜体表示高级版，普通字体即非黑体表示附加信息）。

对于 IPC 第七版之前的早先版本，通常在"Int. Cl."缩写之后，以阿拉伯数字上标的方式指明。因此，对按照第七版分类的文献，缩写为 Int. Cl.[7]。但对按照第一版分类的文献，并没有阿拉伯数字上标显示，仅仅标识为 Int. Cl.。

第四节　专利信息检索

专利信息检索简单地说是以专利文献所承载的信息为检索对象的文献信息检索。目前的专利信息检索主要是在计算机或计算机检索网络的终端机上进行，检索者通过使用特定的检索指令、检索词和检索策略，从计算机检索系统的数据库中检索出需要的信息。

一、概 述

（一）专利信息检索概念

专利信息检索是指使用者根据需要，借助一定的检索工具，从专利信息集合中找出符合特定要求的专利信息的过程和技术。

目前的专利信息检索主要是在计算机或计算机检索网络的终端机上进行，因此专利信息检索可理解为根据某一（些）专利信息特征从各种专利数据库中找出符合特定要求的专利文献或信息的过程。

上述专利信息检索概念中包含 3 个方面的含义：线索、工具和目的。

根据某一（些）专利信息特征，即专利信息检索的线索；从各种专利数据库中找，即专利信息检索的工具；找出符合特定要求的专利文献或信息，即专利信息检索的目的。也就是说，专利信息检索概念是根据"要达到的目的、掌握的线索和选择的工具"概括而成的。

（二）专利信息检索线索

专利信息检索线索，也称"专利信息检索依据"，是指检索专利信息时依据的专利信息特征。

专利分类号和主题词是从技术主题角度检索专利文献的主要信息特征。

申请号、文献号和专利号是从专利的号码角度检索专利文献和信息的信息特征。

专利申请人、专利受让人、专利权人、专利出让人（包括自然人和法人），以及发明人、设计人、专利代理人等的名字名称是从与专利有关的人的角度检索专利信息的信息特征。

公布日、申请日也是检索专利信息的信息特征。多数情况下这些信息特征不单独使用，通常作为限定性检索项在检索中使用，主要与其他信息特征进行组配检索。

（三）专利信息检索工具

专利信息检索工具是实现专利信息检索目的的物质基础，是影响专利信息检索效果的重要客观因素。

专利信息检索系统有专业化和大众化之分，他们可以分别满足不同种类的专利信息检索需要。一般而言，与专利技术主题相关的检索，特别是专利技术信息检索，需要使用专业化专利信息检索系统。

（四）专利信息检索种类

由于专利信息检索的目的不同，检索依据的专利信息特征不同，从而形成不同专利检索种类。

专利技术信息检索，也称"专利技术主题查全检索""专利参考文献检索"，是指从任意一个技术主题对专利文献进行检索，其目的是找出与被检索技术主题相关的参考文献。专利技术信息检索得到的文献称参考文献。专利技术信息检索主要作用是：科研立项前了解技术现状；解决难题过程中提供技术参考；引进技术前比较技术水平；制定战略过程中进行专利信息分析以提供决策依据。

专利新颖性或创造性检索，也称"专利技术主题查准检索""专利对比文件检索"，是指为确定发明创造是否具备新颖性或创造性，从发明创造的技术方案对包括专利文献在内的全世界范围内的各种公开出版物进行的检索，其目的是找出与发明创造技术方案可进行新颖性或创造性对比的文件。专利新颖性或创造性检索到的文献称对比文件。专利新颖性或创造性检索主要作用是：侵权应诉过程中搜索无效依据文件；申请专利前判断发明创造新颖性或创造性；产品出口前确定是否侵权。

专利法律状态检索，也称"专利有效性检索"，是指对一项专利或专利申请当前所处的状态所进行的检索，其主要目的是了解专利申请是否授权，专利是否有效等信息。专利法律状态检索得到的信息为被检索专利或专利申请当前所处的状态信息。专利法律状态检索主要作用是：解决技术难题过程中判断准备采用的专利技术是否会造成侵权纠纷；引进技术前判断准备引进的技术是否为专利技术；产品出口前确定产品所涉及的专利是否有效。

同族专利检索，也称"专利地域性检索"，是指以某一专利或专利申请为线索，查找与其同属于一个专利族的所有成员的过程。同族专利检索得到的信息为与被检索的专利或专利申请同属于一个专利族的所有成员的文献号信息。同族专利检索主要作用是：解决技术难题过程中提取所熟悉语言的专利参考文献；引进技术前或产品出口前了解专利地域性信息；了解本领域专利技术发展现状过程中掌握特定发明创造专利发展变化过程。

专利引文检索是指查找特定专利所引用或被引用的信息的过程，其目的是找出专利文献中刊出的申请人在完成发明创造过程中曾经引用过的参考文献和/或专利审查机构在审查过程中由审查员引用过并被记录在专利文献中的审查对比文件，以及被其他专利作为参考文献和/或审查对比文件所引用并记录在其他专利文献中的相关信息。专利引文检索得到的信息为被检索的专利所引用或被引用的文献的基本信息。专利引文检索主要作用是：制定战略过程中进行专利信息分析，为确定核心专利技术和技术生命周期提供数据支持；专利技术信息检索过程中扩大检索结果范围；专利审查或专利诉讼过程中比较同族专利审查对比依据。

专利相关人检索，也称申请人/专利权人/发明人等检索，是指查找某申请人或专利权人或发明人拥有的专利或专利申请的过程。专利相关人检索主要作用是制定战略过程中进行竞争对手分析；市场开发过程中了解合作伙伴实力；解决难题过程中寻找突破点。

二、专利技术主题检索

专利技术主题检索是指从专利技术主题角度进行的检索，包括专利技术信息检索与专利新颖性或创造性检索。进行专利技术主题检索时，需选用专业化的专利信息检索系统的命令检索方式，才能满足专利技术信息检索的查全要求和专利新颖性或创造性检索的查准要求。

（一）专利技术主题检索要素

对于专利技术信息检索来说，检索要素是指能够代表具体技术领域及技术范围的术语的可检索的要素；而对于专利新颖性或创造性检索来说，检索要素是指能够体现发明创造技术方案的基本构思（包括所属技术领域、解决的技术问题、采用的技术手段和产生的技术效果）的可检索的要素。每项技术主题检索有多少项检索要素，需根据专利技术主题检索分析结果确定。

在选择用主题词表达的检索要素时，"一般需要考虑相应检索要素的各种同义或近义表达形式，而且在必要时还需要考虑相关的上位概念、下位概念以及其他相关概念及其各种同义或近义表达形式"。

在选择用 IPC 号表达的检索要素时，需利用 IPC 分类表确定检索要素表达，并按以下步骤进行：（1）查阅国际专利分类表每个部开始部分的"部的内容"栏，按类名选择可能的分部和大类。（2）阅读所选定分部和大类下面的类名，从中选择最适合于覆盖检索的主题内容的小类。（3）参看小类开始部分的"小类索引"，阅读大组完整的类名及附注和参见，选择最适合于覆盖检索的主题的大组。（4）阅读所选择的大组下面全部带一个圆点的小组，确定一个最适合于覆盖检索的主题的小组。如果该小组有附注和参见部分，则应当根据它们考虑其他分类位置，以便找到一个或者多个更适合于检索的主题的分类位置。（5）选择带一个以上圆点的，但仍旧覆盖检索的主题的小组。

检索要素可通过检索要素表来表达。

可挤牙膏的牙刷				
检索要素	检索要素 1	检索要素 2	检索要素 3	检索要素 4
检索要素名称	牙刷	刷把	孔槽	挤牙膏
主题词 中文	牙刷	把，柄	孔，槽	挤牙膏，挤膏
主题词 英文				
IPC 号	A46B 5/00			

（二）检索要素逻辑关系

在组织各检索要素之间逻辑关系时，应依以下原则进行：

第一，相同检索要素的不同表达之间为逻辑“或”。如相同检索要素的主题词与 IPC 号之间用逻辑“或”符号连接。

第二，不同检索要素之间为逻辑与。如检索要素 1 的主题词与检索要素 2 的主题词、检索要素 1 的主题词与检索要素 2 的 IPC 号、检索要素 1 的 IPC 号与检索要素 2 的主题词之间用逻辑“与”符号连接。

第三，不同检索要素的 IPC 号之间一般不进行逻辑“与”运算，但对于专利新颖性或创造性检索来说，两个不同检索要素的 IPC 号中有一个属于引得码，则可以进行两个 IPC 号之间的逻辑“与”运算。

第四，对于专利技术信息检索来说，一般检索要素与需排除的检索要素之间为逻辑“非”。

例如，根据上述检索要素表表达检索要素逻辑关系：

检索式一为 A46B 5/00 and（槽 or 孔）and（挤牙膏 or 挤膏）

检索式二为牙刷 and（把 or 柄）and（槽 or 孔）and（挤牙膏 or 挤膏）

检索式三为检索式一 or 检索式二。

三、互联网专利信息资源

（一）国家知识产权局网站专利信息资源

国家知识产权局网站网址为 http：//www.sipo.gov.cn/。提供的专利信息资源有专利检索，专利法律状态检索，英文专利检索。

专利检索提供 1985 年以来公布的中国发明、实用新型和外观设计专利；数据内容包括基本著录项目、文摘及图像全文；每星期三更新。

专利法律状态检索提供 1985 年以来公布的中国专利法律状态信息，信息来源于发明、实用新型、外观设计专利公报。信息包括实质审查请求的生效、专利权的无效宣告，专利权的终止，权利的恢复，专利申请权、专利权的转移，专利实施许可合同的备案，专利权的质押、保全及其解除、著录事项变更、通知事项等。

英文专利检索（SIPO_ENGLISH_PATENT_SEARCH）提供 1985 年以来公布的中国发明和实用新型专利；数据内容包括英文基本著录项目、英文文摘及机器翻译的说明书和权利要求书英文译文。

（二）美国专利商标局网站专利信息资源

美国专利商标局网站网址为 http：//www.uspto.gov/。提供的专利信息资源为授权专利数据库（1790 年以来），专利申请公布数据库（2001 年以来），专利权转移数据（1980 年以来），美国专利法律状态数据库，专利公报数据库（52 期全文及近 17 年通知）。

（三）日本特许厅网站专利信息资源

日本特许厅网站网址为 http：//www.jpo.go.jp/。提供的专利信息资源为自 1885 年以来公布的所有日本专利、实用新型和外观设计；日本公开专利英文文摘数据；FI 与 F-TERM 分类表以及日本外观分类表；日本专利、实用新型与外观设计的法律状态信息。

（四）欧洲专利局网站专利信息资源

欧洲专利局网站网址为 http：//www.epo.org/。提供专利信息资源的网址是 ESPACENET 专利检索 http：//worldwide.espacenet.com/和 EPOLINE 欧洲专利法律状态查询 https：//register.epo.org/espacenet/regviewer。

欧洲专利局网站上提供的 ESPACENET 专利检索中的专利信息资源有欧洲专利（1978 年以来著录数据和全文），国际申请公布（1978 年以来著录数据和全文），世界专利（90 多个国家、地区及组织著录数据和全文）。

欧洲专利局网站上提供的 EPOLINE 欧洲专利法律状态查询中的专利信息资源有欧洲专利法律状态信息和指定并进入欧洲阶段的国际申请的法律状态信息。

（五）世界知识产权组织网站专利信息资源

世界知识产权组织网站网址为 http：//www.1wipo.int/。提供的专利信息资源有国际申请公布（1978 年以来著录数据和全文）和国际外观设计注册（1978 年以来）。

练习题及其解析

第一节练习题

1. 国家知识产权局公布的发明专利说明书扉页中包括下列哪些内容？

A. 说明书附图

B. 摘要

C. 著录事项

D. 权利要求书

【解析】 扉页刊登基本专利信息，包括：发明创造简要介绍及摘要附图（非全部附图），A 选项错误，B 选项正确；扉页以专利文献著录项目形式表达，C 选项正确；权利要求书属于单行本其他文件组成部分，D 选项错误。

2. 下列各组用以表示公布专利文献的国家或机构的国际标准代码，哪些是正确的？

A. 英国 UK、法国 FR、俄罗斯联邦 RU

B. 瑞士 CH、瑞典 SE、欧洲专利局 EP

C. 日本 JP、奥地利 AU、澳大利亚 AT

D. 德国 GE、西班牙 ES、世界知识产权组织 WO

【解析】 UK、GE 为非专利文献国际标准国别代码，选项 A、D 错误；AU、AT 混淆了，选项 C 错误，选项 B 正确。

第二节练习题

3. 下列哪些是中国发明专利申请号？

A. 85101808

B. 200710062709.4

C. 01900001.4

D. 94116472.1

【解析】 8 位数字的申请号第 3 位和 12 位数字的申请号第 5 位为 1 和 8 的号码是发明，选项 A、B、D 正确；选项 8 位数字的申请号第 3 位和 12 位数字的申请号第 5 位为 2 和 9 的号码是实用新型，选项 C 错误。

4. 某专利文献扉页上印有"CN100378905 A"，由此专利文献号可以分析出下列哪些信息？

A. 这是一篇中国专利文献

B. 这是一篇实用新型专利文献

C. 该专利申请已被授予专利权

D. 第一位数字 1 表示发明专利申请

【解析】 从国家代码和文献种类代码判断，该号码为中国专利文献号，因此选项 A 正确；从号码第一位数字和文献种类代码判断，该号码为发明，因此选项 D 正确，而选项 B 错误；从号码的文献种类代码判断，它是未经审查尚未授予专利权的专利文献的号码，因此选项 C 错误。

5. 中国《发明专利公报》包括下列哪些内容？

A. 发明专利申请的公布

B. 保密发明专利权的授予

C. 发明专利申请的检索报告

D. 发明专利权的授予

【解析】《发明专利公报》中报道发明专利申请的公布、保密发明专利权的授予和发明专利权的授予，选项 A、B、D 正确。中国国家知识产权局不公告也不出版发明专利申请检索报告，因此选项 C 错误。

第三节练习题

6. 下述哪些说法是正确的？

A. 中国采用国际专利分类法对发明专利申请进行分类

B. 中国采用国际专利分类法对实用新型专利申请进行分类

C. 中国采用洛迦诺分类法对实用新型专利申请进行分类

D. 中国采用洛迦诺分类法对外观设计专利申请进行分类

【解析】 国际专利分类法用于发明和实用新型分类，中国采用国际专利分类法，选项 A、B 正确；洛迦诺分类法用于外观设计分类，中国采用洛迦诺分类法，选项 D 正确，选项 C 错误。

7. 下列关于专利分类号 H01C 1/00 或 C08F l10/02 中含义的说法哪些是正确的？

A. H 代表部

B. C08F 代表大类

C. H01C 1/00 代表小组

D. C08F 110/02 代表小组

【解析】 部是一级类号，由 A～H 一个字母构成，大类是二级类号，由部类号和两位数字构成，小类由大类号和一个字母构成，选项 A 正确，选项 B 错误。组号中"/"后 00 表示大组，其余为小组，选项 C 错误，选项 D 正确。

8. 国际专利分类表采用字母 A～H 作为各部的类号，下列选项中给出的类号所表示的类名哪些存在错误？

A. E 部 固定建筑物   A 部 纺织、造纸

B. C 部 化学、冶金   B 部 作业、运输

C. G 部 物理   H 部 电学

D. C 部 化学、冶金   F 部 物理

【解析】 选项 A、D 存在错误，选择。记住国际专利分类各部类名，2006 和 2008 年均考此内容。

9. 下表为国际专利分类表的部分节选：

H01F 1/00	按所用磁性材料区分的磁体或磁性物体
H01F 1/01	·无机材料的
H01F 1/03	··按其矫顽力区分的
H01F 1/032	···硬磁材料的
H01F 1/04	····金属或合金
H01F 1/047	·····按其成分区分的合金

利用上表对"包括硬磁合金的无机材料的磁体"进行分类，下列哪些分类是正确的？

A. H 01F 1/01、H 01F 1/03、H 01F 1/032 和 H 01F 1/04

B. H 01F 1/04

C. H 01F 1/047

D. H 01F 1/00

【解析】 这是一个多等级的 IPC 组，为了将主题分入最恰当的位置，分类时应由高到低，逐级找到能够准确表达该技术主题的小组位置；H01F 1/04 准确反映了该技术主题的内容，是该技术主题的最准确分类位置，选项 B 正确；H01F 1/00、H 01F 1/01、H 01F 1/03、H 01F 1/032 均是该技术主题的所属上位技术领域，由于这些分类位置下有该技术主题准确分类位置，因此该技术主题的专利不能分在这些分类位置上，选项 A、D 错误；H01F 1/047 是该技术主题的进一步细分，而被分类的技术主题没有涉及其细分，不能分入该分类位置，选项 C 错误。

第四节练习题

10. 某企业被告知侵犯了他人的实用新型专利权，经律师提示准备通过专利信息检索查找能够提请宣告该实用新型专利无效的对比文件。此时该企业应该选择哪种检索。

A. 专利技术信息检索

B. 专利引文检索

C. 专利新颖性或创造性检索

D. 法律状态检索

【解析】 "专利技术信息检索"查找的是某技术主题的专利参考文献，不是专利无效的对比文件；"专利引文检索"是指查找特定专利公布文件中记录的

被申请人引用的参考文献和被审查员引用的对比文件，并非在专利数据库中查找特定技术方案的对比文件；"法律状态检索"查找的是特定专利或专利申请当前所处的状态。因此选项 A、B、D 选项不对；"专利新颖性或创造性检索"查找的是特定技术方案的对比文件，也适用于查找提请宣告该实用新型专利无效的对比文件，因此 C 正确。

11. 根据检索要素表选出下列给出的正确的检索策略。

检索"储水花盆"技术主题的专利参考文献

检索要素	检索要素 1	检索要素 2
检索要素名称	花盆	储水
主题词	花盆，花箱	储水，贮水
IPC 号	A01G 9/02	

A. 花盆 and 花箱 and 储水 and 贮水 and A01G9/02

B.（花盆 or 花箱 or A01G9/02）and（储水 or 贮水）

C.（花盆 or 花箱）and（储水 or 贮水）and A01G9/02

D.（（花盆 or 花箱）and（储水 or 贮水））or（A01G9/02 and（储水 or 贮水））

【解析】A 选项中"花盆、花箱"为相同检索要素的不同表达，按照其运算规则应该为逻辑或；C 选项中"花盆 or 花箱"和"A01G9/02"也是相同检索要素的不同表达，按照其运算规则应该为逻辑或。因此 A、C 不对。B、D 选项完全按照运算规则组织各检索要素表达之间的正确逻辑关系组成检索提问式，因此 B、D 正确。

【练习题答案】

1. B C   2. B   3. A B D   4. A D   5. A B D   6. A B D   7. A D

8. A D   9. B   10. C   11. B D

附　录

附录一　《考试大纲》知识点与本书对应章节索引表

第一章　专利制度概论

第一节　专利基础知识

一、专利制度概要

1. 专利制度的产生与发展

大纲知识点	本书对应章节
专利制度的产生与发展	第一章第一节一

2. 专利体系及特点

大纲知识点	本书对应章节
专利权的概念	第一章第一节二
专利权的性质	第一章第一节二（一）
	第一章第一节二（二）
	第一章第一节二（三）
	第一章第一节二（四）
先申请制	第一章第一节三（二）
先发明制	第一章第一节三（二）
登记制	第一章第一节三（一）
初步审查制	第一章第一节三（一）
实质审查制	第一章第一节三（一）

3. 专利制度的作用

大纲知识点	本书对应章节
专利制度的作用	第一章第一节四

二、中国专利制度

1. 中国专利制度的发展历史

大纲知识点	本书对应章节
中国专利法的制定	第一章第二节一（一）
中国专利法及其实施细则的第一次修改	第一章第二节一（二）
中国专利法及其实施细则的第二次修改	第一章第二节一（三）

续表

大纲知识点	本书对应章节
中国专利法及其实施细则的第三次修改及其过渡适用	第一章第二节一（四）（不含过渡适用）
相关法律法规的制定与完善	第一章第二节一（五）

2. 中国专利制度的主要特点

大纲知识点	本书对应章节
先申请原则	第一章第二节二（二）
三种专利类型	第一章第二节二（一）
二种专利的审查制度	第一章第二节二（一）
行政保护与司法保护双轨制	第一章第二节二（四）

3. 中国专利制度行政与司法机构

大纲知识点	本书对应章节
中国专利制度行政部门的设置	第一章第二节四
国务院专利行政部门及其主要职能	第一章第二节四（一）
国防专利机构及其主要职能	第一章第二节四（二）
地方管理专利工作的部门及其主要职能	第一章第二节四（三）
审理专利案件的人民法院及其管辖权	第一章第二节四（四）

第二节　申请专利的权利和专利权的归属

一、相关概念

1. 发明人或设计人的概念

大纲知识点	本书对应章节
发明人或设计人的定义	第一章第三节五
发明人或设计人的判断规则	第一章第三节五
发明人或设计人的署名权	第一章第三节五（一）

2. 申请人的概念

大纲知识点	本书对应章节
中国内地申请人	第一章第三节二（一）
中国港、澳、台申请人	第一章第三节二（二）
外国申请人	第一章第三节二（三）
共同申请人	第一章第三节四
申请专利的权利	第一章第三节一 第一章第三节三
不同种类申请人的法律适用及其区别	第一章第三节二

3. 专利权人的概念

大纲知识点	本书对应章节
专利权人的概念	第一章第三节一

4. 共有权利的行使

大纲知识点	本书对应章节
共有权利的行使	第一章第三节四

二、权利的归属
1. 职务发明创造

大纲知识点	本书对应章节
职务发明创造的概念	第一章第三节一（一）1
职务发明创造的判断	第一章第三节一（一）1
职务发明创造申请专利的权利及所取得的专利权的归属	第一章第三节一（一）2
职务发明创造的发明人或设计人获得奖酬的权利及相关规定	第一章第三节五（二）

2. 非职务发明创造

大纲知识点	本书对应章节
非职务发明创造的概念	第一章第三节一（二）1
非职务发明创造的判断	第一章第三节一（二）1
非职务发明创造申请专利的权利及所取得的专利权的归属	第一章第三节一（二）2

3. 合作完成的发明创造

大纲知识点	本书对应章节
合作完成的发明创造的概念	第一章第三节一（三）

大纲知识点	本书对应章节
合作完成的发明创造申请专利权利及所取得的专利权的归属	第一章第三节一（三）
相关规定的适用范围	第一章第三节一（三）

4. 委托开发完成的发明创造

大纲知识点	本书对应章节
委托完成的发明创造的概念	第一章第三节一（三）
委托完成的发明创造申请专利权利及所取得的专利权的归属	第一章第三节一（三）
相关规定的适用范围	第一章第三节一（三）

第三节　专利代理制度
一、专利代理

大纲知识点	本书对应章节
专利代理的概念	第一章第四节一（二）1
专利代理的作用	第一章第四节一（二）2

二、专利代理人

大纲知识点	本书对应章节
专利代理人的概念	第一章第四节三（一）
申请专利代理人资格的条件	第一章第四节三（二）
申请专利代理人执业证的条件和程序	第一章第四节三（三）
专利代理人的执业和业务范围	第一章第四节三（四）
专利代理人执业纪律和职业道德	第一章第四节三（五）

三、专利代理机构
1. 专利代理机构的概念和组织形式

大纲知识点	本书对应章节
专利代理机构的概念和组织形式	第一章第四节二（一）

2. 专利代理机构的设立、变更、停业和撤销

大纲知识点	本书对应章节
设立专利代理机构的条件	第一章第四节二（二）1

续表

大纲知识点	本书对应章节
专利代理机构合伙人或者股东应当满足的条件	第一章第四节二（二）2
专利代理机构的设立	第一章第四节二（二）3
专利代理机构的业务范围	第一章第四节二（二）4
专利代理机构的业务承接	第一章第四节二（二）4
专利代理机构的变更	第一章第四节二（二）5
专利代理机构的停业	第一章第四节二（二）6
专利代理机构的撤销	第一章第四节二（二）6

3. 专利代理机构办事机构的设立条件和审批程序

大纲知识点	本书对应章节
专利代理机构设立办事机构的条件	第一章第四节二（三）1
专利代理机构办事机构应当满足的条件	第一章第四节二（三）2
专利代理机构设立办事机构的审批程序	第一章第四节二（三）3
专利代理机构办事机构的停业或撤销	第一章第四节二（三）4

四、专利代理人和专利代理机构的年检

大纲知识点	本书对应章节
年检的内容	第一章第四节四（一）1
年检的程序	第一章第四节四（一）2
不参加年检或年检不合格的法律后果	第一章第四节四（二）

五、专利代理惩戒
1. 专利代理惩戒委员会

大纲知识点	本书对应章节
专利代理惩戒委员会的组成	第一章第四节四（三）1（1）
专利代理惩戒委员会委员的任期	第一章第四节四（三）1（1）
专利代理惩戒委员会委员的回避	第一章第四节四（三）1（2）
专利代理惩戒委员会的职能	第一章第四节四（三）1（3）

2. 对专利代理人和专利代理机构的惩戒

大纲知识点	本书对应章节
惩戒的种类	第一章第四节四（三）2（1）、（2）
惩戒的适用	第一章第四节四（三）2（1）、（2）、（3）
惩戒的程序	第一章第四节四（三）2（4）
救济程序	第一章第四节四（三）2（5）

六、中华全国代理人协会

大纲知识点	本书对应章节
中华全国代理人协会	第一章第四节一（三）

第二章　授予专利权的实质条件
第一节　专利保护的对象和主题
一、二种专利的保护对象
1. 发明

大纲知识点	本书对应章节
产品发明	第三章第二节二
方法发明	第三章第二节三
对产品或方法的改进	第三章第二节一
新的技术方案	第三章第二节四

2. 实用新型

大纲知识点	本书对应章节
产品的含义	第三章第一节二
产品的形状	第三章第一节三
产品的构造	第三章第一节四
新的技术方案	第三章第一节五
不给予实用新型专利保护的客体	第三章第一节二 第三章第一节三 第三章第一节四 第三章第一节五

3. 外观设计

大纲知识点	本书对应章节
外观设计的载体	第三章第三节二

续表

大纲知识点	本书对应章节
产品的形状、图案或者其结合	第三章第三节三
色彩与形状、图案的结合	第三章第三节三
富有美感并适于工业应用的新设计	第三章第三节四
不授予外观设计专利权的情形	第三章第三节二 第三章第三节三 第三章第三节四

二、不授予专利权的主题

1. 违反法律的发明创造

大纲知识点	本书对应章节
"法律"的含义	第三章第四节一（一）
违反法律的发明创造的定义	第三章第四节一（一）

2. 违反社会公德的发明创造

大纲知识点	本书对应章节
"社会公德"的含义	第三章第四节一（二）
违反社会公德的发明创造的定义	第三章第四节一（二）

3. 妨害公共利益的发明创造

大纲知识点	本书对应章节
"妨害公共利益"的含义	第三章第四节一（三）
妨害公共利益的发明创造的定义	第三章第四节一（三）

4. 违反法律、行政法规的规定获取或者利用遗传资源，并依赖该遗传资源完成的发明创造

大纲知识点	本书对应章节
"遗传资源"的含义	第三章第四节二
依赖遗传资源完成的发明创造的定义	第三章第四节二
违反法律、行政法规的规定获取或者利用遗传资源的定义	第三章第四节二

5. 科学发现

大纲知识点	本书对应章节
科学发现的定义	第三章第四节三（一）
科学理论的定义	第三章第四节三（一）
科学发现、科学理论与发明的区别	第三章第四节三（一）
首次从自然界分离或提取出来的物质	第三章第四节三（一）

6. 智力活动的规则和方法

大纲知识点	本书对应章节
智力活动的定义	第三章第四节三（二）
判断涉及智力活动的规则和方法的申请主题能否授予专利权的原则	第三章第四节三（二）

7. 疾病的诊断和治疗方法

大纲知识点	本书对应章节
疾病诊断方法的定义	第三章第四节三（三）1
属于诊断方法的判断规则	第三章第四节三（三）1
不属于诊断方法的判断规则	第三章第四节三（三）1
疾病治疗方法的定义	第三章第四节三（三）2
属于治疗方法的判断原则	第三章第四节三（三）2
不属于治疗方法的判断原则	第三章第四节三（三）2
外科手术方法的定义	第三章第四节三（三）2
以治疗为目的的外科手术方法	第三章第四节三（三）2

8. 动物和植物品种

大纲知识点	本书对应章节
动物的定义	第三章第四节三（四）
植物的定义	第三章第四节三（四）
植物新品种的法律保护方式	第三章第四节三（四）
动物和植物品种的生产方法	第三章第四节三（四）
生物学方法	第三章第四节三（四）
非生物学方法	第三章第四节三（四）
可授予专利权的动物和植物生产方法	第三章第四节三（四）

9. 原子核变换方法和用该方法获得的物质

大纲知识点	本书对应章节
原子核变换方法的定义	第三章第四节三（五）
用原子核变换方法所获得的物质	第三章第四节三（五）
可以授予专利权的原子核技术发明	第三章第四节三（五）

10. 对平面印刷品的图案、色彩或者二者的结合作出的主要起标识作用的设计

大纲知识点	本书对应章节
对平面印刷品的图案、色彩或者二者的结合作出的主要起标识作用的设计	第三章第四节四

第二节 发明和实用新型专利申请的授权条件
一、现有技术

大纲知识点	本书对应章节
现有技术的定义	第四章第二节
现有技术的时间界限	第四章第二节二
现有技术的地域界限	第四章第二节三
"公众"的含义	第四章第二节一
技术内容"为公众所知"的含义	第四章第二节一
出版物公开	第四章第二节三（一）
使用公开	第四章第二节三（二）
以其他方式公开	第四章第二节三（三）

二、新颖性
1. 新颖性的概念

大纲知识点	本书对应章节
新颖性的定义	第四章第三节一
同样的发明或者实用新型的含义	第四章第三节二（一）

2. 抵触申请

大纲知识点	本书对应章节
抵触申请的定义	第四章第三节一
构成抵触申请的条件	第四章第三节一
抵触申请的效力	第四章第三节一

3. 判断新颖性的原则和基准

大纲知识点	本书对应章节
单独对比原则	第四章第三节二（二）
上位概念与下位概念	第四章第三节三（二）
惯用手段的直接置换	第四章第三节三（三）
数值和数值范围	第四章第三节三（四）
包含性能、参数、用途、制备方法等特征的产品权利要求的新颖性审查原则	第四章第三节三（五）
化学领域发明新颖性判断的其他若干规定	第四章第三节四

4. 不丧失新颖性的宽限期

大纲知识点	本书对应章节
宽限期的定义	第四章第三节五
宽限期的效力	第四章第三节五（二）
宽限期的期限	第五章第三节五
适用宽限期的情形	第四章第三节五
主张适用宽限期的时间限制	第四章第三节五
有权主张适用宽限期的人	第四章第三节五
主张适用宽限期的条件	第四章第三节五
二次公开适用宽限期的条件	第四章第三节五（三）
适用宽限期的国际展览会	第五章第三节五
适用宽限期的学术会议或技术会议	第五章第三节五
首次发表的含义	第四章第三节五
首次展出的含义	第四章第三节五
他人未经申请人同意而泄露其发明创造内容的含义	第五章第三节五
证明材料	第五章第三节五

5. 对同样的发明创造的处理

大纲知识点	本书对应章节
同样的发明创造的判断原则	第四章第六节一
同一申请人就同样的发明创造提出两件专利申请	第四章第六节二（一）
不同申请人就同样的发明创造在同一日分别提出专利申请	第四章第六节二（一）
对一件专利申请和一项专利权的处理	第四章第六节二（二）

三、创造性

1. 创造性的概念

大纲知识点	本书对应章节
创造性的定义	第四章第四节一
所属技术领域的技术人员	第二章第三节一
突出的实质性特点	第四章第四节一
显著的进步	第四章第四节一

2. 判断创造性的原则和基准

大纲知识点	本书对应章节
判断创造性的方法和步骤	第四章第四节二 第四章第四节三
判断创造性的辅助因素	第四章第四节五
技术效果对创造性判断的影响	第四章第四节三（二） 第四章第四节五（三）
开拓性发明的创造性判断	第四章第四节四（一）
组合发明的创造性判断	第四章第四节四（二）
选择发明的创造性判断	第四章第四节四（三）
专用发明的创造性判断	第四章第四节四（四）
已知产品新用途发明的创造性判断	第四章第四节四（五）
要素变更发明的创造性判断	第四章第四节四（六）
化学领域发明创造性判断的其他若干规定	第四章第四节六

3. 实用新型创造性的判断

大纲知识点	本书对应章节
判断实用新型创造性时应当考虑的技术特征	第四章第四节七
判断实用新型创造性的标准	第四章第四节七

四、实用性

1. 实用性的概念

大纲知识点	本书对应章节
实用性的定义	第四章第五节一
实用性涉及的产业范畴	第四章第五节一
"能够制造或者使用"的含义	第四章第五节一
"积极效果"的含义	第四章第五节一

2. 判断实用性的原则和基准

大纲知识点	本书对应章节
判断实用性的原则	第四章第五节二
无再现性	第四章第五节三（一）
违背自然规律	第四章第五节三（二）
利用独一无二的自然条件的产品	第四章第五节三（三）
人体或者动物体的非治疗目的的外科手术方法	第四章第五节三（四）
测量人体或者动物体在极限情况下的生理参数的方法	第四章第五节三（五）
无积极效果	第四章第五节三（六）

第三节　外观设计专利申请的授权条件

一、相关概念

大纲知识点	本书对应章节
现有设计	第六章第五节一
判断客体	第六章第五节一
判断主体	第六章第五节一

二、外观设计专利申请的授权条件

1. 不属于现有设计

大纲知识点	本书对应章节
判断基准	第六章第五节二
判断方式	第六章第五节一

2. 不存在抵触申请

大纲知识点	本书对应章节
抵触申请的定义	第六章第五节三
构成抵触申请的条件	第六章第五节三
抵触申请的效力	第六章第五节三

3. 与现有设计或者现有设计特征的组合相比具有明显区别

大纲知识点	本书对应章节
不具有明显区别的情形	第六章第五节四
与相同或者相近种类产品现有设计对比	第六章第五节四（一）
现有设计的转用、现有设计及其特征的组合	第六章第五节四（二） 第六章第五节四（三）

4. 不与在先权利相冲突

大纲知识点	本书对应章节
与他人在先取得的合法权利相冲突的含义	第六章第五节五
"合法权利"的主要类型	第六章第五节五
与在先权利相冲突的判断	第六章第五节五（一）第六章第五节五（二）

第三章　对专利申请文件要求
第一节　发明和实用新型专利申请文件
一、请求书

大纲知识点	本书对应章节
发明和实用新型专利申请请求书的法律效力	第二章第一节二（一）
请求书应当包含的主要内容及其应当满足的要求	第二章第二节
应当随同请求书提交的各类证明文件及其主要内容	第二章第二节

二、权利要求书
1. 权利要求书

大纲知识点	本书对应章节
权利要求书的法律效力	第二章第一节二（二）
权利要求的类型	第二章第四节二
"权利要求书应当以说明书为依据"的含义	第二章第四节四（一）
权利要求书没有得到说明书支持的主要情形	第二章第四节四（一）1 第二章第四节四（一）2
"权利要求书应当清楚、简要地限定要求专利保护的范围"的含义	第二章第四节四（二）
权利要求书中不得采用的用语	第二章第四节四（二）1（2）
权利要求书的编号规则	第二章第四节三（三）
对权利要求书中使用的科技术语的要求	第二章第四节三（三）
权利要求书中采用附图标记的规则	第二章第四节三（三）

2. 独立权利要求

大纲知识点	本书对应章节
独立权利要求的撰写要求	第二章第四节三（一）第二章第四节四
"记载解决技术问题的必要技术特征"的含义	第二章第四节四（三）
独立权利要求的前序部分应当记载的内容	第二章第四节三（一）
独立权利要求的特征部分应当记载的内容	第二章第四节三（一）
划分独立权利要求的前序部分和特征部分的原则和方式	第二章第四节三（一）
允许不采用两部分方式撰写独立权利要求的情形	第二章第四节三（一）

3. 从属权利要求

大纲知识点	本书对应章节
从属权利要求的撰写要求	第二章第四节三（二）第二章第四节四（一）第二章第四节四（二）
从属权利要求的引用部分应当记载的内容	第二章第四节三（二）
从属权利要求的限定部分应当记载的内容	第二章第四节三（二）
多项从属权利要求的含义	第二章第四节三（二）
对多项从权利要求的引用关系的限制	第二章第四节三（二）

三、说明书及说明书附图
1. 说明书

大纲知识点	本书对应章节
说明书的法律效力	第二章第一节二（三）
说明书应当充分公开发明、实用新型的含义	第二章第三节一
说明书应当包含的主要内容	第二章第三节二（一）第二章第三节二（二）
说明书的整体撰写要求	第二章第三节二（一）第二章第三节二（二）
说明书各部分应当满足的撰写要求	第二章第三节二（一）第二章第三节二（二）

2. 说明书附图

大纲知识点	本书对应章节
说明书附图的法律效力	第二章第一节二（三）
说明书附图与说明书文字部分的关系	第二章第三节二（三）
实用新型说明书的附图	第二章第三节二（三）

四、说明书摘要及摘要附图

大纲知识点	本书对应章节
说明书摘要的法律效力	第二章第一节二（四）
说明书摘要文字部分的撰写要求	第二章第三节二（四）
说明书摘要附图的选择	第二章第三节二（四）

五、申请文件的书写规则及附图绘制要求

大纲知识点	本书对应章节
适用文字	第五章第一节二（三）
打字或印刷	第五章第一节二（三）
字体及规格	第五章第一节二（三）
书写方式	第五章第一节二（三）
字体颜色	第五章第一节二（三）
编号	第五章第一节二（三）
制图规则	第二章第三节二（三）
图的大小	第二章第三节二（三）
布置和编号	第二章第三节二（三）
附图标记和图中文字	第二章第三节二（三）

六、对于涉及生物材料申请的特殊要求

大纲知识点	本书对应章节
涉及生物材料申请的请求书应当满足的要求	第五章第三节七
涉及生物材料申请的说明书应当满则的要求	第五章第三节七
生物材料样品国际保藏单位	第五章第三节七
保藏证明	第五章第三节七
存活证明	第五章第三节七
提供保藏要求的法律意义	第五章第三节七

续表

大纲知识点	本书对应章节
提交生物材料样品保藏的期限	第五章第三节七
提交保藏证明和存活证明的期限	第五章第三节七

七、对于涉及遗传资源申请的特殊要求

大纲知识点	本书对应章节
遗传资源的直接来源	第五章第三节二（六）
遗传资源的原始来源	第五章第三节二（六）
遗传资源来源披露登记表的填写	第五章第三节二（六）

第二节　外观设计专利申请文件
一、请求书

大纲知识点	本书对应章节
外观设计专利申请请求书的法律效力	第六章第一节
请求书应当包含的主要内容及其应当满足的要求	第六章第一节一
应当随同请求书提交的各类证明文件及其主要内容	第二章第二节

二、图片或者照片

大纲知识点	本书对应章节
外观设计图片或者照片的法律效力	第六章第一节二
"图片或者照片应当清楚地显示要求专利保护的产品的外观设计"的含义	第六章第一节二
视图名称及其标注	第六章第一节二（一）
图片的绘制	第六章第一节二（三）
照片的拍摄	第六章第一节二（四）
图片或者照片的缺陷	第六章第一节二（三） 第六章第一节二（四）

三、简要说明

大纲知识点	本书对应章节
简要说明的法律效力	第六章第一节三

续表

大纲知识点	本书对应章节
简要说明应当包括的内容	第六章第一节三（一） 第六章第一节三（二）
简要说明的撰写要求	第六章第一节三

第三节 单一性要求

一、发明和实用新型专利申请的单一性

1. 单一性的概念

大纲知识点	本书对应章节
单一性要求	第二章第五节一
总的发明构思的含义	第二章第五节一
特定技术特征的含义	第二章第五节一

2. 判断单一性的原则和方法

大纲知识点	本书对应章节
检索前单一性的判断	第二章第五节三（一）
检索后单一性的判断	第二章第五节三（二）
同类独立权利要求的单一性判断	第二章第五节三（二）1 第二章第五节三（二）2
不同类独立权利要求的单一性判断	第二章第五节三（二）1 第二章第五节三（二）2
从属权利要求的单一性判断	第二章第五节三（二）2

二、外观设计专利申请的单一性

大纲知识点	本书对应章节
同一产品的相似外观设计	第六章第二节二
成套产品的外观设计	第六章第二节三

第四章 申请获得专利权的程序及手续

第一节 基本概念

一、申请日

大纲知识点	本书对应章节
申请日的确定	第五章第一节二（四）
申请日的作用	第五章第一节二（四）

二、优先权

大纲知识点	本书对应章节
优先权的定义	第四章第一节
优先权日	第四章第一节
优先权的期限	第四章第一节

续表

大纲知识点	本书对应章节
优先权的种类	第四章第一节
优先权的效力	第四章第一节三
多项优先权	第四章第一节四

三、申请号

大纲知识点	本书对应章节
申请号的组成	第十二章第二节二（一）
申请号的含义	第十二章第二节二（一）
申请号的给出	第十二章第二节二（一）
申请号的作用	第十二章第一节四（一）

四、期限

1. 期限的种类

大纲知识点	本书对应章节
法定期限	第七章第一节一（一）1
指定期限	第七章第一节一（一）2

2. 期限的计算

大纲知识点	本书对应章节
期限的起算日	第七章第一节一（二）1
期限的届满日	第七章第一节一（二）2
期限的计算	第七章第一节一（二）2

3. 期限的延长

大纲知识点	本书对应章节
允许延长的期限种类	第七章第一节一（三）
请求延长期限的理由	第七章第一节一（三）
请求延长期限的手续	第七章第一节一（三）

4. 耽误期限的处分

大纲知识点	本书对应章节
处分的种类	第七章第一节一（四）
补救措施	第七章第一节一（四）

五、费用

1. 费用的类别

大纲知识点	本书对应章节
费用的类别	第七章第一节二（一）

2. 费用的减缓

大纲知识点	本书对应章节
允许请求减缓的费用种类	第七章第一节二（三）1
请求减缓的手续及其审批	第七章第一节二（三）

3. 费用的缴纳期限

大纲知识点	本书对应章节
费用的缴纳期限	第七章第一节二（二）2

4. 费用的缴纳方式

大纲知识点	本书对应章节
银行或邮局汇付	第七章第一节二（二）
现金或支票面付	第七章第一节二（二）
缴费日	第七章第一节二（二）

5. 专利费用的退款、暂存和查询

大纲知识点	本书对应章节
暂存	第七章第一节二（四）
退款的原则	第七章第一节二（四）
退款的请求	第七章第一节二（四）
退款的效力	第七章第一节二（四）
查询退费的范围和方式	第七章第一节二（四）

6. 费用种类的转换

大纲知识点	本书对应章节
费用种类的转换	第七章第一节二（五）

第二节 专利的申请及审查流程

一、专利的申请及受理

1. 申请发明、实用新型和外观设计专利应提交的文件及形式

大纲知识点	本书对应章节
书面形式	第五章第一节二
电子文件形式	第五章第一节二
标准表格	第五章第一节二
证明文件	第五章第一节二
文件份数	第五章第一节二
签字或者盖章	第五章第三节二（一）8

2. 专利申请的受理

（1）专利局代办处

大纲知识点	本书对应章节
专利局代办处	第五章第一节一

（2）受理地点

大纲知识点	本书对应章节
受理地点	第五章第一节一

（3）专利申请的受理

大纲知识点	本书对应章节
受理条件	第五章第一节二
不受理的情形	第五章第一节三
受理程序	第五章第一节

（4）其他文件的接收

大纲知识点	本书对应章节
其他文件的接收	第五章第一节

（5）申请日的更正

大纲知识点	本书对应章节
申请日的更正	第五章第一节二（四）

（6）受理程序中错误的更正

大纲知识点	本书对应章节
受理程序中错误的更正	第五章第一节二（四）

（7）查询

大纲知识点	本书对应章节
查询	第五章第一节二（四）

3. 文件的递交和送达

大纲知识点	本书对应章节
递交日的确定	第七章第一节一（二）
文件递交的方式	第七章第一节一（二）
其他有关文件的提交	第五章第一节
文件统一格式	第五章第一节
文件送达方式	第七章第一节一（二）
文件送达的确定	第七章第一节一（二）
送达日的确定	第七章第一节一（二）

4. 申请在香港特别行政区获得专利保护

大纲知识点	本书对应章节
申请在香港特别行政区获得专利保护	第七章第十一节

5. 国务院专利行政部门及其专利复审委员会处理专利申请和请求的原则

大纲知识点	本书对应章节
国务院专利行政部门及其专利复审委员会处理专利申请和请求的原则	第五章第三节 第五章第六节二 第八章第一节二

6. 委托专利代理

大纲知识点	本书对应章节
委托专利代理机构	第五章第三节三
委托书	第五章第三节三（二）
解除委托和辞去委托	第五章第三节三（三）

7. 指定代表人

大纲知识点	本书对应章节
代表人的指定	第五章第三节二（一）
代表人的权利	第五章第三节二（一）

8. 优先权请求

大纲知识点	本书对应章节
要求外国优先权	第五章第三节四
要求本国优先权	第五章第三节四

二、保密专利申请与向外申请专利的保密审查
1. 保密的范围

大纲知识点	本书对应章节
涉及国家安全的发明创造	第五章第二节
涉及重大利益的发明创造	第五章第二节

2. 保密专利申请的审查

大纲知识点	本书对应章节
专利申请的保密确定	第五章第二节二
保密专利申请的审批流程	第五章第二节二
保密专利申请（或专利）的解密程序	第五章第二节三

3. 向外申请专利的保密审查

大纲知识点	本书对应章节
"在中国完成的发明或者实用新型"的含义	第七章第八节
保密审查请求的提出	第七章第八节
保密审查的程序	第七章第八节
擅自向外申请专利的法律后果	第七章第八节

三、发明专利申请的初步审查程序
1. 发明专利申请初步审查的范围

大纲知识点	本书对应章节
发明专利申请初步审查的范围	第五章第三节一

2. 发明专利申请初步审查的原则

大纲知识点	本书对应章节
发明专利申请初步审查的原则	第五章第三节

3. 文件的形式审查

大纲知识点	本书对应章节
文件的形式审查	第五章第三节二

4. 手续合法性审查

大纲知识点	本书对应章节
手续合法性审查	第五章第三节

5. 明显实质性缺陷审查

大纲知识点	本书对应章节
明显实质性缺陷审查	第五章第三节八

6. 涉及生物材料申请的审查

大纲知识点	本书对应章节
涉及生物材料申请的审查	第五章第三节七

7. 提前公布声明

大纲知识点	本书对应章节
提前公布声明	第五章第五节一（二）

四、发明专利申请的实质审查程序
1. 实质审查请求

大纲知识点	本书对应章节
实质审查请求的期限	第五章第六节一
请求实质审查的人	第五章第六节一
实质审查请求手续	第五章第六节一（三）

2. 实质审查程序中的基本原则

大纲知识点	本书对应章节
请求原则	第五章第六节二
听证原则	第五章第六节二
程序节约原则	第五章第六节二

3. 实质审查

大纲知识点	本书对应章节
审查的文本	第五章第六节三
检索	第五章第六节四
对缺乏单一性申请的处理	第五章第六节六
优先权的核实	第五章第六节五
全面审查	第五章第六节
不全面审查的情况	第五章第六节
对公众意见的处理	第五章第六节八（一）
审查意见通知书	第五章第六节七
继续审查	第五章第六节
会晤与电话讨论	第五章第六节八（二）
取证和现场调查	第五章第六节八（二）3

4. 驳回决定和授权通知

大纲知识点	本书对应章节
驳回申请的条件	第五章第六节九（一）1
驳回的种类	第五章第六节九（一）2
驳回决定的组成	第五章第六节九（一）3
发出授权通知的条件	第五章第六节九（二）

5. 实审程序的终止、中止和恢复

大纲知识点	本书对应章节
实审程序的终止、中止和恢复	第五章第六节十 第七章第四节 第七章第六节

五、实用新型专利申请的初步审查
1. 实用新型专利申请初步审查的范围

大纲知识点	本书对应章节
实用新型专利申请初步审查的范围	第五章第四节一（一）

2. 实用新型专利申请初步审查的审查原则

大纲知识点	本书对应章节
实用新型专利申请初步审查的审查原则	第五章第四节

3. 文件的形式审查

大纲知识点	本书对应章节
文件的形式审查	第五章第四节二

4. 手续合法性审查

大纲知识点	本书对应章节
手续合法性审查	第五章第四节三

5. 明显实质性缺陷审查

大纲知识点	本书对应章节
明显实质性缺陷审查	第五章第四节五

6. 授权通知或驳回决定

大纲知识点	本书对应章节
授权通知或驳回决定	第五章第四节

六、外观设计专利申请的初步审查
1. 外观设计专利申请初步审查的范围

大纲知识点	本书对应章节
外观设计专利申请初步审查的范围	第六章第四节一

2. 文件的形式审查

大纲知识点	本书对应章节
文件的形式审查	第六章第四节一

3. 手续合法性审查

大纲知识点	本书对应章节
手续合法性审查	第六章第四节一

附录

4. 明显实质性缺陷的审查

大纲知识点	本书对应章节
明显实质性缺陷的审查	第六章第四节一

5. 授权通知或驳回决定

大纲知识点	本书对应章节
授权通知或驳回决定	第六章第四节一

七、答复和修改
1. 涉及发明专利申请的答复和修改

大纲知识点	本书对应章节
答复的期限	第五章第七节一（一）
答复的方式	第五章第七节一（二）
答复的签署	第五章第七节一（三）
修改的时机	第五章第七节二
修改的要求	第五章第七节二
允许的修改	第五章第七节二（三）
无允许的修改	第五章第七节二（四）
修改的方式	第五章第七节二

2. 涉及实用新型专利申请的答复和修改

大纲知识点	本书对应章节
通知书的答复	第五章第七节一
允许的修改	第五章第七节二（三）
不允许的修改	第五章第七节二（四）
申请人主动修改	第五章第七节二（二）1
针对通知书指出的缺陷进行修改	第五章第七节二（二）2
审查员依职权修改的内容	第五章第七节二（二）3

3. 涉及外观设计专利申请的答复和修改

大纲知识点	本书对应章节
通知书的答复	第六章第四节一
图片或者照片的形式缺陷	第六章第四节一
图片或者照片的明显实质性缺陷	第六章第四节一
申请人主动修改	第六章第四节二
针对通知书指出的缺陷进行修改	第六章第四节二
审查员依职权修改的内容	第六章第四节二（二）

八、分案申请

大纲知识点	本书对应章节
分案的情形	第五章第三节六（一）
分案申请请求书	第五章第三节六（二）
分案申请的申请人	第五章第三节六
分案申请的时间	第五章第三节六
分案申请的类别	第五章第三节六
分案申请的文本	第五章第三节六（五）
分案申请的内容	第五章第三节六（五）
发明和实用新型分案申请的说明书和权利要求书	第五章第三节六
外观设计分案申请的特殊规定	第六章第二节四

九、专利权的授予及授权后的程序
1. 专利权的授予
（1）授权程序

大纲知识点	本书对应章节
授予专利权通知	第五章第八节一（一）
办理登记手续通知	第五章第八节一（一）
登记手续	第五章第八节一（二）
颁发专利证书	第五章第八节一（三）
登记和公告授权决定	第五章第八节一（三）
视为放弃取得专利权的权利	第五章第八节一（四）
避免重复授权的处理	第七章第三节二（三）

（2）专利证书

大纲知识点	本书对应章节
专利证书的格式	第五章第八节二（一）
专利证书副本	第五章第八节二（三）
专利证书的更换	第五章第八节二（四）
专利证书打印错误的更正	第五章第八节二

（3）专利登记簿

大纲知识点	本书对应章节
专利登记簿的格式	第五章第八节三（一）
专利登记簿的效力	第五章第八节三（二）
专利登记簿副本	第五章第八节三（三）

2. 专利权的终止

大纲知识点	本书对应章节
年费	第七章第三节一（一）
滞纳金	第七章第三节一（二）
期满终止	第七章第三节二（一）
欠费终止	第七章第三节二（二）
主动放弃专利权	第七章第三节二（三）

十、其他手续

1. 撤回专利申请声明

大纲知识点	本书对应章节
撤回专利申请的时间	第七章第二节一
撤回专利申请的程序	第七章第二节二
提出撤回专利申请声明后的效力	第七章第三节三

2. 著录项目变更

大纲知识点	本书对应章节
著录项目变更申报书	第七章第五节二（一）
著录项目变更手续费	第七章第五节二（二）
著录项目变更手续费缴纳期限	第七章第五节二（三）
办理著录项目变更手续的人	第七章第五节一
著录项目变更证明文件	第七章第五节二（四）
著录项目变更手续的审批	第七章第五节三
著录项目变更的生效	第七章第五节四

3. 请求恢复权利

大纲知识点	本书对应章节
请求恢复权利的条件	第七章第六节一
请求恢复权利的手续	第七章第六节二
请求恢复权利的期限	第七章第六节
恢复权利请求的审批	第七章第六节三

4. 请求中止

大纲知识点	本书对应章节
请求中止的条件	第七章第四节
请求中止的手续	第七章第四节
中止请求的审查	第七章第四节

续表

大纲知识点	本书对应章节
中止的范围	第七章第四节一
中止的期限	第七章第四节二（二） 第七章第四节三（二）
中止程序的结束	第七章第四节二（三） 第七章第四节三（三）
执行法院保全措施的中止	第七章第四节三

5. 案卷及登记簿的查阅、复制和保存

大纲知识点	本书对应章节
允许查阅和复制的内容	第七章第十节一
查阅和复制程序	第七章第十节二
保存期限	第七章第十节三
销毁	第七章第十节三

6. 请求作出实用新型和外观设计专利权评价报告

大纲知识点	本书对应章节
请求的受理条件	第七章第九节二
作出评价报告的部门	第七章第九节
评价报告的作出	第七章第九节三
评价报告的内容	第七章第九节三（二）
评价报告的更正	第七章第九节四（一）
评价报告的法律效力	第七章第九节一

7. 关于电子申请的若干规定

大纲知识点	本书对应章节
电子申请用户	第五章第一节五
电子申请用户注册	第五章第一节五（一）
电子申请的接收和受理	第五章第一节五（三）
电子申请的特殊审查规定	第五章第一节五
电子发文	第五章第一节五

十一、国家知识产权局的行政复议

1. 国家知识产权局行政复议基本概念与手续

大纲知识点	本书对应章节
复议参加人	第七章第七节
复议机构及其职责	第七章第七节
申请与受理	第七章第七节五

续表

大纲知识点	本书对应章节
审理与决定	第七章第七节五
期间与送达	第七章第七节五

2. 申请复议的范围

大纲知识点	本书对应章节
可以申请复议的情形	第七章第七节一
不能申请复议的情形	第七章第七节二

第五章　专利申请的复审与专利权的无效宣告
第一节　概　要
一、专利复审委员会

大纲知识点	本书对应章节
专利复审委员会的组成	第八章第一节一（一）
专利复审委员会的任务	第八章第一节一（二）

二、审查原则

大纲知识点	本书对应章节
合法原则	第八章第一节二（一）
公正执法原则	第八章第一节二（二）
请求原则	第八章第一节二（三）
依职权调查原则	第八章第一节二（四）
听证原则	第八章第一节二（五）
公开原则	第八章第一节二（六）

三、合议审查

大纲知识点	本书对应章节
合议审查	第八章第一节三

四、独任审查

大纲知识点	本书对应章节
独任审查	第八章第一节三

五、回避制度

大纲知识点	本书对应章节
应当自行回避的情形	第八章第一节二（七）1
回避请求的提出	第八章第一节二（七）1
回避请求的处理	第八章第一节二（七）1

六、审查决定

大纲知识点	本书对应章节
审查决定的构成	第八章第一节四（二）
审查决定的出版	第八章第一节四（三）

七、更正及驳回请求

大纲知识点	本书对应章节
更正及驳回请求	第八章第一节五

八、对专利复审委员会的决定不服的司法救济

大纲知识点	本书对应章节
可以请求司法救济的情形	第八章第一节六（一）
诉讼时效	第八章第一节六（二）
管辖法院	第八章第一节六（三）
对法院生效判决的执行	第八章第一节六（四）

第二节　专利申请的复审
一、复审程序的性质

大纲知识点	本书对应章节
复审程序的性质	第八章第二节一

二、复审请求的形式审查
1. 形式审查的内容

大纲知识点	本书对应章节
复审请求客体	第八章第二节三（二）
复审请求人资格	第八章第二节三（三）
期限	第八章第二节三（四）
文件形式	第八章第二节三（一）
费用	第八章第二节三（四）
委托手续	第八章第二节三（五）

2. 形式审查通知书

大纲知识点	本书对应章节
形式审查通知书	第八章第二节三

三、复审请求的前置审查

大纲知识点	本书对应章节
复审请求的前置审查	第八章第二节四

四、复审请求的合议审查

大纲知识点	本书对应章节
理由和证据的审查	第八章第二节五（二）
修改文本的审查	第八章第二节五（三）
审查方式	第八章第二节五（一）

五、复审决定

大纲知识点	本书对应章节
复审决定的类型	第八章第二节六（一）
复审决定的送交	第八章第二节六（二）
复审决定的效力	第八章第二节六（三）

六、复审程序的中止

大纲知识点	本书对应章节
复审程序的中止	第七章第四节

七、复审程序的终止

大纲知识点	本书对应章节
复审程序的终止	第八章第二节八

第三节　专利权的无效宣告请求
一、无效宣告程序的性质

大纲知识点	本书对应章节
无效宣告程序的性质	第八章第三节一

二、无效宣告请求应当遵循的其他审查原则

大纲知识点	本书对应章节
一事不再理原则	第八章第三节二（一）
当事人处置原则	第八章第三节二（二）
保密原则	第八章第三节二（三）

三、无效宣告请求的形式审查
1. 形式审查的内容

大纲知识点	本书对应章节
无效宣告请求客体	第八章第三节四（二）
无效宣告请求人资格	第八章第三节四（三）
无效宣告请求范围以及理由和证据	第八章第三节四（四）
文件形式	第八章第三节四（一）

大纲知识点	本书对应章节
费用	第八章第三节四（五）
委托手续	第八章第三节四（六）

2. 形式审查通知书

大纲知识点	本书对应章节
形式审查通知书	第八章第三节四

四、无效宣告请求的合议审查

大纲知识点	本书对应章节
审查范围	第八章第三节五（二）
无效宣告理由的增加	第八章第三节五（二）1
举证期限	第八章第三节五（二）
审查方式	第八章第三节五（一）
案件的合并审理	第八章第三节五（一）5
无效宣告程序中专利文件的修改	第八章第三节五（三）

五、无效宣告程序的中止

大纲知识点	本书对应章节
无效宣告程序的中止	第七章第四节

六、无效宣告请求审查决定

大纲知识点	本书对应章节
无效宣告请求审查决定的类型	第八章第三节七（一）
无效宣告请求审查决定的效力	第八章第三节七（二）
无效宣告请求审查决定的送交、登记和公告	第八章第三节七（三）

七、无效宣告程序中对于同样发明创造的处理

大纲知识点	本书对应章节
专利权人相同	第八章第三节六（一）
专利权人不同	第八章第三节六（二）

八、无效宣告程序的终止

大纲知识点	本书对应章节
无效宣告程序终止的情形	第八章第三节九
无效宣告程序不终止的情形	第八章第三节九

续表

大纲知识点	本书对应章节
申请日后记载的使用公开或者口头公开	第八章第五节五（二）
技术内容和问题的咨询、鉴定	第八章第五节五（三）
当事人提交的不作为证据的物品的处理	第八章第五节五（四）

第六章 专利权的实施与保护
第一节 专利权
一、专利权人的权利
1. 禁止他人未经许可实施专利的权利

大纲知识点	本书对应章节
"未经专利权人许可"的含义	第十章第二节一（一）1
"为生产经营目的"的含义	第十章第二节一（一）1
"制造、使用、许诺销售、销售、进口专利产品"的含义	第十章第二节一（一）1
"使用"专利方法的含义	第十章第二节一（一）1
"依照该专利方法直接获得的产品"的含义	第十章第二节一（一）1
"使用、许诺销售、销售、进口依照专利方法直接获得的产品"的含义	第十章第二节一（一）1
"制造、许诺销售、销售、进口外观设计专利产品"的含义	第十章第二节一（一）2

2. 转让专利权的权利

大纲知识点	本书对应章节
转让的法律效力	第十章第二节一（二）1
转让专利权的主要方式	第十章第二节一（二）1
转让生效的条件	第十章第二节一（二）1
专利转让合同	第十章第二节一（二）1
向外国人转让专利申请权和专利权的特殊要求	第十章第二节一（二）2

3. 许可他人实施专利的权利

大纲知识点	本书对应章节
许可的效力	第十章第二节一（三）
许可的种类	第十章第二节一（三）
专利实施许可合同	第十章第二节一（三）
专利实施许可合同的备案	第十章第二节一（三）

4. 放弃专利权的权利

大纲知识点	本书对应章节
放弃专利权的法律效力	第十章第二节一（四）
放弃专利权的方式	第十章第二节一（四）

5. 标明专利标识的权利

大纲知识点	本书对应章节
允许注明专利标识的期限	第十章第二节一（五）
标注专利标识的载体	第十章第二节一（五）
专利标识的标注方式	第十章第二节一（五）
标注专利标识不当的法律后果	第十章第二节一（五）

6. 专利权的质押

大纲知识点	本书对应章节
专利权质押的法律效力	第十章第二节一（六）
出质登记的办理	第十章第二节一（六）

二、专利权的期限
1. 专利权的生效

大纲知识点	本书对应章节
专利权生效的条件	第十章第一节一（一）
专利权生效的时间	第十章第一节一（二）
发明专利申请公布后的临时保护	第十章第一节三

2. 专利权的保护期限

大纲知识点	本书对应章节
发明专利权的保护期限	第十章第一节二
实用新型专利权的保护期限	第十章第一节二
外观设计专利权的保护期限	第十章第一节二
专利权保护期限的含义	第十章第一节二
专利权保护期限的计算方式	第十章第一节二

附录

第二节　专利侵权行为与救济办法

一、专利侵权行为

1.专利侵权行为的类型

大纲知识点	本书对应章节
侵犯产品发明或实用新型专利权的行为	第十章第二节一（一）1
侵犯方法发明专利权的行为	第十章第二节一（一）1
侵犯外观设计专利权的行为	第十章第二节一（一）1

2.专利侵权的判定

（1）专利权的保护范围

大纲知识点	本书对应章节
发明和实用新型专利的保护范围	第十章第四节一（一）
外观设计专利的保护范围	第十章第四节二（一）
权利要求书的作用	第十章第四节一（一）1
说明书及其附图的作用	第十章第四节一（一）2
外观设计专利产品照片或图片的作用	第十章第四节二（一）1
外观设计简要说明的作用	第十章第四节二（一）2

（2）专利侵权的判定原则

大纲知识点	本书对应章节
相同侵权的含义	第十章第四节一（二）
等同侵权的含义	第十章第四节一（二）
以权利要求的内容为准的含义	第十章第四节一（二）
等同特征的概念	第十章第四节一（二）

（3）不视为侵犯专利权的情形

大纲知识点	本书对应章节
权利用尽	第十章第五节一（一）
先用权	第十章第五节一（二）
为临时过境外国运输工具自身需要而使用	第十章第五节一（三）
为科学研究和实验而使用	第十章第五节一（四）
药品和医疗器械的行政审批例外	第十章第五节一（五）

3.实施现有技术或者现有设计的行为不构成专利侵权

大纲知识点	本书对应章节
实施现有技术或者现有设计的行为不构成专利侵权	第十章第五节二

二、救济方法

1.协商

大纲知识点	本书对应章节
协商	第十章第六节一（一）

2.请求管理专利工作的部门调解和处理

（1）处理

大纲知识点	本书对应章节
处理的事项	第十章第六节一（三）
请求处理的条件	第十章第六节一（三）
处理的管辖	第十章第六节一（三）
处理请求的提出	第十章第六节一（三）
处理的程序	第十章第六节一（三）
处理的口头审理	第十章第六节一（三）
处理决定的执行	第十章第六节一（三）
对处理决定不服的法律救济途径	第十章第六节一（三）

（2）赔偿数额的调解

大纲知识点	本书对应章节
赔偿数额的调解	第十章第六节一（二）

（3）调查取证

大纲知识点	本书对应章节
证据收集	第十章第六节一（三）4
抽样取证	第十章第六节一（三）4
证据的登记保存	第十章第六节一（三）4

3.诉讼

（1）诉讼时效

大纲知识点	本书对应章节
诉讼时效	第十章第六节一（四）5

（2）诉前证据保全

大纲知识点	本书对应章节
申请诉前证据保全的主体	第十章第六节一（四）3
诉前证据保全申请的提出	第十章第六节一（四）3
人民法院作出裁定的期限	第十章第六节一（四）3
诉前证据保全的解除	第十章第六节一（四）3
诉前证据保全的执行	第十章第六节一（四）3

（3）专利侵权行为的诉前停止

大纲知识点	本书对应章节
申请诉前停止侵权的主体	第十章第六节一（三）2
诉前停止侵权行为申请的提出	第十章第六节一（三）2
人民法院作出裁定的期限	第十章第六节一（三）2
诉前停止侵权措施的解除	第十章第六节一（三）2
诉前停止侵权的裁定及对裁定不服的救济	第十章第六节一（三）2
裁定诉前停止侵权的执行	第十章第六节一（三）2
裁定执行中的证据保全	第十章第六节一（三）2
申请诉前停止侵权的担保	第十章第六节一（三）2

（4）诉讼管辖

大纲知识点	本书对应章节
级别管辖	第十章第六节一（四）1
地域管辖	第十章第六节一（四）1

（5）侵权纠纷的管理

大纲知识点	本书对应章节
方法发明专利侵权的举证责任	第十章第六节一（四）6（1）
诉讼中止	第十章第六节一（四）6（2）

三、侵犯专利权的法律责任

大纲知识点	本书对应章节
停止侵权	第十章第六节二（一）
制止侵权的措施	第十章第六节二（一）
赔偿损失	第十章第六节二（二）
赔偿责任的免除情形	第十章第六节二（三）
赔偿数额的计算	第十章第六节一（二）

第三节　其他专利纠纷与违反专利法的行为
一、其他专利纠纷

大纲知识点	本书对应章节
专利申请权纠纷	第十一章第二节一（一）
专利权权属纠纷	第十一章第二节一（二）
发明人或设计人资格纠纷	第十一章第二节一（三）
职务发明创造的发明人或设计人奖励、报酬纠纷	第十一章第二节一（四）
各类纠纷的解决途径	第十一章第二节二

二、假冒专利的行为
1. 假冒专利的行为

大纲知识点	本书对应章节
属于假冒专利的行为	第十一章第一节一
不属于假冒专利的行为	第十一章第一节一
假冒专利行为的法律责任	第十一章第一节二（三）

2. 假冒专利行为的查处

大纲知识点	本书对应章节
查处的管辖	第十一章第一节三
调查取证的手段	第十一章第一节三
当事人的权利和义务	第十一章第一节三
查处的程序	第十一章第一节三
处罚决定的执行	第十一章第一节三
对处罚决定不服的法律救济途径	第十一章第一节三

三、其他违反专利法的行为及其法律责任

大纲知识点	本书对应章节
擅自向外国申请专利泄露国家秘密及其法律责任	第十一章第三节一
专利行政部门人员渎职行为及其法律责任	第十一章第三节四
管理专利工作的部门参与经营活动及其法律责任	第十一章第三节三

第四节　专利的推广应用与专利实施的强制许可
一、专利的推广应用

大纲知识点	本书对应章节
专利被推广应用应具备的条件	第十一章第五节

二、专利实施的强制许可
1. 强制许可的种类

大纲知识点	本书对应章节
因专利权人未实施或者未充分实施专利而给予的强制许可	第十一章第四节一（一）
为消除或者减少垄断行为对竞争产生不利影响而给予的强制许可	第十一章第四节一（二）
为公共利益目的而给予的强制许可	第十一章第四节一（三）
为公共健康目的而给予的强制许可	第十一章第四节一（四）
从属专利的强制许可	第十一章第四节一（五）

2. 强制许可的申请和审批
（1）强制许可请求

大纲知识点	本书对应章节
强制许可请求的提出	第十一章第一节二（一）
强制许可请求不予受理的情形	第十一章第一节二（二）
强制许可请求的补正	第十一章第一节二（二）
强制许可请求的视为未提出	第十一章第一节二（二）
强制许可请求的撤回	第十一章第一节二（四）

（2）强制许可请求的审批

大纲知识点	本书对应章节
强制许可请求的听证	第十一章第一节二（四）
给予强制许可的决定	第十一章第一节二（四）
强制许可请求的驳回	第十一章第一节二（四）
对给予强制许可的决定不服的救济	第十一章第一节二（四）

续表

大纲知识点	本书对应章节
推广应用的审批程序	第十一章第五节
被推广应用专利使用费的支付	第十一章第五节

3. 对强制许可的给予和实施的限制

大纲知识点	本书对应章节
对强制许可的给予和实施的限制	第十一章第四节一—第十一章第四节三

4. 强制许可使用费的裁决

大纲知识点	本书对应章节
强制许可使用费裁决请求的提出	第十一章第四节四
强制许可使用费裁决请求的不予受理	第十一章第四节四
强制许可使用费裁决决定	第十一章第四节四
对强制许可使用费的裁决决定不服的救济	第十一章第四节四

5. 强制许可的终止

大纲知识点	本书对应章节
强制许可自动终止	第十一章第四节五
终止强制许可请求的提出	第十一章第四节五
终止强制许可请求的不予受理情形	第十一章第四节五
终止强制许可请求的审批	第十一章第四节五
终止强制许可决定	第十一章第四节五
对终止强制许可决定不服的救济	第十一章第四节五

第七章　专利合作条约及其他与
专利相关的国际条约
第一节　专利合作条约
一、条约的基本知识

大纲知识点	本书对应章节
条约所称专利的范围	第九章第二节一（一）5
条约规定申请人的范围	第九章第二节一（一）1
条约规定的国际申请制度的基本特点	第九章第一节二

二、国际申请
1. 申请的提出

大纲知识点	本书对应章节
国际申请的受理局	第九章第二节一（一）2

续表

大纲知识点	本书对应章节
国际申请的语言	第九章第二节一（一）3
指定国	第九章第二节一（一）5
国际申请的申请文件	第九章第二节一（一）4
国际申请的费用	第九章第二节一（一）7
国际申请的撤回	第九章第二节五（二）

2. 优先权

大纲知识点	本书对应章节
优先权的要求	第九章第二节一（三）1
优先权的文件	第九章第二节一（三）2

3. 国际申请日

大纲知识点	本书对应章节
确定国际申请日的条件	第九章第二节一（二）1
国际申请日的效力	第九章第二节一（二）2
申请中缺陷的改正	第九章第二节一（二）3

三、国际检索
1. 国际检索单位

大纲知识点	本书对应章节
国际检索的目的	第九章第二节二（一）
国际检索单位应满足的条件	第九章第二节二（二）
主管的国际检索单位	第九章第二节二（三）
国际检索单位的程序	第九章第二节二（五）

2. 国际检索报告

大纲知识点	本书对应章节
国际检索的期限	第九章第二节二（五）4
国际检索的领域	第九章第二节二（四）2
最低限度文献	第九章第二节二（四）1
国际检索报告的格式	第九章第二节二（五）4
国际检索单位的书面意见	第九章第二节二（五）5

3. 权利要求书的修改

大纲知识点	本书对应章节
允许提出修改的期限	第九章第二节二（六）2
修改的提交	第九章第二节二（六）3
修改的要求	第九章第二节二（六）3

四、国际公布

大纲知识点	本书对应章节
国际公布的期限	第九章第二节三（一）
国际公布的语言	第九章第二节三（二）
国际公布的要求	第九章第二节三（三）
不予公布和提前公布	第九章第二节三（四）
公布文件的传送	第九章第二节三（五）
国际公布的效力	第九章第二节三（六）

五、国际初步审查
1. 国际初步审查的提出

大纲知识点	本书对应章节
国际初步审查要求书	第九章第二节四（三）
提出的时间	第九章第二节四（三）1
国际初步审查单位	第九章第二节四（二）
费用	第九章第二节四（三）2

2. 国际初步审查

大纲知识点	本书对应章节
国际初步审查的目的	第九章第二节四（一）
国际初步审查的标准	第九章第二节四（四）
国际初步审查的期限	第九章第二节四（五）5
国际初步审查的程序	第九章第二节四（五）

3. 国际初步审查阶段的修改

大纲知识点	本书对应章节
国际初步审查报告的内容	第九章第二节四（五）5
国际初步审查报告的传送	第九章第二节四（五）5

4. 国际初步审查阶段的修改

大纲知识点	本书对应章节
国际初步审查阶段的修改	第九章第二节四（五）4

第二节　国际申请进入中国
国家阶段的特殊要求
一、进入中国国家阶段的期限

大纲知识点	本书对应章节
进入中国国家阶段的期限	第九章第三节二（一）1

二、进入中国国家阶段的手续

大纲知识点	本书对应章节
进入声明	第九章第三节三（一）
缴纳费用	第九章第三节二（一）3 第九章第三节二（六）
提交译文	第九章第三节二（一）2
文件的形式要求	第九章第三节三
提交日和缴费日的确定	第九章第三节二（二）
国际申请的效力	第九章第三节二（四）
其他要求	第九章第三节二（一）2 第九章第三节三（一）3 第九章第三节三（一）4 第九章第三节四（一）3 第九章第三节四（二）

三、生物材料样品的保藏

大纲知识点	本书对应章节
国际阶段保藏说明的效力	第九章第三节四（三）2
声明的补正	第九章第三节四（一）1
提交保藏证明和存活证明	第九章第三节四（一）3

四、涉及遗传资源的国际申请

大纲知识点	本书对应章节
涉及遗传资源的国际申请	第九章第三节三（五）

五、优先权

大纲知识点	本书对应章节
国际阶段优先权要求的效力	第九章第三节四（一）1
优先权要求的改正	第九章第三节四（一）1
在先申请文件副本的提交	第九章第三节四（一）2
国际阶段丧失优先权要求的恢复	第九章第三节四（一）5
费用	第九章第三节四（一）4

六、国家公布

大纲知识点	本书对应章节
公布的时间	第九章第三节六（一）
公布的文字	第九章第三节六
国家公布的效力	第九章第三节六（三）

七、分案

大纲知识点	本书对应章节
分案	第九章第三节五（三）

八、中国国家阶段对国际阶段不予受理和视为撤回的复查

大纲知识点	本书对应章节
中国国家阶段对国际阶段不予受理和视为撤回的复查	第九章第三节五（二）

九、译文有误时专利权保护范围的确定

大纲知识点	本书对应章节
译文有误时专利权保护范围的确定	第十章第四节

第三节　相关专利国际条约

一、《国际承认用于专利程序的微生物保存布达佩斯条约》

大纲知识点	本书对应章节
中国参加条约的时间	第五章第三节七（一）
签订条约的目的	第五章第三节七（一）
条约适用的范围	第五章第三节七（一）
国际保藏单位	第五章第二节七（二）1
微生物国际保存的承认与效力	第五章第三节七（一）

二、《国际专利分类斯特拉斯堡协定》

大纲知识点	本书对应章节
中国参加条约的时间	第十二章第三节二（一）
签订条约的目的	第十二章第三节二（一）
条约适用的范围	第十二章第三节二（一）
国际专利分类法的语言	第十二章第三节二（一）
国际专利分类法的使用	第十二章第三节二（一）
专家委员会	第十二章第三节二（一）

三、《建立工业品外观设计国际分类洛迦诺协定》

大纲知识点	本书对应章节
中国参加条约的时间	第六章第六节一
签订条约的目的	第六章第六节一
条约适用的范围	第六章第六节一（一）

续表

大纲知识点	本书对应章节
工业品外观设计国际分类法的组成	第六章第六节一（二）
工业品外观设计国际分类法的语言	第六章第六节一（二）
工业品外观设计国际分类法的使用	第六章第六节一（三）
专家委员会	第六章第六节一（四）

第八章　专利文献与专利分类
第一节　专利文献基本知识
一、专利文献概述

大纲知识点	本书对应章节
专利文献特点	第十二章第一节一（二）
专利文献作用	第十二章第一节一（三）
同族专利	第十二章第一节六
专利文献的出版及载体	第十二章第一节一（四）

二、专利说明书类文献组成部分

大纲知识点	本书对应章节
扉页	第十二章第一节二
权利要求书	第十二章第一节二
说明书及附图	第十二章第一节二
检索报告	第十二章第一节二

三、专利说明书种类

大纲知识点	本书对应章节
专利说明书种类相关标准	第十二章第一节三（一） 第十二章第一节三（二）
国别代码相关标准	第十二章第一节三（三）

四、专利文献著录项目及其代码

大纲知识点	本书对应章节
专利文献著录项目及其代码	第十二章第一节五

五、专利文献编号

大纲知识点	本书对应章节
专利文献编号	第十二章第一节四

六、中国专利文献

大纲知识点	本书对应章节
中国专利文献	第十二章第二节

七、其他主要国家、组织专利文献

大纲知识点	本书对应章节
其他主要国家、组织专利文献	第十二章第一节三 第十二章第一节四

第二节　专利分类
一、发明和实用新型的国际专利分类（IPC）

大纲知识点	本书对应章节
国际专利分类8个部的类名	第十二章第三节三（一）
完整的分类号与分类表的等级结构	第十二章第三节三
IPC号在专利文献中的表达形式	第十二章第三节五（三）
技术主题所涉及的发明信息	第十二章第三节五（一）
技术主题所涉及的附加信息	第十二章第三节五（一）
发明的技术主题	第十二章第三节五（二）

二、外观设计的洛迦诺分类

大纲知识点	本书对应章节
《国际外观设计分类表》的编排、等级结构	第六章第六节二（一） 第六章第六节二（二）
分类号的表示	第六章第六节二（四）

第三节　专利信息检索
一、专利信息检索概述

大纲知识点	本书对应章节
专利信息检索概念	第十二章第四节一（一）
专利信息检索工具	第十二章第四节一（三）

二、专利信息检索种类

大纲知识点	本书对应章节
专利信息检索种类	第十二章第四节一（四）

三、专利信息检索技术与方法

大纲知识点	本书对应章节
布尔逻辑运算	第十二章第四节二（二）
专利检索要素	第十二章第四节二（一）

四、主要互联网专利信息检索系统

大纲知识点	本书对应章节
主要互联网专利信息检索系统	第十二章第四节三

附录二　2008年《中华人民共和国专利法》修正前后条文对照表●

<table>
<tr><td>修正前</td><td>修正后</td></tr>
<tr><td>第一章 总 则</td><td>第一章 总 则</td></tr>
<tr><td>

第一条

为了保护发明创造专利权，鼓励发明创造，有利于发明创造的推广应用，促进科学技术进步和创新，适应社会主义现代化建设的需要，特制定本法。
</td><td>

第一条

为了保护**专利权人的合法权益**，鼓励发明创造，**推动**发明创造的应用，**提高创新能力**，促进科学技术进步和**经济社会发展**，制定本法。
</td></tr>
<tr><td>

第二条

本法所称的发明创造是指发明、实用新型和外观设计。
</td><td>

第二条

本法所称的发明创造是指发明、实用新型和外观设计。

发明，是指对产品、方法或者其改进所提出的新的技术方案。

实用新型，是指对产品的形状、构造或者其结合所提出的适于实用的新的技术方案。

外观设计，是指对产品的形状、图案或者其结合以及色彩与形状、图案的结合所作出的富有美感并适于工业应用的新设计。
</td></tr>
<tr><td>

第三条

国务院专利行政部门负责管理全国的专利工作；统一受理和审查专利申请，依法授予专利权。

省、自治区、直辖市人民政府管理专利工作的部门负责本行政区域内的专利管理工作。
</td><td>

第三条

国务院专利行政部门负责管理全国的专利工作；统一受理和审查专利申请，依法授予专利权。

省、自治区、直辖市人民政府管理专利工作的部门负责本行政区域内的专利管理工作。
</td></tr>
<tr><td>

第四条

申请专利的发明创造涉及国家安全或者重大利益需要保密的，按照国家有关规定办理。
</td><td>

第四条

申请专利的发明创造涉及国家安全或者重大利益需要保密的，按照国家有关规定办理。
</td></tr>
<tr><td>

第五条

对违反国家法律、社会公德或者妨害公共利益的发明创造，不授予专利权。
</td><td>

第五条

对违反**法律**、社会公德或者妨害公共利益的发明创造，不授予专利权。

对违反法律、行政法规的规定获取或者利用遗传资源，并依赖该遗传资源完成的发明创造，不授予专利权。
</td></tr>
<tr><td>

第六条

执行本单位的任务或者主要是利用本单位的物质技术条件所完成的发明创造为职务发明创造。职务发明创造申请专利的权利属于该单位；申请被批准后，该单位为专利权人。

非职务发明创造，申请专利的权利属于发明人或者设计人；申请被批准后，该发明人或者设计人为专利权人。

利用本单位的物质技术条件所完成的发明创造，单位与发明人或者设计人订有合同，对申请专利的权利和专利权的归属作出约定的，从其约定。
</td><td>

第六条

执行本单位的任务或者主要是利用本单位的物质技术条件所完成的发明创造为职务发明创造。职务发明创造申请专利的权利属于该单位；申请被批准后，该单位为专利权人。

非职务发明创造，申请专利的权利属于发明人或者设计人；申请被批准后，该发明人或者设计人为专利权人。

利用本单位的物质技术条件所完成的发明创造，单位与发明人或者设计人订有合同，对申请专利的权利和专利权的归属作出约定的，从其约定。
</td></tr>
<tr><td>

第七条

对发明人或者设计人的非职务发明创造专利申请，任何单
</td><td>

第七条

对发明人或者设计人的非职务发明创造专利申请，任何单
</td></tr>
</table>

● 修正后条文中黑体字部分为修改或者补充的内容。

位或者个人不得压制。

第八条

两个以上单位或者个人合作完成的发明创造、一个单位或者个人接受其他单位或者个人委托所完成的发明创造，除另有协议的以外，申请专利的权利属于完成或者共同完成的单位或者个人；申请被批准后，申请的单位或者个人为专利权人。

第九条

两个以上的申请人分别就同样的发明创造申请专利的，专利权授予最先申请的人。

第十条

专利申请权和专利权可以转让。

中国单位或者个人向外国人转让专利申请权或者专利权的，必须经国务院有关主管部门批准。

转让专利申请权或者专利权的，当事人应当订立书面合同，并向国务院专利行政部门登记，由国务院专利行政部门予以公告。专利申请权或者专利权的转让自登记之日起生效。

第十一条

发明和实用新型专利权被授予后，除本法另有规定的以外，任何单位或者个人未经专利权人许可，都不得实施其专利，即不得为生产经营目的制造、使用、许诺销售、销售、进口其专利产品，或者使用其专利方法以及使用、许诺销售、销售、进口依照该专利方法直接获得的产品。

外观设计专利权被授予后，任何单位或者个人未经专利权人许可，都不得实施其专利，即不得为生产经营目的制造、销售、进口其外观设计专利产品。

第十二条

任何单位或者个人实施他人专利的，应当与专利权人订立书面实施许可合同，向专利权人支付专利使用费。被许可人无权允许合同规定以外的任何单位或者个人实施该专利。

第十三条

发明专利申请公布后，申请人可以要求实施其发明的单位或者个人支付适当的费用。

第十四条

国有企业事业单位的发明专利，对国家利益或者公共利益具有重人意义的，国务院有关主管部门和省、自治区、直辖市人民政府报经国务院批准，可以决定在批准的范围内推广应用，允许指定的单位实施，由实施单位按照国家规定向专利权人支付使用费。

中国集体所有制单位和个人的发明专利，对国家利益或者公共利益具有重大意义，需要推广应用的，参照前款规定办理。

位或者个人不得压制。

第八条

两个以上单位或者个人合作完成的发明创造、一个单位或者个人接受其他单位或者个人委托所完成的发明创造，除另有协议的以外，申请专利的权利属于完成或者共同完成的单位或者个人；申请被批准后，申请的单位或者个人为专利权人。

第九条

同样的发明创造只能授予一项专利权。但是，同一申请人同日对同样的发明创造既申请实用新型专利又申请发明专利，先获得的实用新型专利权尚未终止，且申请人声明放弃该实用新型专利权的，可以授予发明专利权。

两个以上的申请人分别就同样的发明创造申请专利的，专利权授予最先申请的人。

第十条

专利申请权和专利权可以转让。

中国单位或者个人向外国人、**外国企业或者外国其他组织**转让专利申请权或者专利权的，**应当依照有关法律、行政法规的规定办理手续。**

转让专利申请权或者专利权的，当事人应当订立书面合同，并向国务院专利行政部门登记，由国务院专利行政部门予以公告。专利申请权或者专利权的转让自登记之日起生效。

第十一条

发明和实用新型专利权被授予后，除本法另有规定的以外，任何单位或者个人未经专利权人许可，不得实施其专利，即不得为生产经营目的制造、使用、许诺销售、销售、进口其专利产品，或者使用其专利方法，以及使用、许诺销售、销售、进口依照该专利方法直接获得的产品。

外观设计专利权被授予后，任何单位或者个人未经专利权人许可，都不得实施其专利，即不得为生产经营目的制造、**许诺销售**、销售、进口其外观设计专利产品。

第十二条

任何单位或者个人实施他人专利的，应当与专利权人订立**实施**许可合同，向专利权人支付专利使用费。被许可人无权允许合同规定以外的任何单位或者个人实施该专利。

第十三条

发明专利申请公布后，申请人可以要求实施其发明的单位或者个人支付适当的费用。

第十四条

国有企业事业单位的发明专利，对国家利益或者公共利益具有重大意义的，国务院有关主管部门和省、自治区、直辖市人民政府报经国务院批准，可以决定在批准的范围内推广应用，允许指定的单位实施，由实施单位按照国家规定向专利权人支付使用费。

第十五条

专利权人有权在其专利产品或者该产品的包装上标明专利标记和专利号。

第十六条

被授予专利权的单位应当对职务发明创造的发明人或者设计人给予奖励；发明创造专利实施后，根据其推广应用的范围和取得的经济效益，对发明人或者设计人给予合理的报酬。

第十七条

发明人或者设计人有在专利文件中写明自己是发明人或者设计人的权利。

第十八条

在中国没有经常居所或者营业所的外国人、外国企业或者外国其他组织在中国申请专利的，依照其所属国同中国签订的协议或者共同参加的国际条约，或者依照互惠原则，根据本法办理。

第十九条

在中国没有经常居所或者营业所的外国人、外国企业或者外国其他组织在中国申请专利和办理其他专利事务的，应当委托国务院专利行政部门指定的专利代理机构办理。

中国单位或者个人在国内申请专利和办理其他专利事务的，可以委托专利代理机构办理。

专利代理机构应当遵守法律、行政法规，按照被代理人的委托办理专利申请或者其他专利事务；对被代理人发明创造的内容，除专利申请已经公布或者公告的以外，负有保密责任。专利代理机构的具体管理办法由国务院规定。

第二十条

中国单位或者个人将其在国内完成的发明创造向外国申请专利的，应当先向国务院专利行政部门申请专利，委托其指定的专利代理机构办理，并遵守本法第四条的规定。

中国单位或者个人可以根据中华人民共和国参加的有关国际条约提出专利国际申请。申请人提出专利国际申请的，应当遵守前款规定。

国务院专利行政部门依照中华人民共和国参加的有关国际条约、本法和国务院有关规定处理专利国际申请。

第二十一条

国务院专利行政部门及其专利复审委员会应当按照客观、公正、准确、及时的要求，依法处理有关专利的申请和请求。

在专利申请公布或者公告前，国务院专利行政部门的工作人员及有关人员对其内容负有保密责任。

第十五条

专利申请权或者专利权的共有人对权利的行使有约定的，从其约定。没有约定的，共有人可以单独实施或者以普通许可方式许可他人实施该专利；许可他人实施该专利的，收取的使用费应当在共有人之间分配。

除前款规定的情形外，行使共有的专利申请权或者专利权应当取得全体共有人的同意。

第十六条

被授予专利权的单位应当对职务发明创造的发明人或者设计人给予奖励；发明创造专利实施后，根据其推广应用的范围和取得的经济效益，对发明人或者设计人给予合理的报酬。

第十七条

发明人或者设计人有权在专利文件中写明自己是发明人或者设计人。

专利权人有权在其专利产品或者该产品的包装上标明专利标识。

第十八条

在中国没有经常居所或者营业所的外国人、外国企业或者外国其他组织在中国申请专利的，依照其所属国同中国签订的协议或者共同参加的国际条约，或者依照互惠原则，根据本法办理。

第十九条

在中国没有经常居所或者营业所的外国人、外国企业或者外国其他组织在中国申请专利和办理其他专利事务的，应当委托**依法设立**的专利代理机构办理。

中国单位或者个人在国内申请专利和办理其他专利事务的，可以委托**依法设立**的专利代理机构办理。

专利代理机构应当遵守法律、行政法规，按照被代理人的委托办理专利申请或者其他专利事务；对被代理人发明创造的内容，除专利申请已经公布或者公告的以外，负有保密责任。专利代理机构的具体管理办法由国务院规定。

第二十条

任何单位或者个人将在中国完成的**发明或者实用新型**向外国申请专利的，**应当事先报经国务院专利行政部门进行保密审查。保密审查的程序、期限等按照国务院的规定执行。**

中国单位或者个人可以根据中华人民共和国参加的有关国际条约提出专利国际申请。申请人提出专利国际申请的，应当遵守前款规定。

国务院专利行政部门依照中华人民共和国参加的有关国际条约、本法和国务院有关规定处理专利国际申请。

对违反本条第一款规定向外国申请专利的发明或者实用新型，在中国申请专利的，不授予专利权。

第二十一条

国务院专利行政部门及其专利复审委员会应当按照客观、公正、准确、及时的要求，依法处理有关专利的申请和请求。

国务院专利行政部门应当完整、准确、及时发布专利信息，定期出版专利公报。

第二章　授予专利权的条件

第二十二条

授予专利权的发明和实用新型，应当具备新颖性、创造性和实用性。

新颖性，是指在申请日以前没有同样的发明或者实用新型在国内外出版物上公开发表过、在国内公开使用过或者以其他方式为公众所知，也没有同样的发明或者实用新型由他人向国务院专利行政部门提出过申请并且记载在申请日以后公布的专利申请文件中。

创造性，是指同申请日以前已有的技术相比，该发明有突出的实质性特点和显著的进步，该实用新型有实质性特点和进步。

实用性，是指该发明或者实用新型能够制造或者使用，并且能够产生积极效果。

第二十三条

授予专利权的外观设计，应当同申请日以前在国内外出版物上公开发表过或者国内公开使用过的外观设计不相同和不相近似，并不得与他人在先取得的合法权利相冲突。

第二十四条

申请专利的发明创造在申请日以前六个月内，有下列情形之一的，不丧失新颖性：

（一）在中国政府主办或者承认的国际展览会上首次展出的；

（二）在规定的学术会议或者技术会议上首次发表的；

（三）他人未经申请人同意而泄露其内容的。

第二十五条

对下列各项，不授予专利权：

（一）科学发现；

（二）智力活动的规则和方法；

（三）疾病的诊断和治疗方法；

（四）动物和植物品种；

（五）用原子核变换方法获得的物质。

对前款第（四）项所列产品的生产方法，可以依照本法规定授予专利权。

第三章　专利的申请

第二十六条

申请发明或者实用新型专利的，应当提交请求书、说明书

在专利申请公布或者公告前，国务院专利行政部门的工作人员及有关人员对其内容负有保密责任。

第二章　授予专利权的条件

第二十二条

授予专利权的发明和实用新型，应当具备新颖性、创造性和实用性。

新颖性，是指**该发明或者实用新型不属于现有技术**；也没有**任何单位或者个人就同样的发明或者实用新型在申请日以前**向国务院专利行政部门提出过申请，并记载在申请日以后公布的专利申请文件或者**公告的专利文件**中。

创造性，是指**与现有技术**相比，该发明具有突出的实质性特点和显著的进步，该实用新型具有实质性特点和进步。

实用性，是指该发明或者实用新型能够制造或者使用，并且能够产生积极效果。

本法所称现有技术，是指申请日以前在国内外为公众所知的技术。

第二十三条

授予专利权的外观设计，应当**不属于现有设计**；也没有任何单位或者个人就同样的外观设计在申请日以前向国务院专利行政部门提出过申请，并记载在申请日以后公告的专利文件中。

授予专利权的外观设计与现有设计或者现有设计特征的组合相比，应当具有明显区别。

授予专利权的外观设计不得与他人在申请日以前已经取得的合法权利相冲突。

本法所称现有设计，是指申请日以前在国内外为公众所知的设计。

第二十四条

申请专利的发明创造在申请日以前六个月内，有下列情形之一的，不丧失新颖性：

（一）在中国政府主办或者承认的国际展览会上首次展出的；

（二）在规定的学术会议或者技术会议上首次发表的；

（三）他人未经申请人同意而泄露其内容的。

第二十五条

对下列各项，不授予专利权：

（一）科学发现；

（二）智力活动的规则和方法；

（三）疾病的诊断和治疗方法；

（四）动物和植物品种；

（五）用原子核变换方法获得的物质；

（六）对平面印刷品的图案、色彩或者二者的结合作出的主要起标识作用的设计。

对前款第（四）项所列产品的生产方法，可以依照本法规定授予专利权。

第三章　专利的申请

第二十六条

申请发明或者实用新型专利的，应当提交请求书、说明书

及其摘要和权利要求书等文件。

请求书应当写明发明或者实用新型的名称，发明人或者设计人的姓名，申请人姓名或者名称、地址，以及其他事项。

说明书应当对发明或者实用新型作出清楚、完整的说明，以所属技术领域的技术人员能够实现为准；必要的时候，应当有附图。摘要应当简要说明发明或者实用新型的技术要点。

权利要求书应当以说明书为依据，说明要求专利保护的范围。

第二十七条

申请外观设计专利的，应当提交请求书以及该外观设计的图片或者照片等文件，并且应当写明使用该外观设计的产品及其所属的类别。

第二十八条

国务院专利行政部门收到专利申请文件之日为申请日。如果申请文件是邮寄的，以寄出的邮戳日为申请日。

第二十九条

申请人自发明或者实用新型在外国第一次提出专利申请之日起十二个月内，或者自外观设计在外国第一次提出专利申请之日起六个月内，又在中国就相同主题提出专利申请的，依照该外国同中国签订的协议或者共同参加的国际条约，或者依照相互承认优先权的原则，可以享有优先权。

申请人自发明或者实用新型在中国第一次提出专利申请之日起十二个月内，又向国务院专利行政部门就相同主题提出专利申请的，可以享有优先权。

第三十条

申请人要求优先权的，应当在申请的时候提出书面声明，并且在三个月内提交第一次提出的专利申请文件的副本；未提出书面声明或者逾期未提交专利申请文件副本的，视为未要求优先权。

第三十一条

一件发明或者实用新型专利申请应当限于一项发明或者实用新型。属于一个总的发明构思的两项以上的发明或者实用新型，可以作为一件申请提出。

一件外观设计专利申请应当限于一种产品所使用的一项外观设计。用于同一类别并且成套出售或者使用的产品的两项以上的外观设计，可以作为一件申请提出。

第三十二条

申请人可以在被授予专利权之前随时撤回其专利申请。

第三十三条

申请人可以对其专利申请文件进行修改，但是，对发明和实用新型专利申请文件的修改不得超出原说明书和权利要求书记载的范围，对外观设计专利申请文件的修改不得超出原图片

及其摘要和权利要求书等文件。

请求书应当写明发明或者实用新型的名称，**发明人的姓名**，申请人姓名或者名称、地址，以及其他事项。

说明书应当对发明或者实用新型作出清楚、完整的说明，以所属技术领域的技术人员能够实现为准；必要的时候，应当有附图。摘要应当简要说明发明或者实用新型的技术要点。

权利要求书应当以说明书为依据，**清楚、简要地限定**要求专利保护的范围。

依赖遗传资源完成的发明创造，申请人应当在专利申请文件中说明该遗传资源的直接来源和原始来源；申请人无法说明原始来源的，应当陈述理由。

第二十七条

申请外观设计专利的，应当提交请求书、该外观设计的图片或者照片**以及对该外观设计的简要说明**等文件。

申请人提交的有关图片或者照片应当清楚地显示要求专利保护的产品的外观设计。

第二十八条

国务院专利行政部门收到专利申请文件之日为申请日。如果申请文件是邮寄的，以寄出的邮戳日为申请日。

第二十九条

申请人自发明或者实用新型在外国第一次提出专利申请之日起十二个月内，或者自外观设计在外国第一次提出专利申请之日起六个月内，又在中国就相同主题提出专利申请的，依照该外国同中国签订的协议或者共同参加的国际条约，或者依照相互承认优先权的原则，可以享有优先权。

申请人自发明或者实用新型在中国第一次提出专利申请之日起十二个月内，又向国务院专利行政部门就相同主题提出专利申请的，可以享有优先权。

第三十条

申请人要求优先权的，应当在申请的时候提出书面声明，并且在三个月内提交第一次提出的专利申请文件的副本；未提出书面声明或者逾期未提交专利申请文件副本的，视为未要求优先权。

第三十一条

一件发明或者实用新型专利申请应当限于一项发明或者实用新型。属于一个总的发明构思的两项以上的发明或者实用新型，可以作为一件申请提出。

一件外观设计专利申请应当限于一项外观设计。**同一产品两项以上的相似外观设计，或者**用于同一类别并且成套出售或者使用的产品的两项以上外观设计，可以作为一件申请提出。

第三十二条

申请人可以在被授予专利权之前撤回其专利申请。

第三十三条

申请人可以对其专利申请文件进行修改，但是，对发明和实用新型专利申请文件的修改不得超出原说明书和权利要求书记载的范围，对外观设计专利申请文件的修改不得超出原图片

或者照片表示的范围。

第四章　专利申请的审查和批准

第三十四条

国务院专利行政部门收到发明专利申请后，经初步审查认为符合本法要求的，自申请日起满十八个月，即行公布。国务院专利行政部门可以根据申请人的请求早日公布其申请。

第三十五条

发明专利申请自申请日起三年内，国务院专利行政部门可以根据申请人随时提出的请求，对其申请进行实质审查；申请人无正当理由逾期不请求实质审查的，该申请即被视为撤回。

国务院专利行政部门认为必要的时候，可以自行对发明专利申请进行实质审查。

第三十六条

发明专利的申请人请求实质审查的时候，应当提交在申请日前与其发明有关的参考资料。

发明专利已经在外国提出过申请的，国务院专利行政部门可以要求申请人在指定期限内提交该国为审查其申请进行检索的资料或者审查结果的资料；无正当理由逾期不提交，该申请即被视为撤回。

第三十七条

国务院专利行政部门对发明专利申请进行实质审查后，认为不符合本法规定的，应当通知申请人，要求其在指定的期限内陈述意见，或者对其申请进行修改；无正当理由逾期不答复的，该申请即被视为撤回。

第三十八条

发明专利申请经申请人陈述意见或者进行修改后，国务院专利行政部门仍然认为不符合本法规定的，应当予以驳回。

第三十九条

发明专利申请经实质审查没有发现驳回理由的，由国务院专利行政部门作出授予发明专利权的决定，发给发明专利证书，同时予以登记和公告。发明专利权自公告之日起生效。

第四十条

实用新型和外观设计专利申请经初步审查没有发现驳回理由的，由国务院专利行政部门作出授予实用新型专利权或者外观设计专利权的决定，发给相应的专利证书，同时予以登记和公告。实用新型专利权和外观设计专利权自公告之日起生效。

第四十一条

国务院专利行政部门设立专利复审委员会。专利申请人对国务院专利行政部门驳回申请的决定不服的，可以自收到通知之日起三个月内，向专利复审委员会请求复审。专利复审委员会复审后，作出决定，并通知专利申请人。

专利申请人对专利复审委员会的复审决定不服的，可以自收到通知之日起三个月内向人民法院起诉。

或者照片表示的范围。

第四章　专利申请的审查和批准

第三十四条

国务院专利行政部门收到发明专利申请后，经初步审查认为符合本法要求的，自申请日起满十八个月，即行公布。国务院专利行政部门可以根据申请人的请求早日公布其申请。

第三十五条

发明专利申请自申请日起三年内，国务院专利行政部门可以根据申请人随时提出的请求，对其申请进行实质审查；申请人无正当理由逾期不请求实质审查的，该申请即被视为撤回。

国务院专利行政部门认为必要的时候，可以自行对发明专利申请进行实质审查。

第三十六条

发明专利的申请人请求实质审查的时候，应当提交在申请日前与其发明有关的参考资料。

发明专利已经在外国提出过申请的，国务院专利行政部门可以要求申请人在指定期限内提交该国为审查其申请进行检索的资料或者审查结果的资料；无正当理由逾期不提交，该申请即被视为撤回。

第三十七条

国务院专利行政部门对发明专利申请进行实质审查后，认为不符合本法规定的，应当通知申请人，要求其在指定的期限内陈述意见，或者对其申请进行修改；无正当理由逾期不答复的，该申请即被视为撤回。

第三十八条

发明专利申请经申请人陈述意见或者进行修改后，国务院专利行政部门仍然认为不符合本法规定的，应当予以驳回。

第三十九条

发明专利申请经实质审查没有发现驳回理由的，由国务院专利行政部门作出授予发明专利权的决定，发给发明专利证书，同时予以登记和公告。发明专利权自公告之日起生效。

第四十条

实用新型和外观设计专利申请经初步审查没有发现驳回理由的，由国务院专利行政部门作出授予实用新型专利权或者外观设计专利权的决定，发给相应的专利证书，同时予以登记和公告。实用新型专利权和外观设计专利权自公告之日起生效。

第四十一条

国务院专利行政部门设立专利复审委员会。专利申请人对国务院专利行政部门驳回申请的决定不服的，可以自收到通知之日起三个月内，向专利复审委员会请求复审。专利复审委员会复审后，作出决定，并通知专利申请人。

专利申请人对专利复审委员会的复审决定不服的，可以自收到通知之日起三个月内向人民法院起诉。

第五章　专利权的期限、终止和无效

第四十二条

发明专利权的期限为二十年，实用新型专利权和外观设计专利权的期限为十年，均自申请日起计算。

第四十三条

专利权人应当自被授予专利权的当年开始缴纳年费。

第四十四条

有下列情形之一的，专利权在期限届满前终止：

（一）没有按照规定缴纳年费的；

（二）专利权人以书面声明放弃其专利权的。

专利权在期限届满前终止的，由国务院专利行政部门登记和公告。

第四十五条

自国务院专利行政部门公告授予专利权之日起，任何单位或者个人认为该专利权的授予不符合本法有关规定的，可以请求专利复审委员会宣告该专利权无效。

第四十六条

专利复审委员会对宣告专利权无效的请求应当及时审查和作出决定，并通知请求人和专利权人。宣告专利权无效的决定，由国务院专利行政部门登记和公告。

对专利复审委员会宣告专利权无效或者维持专利权的决定不服的，可以自收到通知之日起三个月内向人民法院起诉。人民法院应当通知无效宣告请求程序的对方当事人作为第三人参加诉讼。

第四十七条

宣告无效的专利权视为自始即不存在。

宣告专利权无效的决定，对在宣告专利权无效前人民法院作出并已执行的专利侵权的判决、裁定，已经履行或者强制执行的专利侵权纠纷处理决定，以及已经履行的专利实施许可合同和专利权转让合同，不具有追溯力。但是因专利权人的恶意给他人造成的损失，应当给予赔偿。

如果依照前款规定，专利权人或者专利权转让人不向被许可实施专利人或者专利权受让人返还专利使用费或者专利权转让费，明显违反公平原则，专利权人或者专利权转让人应当向被许可实施专利人或者专利权受让人返还全部或者部分专利使用费或者专利权转让费。

第六章　专利实施的强制许可

第四十八条

具备实施条件的单位以合理的条件请求发明或者实用新型专利权人许可实施其专利，而未能在合理长的时间内获得这种许可时，国务院专利行政部门根据该单位的申请，可以给予实施该发明专利或者实用新型专利的强制许可。

第五章　专利权的期限、终止和无效

第四十二条

发明专利权的期限为二十年，实用新型专利权和外观设计专利权的期限为十年，均自申请日起计算。

第四十三条

专利权人应当自被授予专利权的当年开始缴纳年费。

第四十四条

有下列情形之一的，专利权在期限届满前终止：

（一）没有按照规定缴纳年费的；

（二）专利权人以书面声明放弃其专利权的。

专利权在期限届满前终止的，由国务院专利行政部门登记和公告。

第四十五条

自国务院专利行政部门公告授予专利权之日起，任何单位或者个人认为该专利权的授予不符合本法有关规定的，可以请求专利复审委员会宣告该专利权无效。

第四十六条

专利复审委员会对宣告专利权无效的请求应当及时审查和作出决定，并通知请求人和专利权人。宣告专利权无效的决定，由国务院专利行政部门登记和公告。

对专利复审委员会宣告专利权无效或者维持专利权的决定不服的，可以自收到通知之日起三个月内向人民法院起诉。人民法院应当通知无效宣告请求程序的对方当事人作为第三人参加诉讼。

第四十七条

宣告无效的专利权视为自始即不存在。

宣告专利权无效的决定，对在宣告专利权无效前人民法院作出并已执行的专利侵权的判决、**调解书**、已经履行或者强制执行的专利侵权纠纷处理决定，以及已经履行的专利实施许可合同和专利权转让合同，不具有追溯力。但是因专利权人的恶意给他人造成的损失，应当给予赔偿。

依照前款规定**不返还专利侵权赔偿金**、专利使用费、专利权转让费，明显违反公平原则的，**应当全部或者部分返还**。

第六章　专利实施的强制许可

第四十八条

有下列情形之一的，国务院专利行政部门根据具备实施条件的单位或者个人的申请，可以给予实施发明专利或者实用新型专利的强制许可：

（一）专利权人自专利权被授予之日起满三年，且自提出专利申请之日起满四年，无正当理由未实施或者未充分实施其专利的；

（二）专利权人行使专利权的行为被依法认定为垄断行为，为消除或者减少该行为对竞争产生的不利影响的。

478

第四十九条

在国家出现紧急状态或者非常情况时，或者为了公共利益的目的，国务院专利行政部门可以给予实施发明专利或者实用新型专利的强制许可。

第五十条

一项取得专利权的发明或者实用新型比前已经取得专利权的发明或者实用新型具有显著经济意义的重大技术进步，其实施又有赖于前一发明或者实用新型的实施的，国务院专利行政部门根据后一专利权人的申请，可以给予实施前一发明或者实用新型的强制许可。

在依照前款规定给予实施强制许可的情形下，国务院专利行政部门根据前一专利权人的申请，也可以给予实施后一发明或者实用新型的强制许可。

第五十一条

依照本法规定申请实施强制许可的单位或者个人，应当提出未能以合理条件与专利权人签订实施许可合同的证明。

第五十二条

国务院专利行政部门作出的给予实施强制许可的决定，应当及时通知专利权人，并予以登记和公告。

给予实施强制许可的决定，应当根据强制许可的理由规定实施的范围和时间。强制许可的理由消除并不再发生时，国务院专利行政部门应当根据专利权人的请求，经审查后作出终止实施强制许可的决定。

第五十三条

取得实施强制许可的单位或者个人不享有独占的实施权，并且无权允许他人实施。

第五十四条

取得实施强制许可的单位或者个人应当付给专利权人合理的使用费，其数额由双方协商；双方不能达成协议的，由国务院专利行政部门裁决。

第五十五条

专利权人对国务院专利行政部门关于实施强制许可的决定

第四十九条

在国家出现紧急状态或者非常情况时，或者为了公共利益的目的，国务院专利行政部门可以给予实施发明专利或者实用新型专利的强制许可。

第五十条

为了公共健康目的，对取得专利权的药品，国务院专利行政部门可以给予制造并将其出口到符合中华人民共和国参加的有关国际条约规定的国家或者地区的强制许可。

第五十一条

一项取得专利权的发明或者实用新型比前已经取得专利权的发明或者实用新型具有显著经济意义的重大技术进步，其实施又有赖于前一发明或者实用新型的实施的，国务院专利行政部门根据后一专利权人的申请，可以给予实施前一发明或者实用新型的强制许可。

在依照前款规定给予实施强制许可的情形下，国务院专利行政部门根据前一专利权人的申请，也可以给予实施后一发明或者实用新型的强制许可。

第五十二条

强制许可涉及的发明创造为半导体技术的，其实施限于公共利益的目的和本法第四十八条第（二）项规定的情形。

第五十三条

除依照本法第四十八条第（二）项、第五十条规定给予的强制许可外，强制许可的实施应当主要为了供应国内市场。

第五十四条

依照本法第四十八条第（一）项、第五十一条规定申请强制许可的单位或者个人应当提供证据，证明其以合理的条件请求专利权人许可其实施专利，但未能在合理的时间内获得许可。

第五十五条

国务院专利行政部门作出的给予实施强制许可的决定，应当及时通知专利权人，并予以登记和公告。

给予实施强制许可的决定，应当根据强制许可的理由规定实施的范围和时间。强制许可的理由消除并不再发生时，国务院专利行政部门应当根据专利权人的请求，经审查后作出终止实施强制许可的决定。

第五十六条

取得实施强制许可的单位或者个人不享有独占的实施权，并且无权允许他人实施。

第五十七条

取得实施强制许可的单位或者个人应当付给专利权人合理的使用费，**或者依照中华人民共和国参加的有关国际条约的规定处理使用费问题。付给使用费的，**其数额由双方协商；双方不能达成协议的，由国务院专利行政部门裁决。

第五十八条

专利权人对国务院专利行政部门关于实施强制许可的决定

不服的，专利权人和取得实施强制许可的单位或者个人对国务院专利行政部门关于实施强制许可的使用费的裁决不服的，可以自收到通知之日起三个月内向人民法院起诉。

第七章　专利权的保护

第五十六条

发明或者实用新型专利权的保护范围以其权利要求的内容为准，说明书及附图可以用于解释权利要求。

外观设计专利权的保护范围以表示在图片或者照片中的该外观设计专利产品为准。

第五十七条

未经专利权人许可，实施其专利，即侵犯其专利权，引起纠纷的，由当事人协商解决；不愿协商或者协商不成的，专利权人或者利害关系人可以向人民法院起诉，也可以请求管理专利工作的部门处理。管理专利工作的部门处理时，认定侵权行为成立的，可以责令侵权人立即停止侵权行为，当事人不服的，可以自收到处理通知之日起十五日内依照《中华人民共和国行政诉讼法》向人民法院起诉；侵权人期满不起诉又不停止侵权行为的，管理专利工作的部门可以申请人民法院强制执行。进行处理的管理专利工作的部门应当事人的请求，可以就侵犯专利权的赔偿数额进行调解；调解不成的，当事人可以依照《中华人民共和国民事诉讼法》向人民法院起诉。

专利侵权纠纷涉及新产品制造方法的发明专利的，制造同样产品的单位或者个人应当提供其产品制造方法不同于专利方法的证明；涉及实用新型专利的，人民法院或者管理专利工作的部门可以要求专利权人出具由国务院专利行政部门作出的检索报告。

第五十八条

假冒他人专利的，除依法承担民事责任外，由管理专利工作的部门责令改正并予公告，没收违法所得，可以并处违法所得三倍以下的罚款，没有违法所得的，可以处五万元以下的罚款；构成犯罪的，依法追究刑事责任。

第五十九条

以非专利产品冒充专利产品、以非专利方法冒充专利方法的，由管理专利工作的部门责令改正并予公告，可以处五万元以下的罚款。

不服的，专利权人和取得实施强制许可的单位或者个人对国务院专利行政部门关于实施强制许可的使用费的裁决不服的，可以自收到通知之日起三个月内向人民法院起诉。

第七章　专利权的保护

第五十九条

发明或者实用新型专利权的保护范围以其权利要求的内容为准，说明书及附图可以用于解释权利要求的内容。

外观设计专利权的保护范围以表示在图片或者照片中的该**产品的外观设计**为准，**简要说明可以用于解释图片或者照片所表示的该产品的外观设计。**

第六十条

未经专利权人许可，实施其专利，即侵犯其专利权，引起纠纷的，由当事人协商解决；不愿协商或者协商不成的，专利权人或者利害关系人可以向人民法院起诉，也可以请求管理专利工作的部门处理。管理专利工作的部门处理时，认定侵权行为成立的，可以责令侵权人立即停止侵权行为，当事人不服的，可以自收到处理通知之日起十五日内依照《中华人民共和国行政诉讼法》向人民法院起诉；侵权人期满不起诉又不停止侵权行为的，管理专利工作的部门可以申请人民法院强制执行。进行处理的管理专利工作的部门应当事人的请求，可以就侵犯专利权的赔偿数额进行调解；调解不成的，当事人可以依照《中华人民共和国民事诉讼法》向人民法院起诉。

第六十一条

专利侵权纠纷涉及新产品制造方法的发明专利的，制造同样产品的单位或者个人应当提供其产品制造方法不同于专利方法的证明。

专利侵权纠纷涉及实用新型专利或者外观设计专利的，人民法院或者管理专利工作的部门可以要求专利权人**或者利害关系人**出具由国务院专利行政部门**对相关实用新型或者外观设计进行检索、分析和评价后作出的专利权评价报告，作为审理、处理专利侵权纠纷的证据。**

第六十二条

在专利侵权纠纷中，被控侵权人有证据证明其实施的技术或者设计属于现有技术或者现有设计的，不构成侵犯专利权。

第六十三条

假冒专利的，除依法承担民事责任外，由管理专利工作的部门责令改正并予公告，没收违法所得，可以并处违法所得**四倍**以下的罚款；没有违法所得的，可以处**二十万元**以下的罚款；构成犯罪的，依法追究刑事责任。

第六十条

侵犯专利权的赔偿数额，按照权利人因被侵权所受到的损失或者侵权人因侵权所获得的利益确定；被侵权人的损失或者侵权人获得的利益难以确定的，参照该专利许可使用费的倍数合理确定。

第六十四条

管理专利工作的部门根据已经取得的证据，对涉嫌假冒专利行为进行查处时，可以询问有关当事人，调查与涉嫌违法行为有关的情况；对当事人涉嫌违法行为的场所实施现场检查；查阅、复制与涉嫌违法行为有关的合同、发票、账簿以及其他有关资料；检查与涉嫌违法行为有关的产品，对有证据证明是假冒专利的产品，可以查封或者扣押。

管理专利工作的部门依法行使前款规定的职权时，当事人应当予以协助、配合，不得拒绝、阻挠。

第六十五条

侵犯专利权的赔偿数额按照权利人因被侵权所受到的**实际损失确定；实际损失难以确定的**，可以按照侵权人因侵权所获得的利益确定。权利人的损失或者侵权人获得的利益难以确定的，参照该专利许可使用费的倍数合理确定。赔偿数额还应当包括权利人为制止侵权行为所支付的合理开支。

权利人的损失、侵权人获得的利益和专利许可使用费均难以确定的，人民法院可以根据专利权的类型、侵权行为的性质和情节等因素，确定给予一万元以上一百万元以下的赔偿。

第六十一条

专利权人或者利害关系人有证据证明他人正在实施或者即将实施侵犯其专利权的行为，如不及时制止将会使其合法权益受到难以弥补的损害的，可以在起诉前向人民法院申请采取责令停止有关行为和财产保全的措施。

人民法院处理前款申请，适用《中华人民共和国民事诉讼法》第九十三条至第九十六条和第九十九条的规定。

第六十六条

专利权人或者利害关系人有证据证明他人正在实施或者即将实施侵犯专利权的行为，如不及时制止将会使其合法权益受到难以弥补的损害的，可以在起诉前向人民法院申请采取责令停止有关行为的措施。

申请人提出申请时，应当提供担保；不提供担保的，驳回申请。

人民法院应当自接受申请之时起四十八小时内作出裁定；有特殊情况需要延长的，可以延长四十八小时。裁定责令停止有关行为的，应当立即执行。当事人对裁定不服的，可以申请复议一次；复议期间不停止裁定的执行。

申请人自人民法院采取责令停止有关行为的措施之日起十五日内不起诉的，人民法院应当解除该措施。

申请有错误的，申请人应当赔偿被申请人因停止有关行为所遭受的损失。

第六十七条

为了制止专利侵权行为，在证据可能灭失或者以后难以取得的情况下，专利权人或者利害关系人可以在起诉前向人民法院申请保全证据。

人民法院采取保全措施，可以责令申请人提供担保；申请人不提供担保的，驳回申请。

人民法院应当自接受申请之时起四十八小时内作出裁定；裁定采取保全措施的，应当立即执行。

申请人自人民法院采取保全措施之日起十五日内不起诉的，人民法院应当解除该措施。

第六十二条

侵犯专利权的诉讼时效为二年，自专利权人或者利害关系人得知或者应当得知侵权行为之日起计算。

发明专利申请公布后至专利权授予前使用该发明未支付适当使用费的，专利权人要求支付使用费的诉讼时效为二年，自专利权人得知或者应当得知他人使用其发明之日起计算，但是，专利权人于专利权授予之日前即已得知或者应当得知的，

第六十八条

侵犯专利权的诉讼时效为二年，自专利权人或者利害关系人得知或者应当得知侵权行为之日起计算。

发明专利申请公布后至专利权授予前使用该发明未支付适当使用费的，专利权人要求支付使用费的诉讼时效为二年，自专利权人得知或者应当得知他人使用其发明之日起计算，但是，专利权人于专利权授予之日前即已得知或者应当得知的，

自专利权授予之日起计算。

第六十三条

有下列情形之一的,不视为侵犯专利权:

(一)专利权人制造、进口或者经专利权人许可而制造、进口的专利产品或者依照专利方法直接获得的产品售出后,使用、许诺销售或者销售该产品的;

(二)在专利申请日前已经制造相同产品、使用相同方法或已经作好制造、使用的必要准备,并且仅在原有范围内继续制造、使用的;

(三)临时通过中国领陆、领水、领空的外国运输工具,依照其所属国同中国签订的协议或者共同参加的国际条约,或者依照互惠原则,为运输工具自身需要而在其装置和设备中使用有关专利的;

(四)专为科学研究和实验而使用有关专利的。

为生产经营目的使用或者销售不知道是未经专利权人许可而制造并售出的专利产品或者依照专利方法直接获得的产品,能证明其产品合法来源的,不承担赔偿责任。

第六十四条

违反本法第二十条规定向外国申请专利,泄露国家秘密的,由所在单位或者上级主管机关给予行政处分;构成犯罪的,依法追究刑事责任。

第六十五条

侵夺发明人或者设计人的非职务发明创造专利申请权和本法规定的其他权益的,由所在单位或者上级主管机关给予行政处分。

第六十六条

管理专利工作的部门不得参与向社会推荐专利产品等经营活动。

管理专利工作的部门违反前款规定的,由其上级机关或者监察机关责令改正,消除影响,有违法收入的予以没收;情节严重的,对直接负责的主管人员和其他直接责任人员依法给予行政处分。

第六十七条

从事专利管理工作的国家机关工作人员以及其他有关国家机关工作人员玩忽职守、滥用职权、徇私舞弊,构成犯罪的,依法追究刑事责任;尚不构成犯罪的,依法给予行政处分。

第八章　附　　则

第六十八条

向国务院专利行政部门申请专利和办理其他手续,应当按照规定缴纳费用。

第六十九条

本法自1985年4月1日起施行。

自专利权授予之日起计算。

第六十九条

有下列情形之一的,不视为侵犯专利权:

(一)专利产品或者依照专利方法直接获得的产品,由专利权人或者经其许可的单位、个人售出后,使用、许诺销售、销售、进口该产品的;

(二)在专利申请日前已经制造相同产品、使用相同方法或者已经作好制造、使用的必要准备,并且仅在原有范围内继续制造、使用的;

(三)临时通过中国领陆、领水、领空的外国运输工具,依照其所属国同中国签订的协议或者共同参加的国际条约,或者依照互惠原则,为运输工具自身需要而在其装置和设备中使用有关专利的;

(四)专为科学研究和实验而使用有关专利的;

(五)为提供行政审批所需要的信息,制造、使用、进口专利药品或者专利医疗器械的,以及专门为其制造、进口专利药品或者专利医疗器械的。

第七十条

为生产经营目的使用、许诺销售或者销售不知道是未经专利权人许可而制造并售出的专利侵权产品,能证明该产品合法来源的,不承担赔偿责任。

第七十一条

违反本法第二十条规定向外国申请专利,泄露国家秘密的,由所在单位或者上级主管机关给予行政处分;构成犯罪的,依法追究刑事责任。

第七十二条

侵夺发明人或者设计人的非职务发明创造专利申请权和本法规定的其他权益的,由所在单位或者上级主管机关给予行政处分。

第七十三条

管理专利工作的部门不得参与向社会推荐专利产品等经营活动。

管理专利工作的部门违反前款规定的,由其上级机关或者监察机关责令改正,消除影响,有违法收入的予以没收;情节严重的,对直接负责的主管人员和其他直接责任人员依法给予行政处分。

第七十四条

从事专利管理工作的国家机关工作人员以及其他有关国家机关工作人员玩忽职守、滥用职权、徇私舞弊,构成犯罪的,依法追究刑事责任;尚不构成犯罪的,依法给予行政处分。

第八章　附　　则

第七十五条

向国务院专利行政部门申请专利和办理其他手续,应当按照规定缴纳费用。

第七十六条

本法自1985年4月1日起施行。

附录三　施行修改后的专利法的过渡办法

（2009 年 9 月 29 日国家知识产权局令第 53 号公布）

第一条　为了保障 2008 年 12 月 27 日公布的《全国人民代表大会常务委员会关于修改〈中华人民共和国专利法〉的决定》的施行，依照立法法第八十四条的规定，制定本办法。

第二条　修改前的专利法的规定适用于申请日在 2009 年 10 月 1 日前（不含该日，下同）的专利申请以及根据该专利申请授予的专利权；修改后的专利法的规定适用于申请日在 2009 年 10 月 1 日以后（含该日，下同）的专利申请以及根据该专利申请授予的专利权；但本办法以下各条对申请日在 2009 年 10 月 1 日前的专利申请以及根据该申请授予的专利权的特殊规定除外。

前款所述申请日的含义依照专利法实施细则的有关规定理解。

第三条　2009 年 10 月 1 日以后请求给予实施专利的强制许可的，适用修改后的专利法第六章的规定。

第四条　管理专利工作的部门对发生在 2009 年 10 月 1 日以后的涉嫌侵犯专利权行为进行处理的，适用修改后的专利法第十一条、第六十二条、第六十九条、第七十条的规定。

第五条　管理专利工作的部门对发生在 2009 年 10 月 1 日以后的涉嫌假冒专利行为进行查处的，适用修改后的专利法第六十三条、第六十四条的规定。

第六条　专利权人在 2009 年 10 月 1 日以后标明专利标识的，适用修改后的专利法第十七条的规定。

第七条　在中国没有经常居所或者营业所的外国人、外国企业或者外国其他组织在 2009 年 10 月 1 日以后委托或者变更专利代理机构的，适用修改后的专利法第十九条的规定。

第八条　本办法自 2009 年 10 月 1 日起施行。

附录四　2010 年《中华人民共和国专利法实施细则》修改前后对照表❶

<table>
<tr><th>修正前</th><th>修正后</th></tr>
<tr><td>第一章　总　则</td><td>第一章　总　则</td></tr>
<tr>
<td>

第一条
根据《中华人民共和国专利法》（以下简称专利法），制定本细则。

第二条
专利法所称发明，是指对产品、方法或者其改进所提出的新的技术方案。
专利法所称实用新型，是指对产品的形状、构造或者其结合所提出的适于实用的新的技术方案。
专利法所称外观设计，是指对产品的形状、图案或者其结合以及色彩与形状、图案的结合所作出的富有美感并适于工业应用的新设计。

第三条
专利法和本细则规定的各种手续，应当以书面形式或者国务院专利行政部门规定的其他形式办理。

第四条
依照专利法和本细则规定提交的各种文件应当使用中文；国家有统一规定的科技术语的，应当采用规范词；外国人名、地名和科技术语没有统一中文译文的，应当注明原文。

</td>
<td>

第一条
根据《中华人民共和国专利法》（以下简称专利法），制定本细则。

第二条
专利法和本细则规定的各种手续，应当以书面形式或者国务院专利行政部门规定的其他形式办理。

第三条
依照专利法和本细则规定提交的各种文件应当使用中文；国家有统一规定的科技术语的，应当采用规范词；外国人名、地名和科技术语没有统一中文译文的，应当注明原文。

</td>
</tr>
</table>

---

❶　修改后的条文中黑体部分为修改或者补充的内容。

依照专利法和本细则规定提交的各种证件和证明文件是外文的，国务院专利行政部门认为必要时，可以要求当事人在指定期限内附送中文译文；期满未附送的，视为未提交该证件和证明文件。

第五条

向国务院专利行政部门邮寄的各种文件，以寄出的邮戳日为递交日；邮戳日不清晰的，除当事人能够提出证明外，以国务院专利行政部门收到日为递交日。

国务院专利行政部门的各种文件，可以通过邮寄、直接送交或者其他方式送达当事人。当事人委托专利代理机构的，文件送交专利代理机构；未委托专利代理机构的，文件送交请求书中指明的联系人。

国务院专利行政部门邮寄的各种文件，自文件发出之日起满15日，推定为当事人收到文件之日。

根据国务院专利行政部门规定应当直接送交的文件，以交付日为送达日。

文件送交地址不清，无法邮寄的，可以通过公告的方式送达当事人。自公告之日起满1个月，该文件视为已经送达。

第六条

专利法和本细则规定的各种期限的第一日不计算在期限内。期限以年或者月计算的，以其最后一月的相应日为期限届满日；该月无相应日的，以该月最后一日为期限届满日；期限届满日是法定节假日的，以节假日后的第一个工作日为期限届满日。

第七条

当事人因不可抗拒的事由而延误专利法或者本细则规定的期限或者国务院专利行政部门指定的期限，导致其权利丧失的，自障碍消除之日起2个月内，最迟自期限届满之日起2年内，可以向国务院专利行政部门说明理由并附具有关证明文件，请求恢复权利。

当事人因正当理由而延误专利法或者本细则规定的期限或者国务院专利行政部门指定的期限，导致其权利丧失的，可以自收到国务院专利行政部门的通知之日起2个月内向国务院专利行政部门说明理由，请求恢复权利。

当事人请求延长国务院专利行政部门指定的期限的，应当在期限届满前，向国务院专利行政部门说明理由并办理有关手续。

本条第一款和第二款的规定不适用专利法第二十四条、第二十九条、第四十二条、第六十二条规定的期限。

第八条

发明专利申请涉及国防方面的国家秘密需要保密的，由国防专利机构受理；国务院专利行政部门受理的涉及国防方面的国家秘密需要保密的发明专利申请，应当移交国防专利机构审查，由国务院专利行政部门根据国防专利机构的审查意见作出决定。

除前款规定的外，国务院专利行政部门受理发明专利申请后，应当将需要进行保密审查的申请转送国务院有关主管部门

依照专利法和本细则规定提交的各种证件和证明文件是外文的，国务院专利行政部门认为必要时，可以要求当事人在指定期限内附送中文译文；期满未附送的，视为未提交该证件和证明文件。

第四条

向国务院专利行政部门邮寄的各种文件，以寄出的邮戳日为递交日；邮戳日不清晰的，除当事人能够提出证明外，以国务院专利行政部门收到日为递交日。

国务院专利行政部门的各种文件，可以通过邮寄、直接送交或者其他方式送达当事人。当事人委托专利代理机构的，文件送交专利代理机构；未委托专利代理机构的，文件送交请求书中指明的联系人。

国务院专利行政部门邮寄的各种文件，自文件发出之日起满15日，推定为当事人收到文件之日。

根据国务院专利行政部门规定应当直接送交的文件，以交付日为送达日。

文件送交地址不清，无法邮寄的，可以通过公告的方式送达当事人。自公告之日起满1个月，该文件视为已经送达。

第五条

专利法和本细则规定的各种期限的第一日不计算在期限内。期限以年或者月计算的，以其最后一月的相应日为期限届满日；该月无相应日的，以该月最后一日为期限届满日；期限届满日是法定**休假日**的，以**休假日**后的第一个工作日为期限届满日。

第六条

当事人因不可抗拒的事由而延误专利法或者本细则规定的期限或者国务院专利行政部门指定的期限，导致其权利丧失的，自障碍消除之日起2个月内，最迟自期限届满之日起2年内，可以向国务院专利行政部门请求恢复权利。

除前款规定的情形外，当事人因**其他**正当理由延误专利法或者本细则规定的期限或者国务院专利行政部门指定的期限，导致其权利丧失的，可以自收到国务院专利行政部门的通知之日起2个月内向国务院专利行政部门请求恢复权利。

当事人依照本条第一款或者第二款的规定请求恢复权利的，应当提交恢复权利请求书，说明理由，必要时附具有关证明文件，并办理权利丧失前应当办理的相应手续；依照本条第二款的规定请求恢复权利的，还应当缴纳恢复权利请求费。

当事人请求延长国务院专利行政部门指定的期限的，应当在期限届满前，向国务院专利行政部门说明理由并办理有关手续。

本条第一款和第二款的规定不适用专利法第二十四条、第二十九条、第四十二条、**第六十八条**规定的期限。

第七条

专利申请涉及**国防利益**需要保密的，由国防专利机构受理**并进行审查**；国务院专利行政部门受理的专利申请涉及**国防利益**需要保密的，应当**及时**移交国防专利机构**进行审查。经国防专利机构审查没有发现驳回理由的，由国务院专利行政部门作出授予国防专利权的决定。**

国务院专利行政部门**认为**其受理的发明**或者实用新型**专利申请**涉及国防利益以外的国家安全或者重大利益需要保密的，**

审查；有关主管部门应当自收到该申请之日起 4 个月内，将审查结果通知国务院专利行政部门；需要保密的，由国务院专利行政部门按照保密专利申请处理，并通知申请人。

应当**及时**作出按照保密专利申请处理**的决定**，并通知申请人。
保密专利申请的审查、复审以及保密专利权无效宣告的特殊程序，由国务院专利行政部门规定。

第八条
专利法第二十条所称在中国完成的发明或者实用新型，是指技术方案的实质性内容在中国境内完成的发明或者实用新型。

任何单位或者个人将在中国完成的发明或者实用新型向外国申请专利的，应当按照下列方式之一请求国务院专利行政部门进行保密审查：

（一）直接向外国申请专利或者向有关国外机构提交专利国际申请的，应当事先向国务院专利行政部门提出请求，并详细说明其技术方案；

（二）向国务院专利行政部门申请专利后拟向外国申请专利或者向有关国外机构提交专利国际申请的，应当在向外国申请专利或者向有关国外机构提交专利国际申请前向国务院专利行政部门提出请求。

向国务院专利行政部门提交专利国际申请的，视为同时提出了保密审查请求。

第九条
国务院专利行政部门收到依照本细则第八条规定递交的请求后，经过审查认为该发明或者实用新型可能涉及国家安全或者重大利益需要保密的，应当及时向申请人发出保密审查通知；申请人未在其请求递交日起 4 个月内收到保密审查通知的，可以就该发明或者实用新型向外国申请专利或者向有关国外机构提交专利国际申请。

国务院专利行政部门依照前款规定通知进行保密审查的，应当及时作出是否需要保密的决定，并通知申请人。申请人未在其请求递交日起 6 个月内收到需要保密的决定的，可以就该发明或者实用新型向外国申请专利或者向有关国外机构提交专利国际申请。

第九条
专利法第五条所称违反国家法律的发明创造，不包括仅其实施为国家法律所禁止的发明创造。

第十条
除专利法第二十八条和第四十二条规定的情形外，专利法所称申请日，有优先权的，指优先权日。

本细则所称申请日，除另有规定的外，是指专利法第二十八条规定的申请日。

第十一条
专利法第六条所称执行本单位的任务所完成的职务发明创造，是指：

（一）在本职工作中作出的发明创造；

（二）履行本单位交付的本职工作之外的任务所作出的发明创造；

（三）退职、退休或者调动工作后 1 年内作出的，与其在原单位承担的本职工作或者原单位分配的任务有关的发明创造。

第十条
专利法第五条所称违反法律的发明创造，不包括仅其实施为法律所禁止的发明创造。

第十一条
除专利法第二十八条和第四十二条规定的情形外，专利法所称申请日，有优先权的，指优先权日。

本细则所称申请日，除另有规定的外，是指专利法第二十八条规定的申请日。

第十二条
专利法第六条所称执行本单位的任务所完成的职务发明创造，是指：

（一）在本职工作中作出的发明创造；

（二）履行本单位交付的本职工作之外的任务所作出的发明创造；

（三）**退休、调离原单位后**或者**劳动、人事关系终止后** 1 年内作出的，与其在原单位承担的本职工作或者原单位分配的任务有关的发明创造。

专利法第六条所称本单位，包括临时工作单位；专利法第六条所称本单位的物质技术条件，是指本单位的资金、设备、零部件、原材料或者不对外公开的技术资料等。

第十二条

专利法所称发明人或者设计人，是指对发明创造的实质性特点作出创造性贡献的人。在完成发明创造过程中，只负责组织工作的人、为物质技术条件的利用提供方便的人或者从事其他辅助工作的人，不是发明人或者设计人。

第十三条❶

同样的发明创造只能被授予一项专利。

依照专利法第九条的规定，两个以上的申请人在同一日分别就同样的发明创造申请专利的，应当在收到国务院专利行政部门的通知后自行协商确定申请人。

第十四条

中国单位或者个人向外国人转让专利申请权或者专利权的，由国务院对外经济贸易主管部门会同国务院科学技术行政部门批准。

第十五条

除依照专利法第十条规定转让专利权外，专利权因其他事由发生转移的，当事人应当凭有关证明文件或者法律文书向国务院专利行政部门办理专利权人变更手续。

专利权人与他人订立的专利实施许可合同，应当自合同生效之日起 3 个月内向国务院专利行政部门备案。

第二章　专利的申请

第十六条

以书面形式申请专利的，应当向国务院专利行政部门提交申请文件一式两份。

以国务院专利行政部门规定的其他形式申请专利的，应当符合规定的要求。

申请人委托专利代理机构向国务院专利行政部门申请专利和办理其他专利事务的，应当同时提交委托书，写明委托权限。

申请人有 2 人以上且未委托专利代理机构的，除请求书中另有声明的外，以请求书中指明的第一申请人为代表人。

第十七条

专利法第二十六条第二款所称请求书中的其他事项，是指：

（一）申请人的国籍；

（二）申请人是企业或者其他组织的，其总部所在地的国家；

（三）申请人委托专利代理机构的，应当注明的有关事项；申请人未委托专利代理机构的，其联系人的姓名、地址、邮政

专利法第六条所称本单位，包括临时工作单位；专利法第六条所称本单位的物质技术条件，是指本单位的资金、设备、零部件、原材料或者不对外公开的技术资料等。

第十三条

专利法所称发明人或者设计人，是指对发明创造的实质性特点作出创造性贡献的人。在完成发明创造过程中，只负责组织工作的人、为物质技术条件的利用提供方便的人或者从事其他辅助工作的人，不是发明人或者设计人。

第十四条

除依照专利法第十条规定转让专利权外，专利权因其他事由发生转移的，当事人应当凭有关证明文件或者法律文书向国务院专利行政部门办理**专利权转移**手续。

专利权人与他人订立的专利实施许可合同，应当自合同生效之日起 3 个月内向国务院专利行政部门备案。

以专利权出质的，由出质人和质权人共同向国务院专利行政部门办理出质登记。

第二章　专利的申请

第十五条

以书面形式申请专利的，应当向国务院专利行政部门提交申请文件一式两份。

以国务院专利行政部门规定的其他形式申请专利的，应当符合规定的要求。

申请人委托专利代理机构向国务院专利行政部门申请专利和办理其他专利事务的，应当同时提交委托书，写明委托权限。

申请人有 2 人以上且未委托专利代理机构的，除请求书中另有声明的外，以请求书中指明的第一申请人为代表人。

第十六条

发明、实用新型或者外观设计专利申请的请求书应当写明下列事项：

（一）发明、实用新型或者外观设计的名称；

（二）申请人是中国单位或者个人的，其名称或者姓名、地址、邮政编码、组织机构代码或者居民身份证件号码；申请人是外国人、外国企业或者外国其他组织的，其姓名或者名称、国籍或者注册的国家或者地区；

---

❶　本条修改后的内容见修改后文本第四十一条。

编码及联系电话；

（四）要求优先权的，应当注明的有关事项；

（五）申请人或者专利代理机构的签字或者盖章；

（六）申请文件清单；

（七）附加文件清单；

（八）其他需要注明的有关事项。

第十八条

发明或者实用新型专利申请的说明书应当写明发明或者实用新型的名称，该名称应当与请求书中的名称一致。说明书应当包括下列内容：

（一）技术领域：写明要求保护的技术方案所属的技术领域；

（二）背景技术：写明对发明或者实用新型的理解、检索、审查有用的背景技术；有可能的，并引证反映这些背景技术的文件；

（三）发明内容：写明发明或者实用新型所要解决的技术问题以及解决其技术问题采用的技术方案，并对照现有技术写明发明或者实用新型的有益效果；

（四）附图说明：说明书有附图的，对各幅附图作简略说明；

（五）具体实施方式：详细写明申请人认为实现发明或者实用新型的优选方式；必要时，举例说明；有附图的，对照附图。

发明或者实用新型专利申请人应当按照前款规定的方式和顺序撰写说明书，并在说明书每一部分前面写明标题，除非其发明或者实用新型的性质用其他方式或者顺序撰写能节约说明书的篇幅并使他人能够准确理解其发明或者实用新型。

发明或者实用新型说明书应当用词规范、语句清楚，并不得使用"如权利要求……所述的……"一类的引用语，也不得使用商业性宣传用语。

发明专利申请包含一个或者多个核苷酸或者氨基酸序列的，说明书应当包括符合国务院专利行政部门规定的序列表。申请人应当将该序列表作为说明书的一个单独部分提交，并按照国务院专利行政部门的规定提交该序列表的计算机可读形式的副本。

第十九条

发明或者实用新型的几幅附图可以绘在一张图纸上，并按照"图1，图2，……"顺序编号排列。

附图的大小及清晰度，应当保证在该图缩小到三分之二时仍能清晰地分辨出图中的各个细节。

发明或者实用新型说明书文字部分中未提及的附图标记不得在附图中出现，附图中未出现的附图标记不得在说明书文字部分中提及。申请文件中表示同一组成部分的附图标记应当一致。

附图中除必需的词语外，不应当含有其他注释。

（三）**发明人或者设计人的姓名**；

（四）申请人委托专利代理机构的，**受托机构的名称、机构代码以及该机构指定的专利代理人的姓名、执业证号码、联系电话**；

（五）要求优先权的，**申请人第一次提出专利申请（以下简称在先申请）的申请日、申请号以及原受理机构的名称**；

（六）申请人或者专利代理机构的签字或者盖章；

（七）申请文件清单；

（八）附加文件清单；

（九）其他需要**写明**的有关事项。

第十七条

发明或者实用新型专利申请的说明书应当写明发明或者实用新型的名称，该名称应当与请求书中的名称一致。说明书应当包括下列内容：

（一）技术领域：写明要求保护的技术方案所属的技术领域；

（二）背景技术：写明对发明或者实用新型的理解、检索、审查有用的背景技术；有可能的，并引证反映这些背景技术的文件；

（三）发明内容：写明发明或者实用新型所要解决的技术问题以及解决其技术问题采用的技术方案，并对照现有技术写明发明或者实用新型的有益效果；

（四）附图说明：说明书有附图的，对各幅附图作简略说明；

（五）具体实施方式：详细写明申请人认为实现发明或者实用新型的优选方式；必要时，举例说明；有附图的，对照附图。

发明或者实用新型专利申请人应当按照前款规定的方式和顺序撰写说明书，并在说明书每一部分前面写明标题，除非其发明或者实用新型的性质用其他方式或者顺序撰写能节约说明书的篇幅并使他人能够准确理解其发明或者实用新型。

发明或者实用新型说明书应当用词规范、语句清楚，并不得使用"如权利要求……所述的……"一类的引用语，也不得使用商业性宣传用语。

发明专利申请包含一个或者多个核苷酸或者氨基酸序列的，说明书应当包括符合国务院专利行政部门规定的序列表。申请人应当将该序列表作为说明书的一个单独部分提交，并按照国务院专利行政部门的规定提交该序列表的计算机可读形式的副本。

实用新型专利申请说明书应当有表示要求保护的产品的形状、构造或者其结合的附图。

第十八条

发明或者实用新型的几幅附图**应当**按照"图1，图2，……"顺序编号排列。

发明或者实用新型说明书文字部分中未提及的附图标记不得在附图中出现，附图中未出现的附图标记不得在说明书文字部分中提及。申请文件中表示同一组成部分的附图标记应当一致。

附图中除必需的词语外，不应当含有其他注释。

第二十条

权利要求书应当说明发明或者实用新型的技术特征，清楚、简要地表述请求保护的范围。

权利要求书有几项权利要求的，应当用阿拉伯数字顺序编号。

权利要求书中使用的科技术语应当与说明书中使用的科技术语一致，可以有化学式或者数学式，但是不得有插图。除绝对必要的外，不得使用"如说明书……部分所述"或者"如图……所示"的用语。

权利要求中的技术特征可以引用说明书附图中相应的标记，该标记应当放在相应的技术特征后并置于括号内，便于理解权利要求。附图标记不得解释为对权利要求的限制。

第二十一条

权利要求书应当有独立权利要求，也可以有从属权利要求。

独立权利要求应当从整体上反映发明或者实用新型的技术方案，记载解决技术问题的必要技术特征。

从属权利要求应当用附加的技术特征，对引用的权利要求作进一步限定。

第二十二条

发明或者实用新型的独立权利要求应当包括前序部分和特征部分，按照下列规定撰写：

（一）前序部分：写明要求保护的发明或者实用新型技术方案的主题名称和发明或者实用新型主题与最接近的现有技术共有的必要技术特征；

（二）特征部分：使用"其特征是……"或者类似的用语，写明发明或者实用新型区别于最接近的现有技术的技术特征。这些特征和前序部分写明的特征合在一起，限定发明或者实用新型要求保护的范围。

发明或者实用新型的性质不适于用前款方式表达的，独立权利要求可以用其他方式撰写。

一项发明或者实用新型应当只有一个独立权利要求，并写在同一发明或者实用新型的从属权利要求之前。

第二十三条

发明或者实用新型的从属权利要求应当包括引用部分和限定部分，按照下列规定撰写：

（一）引用部分：写明引用的权利要求的编号及其主题名称；

（二）限定部分：写明发明或者实用新型附加的技术特征。

从属权利要求只能引用在前的权利要求。引用两项以上权利要求的多项从属权利要求，只能以择一方式引用在前的权利要求，并不得作为另一项多项从属权利要求的基础。

第二十四条

说明书摘要应当写明发明或者实用新型专利申请所公开内容的概要，即写明发明或者实用新型的名称和所属技术领域，并清楚地反映所要解决的技术问题、解决该问题的技术方案的要点以及主要用途。

说明书摘要可以包含最能说明发明的化学式；有附图的专利申请，还应当提供一幅最能说明该发明或者实用新型技术特征的附图。附图的大小及清晰度应当保证在该图缩小到 4 厘

第十九条

权利要求书应当**记载**发明或者实用新型的技术特征。

权利要求书有几项权利要求的，应当用阿拉伯数字顺序编号。

权利要求书中使用的科技术语应当与说明书中使用的科技术语一致，可以有化学式或者数学式，但是不得有插图。除绝对必要的外，不得使用"如说明书……部分所述"或者"如图……所示"的用语。

权利要求中的技术特征可以引用说明书附图中相应的标记，该标记应当放在相应的技术特征后并置于括号内，便于理解权利要求。附图标记不得解释为对权利要求的限制。

第二十条

权利要求书应当有独立权利要求，也可以有从属权利要求。

独立权利要求应当从整体上反映发明或者实用新型的技术方案，记载解决技术问题的必要技术特征。

从属权利要求应当用附加的技术特征，对引用的权利要求作进一步限定。

第二十一条

发明或者实用新型的独立权利要求应当包括前序部分和特征部分，按照下列规定撰写：

（一）前序部分：写明要求保护的发明或者实用新型技术方案的主题名称和发明或者实用新型主题与最接近的现有技术共有的必要技术特征；

（二）特征部分：使用"其特征是……"或者类似的用语，写明发明或者实用新型区别于最接近的现有技术的技术特征。这些特征和前序部分写明的特征合在一起，限定发明或者实用新型要求保护的范围。

发明或者实用新型的性质不适于用前款方式表达的，独立权利要求可以用其他方式撰写。

一项发明或者实用新型应当只有一个独立权利要求，并写在同一发明或者实用新型的从属权利要求之前。

第二十二条

发明或者实用新型的从属权利要求应当包括引用部分和限定部分，按照下列规定撰写：

（一）引用部分：写明引用的权利要求的编号及其主题名称；

（二）限定部分：写明发明或者实用新型附加的技术特征。

从属权利要求只能引用在前的权利要求。引用两项以上权利要求的多项从属权利要求，只能以择一方式引用在前的权利要求，并不得作为另一项多项从属权利要求的基础。

第二十三条

说明书摘要应当写明发明或者实用新型专利申请所公开内容的概要，即写明发明或者实用新型的名称和所属技术领域，并清楚地反映所要解决的技术问题、解决该问题的技术方案的要点以及主要用途。

说明书摘要可以包含最能说明发明的化学式；有附图的专利申请，还应当提供一幅最能说明该发明或者实用新型技术特征的附图。附图的大小及清晰度应当保证在该图缩小到 4 厘

米×6 厘米时，仍能清晰地分辨出图中的各个细节。摘要文字部分不得超过 300 个字。摘要中不得使用商业性宣传用语。

第二十五条

申请专利的发明涉及新的生物材料，该生物材料公众不能得到，并且对该生物材料的说明不足以使所属领域的技术人员实施其发明的，除应当符合专利法和本细则的有关规定外，申请人还应当办理下列手续：

（一）在申请日前或者最迟在申请日（有优先权的，指优先权日），将该生物材料的样品提交国务院专利行政部门认可的保藏单位保藏，并在申请时或者最迟自申请日起 4 个月内提交保藏单位出具的保藏证明和存活证明；期满未提交证明的，该样品视为未提交保藏；

（二）在申请文件中，提供有关该生物材料特征的资料；

（三）涉及生物材料样品保藏的专利申请应当在请求书和说明书中写明该生物材料的分类命名（注明拉丁文名称）、保藏该生物材料样品的单位名称、地址、保藏日期和保藏编号；申请时未写明的，应当自申请日起 4 个月内补正；期满未补正的，视为未提交保藏。

第二十六条

发明专利申请人依照本细则第二十五条的规定保藏生物材料样品的，在发明专利申请公布后，任何单位或者个人需要将该专利申请所涉及的生物材料作为实验目的使用的，应当向国务院专利行政部门提出请求，并写明下列事项：

（一）请求人的姓名或者名称和地址；

（二）不向其他任何人提供该生物材料的保证；

（三）在授予专利权前，只作为实验目的使用的保证。

第二十七条

依照专利法第二十七条规定提交的外观设计的图片或者照片，不得小于 3 厘米×8 厘米，并不得大于 15 厘米×22 厘米。

同时请求保护色彩的外观设计专利申请，应当提交彩色图片或者照片一式两份。

申请人应当就每件外观设计产品所需要保护的内容提交有关视图或者照片，清楚地显示请求保护的对象。

第二十八条

申请外观设计专利的，必要时应当写明对外观设计的简要说明。

外观设计的简要说明应当写明使用该外观设计的产品的设计要点、请求保护色彩、省略视图等情况。简要说明不得使用商业性宣传用语，也不能用来说明产品的性能。

米×6 厘米时，仍能清晰地分辨出图中的各个细节。摘要文字部分不得超过 300 个字。摘要中不得使用商业性宣传用语。

第二十四条

申请专利的发明涉及新的生物材料，该生物材料公众不能得到，并且对该生物材料的说明不足以使所属领域的技术人员实施其发明的，除应当符合专利法和本细则的有关规定外，申请人还应当办理下列手续：

（一）在申请日前或者最迟在申请日（有优先权的，指优先权日），将该生物材料的样品提交国务院专利行政部门认可的保藏单位保藏，并在申请时或者最迟自申请日起 4 个月内提交保藏单位出具的保藏证明和存活证明；期满未提交证明的，该样品视为未提交保藏；

（二）在申请文件中，提供有关该生物材料特征的资料；

（三）涉及生物材料样品保藏的专利申请应当在请求书和说明书中写明该生物材料的分类命名（注明拉丁文名称）、保藏该生物材料样品的单位名称、地址、保藏日期和保藏编号；申请时未写明的，应当自申请日起 4 个月内补正；期满未补正的，视为未提交保藏。

第二十五条

发明专利申请人依照本细则**第二十四条**的规定保藏生物材料样品的，在发明专利申请公布后，任何单位或者个人需要将该专利申请所涉及的生物材料作为实验目的使用的，应当向国务院专利行政部门提出请求，并写明下列事项：

（一）请求人的姓名或者名称和地址；

（二）不向其他任何人提供该生物材料的保证；

（三）在授予专利权前，只作为实验目的使用的保证。

第二十六条

专利法所称遗传资源，是指取自人体、动物、植物或者微生物等含有遗传功能单位并具有实际或者潜在价值的材料；专利法所称依赖遗传资源完成的发明创造，是指利用了遗传资源的遗传功能完成的发明创造。

就依赖遗传资源完成的发明创造申请专利的，申请人应当在请求书中予以说明，并填写国务院专利行政部门制定的表格。

第二十七条

申请人请求保护色彩的，应当提交彩色图片或者照片。

申请人应当就每件外观设计产品所需要保护的内容提交有关**图片**或者照片。

第二十八条

外观设计的简要说明应当**写明外观设计产品**的名称、用途，外观设计的设计要点，**并指定一幅最能表明设计要点的图片或者照片。省略视图或者请求保护色彩的，应当在简要说明中写明。**

对同一产品的多项相似外观设计提出一件外观设计专利申请的，应当在简要说明中指定其中一项作为基本设计。

简要说明不得使用商业性宣传用语，也不能用来说明产品的性能。

第二十九条

国务院专利行政部门认为必要时，可以要求外观设计专利申请人提交使用外观设计的产品样品或者模型。样品或者模型的体积不得超过 30 厘米×30 厘米×30 厘米，重量不得超过 15 公斤。易腐、易损或者危险品不得作为样品或者模型提交。

第三十条

专利法第二十二条第三款所称已有的技术，是指申请日（有优先权的，指优先权日）前在国内外出版物上公开发表、在国内公开使用或者以其他方式为公众所知的技术，即现有技术。

第三十一条

专利法第二十四条第（二）项所称学术会议或者技术会议，是指国务院有关主管部门或者全国性学术团体组织召开的学术会议或者技术会议。

申请专利的发明创造有专利法第二十四条第（一）项或者第（二）项所列情形的，申请人应当在提出专利申请时声明，并自申请起 2 个月内，提交有关国际展览会或者学术会议、技术会议的组织单位出具的有关发明创造已经展出或者发表，以及展出或者发表日期的证明文件。

申请专利的发明创造有专利法第二十四条第（三）项所列情形的，国务院专利行政部门认为必要时，可以要求申请人在指定期限内提交证明文件。

申请人未依照本条第二款的规定提出声明和提交证明文件的，或者未依照本条第三款的规定在指定期限内提交证明文件的，其申请不适用专利法第二十四条的规定。

第三十二条

申请人依照专利法第三十条的规定办理要求优先权手续的，应当在书面声明中写明第一次提出专利申请（以下称在先申请）的申请日、申请号和受理该申请的国家；书面声明中未写明在先申请的申请日和受理该申请的国家的，视为未提出声明。

要求外国优先权的，申请人提交的在先申请文件副本应当经原受理机关证明；提交的证明材料中，在先申请人的姓名或者名称与在后申请的申请人姓名或者名称不一致的，应当提交优先权转让证明材料；要求本国优先权的，申请人提交的在先申请文件副本应当由国务院专利行政部门制作。

第二十九条

国务院专利行政部门认为必要时，可以要求外观设计专利申请人提交使用外观设计的产品样品或者模型。样品或者模型的体积不得超过 30 厘米×30 厘米×30 厘米，重量不得超过 15 公斤。易腐、易损或者危险品不得作为样品或者模型提交。

第三十条

专利法第二十四条第（一）项所称中国政府承认的国际展览会，是指国际展览会公约规定的在国际展览局注册或者由其认可的国际展览会。

专利法第二十四条第（二）项所称学术会议或者技术会议，是指国务院有关主管部门或者全国性学术团体组织召开的学术会议或者技术会议。

申请专利的发明创造有专利法第二十四条第（一）项或者第（二）项所列情形的，申请人应当在提出专利申请时声明，并自申请起 2 个月内提交有关国际展览会或者学术会议、技术会议的组织单位出具的有关发明创造已经展出或者发表，以及展出或者发表日期的证明文件。

申请专利的发明创造有专利法第二十四条第（三）项所列情形的，国务院专利行政部门认为必要时，可以要求申请人在指定期限内提交证明文件。

申请人未依照本条第三款的规定提出声明和提交证明文件的，或者未依照本条**第四款**的规定在指定期限内提交证明文件的，其申请不适用专利法第二十四条的规定。

第三十一条

申请人依照专利法第三十条的规定要求外国优先权的，申请人提交的在先申请文件副本应当经原受理**机构**证明。依照国务院专利行政部门与该受理机构签订的协议，国务院专利行政部门通过电子交换等途径获得在先申请文件副本的，视为申请人提交了经该受理机构证明的在先申请文件副本。要求本国优先权，申请人在请求书中写明在先申请的申请日和申请号的，视为提交了在先申请文件副本。

要求优先权，但请求书中漏写或者错写在先申请的申请日、申请号和原受理机构名称中的一项或者两项内容的，国务院专利行政部门应当通知申请人在指定期限内补正；期满未补正的，视为未要求优先权。

要求优先权的申请人的姓名或者名称与在先申请文件副本中记载的申请人姓名或者名称不一致的，应当提交优先权转让证明材料，未提交该证明材料的，视为未要求优先权。

外观设计专利申请的申请人要求外国优先权，其在先申请未包括对外观设计的简要说明，申请人按照本细则第二十八条规定提交的简要说明未超出在先申请文件的图片或者照片表示的范围的，不影响其享有优先权。

第三十三条

申请人在一件专利申请中，可以要求一项或者多项优先权；要求多项优先权的，该申请的优先权期限从最早的优先权日起计算。

申请人要求本国优先权，在先申请是发明专利申请的，可以就相同主题提出发明或者实用新型专利申请；在先申请是实用新型专利申请的，可以就相同主题提出实用新型或者发明专利申请。但是，提出后一申请时，在先申请的主题有下列情形之一的，不得作为要求本国优先权的基础：

（一）已经要求外国优先权或者本国优先权的；

（二）已经被授予专利权的；

（三）属于按照规定提出的分案申请的。

申请人要求本国优先权，其在先申请自后一申请提出之日起即视为撤回。

第三十四条

在中国没有经常居所或者营业所的申请人，申请专利或者要求外国优先权的，国务院专利行政部门认为必要时，可以要求其提供下列文件：

（一）国籍证明；

（二）申请人是企业或者其他组织的，其营业所或者总部所在地的证明文件；

（三）申请人的所属国，承认中国单位和个人可以按照该国国民的同等条件，在该国享有专利权、优先权和其他与专利有关的权利的证明文件。

第三十五条

依照专利法第三十一条第一款规定，可以作为一件专利申请提出的属于一个总的发明构思的两项以上的发明或者实用新型，应当在技术上相互关联，包含一个或者多个相同或者相应的特定技术特征，其中特定技术特征是指每一项发明或者实用新型作为整体，对现有技术作出贡献的技术特征。

第三十六条

专利法第三十一条第二款所称同一类别，是指产品属于分类表中同一小类；成套出售或者使用，是指各产品的设计构思相同，并且习惯上是同时出售、同时使用。

依照专利法第三十一条第二款规定将两项以上外观设计作为一件申请提出的，应当将各项外观设计顺序编号标在每件使用外观设计产品的视图名称之前。

第三十七条

申请人撤回专利申请的，应当向国务院专利行政部门提出声明，写明发明创造的名称、申请号和申请日。

撤回专利申请的声明在国务院专利行政部门作好公布专利申请文件的印刷准备工作后提出的，申请文件仍予公布；但是，撤回专利申请的声明应当在以后出版的专利公报上予以公告。

第三十二条

申请人在一件专利申请中，可以要求一项或者多项优先权；要求多项优先权的，该申请的优先权期限从最早的优先权日起计算。

申请人要求本国优先权，在先申请是发明专利申请的，可以就相同主题提出发明或者实用新型专利申请；在先申请是实用新型专利申请的，可以就相同主题提出实用新型或者发明专利申请。但是，提出后一申请时，在先申请的主题有下列情形之一的，不得作为要求本国优先权的基础：

（一）已经要求外国优先权或者本国优先权的；

（二）已经被授予专利权的；

（三）属于按照规定提出的分案申请的。

申请人要求本国优先权，其在先申请自后一申请提出之日起即视为撤回。

第三十三条

在中国没有经常居所或者营业所的申请人，申请专利或者要求外国优先权的，国务院专利行政部门认为必要时，可以要求其提供下列文件：

（一）**申请人是个人的，**其国籍证明；

（二）申请人是企业或者其他组织的，其**注册的国家或者地区**的证明文件；

（三）申请人的所属国，承认中国单位和个人可以按照该国国民的同等条件，在该国享有专利权、优先权和其他与专利有关的权利的证明文件。

第三十四条

依照专利法第三十一条第一款规定，可以作为一件专利申请提出的属于一个总的发明构思的两项以上的发明或者实用新型，应当在技术上相互关联，包含一个或者多个相同或者相应的特定技术特征，其中特定技术特征是指每一项发明或者实用新型作为整体，对现有技术作出贡献的技术特征。

第三十五条

依照专利法第三十一条第二款规定，将同一产品的多项相似外观设计作为一件申请提出的，对该产品的其他设计应当与简要说明中指定的基本设计相似。一件外观设计专利申请中的相似外观设计不得超过 10 项。

专利法第三十一条第二款所称同一类别**并且成套出售或者使用的产品的两项以上外观设计**，是指各产品属于分类表中同一**大类**，习惯上同时出售**或者**同时使用，**而且各产品的外观设计具有**相同的设计构思。

将两项以上外观设计作为一件申请提出的，应当将各项外观设计**的**顺序编号**标注**在每件外观设计产品**各幅图片或者照片的**名称之前。

第三十六条

申请人撤回专利申请的，应当向国务院专利行政部门提出声明，写明发明创造的名称、申请号和申请日。

撤回专利申请的声明在国务院专利行政部门作好公布专利申请文件的印刷准备工作后提出的，申请文件仍予公布；但是，撤回专利申请的声明应当在以后出版的专利公报上予以公告。

第三章　专利申请的审查和批准

第三十八条

在初步审查、实质审查、复审和无效宣告程序中，实施审查和审理的人员有下列情形之一的，应当自行回避，当事人或者其他利害关系人可以要求其回避：

（一）是当事人或者其代理人的近亲属的；

（二）与专利申请或者专利权有利害关系的；

（三）与当事人或者其代理人有其他关系，可能影响公正审查和审理的；

（四）专利复审委员会成员曾参与原申请的审查的。

第三十九条

国务院专利行政部门收到发明或者实用新型专利申请的请求书、说明书（实用新型必须包括附图）和权利要求书，或者外观设计专利申请的请求书和外观设计的图片或者照片后，应当明确申请日、给予申请号，并通知申请人。

第四十条

专利申请文件有下列情形之一的，国务院专利行政部门不予受理，并通知申请人：

（一）发明或者实用新型专利申请缺少请求书、说明书（实用新型无附图）和权利要求书的，或者外观设计专利申请缺少请求书、图片或者照片的；

（二）未使用中文的；

（三）不符合本细则第一百二十条第一款规定的；

（四）请求书中缺少申请人姓名或者名称及地址的；

（五）明显不符合专利法第十八条或者第十九条第一款的规定的；

（六）专利申请类别（发明、实用新型或者外观设计）不明确或者难以确定的。

第四十一条

说明书中写有对附图的说明但无附图或者缺少部分附图的，申请人应当在国务院专利行政部门指定的期限内补交附图或者声明取消对附图的说明。申请人补交附图的，以向国务院专利行政部门提交或者邮寄附图之日为申请日；取消对附图的说明的，保留原申请日。

第三章　专利申请的审查和批准

第三十七条

在初步审查、实质审查、复审和无效宣告程序中，实施审查和审理的人员有下列情形之一的，应当自行回避，当事人或者其他利害关系人可以要求其回避：

（一）是当事人或者其代理人的近亲属的；

（二）与专利申请或者专利权有利害关系的；

（三）与当事人或者其代理人有其他关系，可能影响公正审查和审理的；

（四）专利复审委员会成员曾参与原申请的审查的。

第三十八条

国务院专利行政部门收到发明或者实用新型专利申请的请求书、说明书（实用新型必须包括附图）和权利要求书，或者外观设计专利申请的请求书、外观设计的图片或者照片和**简要说明**后，应当明确申请日、给予申请号，并通知申请人。

第三十九条

专利申请文件有下列情形之一的，国务院专利行政部门不予受理，并通知申请人：

（一）发明或者实用新型专利申请缺少请求书、说明书（实用新型无附图）**或者**权利要求书的，或者外观设计专利申请缺少请求书、图片或者照片、**简要说明**的；

（二）未使用中文的；

（三）不符合本细则第一百二十一条第一款规定的；

（四）请求书中缺少申请人姓名或者名称、**或者缺少地址**的；

（五）明显不符合专利法第十八条或者第十九条第一款的规定的；

（六）专利申请类别（发明、实用新型或者外观设计）不明确或者难以确定的。

第四十条

说明书中写有对附图的说明但无附图或者缺少部分附图的，申请人应当在国务院专利行政部门指定的期限内补交附图或者声明取消对附图的说明。申请人补交附图的，以向国务院专利行政部门提交或者邮寄附图之日为申请日；取消对附图的说明的，保留原申请日。

第四十一条

两个以上的申请人同日（**指申请日；有优先权的，指优先权日**）分别就同样的发明创造申请专利的，应当在收到国务院专利行政部门的通知后自行协商确定申请人。

同一申请人在同日（指申请日）对同样的发明创造既申请实用新型专利又申请发明专利的，应当在申请时分别说明对同样的发明创造已申请了另一专利；未作说明的，依照专利法第九条第一款关于同样的发明创造只能授予一项专利权的规定处理。

国务院专利行政部门公告授予实用新型专利权，应当公告申请人已依照本条第二款的规定同时申请了发明专利的说明。

发明专利申请经审查没有发现驳回理由，国务院专利行政部门应当通知申请人在规定期限内声明放弃实用新型专利权。申请人声明放弃的，国务院专利行政部门应当作出授予发明专

利权的决定，并在公告授予发明专利权时一并公告申请人放弃实用新型专利权声明。申请人不同意放弃的，国务院专利行政部门应当驳回该发明专利申请；申请人期满未答复的，视为撤回该发明专利申请。

实用新型专利权自公告授予发明专利权之日起终止。

第四十二条

一件专利申请包括两项以上发明、实用新型或者外观设计的，申请人可以在本细则第五十四条第一款规定的期限届满前，向国务院专利行政部门提出分案申请；但是，专利申请已经被驳回、撤回或者视为撤回的，不能提出分案申请。

国务院专利行政部门认为一件专利申请不符合专利法第三十一条和本细则第三十五条或者第三十六条的规定的，应当通知申请人在指定期限内对其申请进行修改；申请人期满未答复的，该申请视为撤回。

分案的申请不得改变原申请的类别。

第四十三条

依照本细则第四十二条规定提出的分案申请，可以保留原申请日，享有优先权的，可以保留优先权日，但是不得超出原申请公开的范围。

分案申请应当依照专利法及本细则的规定办理有关手续。

分案申请的请求书中应当写明原申请的申请号和申请日。提交分案申请时，申请人应当提交原申请文件副本；原申请享有优先权的，并应当提交原申请的优先权文件副本。

第四十四条

专利法第三十四条和第四十条所称初步审查，是指审查专利申请是否具备专利法第二十六条或者第二十七条规定的文件和其他必要的文件，这些文件是否符合规定的格式，并审查下列各项：

（一）发明专利申请是否明显属于专利法第五条、第二十五条的规定，或者不符合专利法第十八条、第十九条第一款的规定，或者明显不符合专利法第三十一条第一款、第三十三条、本细则第二条第一款、第十八条、第二十条的规定；

（二）实用新型专利申请是否明显属于专利法第五条、第二十五条的规定，或者不符合专利法第十八条、第十九条第一款的规定，或者明显不符合专利法第二十六条第三款、第四款、第三十一条第一款、第三十三条、本细则第二条第二款、第十三条第一款、第十八条至第二十三条、第四十三条第一款的规定，或者依照专利法第九条规定不能取得专利权；

（三）外观设计专利申请是否明显属于专利法第五条的规定，或者不符合专利法第十八条、第十九条第一款的规定，或者明显不符合专利法第三十一条第二款、第三十三条、本细则第二条第三款、第十三条第一款、第四十三条第一款的规定，或者依照专利法第九条规定不能取得专利权。

国务院专利行政部门应当将审查意见通知申请人，要求其在指定期限内陈述意见或者补正；申请人期满未答复的，其申请视为撤回。申请人陈述意见或者补正后，国务院专利行政部

第四十二条

一件专利申请包括两项以上发明、实用新型或者外观设计的，申请人可以在本细则第五十四条第一款规定的期限届满前，向国务院专利行政部门提出分案申请；但是，专利申请已经被驳回、撤回或者视为撤回的，不能提出分案申请。

国务院专利行政部门认为一件专利申请不符合专利法第三十一条和本细则第三十四条或者第三十五条的规定的，应当通知申请人在指定期限内对其申请进行修改；申请人期满未答复的，该申请视为撤回。

分案的申请不得改变原申请的类别。

第四十三条

依照本细则第四十二条规定提出的分案申请，可以保留原申请日，享有优先权的，可以保留优先权日，但是不得超出原**申请记载**的范围。

分案申请应当依照专利法及本细则的规定办理有关手续。

分案申请的请求书中应当写明原申请的申请号和申请日。提交分案申请时，申请人应当提交原申请文件副本；原申请享有优先权的，并应当提交原申请的优先权文件副本。

第四十四条

专利法第三十四条和第四十条所称初步审查，是指审查专利申请是否具备专利法第二十六条或者第二十七条规定的文件和其他必要的文件，这些文件是否符合规定的格式，并审查下列各项：

（一）发明专利申请是否明显属于专利法第五条、第二十五条规定**的情形，是否**不符合专利法第十八条、第十九条第一款、**第二十条第一款或者本细则第十六条、第二十六条第二款**的规定，是否明显不符合专利法**第二条第二款、第二十六条第五款**、第三十一条第一款、第三十三条**或者**本细则第十七条至第二十一条的规定；

（二）实用新型专利申请是否明显属于专利法第五条、第二十五条规定**的情形，是否**不符合专利法第十八条、第十九条第一款、**第二十条第一款或者本细则第十六条至第十九条、第二十一条至第二十三条**的规定，**是否**明显不符合专利法**第二条第三款、第二十二条第二款、第四款**、第二十六条第三款、第四款、第三十一条第一款、第三十三条**或者**本细则**第二十条**、第四十三条第一款的规定，**是否**依照专利法第九条规定不能取得专利权；

（三）外观设计专利申请是否明显属于专利法第五条、**第二十五条第一款第（六）项**规定**的情形，是否**不符合专利法第十八条、第十九条第一款**或者本细则第十六条、第二十七条、第二十八条**的规定，**是否明显**不符合专利法**第二条第四款、第二十三条第一款、第二十七条第二款**、第三十一条第二款、第三十三条**或者**本细则第四十三条第一款的规定，是否依照专利法第九条规定不能取得专利权；

（四）申请文件是否符合本细则第二条、第三条第一款的

门仍然认为不符合前款所列各项规定的，应当予以驳回。

规定。

国务院专利行政部门应当将审查意见通知申请人，要求其在指定期限内陈述意见或者补正；申请人期满未答复的，其申请视为撤回。申请人陈述意见或者补正后，国务院专利行政部门仍然认为不符合前款所列各项规定的，应当予以驳回。

第四十五条

除专利申请文件外，申请人向国务院专利行政部门提交的与专利申请有关的其他文件，有下列情形之一的，视为未提交：

（一）未使用规定的格式或者填写不符合规定的；

（二）未按照规定提交证明材料的。

国务院专利行政部门应当将视为未提交的审查意见通知申请人。

第四十五条

除专利申请文件外，申请人向国务院专利行政部门提交的与专利申请有关的其他文件有下列情形之一的，视为未提交：

（一）未使用规定的格式或者填写不符合规定的；

（二）未按照规定提交证明材料的。

国务院专利行政部门应当将视为未提交的审查意见通知申请人。

第四十六条

申请人请求早日公布其发明专利申请的，应当向国务院专利行政部门声明。国务院专利行政部门对该申请进行初步审查后，除予以驳回的外，应当立即将申请予以公布。

第四十六条

申请人请求早日公布其发明专利申请的，应当向国务院专利行政部门声明。国务院专利行政部门对该申请进行初步审查后，除予以驳回的外，应当立即将申请予以公布。

第四十七条

申请人依照专利法第二十七条的规定写明使用外观设计的产品及其所属类别时，应当使用国务院专利行政部门公布的外观设计产品分类表。未写明使用外观设计的产品所属类别或者所写的类别不确切的，国务院专利行政部门可以予以补充或者修改。

第四十七条

申请人写明使用外观设计的产品及其所属类别的，应当使用国务院专利行政部门公布的外观设计产品分类表。未写明使用外观设计的产品所属类别或者所写的类别不确切的，国务院专利行政部门可以予以补充或者修改。

第四十八条

自发明专利申请公布之日起至公告授予专利权之日止，任何人均可以对不符合专利法规定的专利申请向国务院专利行政部门提出意见，并说明理由。

第四十八条

自发明专利申请公布之日起至公告授予专利权之日前，任何人均可以对不符合专利法规定的专利申请向国务院专利行政部门提出意见，并说明理由。

第四十九条

发明专利申请人因有正当理由无法提交专利法第三十六条规定的检索资料或者审查结果资料的，应当向国务院专利行政部门声明，并在得到有关资料后补交。

第四十九条

发明专利申请人因有正当理由无法提交专利法第三十六条规定的检索资料或者审查结果资料的，应当向国务院专利行政部门声明，并在得到有关资料后补交。

第五十条

国务院专利行政部门依照专利法第三十五条第二款的规定对专利申请自行进行审查时，应当通知申请人。

第五十条

国务院专利行政部门依照专利法第三十五条第二款的规定对专利申请自行进行审查时，应当通知申请人。

第五十一条

发明专利申请人在提出实质审查请求时以及在收到国务院专利行政部门发出的发明专利申请进入实质审查阶段通知书之日起的 3 个月内，可以对发明专利申请主动提出修改。

实用新型或者外观设计专利申请人自申请日起 2 个月内，可以对实用新型或者外观设计专利申请主动提出修改。

申请人在收到国务院专利行政部门发出的审查意见通知书后对专利申请文件进行修改的，应当按照通知书的要求进行修改。

国务院专利行政部门可以自行修改专利申请文件中文字和符号的明显错误。国务院专利行政部门自行修改的，应当通知申请人。

第五十一条

发明专利申请人在提出实质审查请求时以及在收到国务院专利行政部门发出的发明专利申请进入实质审查阶段通知书之日起的 3 个月内，可以对发明专利申请主动提出修改。

实用新型或者外观设计专利申请人自申请日起 2 个月内，可以对实用新型或者外观设计专利申请主动提出修改。

申请人在收到国务院专利行政部门发出的审查意见通知书后对专利申请文件进行修改的，应当**针对通知书**指出的**缺陷**进行修改。

国务院专利行政部门可以自行修改专利申请文件中文字和符号的明显错误。国务院专利行政部门自行修改的，应当通知申请人。

第五十二条

发明或者实用新型专利申请的说明书或者权利要求书的修改部分，除个别文字修改或者增删外，应当按照规定格式提交替换页。外观设计专利申请的图片或者照片的修改，应当按照规定提交替换页。

第五十三条

依照专利法第三十八条的规定，发明专利申请经实质审查应当予以驳回的情形是指：

（一）申请不符合本细则第二条第一款规定的；

（二）申请属于专利法第五条、第二十五条的规定，或者不符合专利法第二十二条、本细则第十三条第一款、第二十条第一款、第二十一条第二款的规定，或者依照专利法第九条规定不能取得专利权的；

（三）申请不符合专利法第二十六条第三款、第四款或者第三十一条第一款的规定的；

（四）申请的修改不符合专利法第三十三条规定，或者分案的申请不符合本细则第四十三条第一款规定的。

第五十四条

国务院专利行政部门发出授予专利权的通知后，申请人应当自收到通知之日起2个月内办理登记手续。申请人按期办理登记手续的，国务院专利行政部门应当授予专利权，颁发专利证书，并予以公告。

期满未办理登记手续的，视为放弃取得专利权的权利。

第五十五条

授予实用新型专利权的决定公告后，实用新型专利权人可以请求国务院专利行政部门作出实用新型专利检索报告。

请求作出实用新型专利检索报告的，应当提交请求书，并指明实用新型专利的专利号。每项请求应当限于一项实用新型专利。

国务院专利行政部门收到作出实用新型专利检索报告的请求后，应当进行审查。请求不符合规定要求的，应当通知请求人在指定期限内补正。

第五十六条

经审查，实用新型专利检索报告请求书符合规定的，国务院专利行政部门应当及时作出实用新型专利检索报告。

经检索，国务院专利行政部门认为所涉及的实用新型专利不符合专利法第二十二条关于新颖性或者创造性的规定的，应当引证对比文件，说明理由，并附具所引证对比文件的复印件。

第五十七条

国务院专利行政部门对专利公告、专利文件中出现的错误，一经发现，应当及时更正，并对所作更正予以公告。

第五十二条

发明或者实用新型专利申请的说明书或者权利要求书的修改部分，除个别文字修改或者增删外，应当按照规定格式提交替换页。外观设计专利申请的图片或者照片的修改，应当按照规定提交替换页。

第五十三条

依照专利法第三十八条的规定，发明专利申请经实质审查应当予以驳回的情形是指：

（一）申请属于专利法第五条、第二十五条**规定的情形**，或者依照专利法第九条规定不能取得专利权的；

（二）申请不符合专利法**第二条第二款、第二十条第一款**、第二十二条、第二十六条第三款、第四款、**第五款**、第三十一条第一款或者本细则第二十条第二款规定的；

（三）申请的修改不符合专利法第三十三条规定，或者分案的申请不符合本细则第四十三条第一款的规定的。

第五十四条

国务院专利行政部门发出授予专利权的通知后，申请人应当自收到通知之日起2个月内办理登记手续。申请人按期办理登记手续的，国务院专利行政部门应当授予专利权，颁发专利证书，并予以公告。

期满未办理登记手续的，视为放弃取得专利权的权利。

第五十五条

保密专利申请经审查没有发现驳回理由的，国务院专利行政部门应当作出授予保密专利权的决定，颁发保密专利证书，登记保密专利权的有关事项。

第五十六条

授予实用新型**或者外观设计**专利权的决定公告后，**专利法第六十条规定的**专利权人**或者利害关系人**可以请求国务院专利行政部门作出**专利权评价报告**。

请求作出**专利权评价**报告的，应当提交**专利权评价报告请求书，写明专利号**。每项请求应当限于一项**专利权**。

专利权评价报告请求书不符合规定的，国务院专利行政部门应当通知请求人在指定期限内补正；**请求人期满未补正的，视为未提出请求。**

第五十七条

国务院专利行政部门应当自收到专利权评价报告请求书后2个月内作出专利权评价报告。对同一项实用新型或者外观设计专利权，有多个请求人请求作出专利权评价报告的，国务院专利行政部门仅作出一份评价报告。任何单位或者个人可以查阅或者复制该专利权评价报告。

第五十八条

国务院专利行政部门对专利公告、专利**单行本**中出现的错误，一经发现，应当及时更正，并对所作更正予以公告。

第四章　专利申请的复审与专利权的无效宣告

第五十八条

专利复审委员会由国务院专利行政部门指定的技术专家和法律专家组成，主任委员由国务院专利行政部门负责人兼任。

第五十九条

依照专利法第四十一条的规定向专利复审委员会请求复审的，应当提交复审请求书，说明理由，必要时还应当附具有关证据。

复审请求书不符合规定格式的，复审请求人应当在专利复审委员会指定的期限内补正；期满未补正的，该复审请求视为未提出。

第六十条

请求人在提出复审请求或者在对专利复审委员会的复审通知书作出答复时，可以修改专利申请文件；但是，修改应当仅限于消除驳回决定或者复审通知书指出的缺陷。

修改的专利申请文件应当提交一式两份。

第六十一条

专利复审委员会应当将受理的复审请求书转交国务院专利行政部门原审查部门进行审查。原审查部门根据复审请求人的请求，同意撤销原决定的，专利复审委员会应据此作出复审决定，并通知复审请求人。

第六十二条

专利复审委员会进行复审后，认为复审请求不符合专利法和本细则有关规定的，应当通知复审请求人，要求其在指定期限内陈述意见。期满未答复的，该复审请求视为撤回；经陈述意见或者进行修改后，专利复审委员会认为仍不符合专利法和本细则有关规定的，应当作出维持原驳回决定的复审决定。

专利复审委员会进行复审后，认为原驳回决定不符合专利法和本细则有关规定的，或者认为经过修改的专利申请文件消除了原驳回决定指出的缺陷的，应当撤销原驳回决定，由原审查部门继续进行审查程序。

第六十三条

复审请求人在专利复审委员会作出决定前，可以撤回其复审请求。

复审请求人在专利复审委员会作出决定前撤回其复审请求的，复审程序终止。

第六十四条

依照专利法第四十五条的规定，请求宣告专利权无效或者部分无效的，应当向专利复审委员会提交专利权无效宣告请求书和必要的证据一式两份。无效宣告请求书应当结合提交的所有证据，具体说明无效宣告请求的理由，并指明每项理由所依

第四章　专利申请的复审与专利权的无效宣告

第五十九条

专利复审委员会由国务院专利行政部门指定的技术专家和法律专家组成，主任委员由国务院专利行政部门负责人兼任。

第六十条

依照专利法第四十一条的规定向专利复审委员会请求复审的，应当提交复审请求书，说明理由，必要时还应当附具有关证据。

复审请求不符合专利法第十九条第一款或者第四十一条第一款规定的，专利复审委员会不予受理，书面通知复审请求人并说明理由。

复审请求书不符合规定格式的，复审请求人应当在专利复审委员会指定的期限内补正；期满未补正的，该复审请求视为未提出。

第六十一条

请求人在提出复审请求或者在对专利复审委员会的复审通知书作出答复时，可以修改专利申请文件；但是，修改应当仅限于消除驳回决定或者复审通知书指出的缺陷。

修改的专利申请文件应当提交一式两份。

第六十二条

专利复审委员会应当将受理的复审请求书转交国务院专利行政部门原审查部门进行审查。原审查部门根据复审请求人的请求，同意撤销原决定的，专利复审委员会应据此作出复审决定，并通知复审请求人。

第六十三条

专利复审委员会进行复审后，认为复审请求不符合专利法和本细则有关规定的，应当通知复审请求人，要求其在指定期限内陈述意见。期满未答复的，该复审请求视为撤回；经陈述意见或者进行修改后，专利复审委员会认为仍不符合专利法和本细则有关规定的，应当作出维持原驳回决定的复审决定。

专利复审委员会进行复审后，认为原驳回决定不符合专利法和本细则有关规定的，或者认为经过修改的专利申请文件消除了原驳回决定指出的缺陷的，应当撤销原驳回决定，由原审查部门继续进行审查程序。

第六十四条

复审请求人在专利复审委员会作出决定前，可以撤回其复审请求。

复审请求人在专利复审委员会作出决定前撤回其复审请求的，复审程序终止。

第六十五条

依照专利法第四十五条的规定，请求宣告专利权无效或者部分无效的，应当向专利复审委员会提交专利权无效宣告请求书和必要的证据一式两份。无效宣告请求书应当结合提交的所有证据，具体说明无效宣告请求的理由，并指明每项理由所依

据的证据。

前款所称无效宣告请求的理由，是指被授予专利的发明创造不符合专利法第二十二条、第二十三条、第二十六条第三款、第四款、第三十三条或者本细则第二条、第十三条第一款、第二十条第一款、第二十一条第二款的规定，或者属于专利法第五条、第二十五条的规定，或者依照专利法第九条规定不能取得专利权。

第六十五条
专利权无效宣告请求书不符合本细则第六十四条规定的，专利复审委员会不予受理。

在专利复审委员会就无效宣告请求作出决定之后，又以同样的理由和证据请求无效宣告的，专利复审委员会不予受理。

以授予专利权的外观设计与他人在先取得的合法权利相冲突为理由请求宣告外观设计专利权无效，但是未提交生效的能够证明权利冲突的处理决定或者判决的，专利复审委员会不予受理。

专利权无效宣告请求书不符合规定格式的，无效宣告请求人应当在专利复审委员会指定的期限内补正；期满未补正的，该无效宣告请求视为未提出。

第六十六条
在专利复审委员会受理无效宣告请求后，请求人可以在提出无效宣告请求之日起1个月内增加理由或者补充证据。逾期增加理由或者补充证据的，专利复审委员会可以不予考虑。

第六十七条
专利复审委员会应当将专利权无效宣告请求书和有关文件的副本送交专利权人，要求其在指定的期限内陈述意见。

专利权人和无效宣告请求人应当在指定期限内答复专利复审委员会发出的转送文件通知书或者无效宣告请求审查通知书；期满未答复的，不影响专利复审委员会审理。

第六十八条
在无效宣告请求的审查过程中，发明或者实用新型专利的专利权人可以修改其权利要求书，但是不得扩大原专利的保护范围。

发明或者实用新型专利的专利权人不得修改专利说明书和附图，外观设计专利的专利权人不得修改图片、照片和简要说明。

第六十九条
专利复审委员会根据当事人的请求或者案情需要，可以决定对无效宣告请求进行口头审理。

专利复审委员会决定对无效宣告请求进行口头审理的，应当向当事人发出口头审理通知书，告知举行口头审理的日期和地点。当事人应当在通知书指定的期限内作出答复。

无效宣告请求人对专利复审委员会发出的口头审理通知书在指定的期限内未作答复，并且不参加口头审理的，其无效宣告请求视为撤回；专利权人不参加口头审理的，可以缺席审理。

第七十条
在无效宣告请求审查程序中，专利复审委员会指定的期限不得延长。

据的证据。

前款所称无效宣告请求的理由，是指被授予专利的发明创造不符合专利法**第二条、第二十条第一款**、第二十二条、第二十三条、第二十六条第三款、第四款、**第二十七条第二款**、第三十三条或者本细则**第二十条第二款**、**第四十三条第一款**的规定，或者属于专利法第五条、第二十五条的规定，或者依照专利法第九条规定不能取得专利权。

第六十六条
专利权无效宣告请求不符合**专利法第十九条第一款**或者本细则**第六十五条**规定的，专利复审委员会不予受理。

在专利复审委员会就无效宣告请求作出决定之后，又以同样的理由和证据请求无效宣告的，专利复审委员会不予受理。

以**不符合专利法第二十三条第三款的规定**为理由请求宣告外观设计专利权无效，但是未提交证明权利冲突的**证据**的，专利复审委员会不予受理。

专利权无效宣告请求书不符合规定格式的，无效宣告请求人应当在专利复审委员会指定的期限内补正；期满未补正的，该无效宣告请求视为未提出。

第六十七条
在专利复审委员会受理无效宣告请求后，请求人可以在提出无效宣告请求之日起1个月内增加理由或者补充证据。逾期增加理由或者补充证据的，专利复审委员会可以不予考虑。

第六十八条
专利复审委员会应当将专利权无效宣告请求书和有关文件的副本送交专利权人，要求其在指定的期限内陈述意见。

专利权人和无效宣告请求人应当在指定期限内答复专利复审委员会发出的转送文件通知书或者无效宣告请求审查通知书；期满未答复的，不影响专利复审委员会审理。

第六十九条
在无效宣告请求的审查过程中，发明或者实用新型专利的专利权人可以修改其权利要求书，但是不得扩大原专利的保护范围。

发明或者实用新型专利的专利权人不得修改专利说明书和附图，外观设计专利的专利权人不得修改图片、照片和简要说明。

第七十条
专利复审委员会根据当事人的请求或者案情需要，可以决定对无效宣告请求进行口头审理。

专利复审委员会决定对无效宣告请求进行口头审理的，应当向当事人发出口头审理通知书，告知举行口头审理的日期和地点。当事人应当在通知书指定的期限内作出答复。

无效宣告请求人对专利复审委员会发出的口头审理通知书在指定的期限内未作答复，并且不参加口头审理的，其无效宣告请求视为撤回；专利权人不参加口头审理的，可以缺席审理。

第七十一条
在无效宣告请求审查程序中，专利复审委员会指定的期限不得延长。

第七十一条

专利复审委员会对无效宣告的请求作出决定前，无效宣告请求人可以撤回其请求。

无效宣告请求人在专利复审委员会作出决定之前撤回其请求的，无效宣告请求审查程序终止。

第五章　专利实施的强制许可

第七十二条

自专利权被授予之日起满 3 年后，任何单位均可以依照专利法第四十八条的规定，请求国务院专利行政部门给予强制许可。

请求强制许可的，应当向国务院专利行政部门提交强制许可请求书，说明理由并附具有关证明文件各一式两份。

国务院专利行政部门应当将强制许可请求书的副本送交专利权人，专利权人应当在国务院专利行政部门指定的期限内陈述意见；期满未答复的，不影响国务院专利行政部门作出关于强制许可的决定。

国务院专利行政部门作出的给予实施强制许可的决定，应当限定强制许可实施主要是为供应国内市场的需要；强制许可涉及的发明创造是半导体技术的，强制许可实施仅限于公共的非商业性使用，或者经司法程序或者行政程序确定为反竞争行为而给予救济的使用。

第七十三条

依照专利法第五十四条的规定，请求国务院专利行政部门裁决使用费数额的，当事人应当提出裁决请求书，并附具双方不能达成协议的证明文件。国务院专利行政部门应当自收到请求书之日起 3 个月内作出裁决，并通知当事人。

**第六章　对职务发明创造的发明人
或者设计人的奖励和报酬**

第七十四条

被授予专利权的国有企业事业单位应当自专利权公告之日起 3 个月内发给发明人或者设计人奖金。一项发明专利的奖金

第七十二条

专利复审委员会对无效宣告的请求作出决定前，无效宣告请求人可以撤回其请求。

专利复审委员会作出决定之前，无效宣告请求人撤回其请求或者其无效宣告请求被视为撤回的，无效宣告请求审查程序终止。但是，专利复审委员会认为根据已进行的审查工作能够作出宣告专利权无效或者部分无效的决定的，不终止审查程序。

第五章　专利实施的强制许可

第七十三条

专利法第四十八条第（一）项所称未充分实施其专利，是指专利权人及其被许可人实施其专利的方式或者规模不能满足国内对专利产品或者专利方法的需求。

专利法第五十条所称取得专利权的药品，是指解决公共健康问题所需的医药领域中的任何专利产品或者依照专利方法直接获得的产品，包括取得专利权的制造该产品所需的活性成分以及使用该产品所需的诊断用品。

第七十四条

请求给予强制许可的，应当向国务院专利行政部门提交强制许可请求书，说明理由并附具有关证明文件。

国务院专利行政部门应当将强制许可请求书的副本送交专利权人，专利权人应当在国务院专利行政部门指定的期限内陈述意见；期满未答复的，不影响国务院专利行政部门作出决定。

国务院专利行政部门在作出驳回强制许可请求的决定或者给予强制许可的决定前，应当通知请求人和专利权人拟作出的决定及其理由。

国务院专利行政部门依照专利法第五十条的规定作出给予强制许可的决定，应当同时符合中国缔结或者参加的有关国际条约关于为了解决公共健康问题而给予强制许可的规定，但中国作出保留的除外。

第七十五条

依照专利法第五十七条的规定，请求国务院专利行政部门裁决使用费数额的，当事人应当提出裁决请求书，并附具双方不能达成协议的证明文件。国务院专利行政部门应当自收到请求书之日起 3 个月内作出裁决，并通知当事人。

**第六章　对职务发明创造的发明人
或者设计人的奖励和报酬**

第七十六条

被授予专利权的单位可以与发明人或者设计人约定或者在其依法制定的规章制度中规定专利法第十六条规定的奖励、报酬的方式和数额。

企业、事业单位给予发明人或者设计人的奖励、报酬，按照国家有关财务、会计制度的规定进行处理。

第七十七条

被授予专利权的单位未与发明人或者设计人约定也未在其依法制定的规章制度中规定专利法第十六条规定的奖励的方式

最低不少于 2000 元；一项实用新型专利或者外观设计专利的奖金最低不少于 500 元。

由于发明人或者设计人的建议被其所属单位采纳而完成的发明创造，被授予专利权的国有企业事业单位应当从优发给奖金。

发给发明人或者设计人的奖金，企业可以计入成本，事业单位可以从事业费中列支。

第七十五条

被授予专利权的国有企业事业单位在专利权有效期限内，实施发明创造专利后，每年应当从实施该项发明或者实用新型专利所得利润纳税后提取不低于 2% 或者从实施该项外观设计专利所得利润纳税后提取不低于 0.2%，作为报酬支付发明人或者设计人；或者参照上述比例，发给发明人或者设计人一次性报酬。

第七十六条

被授予专利权的国有企业事业单位许可其他单位或者个人实施其专利的，应当从许可实施该项专利收取的使用费纳税后提取不低于 10% 作为报酬支付发明人或者设计人。

第七十七条

本章关于奖金和报酬的规定，中国其他单位可以参照执行。

第七章　专利权的保护

第七十八条

专利法和本细则所称管理专利工作的部门，是指由省、自治区、直辖市人民政府以及专利管理工作量大又有实际处理能力的设区的市人民政府设立的管理专利工作的部门。

第七十九条❶

除专利法第五十七条规定的外，管理专利工作的部门应当事人请求，还可以对下列专利纠纷进行调解：

（一）专利申请权和专利权归属纠纷；

（二）发明人、设计人资格纠纷；

（三）职务发明的发明人、设计人的奖励和报酬纠纷；

（四）在发明专利申请公布后专利权授予前使用发明而未支付适当费用的纠纷。

对于前款第（四）项所列的纠纷，专利权人请求管理专利工作的部门调解，应当在专利权被授予之后提出。

第八十条

国务院专利行政部门应当对管理专利工作的部门处理和调解专利纠纷进行业务指导。

第八十一条

当事人请求处理或者调解专利纠纷的，由被请求人所在地或者侵权行为地的管理专利工作的部门管辖。

两个以上管理专利工作的部门都有管辖权的专利纠纷，当事人可以向其中一个管理专利工作的部门提出请求；当事人向

和数额的，应当自专利权公告之日起 3 个月内发给发明人或者设计人奖金。一项发明专利的奖金最低不少于 **3000** 元；一项实用新型专利或者外观设计专利的奖金最低不少于 **1000** 元。

由于发明人或者设计人的建议被其所属单位采纳而完成的发明创造，被授予专利权的单位应当从优发给奖金。

第七十八条

被授予专利权的**单位未与发明人或者设计人约定也未在其依法制定的规章制度中规定专利法第十六条规定的报酬的方式和数额的，**在专利权有效期限内，实施发明创造专利后，每年应当从实施该项发明或者实用新型专利的**营业利润中**提取不低于 2% 或者从实施该项外观设计专利的**营业利润中**提取不低于 0.2%，作为报酬**给予**发明人或者设计人，或者参照上述比例，给予发明人或者设计人一次性报酬；被授予专利权的单位许可其他单位或者个人实施其专利的，应当从收取的使用费**中**提取不低于 10%，作为报酬**给予**发明人或者设计人。

第七章　专利权的保护

第七十九条

专利法和本细则所称管理专利工作的部门，是指由省、自治区、直辖市人民政府以及专利管理工作量大又有实际处理能力的设区的市人民政府设立的管理专利工作的部门。

第八十条

国务院专利行政部门应当对管理专利工作的部门处理专利**侵权纠纷、查处假冒专利行为**、调解专利纠纷进行业务指导。

第八十一条

当事人请求处理**专利侵权纠纷**或者调解专利纠纷的，由被请求人所在地或者侵权行为地的管理专利工作的部门管辖。

两个以上管理专利工作的部门都有管辖权的专利纠纷，当事人可以向其中一个管理专利工作的部门提出请求；当事人向

---

❶　本条修改后的内容见修改后文本第八十五条。

两个以上有管辖权的管理专利工作的部门提出请求的，由最先受理的管理专利工作的部门管辖。

管理专利工作的部门对管辖权发生争议的，由其共同的上级人民政府管理专利工作的部门指定管辖；无共同上级人民政府管理专利工作的部门的，由国务院专利行政部门指定管辖。

第八十二条

在处理专利侵权纠纷过程中，被请求人提出无效宣告请求并被专利复审委员会受理的，可以请求管理专利工作的部门中止处理。

管理专利工作的部门认为被请求人提出的中止理由明显不能成立的，可以不中止处理。

第八十三条

专利权人依照专利法第十五条的规定，在其专利产品或者该产品的包装上标明专利标记的，应当按照国务院专利行政部门规定的方式予以标明。

第八十四条

下列行为属于假冒他人专利的行为：

（一）未经许可，在其制造或者销售的产品、产品的包装上标注他人的专利号；

（二）未经许可，在广告或者其他宣传材料中使用他人的专利号，使人将所涉及的技术误认为是他人的专利技术；

（三）未经许可，在合同中使用他人的专利号，使人将合同涉及的技术误认为是他人的专利技术；

（四）伪造或者变造他人的专利证书、专利文件或者专利申请文件。

第八十五条

下列行为属于以非专利产品冒充专利产品、以非专利方法冒充专利方法的行为：

（一）制造或者销售标有专利标记的非专利产品；

（二）专利权被宣告无效后，继续在制造或者销售的产品上标注专利标记；

（三）在广告或者其他宣传材料中将非专利技术称为专利技术；

（四）在合同中将非专利技术称为专利技术；

（五）伪造或者变造专利证书、专利文件或者专利申请文件。

两个以上有管辖权的管理专利工作的部门提出请求的，由最先受理的管理专利工作的部门管辖。

管理专利工作的部门对管辖权发生争议的，由其共同的上级人民政府管理专利工作的部门指定管辖；无共同上级人民政府管理专利工作的部门的，由国务院专利行政部门指定管辖。

第八十二条

在处理专利侵权纠纷过程中，被请求人提出无效宣告请求并被专利复审委员会受理的，可以请求管理专利工作的部门中止处理。

管理专利工作的部门认为被请求人提出的中止理由明显不能成立的，可以不中止处理。

第八十三条

专利权人依照专利法**第十七条**的规定，在其专利产品或者该产品的包装上标明专利**标识**的，应当按照国务院专利行政部门规定的方式予以标明。

专利标识不符合前款规定的，由管理专利工作的部门责令改正。

第八十四条

下列行为属于**专利法第六十三条规定的假冒专利**的行为：

（一）在未被授予专利权的产品或者其包装上标注专利标识，专利权被宣告无效后或者**终止后继续在产品或者其包装上标注专利标识，或者**未经许可在产品**或者产品包装上标注他人的专利号；**

（二）销售第（一）项所述产品；

（三）在产品说明书等材料中将未被授予专利权的技术或者设计称为专利技术或者专利设计，将专利申请称为专利，或者未经许可使用他人的专利号，使公众将所涉及的技术或者设计误认为是专利技术或者专利设计；

（四）伪造或者变造专利证书、专利文件或者专利申请文件；

（五）其他使公众造成混淆，将未被授予专利权的技术或者设计误认为是专利技术或者专利设计的行为。

专利权终止前依法在专利产品、依照专利方法直接获得的产品或者其包装上标注专利标识，在专利权终止后许诺销售、销售该产品的，不属于假冒专利行为。

销售不知道是假冒专利的产品，并且能够证明该产品合法来源的，由管理专利工作的部门责令停止销售，但免除罚款的处罚。

第八十五条

除专利法**第六十条**规定的外，管理专利工作的部门应当事人请求，可以对下列专利纠纷进行调解：

（一）专利申请权和专利权归属纠纷；

（二）发明人、设计人资格纠纷；

（三）职务发明**创造**的发明人、设计人的奖励和报酬纠纷；

（四）在发明专利申请公布后专利权授予前使用发明而未支付适当费用的纠纷；

（五）其他专利纠纷。

对于前款第（四）项所列的纠纷，**当事人请求管理专利工作的部门调解的，应当在专利权被授予之后提出。**

第八十六条

当事人因专利申请权或者专利权的归属发生纠纷，已请求管理专利工作的部门处理或者向人民法院起诉的，可以请求国务院专利行政部门中止有关程序。

依照前款规定请求中止有关程序的，应当向国务院专利行政部门提交请求书，并附具管理专利工作的部门或者人民法院的有关受理文件副本。

在管理专利工作的部门作出的处理决定或者人民法院作出的判决生效后，当事人应当向国务院专利行政部门办理恢复有关程序的手续。自请求中止之日起1年内，有关专利申请权或者专利权归属的纠纷未能结案，需要继续中止有关程序的，请求人应当在该期限内请求延长中止。期满未请求延长的，国务院专利行政部门自行恢复有关程序。

第八十七条

人民法院在审理民事案件中裁定对专利权采取保全措施的，国务院专利行政部门在协助执行时中止被保全的专利权的有关程序。保全期限届满，人民法院没有裁定继续采取保全措施的，国务院专利行政部门自行恢复有关程序。

第八章　专利登记和专利公报

第八十八条

国务院专利行政部门设置专利登记簿，登记下列与专利申请和专利权有关的事项：

（一）专利权的授予；

（二）专利申请权、专利权的转移；

（三）专利的质押、保全及其解除；

（四）专利实施许可合同的备案；

（五）专利权的无效宣告；

（六）专利权的终止；

（七）专利权的恢复；

（八）专利实施的强制许可；

（九）专利权人的姓名或者名称、国籍和地址的变更。

第八十九条

国务院专利行政部门定期出版专利公报，公布或者公告下列内容：

（一）专利申请中记载的著录事项；

（二）发明或者实用新型说明书的摘要，外观设计的图片或者照片及其简要说明；

（三）发明专利申请的实质审查请求和国务院专利行政部门对发明专利申请自行进行实质审查的决定；

（四）保密专利的解密；

（五）发明专利申请公布后的驳回、撤回和视为撤回；

第八十六条

当事人因专利申请权或者专利权的归属发生纠纷，已请求管理专利工作的部门**调解**或者向人民法院起诉的，可以请求国务院专利行政部门中止有关程序。

依照前款规定请求中止有关程序的，应当向国务院专利行政部门提交请求书，并附具管理专利工作的部门或者人民法院**的写明申请号或者专利号**的有关受理文件副本。

管理专利工作的部门作出的**调解书**或者人民法院作出的判决生效后，当事人应当向国务院专利行政部门办理恢复有关程序的手续。自请求中止之日起1年内，有关专利申请权或者专利权归属的纠纷未能结案，需要继续中止有关程序的，请求人应当在该期限内请求延长中止。期满未请求延长的，国务院专利行政部门自行恢复有关程序。

第八十七条

人民法院在审理民事案件中裁定对专利**申请权或者**专利权采取保全措施的，国务院专利行政部门**应当在收到写明申请号或者专利号的裁定书和协助执行通知书之日**中止被保全的专利**申请权或者**专利权的有关程序。保全期限届满，人民法院没有裁定继续采取保全措施的，国务院专利行政部门自行恢复有关程序。

第八十八条

国务院专利行政部门根据本细则第八十六条和第八十七条规定中止有关程序，是指暂停专利申请的初步审查、实质审查、复审程序，授予专利权程序和专利权无效宣告程序；暂停办理放弃、变更、转移专利权或者专利申请权手续，专利权质押手续以及专利权期限届满前的终止手续等。

第八章　专利登记和专利公报

第八十九条

国务院专利行政部门设置专利登记簿，登记下列与专利申请和专利权有关的事项：

（一）专利权的授予；

（二）专利申请权、专利权的转移；

（三）专利权的质押、保全及其解除；

（四）专利实施许可合同的备案；

（五）专利权的无效宣告；

（六）专利权的终止；

（七）专利权的恢复；

（八）专利实施的强制许可；

（九）专利权人的姓名或者名称、国籍和地址的变更。

第九十条

国务院专利行政部门定期出版专利公报，公布或者公告下列内容：

（一）**发明专利申请的著录事项和说明书摘要；**

（二）发明专利申请的实质审查请求和国务院专利行政部门对发明专利申请自行进行实质审查的决定；

（三）发明专利申请公布后的驳回、撤回、视为撤回、**视为放弃、恢复和转移；**

（四）专利权的授予**以及专利权的著录事项；**

（五）发明或者实用新型**专利的**说明书摘要，外观设计专

（六）专利权的授予；

（七）专利权的无效宣告；

（八）专利权的终止；

（九）专利申请权、专利权的转移；

（十）专利实施许可合同的备案；

（十一）专利权的质押、保全及其解除；

（十二）专利实施的强制许可的给予；

（十三）专利申请或者专利权的恢复；

（十四）专利权人的姓名或者名称、地址的变更；

（十五）对地址不明的当事人的通知；

（十六）国务院专利行政部门作出的更正；

（十七）其他有关事项。

发明或者实用新型的说明书及其附图、权利要求书由国务院专利行政部门另行全文出版。

第九章　费　用

第九十条

向国务院专利行政部门申请专利和办理其他手续时，应当缴纳下列费用：

（一）申请费、申请附加费、公布印刷费；

（二）发明专利申请实质审查费、复审费；

（三）专利登记费、公告印刷费、申请维持费、年费；

（四）著录事项变更费、优先权要求费、恢复权利请求费、延长期限请求费、实用新型专利检索报告费；

（五）无效宣告请求费、中止程序请求费、强制许可请求费、强制许可使用费的裁决请求费。

前款所列各种费用的缴纳标准，由国务院价格管理部门会同国务院专利行政部门规定。

第九十一条

专利法和本细则规定的各种费用，可以直接向国务院专利行政部门缴纳，也可以通过邮局或者银行汇付，或者以国务院专利行政部门规定的偶他方式缴纳。

通过邮局或者银行汇付的，应当在送交国务院专利行政部门的汇单上写明正确的申请号或者专利号以及缴纳的费用名称。不符合本款规定的，视为未办理缴费手续。

直接向国务院专利行政部门缴纳费用的，以缴纳当日为缴费日。以邮局汇付方式缴纳费用的，以邮局汇出的邮戳日为缴费日。以银行汇付方式缴纳费用的，以银行实际汇出日为缴费日；但是，自汇出日至国务院专利行政部门收到日超过15日的，除邮局或者银行出具证明外，以国务院专利行政部门收到日为缴费日。

多缴、重缴、错缴专利费用的，当事人可以自缴费日起1年内，向国务院专利行政部门提出退款请求。

利的一幅图片或者照片；

（六）**国防专利**、保密专利的解密；

（七）专利权的无效宣告；

（八）专利权的终止、恢复；

（九）专利权的转移；

（十）专利实施许可合同的备案；

（十一）专利权的质押、保全及其解除；

（十二）专利实施的强制许可的给予；

（十三）专利权人的姓名或者名称、地址的变更；

（十四）**文件的公告送达**；

（十五）国务院专利行政部门作出的更正；

（十六）其他有关事项。

第九十一条

国务院专利行政部门应当提供专利公报、发明专利申请单行本以及发明专利、实用新型专利、外观设计专利单行本，供公众免费查阅。

第九十二条

国务院专利行政部门负责按照互惠原则与其他国家、地区的专利机关或者区域性专利组织交换专利文献。

第九章　费　用

第九十三条

向国务院专利行政部门申请专利和办理其他手续时，应当缴纳下列费用：

（一）申请费、申请附加费、公布印刷费、优先权要求费；

（二）发明专利申请实质审查费、复审费；

（三）专利登记费、公告印刷费、年费；

（四）恢复权利请求费、延长期限请求费；

（五）著录事项变更费、**专利权评价报告请求费**、无效宣告请求费。

前款所列各种费用的缴纳标准，由国务院价格管理部门、**财政部门**会同国务院专利行政部门规定。

第九十四条

专利法和本细则规定的各种费用，可以直接向国务院专利行政部门缴纳，也可以通过邮局或者银行汇付，或者以国务院专利行政部门规定的其他方式缴纳。

通过邮局或者银行汇付的，应当在送交国务院专利行政部门的汇单上写明正确的申请号或者专利号以及缴纳的费用名称。不符合本款规定的，视为未办理缴费手续。

直接向国务院专利行政部门缴纳费用的，以缴纳当日为缴费日；以邮局汇付方式缴纳费用的，以邮局汇出的邮戳日为缴费日；以银行汇付方式缴纳费用的，以银行实际汇出日为缴费日。

多缴、重缴、错缴专利费用的，当事人可以自缴费日起**3**年内，向国务院专利行政部门提出退款请求，国务院专利行政部门应当予以退还。

第九十二条

申请人应当在收到受理通知书后，最迟自申请之日起 2 个月内缴纳申请费、公布印刷费和必要的附加费；期满未缴纳或者未缴足的，其申请视为撤回。

申请人要求优先权的，应当在缴纳申请费的同时缴纳优先权要求费；期满未缴纳或者未缴足的，视为未要求优先权。

第九十三条

当事人请求实质审查、恢复权利或者复审的，应当在专利法及本细则规定的相关期限内缴纳费用；期满未缴纳或者未缴足的，视为未提出请求。

第九十四条

发明专利申请人自申请日起满 2 年尚未被授予专利权的，自第三年度起应当缴纳申请维持费。

第九十五条

申请人办理登记手续时，应当缴纳专利登记费、公告印刷费和授予专利权当年的年费。发明专利申请人应当一并缴纳各个年度的申请维持费，授予专利权的当年不包括在内。期满未缴纳费用的，视为未办理登记手续。以后的年费应当在前一年度期满前 1 个月内预缴。

第九十六条

专利权人未按时缴纳授予专利权当年以后的年费或者缴纳的数额不足的，国务院专利行政部门应当通知专利权人自应当缴纳年费期满之日起 6 个月内补缴，同时缴纳滞纳金；滞纳金的金额按照每超过规定的缴费时间 1 个月，加收当年全额年费的 5% 计算；期满未缴纳的，专利权自应当缴纳年费期满之日起终止。

第九十七条

著录事项变更费、实用新型专利检索报告费、中止程序请求费、强制许可请求费、强制许可使用费的裁决请求费、无效宣告请求费应当自提出请求之日起 1 个月内，按照规定缴纳；延长期限请求费应当在相应期限届满之日前缴纳；期满未缴纳或者未缴足的，视为未提出请求。

第九十八条

申请人或者专利权人缴纳本细则规定的各种费用有困难的，可以按照规定向国务院专利行政部门提出减缴或者缓缴的请求。减缴或者缓缴的办法由国务院专利行政部门商国务院财政部门、国务院价格管理部门规定。

第十章　关于国际申请的特别规定

第九十九条

国务院专利行政部门根据专利法第二十条规定，受理按照专利合作条约提出的专利国际申请。

按照专利合作条约提出并指定中国的专利国际申请（以下简称国际申请）进入中国国家阶段的条件和程序适用本章的规

第九十五条

申请人应当自申请日起 2 个月内或者在收到受理通知书之**日起 15 日内**缴纳申请费、公布印刷费和必要的**申请**附加费；期满未缴纳或者未缴足的，其申请视为撤回。

申请人要求优先权的，应当在缴纳申请费的同时缴纳优先权要求费；期满未缴纳或者未缴足的，视为未要求优先权。

第九十六条

当事人请求实质审查或者复审的，应当在专利法及本细则规定的相关期限内缴纳费用；期满未缴纳或者未缴足的，视为未提出请求。

第九十七条

申请人办理登记手续时，应当缴纳专利登记费、公告印刷费和授予专利权当年的年费；期满未缴纳或者未缴足的，视为未办理登记手续。

第九十八条

授予专利权当年以后的年费应当在上一年度期满前**缴纳**。专利权人**未缴纳或者未缴足**的，国务院专利行政部门应当通知专利权人自应当缴纳年费期满之日起 6 个月内补缴，同时缴纳滞纳金；滞纳金的金额按照每超过规定的缴费时间 1 个月，加收当年全额年费的 5% 计算；期满未缴纳的，专利权自应当缴纳年费期满之日起终止。

第九十九条

恢复权利请求费应当在本细则规定的相关期限内缴纳；期满未缴纳或者未缴足的，视为未提出请求。

延长期限请求费应当在相应期限届满之日前缴纳；期满未缴纳或者未缴足的，视为未提出请求。

著录事项变更费、**专利权评价报告请求费**、无效宣告请求费应当自提出请求之日起 1 个月内缴纳；期满未缴纳或者未缴足的，视为未提出请求。

第一百条

申请人或者专利权人缴纳本细则规定的各种费用有困难的，可以按照规定向国务院专利行政部门提出减缴或者缓缴的请求。减缴或者缓缴的办法由国务院财政部门**会同国务院价格**管理部门、国务院专利行政部门规定。

第十章　关于国际申请的特别规定

第一百零一条

国务院专利行政部门根据专利法第二十条规定，受理按照专利合作条约提出的专利国际申请。

按照专利合作条约提出并指定中国的专利国际申请（以下简称国际申请）**进入国务院专利行政部门处理阶段（以下称进**

定；本章没有规定的，适用专利法及本细则其他各章的有关规定。

第一百条

按照专利合作条约已确定国际申请日并指定中国的国际申请，视为向国务院专利行政部门提出的专利申请，该国际申请日视为专利法第二十八条所称的申请日。

在国际阶段，国际申请或者国际申请中对中国的指定撤回或者视为撤回的，该国际申请在中国的效力终止。

第一百零一条

国际申请的申请人应当在专利合作条约第二条所称的优先权日（本章简称"优先权日"）起 30 个月内，向国务院专利行政部门办理国际申请进入中国国家阶段的下列手续：

（一）提交其国际申请进入中国国家阶段的书面声明。声明中应当写明国际申请号，并以中文写明要求获得的专利权类型、发明创造的名称、申请人姓名或者名称、申请人的地址和发明人的姓名，上述内容应当与国际局的记录一致；

（二）缴纳本细则第九十条第一款规定的申请费、申请附加费和公布印刷费；

（三）国际申请以中文以外的文字提出的，应当提交原始国际申请的说明书、权利要求书、附图中的文字和摘要的中文译文；国际申请以中文提出的，应当提交国际公布文件中的摘要副本；

（四）国际申请有附图的，应当提交附图副本。国际申请以中文提出的，应当提交国际公布文件中的摘要附图副本。

申请人在前款规定的期限内未办理进入中国国家阶段手续的，在缴纳宽限费后，可以在自优先权日起 32 个月的相应期限届满前办理。

第一百零二条

申请人在本细则第一百零一条第二款规定的期限内未办理进入中国国家阶段手续，或者在该期限届满时有下列情形之一的，其国际申请在中国的效力终止：

（一）进入中国国家阶段声明中未写明国际申请号的；

（二）未缴纳本细则第九十条第一款规定的申请费、公布

入中国国家阶段）的条件和程序适用本章的规定；本章没有规定的，适用专利法及本细则其他各章的有关规定。

第一百零二条

按照专利合作条约已确定国际申请日并指定中国的国际申请，视为向国务院专利行政部门提出的专利申请，该国际申请日视为专利法第二十八条所称的申请日。

第一百零三条

国际申请的申请人应当在专利合作条约第二条所称的优先权日（本章简称优先权日）起 30 个月内，向国务院专利行政部门办理进入中国国家阶段的**手续；申请人未在该期限内办理该手续的，在缴纳宽限费后，可以在自优先权日起 32 个月内办理进入中国国家阶段的手续。**

第一百零四条

申请人**依照本细则第一百零三条**的规定办理进入中国国家阶段的手续的，**应当符合下列要求：**

（一）以中文提交进入中国国家阶段的书面声明，写明国际申请号和要求获得的专利权类型；

（二）缴纳本细则第九十三条第一款规定的申请费、公布印刷费，**必要时缴纳本细则第一百零三条规定的宽限费；**

（三）国际申请以外文提出的，提交原始国际申请的说明书和权利要求书的中文译文；

（四）在进入中国国家阶段的书面声明中写明发明创造的名称，申请人姓名或者名称、地址和发明人的姓名，上述内容应当与世界知识产权组织国际局（以下称国际局）的记录一致；国际申请中未写明发明人的，在上述声明中写明发明人的姓名；

（五）国际申请以外文提出的，提交摘要的中文译文，有附图和摘要附图的，提交附图副本和摘要附图副本，附图中有文字的，将其替换为对应的中文文字；国际申请以中文提出的，提交国际公布文件中的摘要和摘要附图副本；

（六）在国际阶段向国际局已办理申请人变更手续的，提供变更后的申请人享有申请权的证明材料；

（七）必要时缴纳本细则第九十三条第一款规定的申请附加费。

符合本条第一款第（一）项至第（三）项要求的，国务院专利行政部门应当给予申请号，明确国际申请进入中国国家阶段的日期（以下简称进入日），并通知申请人其国际申请已进入中国国家阶段。

国际申请已进入中国国家阶段，但不符合本条第一款第（四）项至第（七）项要求的，国务院专利行政部门应当通知申请人在指定期限内补正；期满未补正的，其申请视为撤回。

第一百零五条

国际申请有下列情形之一的，其在中国的效力终止：

（一）在国际阶段，国际申请被撤回或者被视为撤回，或者国际申请对中国的指定被撤回的；

（二）申请人未在优先权日起 32 个月内按照本细则第一百零三条规定办理进入中国国家阶段手续的；

印刷费和本细则第一百零一条第二款规定的宽限费的；

（三）国际申请以中文以外的文字提出而未提交原始国际申请的说明书和权利要求书的中文译文的。

国际申请在中国的效力已经终止的，不适用本细则第七条第二款的规定。

第一百零三条❶

申请人办理进入中国国家阶段手续时有下列情形之一的，国务院专利行政部门应当通知申请人在指定期限内补正：

（一）未提交摘要的中文译文或者摘要副本的；

（二）未提交附图副本或者摘要附图副本的；

（三）未在进入中国国家阶段声明中以中文写明发明创造的名称、申请人姓名或者名称、申请人的地址和发明人的姓名的；

（四）进入中国国家阶段声明的内容或者格式不符合规定的。

期限届满申请人未补正的，其申请视为撤回。

第一百零四条

国际申请在国际阶段作过修改，申请人要求以经修改的申请文件为基础进行审查的，申请人应当在国务院专利行政部门作好国家公布的准备工作前提交修改的中文译文。在该期间内未提交中文译文的，对申请人在国际阶段提出的修改，国务院专利行政部门不予考虑。

第一百零五条❷

申请人办理进入中国国家阶段手续时，还应当满足下列要求：

（一）国际申请中未指明发明人的，在进入中国国家阶段声明中指明发明人姓名；

（二）国际阶段向国际局已办理申请人变更手续的，应当提供变更后的申请人享有申请权的证明材料；

（三）申请人与作为优先权基础的在先申请的申请人不是同一人，或者提出在先申请后更改姓名的，必要时，应当提供申请人享有优先权的证明材料；

（四）国际申请涉及的发明创造有专利法第二十四条第（一）项或者第（二）项所列情形之一，在提出国际申请时作过声明的，应当在进入中国国家阶段声明中予以说明，并自办理进入中国国家阶段手续之日起2个月内提交本细则第三十一条第二款规定的有关证明文件。

申请人未满足前款第（一）项、第（二）项和第（三）项要求的，国务院专利行政部门应当通知申请人在指定期限内补正。期满未补正第（一）项或者第（二）项内容的，该申请视为撤回；期满未补正第（三）项内容的，该优先权要求视为未提出。

申请人未满足本条第一款第（四）项要求的，其申请不适用专利法第二十四条的规定。

（三）申请人办理进入中国国家阶段的手续，但自优先权日起32个月期限届满仍不符合本细则第一百零四条第（一）项至第（三）项要求的。

依照前款第（一）项的规定，国际申请在中国的效力终止的，不适用本细则第六条的规定；依照前款第（二）项、第（三）项的规定，国际申请在中国的效力终止的，不适用本细则第六条第二款的规定。

第一百零六条

国际申请在国际阶段作过修改，申请人要求以经修改的申请文件为基础进行审查的，应当**自进入日起2个月内**提交修改**部分**的中文译文。在该期间内未提交中文译文的，对申请人在国际阶段提出的修改，国务院专利行政部门不予考虑。

第一百零七条

国际申请涉及的发明创造有专利法第二十四条第（一）项或者第（二）项所列情形之一，在提出国际申请时作过声明的，**申请人**应当在进入中国国家阶段的**书面**声明中予以说明，**并自进入日起2个月内提交本细则第三十条第三款规定的有关证明文件；未予说明或者期满未提交证明文件的**，其申请不适用专利法第二十四条的规定。

---

❶ 本条修改后的内容见修改后文本第一百零四条。
❷ 本条修改后的部分内容见修改后文本第一百零四条。

第一百零六条

申请人按照专利合作条约的规定，对生物材料样品的保藏已作出说明的，视为已经满足了本细则第二十五条第（三）项的要求。申请人应当在进入中国国家阶段声明中指明记载生物材料样品保藏事项的文件以及在该文件中的具体记载位置。

申请人在原始提交的国际申请的说明书中已记载生物材料样品保藏事项，但是没有在进入中国国家阶段声明中指明的，应当在办理进入中国国家阶段手续之日起 4 个月内补正。期满未补正的，该生物材料视为未提交保藏。

申请人在办理进入中国国家阶段手续之日起 4 个月内向国务院专利行政部门提交生物材料样品保藏证明和存活证明的，视为在本细则第二十五条第（一）项规定的期限内提交。

第一百零七条

申请人在国际阶段已要求一项或者多项优先权，在进入中国国家阶段时该优先权要求继续有效的，视为已经依照专利法第三十条的规定提出了书面声明。

申请人在国际阶段提出的优先权书面声明有书写错误或者未写明在先申请的申请号的，可以在办理进入中国国家阶段手续时提出改正请求或者写明在先申请的申请号。申请人提出改正请求的，应当缴纳改正优先权要求请求费。

申请人在国际阶段已依照专利合作条约的规定，提交过在先申请文件副本的，办理进入中国国家阶段手续时不需要向国务院专利行政部门提交在先申请文件副本。申请人在国际阶段未提交在先申请文件副本的，国务院专利行政部门认为必要时，可以通知申请人在指定期限内补交。申请人期满未补交的，其优先权要求视为未提出。

优先权要求在国际阶段视为未提出并经国际局公布该信息，申请人有正当理由的，可以在办理进入中国国家阶段手续时请求国务院专利行政部门恢复其优先权要求。

第一百零八条

在优先权日起 30 个月期满前要求国务院专利行政部门提前处理和审查国际申请的，申请人除应当办理进入中国国家阶段手续外，还应当依照专利合作条约第二十三条第二款规定提出请求。国际局尚未向国务院专利行政部门传送国际申请的，申请人应当提交经确认的国际申请副本。

第一百零九条

要求获得实用新型专利权的国际申请，申请人可以在办理进入中国国家阶段手续之日起 1 个月内，向国务院专利行政部门提出修改说明书、附图和权利要求书。

要求获得发明专利权的国际申请，适用本细则第五十一条第一款的规定。

第一百一十条

申请人发现提交的说明书、权利要求书或者附图中的文字的中文译文存在错误的，可以在下列规定期限内依照原始国际

第一百零八条

申请人按照专利合作条约的规定，对生物材料样品的保藏已作出说明的，视为已经满足了本细则**第二十四条**第（三）项的要求。申请人应当在进入中国国家阶段声明中指明记载生物材料样品保藏事项的文件以及在该文件中的具体记载位置。

申请人在原始提交的国际申请的说明书中已记载生物材料样品保藏事项，但是没有在进入中国国家阶段声明中指明的，应当自进入日起 4 个月内补正。期满未补正的，该生物材料视为未提交保藏。

申请人自进入日起 4 个月内向国务院专利行政部门提交生物材料样品保藏证明和存活证明的，视为在本细则**第二十四条**第（一）项规定的期限内提交。

第一百零九条

国际申请涉及的发明创造依赖遗传资源完成的，申请人应当在国际申请进入中国国家阶段的书面声明中予以说明，并填写国务院专利行政部门制定的表格。

第一百一十条

申请人在国际阶段已要求一项或者多项优先权，在进入中国国家阶段时该优先权要求继续有效的，视为已经依照专利法第三十条的规定提出了书面声明。

申请人应当自进入日起 2 个月内缴纳优先权要求费；期满未缴纳或者未缴足的，视为未要求该优先权。

申请人在国际阶段已依照专利合作条约的规定，提交过在先申请文件副本的，办理进入中国国家阶段手续时不需要向国务院专利行政部门提交在先申请文件副本。申请人在国际阶段未提交在先申请文件副本的，国务院专利行政部门认为必要时，可以通知申请人在指定期限内补交；申请人期满未补交的，其优先权要求视为未提出。

第一百一十一条

在优先权日起 30 个月期满前要求国务院专利行政部门提前处理和审查国际申请的，申请人除应当办理进入中国国家阶段手续外，还应当依照专利合作条约第二十三条第二款规定提出请求。国际局尚未向国务院专利行政部门传送国际申请的，申请人应当提交经确认的国际申请副本。

第一百一十二条

要求获得实用新型专利权的国际申请，申请人可以**自进入日起 2 个月内对专利申请文件主动提出修改。**

要求获得发明专利权的国际申请，适用本细则第五十一条第一款的规定。

第一百一十三条

申请人发现提交的说明书、权利要求书或者附图中的文字的中文译文存在错误的，可以在下列规定期限内依照原始国际

申请文本提出改正：

（一）在国务院专利行政部门作好国家公布的准备工作之前；

（二）在收到国务院专利行政部门发出的发明专利申请进入实质审查阶段通知书之日起 3 个月内。

申请人改正译文错误的，应当提出书面请求，提交译文的改正页，并缴纳规定的译文改正费。

申请人按照国务院专利行政部门的通知书的要求改正译文的，应当在指定期限内办理本条第二款规定的手续；期满未办理规定手续的，该申请视为撤回。

第一百一十一条

对要求获得发明专利权的国际申请，国务院专利行政部门经初步审查认为符合专利法和本细则有关规定的，应当在专利公报上予以公布；国际申请以中文以外的文字提出的，应当公布申请文件的中文译文。

要求获得发明专利权的国际申请，由国际局以中文进行国际公布的，自国际公布日起适用专利法第十三条的规定；由国际局以中文以外的文字进行国际公布的，自国务院专利行政部门公布之日适用专利法第十三条的规定。

对国际申请，专利法第二十一条和第二十二条中所称的公布是指本条第一款所规定的公布。

第一百一十二条

国际申请包含两项以上发明或者实用新型的，申请人在办理进入中国国家阶段手续后，依照本细则第四十二条第一款的规定，可以提出分案申请。

在国际阶段，国际检索单位或者国际初步审查单位认为国际申请不符合专利合作条约规定的单一性要求时，申请人未按照规定缴纳附加费，导致国际申请某些部分未经国际检索或者未经国际初步审查，在进入中国国家阶段时，申请人要求将所述部分作为审查基础，国务院专利行政部门认为国际检索单位或者国际初步审查单位对发明单一性的判断正确的，应当通知申请人在指定期限内缴纳单一性恢复费。期满未缴纳或者未足额缴纳的，国际申请中未经检索或者未经国际初步审查的部分视为撤回。

第一百一十三条

申请人依照本细则第一百零一条的规定提交文件和缴纳费用的，以国务院专利行政部门收到文件之日为提交日、收到费用之日为缴纳日。

提交的文件邮递延误的，申请人自发现延误之日起 1 个月内证明该文件已经在本细则第一百零一条规定的期限届满之日前 5 日交付邮寄的，该文件视为在期限届满之日收到。但是，申请人提供证明的时间不得迟于本细则第一百零一条规定的期限届满后 6 个月。

申请人依照本细则第一百零一条的规定向国务院专利行政部门提交文件，可以使用传真方式。申请人使用传真方式的，以国务院专利行政部门收到传真件之日为提交日。申请人应当自发送传真之日起 14 日内向国务院专利行政部门提交传真件的原件。期满未提交原件的，视为未提交该文件。

申请文本提出改正：

（一）在国务院专利行政部门作好公布**发明专利申请或者公告实用新型专利权**的准备工作之前；

（二）在收到国务院专利行政部门发出的发明专利申请进入实质审查阶段通知书之日起 3 个月内。

申请人改正译文错误的，应当提出书面请求并缴纳规定的译文改正费。

申请人按照国务院专利行政部门的通知书的要求改正译文的，应当在指定期限内办理本条第二款规定的手续；期满未办理规定手续的，该申请视为撤回。

第一百一十四条

对要求获得发明专利权的国际申请，国务院专利行政部门经初步审查认为符合专利法和本细则有关规定的，应当在专利公报上予以公布；国际申请以中文以外的文字提出的，应当公布申请文件的中文译文。

要求获得发明专利权的国际申请，由国际局以中文进行国际公布的，自国际公布日起适用专利法第十三条的规定；由国际局以中文以外的文字进行国际公布的，自国务院专利行政部门公布之日适用专利法第十三条的规定。

对国际申请，专利法第二十一条和第二十二条中所称的公布是指本条第一款所规定的公布。

第一百一十五条

国际申请包含两项以上发明或者实用新型的，申请人可以**自进入**日起，依照本细则第四十二条第一款的规定提出分案申请。

在国际阶段，国际检索单位或者国际初步审查单位认为国际申请不符合专利合作条约规定的单一性要求时，申请人未按照规定缴纳附加费，导致国际申请某些部分未经国际检索或者未经国际初步审查，在进入中国国家阶段时，申请人要求将所述部分作为审查基础，国务院专利行政部门认为国际检索单位或者国际初步审查单位对发明单一性的判断正确的，应当通知申请人在指定期限内缴纳单一性恢复费。期满未缴纳或者未足额缴纳的，国际申请中未经检索或者未经国际初步审查的部分视为撤回。

第一百一十四条

国际申请要求优先权的，申请人应当在办理进入中国国家阶段手续时缴纳优先权要求费；未缴纳或者未足额缴纳的，国务院专利行政部门应当通知申请人在指定的期限内缴纳；期满仍未缴纳或者未足额缴纳的，视为未要求该优先权。

第一百一十五条

国际申请在国际阶段被有关国际单位拒绝给予国际申请日或者宣布视为撤回的，申请人在收到通知之日起2个月内，可以请求国际局将国际申请档案中任何文件的副本转交国务院专利行政部门，并在该期限内向国务院专利行政部门办理本细则第一百零一条规定的手续，国务院专利行政部门应当在接到国际局传送的文件后，对国际单位作出的决定是否正确进行复查。

第一百一十六条

基于国际申请授予的专利权，由于译文错误，致使依照专利法第五十六条规定确定的保护范围超出国际申请的原文所表达的范围的，以依据原文限制后的保护范围为准；致使保护范围小于国际申请的原文所表达的范围的，以授权时的保护范围为准。

第十一章 附 则

第一百一十七条

经国务院专利行政部门同意，任何人均可以查阅或者复制已经公布或者公告的专利申请的案卷和专利登记簿，并可以请求国务院专利行政部门出具专利登记簿副本。

已视为撤回、驳回和主动撤回的专利申请的案卷，自该专利申请失效之日起满2年后不予保存。

已放弃、宣告全部无效和终止的专利权的案卷，自该专利权失效之日起满3年后不予保存。

第一百一十八条

向国务院专利行政部门提交申请文件或者办理各种手续，应当使用国务院专利行政部门制定的统一格式，由申请人、专利权人、其他利害关系人或者其代表人签字或者盖章；委托专利代理机构的，由专利代理机构盖章。

请求变更发明人姓名、专利申请人和专利权人的姓名或者名称、国籍和地址、专利代理机构的名称、地址和代理人姓名的，应当向国务院专利行政部门办理著录事项变更手续，并附具变更理由的证明材料。

第一百一十九条

向国务院专利行政部门邮寄有关申请或者专利权的文件，应当使用挂号信函，不得使用包裹。

除首次提交申请文件外，向国务院专利行政部门提交各种文件、办理各种手续时，应当标明申请号或者专利号、发明创造名称和申请人或者专利权人姓名或者名称。

一件信函中应当只包含同一申请的文件。

第一百二十条

各类申请文件应当打字或者印刷，字迹呈黑色，整齐清晰，并不得涂改。附图应当用制图工具和黑色墨水绘制，线条

第一百一十六条

国际申请在国际阶段被有关国际单位拒绝给予国际申请日或者宣布视为撤回的，申请人在收到通知之日起2个月内，可以请求国际局将国际申请档案中任何文件的副本转交国务院专利行政部门，并在该期限内向国务院专利行政部门办理本细则**第一百零三条**规定的手续，国务院专利行政部门应当在接到国际局传送的文件后，对国际单位作出的决定是否正确进行复查。

第一百一十七条

基于国际申请授予的专利权，由于译文错误，致使依照专利法**第五十九条**规定确定的保护范围超出国际申请的原文所表达的范围的，以依据原文限制后的保护范围为准；致使保护范围小于国际申请的原文所表达的范围的，以授权时的保护范围为准。

第十一章 附 则

第一百一十八条

经国务院专利行政部门同意，任何人均可以查阅或者复制已经公布或者公告的专利申请的案卷和专利登记簿，并可以请求国务院专利行政部门出具专利登记簿副本。

已视为撤回、驳回和主动撤回的专利申请的案卷，自该专利申请失效之日起满2年后不予保存。

已放弃、宣告全部无效和终止的专利权的案卷，自该专利权失效之日起满3年后不予保存。

第一百一十九条

向国务院专利行政部门提交申请文件或者办理各种手续，应当由申请人、专利权人、其他利害关系人或者其代表人签字或者盖章；委托专利代理机构的，由专利代理机构盖章。

请求变更发明人姓名、专利申请人和专利权人的姓名或者名称、国籍和地址、专利代理机构的名称、地址和代理人姓名的，应当向国务院专利行政部门办理著录事项变更手续，并附具变更理由的证明材料。

第一百二十条

向国务院专利行政部门邮寄有关申请或者专利权的文件，应当使用挂号信函，不得使用包裹。

除首次提交**专利**申请文件外，向国务院专利行政部门提交各种文件、办理各种手续的，应当标明申请号或者专利号、发明创造名称和申请人或者专利权人姓名或者名称。

一件信函中应当只包含同一申请的文件。

第一百二十一条

各类申请文件应当打字或者印刷，字迹呈黑色，整齐清晰，并不得涂改。附图应当用制图工具和黑色墨水绘制，线条

应当均匀清晰，并不得涂改。

　　请求书、说明书、权利要求书、附图和摘要应当分别用阿拉伯数字顺序编号。

　　申请文件的文字部分应当横向书写。纸张限于单面使用。

第一百二十一条

　　国务院专利行政部门根据专利法和本细则制定专利审查指南。

第一百二十二条

　　本细则自 2001 年 7 月 1 日起施行。1992 年 12 月 12 日国务院批准修订、1992 年 12 月 21 日中国专利局发布的《中华人民共和国专利法实施细则》同时废止。

应当均匀清晰，并不得涂改。

　　请求书、说明书、权利要求书、附图和摘要应当分别用阿拉伯数字顺序编号。

　　申请文件的文字部分应当横向书写。纸张限于单面使用。

第一百二十二条

　　国务院专利行政部门根据专利法和本细则制定专利审查指南。

第一百二十三条

　　本细则自 2001 年 7 月 1 日起施行。1992 年 12 月 12 日国务院批准修订、1992 年 12 月 21 日中国专利局发布的《中华人民共和国专利法实施细则》同时废止。

附录五　施行修改后的专利法实施细则的过渡办法

（2010 年 1 月 21 日国家知识产权局令第 54 号公布）

　　第一条　为了保障 2010 年 1 月 9 日公布的《国务院关于修改〈中华人民共和国专利法实施细则〉的决定》的施行，依照立法法第八十四条的规定，制定本办法。

　　第二条　修改前的专利法实施细则的规定适用于申请日在 2010 年 2 月 1 日前（不含该日）的专利申请以及根据该专利申请授予的专利权；修改后的专利法实施细则的规定适用于申请日在 2010 年 2 月 1 日以后（含该日，下同）的专利申请以及根据该专利申请授予的专利权；但本办法以下各条对申请日在 2010 年 2 月 1 日前的专利申请以及根据该申请授予的专利权的特殊规定除外。

　　第三条　2010 年 2 月 1 日以后以不符合专利法第二十三条第三款的规定为理由提出无效宣告请求的，对该无效宣告请求的审查适用修改后的专利法实施细则第六十六条第三款的规定。

　　第四条　2010 年 2 月 1 日以后提出无效宣告请求的，对该无效宣告请求的审查适用修改后的专利法实施细则第七十二条第二款的规定。

　　第五条　专利国际申请的申请人在 2010 年 2 月 1 日以后办理进入中国国家阶段手续的，该国际申请适用修改后的专利法实施细则第十章的规定。

　　第六条　在 2010 年 2 月 1 日以后请求国家知识产权局中止有关程序的，适用修改后的专利法实施细则第九十三条和第九十九条的规定，不再缴纳中止程序请求费。

　　在 2010 年 2 月 1 日以后请求退还多缴、重缴、错缴的专利费用的，适用修改后的专利法实施细则第九十四条第四款的规定。

　　在 2010 年 2 月 1 日以后缴纳申请费、公布印刷费和申请附加费的，适用修改后的专利法实施细则第九十五条的规定。

　　在 2010 年 2 月 1 日以后办理授予专利权的登记手续的，适用修改后的专利法实施细则第九十三条和第九十七条的规定，不再缴纳申请维持费。

　　第七条　本办法自 2010 年 2 月 1 日起施行。